엘라스틱 스택

개발부터 운영까지

데이터 수집, 변환, 분석, 시각화를 위한
엘라스틱서치, 로그스태시, 비츠, 키바나의 모든 것

ELASTIC
STACK

엘라스틱 스택
개발부터 운영까지

김준영 · 정상운 지음 | 박재호 감수

책만

추천의 글

엘라스틱은 단순 DB가 아닌 수집/변환/분석/시각화 전체로 구성된 하나의 플랫폼으로서 소프트웨어 다운로드 수만 수억 건에 이를 정도로 많은 사랑을 받고 있지만 정작 국내에선 참고할 만한 마땅한 서적이 많지 않았던 것이 현실이었다. 게다가 버전이 워낙 빠르게 업그레이드되기 때문에 그동안 집필을 하다가 포기하는 경우도 다반사였다.

이 책은 이제 막 엘라스틱을 배우고자 하는 분들이나 그동안 어렴풋하게만 알고 있던 엔지니어에게 권장하고 싶은 책이며, 엘라스틱 소속의 전문 엔지니어가 집필에 참여했기 때문에 그 전문성과 함께 직접 필드에서 경험했던 현실성이 수반된 전문 서적으로서 강력 추천하는 바이다.

– 김관호 / Elastic 영업상무

작은 오픈소스 라이브러리로 시작해서 엔터프라이즈에서 사용 가능한 소프트웨어로 성장하고, 주변 소프트웨어 생태계를 만들고 확장하여 '스택' 혹은 '에코'라는 키워드가 붙는 소프트웨어가 간혹 있습니다. 루씬Lucene으로 시작한 엘라스틱서치는 지난 20여 년간 이런 독보적인 길을 걸어왔습니다. 엘라스틱서치는 검색 엔진으로 시작해서 NoSQL로 성장했고, 이제는 복잡한 데이터를 처리하고 관리하는 빅데이터 핵심 기술로 인정받고 있습니다. 그리고 로그 및 인덱스 정보를 관리하는 데이터 플랫폼으로 성장했습니다.

뉴욕증권거래소NYSE에도 상장된 엘라스틱사는 큰 규모의 자본력을 동원해 엘라스틱 스택을 공격적으로 개발하고 있으며, 그 결과물이 오픈소스와 개발자 커뮤니티에서 폭넓게 사용되는 견고한 기술 생태계를 만들었습니다. 허나 주변에 엘라스틱서치를 사용하고 경험한 개발자는 굉장히 많지만, 엘라스틱서치가 다루는 데이터의 특성 때문인지 엘라스틱서치 인프라와 데이터를 관리하는 체계를 폭넓게 경험한 개발자는 극히 드뭅니다. 게다가 실무에서 활용 가능한 정보를 찾기도 꽤 어렵습니다. 이 때문에 『엘라스틱 스택 개발부터 운영까지』라는 책이 출간된다는 소식을 들으니 너무나 반갑습니다.

엘라스틱 서치는 클라우드에서도 필수 기술로 자리 잡고 있습니다. AWS, 마이크로소프트 애저와 GCP 모두 엘라스틱서치 서비스를 제공하고 있고, 오라클 OCI에도 다음 분기에 엘라스틱서치 서비스를 공개할 예정입니다. 이처럼 모든 클라우드 서비스 제공사가 엘라스틱서치 서비스를 제공하는 것을 보면, 이 기술이 오늘날 IT 인프라스트럭처에서 얼마나 중요한 위치를 차지하고 있는지 확인할 수 있습니다.

이 책은 엘라스틱 인프라, 데이터 관점에서 엘라스틱 관리를 다룹니다. 또한 개발 인터페이스를 엘라스틱 스택이 관리하는 데이터 플랫폼 관점을 소개합니다. 엘라스틱 스택 구축, 사용 및 관리가 궁금한 모든 분에게 적극 추천합니다.

– 김태완 / 유튜브 Σ민수아빠 채널, 한국 오라클

모든 소프트웨어가 그렇겠지만 엘라스틱 스택과 같은 대용량 데이터를 다루는 시스템에서는 소프트웨어가 품은 철학(소프트웨어가 나온 목적) 및 정확한 용어와 개념을 알고 시작하는 것이 매우 중요하다. 가령 엘라스틱서치에서 말하는 인덱스를 관계형 데이터베이스에서의 인덱스와 같다고 오해하면 그다음부터 나오는 어떤 설명도 이해되지 않을 것이다. 이런 면에서 이 책은 전반에 걸쳐 엘라스틱 스택의 개념, 사용법, 활용 예제부터 엘라스틱서치의 운영에 이르기까지, 모든 개발과 운영에 필요한 핵심 내용을 알려준다.

지금까지 여러 출판사에서 출간된 다양한 엘라스틱 기술서를 읽어봤지만 이 책보다 더 체계적이고도 자세히 설명한 도서를 보지 못했다. 이런 체계적인 구조의 설명은 저자진의 엘라스틱 스택 전반에 대한 깊고도 풍부한 이해에서 비롯됐을 것이다. 특히 이 책에서 다루는 실습들, 즉 캐글의 데이터셋이나 한글 트위터 데이터, 공공데이터를 엘라스틱서치에 저장하고 분석하는 예제는 매우 실용적이다.

엘라스틱 스택을 활용해 시스템을 구축/운영하려는 개발자 혹은 운영자가 있다면 반드시 이 책을 먼저 읽어보기를 권한다.

– 안승규 / SKT Cloud Native 개발팀, 쿠버네티스 코리아 그룹 대표

정말 기다렸던 최신 버전의 엘라스틱 스택 책이 드디어 나와서 기쁘다. 먼저, 이 책을 집필해준 저자분들에게 감사를 표하고 싶다. 처음 엘라스틱 스택을 시작하는 분들은 물론, 오랫동안 사용했던 분들까지 모두에게 도움이 될 수 있도록 무엇 하나 놓치는 부분 없이 꼼꼼하고 친절하게 설명해준다. 하지만 그렇다고 장황하게 너무 많은 걸 담지도 않았으며, 꼭 필요한 내용을 선택해 비중을 잘 조절해 구성했다.

이 책은 한 권만으로도 엘라스틱 스택을 이해하고 활용할 수 있도록 데이터 수집, 검색, 시각화 방법을 자세하게 설명해준다. 그리고 기술을 전달하는 데만 그치지 않고, 배운 내용을 잘 활용할 수 있도록 다양한 예제 프로젝트도 제공한다.

이 책에서 가장 마음에 들었던 부분은 사람들이 엘라스틱 스택을 사용하다가 맞닥뜨리는 공통적인 질문과 실수에 대한 내용이다. 저자진은 이런 사항까지도 책에 잘 녹여서 담아냈으며, 독자들이 놓치지 않도록 한 번 더 강조해준다. 저자진의 깊은 내공과 오랜 경력을 다시 한번 느낄 수 있는 좋은 책이다.

– 임재봉 / Elastic 엔지니어

저는 수년 전 화력 발선소의 주요 기기에 탑재된 센서 데이터를 수집해 학습한 결과를 기반으로 이상 징후를 판단하는 프로젝트를 리딩하고 있었습니다. 작은 팀이었지만 2~3년간 열심히 개발한 제품은 한 고객의 관심을 끌었고, 한 개 발전소에서 십여 개의 발전소로 확대 적용하겠다고 결정하게 됩니다. 단일 사이트를 기반으로 제작한 저희 제품은 여러 사이트에 적용해야 할 제품이 되었고, 제가 가장 먼저 품은 걱정거리는 어떻게 해야 여러 사이트의 데이터를 한곳으로 수집해 효율적으로 전체 시스템을 운영할 수 있을까였습니다. 오픈소스 기반으로 개발한 제품이었기에 데이터 수집, 가공, 시각화에 적합한 오픈소스가 무엇이 있을까 검색을 하다가 어렵지 않게 엘라스틱 스택(당시엔 ELK 스택이라 부름)에 다다랐습니다. 적용 가능성 여부를 확인하기 위해 엘라스틱서치와 키바나를 제 윈도우 노트북에 내려받아 설치하고 일부 데이터를 집어넣어 테스트를 하는 동안 저는 놀라움을 금치 못했습니다. 반나절도 되지 않는 시간 동안, 저는 제가 지난 3년간 개발한 제품보다 더 견고하고 아름다우면서 훌륭한 제품을 아무런 사전지식 없이 가지고 놀고 있었던 것입니다. 게다가 오픈소스 버전임에도 엄청나게 많은 기능을 사용할 수 있었습니다.

당시 저의 가장 큰 질문은 '왜 이 제품이 생각보다 국내에서 잘 알려지지 않았을까?'였습니다. 제 나름대로 현존하는 기술들의 장단점을 비교해보고 업무에 맞는 기술을 선정해 아키텍처를 결정하고 개발팀을 이끌며 제품을 만들던 저에게도 엘라스틱서치는 그렇게 잘 알려진 제품이 아니었습니다. 이유를 생각해보니, 한국어로 적힌 책이 그 당시에 존재하지 않았으며, 그나마 있던 책들도 엘라스틱서치의 검색 엔진 특징을 설명한 검색 관련 책뿐이었습니다. 공식 레퍼런스 문서도 모두 영문이었으며, 당시만 해도 국내 엔지니어들이 자유자재로 찾아보면서 실무에 적용하기에는 제약이 많았던 것이 사실입니다. 저는 그런 이유로 엘라스틱 스택 기술을 사용하고자 하는 사용자에게 도움을 주고 제가 겪었던 경험을 나누려는 마음에 엘라스틱 회사에 기술지원 엔지니어로 합류하게 됐습니다.

그 이후로 수년이 지났지만, 지금까지도 엘라스틱 스택을 전반적으로 다루는 책은 찾아보기 어려웠습니다. 따라서 이 책이 엘라스틱을 제대로 배우고자 하는 한국 엔지니어들의 목마름을 한 번에 해소할 수 있을 것이라 생각합니다.

이 책으로 여러분은 엘라스틱 스택을 처음부터 개념과 함께 깊이 이해하고, 실제 공공데이터를 활용해 데이터 수집, 가공, 시각화 실습을 해보며, 실무에서 반드시 알아야 할 운영 지식을 습득할 수 있습니다. 특히, 엘라스틱에서 수년간 근무를 하며 다양한 고객들이 겪은 문제를 해결하고 있는 엔지니어의 경험이 오롯이 녹아 있습니다. 장담하건대, 이 책은 그 어떤 책에서도 볼 수 없는 핵심 노하우를 제대로 익힐 수 있는 책이 될 것입니다. 최신 버전(7.10)의 주요 팁들이 곳곳에 숨어 있으니 하나도 놓치지 않고 필독해보시기 바랍니다.

오늘날 글로벌 검색 엔진 1위인 엘라스틱 스택의 위상은 나날이 높아지고 있습니다. 이제 소프트웨어 산업에서 일하는 사람이라면 누구든지 한 번쯤은 들어봤을 기술이며, 정말 다양한 도메인 영역에서 수많은 문제를 해결하고 있습니다. 현재 엘라스틱 스택을 다룰 수 있는 엔지니어를 찾지 못해 고민이 많다는 기업의 하소연을 쉽게 접할 수 있습니다. 심지어 모 대학에서는 엘라스틱 기반 엔지니어를 양성하기 위한 프로젝트를 진행하고 있으며, 졸업 후 취업까지 쉽게 연계되는 경우를 심심치 않게 봅니다.

모쪼록 이 책이 엘라스틱 엔지니어를 양성하는 데 주춧돌과 같은 바이블이 되길 바랍니다. 여러분도 도전해보세요!

– 조인석 / Elastic 수석 기술지원 엔지니어

지은이 소개

김준영(cantoluna1@gmail.com)

학창시절 제2의 봉준호 같은 유명한 영화감독이 되고 싶었지만 스스로에 대한 확신이 없어서 성균관대 컴퓨터공학과에 입학했다. 대학 시절 삼성전자 소프트웨어 멤버십과 병역특례, 대학 서버실 관리를 하면서 컴퓨터 프로그래밍의 매력에 푹 빠졌다. 삼성전자에서 타이젠Tizen 운영체제를 개발했고 현재는 SK텔레콤에서 데이터 분석 업무를 담당하고 있다. 2014년도에 컴퓨터시스템응용 기술사 자격증을 취득했다.

정상운(kjss10@gmail.com)

개발자로서 첫발을 내딛은 회사에서 일하다 엘라스틱 스택 기술에 흠뻑 빠져들었다. 이후 열성적으로 키바나와 로그스태시 플러그인에 컨트리뷰션하고 엘라스티콘Elastic{ON} 서울에서 발표도 하며 여러 대외 활동을 이어가다가 결국 전업으로 삼게 됐다. 지금은 엘라스틱 스택의 개발사인 엘라스틱에서 서포트 엔지니어로 일하며 인간 디버거 역할을 수행하고 있다.

지은이의 말

2008년 회사에서 깃Git을 처음 도입했던 시절이 기억난다. 리눅스 개발팀이었던 우리 부서는 기존에 사용하던 유료 형상관리 툴 대신 리누스 토발즈(리눅스 창시자)가 만들었다는 새로운 형상관리 툴인 깃을 도입하기로 결정했다. 하지만 당시 깃은 초창기 버전이라 사용자 편의 기능이 거의 없었고, 모두들 사용법에 익숙하지 않아 사용하기 버거워했다. 제품 릴리스가 코앞인데 개발자끼리 커밋이 얽히기라도 하면 밤을 새워서 깃 히스토리를 정리해야 했다. 지금 생각해보면 원격 저장소, 스테이징 에어리어 같은 깃의 기본 개념을 이해하지 않고 튜토리얼에서 제공하는 사용법 정도만 익혀서 바로 실전에 적용한 것이 문제였던 듯하다. 도구를 제대로 사용하는 것도 힘들었고 문제가 발생했을 때 해결하기도 힘겨웠다.

그 이후로도 많은 프레임워크, 라이브러리, 프로그램 등을 사용했지만 항상 가슴속에 답답함이 있었다. 영어로 적힌 개발 문서를 보는 어려움도 있고 코드 작성 이외의 시간을 낭비라고 생각했던 문화도 있었다. 프레임워크를 온전히 이해하지 못하고 주먹구구식으로 사용하다 보니 기능을 100% 활용하지 못하는 것 같았다. 간혹 문제가 발생하거나 코드 작성이 힘들면 구글과 스택오버플로우의 도움을 받았다. 인터넷에서 발견한 코드들과 누군가의 질문에 친절하게 답변해주는 답변자들에 대한 감사함을 느꼈지만, 동시에 '왜 나는 코드 작성이 힘들었을까?', '왜 나는 응용을 하지 못했을까?' 하는 스스로에 대한 실망이 공존했다. 당연한 이야기지만 기초 지식이 없기 때문에 이해력이나 응용력이 좋을 수가 없었다.

이번에 책을 쓰면서 가장 중점을 둔 포인트가 바로 이 지점이었다. 이 책을 통해 독자들에게 엘라스틱 스택이라는 프레임워크의 기초와 기본을 알려주고 싶었다. 독자들이 적어도 자신이 사용하는 프레임워크의 기초 지식을 습득하고 코드를 작성했으면 하는 바람이 있었다. 중요한 부분은 여러 번 반복해서 완전히 이해하게 설명했고, 지면의 한계로 덜 중요한 부분은 과감히 생략했다. 혹시나 설명이 부족한 부분들은 온라인 문서 링크를 남겨뒀다. 이 책의 설명은 대부분 공식 문서나 엘라스틱 블로그에도 있는 내용이지만 인터넷에서 조각조각 배워나가는 것보다 독자들이 이 책을 통해 먼저 큰 그림을 이해하면 더할 나위 없겠다. 프레임워크의 기초나 뼈대를 이해하면 한 번 검색을 해도 더 스마트하게 검색하고 누군가의 코드와 설명, 혹은 질문과 답변들을 더 쉽게 이해하고 오래 기억할 수 있기 때문이다.

또한 책을 쓰면서 신경을 쓴 또 다른 포인트는 기존 엘라스틱 책들과의 차별성이다. 처음 책을 기획할 때는 시중에 전혀 없었던 엘라스틱 스택 활용서를 쓰려고 했다. 하지만 기본을 더 중시하자는 출판사의 의견에 따라서 엘라스틱 스택 설명과 활용, 그리고 운영 전반에 관한 책으로 변경했다. 대신 엘라스틱서치만을 깊게 다루는 기존 책들과 다르게 차별점을 두어, 엘라스틱서치 분량을 줄이고 로그스태시, 비트, 키바나 등 전반적인 엘라스틱 스택 분량을 늘렸다. 그리고 모든 것을 설명할 수 없다면 지엽적인 것들은 버리고, 대신 기초가 되는 부분들을 더 강조하고 활용 사례까지 보여주는 것으로 변경했다.

마지막으로 엘라스틱을 만든 샤이 배넌과 엘라스틱을 발전시킨 수많은 참여자들, 그리고 더 깊이 뿌리를 파고 내려가면 루씬을 만들고 분산 시스템을 만들고 그 밖에 지금의 컴퓨터 환경을 만들기 위해 노력했던 수많은 개발자들에게 감사를 보낸다. 또한 책을 쓸 수 있게 응원해준 내 가족들과 책만 출판사 대표님, 그리고 같이 책을 쓰느라 고생한 상운 님과 꼼꼼히 감수하고 폭넓은 조언을 주신 재호 님에게 감사의 인사를 전한다.

김준영

로그 모니터링 시스템을 구축하기 위해 엘라스틱 스택(당시에는 ELK 스택이라고 불렸다)을 처음 접했을 때를 돌이켜보면 다소 혼란과 혼동의 연속이었다. 그때 엘라스틱서치라고 하면, 인덱싱을 통해 빠른 전문full-text 검색을 수행할 수 있는 도구라거나, 관계형 데이터베이스에 신뢰할 수 있는 데이터를 보관하고 부가적으로 색인을 도와주는 정도라고 이해했다. 하지만 조금 더 파보니 원본 데이터를 저장할 수도 있고 레플리카 구성을 통해 신뢰도도 높일 수 있다는 사실을 알게 됐으며, 데이터베이스처럼 활용할 수도 있겠다는 생각을 했다. 빠른 검색 및 집계 성능은 당시 개발하던 모니터링 솔루션의 성능 문제를 획기적으로 해결해줄 수 있으리라 여겨졌으며, 직접 로그스태시와 키바나를 사용해보고 난 뒤에는 내가 다른 기술로 직접 구현하는 것보다는 차라리 엘라스틱 스택을 더 잘 활용하는 편이 낫겠다는 생각이 들었다. 실제로 간단하게 구축했던 엘라스틱 스택이 기존에 상상하지 못하던 수준의 로그를 가뿐하게 처리하는 모습을 보고서는, 바야흐로 엘라스틱 스택의 시대가 왔음을 직감했다.

데이터 플랫폼을 구축하기 위해선 데이터의 수집, 정제, 보관, 검색, 시각화 등 다양한 기능을 구현해야 할 뿐 아니라 성능, 유연성 등을 고려해 여러 소프트웨어들을 조사하고 한데 묶어낼 필요가 있다. 이제는 잘 알려진 기술 중 하나인 엘라스틱 스택은 이 모든 요소를 포함함은 물론, 손쉬운 배포, 편리한 사용성, 확장성, 뛰어난 성능, 높은 내결함성 및 고가용성을 자랑해 그 자체만으로도 완전한 데이터 플랫폼을 구성할 수 있는, 그야말로 전천후 소프트웨어 스택의 위상에 올랐다.

하지만 많은 특징을 내포하고 있고 배포도 쉬운 만큼, 좀 더 제대로 사용하기 위해선 데이터 플랫폼 전반, 클러스터링, 분산 처리, 인덱싱 등 많은 기반 지식이 필요하다. 깊은 이해 없이 사용하다가 어느 순간 성능이나 보안 등 운영 측면에서 뜻밖의 문제를 맞닥뜨리기도 한다. 그뿐 아니라 엘라스틱 스택의 장점이자 단점인 빠른 업데이트와 그에 따른 추가 기능들은 사용자로 하여금 어떤 기능을 어디서부터 활용하면 좋을지 헷갈리게 만들기도 한다.

나는 이 책에 엘라스틱 스택의 구조와 동작원리에 대해 오해 없이 정확한 정보를 담고자 노력했다. 방대한 엘라스틱 스택의 기능을 모두 담지는 못하더라도 가장 핵심적인 내용들을 추려 독자들로 하여금 엘라스틱 스택의 기능을 좀 더 다양하게 체험할 수 있게 하고 싶었다. 나아가 고성능 검색 엔진 엘라스틱서치와 그를 서포트하는 주변 소프트웨어가 아니라, 스택으로서 각각의 역할을 완벽하게 소화하는 스택 내 제품들의 매력을 알려주고 싶었다.

엘라스틱 스택은 국내 커뮤니티도 잘 활성화되어 있을 뿐만 아니라 우리나라 사용자들의 오픈소스 기여도 많이 이뤄지고 있다. 이 책을 통해 엘라스틱의 매력이 충분히 전달되길 바라며, 나아가 엘라스틱 커뮤니티와 오픈소스의 기여자가 늘어났으면 하는 바람이다.

마지막으로, 엘라스틱 스택의 커뮤니티 활성화에 기여한 모든 이들, 또 책이 나오기까지 함께 고생한 준영 님, 재호 님, 출판사 관계자분들께 감사를 표한다. 그리고 무엇보다 항상 날 지지해주는 사랑하는 아내와 가족들에게 감사드린다.

정상운

감수자 소개

박재호

포항공과대학교 컴퓨터공학과 학부와 대학원을 졸업했다. 임베디드 시스템 개발, 기업용 백업 소프트웨어 개발, 방송국 콘텐츠 수신제한 시스템 개발과 운영 지원, 클라우드에서 동작하는 서비스 개발에 이르기까지 다양한 실무 경험을 토대로 고성능 고가용성 시스템을 설계하고 있다. 코스닥 상장사인 엑셈 CTO로 인공지능과 스마트팩토리 관련 개발을 총괄했으며, 클라우드용 모니터링 시스템을 위한 아키텍처 설계도 주도했다. 『마이크로서비스 도입, 이렇게 한다』(책만, 2021), 『Clean Code 클린 코드』(인사이트, 2013)와 『피플웨어』(인사이트, 2014)를 비롯해 번역하고 집필한 책이 40여 권에 이른다.

각종 기술 소식을 다루는 블로그 '컴퓨터 vs 책'(https://jhrogue.blogspot.com/)과 개발자를 위한 유튜브 '채널 박재호'(https://www.youtube.com/c/박재호dev)를 운영하며, 개발자들을 위한 각종 교육과 세미나도 지속적으로 진행하고 있다.

감수의 글

감수를 위해 이 책 초고부터 교정지까지 본문을 여러 차례 반복해서 읽게 되었는데 그때마다 엘라스틱 스택의 각기 다른 핵심 기능과 활용법이 눈에 쏙쏙 들어오는 신기한 경험을 했다. 보통 기술서를 여러 번 읽으면 약간은 지루하다는 생각이 들기 마련인데 이 책은 읽을 때마다 뭔가 중요한 내용을 배우고 있다는 느낌을 받았다. 엘라스틱을 한 번도 접한 적이 없는 개발자뿐만 아니라 어느 정도 엘라스틱에 익숙하다고 생각하는 개발자도 이 책을 손에 들면 감수자의 말에 공감하게 될 것이다.

이 책에서는 모든 것을 포괄적으로 설명하기 위해 중요한 내용과 그렇지 않은 내용을 전반에 여기저기 흩어놓는 대신, 철저하게 파레토 법칙에 따라 80% 효과를 얻을 수 있는 20%에 집중한다. 따라서 본문 전개 과정에서 속도감과 응집력이 상당히 높다. 또한 카탈로그에 나온 API나 기능 설명에 그치지 않고 핵심을 빠르게 학습하기 위한 좋은 예제가 설명 뒤에 바로 이어지며, 책 전반에 걸쳐 추상적인 이론을 손에 잡히는 구체적인 사례로 바꿔낸다. 엘라스틱 스택을 언제 어디서 어떻게 잘 활용할 수 있는지 고민하면서 인터넷에 올라온 단편적인 지식을 수집하다 지친 분들이라면 이 책이 갈증을 해소해주는 오아시스처럼 보일 것이다.

본문에도 나오지만 엘라스틱 스택은 설치부터 실제 활용까지 그 사용법이 크게 어렵지 않기 때문에 그냥 곧바로 써봐도 될 것 같다는 생각이 들 수도 있다. 하지만 입문하기 쉽다고 해서 마스터하기도 쉽다고 보기는 어렵다. 엘라스틱 스택은 빅데이터 파이프라인 전체를 구축할 수 있는 강력한 기능을 제공하기 때문에 실제 알아야 할 내용이 매우 많으므로, 사용하면서 배우고, 배우면서 사용하는 능동적인 학습이 필수다. 능동적인 학습 과정에서 큰 도움을 주는 이 책의 주요 특성 중 하나는 목적 지향적인 설명이다. 앞뒤 맥락 없이 무조건적으로 이런저런 기능이 있다고 설명하는 대신, 이런저런 일을 하려면 엘라스틱의 어떤 기능을 활용해야 할지를 잘 설명한다. 예를 들어, 유사한 기능이 두 가지 있을 때 정확한 차이점과 구체적인 사용법을 알아야 기능이나 비기능(성능과 저장 공간 절약) 측면에서 원하는 목적을 달성할 수 있는데, 이 책에서는 각각에 대해 의도와 핵심을 설명하고 비교를 통해 상황에 맞는 선택지를 제시한다. 또한 개발 과정을 벗어나 실제 운영 과정에서 고려해야 하는 (정말 양보하기 어려운 필수) 사안에 대해서도 풍부한 그림과 시나리오를 활용해 내부 동작 방식까지 파고들면서 그렇게 해야 하는 이유와 구체적인 지침을 명확하게 정리해준다.

이 책에서 숨겨진 주인공은 바로 엘라스틱 스택 활용 부문에 나오는 프로젝트 삼총사다. 빅데이터 관련 프로젝트를 진행할 때 여러 가지 오픈소스를 활용해 복잡하게 연결하는 대신 엘라스틱 스택만으로 데이터 수집부터 시각화까지 한 번에 끝내는 비법이 궁금했을 텐데, 이 책에서는 예제를 위한 예제가 아닌 캐글/트위터/공공데이터에서 가져온 실제 데이터를 토대로 한국어까지 깔끔하게 처리하면서 지도 위에 시각화하는 전 과정을 압축적으로 보여준다. 이 과정에서 엘라스틱 스택을 구성하는 개별 구성요소를 연결하는 방법뿐만 아니라 부드럽게 연계하기 위한 필터 활용은 물론이고 실제 비즈니스 논리 구현 과정에 필요한 프로그래밍에 이르기까지 빠짐없이 나우므로, 엘라스틱 스택을 제대로 활용하는 유스 케이스나 실무 사례로도 손색이 없다는 생각이다.

저자진이 자신들의 풍부한 현업 실무 경험을 바탕으로 심사숙고해서 선별한 내용을 가득 담은 이 책을 지렛대로 삼아, 아무쪼록 엘라스틱 스택의 풍부한 기능과 강력한 성능을 독자 여러분이 마주치는 현업의 문제를 풀어가는 과정에 적극적으로 활용할 수 있으면 좋겠다.

빅재호

차례

들어가며

만일 엘라스틱이 없었다면 지금 어떤 상황에 놓여 있을지 상상할 때가 있다. 데이터베이스의 LIKE 연산을 사용해 엄청나게 느릴 뿐만 아니라 부정확하기까지 한 검색 결과를 보면서 한숨을 내쉬고, 관계형 데이터베이스에 끝도 없이 쏟아지는 로그를 쌓다가 정작 중요한 비즈니스 업무에 지장을 초래하고, 그래프를 그리려니 데이터베이스에서 CSV로 파일을 내보낸 다음에 엑셀에서 읽은 다음에 가공해야 하고, 반정형 로그 데이터의 특정 필드를 뽑아내기 위해 셸스크립트나 파이썬 스크립트로 매번 프로그램을 만들어야 하는 등의 갖가지 곤란을 겪고 있을 것이다. 엘라스틱 스택이 등장하기 전까지는 정말로 그렇게 지냈고 또 그게 당연한 줄 알았다. 하지만 엘라스틱 스택이 등장한 후부터는 더는 그럴 필요가 없으므로 무척 다행이라는 생각이 든다.

엘라스틱은 다양한 용도로 사용되고 있다. 텍스트를 처리해야 하는 회사는 전문 검색을 위한 저장소와 검색 엔진으로 사용한다. 반정형 데이터를 처리해야 하는 회사는 로그 수집과 분석을 위한 저장소와 시각화 도구로 사용한다. 엑셀로는 도저히 불가능한 엄청난 데이터에 대한 통계적인 작업을 많이 하는 회사는 집계 연산을 활용하는 시각화 도구로 사용한다. 회사마다 하고 싶은 일이 있는데 대량의 데이터와 연관이 있다면 엘라스틱이 자연스럽게 생각나기 마련이다.

아마존 웹 서비스에서 주관한 빅데이터 파이프라인에 대한 세미나를 처음 들었을 때 데이터의 수집 - 변환(정제) - 저장 - 분석 - 시각화에 사용되는 엄청나게 많은 오픈소스와 벤더 소프트웨어를 보고 눈앞이 캄캄했던 기억이 여전히 새롭다. 엄청나게 복잡한 다이어그램들을 접하다가 엘라스틱 스택을 보는 순간 한 가지 사실은 명확해졌다. 복잡한 데이터 파이프라인을 상황에 맞춰 정말 간편하게 설치하고 구성할 수 있는 몇 안 되는 솔루션이 되리라는 사실 말이다. 많은 회사가 엘라스틱을 사실상 데이터 저장과 분석에 있어 첫 번째로 고려해보는 이유도 빠르게 변하는 세상에 어울리게 제품 자체가 핏이 맞기 때문이 아닐까 하는 생각이 든다.

엘라스틱서치는 천문학적인 양의 데이터를 저장하고, 가장 빠르게 정확한 결과를 찾아낼 수 있도록 도와주는 강력한 분산 검색 엔진이자, 다큐먼트 저장이 가능한 데이터베이스다. 검색 엔진하면 가장 처음 떠오르는 것은 구글과 같이 웹 페이지의 콘텐츠, 즉 텍스트에 대한 검색이지만, 엘라스틱서치는 텍스트는 물론 위치, 숫자, 날짜 등 다양한 형태의 데이터에 대한 실시간 검색과 집계를 지원해 빅데이터를 활용하는 데 있어 가장 강력한 도구로 현업에서 맹활약 중이다.

이 책의 2부에서는 엘라스틱서치의 기본, 어떻게 데이터를 저장하고 검색과 집계를 수행하는지를 소개할 뿐만 아니라 엘라스틱서치에 실시간으로 데이터를 적재하고, 변환하고, 시각화하기 위해 사용되는 비츠, 로그스태시, 키바나에 대해 소개한다. 각 스택을 구성하는 개별 구성요소에 대한 핵심적인 사안을 다양한 실제 사례를 들면서 설명하므로 단위 기술을 업무에 적용해야 할 때 큰 도움이 될 것이다. 엘라스틱 스택을 처음 접하는 경우라면 2부에 나온 내용을 읽으면서 단기간에 실무에 필요한 핵심 지식을 얻을 수 있으며, 이미 엘라스틱 스택을 사용하고 있다면 기억을 되살리는 동시에 새로운 버전에서 바뀐 기능을 익힐 수 있을 것이다.

이 책의 3부에서는 엘라스틱 스택을 현업에서 즉시 활용할 수 있도록 구체적이면서 실질적인 예제로 실습을 구성했다. 캐글 사이트에서 CSV 형태의 TMDB 데이터셋을 가져와 로그스태시 필터를 거쳐 가공한 데이터를 엘라스틱서치에 저장하고 키바나로 시각화하는 예제, 트위터에서 실시간 데이터를 가져와서 한글 분석을 거쳐 엘라스틱서치에 저장하고 태그 클라우드 형태로 트렌드를 시각화하는 예제, 서울시에서 제공하는 공공데이터를 가져와서 로그스태시와 엘라스틱서치 API를 활용한 파이썬 프로그램으로 엘라스틱서치에 저장하고 키바나를 활용해 지도 형태로 시각화하는 예제를 담았다. 2부의 내용이 개별 스택에 주력했다면, 3부의 내용은 여러 스택을 연결해 실제 현업에서 사용되는 데이터 파이프라인을 구축하는 방법에 초점이 맞춰져 있다.

이 책의 4부에서는 엘라스틱 스택을 운영할 때 아키텍처 수준에서 고려해야 하는 클러스터와 노드 구성을 비롯해 실제 운영 과정에서 부딪히는 하드웨어 구성, 용량 산정, 안정성, 가용성, 확장성, 보안성에 대한 실무적인 지침을 정리한다. 2부와 3부에서 다루는 개발과 테스트 환경을 넘어서 본격적인 서비스가 일어나는 상용 환경에서 무엇이 중요한지 핵심을 정리했으므로, 운영자는 물론이고 데브옵스를 맡은 개발자들에게도 도움이 될 것이다.

데이터 플랫폼에서 빼놓을 수 없는 핵심 중 하나로 자리 잡은 엘라스틱 스택에 대한 이해를 넘어, 어떻게 활용하면 좋은지에 대한 통찰을 얻어갈 수 있길 바란다.

이 책의 대상 독자

- 엘라스틱 스택을 차근차근 배우고자 하는 개발자와 운영자
- 실제 엘라스틱 스택을 어떻게 프로젝트에 투입해서 개발하고 운영해야 하는지 큰 그림을 그리고 싶은 관리자와 개발자
- 엘라스틱 스택을 직접 서비스에 투입해 운영하는 과정에서 안정성, 고가용성, 보안성을 한 단계 높이고 싶은 관리자와 운영자
- 엘라스틱 스택을 이용하여 스타트업과 엔터프라이즈 빅데이터 파이프라인과 플랫폼을 구축하고자 하는 개발자
- 한글 전문 검색 서비스를 회사 내에서 서비스할 수 있게 작업하는 개발자

- 오픈소스를 이용하여 로그 모니터링을 하고 싶은 운영자
- 쉽고 효율적으로 데이터를 수집, 정제하고 싶은 개발자
- 데이터를 시각화하면서 손쉽게 데이터를 분석하기 원하는 분석가

이 책의 구성

1부 '엘라스틱 스택 개요'에서는 엘라스틱 스택의 역사, 용도, 구성요소를 알아보고 엘라스틱서치와 키바나 설치 방법을 알아본다.

1장 '엘라스틱 스택이란'에서는 엘라스틱의 변천사와 엘라스틱 스택의 구성요소, 엘라스틱 스택을 활용한 전문 검색 서비스, 로그 모니터링 같은 서비스 활용 방법과 빅데이터 플랫폼에서 엘라스틱 스택의 위상과 역할을 알아본다. 그리고 엘라스틱 스택과 여타 솔루션들의 차이점을 알아볼 것이다.

2장 '윈도우 실습 환경 구성'에서는 윈도우 환경에서 엘라스틱서치와 키바나 7.10.1 버전을 설치하는 방법을 알아본다.

2부 '엘라스틱 스택 구성요소'에서는 엘라스틱 스택의 구성요소인 엘라스틱서치, 키바나, 로그스태시, 비츠를 자세히 알아본다.

3장 '엘라스틱서치 기본'에서는 엘라스틱서치 인덱스, 도큐먼트를 알아보고 도큐먼트 CRUD와 인덱스 구조를 이해한다. 또한 매핑, 인덱스 템플릿, 분석기 등을 배우면서 엘라스틱서치에 도큐먼트를 저장하는 방법을 배운다.

4장 '엘라스틱서치: 검색'에서는 인덱스 쿼리에서 사용하는 BM25 알고리즘을 알아보고 전문 쿼리와 용어 수준의 쿼리의 차이점과 대표적인 쿼리들을 직접 실행하면서 검색 방법을 알아본다.

5장 '엘라스틱서치: 집계'에서는 통계 정보를 얻는 메트릭 집계, 도큐먼트를 나누는 버킷 집계, 여러 집계를 사용하는 파이프라인 집계를 배운다.

6장 '로그스태시'에서는 로그스태시와 JDK 설치 방법을 알아보고 파이프라인 작성법과 플러그인 사용법 등을 배운다. 또한 로그스태시 모니터링도 알아본다.

7장 '비츠'에서는 비츠 설치 방법과 파일비트를 이용해 비츠를 설치하고 실행하는 일련의 과정을 배운다. 또한 모듈을 이용하여 쉽게 비츠를 설정하는 방법과 모니터링까지 알아본다.

8장 '키바나'에서는 시각화 메뉴들 중 디스커버, 시각화, 대시보드, 캔버스, 맵스의 사용법을 알아본다.

3부 '엘라스틱 스택 실전 활용'에서는 1부와 2부에서 배운 내용을 바탕으로 엘라스틱 스택으로 구현할 수 있는 몇 가지 프로젝트를 진행한다.

9장 '캐글 CSV 파일을 활용한 인덱스 작성'에서는 캐글에서 다운로드한 CSV 영화 파일을 엘라스틱 스택에 올린 다음 데이터를 분석해본다. 이 과정에서 로그스태시 루비 필터 등을 이용해 데이터를 정제하고, 매핑과 인덱스 템플릿을 이용해 인덱스를 생성한다.

10장 '로그스태시를 활용한 한글 트위터 데이터 분석'에서는 로그스태시 트위터 플러그인을 이용하여 소셜 데이터를 입수하는 방법을 배우고, 노리Nori 분석기로 한글 데이터를 분석하는 방법을 배운다. 인덱스를 다시 설계하는 방법과 키바나에서 실시간 데이터를 시각화하는 방법을 다룬다.

11장 '파이썬 클라이언트를 활용한 공공데이터 분석'에서는 파이썬을 이용한 엘라스틱서치 클라이언트 앱 개발 방법을 다룬다. 이 과정에서 공공 API를 사용하는 방법과 QGIS를 이용해 지도에서 활용할 수 있는 벡터 레이어를 만들고 시각화하는 방법을 배운다.

4부 '엘라스틱 운영'에서는 리눅스 환경에서 엘라스틱 스택 설치 방법과 클러스터의 기본이 되는 노드, 샤드, 인덱스와 그 설정에 대해 익힌다. 또한 실제 3대의 노드로 클러스터 구성까지 실습해본다.

12장 '리눅스 실습 환경 구성'에서는 리눅스 환경에서 엘라스틱서치와 키바나 7.10.1 버전을 설치하는 방법을 알아본다.

13장 '클러스터와 노드 구성'에서는 노드의 역할을 설명하고 클러스터 구성 가이드를 제공한다. 또한 핫/웜 구성 방법과 백업 방법을 알아보고 샤드와 샤드 최적화를 알아본다. 마지막으로 노드와 클러스터를 설정하는 방법을 배운다.

14장 '운영 클러스터 구축'에서는 운영을 위한 하드웨어 선정 가이드와 클러스터 구성 방법을 배우고 보안 기능을 활성화하는 방법을 익힌다. 마지막으로 운영에 필요한 사용자 역할을 구분하는 방법을 살펴본다.

이 책을 활용하기 위한 개발 환경

- 엘라스틱서치 7.10.1
- 키바나 7.10.1
- 로그스태시 7.10.1
- 파일비트 7.10.1

- 윈도우 10(2부, 3부에서 활용)
- 리눅스 우분투 18.04(4부에서 활용)
- JDK 8
- 파이썬 3.8

예제 코드 다운로드와 활용

책에 나오는 코드는 스스로 입력해서 실행 결과를 직접 확인하는 방식이 가장 도움이 된다. 그러나 바쁜 독자 여러분이 책 내용을 손쉽게 따라 할 수 있도록 이 책에서 다루는 예제 코드는 필요에 따라 이 책의 공식 깃허브 페이지에서 내려받을 수 있다. 또한 깃허브 페이지에서는 책에서 사용했던 프로그램의 소스 파일을 제공하므로 이곳에서 내려받아 사용해도 된다. 설치 파일의 경우 직접 내려받아서 사용하자.

https://github.com/onlybooks/elasticstack

소스 코드를 이 책의 깃허브 페이지에서 파일로 제공하는 예제나 코드 스니펫에 대해서는 다음과 같이 리스트 제목 우측에 해당 폴더의 위치와 파일명을 함께 명시해뒀으니 참고하기 바란다.

리스트 3.12 벌크 파일 ch03/05/bulk_index2

```
{"index": {"_index": "index2", "_id": "6"}}
{"name":"hong", "age": 10, "gender": "female"}
{"index": {"_index": "index2", "_id": "7"}}
{"name":"choi", "age": 90, "gender": "male"}
```

독자 문의

이 책을 선택하고 읽어주신 독자 여러분께 감사의 인사를 전한다. 최선을 다해 오류가 없도록 책 내용을 작성하고 검증했지만 미처 찾아내지 못한 오류가 있을지도 모르겠다. 이 책의 오류나 오탈자, 누락된 내용 등이 있다면 출판사 편집팀(support@onlybook.co.kr)으로 메일로 알려주시고 책 내용과 직접 관련한 질문에 대해서는 최대한 빠른 시일 안에 회신을 드리겠다. 이 책의 도서 정보와 정오표는 책만 출판사 홈페이지(http://www.onlybook.co.kr/entry/elasticstack)와 깃허브 페이지(https://github.com/onlybooks/elasticstack)에서 볼 수 있다.

1부

엘라스틱 스택 개요

1장 | 엘라스틱 스택이란

2장 | 윈도우 실습 환경 구성

1부에서는 검색 엔진을 넘어선 빅데이터 플랫폼으로서 엘라스틱 스택의 위상을 알아보고 실습 환경을 구성해본다.

1장에서는 엘라스틱서치에서 시작해 본격적인 빅데이터 플랫폼인 엘라스틱 스택으로 발전하는 과정을 살펴보고 엘라스틱 스택을 구성하는 네 가지 구성요소인 엘라스틱서치, 키바나, 로그스태시, 비츠를 소개한다. 엘라스틱 스택의 용도와 빅데이터 플랫폼과 연동하는 방안을 설명한 다음, 유사 제품과의 비교를 통해 엘라스틱의 특징을 명확하게 파악해보겠다. 2장에서는 앞으로 이어질 실습을 위한 환경을 구성하는데, 엘라스틱 스택 중에서 가장 기본이 되는 엘라스틱서치와 키바나 설치법을 살펴본다.

01

엘라스틱 스택이란
- 검색 엔진을 넘어서 빅데이터 플랫폼으로!

1.1 엘라스틱서치의 탄생

엘라스틱서치Elasticsearch가 처음 등장했을 때 어느 누구도 빅데이터 파이프라인을 구성하는 플랫폼 형태로 성장하리라 예상하기는 어려웠을 것이다. 엘라스틱이 등장했을 무렵에 사용자의 요구사항은 너무나 명확했다. 바로 사이트 내에서 전문 검색full text search 기능을 제공하는 강력한 소프트웨어의 필요성이었다. 인터넷 검색 서비스는 계속해서 등장하고 있었지만, 구현체를 공개하지 않았기 때문에 일반 개발자는 검색 이면에 숨은 비밀에 접근하기가 좀처럼 쉽지 않았다. 따라서 기업 내에서 대량의 데이터베이스나 파일 시스템을 검색할 수 있는 라이브러리나 프레임워크는 벤더가 제공하는 값비싼 솔루션에 의존할 수밖에 없었고, 이는 기업용 검색 기능의 발전에 크나큰 걸림돌이 되었다.

1999년 하둡Hadoop으로 유명해진 더그 커팅Doug Cutting은 제록스 PARC와 익사이트Excite에서 검색 엔진을 만들던 역량을 다시 한번 발휘해 자신의 다섯 번째 검색 엔진 라이브러리를 만들게 된다. 더그 커팅 부인의 중간 이름을 딴 루씬Lucene이 바로 미래에 맹활약을 펼칠 주인공이었다. 루씬은 2001년도에 아파치 자카르타Jakarta에 합류했고, 규모가 점점 확장됨에 따라 2005년 2월에 독자적인 아파치 프로젝트로 분리된다. 루씬은 전문 인덱싱과 검색 기능을 요구하는 애플리케이션에서 사용되기 시작했으며, 더그 커팅은 2003년 6월에 100만 페이지를 가져오는 웹 크롤러인 아파치 너치Apache Nutch를 만들어 루씬의 위력을 증명했다. 나중에 아파치 프로젝트에 들어가면서 현재까지 개발이 이어지고 있는 너치는 맵리듀스 기능과 분산 파일 시스템을 기반으로 만들어졌는데, 이것이 바로 하둡의 시초가 되었다.

하지만 루씬은 라이브러리 형태로 되어 있었기 때문에 제대로 사용하기 위해 해야 할 작업이 무척 많았다. 물론 루씬 덕분에 완전 처음부터 작업할 필요는 없었지만, 사용자 편의성을 제공하기 위한 상부 작업은 피할 수 없는 상황이었다. 이때 기술 잡지를 만들던 CNET 네트워크에서 2004년경 사내 웹사이트 검색을 위해 직접 제작한 검색 엔진의 소스 코드를 2006년에 아파치 재단에 기부하기로 결정한다. 솔라Solr라는 이름의 이 프로젝트는 상용 서비스에 적합한 수준의 높은 트래픽을 뒷받침하는 고성능의 검색 엔진으로 자리 잡으면서 많은 사람의 관심을 끌었고, 2010년 3월에는 루씬과 통합되어 커미터들이 함께 개발을 진행하게 된다. 2021년 2월에는 루씬에서 분리되어 완전히 독립된 아파치 최상위 프로젝트로 자리 잡았다.

CNET 네트워크가 솔라를 개발하고 있었을 2004년 무렵에 요리 학교를 다니던 자신의 부인이 손쉽게 레시피를 검색할 수 있도록 루씬을 기반으로 컴파스Compass 프로젝트를 진행하던 샤이 배넌Shay Banon은 버전 3에 이르러서 많은 부분을 재작성해 확장 가능한 검색 엔진 솔루션을 만들면 좋겠다는 생각을 하게 된다. 처음부터 분산 환경을 위한 솔루션, HTTP상에서 JSON으로 인터페이스를 지원하는 솔루션, 자바 이외에도 다양한 프로그래밍 언어를 지원하는 솔루션을 표방하고 작업에 들어간 배넌은 2010년 2월에 드디어 엘라스틱서치를 공개한다.

1.2 엘라스틱 스택으로 발전

역사에는 만약이 없다는 말도 있지만, 오픈소스 검색 엔진 부문에서 먼저 출발한 아파치 솔라의 길을 그대로 따라갔다면 엘라스틱서치 역시 세간의 관심을 크게 끌지 못했을지도 모른다. 하지만 엘라스틱은 단순 검색 엔진에 머무르는 대신 플랫폼으로 발전하는 길을 택했다. 데이터가 점점 늘어나는 상황에서 전문 검색은 대량의 데이터를 저장해서 처리하는 한 가지 방법에 불과했고, 다양한 사용 사례를 유연하게 지원하기 위해서는 검색 엔진을 뛰어넘는 플랫폼이 필요해졌다. 하지만 유연성을 확보하려면 그림 1.1에 제시한 바와 같이 데이터를 수집, 가공, 저장, 분석, 시각화하는 일련의 파이프라인을 구성하기 위해 다양한 오픈소스 소프트웨어를 조합해야 하는 불편함이 있었다. 엘라스틱은 바로 이 지점에서 사용자의 가려운 곳을 긁어주는 해법을 제시했으며, 간편하게 빅데이터 파이프라인을 구성하고 싶은 기업의 요구사항을 충족하기 위한 스택을 층층이 쌓아 올리기 시작했다.

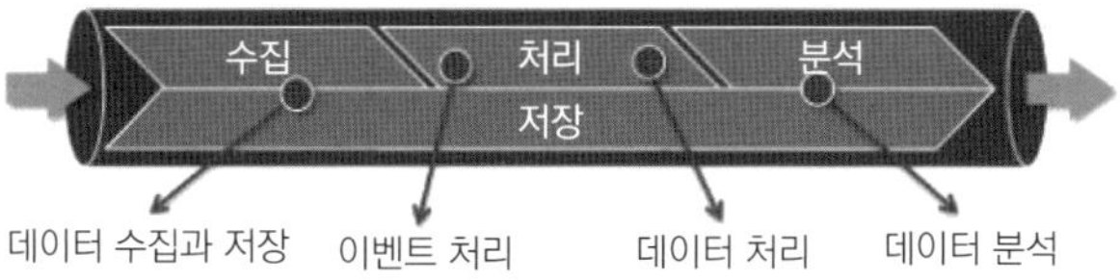

그림 1.1 **일반적인 빅데이터 파이프라인**[1]

엘라스틱서치가 개발될 무렵 두 가지 오픈소스 프로젝트가 추가로 진행되고 있었다. 요르단 시셀Jordan Sissel은 사용자가 선택한 보관함stash으로 로그를 보내는 오픈소스 데이터 수집 도구인 로그스태시Logstash를 개발하고 있었고, 라시드 칸Rashid Khan은 오픈소스 시각화 UI인 키바나Kibana를 개발하고 있었다. 샤이 배넌은 두 사람과 친분이 있었고 각자 진행 중인 프로젝트에 대해서도 잘 알고 있었기에 2012년 함께 모여 팀을 결성하기로 하고 엘라스틱서치, 로그스태시, 키바나를 합친 엘라스틱 스택Elastic Stack을 개발했다.

초창기에는 엘라스틱 스택이 느슨한 형태로 개발되었으며 각자 원하는 버전을 원하는 시점에 출시하는 형태였다. 하지만 사용자 요구에 맞춰 제품은 점차 개선을 거듭하면서 새 플러그인과 확장이 추가되기 시작했다. 하지만 스택을 구성하는 요소에 버전 번호가 제각각 붙었기 때문에 호환성을 유지하는 과정에서 큰 혼란이 벌어졌다. 정상적인 동작을 위해 엘라스틱 스택을 구성하는 각 구성요소의 어떤 버전을 함께 사용해야 할지 파악하기가 쉽지 않았으며, 플러그인과 확장도 버전별로 조합을 확인하는 과정이 고통스러웠다. 이를 해소하기 위해 2015년 10월에는 버전을 동일하게 맞춘 제품을 동시에 출시해서 안정적인 기반을 확보하게 되었다.

2015년에 베를린의 패킷비트Packetbeat라는 회사가 네트워크 데이터를 엘라스틱서치로 보내는 방법을 연구해서 제품을 개발하고 있다는 사실을 엘라스틱 개발팀이 알게 되자, 엣지 장비edge device에서 로그스태시와 엘라스틱서치로 네트워크 데이터, 로그, 메트릭, 성능 진단 데이터를 보내는 경량 데이터 수집기의 가능성을 고려하게 되고, 패킷비트와 연합해 비츠Beat가 탄생하게 된다. 이런 과정을 거치면서 여러 오픈소스 소프트웨어가 합쳐진 결과, 그림 1.2와 같은 엘라스틱 스택이 완성되었다.

1 출처: https://www.slideshare.net/AmazonWebServices/aws-big-data-platform

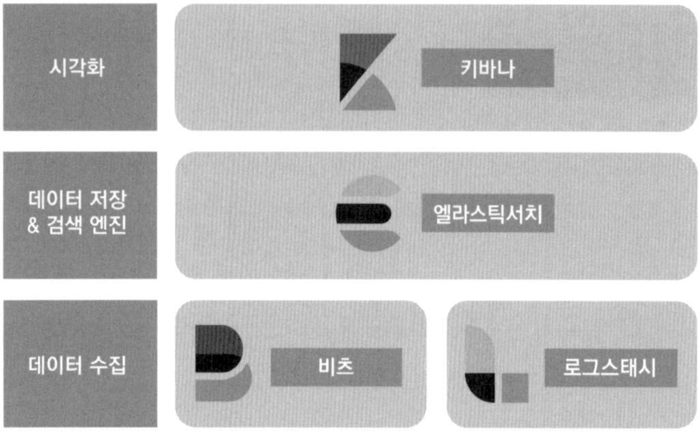

그림 1.2 엘라스틱 스택 구조

1.3 엘라스틱 스택의 구성요소

앞서 엘라스틱서치에서 시작해 엘라스틱 스택으로 발전해온 변천사를 간략하게 살펴봤다. 엘라스틱 스택은 일반적인 빅데이터 파이프라인을 구성하기 위한 데이터 수집, 가공, 저장, 분석, 시각화에 필요한 모든 소프트웨어를 갖추고 있다. 비츠와 로그스태시는 데이터를 수집하고 가공하는 역할을 맡으며, 엘라스틱서치는 저장하고 분석하는 역할을 담당하고, 키바나는 엘라스틱서치에 저장된 데이터를 시각화하고 모니터링하는 역할을 수행한다. 각각을 결합하면 더 강력해지지만, 필요에 따라서는 키바나를 제외한 엘라스틱 스택의 나머지 구성요소만으로도 개별적인 빅데이터 파이프라인의 일부로 사용될 수 있다.

상용 라이선스를 구입할 경우에는 그래프 분석이나 머신러닝 같은 고급 기능도 사용 가능하지만, 이 책에서는 무료로 사용 가능한 기본적인 라이선스만 사용할 예정이므로 엘라스틱서치, 로그스태시, 비츠, 키바나의 기본 핵심 기능을 중점적으로 다룬다는 사실도 기억하자. 지금부터는 엘라스틱 스택을 구성하는 소프트웨어의 특성을 하나씩 살펴보겠다.

1.3.1 엘라스틱서치: 분산 검색 엔진

엘라스틱서치는 검색 엔진search engine이지만 구글이나 네이버 같은 포털 서비스와는 다르다. 검색 엔진은 내부적으로 각 도큐먼트를 인덱싱indexing하고 빠르게 검색하는 데 사용하는 기술로 우리는 검색 엔진을 이용해 상위에서 구글, 네이버 같은 서비스를 만들게 된다. 엘라스틱서치는 모든 레코드를 JSON 도큐먼트 형태로 입력하고 관리하고 있으며, 일반적인 데이터베이스와 마찬가지로, 쿼리한 결과에 대해 일치하는 원본 도큐먼트를 반환한다. 또한 엘라스틱서치는 텍스트 외에도 숫자, 날짜, IP 주소, 지리geo 정보 등 다양한 데이터 타입에 대해 최적화되어 있다. 검색 엔진이면서 데이터베이스이기도 하고 텍스트 외에 다양한 데이터 타입을 지원한다는 점이 엘라스틱서치라는 이름과 쉽게 매칭되지 않지만 엘라스틱서치를 일종의 NoSQL 데이터베이스라고 생각하면 훨씬 더 큰 그림이 보일 것이다.

엘라스틱서치는 텍스트나 도큐먼트의 경우 인덱싱 시점에 분석을 거쳐 용어 단위로 분해되고 역인덱스 사전을 구축한다. 숫자나 키워드 타입의 데이터들은 엘라스틱서치 집계를 위해 집계에 최적화된 컬럼 기반 자료구조를 저장한다. 엘라스틱서치는 이렇게 최적화된 자료구조들을 바탕으로 병렬 처리나 분산 처리를 할 수 있다. 엘라스틱서치가 관계형 데이터베이스는 물론 다른 NoSQL 제품이 상상하기 어려운 빠른 검색과 집계 성능을 실현하는 이유는 검색 엔진인 동시에 데이터베이스이기 때문이다. 이론적으로는 충분한 크기의 엘라스틱서치 클러스터가 구성되어 있다면 데이터의 양과 무관하게 1초 이내의 응답 속도를 기대할 수 있다.

엘라스틱서치에 대한 기본적인 사용 경험은 몽고디비MongoDB 같은 도큐먼트 기반 NoSQL과 유사하다. 하지만 다른 NoSQL 제품을 압도하는 검색 기능과 성능이 엘라스틱서치의 가장 큰 특징이자 활용 목적이라 볼 수 있다. 또한 검색 엔진으로서 엘라스틱서치의 중요한 특징 중 하나는 스코어링scoring, 즉 연관도에 따른 정렬이다. 단순히 필드값을 기준으로 한 정렬은 어떤 데이터베이스에서도 제공되지만, 엘라스틱서치는 검색어에 대한 유사도 스코어를 기반으로 한 정렬을 제공한다. 이는 특히 복잡한 문자열 콘텐츠에서 검색을 수행할 때 큰 효과를 보인다. 이 외에도 다양한 스코어링 방법을 포함해 사용자가 정렬 방식을 다양하게 정의할 수 있다는 특성은 용도에 따라 큰 장점으로 작용한다. 이러한 검색 엔진으로서의 강력한 기능들은 엘라스틱서치의 기반이 되는 아파치 루씬Apache Lucene에서 비롯됐다. 루씬은 로우 레벨의 검색 엔진으로서 코드상에서 자바 라이브러리 형태로 참조해 사용이 가능하다. 엘라스틱서치가 제공하는 데이터 타입별로 최적화된 자료구조 지원이나 스코어링 등은 루씬의 특징으로 볼 수 있다. 하지만 엘라스틱서치는 이를 분산 시스템으로 확장하며 성능, 유연성, 활용성 면에서 극적인 개선을 이뤄냈다.

그림 1.3은 엘라스틱서치 클러스터를 분산 시스템으로 구성한 그림이다. 분산 시스템으로서 엘라스틱서치는 복수의 루씬 인스턴스를 병렬로 배치하고 분산 처리해 검색 속도를 무한히 확장할 수 있게 했다. 또한 노드 간 복제 기능을 통해 일부 노드가 다운되더라도 정상적으로 서비스를 지속할 수 있게 했다. 무엇보다 편리한 점은 모든 통신을 REST API를 이용하도록 만들어 프로그래밍 언어와 무관하게 사용자가 쉽게 접근할 수 있도록 활용성을 높였다는 것이다. 물론 엘라스틱서치에도 단점은 있다. 저장공간이 크게 압축되지 않고 시스템 리소스를 많이 사용한다.

엘라스틱서치는 DSL[Domain Specific Language] 쿼리를 채용하는데 JOIN 쿼리가 사실상 어렵기 때문에 반정규화를 기본으로 모델링해야 한다. 또한 인덱스가 불변의 자료구조이기 때문에 도큐먼트를 수정하거나 삭제할 경우에 비용이 저렴하지 않다. 하지만 이러한 단점들은 검색 성능을 끌어올리기 위해 어느 정도 트레이드오프가 이뤄진 것으로, 엘라스틱서치가 필요한 수준의 대량 데이터를 처리할 때는 일반적으로 용인되는 제약들이다. 결국 엘라스틱서치는 대용량 데이터에 대한 빠른 검색과 집계가 필요할 경우 우선적으로 고려해야 하는 데이터베이스 중 하나라고 할 수 있다.

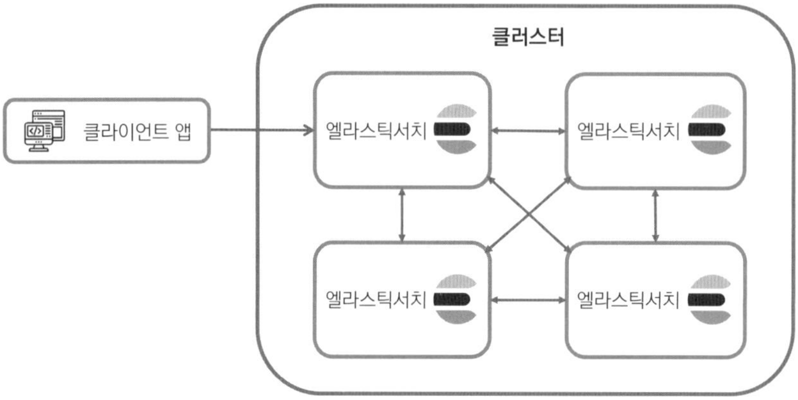

그림 1.3 **엘라스틱서치 분산 시스템 구성**

1.3.2 키바나: 시각화와 엘라스틱서치 관리 도구

엘라스틱서치는 사용자의 모든 입력을 REST API 형태로 받아들이기 때문에 별도의 드라이버 라이브러리가 없더라도 웹 브라우저나 curl 명령 등 친숙한 도구들을 이용해 기능을 활용할 수 있다. 엘라스틱서치는 REST API가 잘 설계된 제품이긴 하지만 복잡한 요청을 일일이 작성하기에는 다소 불편할 수 있다. 키바나는 바로 이런 불편함을 해소해준다. 키바나는 엘라스틱 스택의 UI를 담당한다. 엘라스틱서치에 대한 대부분의 관리 기능, API를 실행할 수 있는 콘솔, 솔루션 페이지들, 그리고 스택의 각 구성요소들을 위한 모니터링 페이지 등이 모두 키바나에 포함되어 있다. 하지만 엘라스틱서치 기반의 시각화 도구로서 키바나의 가장 중요한 기능은 시각화와 대시보드라 할 수 있다. 키바나는 일반적으로 많이 사용되는 라인 차트, 파이 차트 등과 테이블, 지도 등의 다양한 시각화 요소들을 클릭 몇 번으로 쉽게 구성할 수 있게 해준다. 특히 시각화 요소들을 한 화면에 마음대로 배치하고 실시간으로 업데이트할 수 있는 대시보드 기능은 엘라스틱 스택의 확산과 보급에 지대한 공헌을 했다.

그림 1.4는 키바나 시각화 도구를 이용해 다양한 커스텀 대시보드를 만든 화면이다. 대시보드에서

실시간 모니터링이 가능하고 데이터 분석도 가능하다. 요즘은 프레젠테이션을 만들듯이 시각화를 구성할 수 있는 캔버스, 서버에 접속해 `tail` 명령을 사용하듯 실시간으로 인덱싱되는 로그를 지속적으로 확인하고 검색할 수 있는 로그, 애플리케이션의 성능 모니터링을 위한 APM과 보안 이벤트를 관제할 수 있는 SIEM 등 강력한 솔루션들이 포함되어 있어 때로는 키바나를 사용하기 위해 엘라스틱서치를 고려하는 경우도 있다. 키바나는 새로운 버전이 나올 때마다 많은 기능이 추가되는 편이므로 혹시 구 버전의 키바나를 사용해본 적이 있다면 한 번쯤 최신 버전의 엘라스틱 스택을 설치해 최신 버전의 키바나를 체험해보자. 다양한 기능을 체험해볼 수 있도록 샘플 데이터를 기본으로 제공하기 때문에 어렵지 않게 기능을 둘러볼 수 있을 것이다.

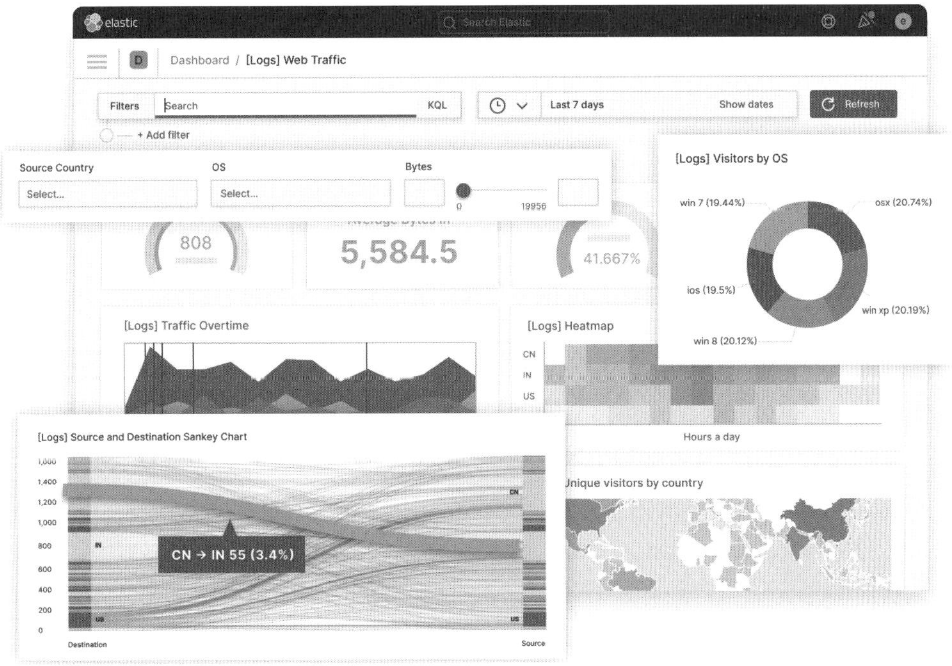

그림 1.4 키바나의 커스텀 대시보드[2]

1.3.3 로그스태시: 이벤트 수집과 정제를 위한 도구

대량의 데이터를 검색하기 위해 가장 먼저 선행돼야 할 작업은 데이터를 적재하는 것이다. 이는 빅데이터를 다룰 때 가장 손이 많이 가는 작업이며, 변경되는 상황에 맞춰 꾸준히 모니터링을 해야 하고 개선도 필요한 부분이다. 데이터 수집과 가공 기능을 제공하는 로그스태시를 사용하

2 출처: 키바나 제품 소개 페이지, https://www.elastic.co/kibana

면 로그, 메트릭, 웹 애플리케이션 등 다양한 소스로부터 로그를 수집할 수 있다. 또한 필터 기능을 이용해 비정형이나 반정형 데이터를 분석하기 쉬운 형태로 정제할 수 있고 엘라스틱서치 외에도 다양한 플랫폼으로 정제된 데이터를 내보낼 수 있다. 그림 1.5는 로그스태시의 동작 방식과 구성요소를 보여준다. 로그스태시는 형식에 무관하게 데이터를 동적으로 수집, 변환, 전송하는 구조로 되어 있다. 비구조적인 데이터에서 구조를 도출하며, IP 주소에서 위치 정보 좌표를 해독하고, 민감한 필드를 익명화하거나 제외시키는 등의 전반적인 작업을 쉽게 해준다.

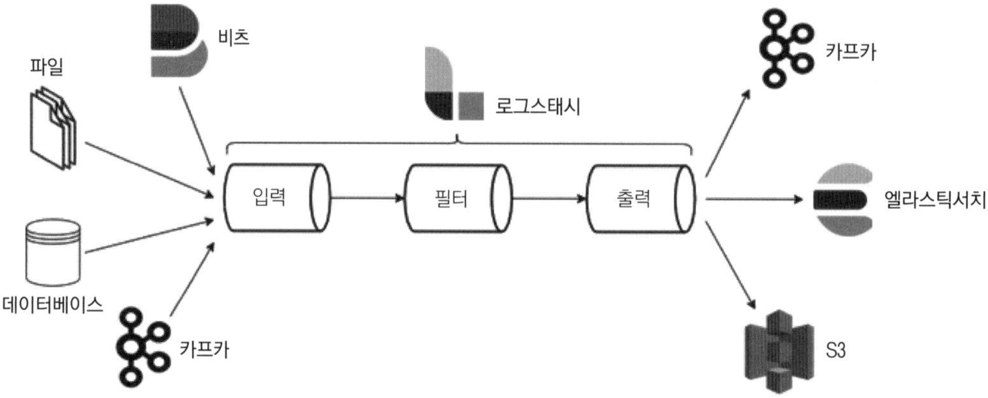

그림 1.5 **로그스태시 동작 방식과 구성요소**

로그스태시는 별도의 코딩 없이 간단한 설정만으로 로그를 가공할 수 있다. 확장 가능한 200개 이상의 플러그인 덕분에 설정의 대부분은 플러그인 사용 방법인데 그 사용법이 크게 어렵지 않다. 하지만 로그스태시가 익숙하지 않다는 이유로 로그스태시가 아닌 커스텀 애플리케이션을 작성해 소스 데이터를 수집하려는 경우도 있다. 로그스태시의 진면목은 단순 소스 데이터 정제가 아니다. 엘라스틱서치의 인덱싱 성능을 최적화하기 위한 배치 처리와 병렬 처리가 가능하며, 영속적인 큐를 사용해 현재 처리 중인 이벤트의 최소 1회 전송을 보장해줄 뿐만 아니라, 유동적인 처리 방식으로 인해 수집 중인 데이터양이 급증하는 부하 상황에서도 안정성을 보장해준다. 이를 커스텀 애플리케이션으로 구현할 경우 신경 써야 할 부분이 많고 문제 발생 시 디버깅이나 튜닝이 쉽지 않다는 점에서 따라오기 어려운 로그스태시의 강점이라 할 수 있다. 또한 로그스태시를 사용하면 공동체에서 유사한 요구사항을 해결한 다양한 사람들의 도움을 기대할 수 있으며, 잘 알려진 제품들의 경우 이미 만들어진 플러그인이나 모듈을 활용할 수도 있다. 데이터 수집단에서 커스텀 애플리케이션과 로그스태시를 조합해 사용하는 경우도 있는데, 가급적 로그스태시만으로 구성하는 방식이 관리나 안정성 측면에서 장점이 많다.

1.3.4 비츠: 엣지단에서 동작하는 경량 수집 도구

로그스태시의 기능은 충분히 강력하다. 하지만 이벤트 정보를 수집하기 위해서는 실제 서비스가 동작하는 호스트에 수집기를 설치해야 하는 경우가 많은데 로그스태시는 다양한 필터와 설정을 지원하는 만큼 무겁기 때문에 이러한 목적으로는 활용도가 떨어질 수 있다. 엘라스틱 스택에는 이를 위해 파일비트, 메트릭비트 등 비츠라고 부르는 경량 수집기가 포함되어 있다. 각 비트는 로그 수집, 시스템 지표 수집 등 특정 목적에 최적화된 에이전트이며, 가볍기로 유명한 고 프로그래밍 언어Golang로 작성되었다. 또한 로그스태시 수준의 복잡한 이벤트 가공은 지원하지 않아 가벼우므로, 각 서비스 호스트에 비교적 부담 없이 설치할 수 있다. 이러한 양쪽의 장점을 활용하기 위해 비츠와 로그스태시를 혼합해 많이 사용한다. 흔히 비츠에서 각 서비스 호스트의 정보를 수집하며. 로그스태시에서 이를 취합하고 가공해 엘라스틱서치로 전송하는 형태의 아키텍처가 많이 사용된다. 그림 1.6은 비츠의 종류와 구조를 보여준다.

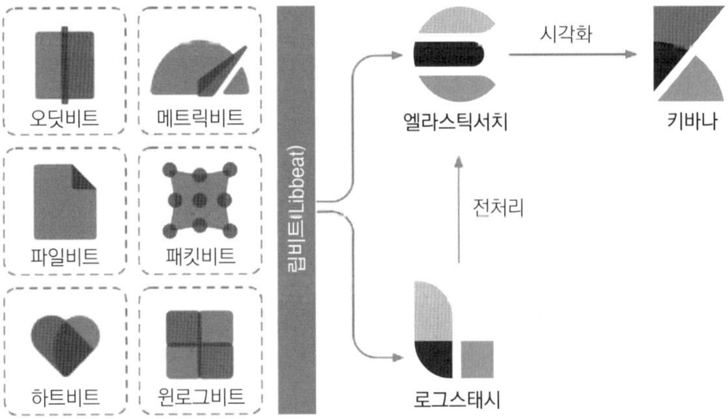

그림 1.6 **비츠의 종류와 구조**[3]

비츠는 데이터 수집을 위해 용도별로 최적화된 경량 에이전트로 제공되며, 특성과 성격에 맞는 다양한 비트들이 존재한다. 또한 특정 비트는 잘 알려진 다수의 서비스에 대한 모듈을 제공한다. 모듈에는 수집 설정 프리셋, 샘플 대시보드 등이 포함되므로 별도의 설정 과정 없이도 손쉽게 이벤트를 수집할 수 있다.

3 출처: https://www.elastic.co/guide/en/beats/libbeat/7.10/beats-reference.html

1.3.5 기타 솔루션

이 외에도 엘라스틱 스택에는 애플리케이션 성능 모니터링을 위한 APM, 보안 이벤트 분석을 위한 SIEM, 컨테이너나 다수의 서비스를 쉽게 모니터링하기 위한 인프라 모니터링 등의 솔루션이 포함되어 있다. 비츠 같은 대표적인 사례를 보면 알겠지만, 엘라스틱 스택의 버전이 올라가며 엘라스틱 스택을 사용해 사용자들이 손수 구현해오던 많은 시스템들이 솔루션으로 추가되고 있다.

1.4 엘라스틱 스택의 용도

엘라스틱 스택의 구성요소를 살펴보면 다양한 목적으로 사용할 수 있으리라는 기대감이 높아질 것이다. 실제로 엘라스틱 스택은 다양한 회사에서 다양한 서비스를 지탱하는 핵심 기반 기술로 자리 잡고 있으며, 애초에 엘라스틱서치의 개발 목적인 전문 검색 엔진부터 각종 로그 분석은 물론이고 가장 최근에 뜨거운 관심을 모으고 있는 머신러닝에 이르기까지 다양한 스펙트럼을 자랑한다.

1.4.1 전문 검색 엔진

엘라스틱 스택의 가장 기본적인 사용처는 바로 전문 검색 엔진 구현이다. 전문full text은 단순한 문장부터 뉴스 기사나 논문 등 다양한 글의 전체 내용을 의미한다. 대상 도큐먼트가 많지 않다면 일반적인 관계형 데이터베이스의 LIKE 질의만으로도 충분히 검색이 가능하지만 도큐먼트 수가 조금만 늘어나도 인덱스의 도움이 없이 빠른 검색은 불가능에 가깝다. 그림 1.7처럼 구글에서 '엘라스틱서치 사용해야 하는 이유'로 검색을 하면 관련된 문서를 찾아주는데, 이런 검색이 바로 전문 검색이다.

이러한 전문을 빠르고 정확하게 검색하기 위해 전문을 용어terms 단위로 분석해 인덱싱해두고 이를 기반으로 검색을 수행하는 역인덱싱inverted indexing 기법이 많이 활용된다. 전문 검색은 관계형 데이터베이스와 커스텀 애플리케이션을 이용해 직접 개발할 수 있지만 완성도와 정확도가 떨어지며 불필요한 개발 공수가 추가되기 때문에 추천하지 않는다. 특히 빅데이터에서 역인덱싱을 이용해 전문 검색을 해야 한다면 엘라스틱서치 같은 검색 엔진을 활용하면 된다.

그림 1.7 검색 엔진을 활용한 구글 검색

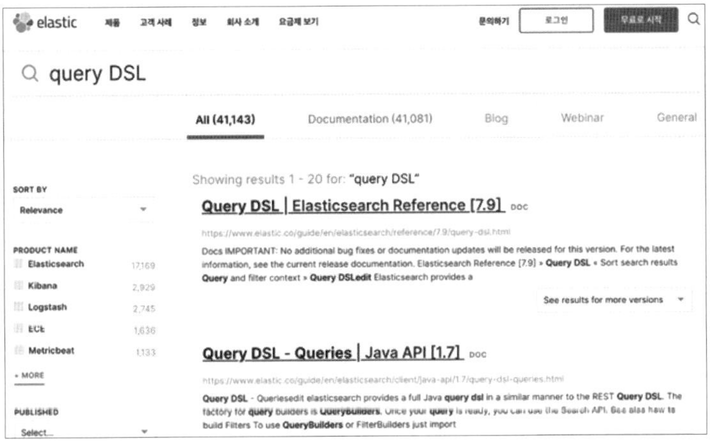

그림 1.8 검색 엔진 활용 예시

엘라스틱 스택은 엘라스틱서치, 로그스태시, 키바나, 비츠 등을 쉽게 사용할 수 있게 온라인 문서[4]를 제공한다. 특정 단어(그림 1.8에서는 'query DSL')를 검색하면 엘라스틱서치가 온라인 문서를 대상으로 검색 엔진을 통해 찾은 결과를 보여준다. 구글이 인터넷상에 존재하는 거의 모든 웹 페이지를 대상으로 한다면 여기서는 범위를 좁혀 자체 가이드 문서만 대상으로 한다는 차이만 있지 사용하는 기술이나 방법은 다르지 않다. 역인덱싱이라는 기술 자체는 잘 알려져 있고, 단순하게 보면 구현이 크게 어렵지는 않다. 하지만 원문을 어떻게 수집하고, 어떤 방식으로 분석해 용어를 만들고, 검색 시에 어떤 기준으로 유사도를 측정하고, 어떤 문서를 결과 상단에 위치시킬지와 같은 작업은 단순하지 않다. 실제 검색 서비스를 만들기 위해서는 고려해야 할 사항이 한두 가지가 아니다. 엘라스틱 스택에는 용어 분석을 위한 다양한 언어별 분석기가 준비되어

4 엘라스틱 스택 문서: https://www.elastic.co/guide/index.html

있고, 유사도 스코어링을 위해서도 다양한 방법을 제공한다. 그뿐 아니라 로그스태시를 이용해 도큐먼트 수집 단계에서부터 도움을 주며 키바나를 이용해 별도의 UI 없이도 검색 동작을 테스트해볼 수 있다. 전문 검색 엔진 외에도 레거시 관계형 데이터베이스에 대한 외부 검색 엔진으로 활용되기도 하는데, 이 경우 엘라스틱서치에는 원문을 저장할 필요가 없기에 큰 용량을 차지하지는 않으면서도 빠른 검색 성능을 기대할 수 있다는 장점이 있다. 하지만 굳이 관계형 데이터베이스에 원문을 유지할 필요가 없다면 하나만 사용하는 방식이 관리상 편리하기 때문에 엘라스틱서치로 완전히 전환하는 경우가 많다. 검색 엔진 용도로 엘라스틱서치를 활용할 때는 일반적으로 도큐먼트의 양이 다른 용도에 비해 많지 않기 때문에 상대적으로 작은 클러스터 크기로도 충분한 활용이 가능하며 레플리카 수를 늘려 동일 인덱스에 대한 검색 성능을 높일 수도 있다.

1.4.2 로그 통합 분석

애플리케이션에서 발생되는 로그는 디버깅에 있어 중요한 요소 중 하나다. 애플리케이션이 단순하고 발생되는 로그의 양이 많지 않다면 일반적인 텍스트 에디터나 간단한 셸스크립트만으로도 발생되는 로그를 충분히 파악할 수 있다. 하지만 애플리케이션이 복잡해져서 로그의 발생량이 많아지고 복수의 서비스가 연계되어 동작한다면 로그의 발생 위치를 모두 기억해야 할뿐더러 발생 순서를 추적하기도 어렵다. 또한 이런 로그는 커스텀 애플리케이션 외에 운영을 위해 사용되는 여러 서비스와 기반 시스템에서도 발생되기 때문에 서비스가 조금이라도 커지면 단순히 여러 창에 유닉스 `tail` 명령을 이용해 로그를 추적하는 방식은 한계에 부딪히게 된다. 엘라스틱 스택은 여러 장비와 서비스에서 발생하는 로그들을 통합하고 검색하는 데 최적화된 솔루션이라 할 수 있다. 시스템과 호스트, 쿠버네티스, 아파치, MySQL, 윈도우 같은 다양한 환경에서 생성되는 로그를 별도의 복잡한 구성 없이도 바로 수집 가능하다. 비츠를 사용하면 적은 리소스로 각 장비의 로그들을 빠르게 수집할 수 있고, 로그스태시는 다양한 필터를 통해 일원화된 형태로 가공을 도우며, 엘라스틱서치의 대용량 로그에 대한 빠른 인덱싱 성능과 텍스트 검색 능력은 여러 곳에 흩어진 서비스 로그들을 통합해서 연관 분석을 지원한다. 키바나의 로그 UI나 대시보드는 시계열로 발생하는 로그들을 직관적으로 모니터링할 수 있도록 도와준다.

그림 1.9는 키바나에서 제공하는 로그 모니터링 화면이다. 이와 같은 로그 UI는 각 서버에서 수집된 로그를 한 페이지에서 실시간으로 추적할 수 있게 도와준다. 여기서 여러 곳에 흩어진 서버의 로그를 한 페이지로 본다는 사실에 주목하자. 운영 업무를 해봤다면 이런 형태의 시각적인 모니터링 도구가 얼마나 중요한지 알 것이다.

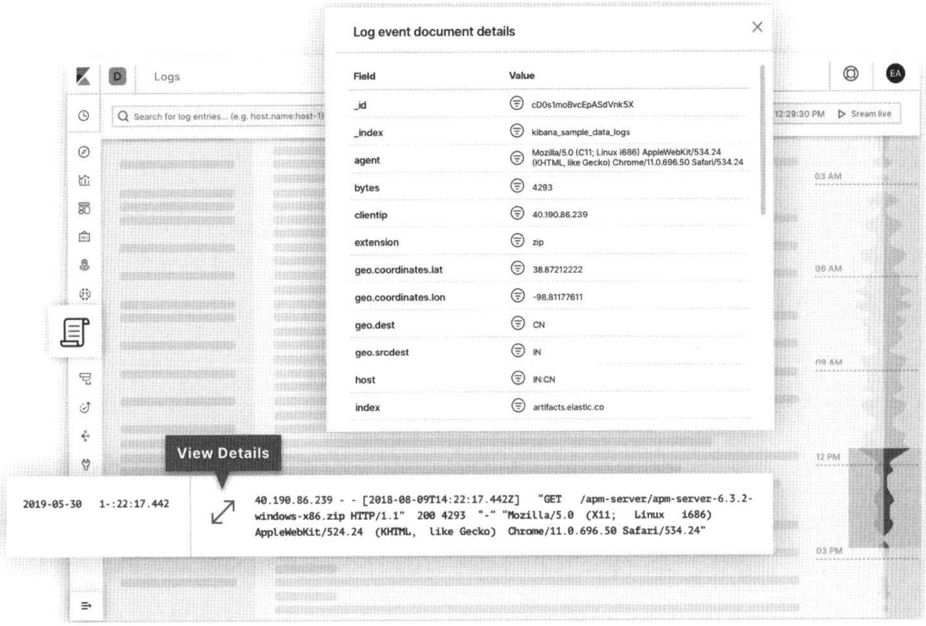

그림 1.9 **키바나 로그 UI 기능**[5]

로그 모니터링을 위해 엘라스틱 스택에서 할 수 있는 업무들을 세부적으로 알아보자.

먼저 파일비트는 내장된 모듈을 이용해 별도의 설정 없이도 빠르게 로그를 수집할 수 있게 해준다. 파일비트의 모듈은 알려진 서비스들을 정제하기 위한 파이프라인 설정, 샘플 대시보드 등을 포함하고 있기 때문이다. 커스텀 애플리케이션에서 발생한 로그의 경우 로그스태시의 필터 기능이나 엘라스틱서치의 수집 파이프라인 기능으로 정제가 가능하다. 패턴을 기반으로 원문을 가공해 반정형의 텍스트 메시지로부터 정형화된 수치 등의 정보를 뽑아내어 인덱싱하면 훨씬 더 다양한 방식으로 로그 분석이 가능해진다. 엘라스틱서치에서는 로그 원문의 빠른 검색 후 하이라이트가 가능하다. 그뿐 아니라 날짜나 수치에 대한 범위 조회, IP 대역 조회 등은 로그 분석 시 큰 도움이 된다.

또한 엘라스틱서치에 저장된 데이터들은 손쉽게 교차 분석이나 연관 분석이 가능하다. 관계형 데이터베이스와 다르게 엘라스틱서치는 인덱스 패턴을 이용해 한 번에 여러 인덱스에서 동시에 조회가 가능하다. 이는 복잡한 JOIN 쿼리 없이도 각기 다른 서비스에서 동시간대에 어떤 로그가 발생했는지 탐색하고 공통된 요소를 찾아 문제의 원인을 분석할 수 있게 해준다. 특히 비츠

5 출처: https://static-www.elastic.co/v3/assets/bltefdd0b53724fa2ce/bltbd1166921bea6fcf/5d0aa856d8ff351753cbddc7/illustrated-screenshot-hero-logs.png

의 모듈을 사용할 경우 엘라스틱에서 제공하는 ECS^Elastic Common Schema 구조에 맞춰 로그를 인덱싱한다. 이 기능은 다른 서비스들을 같은 스키마에 매핑함으로써 연관 분석을 용이하게 해준다. 예를 들어, 2개의 다른 서비스가 각각 `srcIP`라는 필드명과 `source_ip`라는 필드명으로 소스 IP 정보를 매핑했다고 가정해보자. 일반적으로 각 로그에 대한 쿼리를 별도로 작성해야 하겠지만, 표준 스키마에 맞춘다면 필드명이 동일하므로 하나의 쿼리로 검색이 가능해진다. 커스텀 애플리케이션의 로그를 수집하더라도 ECS 포맷에 맞춘다면 엘라스틱 스택의 각종 기능들과 손쉬운 연계가 가능해짐은 물론이다.

1.4.3 보안 이벤트 분석

SIEM^Security Information and Event Management 이나 ESM^Enterprise Security Management 등으로 불리는 솔루션은 조직 내에 속한 다양한 장비들로부터 보안 이벤트를 수집하고 분석할 수 있게 하려는 목적으로 만들어졌다. 보안과 관련된 이벤트는 다양한데 보안 장비, 웹 서버, 애플리케이션, 각 사용자의 PC 등에서 실시간으로 발생하는 이벤트의 양은 다른 어떤 로그와 비교해도 무시할 수 없는 수준이다. 하지만 공격 방식의 다변화에 따라 이 이벤트들은 실시간으로 수집됨과 동시에 실시간 검색과 필터링을 통한 연관 분석과 머신러닝을 이용한 이상 징후 탐지까지 연결돼야 한다.

그림 1.10은 키바나에서 제공하는 엘라스틱 이벤트 분석^SIEM 화면이다. 엘라스틱 SIEM은 비츠의 모듈을 이용해 애플리케이션, 엔드포인트, 인프라스트럭처, 클라우드, 네트워크 등 다양한 소스에서 수집한 이벤트를 기반으로 엔드포인트 활동, 인증 로그, DNS 트래픽, 네트워크 플로우에서 이상 징후, 불법적인 로그인 시도, 사용자 접근 패턴 등의 문제를 빠르게 찾아낼 뿐만 아니라, SIEM UI에서는 분석을 비롯한 고유한 탐지 규칙 관리 또한 가능하다. 또한 미리 빌드된 머신러닝 모델과 즉시 사용 가능한 알고리즘을 통해 알려지지 않은 위협도 밝혀낼 수 있다. 엘라스틱서치의 실시간 검색 성능, 비츠의 이기종 장비들에 대한 각종 이벤트 수집 기능, ECS에 의해 통일된 스키마에 기반한 원활한 연관 분석, 키바나에서 제공되는 SIEM, 지도(그림 1.11 참고), 그래프 등의 각종 지원 UI로 인해 보안 이벤트 분석은 엘라스틱 스택의 가장 대표적인 사용 사례 중 하나라 할 수 있다.

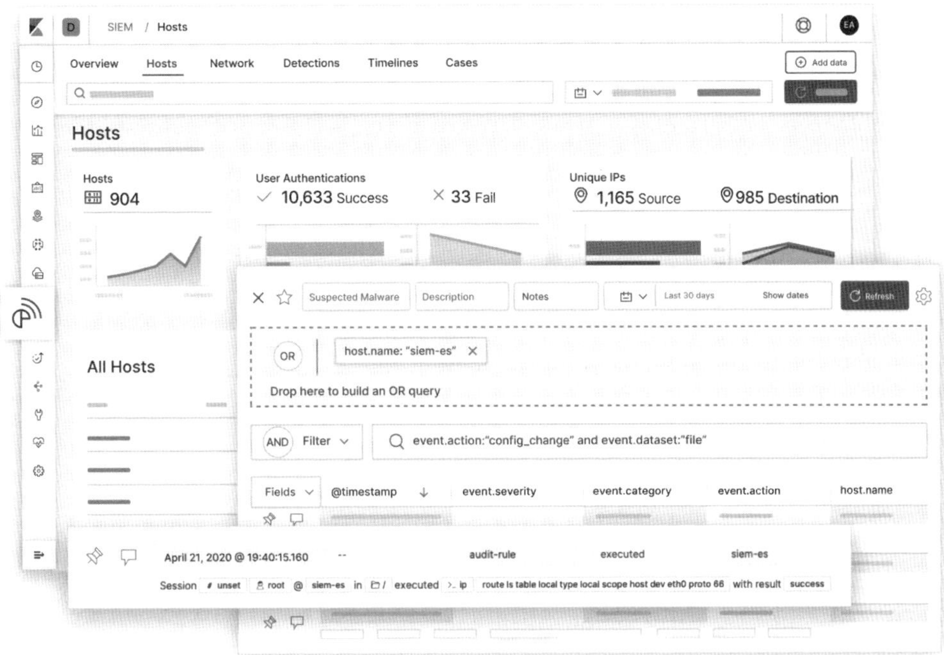

그림 1.10 엘라스틱 이벤트 분석[6]

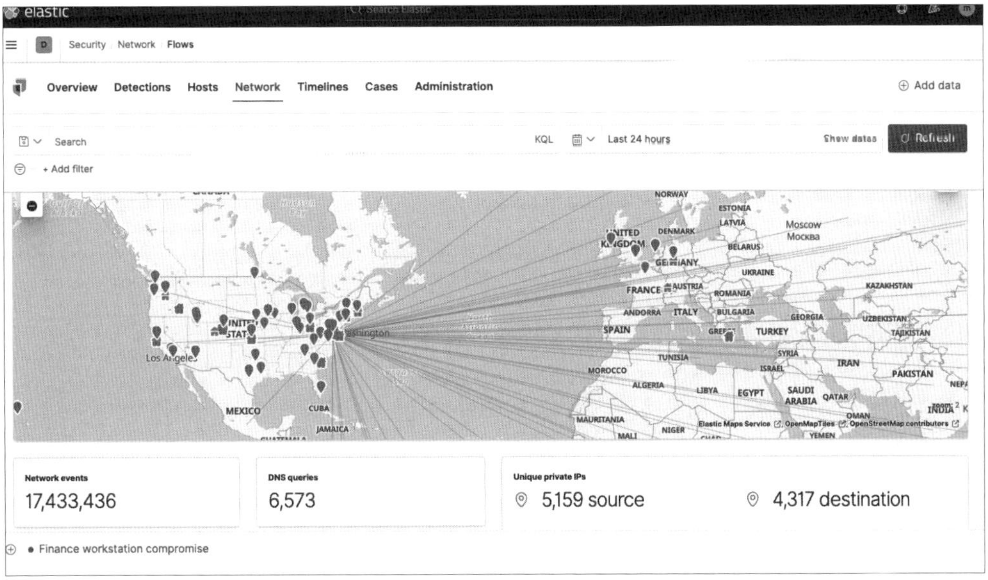

그림 1.11 엘라스틱 SIEM 시각화[7]

6 출처: https://static-www.elastic.co/v3/assets/bltefdd0b53724fa2ce/blt1b1dc979305c5f67/5e94a8be6d0d9c325b20fb75/illustrated-screenshot-hero-siem-500x730.png

7 출처: https://www.elastic.co/kr/siem

1.4.4 애플리케이션 성능 분석

애플리케이션을 운영하는 데 있어 가장 중요한 것 중 하나는 안정적인 서비스 유지다. 이를 위해서는 필연적으로 애플리케이션의 상태를 지속적으로 모니터링해야 한다. 단순히 하나의 애플리케이션뿐만 아니라 연계된 다른 모든 서비스의 성능 정보를 모니터링해야 한다. 엘라스틱 스택의 애플리케이션 성능 모니터링 도구인 APM은 프로그래밍 언어별 에이전트를 통해 성능 지표 수집을 돕고 분석을 위한 UI를 제공한다. 그뿐 아니라 메트릭비트와 패킷비트를 사용하면 시스템을 비롯해 여기 연계된 다양한 서비스들의 성능 정보를 수집할 수 있게 도와준다.

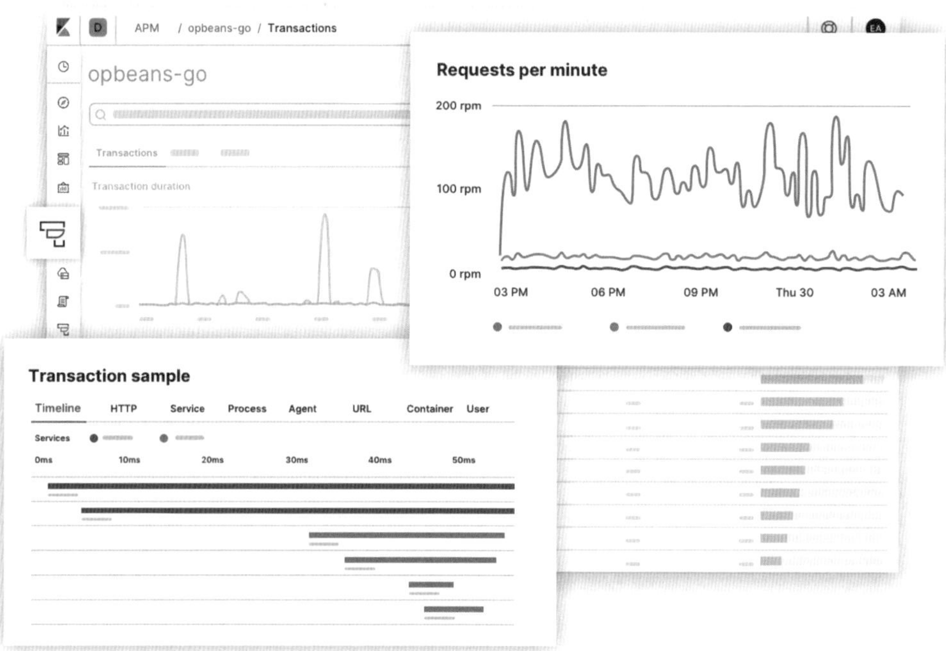

그림 1.12 애플리케이션 성능 모니터링[8]

그림 1.12는 엘라스틱에서 제공하는 성능 모니터링, 일명 APM^Application Performance Monitoring^ 화면이다. 엘라스틱 APM은 로그, 인프라 모니터링 등 다른 UI와의 연계했을 때 효과가 배가되며, 서비스 지도를 통한 서비스 연결 관계 파악, 트랜잭션의 분산 추적, 경보 기능을 사용한 즉각적인 대응, 자바, 노드, PHP, 닷넷 같은 다양한 프로그래밍 언어 지원, 머신러닝을 사용한 비정상적인 응답 시간 탐지와 같은 APM의 핵심적인 기능을 제공하므로 단순 모니터링을 넘어 문제 원인

8 출처: https://static-www.elastic.co/v3/assets/bltefdd0b53724fa2ce/blt85f54f45ad8937ae/5d0acd48d8ff351753cbdea2/illustrated-screenshot-hero-apm.png

분석과 서비스의 상태 파악을 위한 관측성 강화에 이바지하고 있다. 다양한 경로로 수집된 정보들은 컨테이너나 호스트 집합의 상태를 한눈에 확인할 수 있는 인프라 UI, 메트릭비트에서 모듈별로 제공하는 샘플 대시보드, 트랜잭션이나 오류 스택 트레이스 등을 빠르게 확인할 수 있는 APM UI 등 키바나에 제공되는 UI를 통해 분석이 가능하다. 그뿐 아니라 다른 도큐먼트와 마찬가지로 인덱스 형태로 저장되기 때문에 일반적인 쿼리와 집계가 가능하고 키바나의 시각화와 대시보드를 활용할 수도 있다. 사용자는 수집된 지표들을 활용해 고유한 대시보드를 만들어 자신의 애플리케이션 특성에 따른 맞춤형 모니터링이 가능하다. 또한 앞서 소개한 로그 통합 분석과 함께 사용할 경우 문제 시점의 로그를 빠르게 확인하고 원인을 파악할 수 있다. 유료 서브스크립션에 포함된 기능인 와처Watcher나 머신러닝 등의 기능과 연계하면 장애나 이상 상황을 빠르게 파악하고 원인을 효과적으로 분석할 수 있다. APM 전문 솔루션 대비 가장 큰 장점은 이러한 확장성이다. 기본적으로 제공되는 기능은 전문 솔루션에 비해 부족할 수 있으나 커스터마이징을 통해 자신의 비즈니스 로직에 최적화된 모니터링 솔루션을 구축할 수 있다.

1.4.5 머신러닝

앞서 보안 이벤트 분석과 애플리케이션 성능 분석에서도 잠깐 등장한 머신러닝은 엘라스틱 스택에서 유료 라이선스를 구매할 경우 사용할 수 있는 강력한 기능 중 하나다. 데이터를 엘라스틱서치에 넣은 다음에 비지도형 머신러닝 기법을 활용해 데이터에서 패턴을 발견할 수 있다. 시계열 모델링은 시간과 관련된 데이터에서 이상 징후를 탐지하고 과거 데이터를 기반으로 동향을 예측하게 도와준다. 이런 기능을 활용해 SIEM 통합, APM 통합, 로그 통합 부문에서 비정상적인 상황을 특별한 규칙 지정 없이도 빠르게 발견할 수 있다.

1.5 빅데이터 플랫폼의 일부로 동작하는 엘라스틱 스택

앞서 엘라스틱 스택은 간편하게 빅데이터 파이프라인을 구성하고 싶은 기업의 요구사항을 충족하기 때문에 인기를 끌고 있다고 이야기했다. 그렇다면 빅데이터 파이프라인을 복잡하게 구축한 회사에서는 엘라스틱을 어떤 식으로 활용할까? 일례로 우버Uber는 대규모 실시간 데이터 통찰 플랫폼인 가이로스Gairos를 구축해 가격 책정, 최대 ETA(도착 예정 시간) 계산, 수요/공급 예측과 같이 정보에 입각한 결정을 내리고 있다. 가이로스는 아파치 카프카Kafka와 아파치 하둡 생태계(HDFS/하이브Hive/프레스토Presto)를 연계해 실시간 분석과 장기 분석을 지원하며, 동적인 가격 정책과 환경 친화적인 운전 경로를 운전자에게 제공한다.

그림 1.13은 가이로스의 단순화된 구성요소를 보여준다. 중간에 엘라스틱서치가 있는데, 아파치 카프카 토픽으로부터 가이로스 수집 파이프라인을 거쳐 분석 대상 데이터가 저장되며, 고객 질의가 가이로스 질의 서비스를 거쳐 엘라스틱의 검색/집계 쿼리를 활용하도록 되어 있다. 또한 장기 분석을 위해 엘라스틱서치에 저장된 분석 데이터가 HDFS에 차곡차곡 누적되며 향후 하이브와 프레스토를 사용해 통찰을 제공한다.

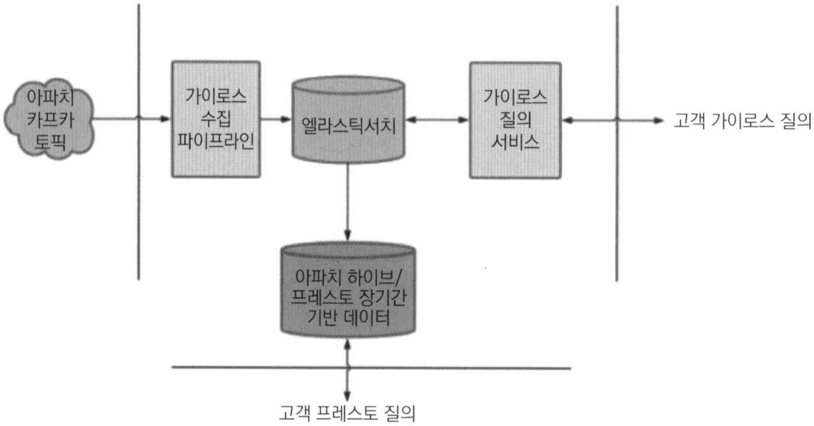

그림 1.13 **가이로스의 단순화된 구성요소**[9]

1.5.1 엔터프라이즈 데이터 버스인 카프카와 연동

아파치 카프카는 분산 데이터 스트리밍 플랫폼이다. 대량의 데이터를 실시간으로 배포하는 데 최적화되어 있어 많은 빅데이터 플랫폼에서 기본적으로 채택하고 있다. 카프카와 엘라스틱 스택은 데이터 수집 시점에서 많이 연계되어 사용된다. 그림 1.14는 카프카를 연계해 비츠, 로그스태시, 엘라스틱서치와 통신하는 아키텍처를 예시한다.

비츠에서 수집한 각 장비의 이벤트를 카프카로 전송하고 이를 로그스태시로 다시 읽어 들이거나 카프카에 저장된 다른 시스템의 이벤트를 엘라스틱서치로 읽어 들이는 등의 구성으로 자주 사용된다. 카프카를 사용하면, 엘라스틱서치의 인덱싱 성능이 순간적으로 충분하지 않거나 로그스태시나 엘라스틱서치의 불안정으로 정상적인 인덱싱이 불가능할 때도 데이터의 유실이 방지되며 타 시스템과 데이터 연계가 손쉬워진다는 장점이 있다.

9 출처: https://eng.uber.com/gairos-scalability/

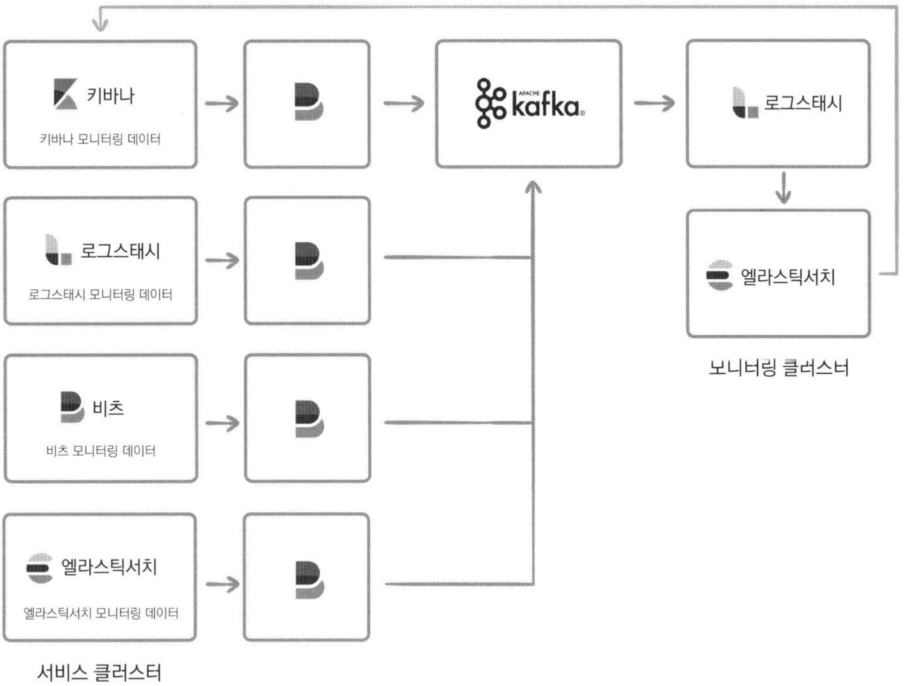

그림 1.14 **카프카를 이용한 안정적인 시스템 구성**[10]

1.5.2 하둡 생태계와 연동

앞서 우버 사이로스 사례에서 아파치 하둡 생태계(HDFS/하이브/프레스토)에 대해 언급했다. 우버에서는 이후에 시스템이 확장됨에 따라 빠른 처리를 위해 아파치 스파크Spark까지 도입했다. 엘라스틱 스택에서 es-hadoop 모듈을 사용하면 스파크에서 엘라스틱서치 API를 사용해 도큐먼트를 읽어 들이고 반대로 인덱싱하는 등 서로 상호작용을 수행할 수 있다. 그림 1.15는 es-hadoop을 이용한 하둡과 엘라스틱서치의 연계 방법을 보여주고 있다.

엘라스틱서치는 이미 인덱싱된 결과에 대해 빠른 검색을 제공하고 스파크는 기존에 인덱싱되지 않은 데이터에 대한 빠른 일괄 처리를 제공하기 때문에 엘라스틱서치를 중간 집계 엔진이나 결과를 저장해 재활용하는 용도 등으로 활용할 수 있다. 두 솔루션에 모두 익숙해진다면 서로의 단점을 보완해 가장 빠르게 원하는 결과를 도출해낼 수 있을 것이다.

10 출처: https://www.elastic.co/kr/blog/elastic-stack-monitoring-with-metricbeat-via-logstash-or-kafka

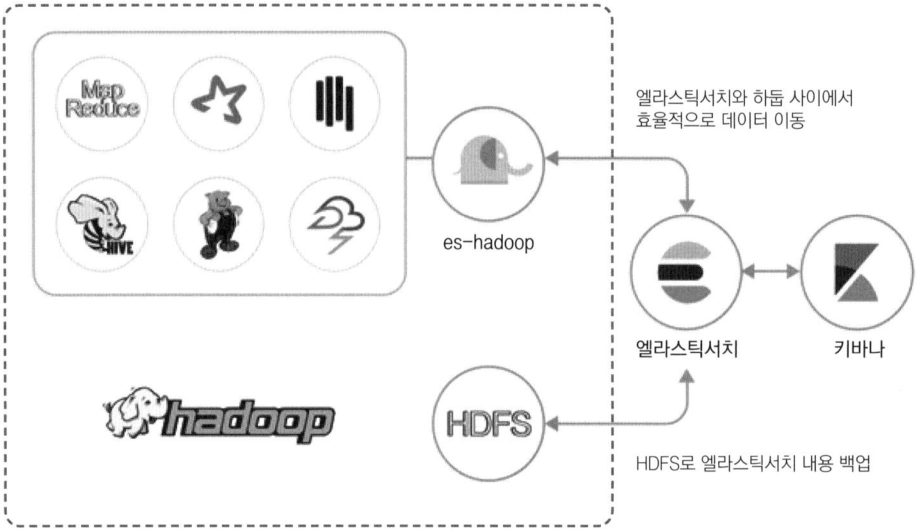

그림 1.15 es-hadoop을 활용한 대화형 데이터 분석[11]

1.5.3 관계형 데이터베이스와 연동

관계형 데이터베이스에는 주로 레거시 데이터나 신뢰성이 중요한 데이터가 포함되어 있다. 로그스태시는 JDBC 입력input 플러그인, 필터 등 관계형 데이터베이스와 연계할 수 있는 다양한 방법을 제공하고 있다(그림 1.16 참고). 기존의 관계형 데이터베이스에 저장된 데이터를 인덱싱하거나 입력받는 이벤트에 정보를 주입하는 등 여러 용도로 사용된다. JDBC 입력 플러그인을 사용해 관계형 데이터베이스에 저장된 데이터를 엘라스틱서치로 이전할 경우, 엘라스틱 스택의 우수한 성능을 이용해 관계형 데이터베이스로는 처리하기 어려운 집계도 빠르고 정확하게 처리할 수 있다. 또한 텍스트 데이터의 경우 엘라스틱서치에서는 색인만 수행하고 원문을 저장하지 않게 설정하는 방식을 이용해 저장소 용량을 아껴 쓰면서 검색 엔진의 전문 검색 기능만 활용하는 경우도 있다. JDBC 필터를 사용할 경우 관계형 데이터베이스에서 실 데이터를 불러와 매핑하는 용도로 이벤트에 ID 형태로만 기록되는 정보를 활용할 수 있다.

11 출처: https://www.elastic.co/kr/what-is/elasticsearch-hadoop

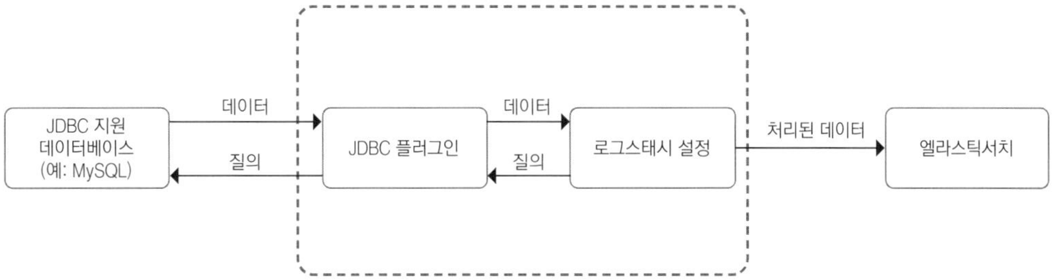

그림 1.16 로그스태시를 활용한 데이터베이스와 엘라스틱서치 연동[12]

1.6 유사 제품과의 비교

엘라스틱 스택에는 빅데이터 파이프라인을 구성하는 핵심 구성요소인 데이터 수집기, 데이터 변환기, 데이터 저장소, 시각화 도구가 모두 포함되어 있다. 따라서 각각을 유사 제품과 비교해 바로 드러나는 차이점과 엘라스틱의 장점을 살펴보면서 특성을 파고들어 보겠다. 개별 구성요소 비교에 이어, 마지막으로 엘라스틱 스택 전체와 유사한 제품을 비교하면서 마무리한다.

1.6.1 엘라스틱서치의 유사 제품군

엘라스틱서치는 검색 엔진이자, 데이터를 저장할 수 있는 NoSQL 데이터베이스로도 볼 수 있다. 물론 요즘은 NoSQL 데이터베이스와 관계형 데이터베이스 간에도 점점 경계가 약해지는 추세이긴 하지만, NoSQL 데이터베이스는 범용으로 사용되는 관계형 데이터베이스와 비교해 특정한 목표에 맞춰 최적화되는 경우가 많으며 강한 트랜잭션 기능을 포기하는 대신 확장성과 사용성에 초점을 맞춘다. 최근에는 MySQL이나 PostgreSQL 같은 오픈소스 관계형 데이터베이스에서도 JSON 형식을 지원하기 때문에 엘라스틱이나 몽고디비 같은 도큐먼트 저장 목적으로도 일부 사용이 가능한 상태로 발전하고 있다.

엘라스틱서치의 경우 근본이 데이터베이스가 아닌 검색 엔진이기 때문에 데이터를 빠르게 검색하고 집계하는 데 최적화되어 있으며, 그 대신 더 많은 시스템 리소스를 사용하기 때문에 일반적인 범용 데이터베이스처럼 사용하기에는 무리가 있다. 특히 저장된 데이터를 부분적으로 수정/삭제하는 작업은 내부적인 관점에서 보면 효율적이지 못하므로 시간에 따라 데이터가 발생하며, 이미 발생한 데이터는 변하지 않는[immutable] 시계열 데이터 유형을 다루기에 좋다. 많은 데

12 출처: https://m.blog.naver.com/olpaemi/221076471642

이터베이스가 자체적으로 인덱스를 지원해 빠른 검색을 가능케 하지만, 엘라스틱서치의 인덱스 기술이나 지원되는 쿼리의 종류는 여타 데이터베이스와는 큰 차이가 있다.

표 1.1 엘라스틱서치와 그 밖의 데이터베이스 비교

	엘라스틱서치	몽고디비	MySQL
분류	검색 엔진	도큐먼트 저장소	관계형 데이터베이스
최초 릴리스	2010년	2009년	1995년
스키마	자동 생성	자유	필요
인터페이스	REST API	전용 프로토콜	JDBC/ODBC
분산 저장	샤딩	샤딩	별도 제품으로 지원
트랜잭션	미지원	부분 지원	지원
JOIN	미지원	최근 도큐먼트 단위로 지원 시작	지원
특징	다양한 데이터 유형에 대한 빠른 검색/집계	높은 활용성/범용성	뛰어난 데이터 무결성

계속해서 엘라스틱서치를 데이터베이스가 아닌 본격적인 전문 검색 엔진과 비교해보자. 앞서 설명한 솔라Solr는 엘라스틱서치와 마찬가지로 루씬을 기반으로 만들어졌기에 상당히 유사하다. 물론 솔라는 엘라스틱 스택 같은 통합된 플랫폼으로 발전하지 못했기에 최근에는 엘라스틱이 압도적으로 앞서나가는 상황이다(그림 1.17 참고). 엘라스틱은 스택의 다른 구성요소들의 도움을 받아 로그 분석, 모니터링, 위치 기반 데이터 분석과 시각화에 적합하고, 솔라는 정적 데이터를 처리하기에 적합하다. 또한 엘라스틱은 솔라에 비해 월등히 많은 데이터 소스와 쿼리 DSL은 물론이고 다양한 쿼리 파서를 지원하고 있으므로 데이터 수집과 분석에 유리하며, 주키퍼ZooKeeper에 의존하지 않으므로 분산 환경 구축과 운영 측면에서 우위에 서 있다.

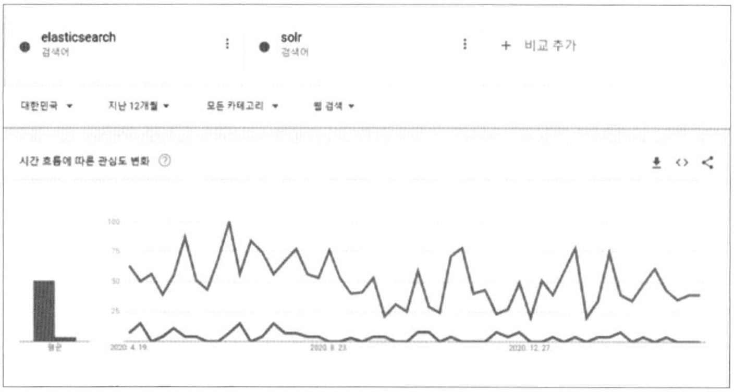

그림 1.17 구글 트렌드로 비교한 엘라스틱과 솔라 검색 추이

1.6.2 로그스태시/비츠의 유사 제품군

엘라스틱 스택에는 로그스태시와 비츠라는 훌륭한 수집기들이 포함되어 있다. 로그스태시는 상대적으로 무겁지만 다양한 입력, 출력, 필터 플러그인을 갖춰 설정만으로 거의 모든 형태의 가공을 수행할 수 있다. 또한 비츠는 각 비트의 기능은 제한적인 대신 본연의 기능에 충실해 빠르고 가볍게 이벤트를 수집할 수 있다. 엘라스틱 스택 내에서는 이 두 가지 수집기를 조합해 각 수집 대상으로부터 비츠를 이용해 빠르게 이벤트를 수집하고 로그스태시로 전달한 다음에 가공을 거쳐 엘라스틱서치로 적재하는 식으로 유연한 활용이 가능하다.

데이터 플랫폼에 사용되는 유사한 제품으로 트레저 데이터Treasure Data에서 개발한 플루언트디Fluentd와 비교할 수 있는데, 플루언트디는 로그스태시와 설정의 형태만 다를 뿐 기능상으론 거의 동일한 역할을 수행할 수 있다. 다만 엘라스틱 스택에 한정 지어 사용한다면 로그스태시는 엘라스틱서치, 키바나와 연계해 모니터링, 중앙 관리 등의 기능을 제공하는 한편, 플루언트디는 이러한 지원을 받을 수 없기 때문에 되도록 로그스태시와 비츠의 조합을 사용하길 권장한다.

플루언트디는 CNCF 스택이며 쿠버네티스나 오픈트레이싱OpenTracing을 사용하는 경우에 사실상 필수 구성요소로 볼 수 있다. 따라서 로그스태시와 플루언트디는 자신만의 영역을 점유하고 있다고 보면 틀림없겠다(그림 1.18 참고).

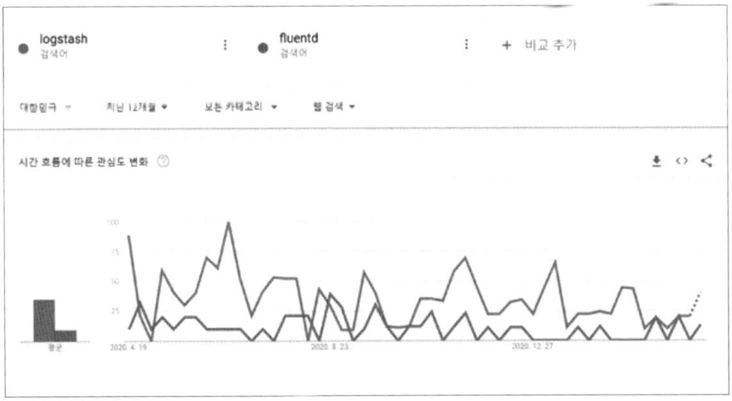

그림 1.18 구글 트렌드로 비교한 로그스태시와 플루언트디 검색 추이

1.6.3 키바나의 유사 제품군

키바나는 실시간 대시보드, 프레젠테이션 슬라이드처럼 시각화를 수행할 수 있는 캔버스 기능 등 엘라스틱 스택의 강력한 시각화 도구일 뿐만 아니라 엘라스틱 스택의 전반적인 모니터링, 관리 기능을 아우르는 유저 UI로서의 역할도 수행한다. 엘라스틱서치만을 사용한다면 키바나는 선택이 아닌 필수라 해도 과언이 아니다.

가장 자주 비교되는 시각화 도구로는 키바나를 포크해서 만든 그라파나Grafana가 대표적인데, 전반적으로 키바나보다 기능은 부족하다 볼 수 있으나 데이터 소스로 엘라스틱서치 외의 다양한 시계열 데이터베이스를 활용할 수 있다는 장점이 있다. 물론 타 데이터베이스의 데이터를 엘라스틱서치로 이전한다면 키바나를 사용해 더 다양한 기능을 활용할 수 있겠지만, 데이터 플랫폼 내의 여러 데이터베이스들을 UI 수준에서 통합해보고 싶다면 키바나와 그라파나를 함께 사용하는 것도 좋은 선택이 될 수 있다. 태블로Tableau 같은 비즈니스 분석 도구들은 용도가 조금 다른데, 실시간 모니터링에 초점을 맞춘 키바나나 그라파나와는 달리 엑셀이나 관계형 데이터베이스, 기타 형식의 파일 등 주로 정적인 파일을 분석해서 시각화할 때 많이 사용되므로 목적에 맞는 도구를 선택할 필요가 있다.

표 1.2 시각화 도구 비교

	키바나	그라파나	태블로
실행 환경	웹 서비스	웹 서비스	설치/웹 서비스 모두 제공
데이터 소스	엘라스틱서치	엘라스틱서치, 그라파이트(Graphite), 몽고디비, 프로메테우스(Prometheus) 등	관계형 데이터베이스, 엑셀 파일, JSON 파일, 드롭박스 등
특징	실시간 대시보드 외에도 캔버스, 지도, 비츠/로그스태시와 연계되어 제공되는 솔루션 등 엘라스틱서치의 기능을 십분 활용한 다양한 시각화 세트 제공	라인, 바 차트 등 기본적이지만 인프라 모니터링에 부족함이 없는 시각화 요소들을 포함한 실시간 대시보드 제공	실시간보다는 다양한 시각화 도구를 이용한 분석에 특화되어 있음. 다양한 데이터 소스를 활용한 시각화 가능
기타 기능 지원	스택 관리, 모니터링 등 엘라스틱 스택 특화 기능 지원. 알림이나 머신러닝 등 유료 기능 존재	알림 기능 지원	

1.6.4 엘라스틱 스택의 유사 제품군

앞서 소개한 제품들이 스택의 각 구성요소들과 대응된다면, 이와 다르게 스플렁크Splunk는 엘라스틱 스택 그 자체와 대응되는 제품이라 할 수 있다. 일반적으로 함께 사용되기보다는 둘 중 하나를 선택해 사용하게 된다. 스플렁크는 대용량 로그 분석을 위한 엔터프라이즈 제품으로, 전용 로그 수집기, 고유한 인덱싱 기술, 대시보드, 각 벤더들에서 제공하는 수많은 앱을 통해 엘라스틱 스택과 마찬가지로 이기종의 로그를 쉽게 수집하고 시각화하는 데 도움을 준다. 엘라스틱 스택과 비견되는 가장 큰 장점은 엔터프라이즈 제품답게 제공되는 앱들이 다양하고, 수집기나 대시보드 등이 더 잘 만들어져 있어 완성되어 있는 솔루션이라는 느낌을 준다는 것이다. 하지만 엘라스틱 스택은 스택 내 구성요소들을 자유롭게 설계하고 기본 제공되는 대시보드조차도 커스터마이징이 가능하다는 장점이 있다. 이러한 특성을 이용해 엘라스틱 스택은 커스텀 애플리케이션의 백엔드로 사용하거나 조직이나 서비스의 특성에 최적화된 시각화를 구축하기 좋다. 또한 비용적인 측면에서도 차이가 난다. 엘라스틱 스택도 유료 서브스크립션을 제공하지만, 기본적으로는 오픈소스이고 많은 기능이 추가되는 베이직 라이선스 구조다. 또한 자사의 플랫폼으로 활용할 때는 무료로 제공되기 때문에 유료 옵션만 존재하는 스플렁크와는 차이가 있다.

1.7 체계적인 문서화와 활발한 공동체 지원

오픈소스 소프트웨어의 경우 문서화가 약하고 기술 지원을 받을 통로가 마땅치 않은 경우가 많다. 하지만 엘라스틱 스택은 문서화가 상당히 잘되어 있으며, 활발한 공동체가 기술 지원을 대신하고 있기에 오픈소스 세계의 모범 사례로 불릴 만하다.

엘라스틱 스택과 제품에 관한 공식 문서는 https://www.elastic.co/guide/index.html에서 확인할 수 있으며, 엘라스틱 스택, 엘라스틱서치, 엘라스틱 클라우드, 키바나, 엔터프라이즈 서치, APM, 엘라스틱 보안, 로그스태시, 비츠에 대한 자세한 매뉴얼을 제공한다. 또한 한국어를 사용하는 개발자들을 위해 엘라스틱, 로그스태시, 키바나 문서는 한국어로 번역해서 제공한다. 또한 뉴스나 새로운 기술 설명은 공식 블로그인 https://www.elastic.co/kr/blog/에서 확인할 수 있다. 엘라스틱에 대한 최신 기술 동향이 궁금하다면 블로그를 구독해서 다양한 정보를 얻을 수 있을 것이다. 또한, 블로그는 한국어로 번역되어 제공되므로 쉽게 접근할 수 있다.

그림 1.19의 스택오버플로우(https://stackoverflow.com)는 가장 활발한 개발자 커뮤니티로, 엘라스틱 제품군의 많은 질문과 답변을 찾을 수 있다. 엘라스틱과 관련해 궁금한 내용을 검색하면 누군가가 이미 비슷하게 질문해서 해결책을 얻은 과정을 확인할 수 있다. 아마 막히는 부분의 문제들 대부분은 어렵지 않게 답변을 찾을 수 있을 것이다.

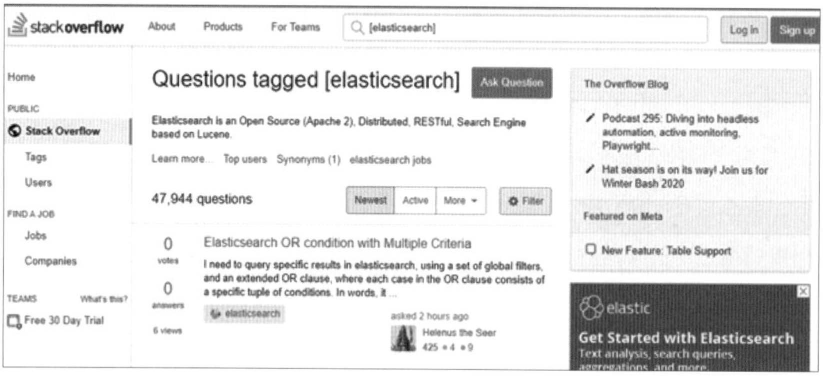

그림 1.19 **스택오버플로우의 엘라스틱 섹터**

그림 1.20의 엘라스틱 포럼(https://discuss.elastic.co)은 좀 더 전문적인 토론과 답변을 얻을 수 있다. 간단한 궁금증은 스택오버플로우에서 해결하고, 전문적인 토론이나 소식들은 엘라스틱 포럼을 이용하자.

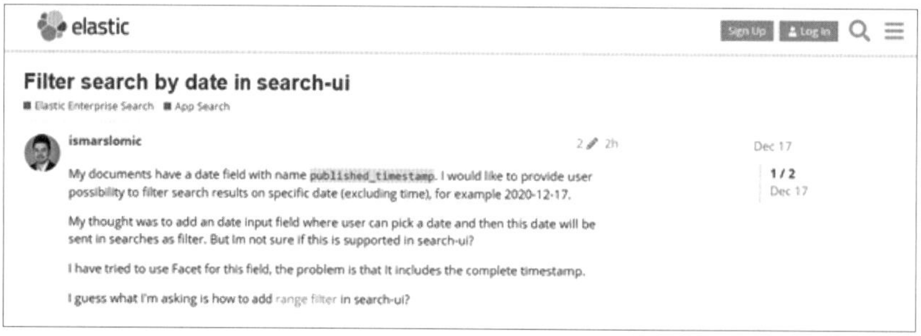

그림 1.20 **엘라스틱 포럼**

1.8 정리

1장에서는 엘라스틱서치에서 시작해 스택으로 발전한 역사를 살펴봤고, 엘라스틱 스택의 주요 구성요소를 간략하게 설명했다. 엘라스틱서치, 로그스태시, 비츠, 키바나는 이 책에서 다루는 핵심 소프트웨어이므로 어떤 목적으로 만들어졌고 어떤 특성이 있는지 파악해두면 뒤에 나오는 기술적인 설명을 이해하는 데 필요한 배경지식을 확보할 수 있을 것이다. 다음으로 엘라스틱 스택의 용도와 빅데이터 플랫폼의 일부로 동작하는 엘라스틱 스택을 설명했다. 전문 검색 엔진, 로그 통합 분석, 보안 이벤트 분석, 애플리케이션 성능 분석, 머신러닝 순으로 엘라스틱 스택의 용도를 살펴봤으며, 엔터프라이즈 데이터 버스인 카프카와의 연동, 하둡 생태계와의 연동, 관계형 데이터베이스와의 연동 순으로 빅데이터 플랫폼과 연동해 사용되는 사례를 살펴봤다. 그리고 엘라스틱 스택을 구성하는 소프트웨어 특성을 파악하기 위해 유사 제품군과의 비교를 진행했고, 문서화와 공동체 지원을 소개하면서 마무리했다.

이제 엘라스틱 스택이 무엇인지 큰 그림을 그렸으므로 구체적인 각론으로 들어갈 준비가 되었다. 실습 환경을 구성하면서 엘라스틱 스택을 딤험할 준비를 시작하자.

02 윈도우 실습 환경 구성

엘라스틱 스택은 엘라스틱서치, 키바나, 로그스태시, 비츠로 구성되어 있는데, 그중에서 필수 요소는 엘라스틱서치와 키바나라고 볼 수 있다. 우선 2장에서는 가장 많이 사용되는 운영체제인 윈도우Windows 운영체제에 엘라스틱서치와 키바나를 설치하는 방법을 설명한다. 로그스태시는 6장, 비츠는 7장에서 설치 방법을 설명할 것이다. 개발이 아닌 실제 운영 환경에서는 리눅스를 사용하는 경우가 많으므로 엘라스틱 스택을 리눅스에서 설치하는 방법은 12장에서 설명할 예정이다.

엘라스틱 스택은 LTSLong Term Support 개념이 명확하지 않으므로 본문에서 설명할 버전을 선택할 때 임의로 2021년 1월 당시 최신 버전인 7.10.1을 선택했다. 따라서 실습 환경을 구성하는 과정에서 가능한 한 7.10.1을 선택해야 본문에서 설명하는 내용과 실습 과정에서 발생할지도 모르는 차이점을 최소화할 수 있다. 가장 앞의 메이저 버전(여기서는 7)이 달라질 경우 기능 호환성을 보장하지 못할 가능성이 높기 때문에 특히 주의해야 한다. 엘라스틱 스택은 버전이 빠르게 올라가며, 버전 변경이 일어날 때마다 기능 추가와 개선이 많이 일어나는 편이다. 따라서 실제 이 책을 읽는 시점에 신기능 적용이나 보안 관련 문제를 해소하기 위해 반드시 최신 버전을 사용해야 할 수도 있으므로 일단 최신 버전으로 시도해보고 예상치 못한 문제가 발생할 경우 다운그레이드하는 방법을 고려하기 바란다.

엘라스틱 공식 홈페이지는 문서화가 잘되어 있고 특히 그림 2.1과 같이 버전별로 설명이 상세하게 적혀 있다. 혹시 7.10.1 버전이 아닌 다른 버전을 사용한다면 엘라스틱 공식 홈페이지의 문서[1]

1 엘라스틱 가이드: https://www.elastic.co/guide/index.html

를 참고하여 책에 적혀 있는 부분과 다른 점은 직접 확인해봐야 한다. 책에서 모든 버전별 차이점을 설명할 수는 없기 때문이다. 하지만 이 책은 엘라스틱 스택의 가장 기본이 되는 핵심 사항들 위주로 설명하고 있기 때문에 메이저 버전이 같다면 7.10.1 버전이 아닌 다른 버전으로 이 책의 실습을 진행해도 따라 하는 데 큰 어려움이 없을 것이다.

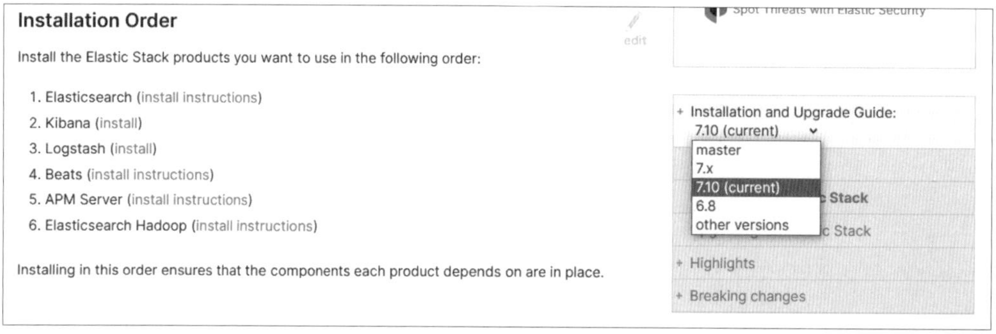

그림 2.1 버전에 따른 엘라스틱 공식 문서의 차이

2.1 설치 준비

엘라스틱 스택에 포함되는 제품들은 크로스플랫폼을 지원하는 언어를 기반으로 만들어져 있다. 엘라스틱서치는 자바Java, 로그스태시는 제이루비JRuby, 키바나는 자바스크립트JavaScript, 비츠는 고Go 언어로 작성되어 있고 운영체제에 대한 종속이 거의 없는 편이다. 다만 실제 엘라스틱에서 공식적으로 동작을 보증하는 환경이 있는데 공식 홈페이지 서포트 매트릭스[2]에서 확인할 수 있다. 그림 2.2는 엘라스틱 서포트 매트릭스다.

네모 박스로 표시된 운영체제Operating System, OS와 자바 가상 머신Java Virtual Machine, JVM은 주의 깊게 살펴봐야 한다. 가령 우분투Ubuntu 14.04 버전을 사용하고 있다면 7.10.1 엘라스틱서치를 사용할 수 없는데, 이런 내용을 서포트 매트릭스를 통해 확인할 수 있다. 자바 가상 머신의 경우 7.x 버전부터 자바 가상 머신이 엘라스틱서치 내에 내장되어 있어서 별도로 설치할 필요는 없다. 다만 엘라스틱 7.x 이전 버전이거나 로그스태시를 사용하기 위해서는 자바 가상 머신이 필요하기 때문에 서포트 매트릭스를 통해 현재 지원하는 자바 가상 머신을 찾아야 한다. 윈도우 10의 경우 서포트 매트릭스에는 표시되어 있지 않으나 이 책의 실습 범위 내에서는 동작에 문제가 없다.

2 엘라스틱 서포트 매트릭스 문서: https://www.elastic.co/kr/support/matrix

참고로, 윈도우 서버 2019가 윈도우 10의 서버 버전이므로 윈도우를 사용한다면 윈도우 서버 2019 버전을 참고하면 된다.

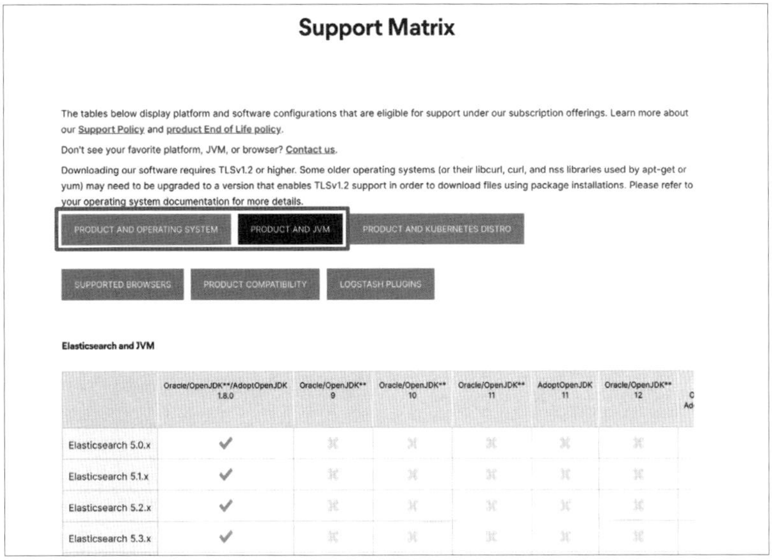

그림 2.2 **엘라스틱 서포트 매트릭스**

2.2 엘라스틱서치 설치

먼저 엘라스틱서치 7.10.1 버전을 설치해보자. 엘라스틱 공식 홈페이지[3]에서 친절하게 설치 방법을 제공하고 있다.

공식 문서에서 제공하는 엘라스틱서치 설치 방법에 따르면 윈도우, 리눅스, 도커, 맥에서 설치할 수 있다. 우리는 윈도우 환경에서 설치하는 방법을 알아볼 것이다. 파일을 다운로드하고 압축을 푼 다음 실행 파일을 실행하면 엘라스틱서치가 설치되는 구조다. 설치가 매우 쉬우므로 다른 운영체제를 사용하고 있더라도 너무 걱정하지 말고 공식 문서를 참고하기 바란다.

공식 문서는 그림 2.3처럼 엘라스틱 공식 홈페이지의 **정보 > 문서**에서 확인할 수 있다.

3 엘라스틱서치 설치: https://www.elastic.co/guide/en/elasticsearch/reference/7.10/install-elasticsearch.html

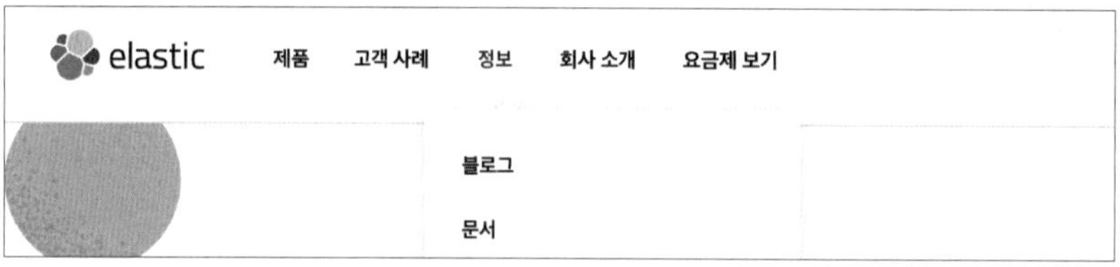

그림 2.3 **엘라스틱 스택 문서**

여기서 엘라스틱서치, 키바나, 로그스태시, 비츠의 모든 공식 문서를 볼 수 있다. 책에서는 윈도우 설치만 다루지만, 설치 방법을 살펴보면 그 밖의 운영체제에서도 쉽게 설치할 수 있을 것이다.

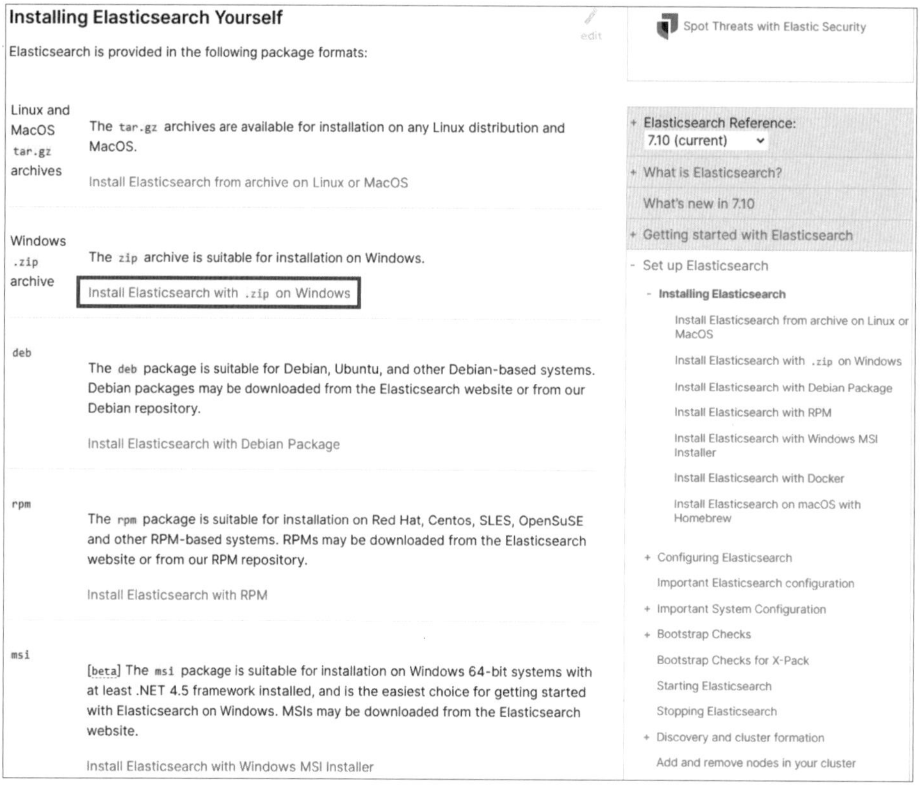

그림 2.4 **엘라스틱서치 설치 방법**

공식 문서에서 Elasticsearch Guide > Set up Elasticsearch > Installing Elasticsearch로 가면 그림 2.4와 같은 엘라스틱 설치 방법 문서를 볼 수 있다.

2.2.1 엘라스틱서치 다운로드

그림 2.4에서 네모 박스로 강조한 Install Elasticsearch with .zip on Windows라는 링크를 클릭하면 윈도우에서 엘라스틱서치를 설치하는 방법이 적힌 상세 페이지로 이동한다. 우리는 윈도우용 엘라스틱서치 실행 파일을 다운로드해야 한다.

그림 2.5의 페이지에 엘라스틱서치 압축 파일이 2개 있다. 둘 다 오픈소스이지만 두 번째 OSS 버전은 X-Pack 기능이 전부 빠진 제한된 버전으로, 공식 서포트가 없으며 아파치 2.0 라이선스를 따른다. 참고로, 7.11 버전부터는 아파치 2.0 라이선스 대신 SSPL[Server Side Public License] 라이선스로 변경되는데 SSPL은 아마존, 구글 같은 클라우드 업체에서 엘라스틱 서비스를 제품화할 때 라이선스를 구입하거나 소스 코드를 공개해야 하는 라이선스다. 우리 같은 개인 사용자는 크게 바뀌는 부분이 없으니 걱정하지 않아도 된다. OSS 버전의 경우 책에서 설명할 일부 기능이 빠져 있으므로 우리는 첫 번째의 완전 버전을 받으면 된다. 엘라스틱서치를 활용해 클라우드에서 서비스를 제공하거나 제품 내에 포함해서 파는 경우가 아니라면 기본 제공되는 베이직 라이선스를 사용해도 문제없다. 7.11 버전부터는 상기한 라이선스 변경으로 인해 OSS 버전이 별도로 제공되지 않는다는 점을 참고하자. 파일을 다운로드하고 적당한 위치에 압축을 해제하자. 이 책에서는 윈도우 C 드라이브 밑에 elasticsearch-7.10.1이라는 폴더에 압축을 해제했다.

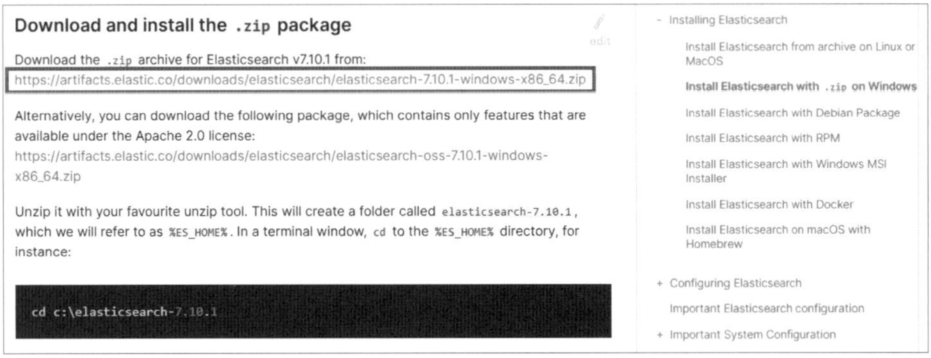

그림 2.5 **엘라스틱서치 압축 파일 다운로드**

압축을 해제하면 그림 2.6과 같은 폴더 구조가 나온다. bin 폴더는 엘라스틱서치 실행 파일을 포함하여 플러그인 설치나 키 생성 등의 실행 작업을 위한 파일들이 들어 있다. config 폴더는 엘라스틱서치 설정 파일(elasticsearch.yml)을 포함하여 설정에 관한 파일들이 들어 있다. 그 외의 폴더들은 데이터나 로그, 플러그인이 모여 있는 폴더인데 이 책에서는 다루지 않으니 신경 쓰지 않아도 된다.

그림 2.6 **엘라스틱서치 폴더 구조**

2.2.2 엘라스틱서치 실행

이제 엘라스틱서치를 실행해보자. 그림 2.6의 bin 폴더에 있는 elasticsearch.bat 파일을 실행하면 된다. 이 책에서는 윈도우 10을 설치하면 기본으로 제공하는 명령 프롬프트(CMD)를 이용해 실행했는데, 각자 자기에게 익숙한 콘솔 프로그램을 이용하면 된다. 명령 프롬프트에서 다음 명령을 실행한다.

```
C:\elasticsearch-7.10.1> .\bin\elasticsearch.bat
```

엘라스틱서치를 실행하고 동작 여부를 확인하기 위해 curl이라는 툴을 이용할 것이다. 윈도우 10을 설치하면 기본으로 설치되어 있다. 윈도우 bat 파일의 경우 기본적으로 백그라운드 실행이 안 되기 때문에 명령 프롬프트를 하나 더 실행하고 다음 명령을 실행한다.

```
C:\elasticsearch-7.10.1> curl -X GET "localhost:9200/?pretty"
```

curl을 이용해 방금 실행한 엘라스틱서치가 잘 실행되었는지 확인하자. 엘라스틱서치는 기본적으로 9200 포트를 사용하는데, localhost:9200 주소에 `GET` 메소드 요청을 해서 응답이 있다면 엘라스틱서치가 정상적으로 실행된 것이다. 응답 결과를 JSON 형태로 보내주는데, URL 뒤에 ?pretty를 추가하면 가독성 좋은 형태로 결과를 제공한다. 결과를 확인해보자.

리스트 2.1 엘라스틱서치 응답 결과

```
{
  "name" : "DESKTOP-U02R5A5",
  "cluster_name" : "elasticsearch",
  "cluster_uuid" : "VlLeOSDfTtyhikERi1VMCg",
  "version" : {
    "number" : "7.10.1",
```

```
    "build_flavor" : "default",
    "build_type" : "zip",
    "build_hash" : "1c34507e66d7db1211f66f3513706fdf548736aa",
    "build_date" : "2020-12-05T01:00:33.671820Z",
    "build_snapshot" : false,
    "lucene_version" : "8.7.0",
    "minimum_wire_compatibility_version" : "6.8.0",
    "minimum_index_compatibility_version" : "6.0.0-beta1"
  },
  "tagline" : "You Know, for Search"
}
```


응답 결과의 세부적인 사항은 지금 이해하지 않아도 된다. 리스트 2.1까지 진행했다면 엘라스틱서치가 잘 설치되고 실행된 것이다.

참고 curl

curl은 다양한 통신 프로토콜을 지원하여 데이터를 전송할 수 있는 소프트웨어다. 명령행 기반의 터미널 환경에서 동작하기 때문에 서버 환경에서 쉽게 테스트해볼 수 있다는 장점이 있다. HTTP, FTP, LDAP 등 다양한 프로토콜을 지원하고 다양한 운영체제와 플랫폼에서 동작한다. 무엇보다 좋은 점은 오픈소스 환경에서 다양한 개발자들의 참여를 통해 높은 안정성을 자랑한다. curl은 리눅스와 맥에는 기본적으로 설치되어 있고, 윈도우의 경우 윈도우 10부터 기본 설치로 제공되며 그 외의 버전은 따로 설치해야 한다(https://curl.se/). 사용법은 2.2.2절처럼 `curl [옵션] <url>` 형식으로 콘솔에서 작성하면 된다. 주요 옵션은 다음과 같다. 이 책에서는 주로 -X 옵션과 GET 메소드를 이용해 엘라스틱서치에 데이터를 요청하는 용도로 많이 사용할 것이다.

옵션	설명
-X	요청 시 사용할 메소드를 정한다(POST/GET/PUT/DELETE).
-d	데이터를 전송할 수 있다. POST 요청에만 사용한다.
-o	리모트에서 받아온 데이터를 표준 출력(모니터)에 보여주는 것이 아니라 파일 형태로 저장한다.

2.3 키바나 설치

다음으로 키바나 7.10.1을 설치해보자. 엘라스틱 공식 문서[4]에서 상세하게 설명하고 있다. 공식 문서에서 Kibana Guide > Set up > Install Kibana 링크를 따라가면 된다.

4 키바나 설치: https://www.elastic.co/guide/en/kibana/7.10/install.html

윈도우, 리눅스, 맥, 도커에서 키바나를 설치하고 실행하는 방법을 제공하는데, 그림 2.7의 Install on Windows 링크로 들어가면 윈도우에서 키바나를 설치하는 방법이 상세하게 적혀 있다.

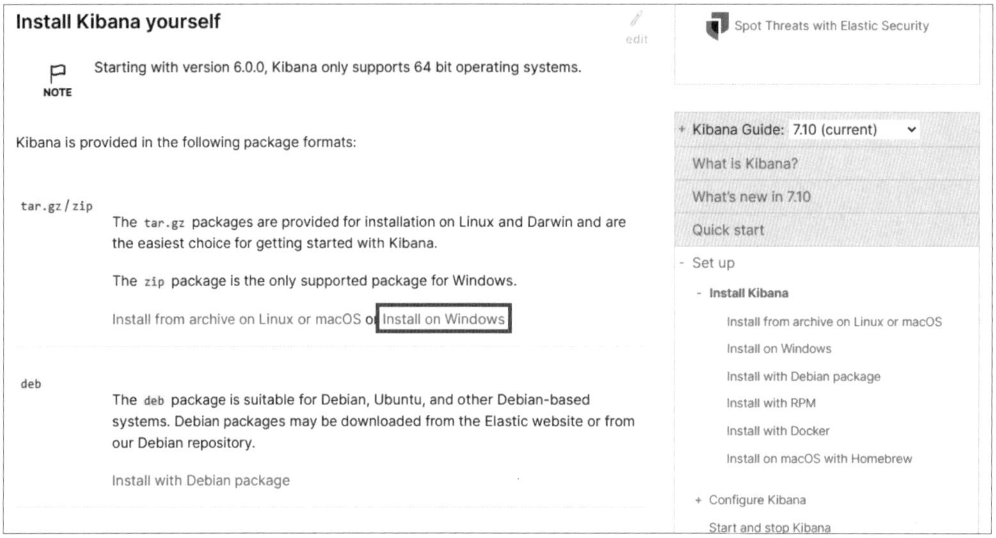

그림 2.7 **키바나 설치 방법**

2.3.1 키바나 다운로드

윈도우의 경우 패키지 매니저가 따로 제공되지 않기 때문에 엘라스틱서치와 마찬가지로 키바나도 압축 파일을 다운로드하면 된다.

역시 엘라스틱서치와 마찬가지로 기본 버전과 OSS 버전이 제공된다. 키바나 OSS 버전의 경우 캔버스, 맵, 인증 등 많은 메뉴가 설치되지 않기 때문에 엘라스틱서치와 마찬가지로 반드시 그림 2.8의 첫 번째 링크에 있는 베이직 라이선스 압축 파일을 다운로드해야 한다. 키바나 역시 엘라스틱서치와 마찬가지로 7.11 버전 이후로 두 번째 OSS 버전 링크가 사라졌다. 압축 파일을 다운로드하고 C 드라이브 아래 kibana-7.10.1이라는 폴더를 생성한 후 압축을 풀자. 압축 해제 후 폴더 구조는 그림 2.9와 같다.

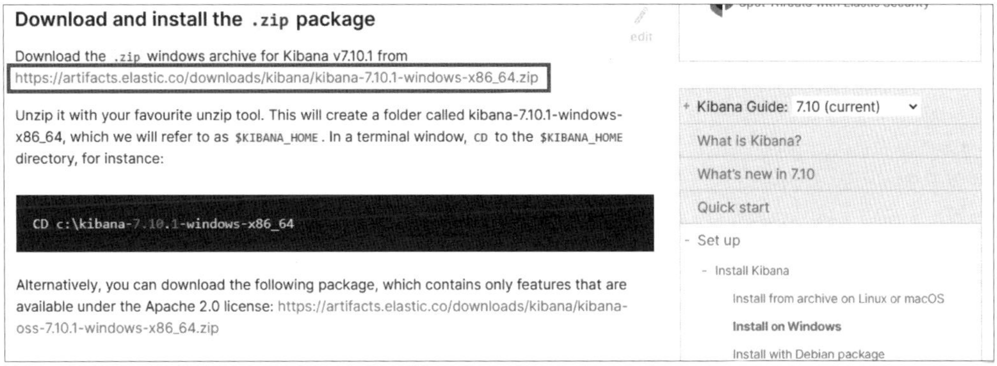

그림 2.8 키바나 압축 파일 다운로드

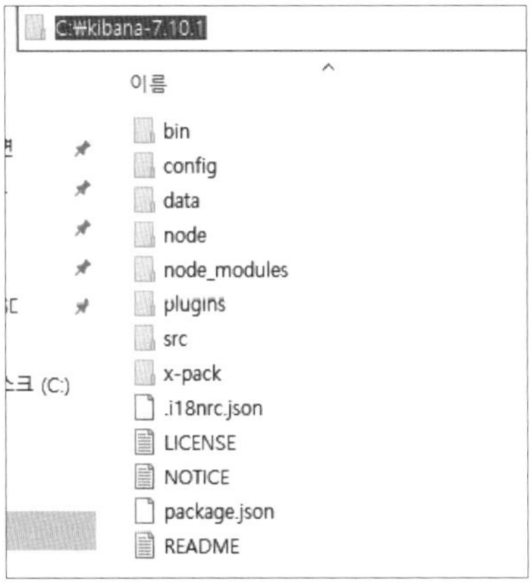

그림 2.9 키바나 폴더 구조

bin 폴더 밑에 키바나 실행 파일과 플러그인 설치 같은 실행 관련 파일들이 있다. config 폴더 밑에는 키바나 설정 파일(kibana.yml)과 기타 설정 관련 파일들이 있다. 그 외의 폴더들은 이 책에서는 다루지 않으니 크게 신경 쓰지 않아도 된다.

2.3.2 키바나 실행

이제 키바나를 실행해보자. 그림 2.9의 bin 폴더에 있는 kibana.bat 파일을 실행한다. 명령 프롬프트(CMD)에서 다음 명령을 실행한다.

```
C:\kibana-7.10.1> .\bin\kibana.bat
```

키바나가 정상적으로 실행되면 키바나 동작 여부를 웹 브라우저에서 확인할 수 있다. 키바나는 기본적으로 5601 포트를 사용하는데, 웹 브라우저를 열고 http://localhost:5601 주소를 입력해보자.

그림 2.10과 같이 키바나 웹 페이지가 나왔다면 정상 동작하는 것이다. 엘라스틱서치를 실행하지 않고 키바나를 실행하면 다음과 같은 로그가 나오면서 키바나가 웹 브라우저에서 실행되지 않는다.

```
{"statusCode":503,"error":"Service Unavailable","message":"connect ECONNREFUSED
127.0.0.1:9200"}
```

9200 포트인 엘라스틱서치와 통신을 할 수 없다는 오류다. 반드시 엘라스틱서치를 먼저 실행하고 나서 키바나를 실행해야 한다는 사실을 기억하자.

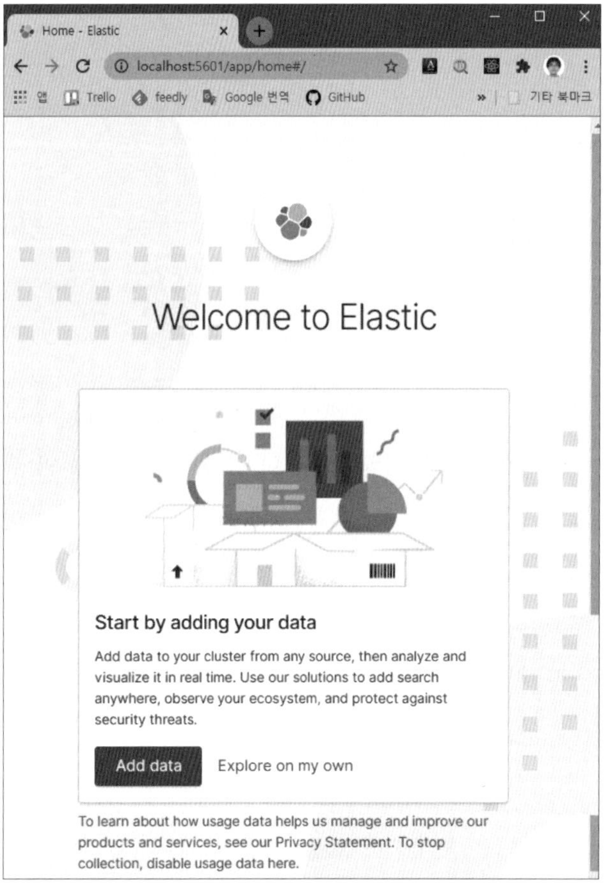

그림 2.10 **키바나 화면**

2.4 엘라스틱 스택 라이선스 확인

엘라스틱서치와 키바나를 정상적으로 실행했다면 최종적으로 브라우저에서 그림 2.10의 키바나 첫 화면을 볼 수 있다. Add data와 Explore on my own이라는 두 가지 버튼이 있는데, Add data 버튼을 누르면 샘플 데이터를 로드해볼 수 있다. 하지만 지금은 Explorer on my own 버튼을 눌러 키바나 홈 화면으로 넘어가자. 샘플 데이터를 로드하는 방법은 뒤에서 설명할 것이다. 키바나 왼쪽 상단의 토글 메뉴를 클릭하면 키바나 메뉴들을 확인할 수 있는데 Management > Stack Management를 선택해보자. 그리고 Stack Management 화면에서 Stack > License Management를 선택해보자. 다음과 같은 페이지를 볼 수 있다.

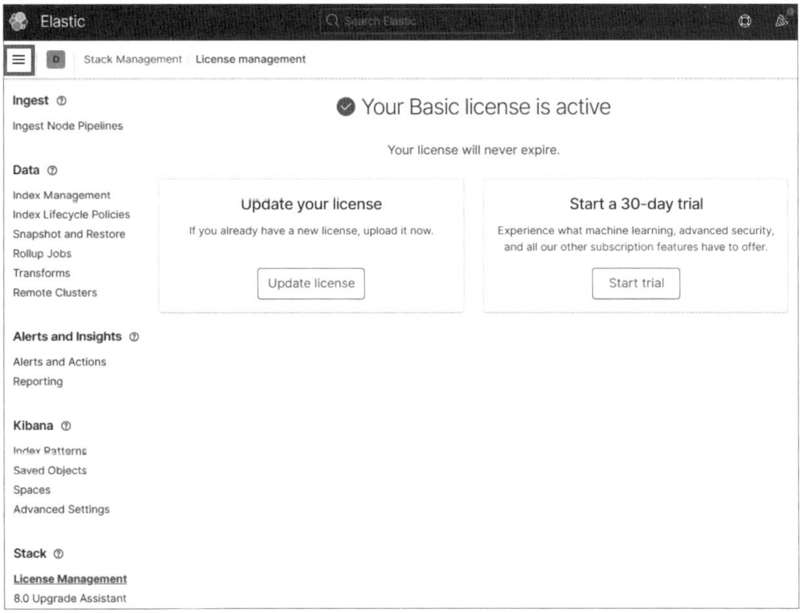

그림 2.11 **라이선스 확인**

그림 2.11은 현재 라이선스를 확인할 수 있는 페이지로, 최초 설치 시 자동으로 베이직 라이선스가 활성화된다. 이 책에서는 기본적으로 베이직 라이선스 상태에서 실습을 진행하겠다. 라이선스 업데이트를 하면 더 많은 기능을 사용할 수 있지만 비용을 지불해야 한다. 30일 기간 제한이 있지만 트라이얼을 활성화해 머신러닝, 그래프 등의 기능을 사용해볼 수 있는데 이 책에서는 설명하지 않는다. 라이선스별 지원사항은 온라인 문서[5]를 참고하면 된다. 유료 라이선스일수록 더 많은 기능과 지원을 받을 수 있다.

5 엘라스틱 스택 제품 구독 수준별 기능 비교: https://www.elastic.co/kr/subscriptions

2.5 특정 버전 다운로드

엘라스틱은 공식 홈페이지에 마이너 버전을 포함하여 릴리스된 모든 엘라스틱 스택 버전을 제공하고 있다. 7.10.1이 아닌 다른 버전이나 간단히 7.10.1 버전의 압축 파일만 다운로드할 경우 공식 홈페이지에서 다운로드할 수 있다. 웹 페이지는 한 번씩 리뉴얼되기 때문에 독자들이 사이트를 보는 시점에 책에 있는 캡처 이미지와 다를 수는 있지만 그 구조와 방식은 크게 변하지 않을 것이다. 먼저 엘라스틱 공식 홈페이지(https://www.elastic.co/kr)에 접속하자.

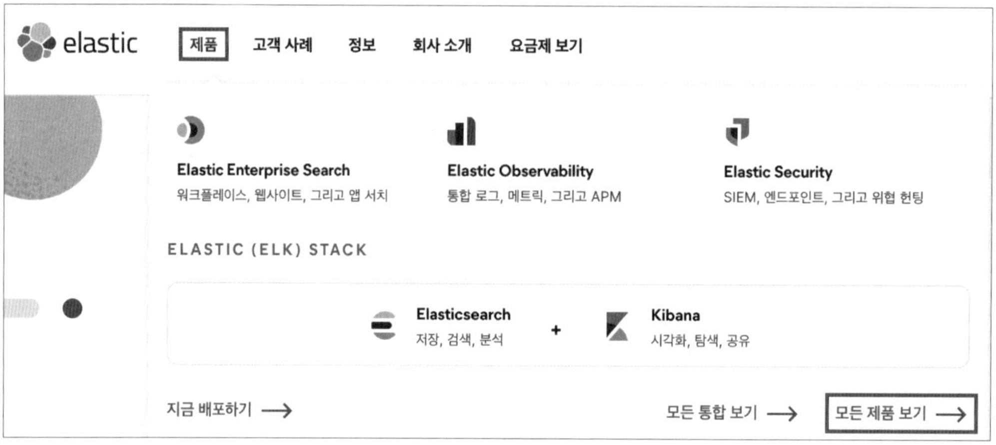

그림 2.12 **엘라스틱 공식 홈페이지**

엘라스틱 공식 홈페이지에 접속하여 **제품** 메뉴로 가면 그림 2.12와 같은 화면을 볼 수 있다. 여기서 **모든 제품 보기** 링크에 들어가 보자.

그림 2.13 **제품 다운로드 링크**

엘라스틱에서 제공하는 모든 제품을 볼 수 있는데, 우리가 사용할 수 있는 오픈소스 버전을 받기 위해서는 화면 중간의 제품 **다운로드** 링크를 클릭하자. 그림 2.14와 같이 엘라스틱 스택 제품군을 한자리에서 볼 수 있다.

그림 2.14 **엘라스틱 스택 제품군**

우리는 엘라스틱서치와 키바나를 다운로드할 것이다. Elastic Cloud에서 **시작하기** 버튼은 클라우드 형태로 엘라스틱 스택을 이용할 수 있는 유료 서비스이고 여기서는 **다운로드** 링크를 클릭해야 한다. 엘라스틱서치 **다운로드** 링크를 클릭해보자.

엘라스틱서치 다운로드 페이지가 나온다. 라이선스, 다운로드할 때 압축 파일 형태, 패키지 매니저 이용 방법 등을 한곳에서 확인할 수 있다. 특정 버전을 받기 위해서는 페이지 하단에서 Notes의 past releases 링크에 접속해야 한다(그림 2.15 참고). 책을 쓰던 시점과 달리 현재는 7.10.1이 구 버전이 되었다.

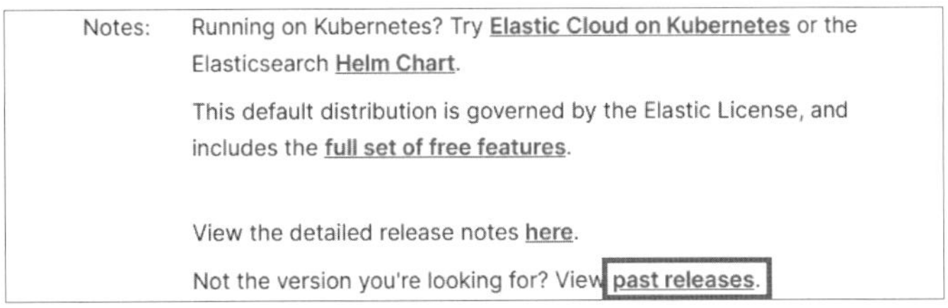

그림 2.15 **과거 버전 다운로드 링크**

그림 2.16의 Past Release 페이지에 접속하면 지금까지 릴리스된 엘라스틱서치의 모든 버전을 다운로드할 수 있다. 필터에서 제품명은 Elasticsearch, 버전은 7.10.1을 선택하자.

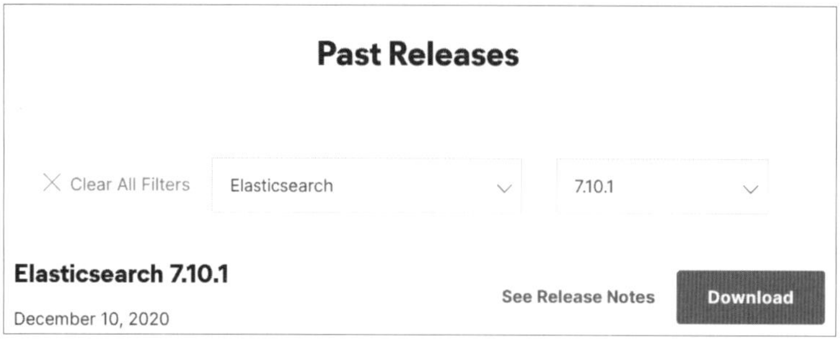

그림 2.16 과거 버전 다운로드 페이지

Elasticsearch 7.10.1 버전의 Download 버튼을 클릭하면 엘라스틱서치 운영체제별 압축 파일을 제공한다. 윈도우의 경우 그림 2.17의 맨 처음 WINDOWS 링크를 클릭하면 엘라스틱서치 7.10.1의 압축 파일을 다운로드할 수 있다. sha라는 링크는 인터넷 배포판의 무결성을 검사할 수 있는 체크섬으로, 다운로드할 파일이 변조되었는지 확인할 때 사용된다. 무결성 검증 유무 차이이지 파일이 다른 것은 아니므로 둘 중 아무 파일이나 다운로드해도 된다.

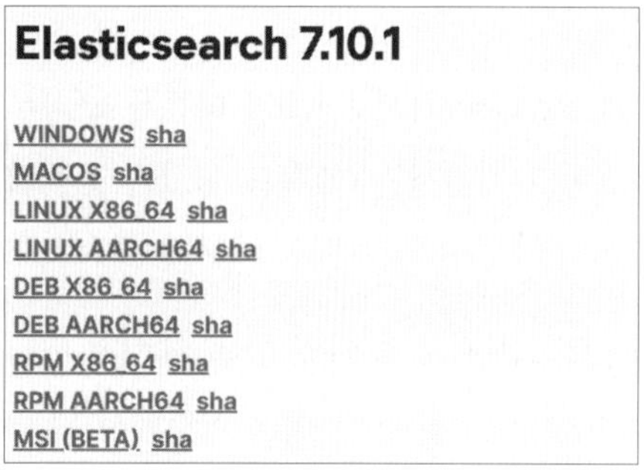

그림 2.17 압축 파일 다운로드

2.6 정리

2장에서는 윈도우 환경에서 엘라스틱 스택의 기본이 되는 엘라스틱서치와 키바나를 설치하는 방법을 알아봤다. 엘라스틱 스택은 설치와 기본 구성이 매우 쉽기 때문에 설치 과정이 복잡하지 않다. 실습 과정에서는 7.10.1 버전을 기본으로 사용하는데, 혹시 다른 버전을 사용할 경우 문제가 생길 가능성이 있어 특정 버전을 다운로드하는 방법도 설명했다. 앞으로 이어질 설명 과정에서 기본적으로 엘라스틱서치와 키바나는 반드시 실행돼야 하므로 이번 장을 충분히 숙지하고 넘어가기 바란다.

2부

엘라스틱 스택 구성요소

앞서 1부에서는 엘라스틱 스택을 구성하는 네 가지 구성요소가 엘라스틱서치, 로그스태시, 비츠, 키바나라고 소개했다. 아무래도 엘라스틱 스택의 맏형인 엘라스틱서치가 가장 복잡하며, 나머지 구성요소인 로그스태시, 비츠, 키바나는 어느 정도 패턴만 알면 쉽게 응용이 가능하다. 레퍼런스 매뉴얼이 아닌 학습서라는 특성으로 인해 모든 내용을 한정된 지면에 빠짐없이 설명하기란 불가능하며, 엘라스틱의 잦은 버전업으로 인해 설령 모든 내용을 담았다고 하더라도 시간이 지남에 따라 누락되는 부분이 필연적으로 생길 것이다. 따라서 2부에서는 가장 기본적이면서 핵심적인 내용을 중심으로 설명하는 방법을 택한다. 실전에서 가장 많이 사용되는 내용을 사례로 들어 소개하므로 빠르게 배우고 바로 적용할 수 있는 토대를 마련할 것이다. 2부에서 배운 내용은 3부에서 활용할 때 요긴하게 사용할 것이므로 필요에 따라서는 관련 장을 복습할 필요도 있다는 사실을 기억하자.

2부에서는 엘라스틱 스택의 구성요소인 엘라스틱서치, 로그스태시, 비츠, 키바나를 하나씩 자세히 알아본다. 엘라스틱 스택에서 가장 중요한 솔루션인 엘라스틱서치를 크게 세 부분으로 나누었다. 3장에서는 엘라스틱에서 사용하는 용어와 개념을 총정리하고 엘라스틱서치를 이용한 데이터 처리와 기본 구성을 설명한다. 4장은 엘라스틱서치 검색의 기본과 최적화를 설명하고, 5장에서는 엘라스틱서치 집계에 대해 설명한다. 나머지 엘라스틱 스택을 구성하는 로그스태시, 비츠, 키바나는 각각 6장, 7장, 8장에서 소개한다.

03

엘라스틱서치 기본

처음으로 어떤 시스템에 접할 경우 두 가지 난관에 부딪힌다. 우선, 처음 접한 시스템을 제대로 배우기 위해 어떤 용어와 개념을 알아야 하는지 막막하다. 시스템을 모르니 용어와 개념이 머리에 잘 들어오지 않고, 용어와 개념이 머리에 잘 들어오지 않으니 시스템을 이해하기가 어렵다. 닭이 먼저냐 달걀이 먼저냐의 딜레마에 빠진다. 용케 용어와 개념을 이해하고 나면 그다음으로 실제 시스템을 시동하기 위한 온갖 스위치와 버튼을 누르는 시행착오가 이어진다. 엘라스틱서치의 경우도 다르지 않다. 기존에 직접 검색 엔진을 만들거나 사용해본 경험이 있지 않은 이상 새로 배워야 하는 지식의 양이 만만치 않다. 특히 엘라스틱서치를 제대로 사용하기 위해서는 저장과 인출 방식을 확실히 이해해둬야 한다. 인출을 위해서는 가장 먼저 저장이 필요하며, 저장을 위해서는 스키마를 구성하고 데이터를 집어넣어야 한다. 이 과정에서 데이터 타입을 배우고 전문 검색 내부 동작 방식을 이해해야 한다. 이렇게 기본적인 지식을 습득하고 나서야 검색과 집계가 가능해진다.

3장에서는 먼저 실습 환경인 엘라스틱서치와 키바나를 준비하고 데이터를 불러온다. 그러고 나서 저장 과정에 있어 핵심인 인덱스와 도큐먼트 개념을 이해한다. 도큐먼트의 생성/읽기/수정/삭제 방법에 이어, 엘라스틱서치의 스키마 개념인 매핑을 속속들이 파고든다. 그리고 복수의 인덱스를 묶어서 관리하는 템플릿 설정 방법을 소개한다. 마지막으로, 전문 검색을 위해 문자열을 나누는 작업을 수행하는 분석기를 설명하면서 저장 과정에서 알아야 하는 용어와 개념을 마무리한다. 이 장에 속한 각 절은 모두 구체적인 사례와 결과를 담고 있으므로 개념이 현실에서 어떻게 구체화되며 어떤 스위치와 버튼을 눌러야 원하는 결과가 나오는지 물리적인 감을 잡는 데 도움을 줄 것이다.

엘라스틱서치를 처음 접하는 개발자는 물론이고 간단하게 활용할 수 있는 개발자라도 이번 장을 차근차근 읽으면서 기초를 튼튼하게 쌓아야 뒤에 이어지는 검색과 집계를 다루는 장에서 당황하지 않을 것이다. 안전벨트를 맸다면 본격적으로 출발해보자!

3.1 준비 작업

엘라스틱서치의 모든 기능은 REST API 형태다. 엘라스틱서치 예제들을 진행하기에 앞서 간단히 REST API가 무엇인지 알아보자. 또한 예제를 진행하면서 엘라스틱서치 인덱스index를 만들 계획이다. 설명에 맞는 인덱스를 상황에 맞춰 생성하는데 인덱스가 너무 많아지면 관리가 힘들기 때문에 인덱스를 확인하고 삭제하는 방법도 함께 이해하고 넘어가자. 마지막으로, 엘라스틱서치가 제공하는 샘플 예제를 불러오는 방법을 배워보자. 이 책의 예제들은 3.1.4절에서 가져온 샘플 데이터를 사용할 것이다.

3.1.1 엘라스틱서치 요청과 응답

엘라스틱서치는 모든 요청과 응답을 REST API 형태로 제공한다. REST란 웹상의 모든 리소스에 URI를 부여하고 활용하는 아키텍처다. REST를 도입하면 모든 리소스를 일관된 규칙으로 접근할 수 있어 애플리케이션을 모듈이나 기능별로 분리하기 쉬워진다. REST API는 이런 REST의 기본 사상을 고수하는 API 형태로, 책의 예제를 따라 하다 보면 자연스럽게 눈에 들어올 것이다. 그림 3.2는 엘라스틱서치에서 전형적인 요청과 응답 형태다.

참고 **REST API**

REST는 'Representational State Transfer'의 약자로 웹(HTTP)의 장점을 이용해 리소스를 주고받는 형태며, REST API는 REST 기반으로 API를 서비스하는 것을 의미한다. REST API는 메소드(method)와 경로(URI)가 합쳐진 형태다. 먼저 메소드는 네 가지로 표현할 수 있다.

메소드	설명	메소드	설명
POST	해당 리소스를 추가한다.	GET	해당 리소스를 조회한다.
PUT	해당 리소스를 수정한다.	DELETE	해당 리소스를 삭제한다.

REST API는 네 가지 메소드 타입을 가지고 리소스의 CRUD(생성/읽기/수정/삭제) 작업을 진행한다. URI(Uniform Resource Identifier)는 리소스를 명시하는 방법이다. URI로 리소스를 정의하고 메소드와 함께

서버에 요청하고 응답을 받는 구조다.

```
POST es_index/_doc/1 { "name": "kim", "age": 20 } ❶
GET es_index ❷
GET es_index/_doc/1 ❸
DELETE es_index ❹
```

❶은 es_index라는 인덱스를 만들고 1번 도큐먼트를 생성한다. ❷는 es_index를 조회한다. ❸은 es_index 내부의 1번 도큐먼트만 조회한다. ❹는 es_index를 삭제한다. URI는 정보의 리소스를 표현한 것으로, 엘라스틱서치에서 설계하고 정의한 규격에 맞춰야 한다. 엘라스틱서치 REST API 사용법은 책을 따라 하다 보면 자연스럽게 익힐 수 있으니 지금은 너무 걱정하지 않아도 된다. 공식 문서[1]에서 엘라스틱이 제공하는 모든 REST API를 확인할 수 있다.

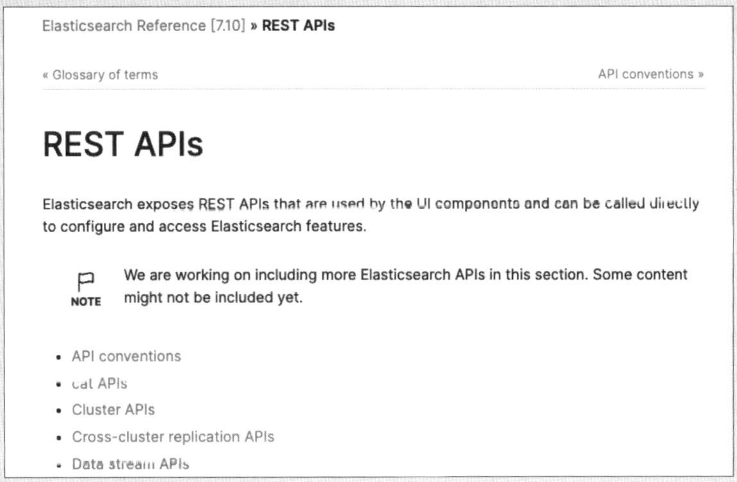
Elasticsearch Reference [7.10] » **REST APIs**

« Glossary of terms   API conventions »

REST APIs

Elasticsearch exposes REST APIs that are used by the UI components and can be called directly to configure and access Elasticsearch features.

NOTE: We are working on including more Elasticsearch APIs in this section. Some content might not be included yet.

- API conventions
- cat APIs
- Cluster APIs
- Cross-cluster replication APIs
- Data stream APIs

그림 3.1 **엘라스틱서치에서 제공하는 API 문서**

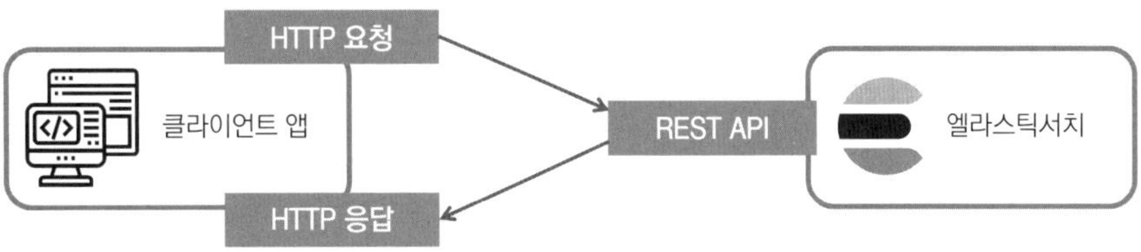

그림 3.2 **엘라스틱서치의 REST API 구조**

그림 3.2는 클라이언트 앱과 엘라스틱서치가 REST API를 이용해 통신하는 방법을 표현하고 있다. 앞으로 진행할 예제들에서 독자는 클라이언트 앱 사용자가 되어 엘라스틱서치 노드에 요청

1 REST API: https://www.elastic.co/guide/en/elasticsearch/reference/7.10/rest-apis.html

을 하게 될 것이다. 엘라스틱서치 클라이언트 앱은 REST API를 사용할 수 있는 프로그램이라면 무엇이든지 상관없지만 SoapUI, Katalon studio 등을 많이 사용한다. CLI Command Line Interface 환경에서는 일반적으로 curl을 많이 사용한다.

3.1.2 키바나 콘솔 사용법

우리는 특별한 프로그램을 사용하지 않고 키바나 Dev Tools에 있는 콘솔을 이용해 REST API를 호출할 것이다. 키바나 왼쪽 상단의 토글 메뉴를 클릭하면 키바나 메뉴를 확인할 수 있는데, Management > Dev Tools를 선택하면 된다.

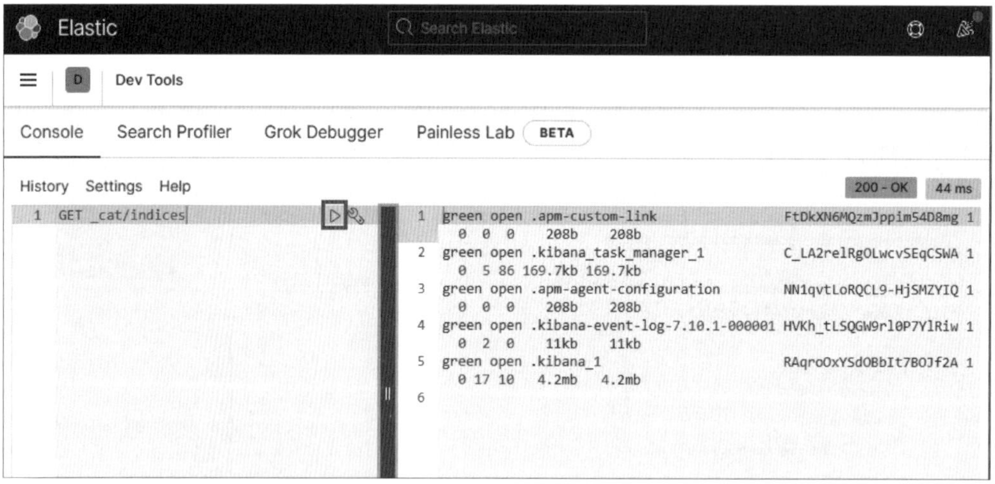

그림 3.3 **키바나 콘솔로 REST API를 호출한 화면**

그림 3.3은 키바나 콘솔 화면으로, 키바나 콘솔을 이용하면 복잡한 앱 개발이나 프로그램 설치 없이 엘라스틱서치와 REST API로 통신할 수 있다. 왼쪽 입력창에서 엘라스틱서치에서 제공하는 REST API를 타이핑하고 그림 3.3의 세모 모양 실행 버튼을 누르면 HTTP 요청문을 보낸다. 오른쪽 출력창은 HTTP의 응답을 확인할 수 있다. 또한 키바나 콘솔은 엘라스틱서치 API 자동완성 autocomplete 기능이 지원된다. 자동완성은 사용 가능한 API들을 미리보기 형태로 제공하기 때문에 API 사용 방법을 완벽히 외우거나 매번 도큐먼트를 뒤져보지 않아도 된다. 또한 문법이 올바른지 구문 검사도 해주기 때문에 입력 오류로 인한 불필요한 시간 낭비를 막아준다.

3.1.3 시스템 상태 확인

엘라스틱서치의 현재 상태를 빠르게 확인할 수 있는 방법으로 일반적으로 cat API를 사용한다. cat은 'compact and aligned text'의 약어로, 콘솔에서 시스템 상태를 확인할 때 가독성을 높일 목적으로 만들어진 API다. 일반적으로 cat API를 통해 제공하는 기능들은 시스템의 상태를 확인하는 용도로 많이 사용된다. 그림 3.4처럼 키바나 콘솔 왼쪽 입력창에서 `GET _cat`을 요청하면 cat API가 지원하는 목록을 확인할 수 있다.

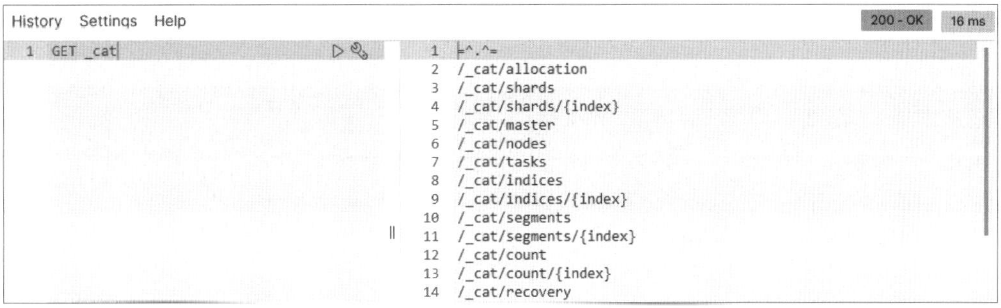

그림 3.4 cat API가 지원하는 목록

cat API를 통해 노드Node, 샤드Shard, 템플릿Template 등의 상태 정보나 통계 정보를 확인할 수 있다. 키바나를 실행하고 콘솔에서 cat API를 사용해 클러스터 내부 인덱스 목록을 확인해보자. 그림 3.5와 같이 키바나 왼쪽 입력창에서 `GET _cat/indices?v`를 요청해보자.

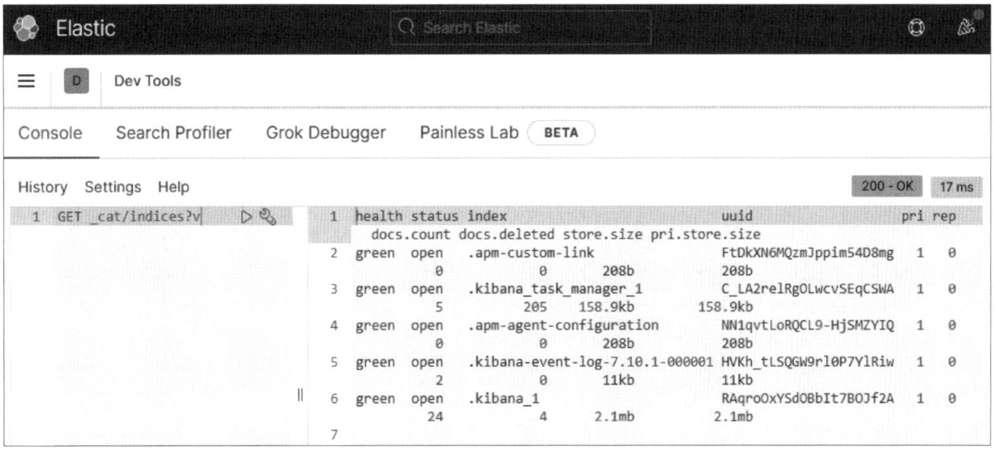

그림 3.5 엘라스틱서치 인덱스 목록 확인

? 기호 뒤에는 몇 가지 파라미터를 사용할 수 있는데 v 파라미터를 사용하면 컬럼의 이름(컬럼 헤더)을 확인할 수 있다. v 외에도 s(정렬), h(헤더) 등의 파라미터[2]를 사용할 수 있다. 엘라스틱 스택을 설명하기 전에 cat API를 설명하는 이유는 현재 클러스터 상태를 빠르게 확인할 수 있기 때문이다. 예를 들어, 독자들은 실습을 하면서 많은 인덱스를 만들고 지울 텐데 인덱스를 어떻게 관리해야 할까? 키바나 웹 페이지에서 인덱스를 관리할 수 있지만, cat API를 사용하면 터미널 환경에서 빠르고 간단하게 상태 점검을 할 수 있다. 윈도우 명령 프롬프트에서 `curl -X GET "localhost:9200/_cat/indices?v"`를 실행하면 그림 3.5 키바나 콘솔에서 얻은 것과 같은 결과를 얻을 수 있다.

```
C:\kibana-7.10.1>curl -X GET "localhost:9200/_cat/indices?v"
health status index                              uuid                   pri rep docs.count docs.deleted store.size pri.store.size
green  open   .apm-custom-link                   FtDkXN6MQzmJppim54D3mg   1   0          0            0       208b           208b
green  open   .kibana_task_manager_1             C_LA2reIRgOLwcvSEqCSWA   1   0          5          214    137.4kb        137.4kb
green  open   .apm-agent-configuration           NN1qvtLoRQCL9-HjSMZYIQ   1   0          0            0       208b           208b
green  open   .kibana-event-log-7.10.1-000001    HVKh_tLSQGW9rIOP7YIRIw   1   0          2            0       11kb           11kb
green  open   .kibana_1                          RAqroOxYSdOBbIt7BOJf2A   1   0         26            4      2.1mb          2.1mb
```

그림 3.6 curl을 이용한 인덱스 목록 확인

지금은 cat API를 통해 가독성 좋은 형태로 상태 확인이 가능하다는 것 정도만 인지하자. 또한 cat API를 이용해 인덱스 외에 다른 정보(Nodes, Shards) 등도 호출해보자. 클러스터의 노드 정보나 샤드 정보 등은 추후 시스템 운영할 때 클러스터 상태를 확인하고 조치할 때 사용할 수 있다.

3.1.4 샘플 데이터 불러오기

엘라스틱 스택은 친절하게도 세 가지 샘플 데이터를 기본으로 제공한다. 2부에서 사용되는 예제들은 샘플 데이터를 사용할 예정이므로 샘플 데이터를 불러오자. 키바나에서 아주 쉽게 가능하다.

그림 3.7은 키바나의 홈 화면인데, 우하단에 **Try our sample data**라는 링크가 있다. 키바나 버전에 따라 화면이 다를 수 있으니 혹시 사용하는 키바나 버전이 그림 3.7과 다른 경우 인터넷의 도움을 받자. 이제 링크를 클릭해보자.

그림 3.8은 샘플 데이터를 추가할 수 있는 화면이다. 총 3개의 샘플 데이터(Sample eCommerce orders, Sample flight data, Sample web logs)가 있고, 각 샘플 데이터마다 **Add data** 버튼을 클릭해서 샘플을 추가할 수 있다. 샘플 데이터가 추가된 후 나타나는 **Remove** 버튼을 누르면 샘플 데이터가 삭제된다는 점도 참고하자. 샘플 데이터를 추가하면 키바나의 **Visualize**시각화와 **Dashboard**

---

2 cat API 온라인 문서: https://www.elastic.co/guide/en/elasticsearch/reference/7.10/cat.html

대시보드 등에도 샘플들이 함께 추가된다. 키바나와 관련된 사항은 8장 '키바나'에서 더 자세히 다루겠다.

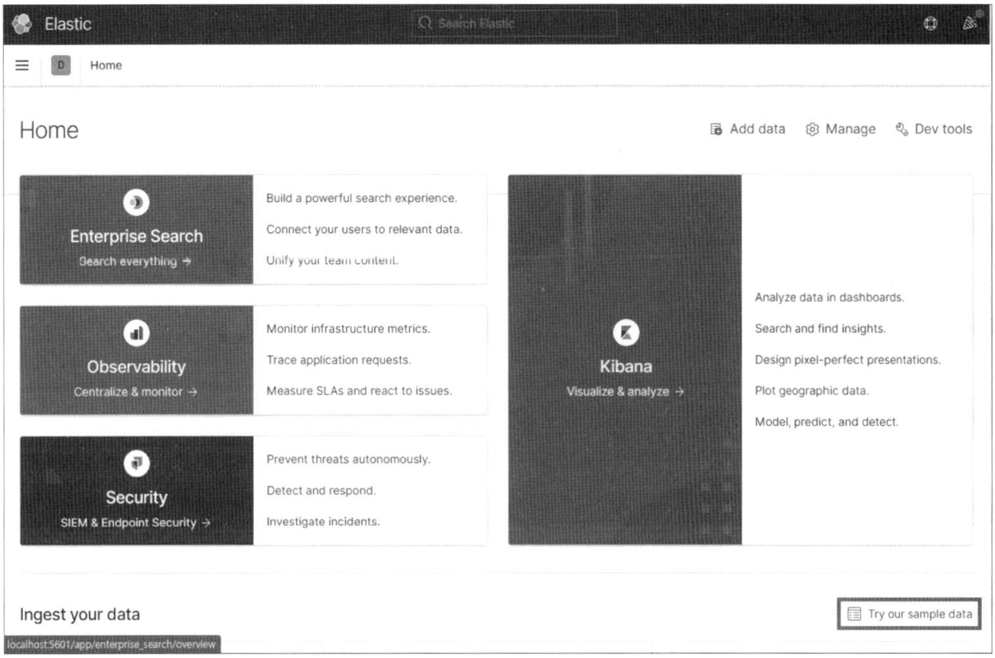

그림 3.7 키바나 홈 화면

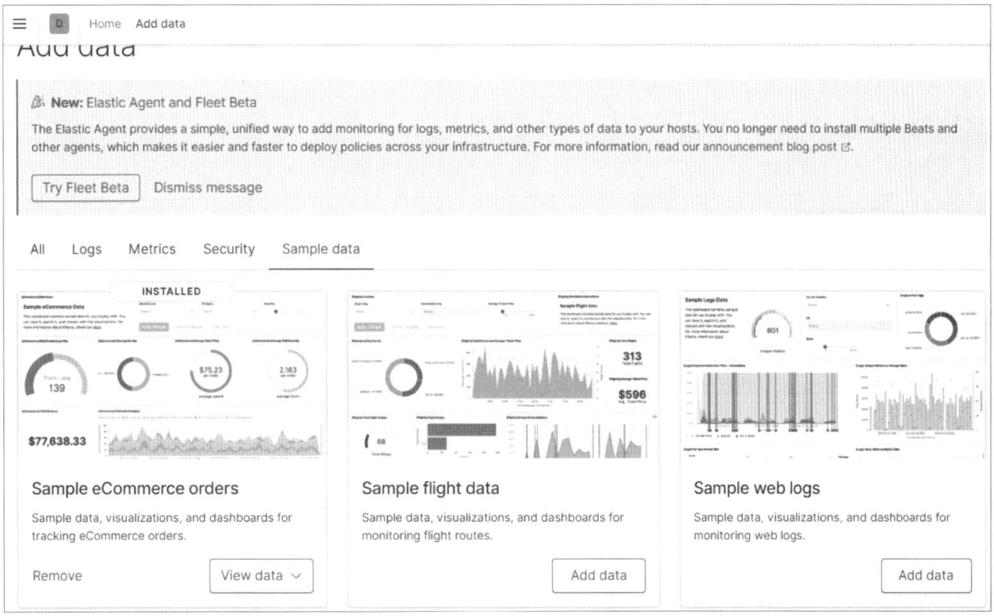

그림 3.8 키바나 샘플 데이터 화면

3.2 인덱스와 도큐먼트

엘라스틱서치를 이해하기 위해서는 인덱스index와 도큐먼트document가 무척 중요하다. 인덱스는 도큐먼트를 저장하는 논리적 구분자이며, 도큐먼트는 실제 데이터를 저장하는 단위다. 그림 3.9는 엘라스틱서치 클러스터, 인덱스와 도큐먼트, 그리고 필드 간에 어떤 포함 관계가 있는지 보여준다.

그림 3.9 **인덱스, 도큐먼트, 필드의 구조**

일반적으로 엘라스틱을 이용해 시스템을 개발하면 하나의 프로젝트에서 하나의 클러스터를 생성한다. 그리고 클러스터 내부는 데이터 성격에 따라 여러 개의 인덱스를 생성한다. 그림 3.9는 하나의 클러스터에 편의상 하나의 인덱스만 표현했다. 인덱스 내부에는 JSON 형태로 된 다수의 도큐먼트가 존재하고 도큐먼트는 복수의 필드들을 갖는다. 이제부터 인덱스, 도큐먼트를 더 자세히 알아보고, 7.x부터 사라진 타입도 잠시 살펴보자.

3.2.1 도큐먼트

도큐먼트는 엘라스틱서치에서 데이터가 저장되는 기본 단위로 JSON 형태며, 하나의 도큐먼트는 여러 필드field와 값value을 갖는다. 엘라스틱서치가 도큐먼트에 데이터를 어떻게 저장하는지 알아보고, 우리가 흔히 아는 관계형 데이터베이스와 엘라스틱서치의 데이터 저장 방식도 비교해보자. 다음과 같은 형태의 데이터가 있다고 가정해보자.

```
name: mike
age: 25
gender: male
```

일반적인 관계형 데이터베이스는 SQL 문을 이용해 데이터를 저장한다. MySQL의 경우 다음과 같이 테이블을 생성하고 쿼리문을 이용해 데이터를 저장한다.

리스트 3.1 MySQL에서 테이블 생성과 데이터 저장

```
CREATE TABLE member (
  uid int not null AUTO_INCREMENT PRIMARY KEY,
  name varchar(50) not null,
  age int not null,
  gender varchar(6) not null
);

INSERT INTO member (name, age, gender) values ("mike", 25, "male");
```

member라는 테이블에 name, age, gender 컬럼을 가진 스키마가 있어야 하고, 하나의 레코드record로 데이터를 저장한다. 반면 엘라스틱서치는 데이터를 JSON 형태로 저장한다. 리스트 3.2와 같은 형태가 일반적인 JSON 표현 형식이다.

리스트 3.2 JSON 형식의 도큐먼트 파일

```
{
  "name": "mike",
  "age": 25,
  "gender": "male"
}
```

name, age, gender를 필드라고 하며 "mike", 25, "male"을 값이라고 한다. 아직 매핑mapping을 배우지 않았지만 엘라스틱서치 매핑으로 필드들의 데이터 타입을 지정할 수 있는데 name, gender 필드는 텍스트 타입, age 필드는 정수 타입으로 매핑이 되었다. 엘라스틱서치는 그림 3.10과 같이 도큐먼트를 저장한다.

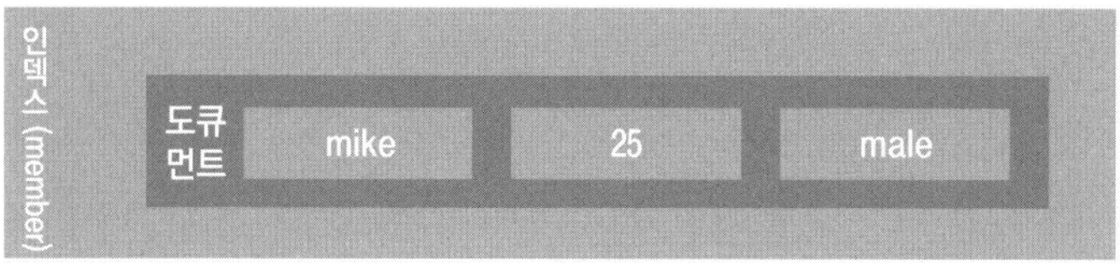

그림 3.10 **도큐먼트 저장**

엘라스틱서치 7.x 버전부터는 공식적으로 MySQL과 엘라스틱서치를 비교하기 어려워졌지만 이해를 돕기 위해 표 3.1에서 엘라스틱서치와 MySQL을 매칭해봤다. MySQL을 알고 있는 독자라

면 이 표를 보면 엘라스틱서치의 인덱스, 도큐먼트, 매핑이 더 직관적으로 이해될 것이다.

표 3.1 MySQL과 엘라스틱서치 비교

MySQL	엘라스틱서치
테이블	인덱스
레코드	도큐먼트
컬럼	필드
스키마	매핑

참고로, 엘라스틱서치 7.x 이전 버전에서는 타입[type]이 존재했으므로 표 3.2처럼 MySQL과 비교가 가능했는데, 이제 타입이 사라지면서 해당 설명은 더 이상 유효하지 않다. 구글링을 해보면 타입까지 포함하여 표 3.2처럼 엘라스틱서치와 MySQL을 비교하는 자료들이 많은데, 7.x 버전에서는 맞지 않는 설명들이다. 타입은 3.2.2절에서 간단히 언급하겠다.

표 3.2 잘못된 MySQL과 엘라스틱서치 비교(엘라스틱서치 7.x 버전 사용)

MySQL	엘라스틱서치
데이터베이스	인덱스
테이블	타입

3.2.2 인덱스

인덱스는 도큐먼트를 저장하는 논리적 단위로, 관계형 데이터베이스의 테이블과 유사한 개념이다. 하나의 인덱스에 다수의 도큐먼트가 포함되는 구조인데, 동일한 인덱스에 있는 도큐먼트는 동일한 스키마를 갖는다. 그리고 모든 도큐먼트는 반드시 하나의 인덱스에 포함돼야 한다. 인덱스 이름에는 영어 소문자를 비롯해, \, /, *, ?, ", <, >, |, #, 공백, 쉼표 등을 제외한 특수문자를 사용할 수 있으며 255바이트를 넘을 수 없다.

스키마에 따른 그룹핑

일반적으로 스키마에 따라 인덱스를 구분한다. 예를 들어, 회원 정보 도큐먼트와 장바구니 도큐먼트는 성격이 다르기 때문에 데이터 스키마도 다르다. 회원 정보에는 회원 이름이나 나이 같은 필드들이 들어가고 장바구니에는 상품명이나 날짜 같은 필드들이 들어간다. 이렇게 서로 다른 스키마를 가진 도큐먼트를 하나의 인덱스에 저장하는 방법은 바람직하지 않다. 스키마에 따라

인덱스를 구분하는 것은 기본이며 필수적인 사항이다. 인덱스 스키마는 매핑을 통해 정의하는데, 매핑은 3.6절에서 좀 더 자세히 다뤄본다.

관리 목적의 그룹핑

기본적으로 인덱스는 용량이나 숫자 제한 없이 무한대의 도큐먼트를 포함할 수 있다. 따라서 이론적으로는 하나의 인덱스에 수억 개의 도큐먼트도 저장될 수 있다. 하지만 인덱스가 커지면 검색 시 많은 도큐먼트를 참조해야 하기 때문에 성능이 나빠진다. 그래서 엘라스틱서치를 운용하면 인덱스 용량 제한을 두게 된다. 기본적으로 특정 도큐먼트 개수에 도달하거나 특정 용량을 넘어서면 인덱스를 분리한다. 혹은 일/주/월/년 단위 같은 날짜/시간 단위로 인덱스를 분리하기도 한다. 날짜/시간 단위로 인덱스를 분리하면 특정 날짜의 데이터를 쉽게 처리할 수 있다. 예를 들어, 월 단위로 인덱스를 분리해뒀다고 가정하고 1개월 지난 데이터를 모두 삭제하고 싶다는 가정을 해보자. 월 단위로 인덱스를 분리하지 않았다면 인덱스 내의 모든 도큐먼트의 날짜를 확인하고 도큐먼트를 개별적으로 삭제해야 하는데, 빅데이터 세계에서는 많은 비용이 발생하는 작업이다. 하지만 월별로 인덱스를 분리했다면 1개월 전의 인덱스만 삭제하면 된다. 빅데이터 시스템은 데이터가 커서 디스크 용량이 부족해지거나 시스템 가용성 차원에서 데이터 정제 작업이 많은데, 이를 효율적으로 처리하기 위해 데이터를 관리 목적으로 그룹핑하는 경우가 많다.

참고 타입

타입(type)은 7.x 버전부터 더 이상 사용되지 않지만, 레거시 애플리케이션에서 6.x 이전 버전을 사용할 수도 있기 때문에 간략하게 설명하겠다. 엘라스틱서치 6.x 이전 버전에서는 멀티 타입을 지원해서 하나의 인덱스 내에 여러 개의 타입을 지정할 수 있었다. 즉 인덱스 내부에서 타입에 따라 각기 다른 스키마의 도큐먼트들을 저장할 수 있었다. 하지만 6.x 이후로는 하나의 인덱스에는 하나의 타입만 가질 수 있게 되었고, 이 경우 타입과 인덱스의 구분이 모호해진다. 따라서 7.x 이후에는 타입 개념이 완전히 삭제되었다.

3.3 도큐먼트 CRUD

이제 도큐먼트를 엘라스틱서치 인덱스에 저장하고[Create], 읽어오고[Read], 수정하고[Update], 삭제[Delete]하는 일련의 CRUD 동작을 해보자. 이 작업을 통해 엘라스틱서치가 어떻게 도큐먼트를 처리하는지 확인하고 앞에서 배웠던 인덱스와 도큐먼트가 실제 어떤 식으로 사용되는지 알아보자.

3.3.1 인덱스 생성/확인/삭제

앞에서 도큐먼트는 반드시 하나의 인덱스에 포함돼야 한다고 설명했다. 그래서 도큐먼트 CRUD 동작을 하기 위해서는 반드시 인덱스가 있어야 한다. 먼저 인덱스를 생성하고 삭제하는 방법을 알아보자. 작업은 키바나 콘솔에서 진행할 것이다.

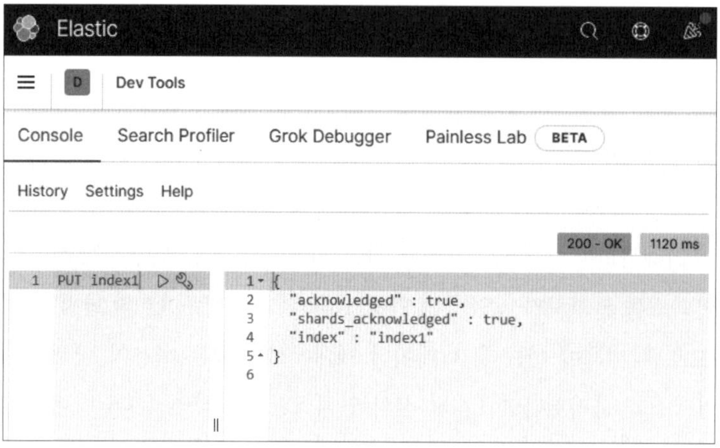

그림 3.11 **키바나 콘솔 사용 방법**

인덱스를 생성해보자. 그림 3.11의 왼쪽 입력창에 인덱스 생성을 요청하는 API를 작성해보자.

```
PUT index1
```

index1이라는 이름의 인덱스를 생성하는 API다. PUT은 생성이나 수정을 위한 HTTP 메소드이며, index1은 생성하려는 엘라스틱서치 인덱스 이름이다. PUT 메소드 대신 POST 메소드를 사용해도 된다. 인덱스를 생성하고 나서 인덱스를 확인하는 REST API도 요청해보자.

```
GET index1
```

인덱스를 확인하는 API다. 키바나 콘솔에서 실행하고 결과창을 확인해보면 index1의 인덱스 설정이나 매핑값 등을 확인할 수 있다. 마지막으로 인덱스를 삭제해보자.

```
DELETE index1
```

방금 만들었던 index1이라는 인덱스가 삭제되었다. 지금은 인덱스 내에 도큐먼트가 하나도 없지만 인덱스를 삭제하면 인덱스에 저장되어 있는 도큐먼트들도 모두 삭제되니 주의해야 한다.

3.3.2 도큐먼트 생성

앞서 도큐먼트는 반드시 하나의 인덱스에 포함돼야 한다고 했다. 엘라스틱서치에서 도큐먼트를 인덱스에 포함시키는 것을 인덱싱indexing이라고 하는데, 도큐먼트를 인덱싱해보자.

리스트 3.3 도큐먼트 인덱싱

```
PUT index2/_doc/1
{
  "name": "mike",
  "age": 25,
  "gender": "male"
}
```

리스트 3.3을 요청하면 존재하지 않았던 index2라는 인덱스를 생성하면서 동시에 index2 인덱스에 도큐먼트를 인덱싱한다. index2는 인덱스 이름, _doc은 엔드포인트 구분을 위한 예약어, 숫자 1은 인덱싱할 도큐먼트의 고유 아이디다. 도큐먼트에는 age, gender, name이라는 필드가 있고 각 필드에는 값이 있다. index2 인덱스가 정상적으로 생성되었는지 키바나 콘솔에서 index2 인덱스를 확인해보자.

```
GET index2
```

index2 인덱스의 설정값 등을 확인할 수 있다. 특별히 mappings를 자세히 확인해보자.

리스트 3.4 index2 인덱스 확인

```
{
  "index2" : {
    "aliases" : { },
    "mappings" : {
      "properties" : {
        "age" : { "type" : "long", ... },
        "gender" : { "type" : "text", ... },
        "name" : { "type" : "text", ... },
      ...
}
```

index2 인덱스는 mappings에 age는 long 타입, gender와 name은 text 타입으로 필드가 지정되었다. 우리가 데이터 타입을 지정하지 않아도 엘라스틱서치는 도큐먼트의 필드와 값을 보고 자동으로 지정하는데,이런 기능을 다이내믹 매핑dynamic mapping이라고 한다. 다이내믹 매핑을 포함하여 매핑에 대해서는 3.6절에서 다시 다루겠다. 이번에는 index2 인덱스에 country라는 이름의 새로운 필드가 추가된 도큐먼트를 인덱싱해보자.

리스트 3.5 index2 인덱스에 새로운 필드가 추가된 도큐먼트 인덱싱

```
PUT index2/_doc/2
{
  "name": "jane",
  "country": "france"
}
```

2번 도큐먼트는 country 필드가 추가되었고 기존에 있던 age, gender 필드는 사용하지 않지만 그래도 문제없이 인덱싱이 된다. 이번에는 데이터 타입을 잘못 입력한 도큐먼트를 인덱싱해보자.

리스트 3.6 index2 인덱스에 데이터 타입이 잘못된 도큐먼트 인덱싱

```
PUT index2/_doc/3
{
  "name": "kim",
  "age" : "20",
  "gender": "female"
}
```

리스트 3.4를 보면 index2 인덱스는 age를 실수(long) 타입으로 매핑했는데 3번 도큐먼트는 텍스트 타입으로 입력했다. 관계형 데이터베이스라면 오류가 발생했겠지만 스키마에 유연하게 대응하는 엘라스틱서치는 타입을 변환해 저장한다. 그림 3.12는 index2 인덱스에 실제 도큐먼트가 저장되어 있는 모습이다.

3번 도큐먼트는 age 필드의 값이 인덱싱 과정에서 강제로 숫자 타입으로 변경("20" -> 20)되었다. JSON 파일에서는 filed:5, filed:"5"처럼 데이터 타입을 크게 신경 쓰지 않고 표현하는 경우가 흔한데, 엘라스틱서치는 혹시 모를 사용자 입력 실수를 고려해 자동으로 데이터 형변환을 진행한다. 대표적인 형변환 규칙은 다음과 같다.

- 숫자 필드에 문자열이 입력되면 숫자로 변환을 시도한다. 예 "age": "10" -> 10
- 정수 필드에 소수가 입력되면 소수점 아래 자리를 무시한다. 예 "age": 10.0 -> 10

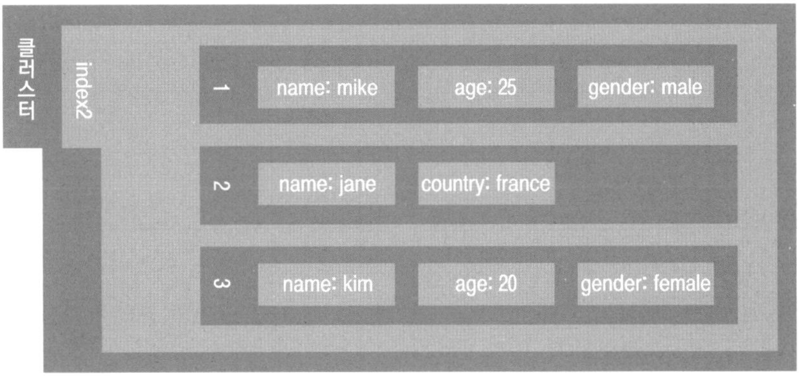

그림 3.12 index2 인덱스 도큐먼트

3.3.3 도큐먼트 읽기

이번에는 도큐먼트를 읽어보자. 도큐먼트를 읽는 방법은 크게 도큐먼트 아이디를 이용해 조회하는 방법과 쿼리 DSL[Domain Specific Language]이라는 엘라스틱서치가 제공하는 쿼리문을 이용해 검색하는 방법이 있다. 우선 도큐먼트 아이디를 사용해 조회하는 방법부터 살펴보자.

```
GET index2/_doc/1
```

인덱스명과 도큐먼트 아이디를 이용해 특정 도큐먼트의 데이터를 가져올 수 있다. 하지만 실제 빅데이터 세계에서는 도큐먼트를 하나씩 읽어오는 경우는 드물다는 것을 명심하자. 다른 방법으로는 search라는 DSL 쿼리를 이용해 도큐먼트를 읽어올 수 있다.

```
GET index2/_search
```

엘라스틱 search DSL 쿼리를 사용하면 index2 인덱스 내의 모든 도큐먼트를 가져온다. DSL 쿼리는 4.4절에서 자세히 다루겠다.

3.3.4 도큐먼트 수정

이번에는 도큐먼트를 수정하는 방법을 알아보자. index2 인덱스의 1번 도큐먼트의 특정 필드값을 변경해보자. 키바나 콘솔에서 리스트 3.7을 요청해보자.

리스트 3.7 1번 도큐먼트 업데이트

```
PUT index2/_doc/1
{
```

```
    "name": "park",
    "age": 45,
    "gender": "male"
  }
```

기존 1번 도큐먼트의 name과 age 필드의 값이 변경되었다. 사실 도큐먼트 업데이트를 위한 특별한 API가 있는 것은 아니다. 도큐먼트를 인덱싱하는 과정에서 같은 도큐먼트 아이디가 있으면 덮어쓰기 되는 것인데 마치 도큐먼트가 업데이트되는 것처럼 보인다. REST API 응답 결과를 보면 도큐먼트가 업데이트되었다고 나온다.

리스트 3.8 도큐먼트 업데이트 결과

```
{
  "_index" : "index2",
  "_type" : "_doc",
  "_id" : "1",
  "result" : "updated",
  ...
}
```

결과를 보면 result에 1번 도큐먼트가 업데이트되었다고 알려준다. 응답 결과의 result를 통해 도큐먼트가 생성되고 업데이트되고 삭제되는 상태를 알 수 있다. update API를 이용해 특정 도큐먼트의 값을 업데이트할 수도 있다.

리스트 3.9 update API를 사용한 도큐먼트 업데이트

```
POST index2/_update/1
{
  "doc": {
    "name": "lee"
  }
}
```

_update라는 엔드포인트endpoint를 추가해 특정 필드의 값만 업데이트할 수 있다. 여기서는 1번 도큐먼트 name 값을 "lee"로 변경했다.

엘라스틱서치 도큐먼트 수정 작업은 비용이 많이 들기 때문에 권장하지 않는다. 특히 엘라스틱서치를 로그 수집 용도로 사용한다면 개별 도큐먼트를 수정할 일은 거의 없다. 개별 도큐먼트 수정이 많은 작업이라면 엘라스틱서치가 아닌 다른 데이터베이스를 이용하는 것이 좋다.

3.3.5 도큐먼트 삭제

마지막으로 도큐먼트를 삭제해보자. 특정 도큐먼트를 삭제하기 위해서는 인덱스명과 도큐먼트 아이디를 알고 있어야 한다. 키바나 콘솔에서 도큐먼트를 삭제하는 REST API를 요청해보자.

```
DELETE index2/_doc/2
```

index2 인덱스에서 아이디가 2인 도큐먼트가 삭제된다. GET index2/_search를 통해 index2 인덱스의 전체 도큐먼트를 확인해보자. 2번 도큐먼트가 보이지 않을 것이다. 다만 도큐먼트 수정과 마찬가지로 개별 도큐먼트 삭제 또한 비용이 많이 들어가는 작업인 만큼 사용 시에 주의하자.

3.4 응답 메시지

앞서 엘라스틱서치에서 제공하는 API를 이용해 REST API들을 호출해봤다. HTTP의 GET/PUT 같은 메소드와 엘라스틱서치에서 제공하는 API 형태도 이제 조금은 익숙해졌을 것이다. 이번에는 우리가 요청한 REST API의 결과 메시지의 구조를 알아보자. 클라이언트 앱을 개발한다면 응답 결과 메시지를 파싱해야 하는데, 상태 코드의 의미 등을 알아두면 유용할 것이다. 표 3.3은 일반적인 HTTP 프로토콜에서의 응답 상태 값으로, 이는 엘라스틱서치에서도 동일한 의미로 사용된다. 응답 코드 값을 통해 상태를 확인하고 문제점이 있을 경우 해결책을 마련해야 한다.

표 3.3 **엘라스틱서치 REST API 응답 코드**

코드	상태	해결 방법
200, 201	정상적으로 수행함	
4xx	클라이언트 오류	클라이언트에서 문제점 수정
404	요청한 리소스가 없음	인덱스나 도큐먼트가 존재하는지 체크
405	요청 메소드(GET, POST 등)를 지원하지 않음	API 사용법 다시 확인
429	요청 과부화(busy)	재전송, 노드 추가 같은 조치
5xx	서버 오류	엘라스틱서치 로그 확인 후 조치

표 3.3은 엘라스틱서치에서 응답 결과로 전달하는 대표적인 상태 코드 값들이다. 문제가 발생했을 경우 상태 코드를 보고 후속조치를 진행하면 시간을 절약할 수 있다. 오류가 발생했을 때는 상태 코드와 함께 오류 내용을 설명해주는데, 예를 들어 존재하지 않는 인덱스를 한번 호출해보자.

```
GET index5
```

index5는 아직 만들어지지 않은 인덱스다. 존재하지 않는 인덱스에 접근하려고 하면 그림 3.13과 같은 오류가 발생한다.

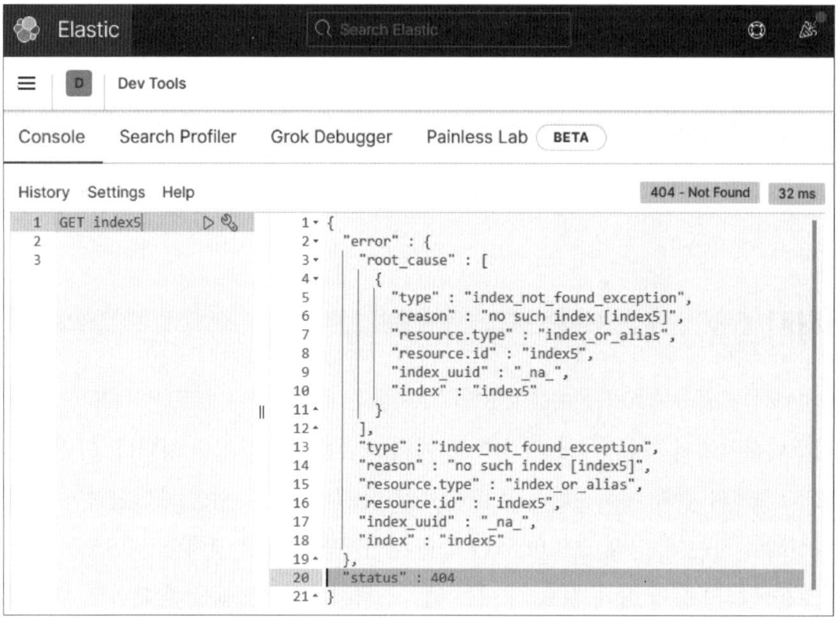

그림 3.13 **404 오류 코드 발생**

인덱스를 발견할 수 없다는 오류다. 엘라스틱서치는 클라이언트 오류(상태 코드 4xx)의 발생 원인을 자세히 설명해주므로 오류 원인을 파악하고 조치를 취하면 된다.

3.5 벌크 데이터

데이터 CRUD 동작을 할 때는 REST API를 호출해 하나하나 도큐먼트를 요청하는 것보다 벌크bulk로 한 번에 요청하는 것이 효율적이다. API를 20번 호출해 20개의 도큐먼트를 인덱싱할 경우 20번의 HTTP 통신이 발생하는데, API를 한 번 호출해 20개의 도큐먼트를 인덱싱한다면 훨씬 빠르고 경제적이다. 엘라스틱서치는 bulk API를 지원하는데, REST API 콜call 횟수를 줄여 성능을 높인다. 리스트 3.10은 bulk API 포맷이다. "test", "field1", "field2", "value1", "value2", "value3", "1", "2", "3"은 모두 사용자가 직접 입력해야 하는 값들이며, "index", "_index", "_id", "create", "update", "doc", "delete"는 키워드다.

리스트 3.10 bulk API 포맷

```
POST _bulk
{ "index" : { "_index" : "test", "_id" : "1" } }
{ "field1" : "value1" }
{ "create" : { "_index" : "test", "_id" : "3" } }
{ "field1" : "value3" }
{ "update" : {"_id" : "1", "_index" : "test"} }
{ "doc" : {"field2" : "value2"} }
{ "delete" : { "_index" : "test", "_id" : "2" } }
```


bulk API는 도큐먼트 읽기는 지원하지 않고 도큐먼트 생성/수정/삭제만 지원한다. 벌크 데이터 포맷을 보면 삭제(delete)만 한 줄로 작성하고 나머지 작업들(index, create, update)은 두 줄로 작성된다. 각 줄 사이에는 쉼표 등 별도의 구분자가 없고 라인 사이 공백(빈 줄)을 허용하지 않는다. JSON 문법처럼 보이지만 복수의 JSON 구조를 줄바꿈 문자열로 구분하는 NDJSON[New-line Delimited JSON](ndjson.org) 형태다. JSON과 비슷하지만 문법이 조금 다르니 라인이나 쉼표 사용에 주의해야 한다. 앞서 만들었던 index2 인덱스에 2개의 도큐먼트를 벌크 형태로 넣어보자.

리스트 3.11 벌크 데이터 요청

```
POST _bulk
{"index": {"_index": "index2", "_id": "4"}}
{"name":"park", "age": 30, "gender": "female"}
{"index": {"_index": "index2", "_id": "5"}}
{"name":"jung", "age": 50, "gender": "male"}
```

키바나 콘솔에서 리스트 3.11을 실행해보자. 벌크로 2개의 도큐먼트를 한 번에 인덱싱한다. GET index2/_search로 확인해보면 index2 인덱스에 2개의 도큐먼트가 추가된 것을 확인할 수 있다. 벌크 데이터를 파일 형태로 만들어서 적용하는 방법도 있다. 실제 현업에서는 파일로 만들어서 사용하는 방식이 더 실용적이다. 키바나 콘솔에서는 파일 불러오기를 할 수 없기 때문에 콘솔에서 curl로 bulk API를 사용해보자. 먼저 벌크 데이터를 파일 형태로 만들어야 한다.

리스트 3.12 벌크 파일 ch03/05/bulk_index2

```
{"index": {"_index": "index2", "_id": "6"}}
{"name":"hong", "age": 10, "gender": "female"}
{"index": {"_index": "index2", "_id": "7"}}
{"name":"choi", "age": 90, "gender": "male"}
```

윈도우 명령 프롬프트(CMD)에서 제공하는 명령을 이용해 파일을 만들어보자. 이 책에서는 C 드라이브 밑에 example 폴더를 만들고 각종 실습 파일들을 여기서 관리할 예정이다. example 폴더에서 `copy con bulk_index2` 명령을 치면 bulk_index2라는 파일이 만들어진다. 리스트 3.12의 4줄을 입력하고 Ctrl+C를 하면 파일이 생성된다. 콘솔 사용이 익숙하지 않다면 윈도우 메모장을 이용해 파일을 만들어도 된다.

```
C:\example>copy con bulk_index2
{"index": {"_index": "index2", "_id": "6"}}
{"name":"hong", "age": 10, "gender": "female"}
{"index": {"_index": "index2", "_id": "7"}}
{"name":"choi", "age": 90, "gender": "male"}
        1개 파일이 복사되었습니다.
```

그림 3.14 bulk_index2 파일 만들기

bulk_index2 파일을 만들었다면 curl을 이용해 REST API를 실행하자. 리스트 3.13의 명령을 실행하면 된다.

```
C:\example>curl -H "Content-Type: application/x-ndjson" -XPOST loc
alhost:9200/_bulk --data-binary @./bulk_index2
{"took":109,"errors":false,"items":[{"index":{"_index":"index2","_
type":"_doc","_id":"6","_version":1,"result":"created","_shards":{
"total":2,"successful":1,"failed":0},"_seq_no":8,"_primary_term":1
,"status":201}},{"index":{"_index":"index2","_type":"_doc","_id":"
7","_version":1,"result":"created","_shards":{"total":2,"successfu
l":1,"failed":0},"_seq_no":9,"_primary_term":1,"status":201}}]}
```

그림 3.15 curl을 이용한 벌크 요청

그림 3.15처럼 201 상태 코드를 받으면 성공한 것이다. curl 명령을 자세히 살펴보면 다음과 같다.

리스트 3.13 curl을 이용한 bulk API 요청

```
C:\example> curl -H "Content-Type: application/x-ndjson" -XPOST localhost:9200/_bulk
--data-binary "@./bulk_index2"
```

`-H`는 curl의 헤더 옵션으로 NDJSON 타입의 콘텐츠를 사용한다는 의미이며, `-X`는 요청 메소드를 기술하는데 여기서는 `POST` 메소드를 사용했다. `localhost:9200`은 엘라스틱서치가 동작하는 호스트 주소이고, `/_bulk`는 bulk API를 호출하는 것이다. `--data-binary`는 `POST` 메소드에 우리가 만든 파일을 바이너리 형태로 전송해주는 파라미터다. 참고로 bulk API의 포맷을 무시하고 리스트 3.14와 같이 JSON 형태로 bulk_index2 파일을 만들면 bulk API 포맷에 맞지 않는다는 오류가 발생한다.

리스트 3.14 잘못된 벌크 데이터 포맷

```
{
  "index":
    {
      "_index": "index2",
      "_type": "_doc",
      "_id": "5"
    }
}
...
```

앞서 이야기했지만 bulk API의 요청 데이터 포맷은 JSON 문법이 아닌 NDJSON 문법이다. 도큐먼트 필드가 많아지면 가독성 때문에 리스트 3.14처럼 읽기 쉽게 JSON 포맷팅하는 경우가 있는데, 이럴 경우에는 동작하지 않는다는 점에 주의하자.

3.6 매핑

관계형 데이터베이스는 테이블을 만들 때 반드시 스키마 설계가 필요하다. 여기서 말하는 스키마는 테이블을 구성하는 구성요소 간의 논리적인 관계와 정의를 의미한다. 구조를 명확히 하지 않고는 테이블이 생성되지 않고, 추후에 인덱싱 컬럼이나 조인 컬럼 등에서도 문제가 발생하기 때문이다. 엘라스틱서치도 관계형 데이터베이스의 스키마와 비슷한 역할을 하는 것이 있는데 바로 매핑mapping이다. 쉽게 말하면 JSON 형태의 데이터를 루씬이 이해할 수 있도록 바꿔주는 작업이다. 엘라스틱서치가 검색 엔진으로 전문 검색과 대용량 데이터를 빠르게 실시간 검색할 수 있는 이유는 매핑이 있기 때문인데 매핑을 엘라스틱서치가 자동으로 하면 다이내믹 매핑, 사용자가 직접 설정하면 명시적 매핑이다. 이번 절에서는 매핑 설정 방법과 좋은 매핑이 무엇인지 배워보고, 매핑할 때 사용하는 데이터 타입의 종류도 알아보자. 특히 엘라스틱서치에서는 문자열을 텍스트text와 키워드keyword 타입으로 나눌 수 있는데, 전문 검색을 활용하려면 반드시 두 가지 타입을 이해하고 있어야 한다.

3.6.1 다이내믹 매핑

엘라스틱서치의 모든 인덱스는 매핑 정보를 갖고 있지만 유연한 활용을 위해 인덱스 생성 시 매핑 정의를 강제하지는 않는다. 앞에서 `index2` 인덱스를 만들 때 우리는 따로 매핑을 설정하지 않았다. 하지만 도큐먼트가 인덱싱되었던 이유는 엘라스틱서치의 다이내믹 매핑dynamic mapping

기능 때문이다. 특별히 데이터 타입이나 스키마에 고민하지 않아도 JSON 도큐먼트의 데이터 타입에 맞춰 엘라스틱서치가 자동으로 인덱스 매핑을 해주는 것이다. 표 3.4는 원본 데이터가 다이내믹 매핑에 의해 어떤 타입으로 변환되는지 보여준다.

표 3.4 다이내믹 매핑 기준

원본 소스 데이터 타입	다이내믹 매핑으로 변환된 데이터 타입
null	필드를 추가하지 않음
boolean	boolean
float	float
integer	long
object	object
string	string 데이터 형태에 따라 date, text/keyword 필드

예를 들어, JSON 도큐먼트에 "age":20이라는 필드와 값이 있다면 엘라스틱서치는 20을 숫자(integer)로 인식한다. 원본 소스가 integer 타입이기 때문에 엘라스틱서치는 인덱스 생성 시 age 필드를 long 타입의 필드로 매핑한다. 개발 단계에서 스키마 설계를 고민하기보다 데이터의 형태만 고민하면 되므로 무척 편리하다. 하지만 숫자 타입은 무조건 범위가 가장 넓은 long으로 매핑되어 불필요한 메모리를 차지할 수 있으며 문자열의 경우 검색과 정렬 등을 고려한 매핑이 제대로 되지 않는다. 앞서 다이내믹 매핑이 적용된 index2 인덱스의 매핑을 확인해보자. 엘라스틱서치는 인덱스 매핑값을 확인할 수 있는 mapping API를 제공하고 있다.

```
GET index2/_mapping
```

요청을 보내고 응답 메시지를 확인해보자.

그림 3.16은 index2의 매핑 결과다. 다이내믹 매핑으로 데이터 타입이 지정되었는데, 지금은 간단한 예제를 작성하는 수준이라서 특별히 문제가 없지만 인덱스 규모가 커진다면 효율이 떨어진다. 일례로 age 필드는 사람의 나이인데, 적어도 이 책을 쓰는 시점을 기준으로 200살을 넘긴 사람은 없으므로 수십억을 표현하는 long 타입보다는 메모리를 조금 쓰는 short 타입이 유리할 것이다. 또한 country나 gender 같은 범주형 데이터는 전문 검색보다는 일반적으로 집계나 정렬, 필터링을 위해서 사용되기 때문에 키워드 타입으로 지정하는 것이 좋다. 텍스트/키워드 타입의 차이점은 3.6.4절에서 다시 설명하겠다.

그림 3.16 index2 인덱스의 다이내믹 매핑 결과

3.6.2 명시적 매핑

인덱스 매핑을 직접 정의하는 것을 명시적 매핑explicit mapping이라고 한다. 인덱스를 생성할 때 mappings 정의를 설정하거나 mapping API를 이용해 매핑을 지정할 수 있다.

리스트 3.15 인덱스 생성 시 매핑 설정 방법

```
PUT "인덱스명"
{
  "mappings": {
      "properties": {
        "필드명": "필드 타입"
        ...
```

인덱스를 생성할 때 mappings, properties 아래에 필드명과 필드 타입을 지정해주면 된다. 필드 타입은 3.6.3절에서 다시 다뤄보고, 매핑에 관한 전반적인 사항은 온라인 문서[3]를 참고하자. 기본만 이해하면 크게 어렵지 않으니 index3 인덱스를 만들면서 직접 매핑을 해보자.

리스트 3.16 직접 매핑을 지정하여 인덱스 생성

```
PUT index3
{
  "mappings": {
```

3 매핑: https://www.elastic.co/guide/en/elasticsearch/reference/7.10/mapping.html

```
        "properties": {
          "age": {"type": "short"},
          "name": {"type": "text"},
          "gender": {"type": "keyword"}
      }
    }
  }
```

index3이라는 새로운 인덱스를 생성하면서 명시적으로 매핑을 지정하고 있다. 당연한 말이지만 명시적 매핑이 가능하기 위해서는 인덱스에 들어갈 데이터의 구조를 이해하고 있어야 한다. 인덱스를 만들기 전에 필드명과 필드 타입을 모르면 매핑을 직접 지정할 수 없다. index3의 매핑을 확인하고 index2 매핑과의 차이점을 알아보자.

```
GET index3/_mapping
```

키바나 콘솔에서 요청하고 응답을 확인하자.

그림 3.17 index3 인덱스 매핑 결과

그림 3.17의 index3은 우리가 지정한 필드명과 필드 타입으로 인덱스가 매핑되었다. 저장할 데이터를 확실히 알고 있다면 인덱스를 생성할 때 직접 매핑하는 것이 좋다. 인덱스 매핑이 정해지면 새로운 필드를 추가할 수는 있으나, 이미 정의된 필드를 수정하거나 삭제할 수는 없다. 필드 이름을 변경하거나 데이터 타입을 변경하기 위해서는 새로운 인덱스를 만들거나 reindex API를 이용해야 하니 매핑 작업은 신중하게 하는 것이 좋다. 마지막으로, 매핑에서 다루는 파라미터들도 알아두면 좋다. properties 파라미터 외에도 분석기analyzer나 포맷format 등을 설정하는

파라미터도 있다. 더 깊게 이해하고 싶다면 온라인 가이드[4]를 참고하여 매핑에서 어떤 파라미터를 사용할 수 있는지도 알아보자. 이 책에서는 properties 외의 파라미터는 사용하지 않는다.

3.6.3 매핑 타입

명시적 매핑을 위해서는 엘라스틱서치에서 사용하는 데이터 타입에 대한 이해가 필요하다. 엘라스틱서치에서 자주 사용하는 데이터 타입은 표 3.5와 같다.

표 3.5에 있는 타입 외에도 다양한 데이터 타입이 있다. 버전에 따라 타입은 계속 추가/수정/삭제가 되는데 지금은 기본적인 데이터 타입만 이해하자. 다른 데이터 타입은 추후에 온라인 가이드[5]를 참고하면 된다. 좋은 스키마가 관계형 데이터베이스의 성능을 끌어올리는 것처럼 매핑을 잘 활용하면 엘라스틱서치의 인덱스 성능을 올릴 수 있다.

표 3.5 엘라스틱서치 데이터 타입

데이터 형태	데이터 타입	설명
텍스트	text	전문 검색이 필요한 데이터로 텍스트 분석기가 텍스트를 작은 단위로 분리한다.
	keyword	정렬이나 집계에 사용되는 텍스트 데이터로 분석을 하지 않고 원문을 통째로 인덱싱한다.
날짜	date	날짜/시간 데이터
정수	byte, short, integer, long	• byte: 부호 있는 8비트 데이터(-128 ~ 127) • short: 부호 있는 16비트 데이터(-32,768 ~ 32,767) • integer: 부호 있는 32비트 데이터(-2^{31} ~ $2^{31}-1$) • long: 부호 있는 64비트 데이터(-2^{63} ~ $2^{63}-1$)
실수	scaled_float, half_float, double, float	• scaled_float: float 데이터에 특정 값을 곱해서 정수형으로 바꾼 데이터. 정확도는 떨어지나 필요에 따라 집계 등에서 효율적으로 사용 가능하다. • half_float: 16비트 부동소수점 실수 데이터 • float: 32비트 부동소수점 실수 데이터 • double: 64비트 부동소수점 실수 데이터
불린	boolean	참/거짓 데이터로 true/false만을 값으로 갖는다.
IP 주소	ip	ipv4, ipv6 타입 IP 주소를 입력할 수 있다.
위치 정보	geo-point, geo-shape	• geo-point: 위도, 경도 값을 갖는다. • geo-shape: 하나의 위치 포인트가 아닌 임의의 지형

(이어짐)

4 매핑 파라미터: https://www.elastic.co/guide/en/elasticsearch/reference/7.10/mapping-params.html

5 데이터 타입: https://www.elastic.co/guide/en/elasticsearch/reference/7.10/mapping-types.html

데이터 형태	데이터 타입	설명
범위 값	integer_range, long_range, float_range, double_range, ip_range, date_range	범위를 설정할 수 있는 데이터. integer_range, long_range는 정수형 범위, float_range, double_range는 실수형 범위, ip_range는 IP 주소 범위, date_range는 날짜/시간 데이터 범위 값을 저장하고 검색할 수 있게 한다. 최솟값과 최댓값을 통해 범위를 입력한다.
객체형	object	계층 구조를 갖는 형태로 필드 안에 다른 필드들이 들어갈 수 있다. name: { "first": "kim", "last": "tony" }로 타입을 정의하면 name.first/name.last 형태로 접근할 수 있다.
배열형	nested	배열형 객체를 저장한다. 객체를 따로 인덱싱하여 객체가 하나로 합쳐지는(flattend) 것을 막고, 배열 내부의 객체에 쿼리로 접근할 수 있다.
	join	부모(parent)/자식(child) 관계를 표현할 수 있다.

3.6.4 멀티 필드를 활용한 문자열 처리

엘라스틱서치 5.x 버전부터 문자열[string] 타입이 텍스트[text]와 키워드[keyword]라는 두 가지 타입으로 분리되었다. 이 두 가지 타입이 어떤 용도로 사용되는지 알아보고, 멀티 필드를 사용해 두 타입을 동시에 활용하는 방법도 알아보자.

3.6.4.1 텍스트 타입

엘라스틱서치에서 텍스트 타입은 일반적으로 문장을 저장하는 매핑 타입으로 사용된다. 강제성은 없지만 일반적으로 문장이나 여러 단어가 나열된 문자열을 텍스트 타입으로 지정한다. 다음 문장은 텍스트 타입으로 지정하는 것이 좋다.

> "We offer solutions for enterprise search, observability, and security that are built on a single, flexible technology stack that can be deployed anywhere."

텍스트 타입으로 지정된 문자열은 분석기[analyzer]에 의해 토큰[token]으로 분리되고, 이렇게 분리된 토큰들은 인덱싱되는데 이를 역인덱싱[inverted indexing]이라 한다. 이때 역인덱스에 저장된 토큰들을 용어[term]라고 한다. 토큰과 용어 그리고 분석기는 3.8절에서 자세히 다루겠다. 우선 엘라스틱서치에서 제공하는 기능을 이용해 텍스트가 어떻게 용어 단위로 분석되는지 확인해 보자.

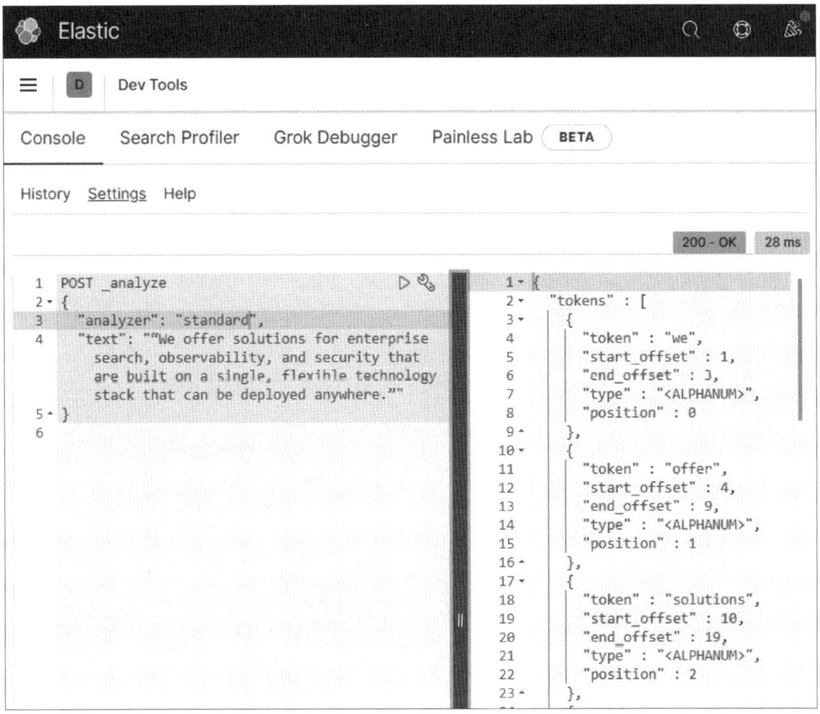

그림 3.18 **텍스트 타입을 토큰으로 분리한 예**

텍스트가 [we, offer, solutions, ...]와 같이 토큰으로 분리되고, 불필요한 토큰은 걸러내고 대소문자를 통일하는 등 가공 과정을 거쳐 용어가 된다. 이러한 용어들은 역인덱스에 저장되어 전문 검색을 할 수 있게 한다. 그림 3.18의 경우 'solutions'를 검색하면 전체 문장을 검색할 수 있다. 일반적으로 관계형 데이터베이스에 익숙할 경우 문자열 부분 검색으로 LIKE 검색을 떠올릴 텐데, LIKE 검색은 인덱싱이 되지 않아 엘라스틱서치처럼 많은 문서를 처리하기엔 무리가 있다. 직접 텍스트 타입을 매핑해보자.

리스트 3.17 텍스트 타입을 가진 text_index 인덱스 생성

```
PUT text_index
{
  "mappings": {
      "properties": {
        "contents": { "type": "text" }
     }
  }
}
```

text_index라는 이름의 인덱스를 생성하고 contents 필드의 타입을 텍스트 타입으로 매핑하자. 다음으로 도큐먼트를 하나 인덱싱하자.

리스트 3.18 text_index 인덱스에 도큐먼트 인덱싱

```
PUT text_index/_doc/1
{
  "contents": "beautiful day"
}
```

"beautiful day"는 타입이 텍스트이기 때문에 분석기에 의해 [beautiful, day]와 같은 용어 단위로 분리되어 역인덱스에 저장된다. 우선은 텍스트 타입으로 매핑된 값들은 분석기에 의해 문자들이 용어 단위로 쪼개진다는 사실만 알고 있자. 이제 DSL 쿼리를 이용해 검색을 해보자. DSL 쿼리는 4장에서 자세히 배울 것이므로 일단 따라만 해보자.

리스트 3.19 text_index 인덱스 전문 쿼리

```
GET text_index/_search
{
  "query": {
    "match": {
      "contents": "day"
    }
  }
}
```

match는 전문 검색을 할 수 있는 쿼리이며, contents 필드에 있는 역인덱싱된 용어 중 일치하는 용어가 있는 도큐먼트를 찾는 쿼리문이다. 현재 1번 도큐먼트의 contents 필드에 [beautiful, day]라는 2개의 용어가 저장되어 있기 때문에 검색이 될 것이다. 결과를 확인해보자.

contents를 "beautiful day", "beatiful" 등으로 바꿔서 요청해봐도 모두 1번 도큐먼트를 찾는다. 역인덱싱된 용어 중 하나라도 포함되면 도큐먼트를 찾는다. 텍스트 타입의 경우 기본적으로 집계나 정렬을 지원하지 않으며, 매핑 파라미터로 집계나 정렬을 지원할 수는 있으나 메모리를 많이 사용한다는 단점이 있다. 텍스트 타입으로 지정된 필드를 정렬할 경우 문장의 첫 문자열이 아닌 분해된 용어를 기준으로 정렬을 수행하므로 예상과는 다른 결과를 얻게 된다. 전문 검색이 아닌 집계나 정렬은 키워드 타입을 사용해야 한다.

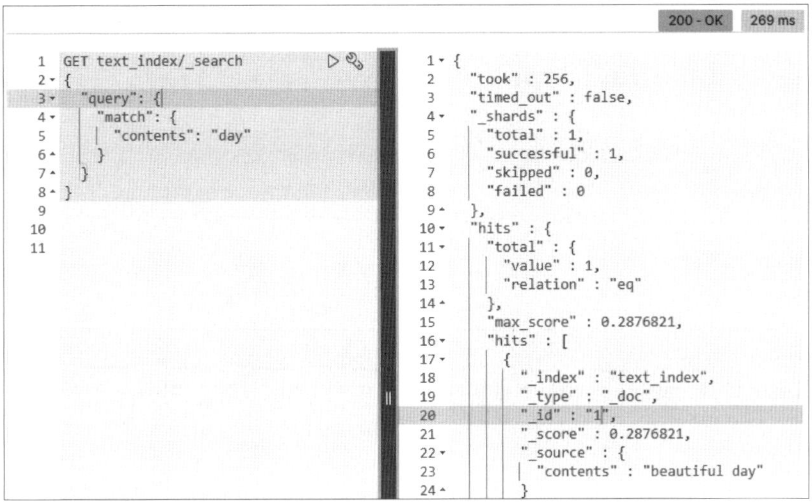

그림 3.19 **텍스트 타입 매칭 결과**

3.6.4.2 키워드 타입

키워드 타입은 카테고리나 사람 이름, 브랜드 등 규칙성이 있거나 유의미한 값들의 집합, 즉 범주형 데이터에 주로 사용된다. 키워드 타입은 텍스트 타입과 다르게 분석기를 거치지 않고 문자열 전체가 하나의 용어로 인덱싱된다. 앞서 텍스트 타입은 `"beautiful day"`라는 문자열을 [beautiful, day]라는 2개의 용어로 분리했는데, 키워드 타입은 [beautiful day]라는 1개의 용어로 만든다. 따라서 키워드 타입으로 매핑된 데이터는 부분 일치 검색은 어렵지만 대신 완전 일치 검색을 위해 사용할 수 있으며 집계나 정렬에 사용할 수 있다. 생각해보면 모든 텍스트를 전문 검색할 필요는 없는데, 예를 들어 성별을 나타내는 필드(`male/female`)나 상태를 나타내는 필드(`active/deactive`)와 같이 범주형 데이터는 용어를 분리할 필요가 없다. 범주형 데이터의 경우 데이터 형태가 몇 가지로 고정되기 때문에 문자열 집계나 정렬 작업에 활용 가치가 더 높다. 키워드 타입이 어떻게 동작하는지 간단한 예제를 통해 알아보자.

리스트 3.20 키워드 타입을 가진 keyword_index 인덱스 생성

```
PUT keyword_index
{
  "mappings": {
      "properties": {
        "contents": { "type": "keyword" }
    }
  }
}
```

keyword_index라는 이름의 인덱스를 생성하고 contents 필드의 타입을 키워드 타입으로 매핑하자. 다음으로 도큐먼트를 하나 인덱싱하자.

리스트 3.21 keyword_index 인덱스에 도큐먼트 인덱싱

```
PUT keyword_index/_doc/1
{
  "contents": "beautiful day"
}
```

contents 필드에 "beautiful day"라는 문자열을 저장했다. 이제 DSL 쿼리를 이용해 검색을 해보자.

리스트 3.22 keyword_index 인덱스 전문 쿼리

```
GET keyword_index/_search
{
  "query": {
    "match": {
      "contents": "beautiful"
    }
  }
}
```

앞서 사용했던 전문 검색 쿼리다. contents 필드에 일치하는 용어가 있는지 찾는다. 키워드 타입의 경우 용어로 분리되지 않기 때문에 도큐먼트를 찾을 수 없다. 결과를 확인해보자.

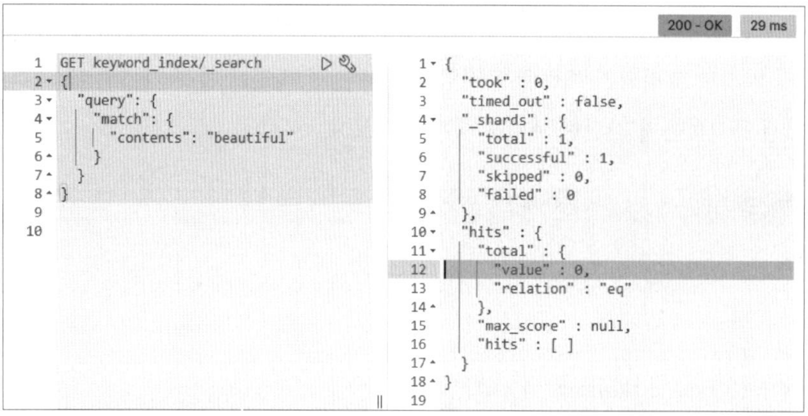

그림 3.20 **키워드 타입 매칭 결과**

그림 3.20에서 볼 수 있듯이 도큐먼트를 하나도 찾지 못했다. 앞서 만들었던 text_index 인덱스와 달리 keyword_index 인덱스는 정확히 "beautiful day"라고 입력해야 도큐먼트를 찾는다. 키워드 타입은 문자열 전체를 하나의 용어로 보고 인덱싱하기 때문에 텍스트가 정확히 일치하는 경우에만 값을 검색한다.

3.6.4.3 멀티 필드

멀티 필드는 단일 필드 입력에 대해 여러 하위 필드를 정의하는 기능으로, 이를 위해 fields라는 매핑 파라미터가 사용된다. fields는 하나의 필드를 여러 용도로 사용할 수 있게 만들어준다. 문자열의 경우 전문 검색이 필요하면서 정렬도 필요한 경우가 있다. 또한 처음 데이터 스키마를 잡는 시점에서는 키워드 타입으로 충분히 처리가 가능한 범주형 데이터였지만 데이터가 늘어나면서 전문 검색이 필요해지는 경우도 생긴다. 이런 경우 처음 매핑할 때 텍스트와 키워드를 동시에 지원해야 한다. 예제를 통해 멀티 필드를 익혀보자. 여기서는 contents라는 필드를 텍스트 타입과 키워드 타입으로 동시에 사용하는 방법을 알아보겠다.

리스트 3.23 멀티 필드를 갖는 multified_index 인덱스 생성

```
PUT multifield_index
{
  "mappings": {
    "properties": {
      "message": { "type": "text" },
      "contents": {
        "type": "text",
        "fields": {
          "keyword": { "type": "keyword" }
        }
      }
    }
  }
}
```

message, contents라는 2개의 필드를 가진 multifield_index 인덱스를 생성했다. 그중 contents 필드는 멀티 타입으로 설정했다. contents 필드는 텍스트 타입이면서 키워드 타입을 갖는다. 이제 도큐먼트를 인덱싱해보자.

리스트 3.24 multifield_index 인덱스에 도큐먼트 인덱싱

```
PUT multifield_index/_doc/1
{
  "message": "1 document",
  "contents": "beautiful day"
}

PUT multifield_index/_doc/2
{
  "message": "2 document",
  "contents": "beautiful day"
}

PUT multifield_index/_doc/3
{
  "message": "3 document",
  "contents": "wonderful day"
}
```

도큐먼트를 3개 인덱싱한다. 이제 전문 검색을 할 수 있는 match 쿼리를 이용해 도큐먼트를 찾아보자.

리스트 3.25 multifield_index 인덱스 전문 쿼리

```
GET multifield_index/_search
{
  "query": {
    "match": {
      "contents": "day"
    }
  }
}
```

3개의 도큐먼트가 모두 검색된다. contents는 멀티 필드이지만 기본적으로 텍스트 타입으로 매핑되어 있다. 텍스트 타입은 인덱싱 과정에서 분석기를 거치게 되는데 1번 도큐먼트는 [beautiful, day]로, 2번 도큐먼트는 [beautiful, day]로, 3번 도큐먼트는 [wonderful, day]로 역인덱싱되었다. 모두 'day'라는 용어를 포함하기 때문에 검색이 되었다. 이번에는 contents 필드의 키워드 타입으로 검색해보자. 키워드 타입은 contents 필드의 하위 필드이기 때문에 조금 다른 방식의 접근이 필요하다.

리스트 3.26 multifield_index 인덱스 용어 쿼리

```
GET multifield_index/_search
{
  "query": {
    "term": {
      "contents.keyword": "day"
    }
  }
}
```


contents 뒤에 keyword를 추가해 하위 필드를 참조할 수 있다. 여기서 하위 필드로 사용한 keyword는 매핑을 하면서 사용자가 지정한 명칭이다. keyword 대신 abc 같은 이름을 사용해도 무관하지만 통상적으로 keyword라는 이름을 많이 사용한다. 이 경우 도큐먼트를 하나도 찾지 못하는데, contents.keyword 타입은 키워드 타입이므로 분석기에 의해 용어가 분리되지 않기 때문이다. contents.keyword 값을 "wonderful day"로 변경하면 3번 도큐먼트만 검색하고, "beautiful day"로 변경하면 1, 2번 도큐먼트를 검색한다. 키워드 타입은 집계에서 활용도가 큰데 집계 쿼리를 한번 실행해보자.

리스트 3.27 multifield_index 인덱스 집계 쿼리

```
GET multifield_index/_search
{
  "size": 0,
  "aggs": {
    "contents": {
      "terms": {
        "field": "contents.keyword"
      }
    }
  }
}
```

aggs는 집계를 하기 위한 쿼리이며 집계는 5장에서 자세히 다룰 예정이므로 여기서는 따라만 해보자. contents.keyword 값이 같은 도큐먼트끼리 그룹핑이 된다. 결과를 확인해보자.

그림 3.21에서 볼 수 있듯이 여기서는 "beautiful day"라는 도큐먼트 2개와 "wonderful day"라는 도큐먼트 1개가 그룹핑된다. 문자열 데이터가 있는데 전문 검색도 해야 하고 집계나 정렬도 필요하다면 멀티 필드가 좋은 수단이 된다.

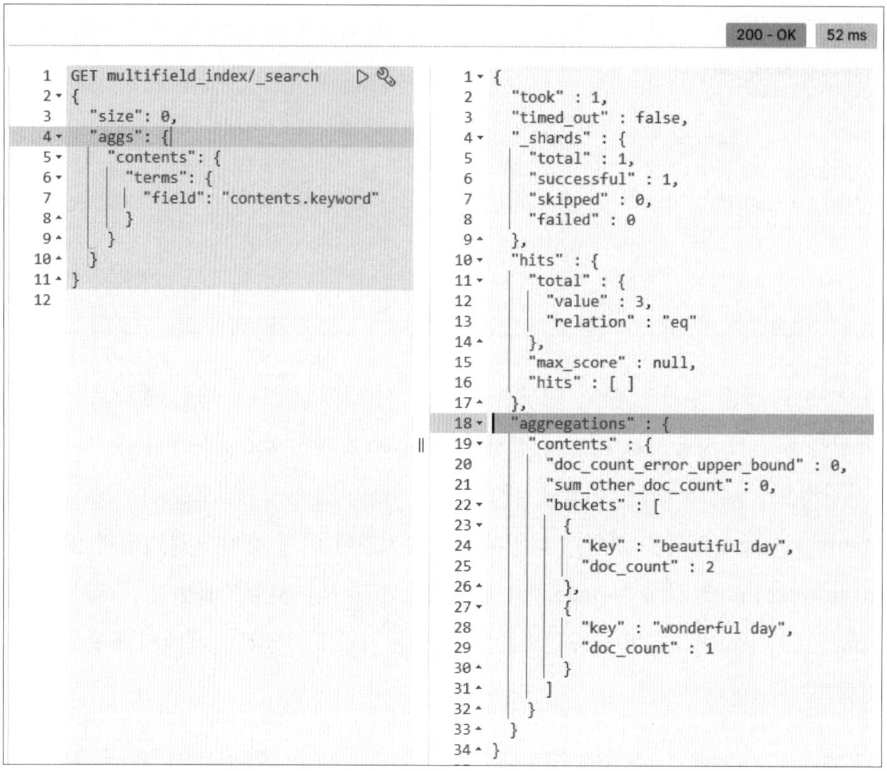

그림 3.21 **집계 쿼리 결과**

3.7 인덱스 템플릿

인덱스 템플릿은 주로 설정이 동일한 복수의 인덱스를 만들 때 사용한다. 관리 편의성, 성능 등을 위해 인덱스를 파티셔닝하는 일이 많은데 이때 파티셔닝되는 인덱스들은 설정이 같아야 한다. 설정이 동일한 인덱스를 매번 일일이 작성하는 것은 비효율적일 뿐만 아니라 실수를 유발할 수 있다. 직접 인덱스 템플릿을 만들고 적용하고 삭제까지 해보자.

3.7.1 템플릿 확인

템플릿 API를 사용해 현재 등록된 인덱스 템플릿을 확인해보자. 다음 API는 전체 인덱스 템플릿을 검색한다.

```
GET _index_template
```

특정 인덱스 템플릿만 확인할 수도 있다. `_index_template` 뒤에 템플릿 이름을 적거나 와일드카드 표현식을 이용해 특정 인덱스 템플릿을 확인할 수 있다.

```
GET _index_template/ilm-history
GET _index_template/ilm*
```


결과를 확인해보자.

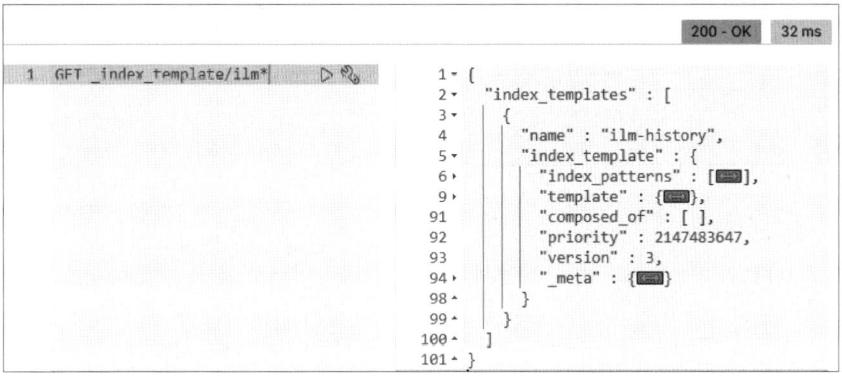

그림 3.22 **인덱스 템플릿 확인하기**

키바나에서는 UI에서 하위 결과를 숨기는 기능을 제공하는데, 키바나 콘솔의 오른쪽 결과 화면에서 라인 옆에 세모가 있다. 아래 방향 세모(▼)를 누르면 오른쪽 방향 세모(▶)로 바뀌면서 숨김 처리된다. 결과에서 보여주는 정보가 너무 많아서 UI상으로 숨김 처리를 했다. 인덱스 템플릿 결과로 나온 값들은 뒤에서 다시 설명하겠다.

3.7.2 템플릿 설정

인덱스 템플릿을 생성할 때 다양한 설정을 할 수 있지만, 일반적으로 매핑과 세팅setting 설정을 가장 많이 한다. 인덱스 템플릿 기술을 이용해 인덱스 매핑과 세팅을 효율적으로 설정해보자.

3.7.2.1 템플릿 생성

인덱스 템플릿을 하나 만들어보자. 템플릿 이름은 `test_template`으로 하자.

리스트 3.28 test_template 인덱스 템플릿 생성 ch03/07/test_template

```
PUT _index_template/test_template
{
  "index_patterns": ["test_*"],
  "priority": 1,
```

```
    "template": {
      "settings": {
        "number_of_shards": 3,
        "number_of_replicas": 1
      },
      "mappings": {
        "properties": {
          "name": {"type": "text"},
          "age": {"type": "short"},
          "gender": {"type": "keyword"}
        }
      }
    }
  }
```

test_template이라는 이름의 템플릿을 생성한다. 인덱스가 아닌 템플릿이니 헷갈리지 말자. index_patterns, priority, template은 템플릿에서 사용하는 파라미터로, 인덱스 템플릿을 생성하는 데 필요한 중요한 파라미터다. 표 3.6은 자주 사용하는 템플릿 파라미터 종류다.

표 3.6 **자주 사용하는 템플릿 파라미터 종류**

파라미터	설명
index_patterns	새로 만들어지는 인덱스 중에 인덱스 이름이 인덱스 패턴과 매칭되는 경우 이 템플릿이 적용된다. 여기서는 test_로 시작되는 이름을 가진 인덱스들은 모두 test_template에 있는 매핑, 세팅 등이 적용된다.
priority	인덱스 생성 시 이름에 매칭되는 템플릿이 둘 이상일 때 템플릿이 적용되는 우선순위를 정할 수 있다. 숫자가 가장 높은 템플릿이 먼저 적용된다.
template	새로 생성되는 인덱스에 적용되는 settings, mappings 같은 인덱스 설정을 정의한다.

그 외에 인덱스 템플릿에 사용하는 더 많은 파라미터가 궁금하면 온라인 문서[6]를 참고하자.

3.7.2.2 템플릿 적용

이제 test_template 템플릿이 적용될 수 있도록 인덱스 패턴에 맞는 인덱스를 하나 만들어볼 것이다. 템플릿을 적용할 때 기억해야 하는 것이 하나 있다. 템플릿을 만들기 전에 이미 존재하던 인덱스는 비록 템플릿 패턴과 일치하더라도 템플릿이 적용되지 않는다. 즉 test_template을 만들기 전부터 존재했던 인덱스들은 템플릿의 영향을 받지 않는다. 오직 템플릿을 만든 이후에 새로 만들어지는 인덱스들만 템플릿의 영향을 받는다. 리스트 3.28에서 test_template 템플릿을

6 인덱스 템플릿 생성: https://www.elastic.co/guide/en/elasticsearch/reference/7.10/indices-put-template.html

만들었으니 템플릿 패턴에 맞는 인덱스를 하나 만들어보자.

리스트 3.29 test_template 템플릿이 적용된 test_index1 인덱스 생성

```
PUT test_index1/_doc/1
{
  "name": "kim",
  "age": 10,
  "gender": "male"
}
```


test_index1이라는 이름으로 인덱스를 생성했는데 test_template의 패턴에 일치한다. 이제 템플릿이 잘 적용되었는지 확인해보자.

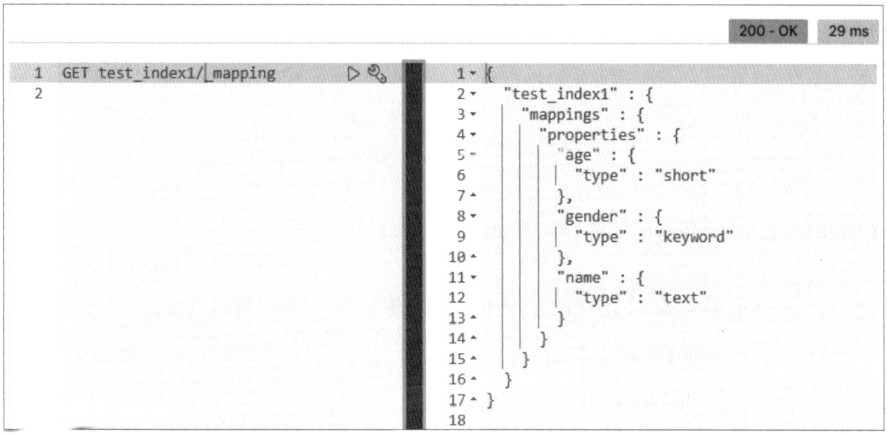

그림 3.23 test_template 템플릿이 적용된 test_index1 인덱스 확인

그림 3.23에서 test_index1 인덱스의 매핑을 확인해보니 방금 만들었던 test_template 템플릿이 적용되면서 다이내믹 매핑이 아닌 test_template에 정의되었던 매핑값이 적용되었다. 비교를 위해 템플릿이 적용되지 않는 인덱스를 만들어보자. 인덱스 이름이 train_으로 시작하기 때문에 test_template의 템플릿이 적용되지 않는다.

리스트 3.30 test_template 템플릿이 적용되지 않는 train_index1 인덱스 생성

```
PUT train_index1/_doc/1
{
  "name": "kim",
  "age": 10,
  "gender": "male"
}
```

test_template 템플릿 인덱스 패턴과 일치하지 않는 train_index1 인덱스를 만들고 매핑을 확인해보자. 템플릿이 적용되지 않았고 따로 인덱스 매핑을 하지 않았기에 다이내믹 매핑이 적용된다.

그림 3.24 test_template 템플릿이 적용되지 않은 train_index1 인덱스 확인

그림 3.24에서 볼 수 있듯이 name과 gender는 키워드와 텍스트를 갖는 멀티 필드가 되었고, age는 long 형을 갖는 필드가 되었다. 똑같은 도큐먼트이지만 템플릿이 적용되는지 여부에 따라 매핑이 달라졌다. 이번에는 템플릿 설정과 다른 타입의 도큐먼트를 인덱싱해보자.

리스트 3.31 템플릿 매핑값과 다른 도큐먼트 인덱싱

```
PUT test_index2/_doc/1
{
  "name": "lee",
  "age": "19 years"
}
```

인덱스 이름이 test_로 시작했기 때문에 test_template 템플릿이 적용되는데 문제가 하나 있다. 도큐먼트의 매핑 타입과 템플릿의 매핑 타입이 다르다. 템플릿에서 age 필드는 정수형으로 매핑이 되어 있는데, 실제 도큐먼트의 age 필드는 형변환이 불가능한 텍스트 타입이다. 결과를 확인해보자.

그림 3.25에서 볼 수 있듯이, 400(클라이언트 앱 문제) 상태 오류와 함께 문제가 발생한 이유도

알려주는데 숫자형 데이터에 문자형 데이터가 들어왔다는 내용이다. 이처럼 템플릿은 사용자 실수를 막아주고 반복적인 작업을 줄여준다. 실제로 특정 날짜/시간 별로 인덱스를 만드는 경우나 로그스태시나 비츠 같은 데이터 수집 툴에서 엘라스틱서치로 데이터를 보낼 때 템플릿을 이용해 인덱스를 생성하는 경우가 많다.

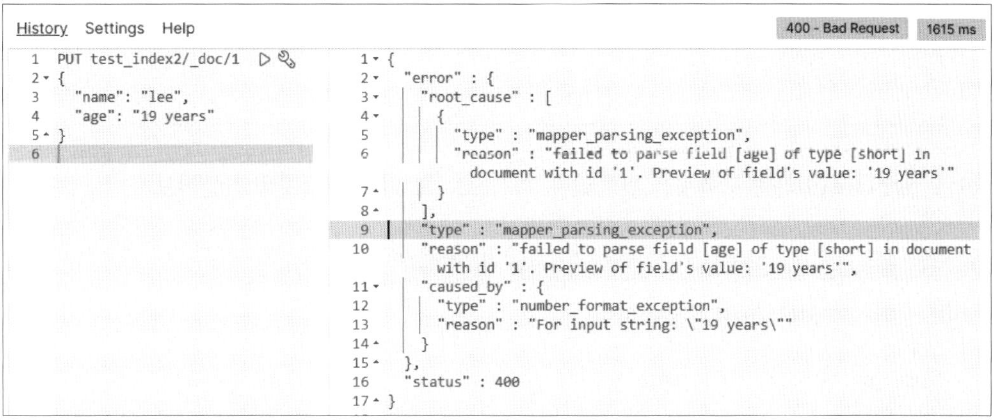

그림 3.25 test_template 템플릿과 매핑되지 않는 도큐먼트가 인덱싱되는 경우

3.7.2.3 템플릿 삭제

템플릿 생성 시 기존 인덱스들은 영향을 받지 않는다고 했다. 삭제 역시 마찬가지다. 템플릿을 지워도 기존 인덱스들은 영향을 받지 않는다. 이미 만들어진 인덱스들이 변경되는 것이 아니고 단순히 템플릿이 지워지는 것뿐이다. 앞에서 만들었던 test_template을 삭제해보자.

```
DELETE _index_template/test_template
```

DELETE 메소드를 이용해 템플릿을 삭제한다.

3.7.3 템플릿 우선순위

인덱스 템플릿 파라미터 중 priority를 이용해 복수의 템플릿이 매칭될 경우 우선순위를 정할 수 있다. 숫자가 클수록 우선순위가 높다. 실제 API를 작성하면서 이해해보자.

리스트 3.32 multi_* 패턴을 가진 multi_template1 템플릿 생성

```
PUT _index_template/multi_template1
{
  "index_patterns": "multi_*",
```

```
  "priority": 1,
  "template": {
    "mappings": {
        "properties": {
          "age": {"type": "integer"},
          "name": {"type": "text"}
      }
    }
  }
}
```

multi_template1이라는 템플릿을 만들었다. 다음으로 또 다른 템플릿을 만들어보자.

리스트 3.33 multi_data_* 패턴을 가진 multi_template2 템플릿 생성

```
PUT _index_template/multi_template2
{
  "index_patterns": "multi_data_*",
  "priority": 2,
  "template": {
    "mappings": {
      "properties": {
        "name": {"type": "keyword"}
      }
    }
  }
}
```

인덱스 패턴과 priority 그리고 매핑값이 조금씩 다른 2개의 템플릿을 만들었다. 이제 인덱스 템플릿이 적용된 인덱스를 만들어보자.

```
PUT multi_data_index
```

인덱스 이름이 multi_data_index이기 때문에 인덱스는 앞에서 만들었던 multi_template1, multi_template2 인덱스 템플릿 패턴에 모두 해당된다. 결과를 확인해보자.

그림 3.26에서 multi_data_index 인덱스는 우선순위가 높았던 multi_template2 인덱스 템플릿만 적용된 것을 알 수 있다. 7.8 이전 버전의 레거시 템플릿에서는 우선순위가 낮은 템플릿부터 차례로 병합되었으나, 새로운 인덱스 템플릿은 우선순위가 높은 템플릿으로 덮어쓰기 된다는 점을 기억하자.

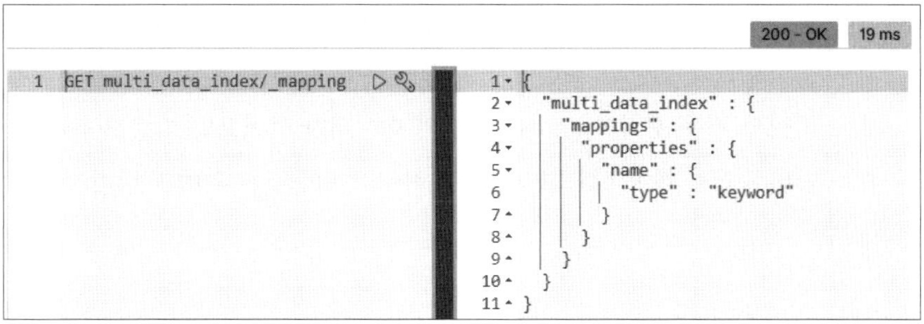

그림 3.26 **멀티 템플릿이 적용된 경우의 결과**

3.7.4 다이내믹 템플릿

다이내믹 템플릿은 매핑을 다이내믹하게 지정하는 템플릿 기술이다. 왜 다이내믹 템플릿이 필요할까? 매핑은 인덱스 내부의 데이터 저장과 검색 등의 기초가 되기 때문에 매핑은 신중하게 진행하라고 했다. 하지만 로그 시스템이나 비정형화된 데이터를 인덱싱하는 경우를 생각해보자. 우리는 로그 시스템의 구조를 알지 못하기 때문에 필드 타입을 정확히 정의하기 힘들고, 필드 개수를 정할 수 없는 경우도 있다. 다이내믹 템플릿은 이처럼 매핑을 정확하게 정할 수 없거나 대략적인 데이터 구조만 알고 있을 때 사용할 수 있는 방법이다. 인덱스를 만들 때 dynamic_templates를 추가하면 된다. 다이내믹 템플릿을 직접 한번 사용해보자.

리스트 3.34 다이내믹 매핑을 적용한 인덱스 생성

```
PUT dynamic_index1
{
  "mappings": {
    "dynamic_templates": [
      {
        "my_string_fields": {
          "match_mapping_type": "string",
          "mapping" : {"type": "keyword"}
        }
      }
    ]
  }
}
```

dynamic_index1 인덱스는 다이내믹 템플릿(dynamic_templates)을 사용한다. my_string_fields는 임의로 정의한 다이내믹 템플릿의 이름이다. 다이내믹 템플릿 이름 밑으로 2개의 설정이 있다.

match_mapping_type은 조건문 혹은 매핑 트리거다. 조건에 만족할 경우 트리거링이 된다. 여기서는 문자열(string) 타입 데이터가 있으면 조건에 만족한다. 매핑(mapping)은 실제 매핑을 적용하는 부분이다. 리스트 3.34의 경우 문자열(string) 타입의 데이터가 들어오면 키워드(keyword) 타입으로 매핑한다. 문자열과 숫자 데이터를 넣어보고 다이내믹 템플릿에 의해 타입이 어떻게 매핑되는지 확인해보자.

리스트 3.35 다이내믹 매핑이 적용된 dynamic_index1 인덱스에 도큐먼트 인덱싱

```
PUT dynamic_index1/_doc/1
{
  "name": "mr. kim",
  "age": 40
}
```

dynamic_index1 인덱스에 2개의 필드가 들어 있는 도큐먼트를 인덱싱한다. name 필드는 문자열 타입이고, age 필드는 숫자 타입이다. 인덱스가 어떻게 매핑되었는지 확인해보자.

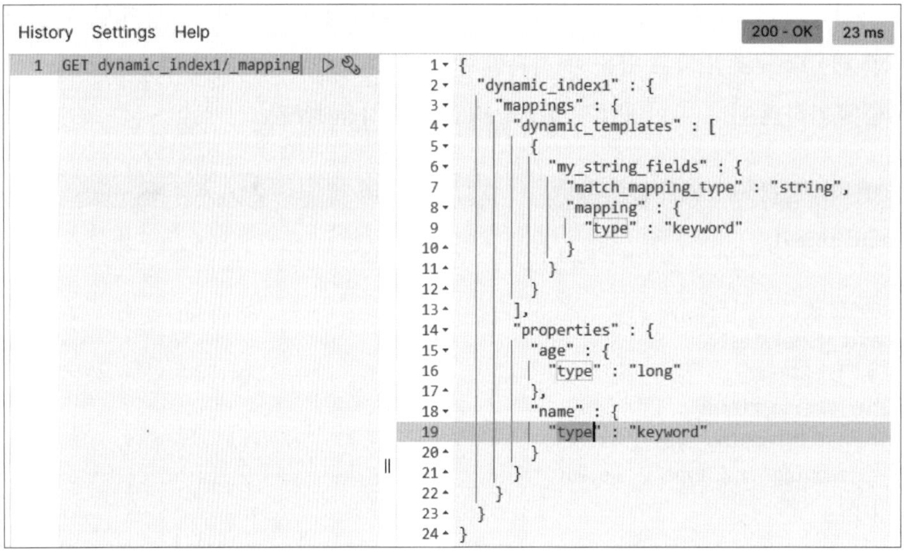

그림 3.27 **다이내믹 템플릿이 적용된 결과**

그림 3.27에서 볼 수 있듯이, 다이내믹 템플릿에 의해 문자열을 가진 데이터는 모두 키워드 타입으로 변경이 된다. name 필드가 여기에 해당된다. age 필드는 사용자가 정의한 다이내믹 템플릿 조건(match_mapping_type)에 만족하지 않아서 시스템의 기본 다이내믹 매핑에 의해 숫자 long 타입으로 매핑되었다.

하나 더 해보자. 이번에는 다이내믹 템플릿 match, unmatch 조건문을 이용해보자.

리스트 3.36 다이내믹 매핑을 적용한 인덱스 생성

```
PUT dynamic_index2
{
  "mappings": {
    "dynamic_templates": [
      {
        "my_long_fields": {
          "match": "long_*",
          "unmatch": "*_text",
          "mapping": { "type": "long"}
        }
      }
    ]
  }
}
```

dynamic_index2 인덱스가 생성되었고 my_long_fields라는 이름의 다이내믹 템플릿을 적용했다. match는 정규표현식을 이용해 필드명을 검사할 수 있다. match는 조건에 맞는 경우 mapping에 의해 필드들은 모두 숫자(long) 타입을 갖는다. unmatch는 조건에 맞는 경우 mapping에서 제외한다. 도큐먼트를 추가하고 dynamic_index2 인덱스의 매핑 결과를 확인해보자.

리스트 3.37 다이내믹 매핑이 적용된 dynamic_index2 인덱스에 도큐먼트 인덱싱

```
PUT dynamic_index2/_doc/1
{
  "long_num": "5",
  "long_text": "170"
}
```

dynamic_index2 인덱스에 2개의 필드가 들어 있는 도큐먼트를 인덱싱한다. long_num, long_text 필드가 어떻게 매핑되었는지 확인해보자.

그림 3.28에서 볼 수 있듯이, long_num 필드는 match 조건에 의해 문자열이 숫자(long) 타입으로 매핑되었다. long_text는 match 조건에 부합하지만 unmatch 조건도 부합하여 다이내믹 템플릿에서 제외되어 다이내믹 매핑에 의해 텍스트/키워드를 갖는 멀티 필드 타입이 되었다. 다이내믹 템플릿에서 사용할 수 있는 조건문은 표 3.7과 같다.

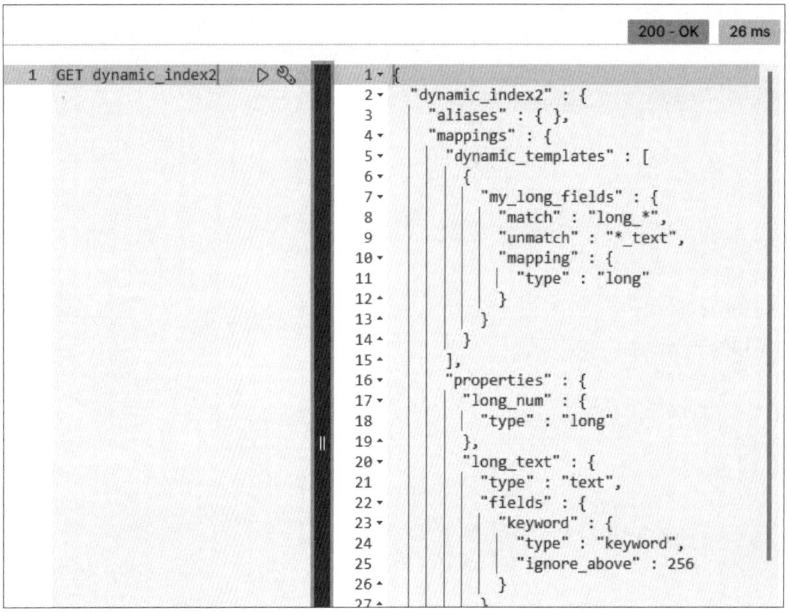

그림 3.28 **다이내믹 템플릿이 적용된 결과**

표 3.7 **다이내믹 템플릿 조건문**

조건문	설명
match_mapping_type	데이터 타입을 확인하고 타입(boolean, date, double, long, object, string)들 중 일부를 지정한 매핑 타입으로 변경한다.
match, unmatch	match: 필드명이 패턴과 일치할 경우 매핑 타입으로 변경한다. unmatch: match 패턴과 일치하는 경우에 제외할 패턴을 설정할 수 있다.
match_pattern	match 패턴에서 사용할 수 있는 파라미터를 조정한다. 예를 들어, 정규식(regex)이나 와일드 패턴 등을 지정한다.
path_match, path_unmatch	match, unmatch와 비슷하지만 점(.)이 들어가는 필드명에서 사용한다.

더 자세한 설명과 조건문들은 온라인 문서[7]를 참고하자.

3.8 분석기

이번에는 분석기에 대해 알아보자. 엘라스틱서치는 전문 검색을 지원하기 위해 역인덱싱 기술을 사용한다. 전문 검색은 장문의 문자열에서 부분 검색을 수행하는 것이며, 역인덱싱은 장문의

7 다이내믹 템플릿 문서: https://www.elastic.co/guide/en/elasticsearch/reference/7.10/dynamic-templates.html

문자열을 분석해 작은 단위로 쪼개어 인덱싱하는 기술이다. 역인덱싱을 이용한 전문 검색에서 양질의 결과를 얻기 위해서는 문자열을 나누는 기준이 중요하며, 이를 지원하기 위해 엘라스틱서치는 그림 3.29와 같이 캐릭터 필터, 토크나이저[tokenizer], 토큰 필터로 구성되어 있는 분석기 모듈을 갖고 있다.

그림 3.29 **분석기 구성**

분석기에는 하나의 토크나이저가 반드시 포함돼야 하며, 캐릭터 필터와 토큰 필터는 옵션이므로 없어도 되고 여러 개를 함께 사용해도 된다. 사용자는 엘라스틱서치에서 제공하는 분석기를 사용하거나 필터와 토크나이저를 조합하여 원하는 분석기를 직접 만들어 사용하기도 한다. 토크나이저, 필터 등을 이해하고 커스텀 분석기를 만드는 방법까지 익혀보자.

참고 **토큰과 용어**

앞으로 토큰(token)과 용어(term)라는 단어가 많이 사용되는데 두 단어가 헷갈리기 쉽다. 간단히 토큰과 용어를 정의하고 넘어가자.

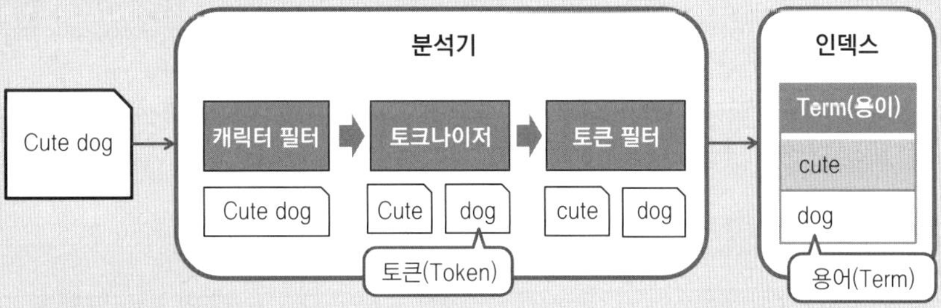

그림 3.30 **토큰과 용어**

'Cute dog'라는 문자열이 분석기를 거쳐 인덱스에 저장된다고 가정해보자(그림 3.30 참고). 분석기는 먼저 캐릭터 필터를 통해 원문에서 불필요한 문자들을 제거한다. 이 과정까지는 문자열 자체가 분리되지 않기 때문에 그저 필터링된 문자열 정도로 볼 수 있다. 이후 분석기는 토크나이저를 이용해 필터링된 문자열을 자르게 되는데, 이때 잘린 단위를 토큰이라고 지칭한다. 이러한 토큰들은 복수의 토큰 필터를 거치며 정제되는데, 정제 후 최종으로 역인덱스에 저장되는 상태의 토큰들을 용어라고 한다. 토큰은 분석기 내부에서 일시적으로 존재하는 상태이고, 인덱싱되어 있는 단위, 또 검색에 사용되는 단위는 모두 용어라고 할 수 있다.

3.8.1 분석기 구성

표 3.8은 그림 3.29에서 살펴본 분석기를 구성하는 세 가지 구성요소에 대한 설명이다.

표 3.8 **분석기 구성요소**

구성요소	설명
캐릭터 필터	입력받은 문자열을 변경하거나 불필요한 문자들을 제거한다.
토크나이저	문자열을 토큰으로 분리한다. 분리할 때 토큰의 순서나 시작, 끝 위치도 기록한다.
토큰 필터	분리된 토큰들의 필터 작업을 한다. 대소문자 구분, 형태소 분석 등의 작업이 가능하다.

캐릭터 필터는 문자열의 전처리 작업을 한다. 토크나이저는 문자열을 토큰으로 분리하는데, 문자열의 토큰 분리는 [가위 바위 보]라는 하나의 문자열을 [가위, 바위, 보]와 같이 3개의 문자로 구분하는 것과 같다. 분리된 토큰은 필터를 거쳐 최종적으로 용어가 되며, 이를 인덱싱해서 전문 검색에 활용하게 된다. 이를테면 [가위]라는 용어로부터 [가위 바위 보]를 찾는 것이다. 마지막으로, 토큰 필터는 토크나이저에서 분리된 토큰들에 후처리 작업을 한다.

3.8.1.1 역인덱싱

분석기를 이해하려면 우선 역인덱싱에 대해 알아야 한다. 분석기는 문자열을 토큰화하고 이를 인덱스싱하는데 이를 역인덱싱이라고 한다. 책의 앞면에 있던 목차와 달리 책의 뒷면에 있던 색인(찾아보기)을 기억하는가? 많이 쓰는 단어들을 선별해 그 단어가 몇 페이지에 나와 있는지 알려주는 것을 색인이라고 한다. 다음 그림이 대표적인 색인의 예다.

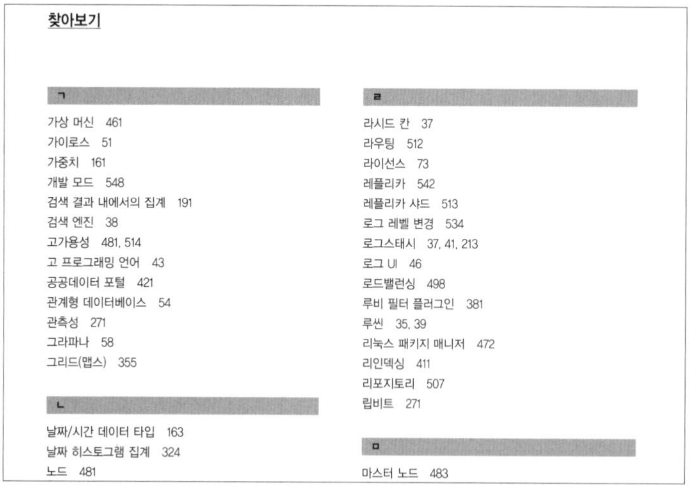
찾아보기

ㄱ
가상 머신 461
가이로스 51
가중치 161
개발 모드 548
검색 결과 내에서의 집계 191
검색 엔진 38
고가용성 481, 514
고 프로그래밍 언어 43
공공데이터 포털 421
관계형 데이터베이스 54
관측성 271
그라파나 58
그리드(맵스) 355

ㄴ
날짜/시간 데이터 타입 163
날짜 히스토그램 집계 324
노드 481

ㄹ
라시드 칸 37
라우팅 512
라이선스 73
레플리카 542
레플리카 샤드 513
로그 레벨 변경 534
로그스태시 37, 41, 213
로그 UI 46
로드밸런싱 498
루비 필터 플러그인 381
루씬 35, 39
리눅스 패키지 매니저 472
리인덱싱 411
리포지토리 507
립비트 271

ㅁ
마스터 노드 483

그림 3.31 **책의 색인**

그림 3.31은 중요한 단어들을 해당 페이지에서 찾을 수 있게 알려주는 색인 페이지다. 엘라스틱서치는 이와 비슷한 방법으로 단어들을 역인덱스싱하여 도큐먼트를 손쉽게 찾을 수 있다. 그림 3.32는 엘라스틱에서 역인덱스를 만드는 과정을 예시한다.

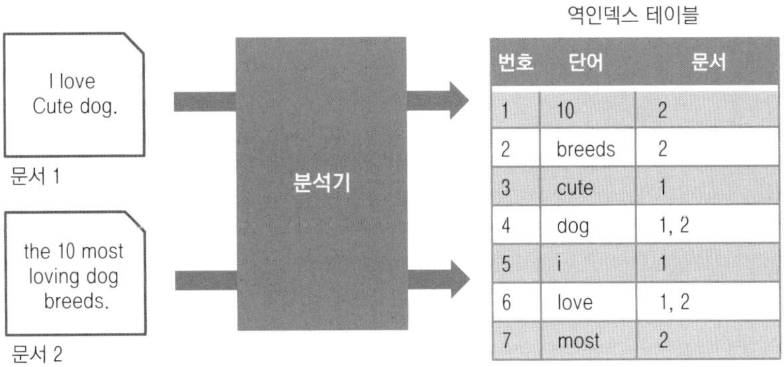

그림 3.32 **엘라스틱서치의 역인덱싱 과정**

2개의 문서가 분석기를 거치면서 역인덱싱되고 있다. 분석기는 여러 필터와 토크나이저로 이뤄져 있는데 여기서는 스탠다드standard 토크나이저와 스톱stop 필터, 소문자 변경lowercase 필터, 스테머stemmer 필터가 조합된 분석기를 사용했다. 세부적인 토크나이저와 필터는 뒤에서 다시 설명하겠다. 우선 도큐먼트의 문자열이 분석기를 거치면서 토큰화되고 각 토큰들이 어떤 식으로 역인덱싱되는지 살펴보자. 역인덱스 테이블은 용어가 어떤 문서에 속해 있는지 기록되어 있어서 손쉽게 문서를 찾을 수 있다. 예를 들어, 'dog'를 검색하면 그림 3.32의 역인덱스 테이블을 참고하여 문서 1, 2번에 dog라는 용어가 있음을 찾아낼 수 있다.

3.8.1.2 분석기 API

엘라스틱서치는 필터와 토크나이저를 테스트해볼 수 있는 analyze라는 이름의 REST API를 제공하고 있다. analyze API는 온라인 문서[8]에 자세히 나와 있으니 책에서 사용하는 `analyzer`, `text`, `tokenizer` 파라미터 외에 책에서 설명하지 못한 `explain`, `attributes` 같은 파라미터는 온라인 문서를 참고하자. 키바나 콘솔에서 간단히 분석기를 사용해보자.

리스트 3.38 스톱 분석기 테스트

```
POST _analyze
{
  "analyzer": "stop",
```

8 analyze API: https://www.elastic.co/guide/en/elasticsearch/reference/7.10/indices-analyze.html

```
  "text": "The 10 most loving dog breeds."
}
```

analyze API 사용법은 간단하다. `analyzer`에 원하는 분석기를 선택하고, `text`에 분석할 문자열을 입력하면 된다. 참고로, 스톱stop 분석기는 소문자 변경lowercase 토크나이저와 스톱stop 토큰 필터로 구성되어 있다. 결과를 확인해보자.

리스트 3.39 스톱 분석기 결과

```
{
  "tokens" : [
    { "token" : "most", ... },
    { "token" : "loving", ... },
    { "token" : "dog", ... },
    { "token" : "breeds", ... }
  ]
}
```

리스트 3.38의 `text`에 적었던 문자열이 [most, loving, dog, breeds] 4개의 토큰으로 분리되었고 'the', '10' 등은 스톱 분석기에 의해 토큰으로 지정되지 않는다는 것만 이해하자. 스톱 분석기는 불용어(데이터 집합에 출연하는 빈도는 매우 높지만 의미가 없는 단어)를 처리하는데, 여기서는 분석기 API 사용법을 익히고 스톱 분석기는 3.8.1.3절에서 다시 다루겠다. 그 외에 소문자 변경 토크나이저는 3.8.2절, 스톱 토큰 필터는 3.8.3.2절에서 자세히 다루겠다. 그럼 먼저 분석기 종류를 알아보자. 스톱 분석기 외의 분석기는 `"The 10 most loving dog breeds."`를 어떻게 토큰으로 분리하는지 알아보자.

3.8.1.3 분석기 종류

엘라스틱서치는 다양한 분석기를 제공한다. 엘라스틱서치는 성장이 빠른 오픈소스로, 버전에 따라 변경이 많은데 분석기도 버전에 따라 변화가 많다. 전체 분석기 종류는 온라인 문서[9]를 참고하고, 여기서는 사람들이 자주 사용하는 분석기 위주로 알아보자. 사용 방식이나 동작 원리가 비슷하기 때문에 하나만 이해해도 나머지 분석기를 사용하는 데 큰 어려움은 없다. 리스트 3.38에서 스톱stop 분석기 대신 스탠다드standard, 심플simple, 공백문자whitespace 분석기로 바꿔서 사용해보고 결과를 확인해보자.

9 분석기 종류: https://www.elastic.co/guide/en/elasticsearch/reference/7.10/analysis-analyzers.html

표 3.9 **자주 사용되는 분석기**

분석기	설명
`standard`	특별한 설정이 없으면 엘라스틱서치가 기본적으로 사용하는 분석기다. 영문법을 기준으로 한 스탠다드 토크나이저와 소문자 변경 필터, 스톱 필터(기본적으로는 비활성화(disabled) 되어 있으며, 별도로 stopwords 옵션 설정 시 활성화됨)가 포함되어 있다(소문자 변경 필터와 스톱 필터는 3.8.3절 '필터'에서 다시 다루겠다). [the, 10, most, loving, dog, breeds]
`simple`	문자만 토큰화한다. 공백, 숫자, 하이픈(-)이나 작은따옴표(') 같은 문자는 토큰화하지 않는다. [the, most, loving, dog, breeds]
`whitespace`	공백을 기준으로 구분하여 토큰화한다. [The, 10, most, loving, dog, breeds.]
`stop`	`simple` 분석기와 비슷하지만 스톱 필터가 포함되었다. 스톱 필터에 의해 'the'가 제거되었다. [most, loving, dog, breeds]

표 3.9에서는 각 분석기의 설명과 함께 리스트 3.38에서 `text`로 사용했던 `"The 10 most loving dog breeds."` 문자열이 분석기에 따라 어떻게 토큰화되는지 알 수 있다. 분석기의 성격에 따라 분석기 이름이 정해져 있으니 용도에 맞춰 사용하면 된다. 결과가 미묘하게 다른 이유는 분석기가 갖고 있는 토크나이저와 필터들의 조합이 다르기 때문이다. 만족하는 조합이 없을 경우 직접 만들어 사용하는 것도 방법이다.

3.8.2 토크나이저

앞서 분석기는 반드시 하나의 토크나이저를 포함해야 한다고 설명했다. 토크나이저는 문자열을 분리해 토큰화하는 역할을 한다. 분석기에 반드시 포함돼야 하기 때문에 형태에 맞는 토크나이저 선택이 중요하다. 자주 쓰이는 토크나이저 종류를 알아보자.

표 3.10 **대표적인 토크나이저의 예**

토크나이저	설명
`standard`	스탠다드 분석기가 사용하는 토크나이저로, 특별한 설정이 없으면 기본 토크나이저로 사용된다. 쉼표(,)나 점(.) 같은 기호를 제거하며 텍스트 기반으로 토큰화한다.
`lowercase`	텍스트 기반으로 토큰화하며 모든 문자를 소문자로 변경해 토큰화한다.
`ngram`	원문으로부터 *N*개의 연속된 글자 단위를 모두 토큰화한다. 예를 들어, '엘라스틱서치'라는 원문을 2gram으로 토큰화한다면 [엘라, 라스, 스틱, 틱서, 서치]와 같이 연속된 두 글자를 모두 추출한다. 사실상 원문으로부터 검색할 수 있는 거의 모든 조합을 얻어낼 수 있기 때문에 정밀한 부분 검색에 강점이 있지만, 토크나이징을 수행한 *N*개 이하의 글자 수로는 검색이 불가능하며 모든 조합을 추출하기 때문에 저장공간을 많이 차지한다는 단점이 있다.
`uax_url_email`	스탠다드 분석기와 비슷하지만 URL이나 이메일을 토큰화하는 데 강점이 있다.

표 3.10은 대표적인 토크나이저의 예다. 이 외에도 다양한 토크나이저들이 있는데 온라인 문서[10]를 참고하면 엘라스틱서치가 지원하는 모든 종류의 토크나이저를 확인할 수 있다. 분석기와 마찬가지로 토크나이저 역시 테스트해볼 수 있다.

리스트 3.40 uax_url_email 토크나이저 테스트

```
POST _analyze
{
  "tokenizer": "uax_url_email",
  "text": "email: elastic@elk-company.com"
}
```

리스트 3.40은 `uax_url_email` 토크나이저를 테스트하는 코드다. 토크나이저 이름처럼 이메일이나 URL을 형태에 맞게 토큰화하는 데 특화되어 있다. 결과를 확인해보자.

리스트 3.41 uax_url_email 토크나이저 결과

```
{
  "tokens" : [
    { "token" : "email", ... },
    { "token" : "elastic@elk-company.com", ... }
  ]
}
```

리스트 3.41에서 볼 수 있듯이, `text`가 2개의 토큰으로 구분되었다. 똑같은 텍스트를 대상으로 토크나이저 종류를 `standard`, `whitespace`, `letter` 등으로 변경해보자. `uax_url_email` 토크나이저는 [email, elastic@elk-company.com]으로 토큰화하지만 `standard` 토크나이저는 [email, elastic, elk, company.com]으로 토큰화하는 것을 확인할 수 있다.

3.8.3 필터

분석기는 하나의 토크나이저와 다수의 필터로 조합된다고 했다. 분석기에서 필터는 옵션으로 하나 이상을 포함할 수 있지만, 없어도 분석기를 돌리는 데 문제는 없다. 필터가 없는 분석기는 토크나이저만 이용해 토큰화 작업을 진행하는데, 대부분 엘라스틱에서 제공하는 분석기들은 하나 이상의 필터를 포함하고 있다. 필터를 통해 더 세부적인 작업이 가능하기 때문이다. 필터 역시 analyze API를 이용해 테스트해볼 수 있다.

10 토크나이저: https://www.elastic.co/guide/en/elasticsearch/reference/7.10/analysis-tokenizers.html

필터는 단독으로 사용할 수 없고 반드시 토크나이저가 있어야 한다.

리스트 3.42 uppercase 필터 테스트

```
POST _analyze
{
  "tokenizer": "standard",
  "filter" : ["uppercase"],
  "text": "The 10 most loving dog breeds."
}
```

스탠다드 토크나이저에 uppercase라는 토큰 필터를 적용해봤다. 필터는 [] 안에 복수 개를 적을 수 있는데 필터가 여러 개 있으면 순서대로 필터가 적용된다. 지금은 uppercase 필터 하나만 사용했는데 결과가 어떻게 되는지 확인해보자.

리스트 3.43 uppercase 필터 결과

```
{
  "tokens" : [
    { "token" : "THE", ... },
    { "token" : "10", ... },
    { "token" : "MOST", ... },
    { "token" : "LOVING", ... },
    { "token" : "DOG", ... },
    { "token" : "BREEDS", ... }
  ]
}
```

스탠다드 토크나이저에 의해 분리된 토큰들이 uppercase 필터의 영향을 받아 모두 대문자로 변경된 것을 확인할 수 있다. 그럼, 이제 캐릭터 필터와 토큰 필터를 더 자세히 알아보자.

3.8.3.1 캐릭터 필터

캐릭터 필터는 토크나이저 전에 위치하며 문자들을 전처리하는 역할을 하는데, HTML 문법을 제거/변경하거나 특정 문자가 왔을 때 다른 문자로 대체하는 일들을 한다. 예를 들어, HTML에서   문자(는 웹에서 공백을 의미하는 문자를 뜻한다)가 오면 공백으로 바꾸는 작업 등을 캐릭터 필터에서 진행하면 편하다. 엘라스틱서치가 제공하는 대부분의 분석기는 캐릭터 필터가 포함되어 있지 않다. 캐릭터 필터를 사용하기 위해서는 커스텀 분석기를 만들어 사용하는 것이 좋다.

3.8.3.2 토큰 필터

토큰 필터는 토크나이저에 의해 토큰화되어 있는 문자들에 필터를 적용한다. 토큰들을 변경하거나 삭제하고 추가하는 작업들이 가능하다. 토큰 필터 역시 종류가 많고 자주 변경되기 때문에 여기서는 자주 사용하는 토큰 필터들 위주로 소개하고, 전체 토큰 필터는 온라인 문서[11]를 확인하자. 7.10 버전을 기준으로, 공식 문서(Elasticsearch Guide > Text analysis > Token filter reference)에서 토큰 필터들을 확인할 수 있다(그림 3.33 참고). 종류가 굉장히 많다.

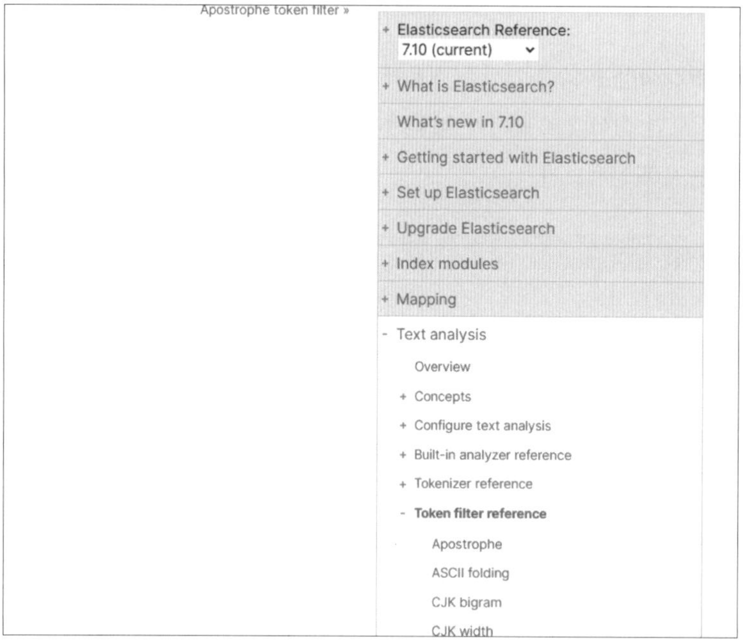

그림 3.33 온라인 문서에서 토큰 필터 찾기

표 3.11은 자주 사용하는 토큰 필터들이다.

표 3.11 자주 사용하는 토큰 필터

필터	설명
lowercase	모든 문자를 소문자로 변환한다. 반대로 모든 문자를 대문자로 변환하는 uppercase 필터가 있다.
stemmer	영어 문법을 분석하는 필터다. 언어마다 고유한 문법이 있어서 필터 하나로 모든 언어에 대응하기는 힘들다. 한글의 경우 아리랑, 노리 같은 오픈소스가 있다. 10.4절에서 한글 형태소 분석기를 사용해 보겠다.
stop	기본 필터에서 제거하지 못하는 특정한 단어를 제거할 수 있다.

11 토큰 필터: https://www.elastic.co/guide/en/elasticsearch/reference/7.10/analysis-tokenfilters.html

그림을 통해 표 3.11에 나오는 세 가지 토큰 필터를 좀 더 자세하게 알아보고 토큰 필터가 하는 일을 이해해보자. 먼저 `lowercase` 필터 동작을 알아보자.

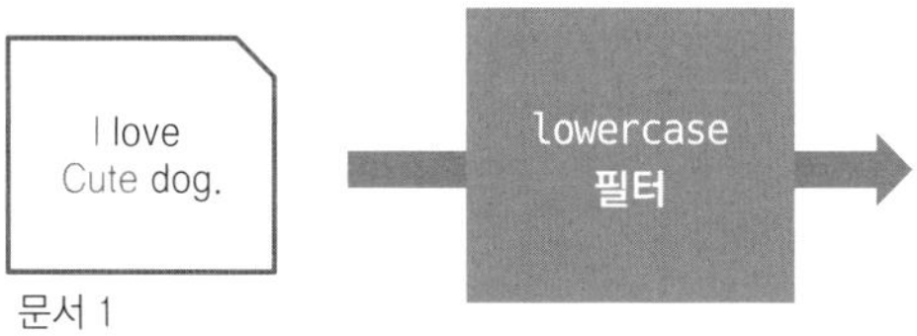

번호	단어	문서
1	i	1
2	love	1
3	cute	1
4	dog	1

그림 3.34 lowercase 필터 동작

`lowercase`는 토크나이저에 의해 분리된 모든 문자를 소문자로 변경한다. 그림 3.34에서 I와 Cute가 i와 cute로 변경되어 역인덱싱되는 것을 확인할 수 있다. 다음은 `stop` 필터 동작을 알아보자.

번호	단어	문서
1	10	2
2	most	2
3	loving	2
4	dog	2
5	breeds	2

그림 3.35 stop 필터 동작

`stop` 필터는 주로 불용어stop word를 제거하는 데 사용한다. 불용어는 크게 의미가 없는 'a', 'the', 'you' 같은 단어를 의미하는데, 기본적으로 `stop` 필터는 영어를 기반으로 하여 동작하기 때문에 한글에서는 잘 동작하지 않는다. 한글의 경우 10.4절에서 한글 분석기를 사용해볼 것이다. 또한 사용자가 직접 불용어를 등록해 선택할 수도 있는데 이 부분은 3.8.4절 '커스텀 분석기'에서 다시 다뤄보겠다. 마지막으로 `stemmer` 필터 동작을 알아보자.

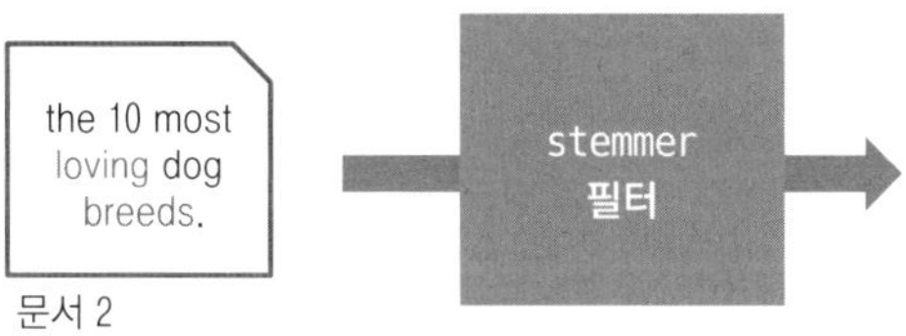

번호	단어	문서
1	the	2
2	10	2
3	most	2
4	love	2
5	dog	2
6	breed	2

그림 3.36 stemmer 필터 동작

stemmer 필터는 형태소를 분석해 어간을 분석하는 필터다. 각 언어마다 문법이 다르기 때문에 자기가 사용하는 언어에 맞는 필터를 사용해야 한다. 기본적으로 stemmer 필터는 영어를 기반으로 하기 때문에 한글 텍스트의 경우 동작하지 않는다. 한글 형태소 분석은 10.4절에서 한글 분석기를 사용하면서 다시 다루겠다. 'loving', 'loved'는 'love'와 같은 어간이며, 'breeds'는 'breed'와 같은 어간으로 인식된다.

3.8.4 커스텀 분석기

마지막으로 커스텀 분석기custom analyzer에 대해 알아보자. 커스텀 분석기는 엘라스틱서치에서 제공하는 내장 분석기들 중 원하는 기능을 만족하는 분석기가 없을 때 사용자가 직접 토크나이저, 필터 등을 조합해 사용할 수 있는 분석기다. 필터들의 조합이나 순서에 따라 특별한 형태의 분석기를 만들 수 있다.

3.8.4.1 커스텀 분석기 설정

customer_analyzer라는 인덱스를 하나 만들어보자. customer_analyzer 인덱스는 my_analyzer라는 커스텀 분석기를 갖고 있다. 커스텀 분석기에 우리가 원하는 토크나이저와 캐릭터 필터, 토큰 필터를 적용해보자. 키바나 콘솔에서 진행해보자.

리스트 3.44 커스텀 분석기를 적용한 customer_analyzer 인덱스 생성 ch03/08/customer_analyzer

```
PUT customer_analyzer
{
  "settings": {
    "analysis": {
      "filter": {
        "my_stopwords": {
          "type": "stop",
          "stopwords": ["lions"]
        }
      },
      "analyzer": {
        "my_analyzer": {
          "type": "custom",
          "char_filter": [],
          "tokenizer": "standard",
          "filter": ["lowercase","my_stopwords"]
        }
      }
    }
```

```
    }
  }
```

customer_analyzer라는 새로운 인덱스를 하나 만들었다. 인덱스 설정(settings)에 analysis 파라미터를 추가하고 analysis 파라미터 밑에 필터(filter)와 분석기(analyzer)를 만들 것이다. 먼저 분석기(analyzer) 이름을 지정(my_analyzer)하고 타입(type)을 custom으로 지정하면 커스텀 분석기를 의미한다. 분석기에는 반드시 토크나이저(tokenizer)가 하나 들어가야 하는데 기본 스탠다드(standard) 토크나이저를 사용했고 캐릭터 필터(char_filter)는 사용하지 않았다. 토큰 필터는 2개를 사용하는데, 엘라스틱서치에 내장되어 있는 소문자 변경(lowercase) 필터와 사용자가 만든 필터(my_stopwords)를 사용한다. 사용자가 만든 필터는 analysis 파라미터 밑에 필터(filter)에서 이름을 지정(my_stopwords)하고 타입(type)과 타입에 맞는 설정을 작성한다. 리스트 3.44에서는 엘라스틱서치에 내장되어 있는 스톱(stop) 필터에 사용자가 지정한 불용어를 추가했다. 여기서는 'lions'라는 단어를 불용어로 인식하도록 설정해 'lions' 단어가 나오면 불용어로 처리한다. 인덱스를 만들었으니 이제 분석기 API를 이용해 테스트가 어떻게 토큰화되는지 알아보자.

리스트 3.45 my_analyzer 커스텀 분석기 테스트

```
GET customer_analyzer/_analyze
{
  "analyzer": "my_analyzer",
  "text": "Cats Lions Dogs"
}
```

리스트 3.45는 커스텀 분석기를 이용해 문자열을 분석하는 요청이다. 인덱스는 리스트 3.44에서 만들었던 customer_analyzer 인덱스이며 분석기는 리스트 3.44에서 만들었던 my_analyzer 분석기를 사용한다. 결과를 확인해보자.

리스트 3.46 my_analyzer 커스텀 분석기 결과

```
{
  "tokens" : [
    { "token" : "cats", ... },
    { "token" : "dogs", ... }
  ]
}
```

커스텀 분석기 동작 과정을 하나씩 따라가 보자. 먼저 스탠다드 토크나이저에 의해 [Cats, Lions, Dogs]로 토큰화되고 소문자 변경 필터에 의해 [cats, lions, dogs]로 변경된다. 마지막으로 my_stopwords라는 커스텀 필터에 의해 [lions]가 불용어가 되어 제거된다. customer_analyzer 인덱스 외에 다른 인덱스에서는 커스텀 분석기(my_analyzer)가 동작하지 않는데, my_analyzer 같은 커스텀 분석기나 my_stopwords 같은 커스텀 필터는 customer_analyzer 인덱스 내에서만 유효하기 때문이다.

3.8.4.2 필터 적용 순서

커스텀 분석기에서 필터를 여러 개 사용한다면 필터의 순서에도 주의해야 한다. 필터 배열의 첫 번째 순서부터 필터가 적용된다. 가끔 이 순서가 잘못되면 원하지 않는 결과가 나오기도 한다. 예제를 실행해보면서 필터 순서에 따라 결과가 어떻게 바뀌는지 확인해보자. 먼저 리스트 3.44에서 만들었던 customer_analyzer 인덱스에서 스탠다드 토크나이저를 쓰고 필터를 lowercase, my_stopwords 순으로 진행해보자.

리스트 3.47 lowercase, my_stopwords 순서로 필터를 적용하여 분석기 테스트

```
GET customer_analyzer/_analyze
{
  "tokenizer": "standard",
  "filter": ["lowercase", "my_stopwords" ],
  "text": "Cats Lions Dogs"
}
```

먼저 스탠다드 토크나이저에 의해 [Cats, Lions, Dogs]로 토큰이 분리된다. 다음으로 lowercase 필터가 동작하면서 토큰이 [cats, lions, dogs]가 되었고 my_stopwords 필터에 의해 'lions'가 삭제되었다.

리스트 3.48 lowercase, my_stopwords 순서로 필터를 적용한 분석기 결과

```
{
  "tokens" : [
    { "token" : "cats", ... },
    { "token" : "dogs", ... }
  ]
}
```

우리가 원하는 결과가 나왔다. 이번에는 필터 순서를 변경해서 실행해보자.

리스트 3.49 my_stopwords, lowercase 순서로 필터를 적용하여 분석기 테스트

```
GET customer_analyzer/_analyze
{
  "tokenizer": "standard",
  "filter": ["my_stopwords", "lowercase"],
  "text": "Cats Lions Dogs"
}
```

먼저 스탠다드 토크나이저에 의해 [Cats, Lions, Dogs]로 토큰이 분리된다. 필터 순서에 따라 먼저 my_stopwords 필터가 먼저 적용되는데 my_stopwords 필터는 [lions]를 불용어로 인식하는데 토큰은 [Lions]이기 때문에 단어가 다르기에 불용어로 처리되지 않는다. 다음으로 lowercase 필터가 적용되어 [cats, lions, dogs]가 된다.

리스트 3.50 my_stopwords, lowercase 순서로 필터를 적용한 분석기 결과

```
{
  "tokens" : [
    { "token" : "cats", ... },
    { "token" : "lions", ... },
    { "token" : "dogs", ... }
  ]
}
```

커스텀 분석기에 필터를 적용할 때는 필터들의 순서에 유의해야 하고, 가능하면 모든 문자를 소문자로 변환한 후에 필터를 적용하는 것이 실수를 줄인다.

3.9 정리

3장에서는 엘라스틱서치의 기본에 대해 다뤘다. 엘라스틱서치의 인덱스와 도큐먼트에 대해 알아봤고, 도큐먼트를 읽고/쓰고/수정하고/삭제하는(CRUD) 방법을 익혔다. 또한 벌크로 데이터를 저장하는 방법과 REST API 형태로 요청하고 응답하는 방법을 키바나 콘솔을 이용해 실습해봤다. 이 과정에서 도큐먼트를 인덱싱하기 위해서는 인덱스 매핑이 중요하다는 점을 강조했는데 인덱스 매핑 기술을 이용해 도큐먼트의 데이터 타입을 지정하는 방법을 배웠다. 그리고 인덱

스 템플릿과 다이내믹 템플릿을 사용하는 방법도 배웠다. 마지막으로, 엘라스틱서치에서 전문 검색이 가능하게 해주는 분석기를 알아봤다. 4장에서는 3장에서 배운 엘라스틱서치의 검색 기법을 토대로 점진적으로 확장해나가는 방법을 사용할 예정이므로, 중간중간에 필요한 내용이 있을 경우 3장으로 돌아와서 복습하면 어려움이 없을 것이다.

04 엘라스틱서치: 검색

관계형 데이터베이스를 배울 때는 이론적인 내용도 중요하지만 실제 데이터를 인출하기 위한 쿼리(즉, SQL)를 집중적으로 배운다. 쿼리를 배우면서 점차 관계형 데이터베이스 엔진의 기반을 이해하게 되며, 애플리케이션 비즈니스 논리를 어디에 어떻게 배치할지 선택의 폭을 넓혀갈 수 있다. 검색 엔진 역시 마찬가지다. 앞서 엘라스틱서치의 기본적인 개념을 배웠지만 실제 제품이나 서비스에 적용하기 위해서는 쿼리 방법을 알아야 한다. 쿼리 방법을 이해하고 나면 거꾸로 엘라스틱서치의 동작 방식과 관련해 시야가 넓어지며, 서비스에 어떻게 적용할 수 있을지 구체적이고 실질적인 감을 얻을 수 있게 된다.

엘라스틱 스택에서 핵심을 차지하는 엘라스틱서치는 전문 검색 기능을 시작으로 꾸준히 성장해 왔으며 다양한 검색 쿼리를 지원하고 있다. 텍스트, 숫자, 정형, 비정형 데이터를 저장한 다음에 인덱싱을 마치고 나면 바로 쿼리를 실행해서 결과를 얻을 수 있다. 앞서 언급한 관계형 데이터베이스에서 제공하는 LIKE 같은 단순 텍스트 매칭 기법을 넘어서 텍스트를 여러 단어로 변형해 검색할 수 있으며, 스코어링 알고리즘을 적용해 연관성이 높은 결과에 대한 제어가 가능하므로 대량의 데이터를 대상으로 빠르고 정확한 검색이 가능하게 만들어준다.

4장에서는 먼저 쿼리 컨텍스트와 필터 컨텍스트의 차이점부터 확인한다. 계속해서 쿼리 스트링과 쿼리 DSL의 차이점을 살펴보고 어떤 경우에 무엇을 사용하는지 소개한다. 그리고 쿼리 컨텍스트에서 스코어를 계산하기 위한 기본적인 알고리즘을 소개한다. 그런 다음 이 장의 핵심인 자주 사용하는 쿼리를 본격적으로 살펴본다. 전문 쿼리, 매치 쿼리, 용어 쿼리, 멀티 매치 쿼리, 범위 쿼리, 논리 쿼리, 패턴 검색 등을 언제 어디서 사용하는지 실제 예제를 통해 알기 쉽게 설명할 것이다.

4.1 쿼리 컨텍스트와 필터 컨텍스트

과거 엘라스틱서치의 검색은 크게 쿼리 컨텍스트query context와 필터 컨텍스트filter context로 구분되었다. 쿼리 컨텍스트는 질의에 대한 유사도를 계산해 이를 기준으로 더 정확한 결과를 먼저 보여준다. 반면 필터 컨텍스트는 유사도를 계산하지 않고 일치 여부에 따른 결과만을 반환한다. 유사도를 계산하는 원리는 4.3절에서 자세히 설명하겠다. 도큐먼트에서 '엘라스틱'이 포함되어 있는지 찾을 때는 쿼리 컨텍스트를 이용하는데, 연관성을 계산해 최대한 비슷한 도큐먼트들을 찾아준다. 반면 도큐먼트 제목이 정확하게 '엘라스틱'인 문서를 찾기 위해서는 필터 컨텍스트를 이용한다. 제목이 '엘라스틱'이 맞는지 아닌지에 대한 예/아니요 결과만 확인하면 될 것이다. 쿼리 컨텍스트와 필터 컨텍스트 사용법에 대한 강제는 없지만, 좀 더 효율적인 검색을 위해서는 두 컨텍스트에 대한 이해가 선행돼야 한다. 다음 그림을 살펴보자.

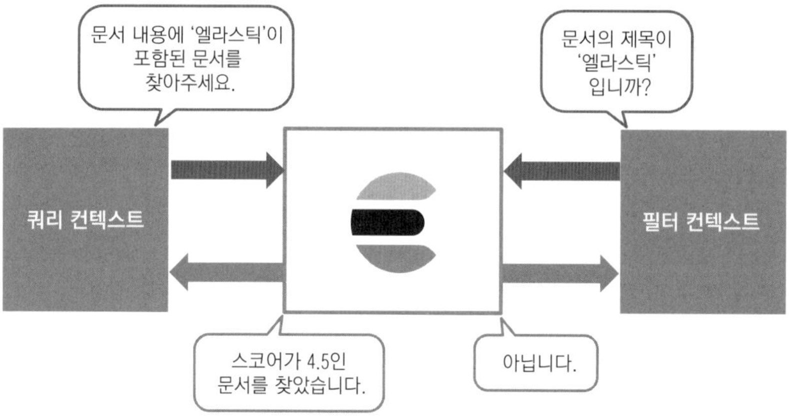

그림 4.1 **쿼리와 필터 검색의 차이점**

그림 4.1과 같이 엘라스틱서치는 쿼리/필터 컨텍스트 방식에 따라 반환하는 결과가 다르다. 쿼리 컨텍스트는 연관성에 따른 스코어 결과를 제공하고, 필터 컨텍스트는 '예/아니요'의 결과를 제공한다. 두 컨텍스트는 결과뿐만 아니라 내부적인 동작 방식에도 차이가 있다. 필터 컨텍스트는 스코어를 계산하지 않기 때문에 스코어 계산 과정을 생략할 수 있어 전체적인 쿼리 속도를 올릴 수 있다. 또 스코어 계산을 하지 않으면 결과에 대한 업데이트를 매번 수행할 필요가 없기

때문에 캐시를 이용할 수 있다. 엘라스틱서치는 기본적으로 힙 메모리의 10%를 캐시에 이용하고 있는데, 캐시를 이용한 빠른 검색을 하려면 필터 컨텍스트를 이용해야 한다. 이제 간단한 쿼리 검색과 필터 검색을 실행해보자. 4장에서는 엘라스틱에서 제공하는 샘플 데이터를 이용할 것이다. 3.1.4절을 참고하여 샘플 데이터를 추가하자. 샘플 데이터까지 준비되었다면 먼저 쿼리 컨텍스트를 실행해보자.

리스트 4.1 쿼리 컨텍스트 실행

```
GET kibana_sample_data_ecommerce/_search
{
  "query": {
    "match": {
      "category": "clothing"
    }
  }
}
```

`_search`는 검색 쿼리를 위해 엘라스틱에서 제공하는 REST API다. `match`는 전문 검색을 위한 쿼리로, 역인덱싱된 용어를 검색할 때 사용한다. 여기서 제시한 예는 `kibans_sample_data_ecommerce` 인덱스에 있는 `category` 필드의 역인덱스 테이블에 'clothing' 용어가 있는 도큐먼트를 찾아달라는 요청이다. 검색 쿼리 API 사용법은 4.4절에서 다시 익힐 것이다. 결과를 확인해보자.

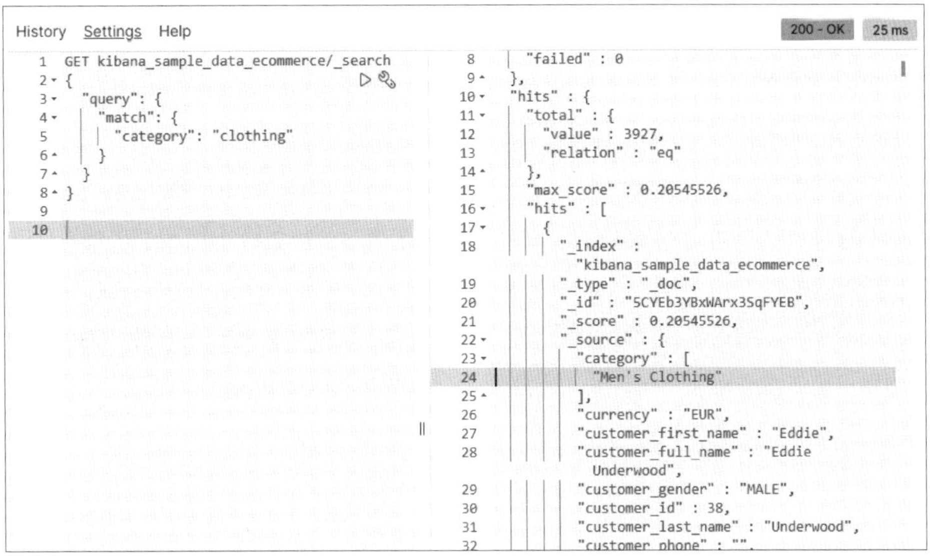

그림 4.2 **쿼리 컨텍스트의 응답 결과**

그림 4.2에서 hits.total은 인덱스에서 3927개의 도큐먼트를 찾았음을 의미한다. hits.hits에는 엘라스틱서치가 찾은 3927개의 도큐먼트가 높은 스코어 순으로 정렬되어 있다. 쿼리 컨텍스트는 유사도 계산 알고리즘에 의해 가장 연관성 높은 도큐먼트를 찾는다. _score 값은 요청한 검색과 유사도를 나타내는 지표로, 일반적으로 값이 클수록 찾고자 하는 도큐먼트일 확률이 높다. 이번에는 필터 컨텍스트를 이용한 검색을 실행해보자.

리스트 4.2 필터 컨텍스트 실행

```
GET kibana_sample_data_ecommerce/_search
{
  "query": {
    "bool": {
      "filter": {
        "term": {
          "day_of_week": "Friday"
        }
      }
    }
  }
}
```

필터 컨텍스트와 쿼리 컨텍스트를 구분하는 특별한 API가 있는 것은 아니며 모두 search API를 사용한다. 본문에 들어가는 내용에 따라 쿼리가 구분되는데 문법들은 뒤에서 다시 설명하겠다. 필터 컨텍스트는 논리[bool] 쿼리 내부의 filter 타입에 적용된다. kibana_sample_data_ecommerce 인덱스의 day_of_week 필드가 'Friday'인 도큐먼트를 찾아달라는 요청이다. 결과를 확인해보자.

그림 4.3을 보면, 이번에는 770개의 도큐먼트를 찾았는데 응답 결과를 보면 스코어가 계산되지 않고 0.0으로 나온다. day_of_week가 "Friday"인지 확인만 하면 된다. 과거에 엘라스틱 1.x 버전에서는 용어 검색[term query]과 용어 필터[term filter]처럼 쿼리 컨텍스트와 필터 컨텍스트가 명확히 구분되어 문법상 쿼리와 필터 컨텍스트를 구분할 수 있었다. 하지만 논리 쿼리가 나오면서 필터 컨텍스트는 모두 논리 쿼리에 포함되었다. 이는 필터 컨텍스트를 단독으로 사용하기보다는 쿼리/필터 컨텍스트를 조합해 사용하는 방향으로 가는 추세라고 생각하면 될 것이다.

그림 4.3 필터 컨텍스트의 응답 결과

4.2 쿼리 스트링과 쿼리 DSL

엘라스틱서치에서 쿼리를 사용하는 방법은 쿼리 스트링query string과 쿼리 DSLDomain Specific Language 두 가지가 있다. 쿼리 스트링은 한 줄 정도의 간단한 쿼리에 사용하고 쿼리 DSL은 한 줄에 넣기 힘든 복잡한 쿼리에 사용한다. 쿼리 DSL은 엘라스틱서치에서 제공하는 쿼리 전용 언어로, JSON 기반의 직관적인 언어다. 간단한 조건에 대한 검색은 쿼리 스트링으로도 충분하지만, 복잡한 논리 조건이나 코드 수준에서 쿼리를 제어하기 위해서는 쿼리 DSL을 사용하는 것이 좋다.

4.2.1 쿼리 스트링

쿼리 스트링은 REST API의 URI 주소에 쿼리문을 작성하는 방식으로 실행해볼 수 있어 사용하기 쉽다. 하지만 복잡한 논리 조건의 경우 괄호를 이용해야 하는데, 조건이 복잡해지면 가독성도 좋지 않고 오류를 범하기가 쉽다. 샘플 데이터를 이용해 간단한 쿼리 스트링을 실행해보자.

리스트 4.3 쿼리 스트링 예시

```
GET kibana_sample_data_ecommerce/_search?q=customer_full_name:Mary
```

kibana_sample_data_ecommerce 인덱스 중 customer_full_name 필드에 'Mary'라는 용어가 포함된 도큐먼트를 검색한다. 결과를 확인해보자.

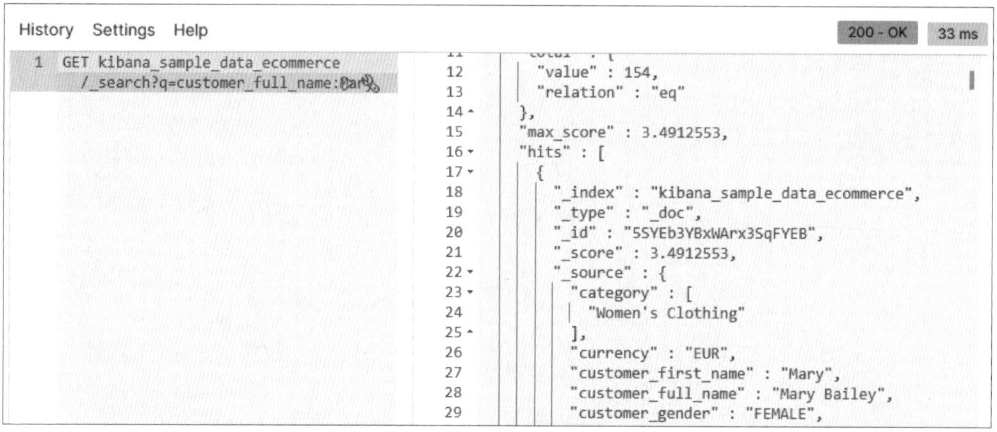

그림 4.4 **쿼리 스트링 결과**

그림 4.4에서 볼 수 있듯이, 154개의 도큐먼트를 검색했다. 간단한 검색을 할 때 사용하기 편하고 curl 같은 툴에서 한 줄에 작성할 수 있어서 타이핑하기 좋다. 하지만 한 줄에 모든 쿼리를 작성해야 하기 때문에 복잡한 쿼리일수록 가독성이 떨어질 수 있다.

4.2.2 쿼리 DSL

쿼리 DSL은 REST API의 요청 본문 안에 JSON 형태로 쿼리를 작성한다. 쿼리 DSL은 엘라스틱서치의 모든 쿼리 스펙을 지원하기 때문에 매우 강력하며 복잡한 쿼리를 구현할 수 있다는 장점이 있다. 하지만 지금처럼 단순한 쿼리라면 굳이 쿼리 DSL을 사용하지 않고 쿼리 스트링을 사용하는 편이 효율적일 수 있다. 쿼리 DSL을 실행해보자.

리스트 4.4 쿼리 DSL 예시

```
GET kibana_sample_data_ecommerce/_search
{
  "query": {
    "match": {
      "customer_full_name": "Mary"
    }
  }
}
```

전문 검색을 할 수 있는 매치[match] 쿼리다. customer_full_name에 'Mary'가 포함된 모든 도큐먼트를 검색한다. 결과를 확인해보자.

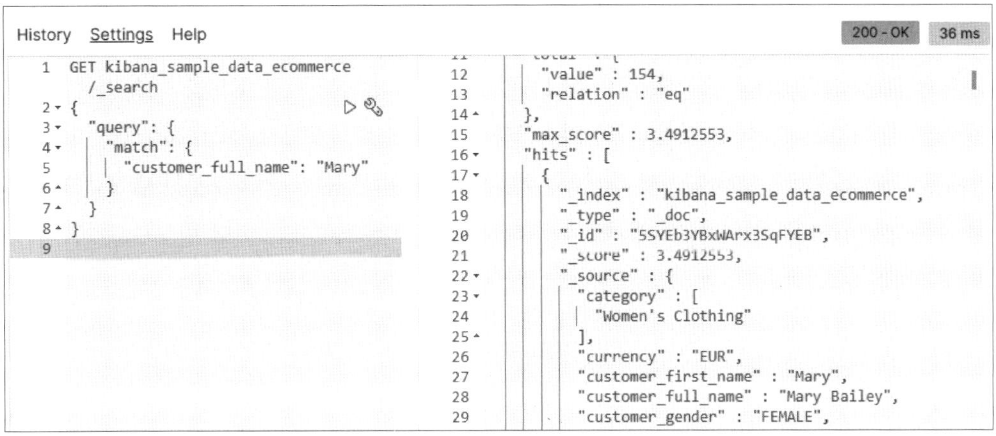

그림 4.5 **쿼리 DSL 결과**

쿼리 스트링에서 작업했던 그림 4.4와 똑같은 결과를 반환한다. 지금은 쿼리 DSL이 더 복잡해 보이지만 익숙해지면 훨씬 사용하기 편할 것이다. 키바나 콘솔에서 쿼리 DSL을 사용하면 자동 완성이 지원돼서 타이핑 실수를 줄일 수 있다.

4.3 유사도 스코어

쿼리 컨텍스트는 엘라스틱에서 지원하는 다양한 스코어 알고리즘을 사용할 수 있는데 기본적으로 BM25 알고리즘을 이용해 유사도 스코어를 계산한다. 유사도 스코어는 질의문과 도큐먼트의 유사도를 표현하는 값으로, 스코어가 높을수록 찾고자 하는 도큐먼트에 가깝다는 사실을 의미한다. 스코어 계산을 위한 기본적인 알고리즘의 동작 방식을 이해하고 있다면 쿼리 요청 시 더 똑똑한 쿼리를 작성할 수 있고 인덱스를 효율적으로 디자인할 수 있다. 그럼 쿼리를 요청하고 스코어가 어떤 식으로 계산되었는지 알아보기 위해 쿼리에 explain 옵션을 추가하자.

리스트 4.5 설명이 포함된 쿼리 컨텍스트 실행

```
GET kibana_sample_data_ecommerce/_search
{
  "query": {
    "match": {
      "products.product_name": "Pants"
```

```
      }
    },
    "explain": true
  }
```

검색 시 explain: true를 추가하면 쿼리 내부적인 최적화 방법과 어떤 경로를 통해 검색되었으며 어떤 기준으로 스코어가 계산되었는지 알 수 있다. 리스트 4.5는 products.product_name 필드에서 'Pants'라는 용어가 있는지 검색하는데, 응답값이 너무 길어 중요 부분만 발췌했으니 키바나 콘솔에서 직접 실행해보고 결과를 확인해보자. 지금은 스코어가 어떤 방식으로 계산되는지에 집중하자.

리스트 4.6 설명이 추가된 리스트 4.5의 응답 결과

```
{
  ...
  "hits" : {
    "total" : {
      "value" : 3,
      "relation" : "eq"
    },
    "max_score" : 8.268259,
    "hits" : [
      {
        "_id" : "NiYEb3YBxWArx3SqGIQX",
        "_score" : 8.268259,
        "_source" : {
          "products" : [
            {
              "product_name" : "Boots - tan",
            },
            {
              "product_name" : "Casual Cuffed Pants",
        ...
        "_explanation" : {
          "value" : 8.268259,
        "description" : "weight(products.product_name:pant in 94) [PerFieldSimilarity],
result of:",
          "details" : [
            {
              "value" : 8.268259,
              "description" : "score(freq=1.0), computed as boost * idf * tf from:",
              "details" : [
                {
```

```
                "value" : 2.2,
                "description" : "boost",
                "details" : [ ]
              },
              {
                "value" : 7.1974354,
                "description" : "idf, computed as log(1 + (N - n + 0.5) / (n + 0.5))
from:",
              },
              {
                "value" : 0.52217203,
                "description" : "tf, computed as freq / (freq + k1 * (1 - b + b * dl /
avgdl)) from:",
              }
...
```

총 3개의 도큐먼트를 찾았는데 그중 스코어가 가장 높은 id가 NiYEb3YBxWArx3SqGIQX인 첫 번째 도큐먼트를 가지고 스코어 계산을 해볼 것이다. product 필드는 배열 구조로 여러 개의 product_name을 갖는데, 'Casual Cuffed Pants'에 'pants'가 포함되어 있다. 스코어 계산식은 description 항목에 이미 제공되고 있으니 계산을 하기 위한 변수들이 어떤 의미가 있는지 알아보자.

4.3.1 스코어 알고리즘(BM25) 이해하기

쿼리 컨텍스트로 요청한 응답값을 보면 히트hits된 도큐먼트는 모두 스코어(_score) 값을 갖고 있다. 스코어는 도큐먼트와 쿼리 간의 연관성 수치로, 값이 클수록 연관성이 높다는 것을 의미한다. 이 스코어를 계산하기 위해 사용되는 알고리즘이 BM25 알고리즘이다. 엘라스틱서치는 5.x 이전 버전에서는 TF-IDF 알고리즘을 사용했으나 엘라스틱 5.x부터 BM25 알고리즘을 기본으로 사용한다. BM25 알고리즘은 검색, 추천에 많이 사용되는 알고리즘으로 TFTerm Frequency, IDFInverse Document Frequency 개념에 문서 길이를 고려한 알고리즘이다. 검색어가 문서에서 얼마나 자주 나타나는지, 검색어가 문서 내에서 중요한 용어인지 등을 판단하는 근거를 제공한다. 엘라스틱서치의 검색 근간이 되는 루씬이 기본 스코어 알고리즘을 BM25으로 바꾸면서 루씬을 코어로 사용하는 엘라스틱서치도 기본 알고리즘을 BM25로 변경하게 되었다. 그럼 엘라스틱서치가 제공해주는 세부 정보를 통해 BM25 알고리즘의 동작 과정을 알아보자. IDF와 TF 값을 알면 스코어를 구할 수 있다. 하나씩 따라가 보자.

4.3.2 IDF 계산

문서 빈도document frequency는 특정 용어가 얼마나 자주 등장했는지를 의미하는 지표다. 문서 빈도가 왜 중요할까? 일반적으로 자주 등장하는 용어는 중요하지 않을 확률이 높다. 'to', 'the' 같은 관사나 '그리고', '그러나' 같이 문장을 이어주는 접속부사는 도큐먼트에 자주 나타나는데 이런 흔한 용어는 실제 큰 의미가 없다. 그래서 도큐먼트 내에서 발생 빈도가 적을수록 가중치를 높게 주는데 이를 문서 빈도의 역수Inverse Document Frequency, IDF라고 한다. 전체 문서에서 자주 발생하는 단어일수록 중요하지 않은 단어로 인식하고 가중치를 낮추는 것이다. IDF를 계산하는 식은 친절하게 엘라스틱서치가 알려주고 있다.

```
"idf, computed as log(1 + (N - n + 0.5) / (n + 0.5)) from:",
```

변수 N, n 값만 알면 IDF를 구할 수 있다. 변수에 대한 설명과 값도 결과에서 자세히 보여주고 있다.

리스트 4.7 IDF 계산에 필요한 변숫값

```
{
  "value" : 7.1974354,
  "description" : "idf, computed as log(1 + (N - n + 0.5) / (n + 0.5)) from:",
  "details" : [
    {
      "value" : 3,
      "description" : "n, number of documents containing term",
      "details" : [ ]
    },
    {
      "value" : 4675,
      "description" : "N, total number of documents with field",
      "details" : [ ]
    }
  ]
},
```

먼저 n은 검색했던 용어term가 몇 개의 도큐먼트에 있는지 알려주는 값이다. 총 3개의 도큐먼트에서 products.product_name 필드에 'Pants'라는 용어를 포함하고 있었다. N은 인덱스의 전체 도큐먼트 수다. kibana_sample_data_ecommerce 인덱스는 총 4657개의 도큐먼트를 갖고 있다.

4.3.3 TF 계산

용어 빈도Term Frequency, TF는 특정 용어가 하나의 도큐먼트에 얼마나 많이 등장했는지를 의미하는 지표다. 일반적으로 특정 용어가 도큐먼트에서 많이 반복되었다면 그 용어는 도큐먼트의 주제와 연관되어 있을 확률이 높다. 예를 들어, '엘라스틱'을 주제로 글을 썼다면 '엘라스틱'이라는 용어가 도큐먼트에서 많이 나오는 이치와 같다. 하나의 도큐먼트에서 특정 용어가 많이 나오면 중요한 용어로 인식하고 가중치를 높인다. TF를 계산하는 식 역시 친절하게 엘라스틱서치가 알려주고 있다.

```
"tf, computed as freq / (freq + k1 * (1 - b + b * dl / avgdl)) from:",
```

변수 freq, k1, b, dl, avgdl 값을 알면 TF 값을 구할 수 있다. 변수 설명과 값을 친절하게 설명해주고 있다.

리스트 4.8 TF 계산에 필요한 변숫값

```
{
  "value" : 0.52217203,
  "description" : "tf, computed as freq / (freq + k1 * (1 - b + b * dl / avgdl)) from:",
  "details" : [
    {
      "value" : 1.0,
      "description" : "freq, occurrences of term within document",
      "details" : [ ]
    },
    {
      "value" : 1.2,
      "description" : "k1, term saturation parameter",
      "details" : [ ]
    },
    {
      "value" : 0.75,
      "description" : "b, length normalization parameter",
      "details" : [ ]
    },
    {
      "value" : 5.0,
      "description" : "dl, length of field",
      "details" : [ ]
    },
    {
      "value" : 7.3161497,
```

```
      "description" : "avgdl, average length of field",
      "details" : [ ]
    }
  ]
}
```

freq는 도큐먼트 내에서 용어가 나온 횟수로, 'Pants'라는 용어는 id가 NiYEb3YBxWArx3SqGIQX인 도큐먼트에서 한 번 나왔다. k1과 b는 알고리즘을 정규화하기 위한 가중치로, 엘라스틱서치가 디폴트로 취하는 상수다. dl은 필드 길이이고, avgdl은 전체 도큐먼트에서 평균 필드 길이로, dl이 작고 avgdl이 클수록 TF 값이 크게 나온다. 이는 짧은 글에서 찾고자 하는 용어가 포함될수록 가중치가 높다는 뜻이다. 예를 들어, 짧은 한 문장의 도큐먼트에서 '엘라스틱'이라는 용어가 한 번 들어간 것과 책 한 권 분량의 도큐먼트에서 '엘라스틱'이라는 용어가 한 번 들어간 것이 있다면 당연히 첫 번째 도큐먼트가 '엘라스틱'과 관련 있는 도큐먼트일 확률이 높다. dl과 avgdl이 무엇인지는 리스트 4.9를 보면서 이해해보자.

리스트 4.9 NiYEb3YBxWArx3SqGIQX 도큐먼트

```
"_id" : "NiYEb3YBxWArx3SqGIQX",
...
"products" : [
  { "product_name" : "Boots - tan", },
  { "product_name" : "Casual Cuffed Pants", }
]
```

리스트 4.9는 'Pants'로 검색했을 때 스코어가 가장 높았던 도큐먼트다. dl은 현재 도큐먼트를 토큰화했을 때의 토큰 수이고, avgdl은 인덱스 내의 모든 도큐먼트를 토큰화했을 때의 도큐먼트당 갖는 평균 토큰 수다. 기본 분석기(스탠다드 분석기)를 사용했다면 리스트 4.9는 5개의 토큰 [Boots, tan, Casual, Cuffed, Pants]로 나뉜다. 그래서 이 도큐먼트의 dl은 5가 된다. avgdl은 인덱스 내의 모든 도큐먼트(4675개)의 평균 토큰 수다. dl을 구하는 것과 같이 모든 도큐먼트를 토큰화하고 토큰 수를 전체 평균하면 된다. 엘라스틱서치가 계산해준 avgdl은 7.3이다. 즉 리스트 4.9의 도큐먼트는 다른 도큐먼트에 비해 길이가 짧으면서 검색어를 포함하고 있기 때문에 스코어 수치상 좋은 점수를 받을 수 있다. 마지막으로 최종 스코어 계산식을 확인해보자.

리스트 4.10 최종 스코어 계산식

```
"description" : "score(freq=1.0), computed as boost * idf * tf from:",
"details" : [
  {
    "value" : 2.2,
    "description" : "boost",
    "details" : [ ]
  },
```

최종 스코어는 앞에서 배운 IDF와 TF 그리고 boost 변수를 곱하면 된다. boost는 엘라스틱이 지정한 고정값으로 2.2로 정해져 있다.

지금까지 BM25 알고리즘의 동작 방식을 따라가면서 엘라스틱서치에서 스코어를 계산하는 원리를 알아봤다.

4.4 쿼리

엘라스틱서치는 검색search을 위해 쿼리를 지원하는데, 크게 리프 쿼리leaf query와 복합 쿼리compound query로 나눌 수 있다. 리프 쿼리는 특정 필드에서 용어를 찾는 쿼리로, 매치match, 용어term, 범위range 쿼리 등이 있다. 반면 복합 쿼리는 쿼리를 조합해 사용되는 쿼리로, 대표적으로 논리bool 쿼리 등이 있다. 이번 절에서는 리프 쿼리 중에서 사람들이 헷갈리기 쉬운 전문 쿼리full text query와 용어 수준 쿼리term level query를 자세히 보고 복합 쿼리인 논리 쿼리도 배워볼 것이다. 이 책에서 다루지 않는 쿼리는 온라인 문서[1]를 참고하자.

4.4.1 전문 쿼리와 용어 수준 쿼리

먼저 전문 쿼리와 용어 수준 쿼리의 차이점을 알아보자. 전문 쿼리는 전문 검색을 하기 위해 사용되며, 전문 검색을 할 필드는 인덱스 매핑 시 텍스트 타입으로 매핑해야 한다. 반면 용어 수준 쿼리는 정확히 일치하는 용어를 찾기 위해 사용되며, 인덱스 매핑 시 필드를 키워드 타입으로 매핑해야 한다. 강제는 아니지만 정확한 결과를 얻기 위한 권장사항이다. 먼저 전문 쿼리 동작 과정을 알아보자.

1 쿼리 DSL 종류: https://www.elastic.co/guide/en/elasticsearch/reference/7.10/query-dsl.html

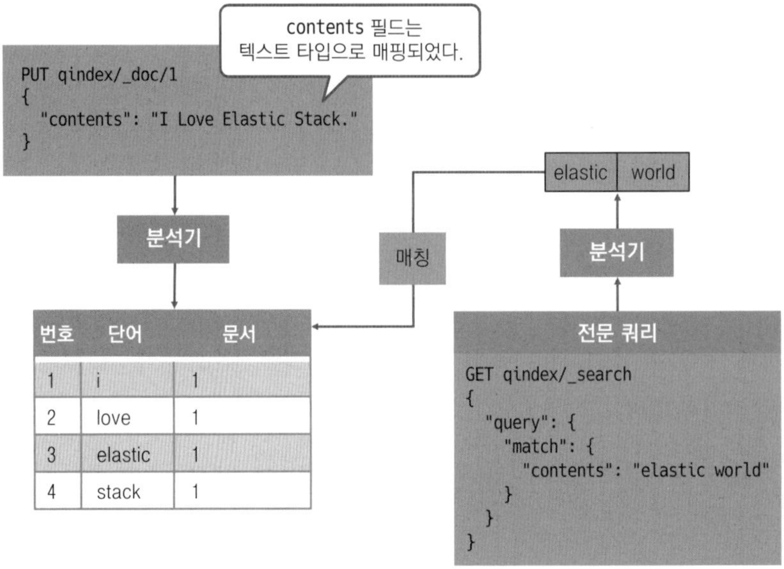

그림 4.6 **전문 쿼리 동작 과정**

qindex 인덱스를 생성하고 contents 필드를 갖는 도큐먼트를 인덱싱한다. contents 필드는 텍스트 타입으로 매핑한다. 텍스트 타입으로 매핑된 문자열은 분석기에 의해 토큰으로 분리되는데 "I Love Elastic Stack."이라는 문자열이 [i, love, elastic, stack]으로 토큰화된다. 이제 전문 쿼리인 매치match 쿼리를 사용해 전문 검색을 해보자. 전문 쿼리를 사용하게 되면 검색어인 'elastic world'도 분석기에 의해 토큰으로 분리되어 [elastic, world]로 토큰화된다. 그리고 토큰화된 검색어([elastic, world])와 토큰화된 도큐먼트 용어들([i, love, elastic, stack])이 매칭되어 스코어를 계산하고 검색을 한다. 전문 쿼리[2]는 일반적으로 블로그처럼 텍스트가 많은 필드에서 특정 용어를 검색할 때 사용된다. 구글이나 네이버에서 검색어를 이용해 검색하는 방식이 전문 쿼리와 같다고 생각하면 된다. 전문 쿼리의 종류로는 매치 쿼리match query, 매치 프레이즈 쿼리match phrase query, 멀티 매치 쿼리multi-match query, 쿼리 스트링 쿼리query string query 등이 있다.

다음으로 용어 수준 쿼리를 알아보자. 용어 수준 쿼리는 전문 쿼리와 동작 방식이 조금 다른데, 그림 4.7을 보면서 이해해보자.

qindex 인덱스를 생성하고 category 필드를 갖는 도큐먼트를 인덱싱한다. category 필드는 키워드 타입으로 매핑하는데, 키워드 타입은 인덱싱 과정에서 분석기를 사용하지 않는다. 검색은 용어term 쿼리를 사용하는데 검색어 'tech'는 분석기를 거치지 않고 그대로 사용한다. 이렇게 분석

2 전문 쿼리: https://www.elastic.co/guide/en/elasticsearch/reference/7.10/full-text-queries.html

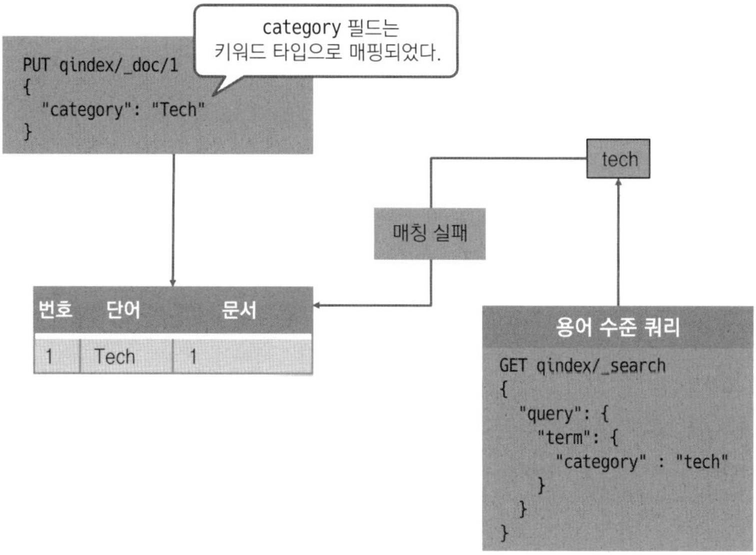

그림 4.7 **용어 수준 쿼리 동작 과정**

되지 않은 검색어(tech)와 분석되지 않은 도큐먼트 용어(Tech)를 매칭하는데, 그림 4.7의 경우 'Tech'와 'tech'의 대소문자 차이로 매칭에 실패한다. 용어 수준 쿼리[3]는 전문 쿼리와 달리 정확한 용어를 검색할 때 사용된다. 일반적으로 숫자, 날짜, 범주형 데이터를 정확하게 검색할 때 사용되며 관계형 데이터베이스의 WHERE 절과 비슷한 역할을 한다. 용어 수준 쿼리에는 용어 쿼리term query, 용어들 쿼리terms query, 퍼지 쿼리fuzzy query 등이 있다.

전문 쿼리는 텍스트 타입 필드에서 검색어를 찾을 때 사용하자. 분석기가 텍스트를 토큰화해서 전문 검색이 가능하다. 반면 용어 수준 쿼리는 키워드, 숫자형, 범위형 타입의 필드에서 검색어를 찾을 때 사용하자. 정확히 일치하는 도큐먼트들을 검색할 때 유용하다. 강제성은 없지만 사용할 때 주의하지 않으면 원하는 결과를 얻지 못할 수 있다. 자주 사용되는 쿼리들을 살펴보면서 두 쿼리의 차이점을 더 자세히 알아보자.

4.4.2 매치 쿼리

매치 쿼리는 대표적인 전문 쿼리다. 전문 쿼리의 가장 기본이 되는 쿼리로, 전체 텍스트 중에서 특정 용어나 용어들을 검색할 때 사용한다. '용어'가 아직 어색하다면 용어를 '단어'로 바꿔서 생각해도 좋다. 매치 쿼리를 사용하기 위해서는 검색하고 싶은 필드를 알아야 한다. 필드명을

3 용어 수준 쿼리: https://www.elastic.co/guide/en/elasticsearch/reference/7.10/term-level-queries.html

모르면 쿼리를 진행할 수 없으므로 필드명을 모를 경우 GET kibana_sample_data_ecommerce/_mapping으로 인덱스에 포함된 필드가 어떤 것들이 있는지 확인해야 한다. 매치 쿼리를 이용해 전문 검색을 진행해보자. 리스트 4.11의 _source 파라미터는 customer_full_name 필드만 보여달라는 요청이다. _source 파라미터를 적지 않으면 모든 필드를 보여준다.

리스트 4.11 하나의 용어를 검색하는 매치 쿼리

```
GET kibana_sample_data_ecommerce/_search
{
  "_source": ["customer_full_name"],
  "query": {
    "match": {
      "customer_full_name": "Mary"
    }
  }
}
```

customer_full_name 필드에서 'Mary'라는 용어가 있는 도큐먼트를 찾아달라는 요청이다. 전문 쿼리의 경우 검색어도 토큰화되기 때문에 검색어 'Mary'는 [mary]로 토큰화된다. 분석기 종류에 따라 다르지만 일반적인 분석기를 사용했다면 대문자를 소문자로 변경하기 때문이다. 키바나 콘솔에서 직접 실행해보고 결과를 확인해보자. customer_full_name 필드에 'mary'가 포함된 모든 도큐먼트를 검색할 것이다. 다음은 복수 개의 용어를 검색해보자. 네이버나 구글에서 여러 개의 검색어를 이용해 검색하는 것을 생각하면 된다.

리스트 4.12 복수 개의 용어를 검색하는 매치 쿼리

```
GET kibana_sample_data_ecommerce/_search
{
  "_source": ["customer_full_name"],
  "query": {
    "match": {
      "customer_full_name": "mary bailey"
    }
  }
}
```

리스트 4.12는 customer_full_name 필드에서 두 용어를 검색하는 매치 쿼리 요청이다. 검색어인 'mary bailey'는 분석기에 의해 [mary, bailey]로 토큰화된다. 그리고 매치 쿼리에서 용어들 간

의 공백은 OR로 인식한다. 즉 customer_full_name 필드에 'mary'나 'bailey'가 하나라도 포함된 도큐먼트가 있다면 매칭되었다고 판단한다. 결과를 확인해보자.

리스트 4.13 'mary' or 'bailey' 검색 시 응답 결과

```
{
  "hits" : {
    "total" : 169,
    "max_score" : 9.155506,
    "hits" : [
      {
        ...
        "_source" : {
          ...
          "customer_full_name" : "Mary Bailey",
          ...
          "customer_full_name" : "Abd Bailey",
          ...
          "customer_full_name" : "Mary Richards",
```

검색어였던 [mary, bailey] 둘 중 하나라도 포함된 모든 도큐먼트가 매칭되는 것을 알 수 있다. 매치 쿼리를 가지고 하나만 더 확인해보자. 이번에는 'mary'와 'bailey'가 모두 포함된 도큐먼트를 찾는 방법을 알아보자. operator라는 파라미터를 변경하면 된다.

리스트 4.14 operator를 and로 설정한 매치 검색

```
GET kibana_sample_data_ecommerce/_search
{
  "_source": ["customer_full_name"],
  "query": {
    "match": {
      "customer_full_name": {
        "query": "mary bailey",
        "operator": "and"
      }
    }
  }
}
```

리스트 4.14를 실행해보고 결과를 확인해보자.

리스트 4.15 'mary' and 'bailey' 검색 시 응답 결과

```
{
  "hits" : {
    "total" : 3,
    "max_score" : 9.155506,
    "hits" : [
      {
      ...
        "_source" : {
          ...
          "customer_full_name" : "Mary Bailey",
          ...
          "customer_full_name" : "Mary Bailey",
          ...
          "customer_full_name" : "Mary Bailey",
```

리스트 4.12와 달리 customer_full_name 필드에 'mary'와 'bailey'가 모두 포함된 도큐먼트만 찾는다. operator 파라미터는 기본값이 OR이기 때문에 operator를 명시적으로 지정하지 않으면 리스트 4.12와 같이 OR로 인식된다.

4.4.3 매치 프레이즈 쿼리

매치 쿼리와 마찬가지로 전문 쿼리의 한 종류인 매치 프레이즈 쿼리는 구phrase를 검색할 때 사용한다. 구는 동사가 아닌 2개 이상의 단어가 연결되어 만들어지는 단어다. '빨간색 바지', '65인치 텔레비전' 같이 여러 단어가 모여서 뜻을 이루는 단어다. 하지만 단어의 순서도 중요하다. '빨간색 바지'를 검색한다는 것은 '바지 빨간색'을 찾으려는 의도가 아니다. 검색하려는 모든 단어가 있어야 하며 단어 순서도 중요하다. 우리는 2개 이상의 단어가 모여서 뜻을 만드는 구를 검색하려고 한다. 엘라스틱서치에서 구를 검색하는 방법을 알아보자.

리스트 4.16 매치 프레이즈 쿼리

```
GET kibana_sample_data_ecommerce/_search
{
  "_source": ["customer_full_name"],
  "query": {
    "match_phrase": {
      "customer_full_name": "mary bailey"
    }
  }
}
```

검색어인 'mary bailey'가 [mary, bailey]로 토큰화되는 것까지는 매치 쿼리와 같지만, 매치 프레이즈 쿼리는 검색어에 사용된 용어들이 모두 포함되면서 용어의 순서까지 맞아야 한다. 용어의 순서가 바뀐 'bailey mary'나 중간에 다른 단어가 포함된 'mary tony bailey'는 매칭되지 않는다. 결과를 확인해보자.

리스트 4.17 매치 프레이즈 쿼리 결과

```
{
  "hits" : {
    "total" : 3,
    "max_score" : 9.155506,
    "hits" : [
      {
        "_id" : "5SYEb3YBxWArx3SqFYEB",
        "_source" : {
          "customer_full_name" : "Mary Bailey",
        }
      },
      {
        "_id" : "gCYEb3YBxWArx3SqFYIB",
        "_source" : {
          "customer_full_name" : "Mary Bailey",
        }
      },
      {
        "_id" : "PyYFb3YBxWArx3SqJ7Fc",
        "_source" : {
          "customer_full_name" : "Mary Bailey",
        }
      },
...
```

리스트 4.17을 보면 3개의 도큐먼트를 찾았다. 도큐먼트에 저장된 실제 데이터는 'Mary Bailey'이지만 분석기에 의해 [mary, bailey]로 토큰화되었고 순서도 맞기 때문에 매칭이 되었다. 매치 프레이즈 쿼리는 검색 시 많은 리소스를 요구하기 때문에 자주 사용하는 것은 좋지 않다.

4.4.4 용어 쿼리

용어 쿼리는 용어 수준 쿼리의 대표적인 쿼리다. 사용 방법은 매치 쿼리와 비슷하지만 큰 차이점이 있다. 매치 쿼리는 전문 쿼리에 속하기 때문에 검색어인 'mary bailey'가 분석기에 의해

[mary, bailey]로 토큰화되고 'mary'나 'bailey'가 있는 경우 매칭이 되었다. 반면 용어 검색은 용어 수준 쿼리에 속하기 때문에 검색어인 'mary bailey'가 분석기에 의해 토큰화되지 않는다. 즉 'mary bailey'라고 정확한 용어가 있는 경우만 매칭이 된다. 분석기를 거치지 않았기 때문에 대소문자도 정확히 맞아야 한다. 직접 용어 쿼리를 실행해보자.

리스트 4.18 텍스트 타입 필드에 대한 용어 쿼리

```
GET kibana_sample_data_ecommerce/_search
{
  "_source": ["customer_full_name"],
  "query": {
    "term": {
      "customer_full_name": "Mary Bailey"
    }
  }
}
```

앞서 리스트 4.17을 확인해보면 `customer_full_name`이 'Mary Bailey'인 도큐먼트가 3개 있는데, 리스트 4.18을 키바나에서 실행하면 도큐먼트를 하나도 찾을 수 없다. `customer_full_name` 필드는 텍스트로 매핑되어 있어서 Mary bailey가 [mary, bailey]라는 2개로 토큰화되었는데 용어 쿼리는 [Mary Bailey]를 찾기 때문에 매칭이 되지 않는다. 이번에는 'Mary'로 검색을 해보자.

리스트 4.19 텍스트 타입 필드에 대한 용어 쿼리

```
GET kibana_sample_data_ecommerce/_search
{

  "_source": ["customer_full_name"],
  "query": {
    "term": {
      "customer_full_name": "Mary"
    }
  }
}
```

역시 도큐먼트를 하나도 찾지 못할 것이다. `customer_full_name`은 분석기에 의해 대문자가 소문자로 변경되어 [mary, bailey]로 매핑되어 있지만 용어 쿼리는 [Mary]를 찾기 때문에 매칭이 되지 않는다. 이제 용어 쿼리를 알맞게 사용해보자. 강제하지는 않지만 용어 쿼리는 키워드 타

입으로 매핑된 필드에서 사용해야 한다. 마침 customer_full_name 필드는 텍스트와 키워드 타입을 갖는 멀티 필드로 지정되어 있다.

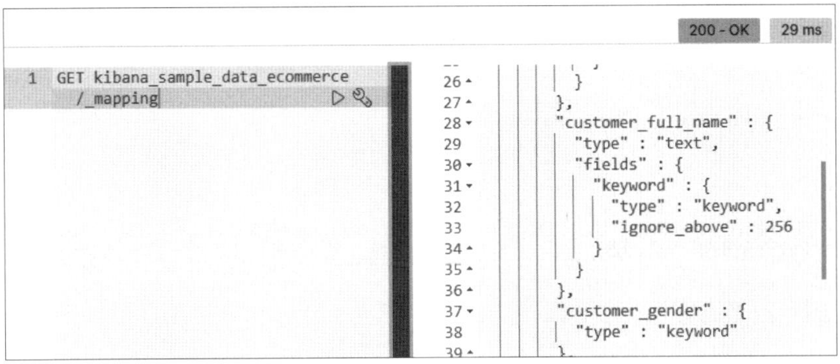

그림 4.8 customer_full_name 필드 매핑 확인

인덱스 매핑값을 확인해보면 customer_full_name 필드는 텍스트 타입, customer_full_name.keyword 필드는 키워드 타입이다. 키워드 타입인 customer_full_name.keyword 필드에 용어 쿼리를 요청해보자.

리스트 4.20 키워드 타입 필드에 대한 용어 쿼리

```
GET kibana_sample_data_ecommerce/_search
{
  "_source": ["customer_full_name"],
  "query": {
    "term": {
      "customer_full_name.keyword": "Mary Bailey"
    }
  }
}
```

결과를 확인해보면 우리가 원하는 결과를 얻을 수 있다.

리스트 4.21 리스트 4.20의 결과

```
{
  "hits" : {
    "total" : 3,
    "max_score" : 7.1974354,
    "hits" : [
      {
        "_id" : "5SYEb3YBxWArx3SqFYEB",
```

```
          "_source" : {
            "customer_full_name" : "Mary Bailey",
          }
        },
        {
          "_id" : "gCYEb3YBxWArx3SqFYIB",
          "_source" : {
            "customer_full_name" : "Mary Bailey",
          }
        },
        {
          "_id" : "PyYEb3YBxWArx3SqJZEc",
          "_source" : {
            "customer_full_name" : "Mary Bailey",
          }
        },
...
```

현업에서 가끔 용어 쿼리와 매치 쿼리를 구분하지 않고 사용하는 경우가 있는데 용도를 명확히 하는 것이 좋다. 용어 쿼리를 포함한 용어 수준 쿼리는 키워드 타입으로 매핑된 필드를 대상으로 주로 키워드 검색이나 범주형 데이터를 검색하는 용도로 사용하자. 매치 쿼리를 포함한 전문 쿼리는 텍스트 타입으로 매핑된 필드를 대상으로 전문 검색에 사용해야 한다.

4.4.5 용어들 쿼리

용어들 쿼리는 용어 수준 쿼리의 일종이며 여러 용어들을 검색해준다. 키워드 타입으로 매핑된 필드에서 사용해야 하며, 분석기를 거치지 않았기 때문에 대소문자도 신경 써야 한다. 이번에는 키워드 타입의 필드인 day_of_week를 이용해 용어들 쿼리를 진행해보자.

리스트 4.22 용어들 쿼리

```
GET kibana_sample_data_ecommerce/_search
{
  "_source": ["day_of_week"],
  "query": {
    "terms": {
      "day_of_week": ["Monday", "Sunday"]
    }
  }
}
```

day_of_week 필드는 요일을 표현하는 범주형 필드로, 키워드 타입으로 매핑되어 있는 필드다. 'Monday'부터 'Sunday'까지 7가지 범주형 값을 갖고 있다. 결과를 확인해보자.

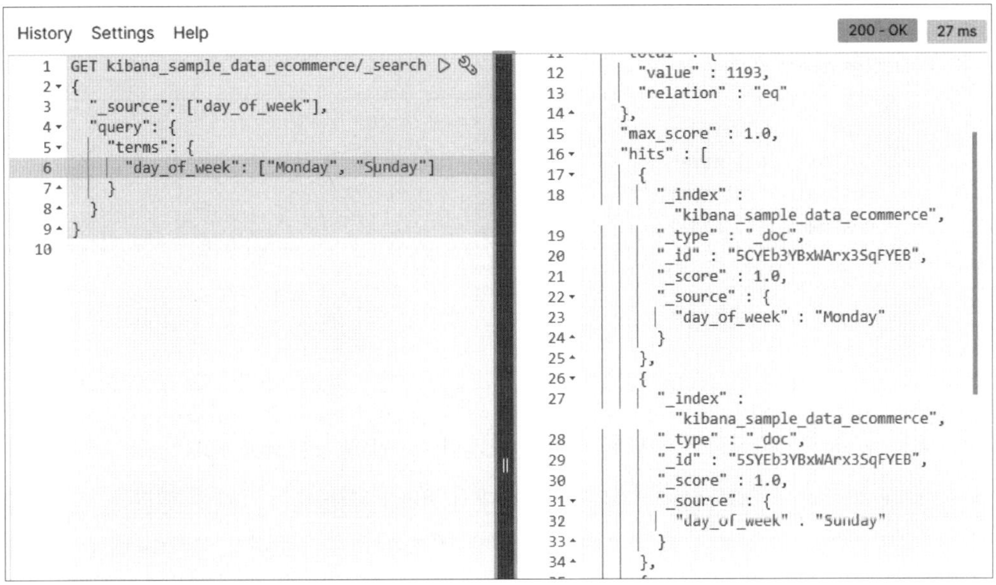

그림 4.9 리스트 4.22 실행 결과

총 1193개의 도큐먼트를 찾을 수 있고, day_of_week가 'Monday' 혹은 'Sunday'인 도큐먼트를 얻을 수 있다.

4.4.6 멀티 매치 쿼리

지금까지 쿼리를 이용해 검색할 때는 반드시 필드명을 적어야 했다. 왜냐하면 엘라스틱서치는 필드를 기준으로 찾으려는 용어나 구절을 검색하기 때문이다. 하지만 가끔 우리는 검색하고자 하는 용어나 구절이 정확히 어떤 필드에 있는지 모르는 경우가 있다. 특히 전문 검색 서비스의 경우라면 더욱 자주 직면하는 문제다. 구글 서치를 생각해보자. 우리가 '트럼프'를 검색할 때 '트럼프'가 어떤 필드(블로그의 제목, 뉴스의 기사 등)에 저장되어 있는지 정확히 알 수 있을까? 이럴 경우 하나의 필드가 아닌 여러 개의 필드에서 검색을 해야 한다. 여러 개의 필드에서 검색하기 위한 멀티 매치 쿼리는 전문 검색 쿼리의 일종으로, 텍스트 타입으로 매핑된 필드에서 사용하는 것이 좋다.

리스트 4.23 여러 필드에 쿼리 요청하기

```
GET kibana_sample_data_ecommerce/_search?explain=true
{
  "_source": ["customer_first_name", "customer_last_name", "customer_full_name"],
  "query": {
    "multi_match": {
      "query": "mary",
      "fields": [
        "customer_full_name",
        "customer_first_name",
        "customer_last_name"
      ]
    }
  }
}
```

멀티 매치 쿼리는 1개 이상의 필드에 쿼리를 요청할 수 있다. customer_full_name, customer_first_name, customer_last_name 3개의 필드에 대해 'mary'라는 용어로 매치 쿼리를 하고 3개의 필드에서 개별 스코어를 구한 다음에 그중 가장 큰 값을 대표 스코어로 구한다. 대표 스코어 선택 방식은 사용자가 결정할 수 있지만, 특별한 설정을 하지 않으면 기본으로 가장 큰 스코어를 대표 스코어로 사용한다. explain 파라미터를 참true으로 설정하면 개별 필드의 스코어가 어떻게 계산되었는지 알 수 있고 대표 스코어가 어떻게 선정되는지도 알 수 있다. 검색하려는 필드가 너무 많을 때는 필드명에 * 같은 와일드카드를 사용해 이름이 유사한 복수의 필드를 선택할 수도 있다.

리스트 4.24 와일드카드를 이용한 멀티 필드에 쿼리 요청하기

```
GET kibana_sample_data_ecommerce/_search
{
  "_source": ["customer_first_name", "customer_last_name", "customer_full_name"],
  "query": {
    "multi_match": {
      "query": "mary",
      "fields": "customer_*_name"
    }
  }
}
```

예제에서는 customer_로 시작하고 _name으로 끝나는 모든 필드에서 'mary'라는 용어로 매치 쿼리를 진행하는데, 결국 리스트 4.23과 같은 쿼리문이 되었다.

4.4.6.1 필드에 가중치 두기

여러 개의 필드 중 특정 필드에 가중치를 두는 방법을 부스팅boosting 기법이라고 하는데 멀티 매치 쿼리에서 자주 사용된다. 부스팅 기법이 필요한 예를 들어보자. '엘라스틱'을 블로그에서 검색한다고 했을 때 '엘라스틱'이라는 용어가 본문에 있는 것과 제목에 있는 것은 무게가 다르다. 일반적으로 제목에 '엘라스틱'이라는 용어가 있는 도큐먼트가 더 중요할 가능성이 높은데 이럴 경우 제목 필드에 가중치를 준다. 검색하려는 여러 개의 필드 중 중요한 필드를 알고 있다면 그 필드에 가중치를 줄 수 있다.

리스트 4.25 가중치를 이용한 검색

```
GET kibana_sample_data_ecommerce/_search
{
  "query": {
    "multi_match": {
      "query": "mary",
      "fields": [
        "customer_full_name^2",
        "customer_first_name",
        "customer_last_name"
      ]
    }
  }
}
```

리스트 4.25는 특정 필드에 가중치를 줘서 특정 필드의 스코어 값을 n배 해주는 효과를 준다. customer_full_name^2와 같이 가중치를 부여하고자 하는 특정 필드에 ^ 기호와 숫자를 적어주면 된다. 위의 경우 customer_first_name이나 customer_last_name에서 얻은 스코어보다 customer_full_name에서 얻은 스코어가 2배 더 높게 책정된다. 대표 스코어는 각각의 필드에서 얻은 스코어 중에서 가장 큰 스코어로 정한다고 했는데, 이럴 경우 최종 대표 스코어는 customer_full_name에서 얻은 결과를 채택할 확률이 높아진다.

4.4.7 범위 쿼리

이번에는 범위 쿼리를 실행하는 방법을 알아보자. 특정 날짜나 숫자의 범위를 지정해 범위 안에 포함된 데이터들을 검색할 때 사용된다. 날짜/숫자/IP 타입의 데이터는 범위 쿼리가 가능하지만 문자형, 키워드 타입의 데이터에는 범위 쿼리를 사용할 수 없다. kibana_sample_data_flights 인덱스의 timestamp 필드를 이용해 날짜/시간 범위 쿼리 요청을 해보자.

리스트 4.26 날짜/시간 범위 쿼리

```
GET kibana_sample_data_flights/_search
{
  "query": {
    "range": {
      "timestamp": {
        "gte": "2020-12-15",
        "lt": "2020-12-16"
      }
    }
  }
}
```

timestamp라는 필드에서 2020-12-15 00:00:00 ~ 2020-12-15 23:59:59인 데이터를 찾는다. 예제를 따라 하는 독자들은 샘플 데이터를 로드했던 시점 근처의 날짜로 시간을 변경해야 한다. 샘플 데이터는 로드한 날짜 기준으로 타임스탬프가 설정되기 때문이다. 그리고 쿼리에서 사용한 날짜/시간 포맷과 도큐먼트에 저장된 날짜/시간 포맷이 맞아야 검색이 가능하다. 날짜/시간 포맷이 다른 경우 그림 4.10과 같은 오류가 발생한다.

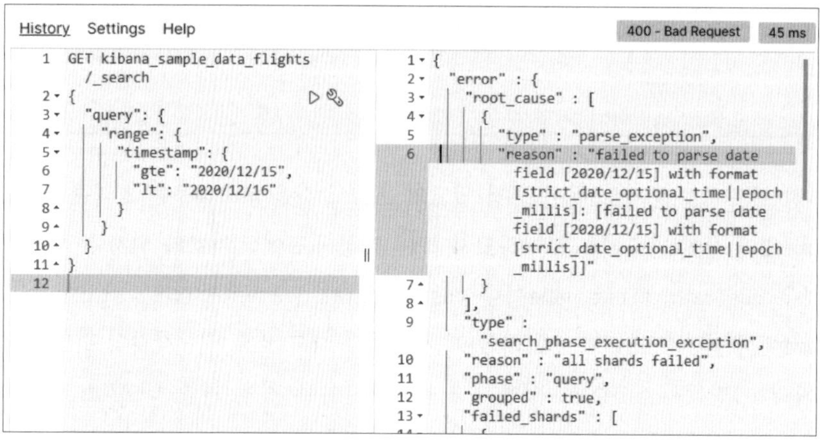

그림 4.10 **잘못된 날짜/시간 포맷을 사용하는 경우**

kibana_sample_data_flights 인덱스의 timestamp 필드는 yyyy-mm-dd 형식의 날짜/시간 포맷을 사용하는데 범위 쿼리에서 날짜/시간 포맷을 yyyy/mm/dd 같은 형식으로 작성하면 날짜 포맷이 맞지 않아서 parse_exception 오류가 발생한다. 그리고 리스트 4.26에서 파라미터로 gte, lt가 보이는데 이 파라미터는 범위를 지정하는 방식이다. 엘라스틱서치 범위 쿼리는 네 가지 파라미터를 지원한다.

표 4.1 검색 범위를 지정하는 파라미터

파라미터	설명
gte	(gte: 10) 10과 같거나 10보다 큰 값
	(gte: 2021-01-21) 2021년 1월 21일이거나 그 이후의 날짜
gt	(gt: 10) 10보다 큰 값
	(gt: 2021-01-21) 2021년 1월 21일 이후의 날짜(2021년 1월 21일은 포함되지 않음)
lte	(lte: 20) 20과 같거나 20보다 작은 값
	(lte: 2021-01-21) 2021년 1월 21일이거나 그 이전의 날짜
lt	(lt: 20) 20보다 작은 값
	(lt: 2021-01-21) 2021년 1월 21일 이전의 날짜(2021년 1월 21일은 포함되지 않음)

표 4.1의 파라미터를 이해하면 리스트 4.26의 요청사항을 이해할 수 있다. 리스트 4.26에서 timestamp 필드는 2020-12-15를 포함하고 2020-12-16을 포함하지 않는 그 사이의 날짜/시간을 범위로 지정하고 있다.

4.4.7.1 날짜/시간 데이터 타입

범위 쿼리에서 날짜/시간을 표현하는 몇 가지 방식을 더 알아보자. 특히 날짜/시간 검색은 현재 시간을 기준으로 하는 경우가 많다. 일주일 전 도큐먼트들이나 하루 전 도큐먼트들을 골라내서 쿼리를 진행하고 싶을 경우 더 편리하게 검색할 수 있는 표현식이 존재한다.

리스트 4.27 날짜/시간 범위 쿼리

```
GET kibana_sample_data_flights/_search
{
  "query": {
    "range": {
      "timestamp": {
        "gte": "now-1M"
      }
    }
  }
}
```

리스트 4.27은 timestamp 필드에서 현재 시각 기준으로 한 달 전까지의 모든 데이터를 가져오는데, 현재 시각을 기준으로 날짜/시간 범위를 직관적으로 이해할 수 있다. 또한 오늘 날짜/시간을 직접 입력하지 않기 때문에 시스템 운영 시 유연하게 대처할 수 있다. 날짜/시간 관련 표현식이 몇 가지 있는데, 현재 시각을 2021-01-21T15:20:33이라고 가정하고 표현식에 따라 시간이 어떻게 변경되는지 살펴보자.

표 4.2 **날짜/시간 관련 범위 표현식**

표현식	설명
now	현재 시각(2021-01-21T15:20:33)
now+1d	현재 시각 + 1일(2021-01-22T15:20:33)
now+1h+30m+10s	현재 시각 + 1시, 30분, 10초(2021-01-21T16:50:43)
2021-01-21||+1M	2021-01-21 + 1달(2021-02-21T00:00:00)

표 4.2는 날짜/시간 범위 관련 표현식들이다. 표현식에 사용했던 d, h, m 같은 알파벳은 날짜/시간 단위 표기법으로, 다음 표 4.3과 같다.

표 4.3 **날짜/시간 단위 표기법**

시간 단위	의미	시간 단위	의미	시간 단위	의미
y(year)	연	M(month)	월	w(weeks)	주
d(days)	일	H 또는 h(hours)	시	m(minutes)	분
s(seconds)	초				

M과 m이 헷갈리는데, 시간(시/분/초)과 관련된 설정은 모두 소문자라고 생각하면 크게 헷갈리지 않을 것이다.

4.4.7.2 범위 데이터 타입

엘라스틱서치 데이터 타입 중 범위 데이터 타입이 있다. 말 그대로 범위 데이터를 저장할 수 있는 타입이다. 3.6.3절 '매핑 타입'에서 잠깐 설명했는데 범위 데이터 타입은 `integer_range`, `float_range`, `long_range`, `double_range`, `date_range`, `ip_range` 총 여섯 가지 타입을 지원한다. 키바나에서 제공하는 샘플 인덱스에는 범위 데이터 타입이 없기 때문에 간단한 예제를 만들어서 확인해야 한다. 범위 데이터 타입을 갖는 인덱스를 만들어보자.

리스트 4.28 날짜/시간 범위 타입을 갖는 인덱스 생성

```
PUT range_test_index
{
  "mappings": {
    "properties": {
```

```
        "test_date": {
          "type": "date_range"
        }
      }
    }
  }
```

test_date 필드는 날짜/시간 타입(date)이 아니고 날짜/시간 범위 타입(date_range)인데 헷갈리지 않아야 한다. 이제 도큐먼트를 하나 인덱싱한다.

리스트 4.29 날짜/시간 범위를 갖는 도큐먼트 인덱싱

```
PUT range_test_index/_doc/1
{
  "test_date": {
    "gte": "2021-01-21",
    "lt": "2021-01-25"
  }
}
```

날짜/시간 범위 타입은 표 4.1과 같은 gte, lt 파라미터를 이용해 날짜/시간 범위를 지정해서 입력해야 한다. 날짜/시간 범위 타입에 날짜/시간 데이터를 입력하면 어떤 문제가 발생하는지 알아보자.

리스트 4.30 날짜/시간 범위 데이터 필드에 날짜/시간 데이터 인덱싱

```
PUT range_test_index/_doc/2
{
  "test_date": "2021-01-21"
}
```

리스트 4.30처럼 날짜/시간 범위 데이터 타입에 날짜/시간 데이터를 입력하면, 그림 4.11처럼 매핑된 필드와 다른 타입을 저장할 수 없다는 오류(mapper_parsing_exception)가 발생한다.

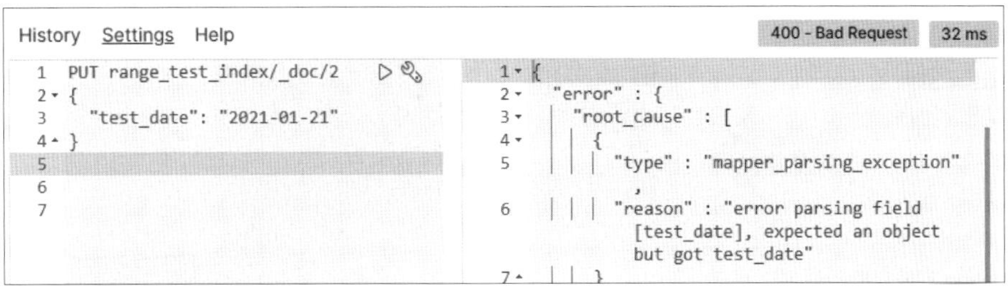

그림 4.11 타입이 잘못되었다는 응답 결과

다시 강조하지만 날짜/시간 범위 타입(date_range)과 날짜/시간 타입(date)은 다르다. 이제 gte, lte 파라미터를 이용해 제대로 된 범위 쿼리를 실행해보자. 범위 타입의 데이터는 항상 시작과 끝 범위를 지정한다는 것을 잊지 말자. 범위 쿼리는 relation이라는 파라미터를 이용해 어떤 범위를 포함할지 결정할 수 있다.

리스트 4.31 relation 파라미터를 이용한 범위 설정

```
GET range_test_index/_search
{
  "query": {
    "range": {
      "test_date": {
        "gte": "2021-01-21",
        "lte": "2021-01-28",
        "relation": "within"
      }
    }
  }
}
```

리스트 4.31은 test_date 필드에 2021-01-21 ~ 2021-01-28 범위에 속한 데이터가 있는지 검색하는 쿼리인데 relation 파라미터를 변경했다. relation에 들어갈 수 있는 값은 세 가지인데 값을 변경하면 다른 결과가 나타난다. relation에 들어갈 수 있는 값들을 알아보자.

표 4.4 relation에 들어갈 수 있는 값들

값	설명
intersects(기본값)	쿼리 범위 값이 도큐먼트의 범위 데이터를 일부라도 포함하기만 하면 된다.
contains	도큐먼트의 범위 데이터가 쿼리 범위 값을 모두 포함해야 한다.
within	도큐먼트의 범위 데이터가 쿼리 범위 값 내에 전부 속해야 한다.

표 4.4를 글로 설명하는 것보다 그림 4.12와 그림 4.13의 예시를 보면 이해가 더 빠르다. 가독성을 위해 날짜/시간 범위가 아닌 숫자 범위를 이용해 설명한다.

문서	숫자 범위
1	10 ~ 19
2	20 ~ 29
3	30 ~ 39
4	40 ~ 49

쿼리 범위 값	relation	찾은 문서
15 ~ 45	intersects	1, 2, 3, 4
15 ~ 45	within	2, 3
25 ~ 29	contains	2
25 ~ 35	contains	X

그림 4.12 relation 값에 따른 검색 결과 비교

화살표 왼쪽에 4개의 도큐먼트가 있고 각 도큐먼트는 각기 다른 숫자 범위를 갖고 있다. 화살표 오른쪽은 범위 쿼리와 relation 파라미터에 따른 결과다. relation 설정에 따라 결과가 달라지는 것을 알 수 있다. 그림 4.12를 이해하기 쉽게 그림 4.13으로 나타내보자.

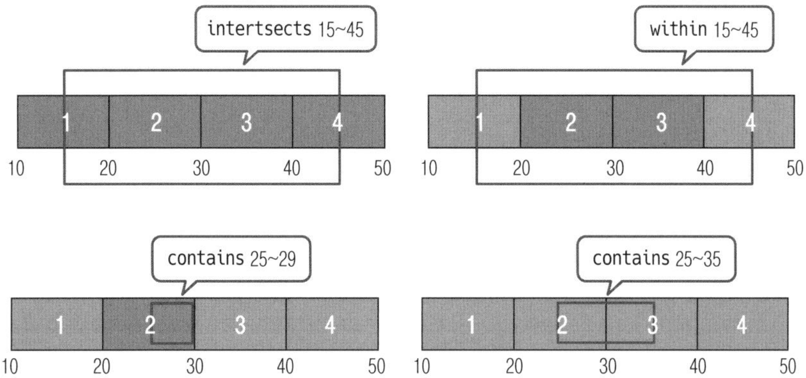

그림 4.13 **범위 검색에서 relation의 영향**

첫 번째 intersects는 검색하려는 범위(15~45) 내에 도큐먼트의 범위 데이터가 일부라도 포함된 결과를 의미하며 이 경우 모든 도큐먼트가 매칭된다. 두 번째 within은 검색하려는 범위(15~45) 내에 도큐먼트의 범위 데이터가 온전히 포함돼야 한다. 2, 3번 도큐먼트는 검색 범위에 모두 포함되어 매칭되었지만 1, 4번 도큐먼트는 반만 포함되어 within 조건을 만족하지 못하여 매칭되지 못했다. 세 번째 contains는 검색하려는 범위(25~29)가 도큐먼트의 범위 데이터에 모두 포함돼야 매칭된다. 2번 도큐먼트가 검색하려는 범위(25~29)를 모두 포함해서 매칭되었다. 네 번째 contains는 검색하려는 범위(25~35)를 완전히 포함하는 도큐먼트의 범위 데이터가 없다. 2, 3번 도큐먼트가 검색 범위에 겹치기는 하지만 완전히 포함하지는 않기 때문에 매칭이 되지는 않는다.

4.4.8 논리 쿼리

논리 쿼리는 복합 쿼리compound query로, 앞에서 배웠던 쿼리를 조합할 수 있다. 예를 들어보자. '2021년 1월 21일'에 생성된 로그 중에서 '상태가 불량'인 것들을 검색하거나, '서울 지역'에서 발생한 데이터이면서 '제주도 지역'에서 발생하지 않은 데이터를 검색해야 하는 경우 앞에서 배웠던 매치 쿼리나 용어 쿼리 단독으로는 검색할 수 없고 쿼리들을 조합해야 한다. 논리 쿼리는 쿼리를 조합할 수 있도록 4개의 타입을 지원한다.

리스트 4.32 논리 쿼리 작성 포맷과 지원하는 타입들

```
GET <index>/_search
{
  "query": {
    "bool": {
      "must": [
        { 쿼리문 }, ...
      ],
      "must_not": [
        { 쿼리문 }, ...
      ],
      "should": [
        { 쿼리문 }, ...
      ],
      "filter": [
        { 쿼리문 }, ...
      ]
    }
  }
}
```

4개 타입 아래에서 전문full text 쿼리나 용어 수준term level 쿼리, 범위range 쿼리, 지역geo 쿼리 등을 사용할 수 있다. 각 타입의 설명은 표 4.5와 같다.

표 4.5 논리 쿼리 타입

타입	설명
must	쿼리를 실행하여 참인 도큐먼트를 찾는다.
	복수의 쿼리를 실행하면 AND 연산을 한다.
must_not	쿼리를 실행하여 거짓인 도큐먼트를 찾는다.
	다른 타입과 같이 사용할 경우 도큐먼트에서 제외한다.
should	단독으로 사용 시 쿼리를 실행하여 참인 도큐먼트를 찾는다.
	복수의 쿼리를 실행하면 OR 연산을 한다.
	다른 타입과 같이 사용할 경우 스코어에만 활용된다.
filter	쿼리를 실행하여 '예/아니요' 형식의 필터 컨텍스트를 수행한다.

직접 쿼리를 작성해보면서 각 타입을 이해해보자.

4.4.8.1 must 타입

must 타입은 쿼리를 실행하고 참인 도큐먼트를 찾는다. 먼저 아래 쿼리를 살펴보자.

리스트 4.33 하나의 쿼리를 사용하는 must 타입

```
GET kibana_sample_data_ecommerce/_search
{
  "query": {
    "bool": {
      "must": {
        "match": { "customer_first_name": "mary" }
      }
    }
  }
}
```

customer_first_name 필드에서 'mary'가 들어간 도큐먼트를 검색한다. match 쿼리는 전문 검색을 위한 쿼리로, customer_first_name에 'mary'가 들어 있는 모든 도큐먼트를 찾는다. must 타입에 복수 개의 쿼리를 실행하면 AND 효과를 얻을 수 있다. 복수 개의 쿼리를 사용한다면 대괄호([])를 이용한다.

리스트 4.34 복수 개의 쿼리를 사용하는 must 타입

```
GET kibana_sample_data_ecommerce/_search
{
  "_source": ["day_of_week", "customer_full_name"],
  "query": {
    "bool": {
      "must": [
        { "term": { "day_of_week": "Sunday" } },
        { "match": { "customer_full_name": "mary" } }
      ]
    }
  }
}
```

must 밑에 용어(term) 쿼리와 매치(match) 쿼리를 사용했다. 쿼리를 실행하고 결과를 확인해보자.

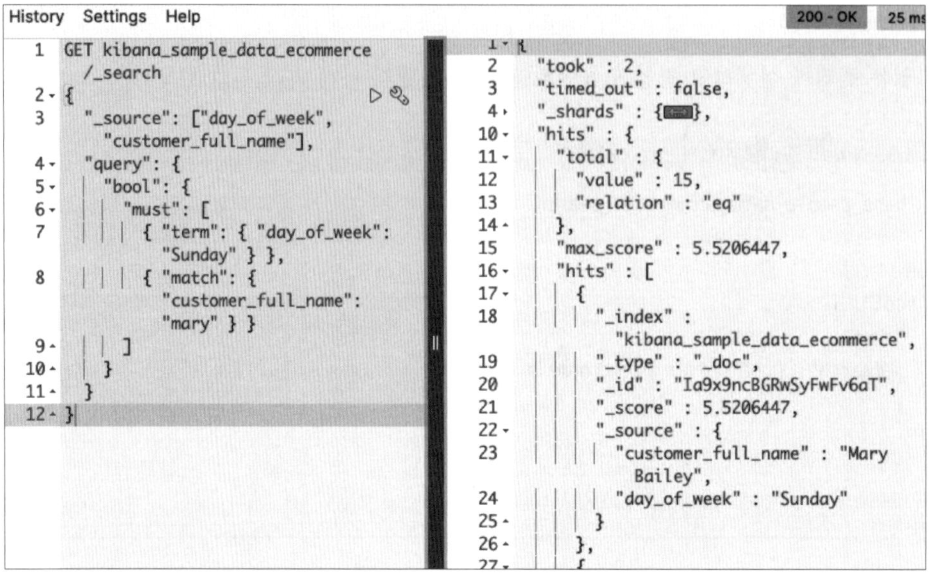

그림 4.14 **리스트 4.34 실행 결과**

AND 조건에 의해 day_of_week가 'Sunday'이면서 customer_full_name에 'mary'가 들어간 도큐먼트들만 검색된다. 손쉽게 용어 쿼리와 전문 쿼리를 AND 연산으로 조합할 수 있다.

4.4.8.2 must_not 타입

must_not 타입은 도큐먼트에서 제외할 쿼리를 실행한다. 직접 쿼리를 실행해서 확인해보자.

리스트 4.35 하나의 쿼리를 사용하는 must_not 타입

```
GET kibana_sample_data_ecommerce/_search
{
  "query": {
    "bool": {
      "must_not": {
        "match": { "customer_full_name": "mary" }
      }
    }
  }
}
```

must_not 타입 아래 쿼리는 거짓인 도큐먼트를 찾는다. 리스트 4.35에서는 customer_full_name에 'mary'가 들어가지 않은, 즉 'mary'라는 용어를 갖고 있지 않은 도큐먼트를 찾는다. 리스트

4.33에서 작성한 쿼리의 반대 개념이다. must_not 타입은 다른 타입과 함께 사용하면 더 효과적인데 다음 쿼리를 살펴보자.

리스트 4.36 다른 타입과 must_not 타입을 함께 사용하는 경우

```
GET kibana_sample_data_ecommerce/_search
{
  "_source": ["customer_full_name"],
  "query": {
    "bool": {
      "must": {
        "match": { "customer_first_name": "mary" }
      },
      "must_not": {
        "term": { "customer_last_name": "bailey" }
      }
    }
  }
}
```

must_not을 사용해 특정 조건의 쿼리를 제외할 수 있다. 먼저 customer_first_name에 'mary'가 들어간 도큐먼트를 모두 찾고 이 중에서 customer_last_name에 'bailey'가 들어간 도큐먼트만 제외한다. 결과를 확인해보자.

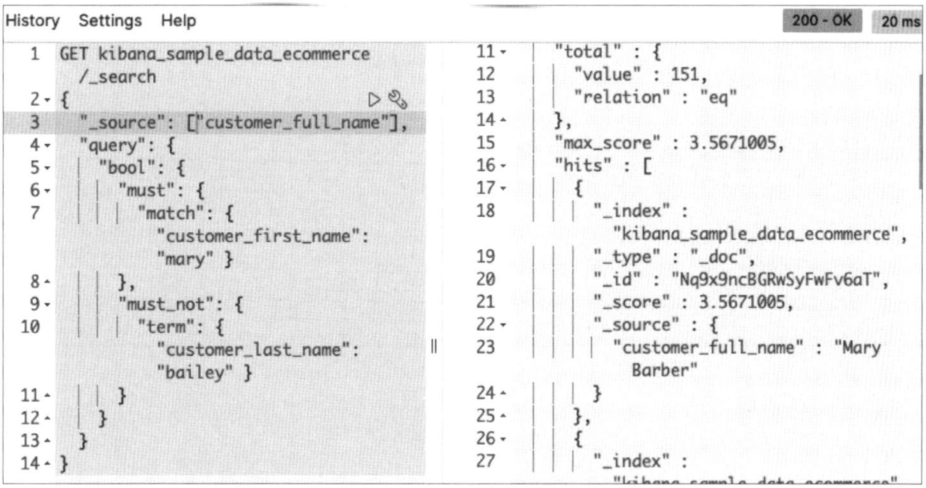

그림 4.15 **리스트 4.36 실행 결과**

customer_full_name이 'mary bailey'인 도큐먼트는 검색되지 않는다.

4.4.8.3 should 타입

should 타입에 하나의 쿼리를 사용한다면 must 타입과 같은 결과를 얻는다. 다음 쿼리를 살펴보자.

리스트 4.37 하나의 쿼리를 사용하는 should 타입

```
GET kibana_sample_data_ecommerce/_search
{
  "query": {
    "bool": {
      "should": {
        "match": { "customer_first_name": "mary" }
      }
    }
  }
}
```

리스트 4.37은 리스트 4.33처럼 must 타입에 하나의 쿼리를 사용하는 경우와 같으며 customer_first_name에 'mary'가 들어가 있는 모든 도큐먼트를 찾는다. should 타입에 복수 개의 쿼리를 사용하면 OR 효과를 얻을 수 있다. 다음 쿼리를 실행해보자.

리스트 4.38 복수 개의 쿼리를 사용하는 should 타입

```
GET kibana_sample_data_ecommerce/_search
{
  "_source": ["day_of_week", "customer_full_name"],
  "query": {
    "bool": {
      "should": [
        { "term": { "day_of_week": "Sunday" } },
        { "match": { "customer_full_name": "mary" } }
      ]
    }
  }
}
```

결과는 그림 4.16과 같다.

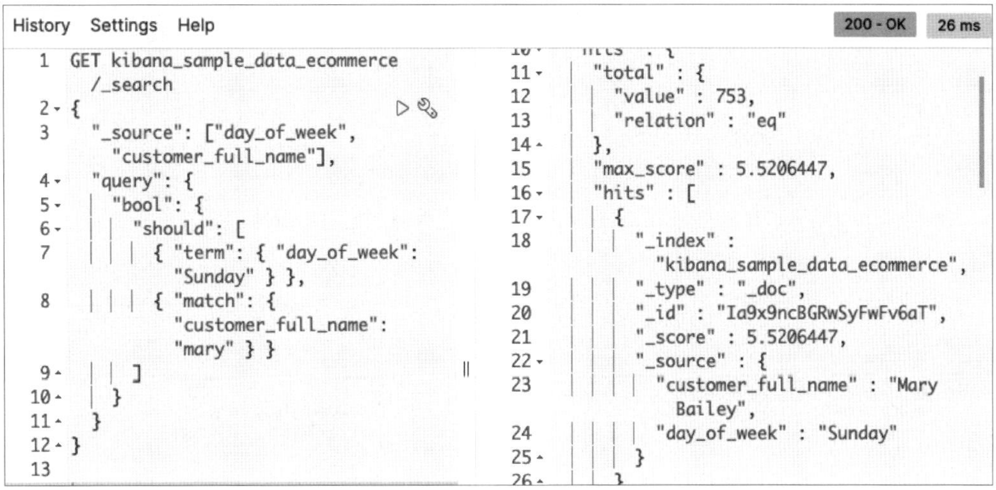

그림 4.16 **리스트 4.38 실행 결과**

day_of_week가 'Sunday'이거나 customer_full_name에 'mary'가 들어가 있는 도큐먼트를 찾는다. 그림 4.14와 비교해보자. must 타입에서 복수 개의 쿼리를 사용하면 AND 조건이 되는데, should 타입에서 복수 개의 쿼리를 사용하면 OR 조건이 되면서 더 많은 도큐먼트가 검색되는 것을 확인할 수 있다. 마지막으로, should 타입을 다른 타입과 함께 사용하는 경우를 알아보자. should 타입이 다른 타입과 함께 사용되는 경우 should 타입에 적은 쿼리는 검색 결과에 영향을 주지 않고 스코어에만 영향을 준다. 쿼리를 실행해 확인해보자. 먼저 should를 사용하지 않고 must를 이용해 쿼리를 실행하자

리스트 4.39 must 타입만 단독으로 사용하는 쿼리

```
GET kibana_sample_data_ecommerce/_search
{
  "_source": ["customer_full_name", "day_of_week"],
  "query": {
    "bool": {
      "must": {
        "match": { "customer_full_name": "mary" }
      }
    }
  }
}
```

customer_full_name에 'mary'가 들어간 모든 도큐먼트를 검색한다. 결과를 확인해보자.

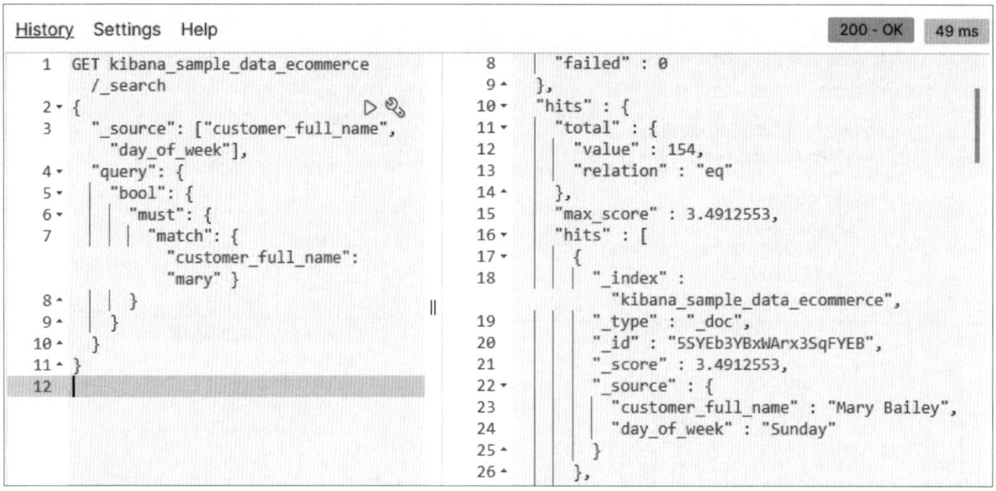

그림 4.17 **리스트 4.39 실행 결과**

그림 4.17에서 볼 수 있듯이 총 154개의 도큐먼트를 찾았다. 이제 must와 should 타입을 같이 사용해보자.

리스트 4.40 must와 should 타입을 같이 사용하는 쿼리

```
GET kibana_sample_data_ecommerce/_search
{
  "_source": ["customer_full_name", "day_of_week"],
  "query": {
    "bool": {
      "must": {
        "match": { "customer_full_name": "mary" }
      },
      "should": {
        "term": { "day_of_week": "Monday" }
      }
    }
  }
}
```

customer_full_name에 'mary'가 들어간 모든 도큐먼트를 검색하는데 day_of_week가 'Monday'인 도큐먼트들의 우선순위를 높인다. 결과를 확인해보자.

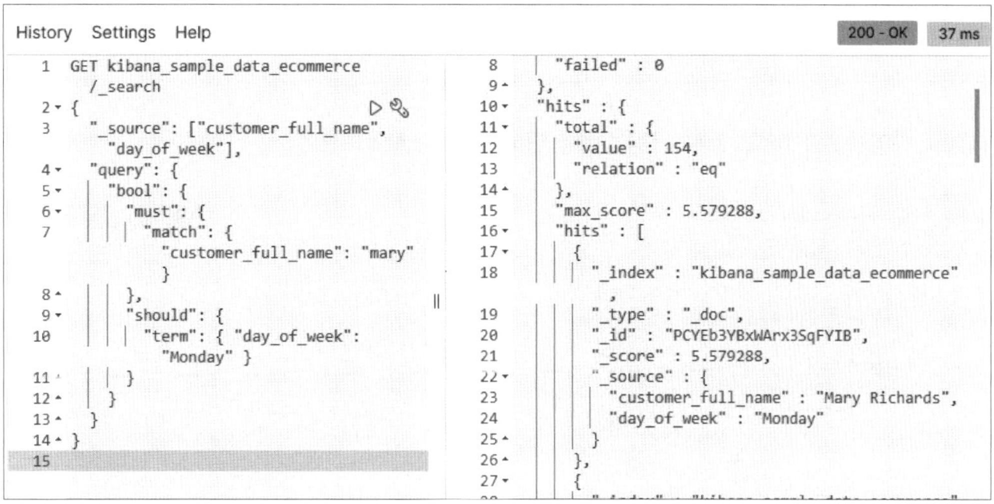

그림 4.18 **리스트 4.40 실행 결과**

역시 154개의 도큐먼트가 검색되었지만 가장 스코어가 높은 도큐먼트가 바뀌었다. 주문일이 월요일인 제품들이 상위 스코어에 포진하게 된다. should를 사용해 도큐먼트의 검색 순위를 최적화할 수 있다.

4.4.8.4 filter 타입

filter는 must와 같은 동작을 하지만 필터 컨텍스트로 동작하기 때문에 유사도 스코어에 영향을 미치지 않는다. 즉 예/아니요 두 가지 결과만 제공할 뿐 유사도를 고려하지 않는다. 예시를 보면 이해가 더 편하다.

리스트 4.41 하나의 쿼리를 사용하는 filter 타입

```
GET kibana_sample_data_ecommerce/_search
{
  "_source": ["products.base_price"],
  "query": {
    "bool": {
      "filter": {
        "range": {
          "products.base_price": {
            "gte": 30,
            "lte": 60
          }
        }
      }
    }
```

```
    }
  }
```

filter 타입을 사용하고 range 쿼리를 사용했다. 결과를 확인해보자.

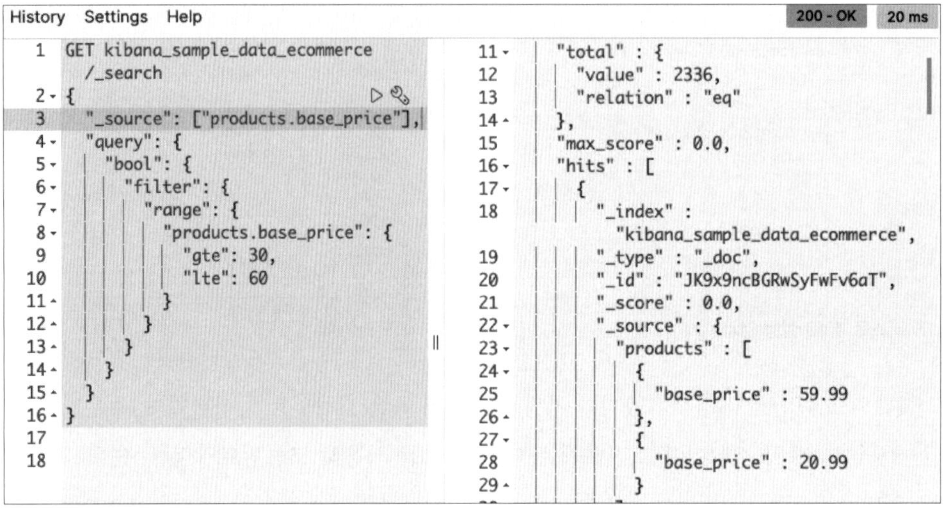

그림 4.19 **리스트 4.41 실행 결과**

스코어가 계산되지 않아서 0.0으로 표시되었고 products.base_price가 30 이상 60 이하인 모든 도큐먼트가 검색되었다. 이번에는 filter 타입을 다른 타입과 같이 사용해 불필요한 도큐먼트를 필터링해보자.

리스트 4.42 filter와 must 타입을 같이 사용하는 쿼리

```
GET kibana_sample_data_ecommerce/_search
{
  "_source": ["day_of_week", "customer_full_name"],
  "query": {
    "bool": {
      "filter": {
        "term": { "day_of_week": "Sunday" }
      },
      "must":{
        "match": { "customer_full_name": "mary" }
      }
    }
  }
}
```

이제 실행 결과를 확인해보자.

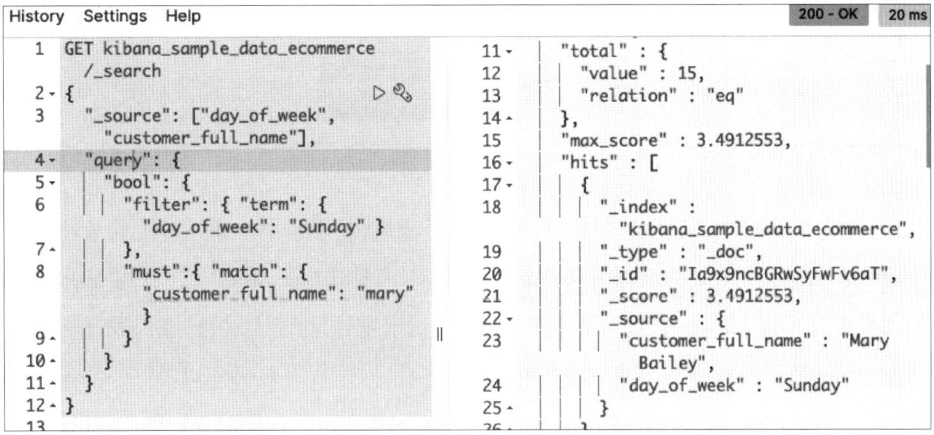

그림 4.20 리스트 4.42 실행 결과

day_of_week가 'Sunday'인 도큐먼트를 먼저 필터링하고 다음으로 customer_full_name이 'mary'인 도큐먼트를 검색한다. day_of_week는 필터 절에 포함되었는데 필터를 통해 불필요한 스코어 계산을 줄여 검색 성능을 높일 수 있다.

4.4.9 패턴 검색

검색하려는 검색어가 길거나 검색어를 정확히 알지 못하는 경우가 있다. 검색어의 대략적인 키워드나 몇 개의 알파벳만 알고 있다면 패턴을 이용해 검색을 할 수 있다. 패턴을 이용한 검색은 와일드카드를 사용하는 와일드카드 쿼리wildcard query와 정규 표현식을 사용하는 정규식 쿼리regexp query, 두 가지 방법이 존재한다. 다만 두 쿼리 모두 용어 수준 쿼리에 해당하므로 분석기에 의해 분리된 용어를 찾기 위한 쿼리라는 점을 유념하자. 예를 들어, SQL의 LIKE 검색처럼 원문에서 특정 문자열을 검색하는 용도로는 적합하지 않다. 패턴 검색은 많은 리소스를 사용하기 때문에 권장하지 않지만, 필요할 때 효율적으로 사용하면 도움을 받을 수 있다.

4.4.9.1 와일드카드 쿼리

와일드카드는 용어를 검색할 때 *와 ?라는 두 가지 기호를 사용할 수 있다. *는 공백까지 포함하여 글자 수에 상관없이 모든 문자를 매칭할 수 있고, ?는 오직 한 문자만 매칭할 수 있다. 검색하려는 용어의 맨 앞에 *와 ?를 사용하면 속도가 매우 느려지기 때문에 검색어 앞에는 사용하지 않아야 한다. 와일드카드를 이용해 'aabbbcd'를 검색하는 경우를 살펴보자. 먼저 * 기호를 알아보자.

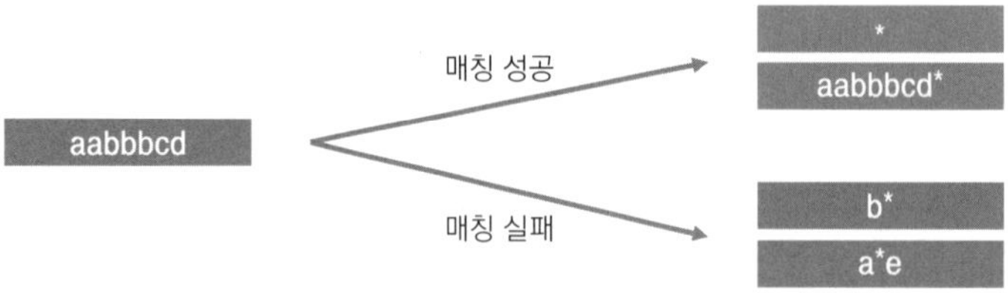

그림 4.21 '*' 매칭 성공과 실패 케이스

그림 4.21은 와일드카드 기호인 *를 이용해 'aabbbcd' 용어와 매칭되는 케이스와 매칭되지 않는 케이스를 보여준다. * 기호는 공백이나 여러 문자들과 매칭되며 문자 길이도 크게 상관이 없다. 성공 케이스와 실패 케이스를 살펴보자. 첫 번째 케이스에서 * 기호는 어떤 문자가 들어와도 매칭되므로 성공이다. 하지만 실제로 저런 식으로 사용하는 것은 리소스 낭비다. 두 번째 케이스는 * 기호가 공백까지 포함되기 때문에 성공이다. 세 번째 케이스는 b로 시작되는 문자이기 때문에 a로 시작하는 aabbbcd와는 매칭이 되지 않는다. 네 번째 케이스는 a로 시작하고 e로 끝나야 하므로 매칭 실패다. 다음은 ? 기호를 알아보자.

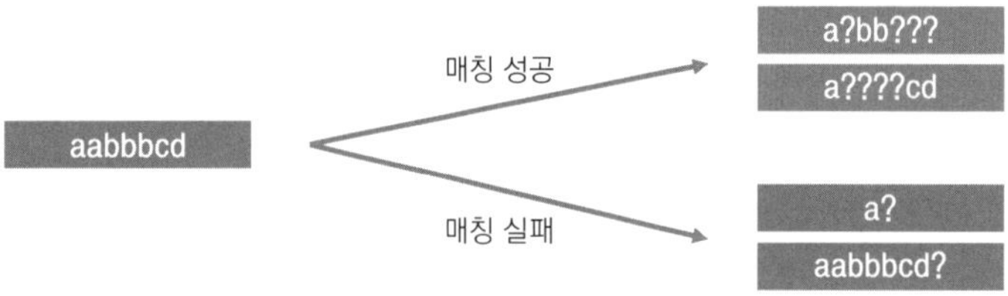

그림 4.22 '?' 매칭 성공과 실패 케이스

? 기호는 1개의 문자와 매칭된다. 반드시 ? 기호 하나당 문자 하나와 매칭되기 때문에 문자 길이가 중요하다. 첫 번째, 두 번째 케이스는 매칭 성공이다. 글자 수가 동일한 것을 알 수 있다. 세 번째 케이스는 문자 길이가 맞지 않다. a?는 aa, ab, ad와 같이 두 글자 문자만 매칭될 수 있다. 네 번째 케이스도 글자 수가 다르다. ? 기호는 반드시 하나의 문자와 매칭돼야 한다. aabbbcd?는 aabbbcd가 아니라 aabbbcda, aabbbcdb 같은 경우에 매칭이 된다. 키바나 콘솔에서 와일드카드 쿼리를 테스트해보자.

리스트 4.43 와일드카드 패턴 검색

```
GET kibana_sample_data_ecommerce/_search
{
  "_source": "customer_full_name",
  "query": {
    "wildcard": {
      "customer_full_name.keyword": "M?r*"
```

```
      }
    }
  }
```

customer_full_name 필드는 텍스트 타입과 키워드 타입을 갖는 멀티 필드로, 우리는 customer_full_name.keyword라는 키워드 타입의 필드에서 와일드카드 패턴을 적용할 것이다. 첫 번째 문자는 M, 두 번째 문자는 (반드시) 하나의 문자, 세 번째 문자는 r, 그리고 마지막은 글자 수에 상관없이 공백이나 어떤 문자가 와도 된다. 'Mary', 'Mar', 'Mora dory' 같은 용어가 모두 매칭된다.

4.4.9.2 정규식 쿼리

이번에는 정규식을 이용해 용어를 쿼리하는 방법을 배워보자. 프로그래밍을 해본 독자라면 정규식이 낯설지 않을 것이다. 정규식은 특정한 패턴을 가진 문자열을 표현하기 위한 형식 언어다. 주의해야 할 점은 와일드카드에서 사용한 *, ? 기호가 정규식에서는 쓰임이 다르다는 것이다. 여기서는 자주 사용하는 몇 가지 표현식만 간단히 소개하겠다. 정규식 쿼리를 이용해 'aabbbcd'를 검색하는 경우를 살펴보자. 먼저 '.' 기호를 알아보자.

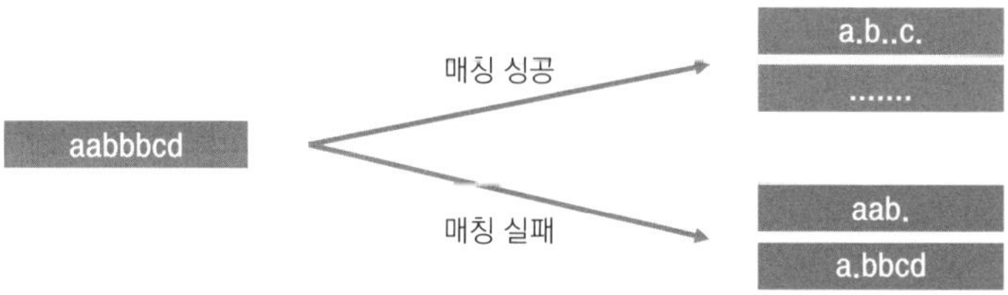

그림 4.23 '.' 정규식 매칭 성공과 실패 케이스

그림 4.23은 점(.) 기호 정규식의 매칭 성공과 실패 케이스다. 점(.)은 하나의 문자를 의미하고 어떤 문자가 와도 상관없이 매칭되었다고 판단한다. 첫 번째, 두 번째 케이스는 성공 케이스다. 문자 길이만 맞는다면 점에 어떤 문자가 와도 매칭이 된다. 세 번째, 네 번째는 문자 길이가 맞지 않아서 실패한 케이스다. 다음은 + 기호다.

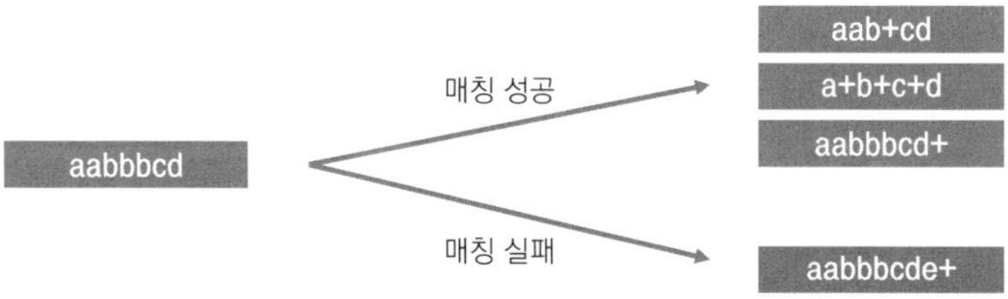

그림 4.24 '+' 정규식 매칭 성공과 실패 케이스

그림 4.24는 + 기호 정규식의 매칭 성공과 실패 케이스다. + 기호는 + 기호 앞 문자와 같은 문자가 한 번 이상 반복되면 매칭되었다고 판단한다. 성공한 케이스들은 + 기호 앞의 문자가 한 번 이상 나왔기 때문에 성공한 케이스다. 네 번째 실패 케이스에서는 e 문자가 한 번 이상 나오지 않았기 때문에 매칭이 되지 않았다. b+라고 하면 b 혹은 bbbbb 같은 경우가 매칭되는 것이지 bc, bcd 같은 문자가 매칭되는 것은 아님을 주의하자. 다음은 * 기호를 알아보자.

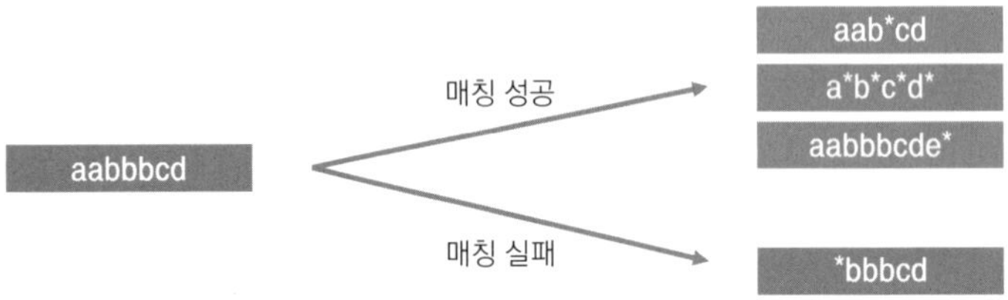

그림 4.25 '*' 정규식 매칭 성공과 실패 케이스

그림 4.25는 * 기호 정규식의 매칭 성공과 실패 케이스다. * 기호 앞 문자와 같은 문자가 0번, 혹은 여러 번 반복되면 매칭되었다고 판단한다. + 기호와 다른 점은 +의 경우 반드시 기호 앞 문자가 한 번은 나와야 하는데 * 기호는 기호 앞 문자가 나오지 않아도 상관없다는 것이다. 성공한 세 번째 케이스를 보면 e*의 경우 e 문자가 없어도 매칭이 된다. 나머지 성공 케이스들을 확인해보자. * 기호는 기호 앞의 문자가 한 번이라도 있으면 대부분 성공한다. 네 번째 실패 케이스를 확인해보면 정규 표현식에서 +/?/* 같은 기호는 맨 앞에 올 수 없다. 기호 앞 문자와 패턴을 비교해야 하는데 기호 앞에 문자가 없으면 안 되기 때문이다. 다음으로 ? 기호를 알아보자.

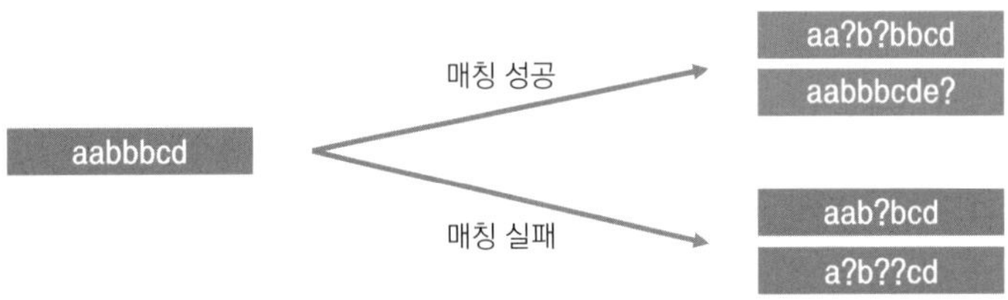

그림 4.26 '?' 정규식 매칭 성공과 실패 케이스

그림 4.26은 ? 기호 정규식의 매칭 성공과 실패 케이스다. ? 기호 앞 문자와 같은 문자가 0번, 혹은 한 번 나타나면 매칭되었다고 판단한다. 두 번째 성공 케이스의 경우 e?가 있지만 문자가 없어도 매칭이 되기 때문에 성공한 케이스다. 실패한 세 번째, 네 번째 케이스는 문자 길이가 맞지 않기 때문에 실패했다. b?의 경우 공백이나 b만 매칭되고 bb, bbbb 같은 경우는 매칭되지 않는다. 다음으로 () 기호를 알아보자.

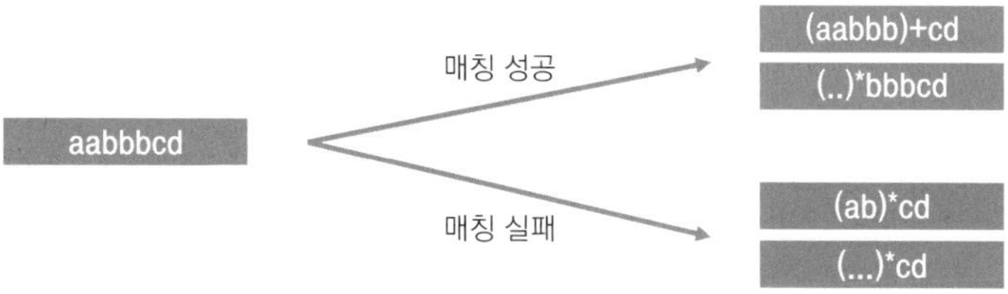

그림 4.27 ( ) 정규식 매칭 성공과 실패 케이스

그림 4.27은 ( ) 기호 정규식의 매칭 성공과 실패 케이스다. ( ) 기호는 문자를 그룹핑하여 반복되는 문자들을 매칭시킨다. 독자적으로 사용되기보다는 +, ?, * 같은 기호들과 혼합하여 사용된다. 첫 번째 케이스는 괄호 안의 aabbb를 하나로 그룹핑했다. 괄호 뒤에 +가 붙었기 때문에 aabbb가 한 번 이상 나오면 매칭이 된다. 두 번째 케이스는 괄호 안에 ..이 들어 있는데 두 글자의 어떤 문자가 와도 상관없다는 뜻이다. 괄호 뒤에 *가 붙어서 두 글자 문자가 0번 혹은 여러 번 나오면 매칭된다. 세 번째 케이스는 ab 반복 형태가 아니기에 매칭에 실패했다. 네 번째 케이스는 문자 길이가 맞지 않는다. cd 앞의 aabbb는 다섯 글자인데 3배수 글자가 와야 매칭이 되기 때문이다. 마지막으로 [ ] 기호를 알아보자.

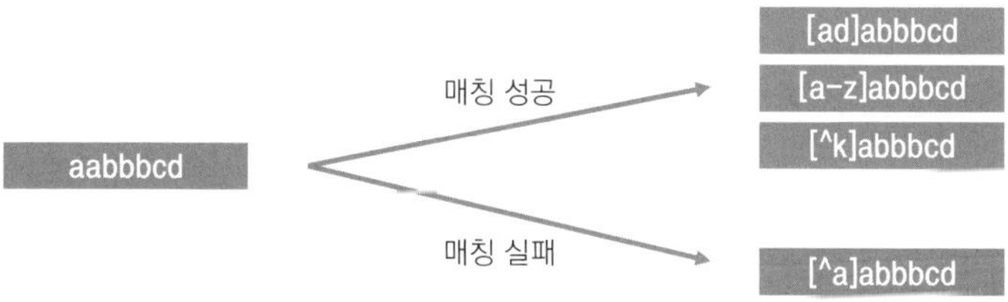

그림 4.28 [ ] 정규식 매칭 성공과 실패 케이스

그림 4.28은 [ ] 기호 정규식의 매칭 성공과 실패 케이스다. [ ] 기호는 문자를 클래스화하여 특정 범위의 문자들을 매칭한다. 첫 번째 [ad]는 a나 d가 오면 매칭이 된다. 두 번째 [a-z]는 a와 z 사이의 문자가 오면 매칭이 된다. [^k]는 k가 아닌 다른 문자가 오면 매칭이 된다. 네 번째 실패한 케이스는 첫 번째 문자가 a를 제외한 문자여야 하는데 aabbbcd의 첫 문자가 a여서 매칭에 실패했다. 이번에는 정규식 쿼리를 이용한 패턴 검색을 해보자.

리스트 4.44 정규식을 이용한 패턴 검색

```
GET kibana_sample_data_ecommerce/_search
{
  "query": {
    "regexp": {
      "customer_first_name.keyword": "Mar."
    }
```

```
    }
  }
```

리스트 4.44는 customer_first_name.keyword 필드에서 'Mar' 다음에 공백을 제외한 하나의 문자가 오면 매칭되는데, 'Mary'가 검색될 것이다.

4.5 정리

4장에서는 엘라스틱서치의 기본적인 검색 방법을 알아봤다. 먼저 쿼리/필터 컨텍스트에 대해 알아봤는데, 쿼리 컨텍스트는 검색어와 연관성이 높은 도큐먼트들을 매칭해주고 필터 컨텍스트는 검색어를 참/거짓 형태로 매칭해준다. 기본적으로 검색 효율을 높이기 위해서는 쿼리 컨텍스트와 필터 컨텍스트를 잘 조합해야 하지만, 쿼리 속도를 높이고 싶다면 필터 컨텍스트를 적극적으로 활용하자. 그리고 BM25라는 스코어 계산 알고리즘도 살펴봤는데, 내부 구조를 알면 유사도 스코어링 품질을 높이는 아이디어를 얻을 수 있다. 마지막으로, 실제 엘라스틱서치에서 제공하는 검색 쿼리 DSL[Domain Specific Language]을 사용해봤다. 전문 쿼리과 용어 수준 쿼리의 차이점을 설명했는데, 쿼리를 실행할 필드의 데이터 타입에 따라 어떤 쿼리를 사용해야 하는지 기억해야 한다. 강제성은 없지만 잘못 사용할 경우 비효율적이거나 원하는 결과가 나오지 않을 수 있으니 주의하자. 데이터 타입에 따라 어떤 쿼리를 사용할지 감을 잡았다면 3장에서 배운 매핑과 연계해 효과적인 인덱싱을 위한 데이터 구조 설계가 가능할 것이다. 이번 장에서는 DSL의 모든 쿼리를 포괄적으로 설명하는 대신 중요하고 자주 사용하는 쿼리를 중심으로 사례를 들어 설명하고 있으므로 학습의 집중도와 속도를 높여줄 것으로 기대한다.

05 엘라스틱서치: 집계

엘라스틱서치에서 집계aggregation는 데이터를 그룹핑하고 통곗값을 얻는 기능으로 SQL의 GROUP BY와 통계 함수를 포함하는 개념이다. 이를테면 데이터를 날짜별로 묶거나 특정 카테고리별로 묶어 그룹별 통계를 내는 식이다. 이런 집계 기능은 강력한 검색 성능과 맞물려 엘라스틱서치를 고성능 집계 엔진으로 활용할 수 있게 해주는데, 대표적인 활용 사례로 키바나를 들 수 있다. 키바나의 주 기능인 데이터 시각화와 대시보드는 대부분 집계 기능을 기반으로 동작하며, 집계를 제대로 이해할수록 키바나라는 툴을 더 잘 사용할 수 있다. 다음은 집계 기능을 이용한 키바나 시각화의 예다.

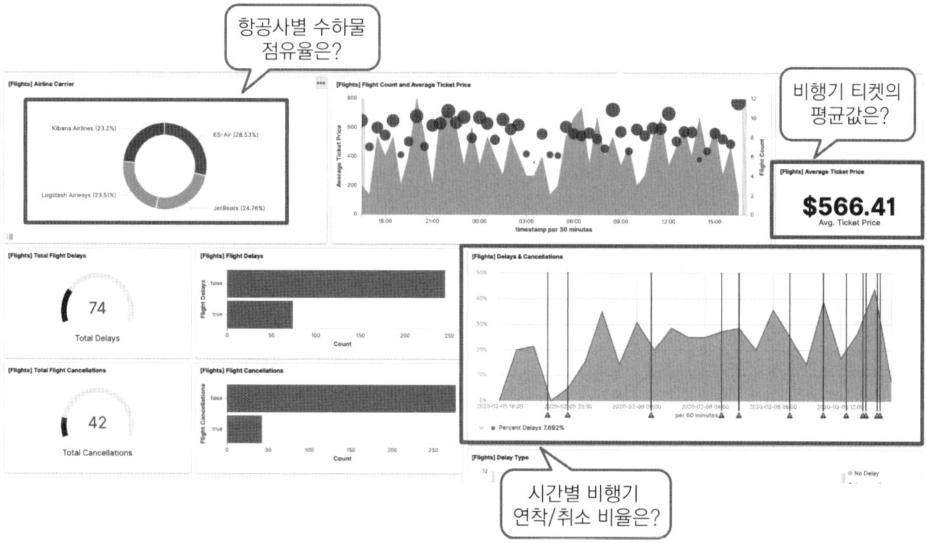

그림 5.1 **집계를 통해 얻을 수 있는 결과들**

그림 5.1은 키바나에서 제공하는 시각화 기능이다. 4장에서 배웠던 검색 쿼리들을 생각해보자. 쿼리 컨텍스트는 스코어를 이용해 검색하려는 단어를 연관성 높은 순서로 찾아준다. 예를 들어, "비행기 탑승객 중 이름에 mary가 들어간 사람이 있나요?"와 같은 검색을 한다. 필터 컨텍스트는 예/아니요 형태의 검색을 하는데, "비행기가 연착되었습니까?"와 같은 검색을 한다. 하지만 "비행기 티켓의 평균값은?", "항공사별 수하물 점유율은?", "시간별 비행기 연착/취소 비율은?"과 같은 쿼리는 쿼리 컨텍스트와 필터 컨텍스트만으로는 불가능하고 집계를 사용해야 한다. 5장에서는 메트릭 집계, 버킷 집계, 파이프라인 집계를 알아보고 각각의 효율적인 사용법에 대해 알아보자.

5.1 집계의 요청-응답 형태

집계를 위한 특별한 API가 제공되는 것은 아니며, search API의 요청 본문에 aggs 파라미터를 이용하면 쿼리 결과에 대한 집계를 생성할 수 있다. 엘라스틱서치에서 집계를 위해 요청하는 기본 형태를 알아보자.

리스트 5.1 집계를 위한 기본 형태

```
GET <인덱스>/_search
{
  "aggs": {
    "my_aggs": {
      "agg_type": {
        ...
      }
    }
  }
}
```

aggs는 집계 요청을 하겠다는 의미다. my_aggs는 사용자가 지정하는 집계 이름이다. 응답 결과에서 확인할 수 있다. agg_type은 집계 타입을 의미한다. 엘라스틱서치는 크게 메트릭 집계[metric aggregations]와 버킷 집계[bucket aggregations]라는 두 가지 타입의 집계가 있다. 메트릭 집계는 통계나 계산에 사용되며, 버킷 집계는 도큐먼트를 그룹핑하는 데 사용된다. 5.2절에서는 메트릭 집계, 5.3절에서는 버킷 집계에 대해 알아볼 것이다. 다음으로 엘라스틱서치의 집계 응답 형태를 알아보자.

리스트 5.2 집계 응답 기본 형태

```
{
  ...
```

```
  "hits" : {
    "total" : {
    ...
  },
  "aggregations" : {
    "my_aggs" : {
      "value" :
    }
  }
}
```

리스트 5.2는 집계 요청에 대한 응답 결과다. aggregations는 이 응답 메시지가 집계 요청에 대한 결과임을 알려준다. my_aggs는 리스트 5.1에서 집계 이름으로 사용자가 지정한 이름이다. value는 실제 집계 결과다. 요청한 집계의 계층, 타입, 구성에 따라 결과의 형태는 변할 수 있다. 복잡하지 않으므로, 긴 설명보다 앞으로 나오는 예시들을 따라 해보면서 집계 요청-응답 형태를 이해해보자.

5.2 메트릭 집계

메트릭 집계는 필드의 최소/최대/합계/평균/중간값 같은 통계 결과를 보여준다. SQL이나 다른 언어에서 통계 함수를 사용해봤다면 이해하기 쉬울 것이다. 필드의 타입에 따라서 사용 가능한 집계 타입에 제한이 있는데, 대표적으로 텍스트 타입 필드는 합계나 평균 같은 수치 연산을 계산할 수 없다. 지리 정보가 있는 필드(예: Geo_point)를 위한 집계도 존재한다.

표 5.1 **메트릭 집계 종류**

메트릭 집계	설명
avg	필드의 평균값을 계산한다.
min	필드의 최솟값을 계산한다.
max	필드의 최댓값을 계산한다.
sum	필드의 총합을 계산한다.
percentiles	필드의 백분윗값을 계산한다.
stats	필드의 min, max, sum, avg, count(도큐먼트 개수)를 한 번에 볼 수 있다.
cardinality	필드의 유니크한 값 개수를 보여준다.
geo-centroid	필드 내부의 위치 정보의 중심점을 계산한다.

메트릭으로 사용할 수 있는 전체 집계 명령은 온라인 문서[1]에 있으니 참고하자. 여기서는 가장 널리 사용되는 대표적인 집계 타입을 중심으로 설명하겠다.

5.2.1 평균값/중간값 구하기

메트릭 집계의 가장 기본은 통계 작업이다. 그중 최소/최대/합계/평균/중간값 등을 구하는 매트릭 집계는 기본이면서도 많이 사용된다. 평균값을 구할 수 있는 평균 집계avg aggregation, 중간값을 구할 수 있는 백분위 집계percentiles aggregation 등의 사용법을 알아보고 집계를 위한 기본적인 REST API도 배워보자. 먼저 특정 필드의 평균값을 구하는 집계 요청을 작성해보자.

리스트 5.3 평균값을 구하는 집계 요청

```
GET kibana_sample_data_ecommerce/_search
{
  "size": 0,
  "aggs": {
    "stats_aggs": {
      "avg": {
        "field" : "products.base_price"
      }
    }
  }
}
```

평균 집계(avg)를 이용해 products.base_price 필드의 평균값을 구하는 요청이다. 집계 이름은 각자 원하는 형태로 정할 수 있는데 여기서는 임의로 stats_aggs라는 이름을 사용했고, 집계 타입은 평균 집계를 의미하는 avg를 사용했다. 평균 집계를 사용하기 위해서는 필드 타입이 정수나 실수 타입이어야 한다. 마지막으로, 평균값을 구하고 싶은 필드명(products.base_price)을 적는다. "size": 0을 설정하면 집계에 사용한 도큐먼트를 결과에 포함하지 않음으로써 비용을 절약할 수 있다. 결과를 확인해보자.

그림 5.2는 리스트 5.3의 실행 결과다. 우리가 알고 싶은 집계 결과는 aggregations 아래의 value에서 확인할 수 있다. stats_aggs라는 집계 이름으로 products.base_price 필드의 평균값이 계산된 것을 확인할 수 있다. 이번에는 특정 퍼센트에 속하는 값을 구할 수 있는 백분위 집계를 해보자.

1 메트릭 집계: https://www.elastic.co/guide/en/elasticsearch/reference/7.10/search-aggregations-metrics.html

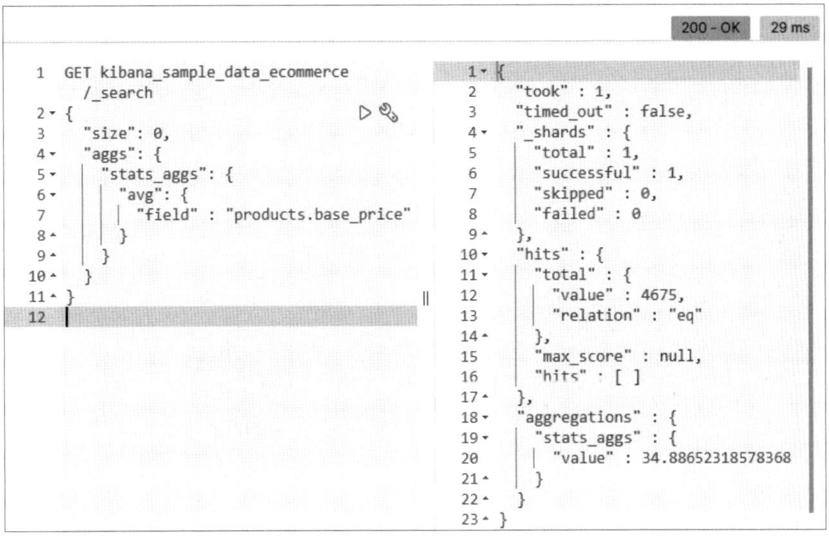

그림 5.2 **평균 집계 결과**

리스트 5.4 백분위를 구하는 집계 요청

```
GET kibana_sample_data_ecommerce/_search
{
  "size": 0,
  "aggs": {
    "stats_aggs": {
      "percentiles": {
        "field" : "products.base_price",
        "percents": [
          25,
          50
        ]
      }
    }
  }
}
```

리스트 5.4는 `products.base_price` 필드의 백분윗값을 구하는 요청이다. 리스트 5.3과의 차이점은 집계 타입을 평균 집계(`avg`)가 아닌 백분위 집계(`percentiles`)로 정의한 것이다. 백분위 집계는 필드의 특정 백분위에 속하는 데이터를 찾아준다. 중간값은 50, 최댓값은 100이라고 볼 수 있다. 우리는 25%, 50%에 속하는 데이터를 요청한다. 결과를 확인해보자.

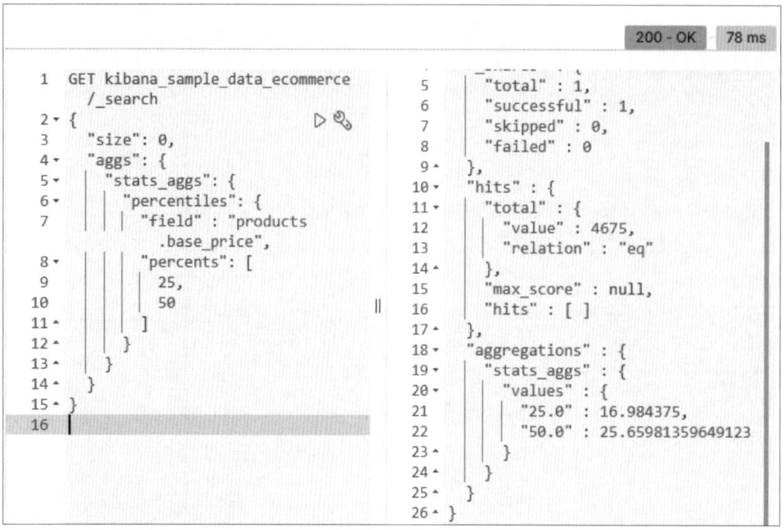

그림 5.3 **백분위 집계 결과**

집계 결과는 그림 5.3의 values에서 확인할 수 있다. 25%, 50%에 속하는 값을 보여준다.

5.2.2 필드의 유니크한 값 개수 확인하기

필드의 유니크한 값들의 개수를 확인하는 집계도 있다. 카디널리티 집계cardinality aggregation는 필드의 중복된 값들은 제외하고 유니크한 데이터의 개수만 보여준다. SQL에 익숙하다면 distinct count라고 이해해도 된다. 일반적으로 범주형 데이터에서 유니크한 데이터를 확인하는 용도로 많이 사용된다. 집계 요청을 해보자.

리스트 5.5 카디널리티 집계 요청

```
GET kibana_sample_data_ecommerce/_search
{
  "size": 0,
  "aggs": {
    "cardi_aggs": {
      "cardinality": {
        "field" : "day_of_week",
        "precision_threshold": 100
      }
    }
  }
}
```

리스트 5.5는 day_of_week 필드의 유니크한 데이터 개수를 요청한다. 카디널리티 집계에서 사용하는 precision_threshold 파라미터는 정확도 수치라고 이해하자. 값이 크면 정확도가 올라가는 대신 시스템 리소스를 많이 소모하고, 값이 작으면 정확도는 떨어지는 대신 시스템 리소스를 덜 소모한다. 결과를 확인해보자.

그림 5.4 **카디널리티 집계 결과**

그림 5.4의 aggregations 아래 value 값인 7은 요일의 개수를 의미한다. 카디널리티는 매우 적은 메모리로 집합의 원소 개수를 추정할 수 있는 HyperLogLog++ 알고리즘 기반으로 동작하며, precision_threshold 파라미터를 이용해 정확도와 리소스를 등가 교환한다. 리스트 5.5에서 precision_threshold 값을 실제 결과인 7보다 작은 5로 넣으면 결과가 어떻게 바뀌는지 알아보자.

참고 HyperLogLog++ 알고리즘

HyperLogLog++는 집합 내 중복되지 않는 항목의 개수를 세기 위한 알고리즘으로, 동일한 목적으로 이미 존재하던 HyperLogLog를 병렬 처리를 통해 개선한 버전이다. 특징으로는 완전히 정확한 값을 반환하지는 않으나 일반적으로 5% 이내의 오차를 보이며, 정밀도를 직접 지정해 오차율을 낮출 수 있다는 점을 들 수 있다. 또한 카디널리티가 낮은, 즉 중복을 제거한 항목 수가 적은 집합일수록 100%에 가까운 정확성을 보인다. 특히 집계 대상의 크기가 얼마나 크든 간에 지정한 정밀도 이상의 메모리를 사용하지 않기 때문에 엘라스틱서치와 같이 대용량 데이터베이스에서 유용한 알고리즘이다.

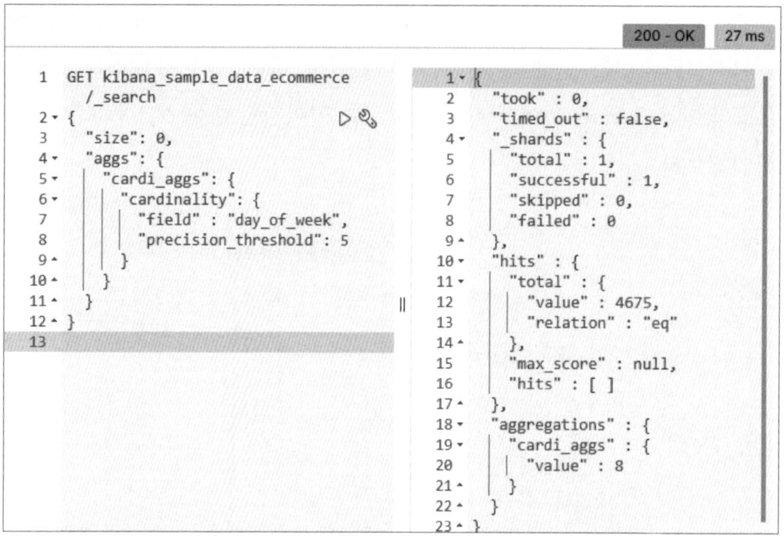

그림 5.5 카디널리티 정확도(precision_threshold)가 낮은 경우 잘못된 결과 발생

그림 5.5에서 볼 수 있듯이, precision_threshold를 5로 변경하니 value가 잘못된 결과(8)를 알려준다. 일반적으로 precision_threshold 값은 카디널리티의 실제 결과(7)보다 크게 잡아야 한다. 하지만 실제 결과를 모르기 때문에 precision_threshold 값을 변경해보면서 값이 변경되지 않는 임계점을 찾는 것도 방법이다. 기본값은 3000이며, 최대 40000까지 값을 설정할 수 있다.

이번에는 유니크한 필드값을 알아보자. 5.3절 '버킷 집계'에서 다루겠지만, 버킷 집계의 일종인 용어 집계(terms)를 사용하면 유니크한 필드 개수와 함께 필드값들을 확인할 수 있다. 간단히 한 번 실행해보자.

리스트 5.6 용어 집계 요청

```
GET kibana_sample_data_ecommerce/_search
{
  "size": 0,
  "aggs": {
    "cardi_aggs": {
      "terms": {
        "field" : "day_of_week"
      }
    }
  }
}
```

리스트 5.6은 버킷 집계 중 용어 집계로, day_of_week 필드의 유니크한 값들을 보여준다. 물론 이 과정에서 유니크한 필드 개수도 확인할 수 있다. 결과를 확인해보자(그림 5.6 참고).

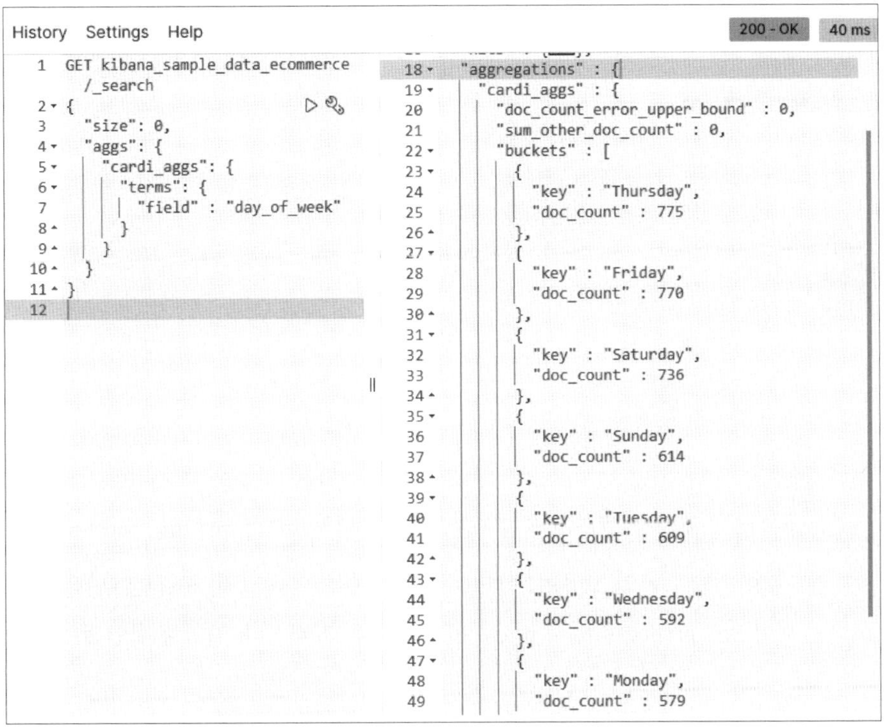

그림 5.6 용어 집계 결과

필드 내부의 유니크한 값을 표현해주면서 유니크한 각 값의 도큐먼트 개수도 보여준다. 예상했던 것처럼 day_of_week 필드의 유니크한 값은 요일명이다. doc_count는 각각의 유니크한 필드를 가진 도큐먼트의 개수다. 용어 집계를 이용하면 필드의 유니크한 데이터 개수와 데이터 종류를 확인할 수 있다.

5.2.3 검색 결과 내에서의 집계

이번에는 검색 쿼리와 함께 집계를 사용하는 법을 알아보자. 가령 day_of_week가 "Monday"인 도큐먼트만으로 메트릭 집계를 수행한다고 생각해보자. 집계 작업을 하기 전에 특정 도큐먼트만 선별하고 그 결과를 토대로 집계 작업을 수행해야 할 것이다. 4장에서 배웠던 쿼리를 이용해 필요한 도큐먼트만 검색한 후 이를 바탕으로 집계를 한다. REST API를 요청해보자.

리스트 5.7 쿼리를 이용해 집계 범위 지정

```
GET kibana_sample_data_ecommerce/_search
{
  "size": 0,
  "query": {
    "term": {
      "day_of_week": "Monday"
    }
  },
  "aggs": {
    "query_aggs": {
      "sum": {
        "field": "products.base_price"
      }
    }
  }
}
```

집계를 하기 전에 쿼리를 통해 도큐먼트 범위를 제한했다. 용어 수준 쿼리인 용어 쿼리를 이용해 day_of_week 필드값이 "Monday"인 도큐먼트만을 일차적으로 골라내고 이 도큐먼트만을 가지고 query_aggs라는 이름으로 products.base_price 필드의 합을 집계한다. 결과를 확인해보자.

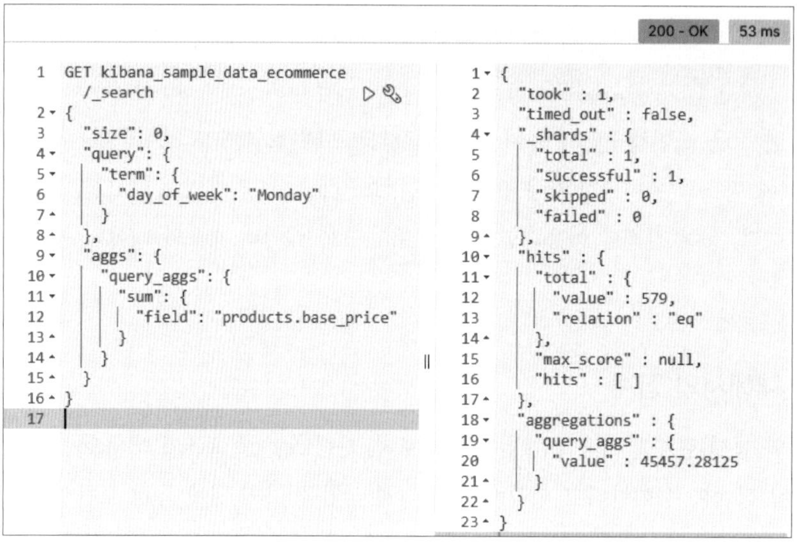

그림 5.7 **리스트 5.7 실행 결과**

그림 5.7에서 볼 수 있듯이, 월요일인 도큐먼트를 대상으로 집계 범위를 좁히는 경우 일치하는 579개의 도큐먼트에서만 집계를 한다. 하지만 범위를 제한하는 쿼리가 없으면 인덱스 내의 모든 도큐먼트인 4675개에서 집계를 하게 되며, 원하는 결과도 얻지 못한다.

5.3 버킷 집계

메트릭 집계가 특정 필드를 기준으로 통곗값을 계산하려는 목적이라면, 버킷 집계는 특정 기준에 맞춰서 도큐먼트를 그룹핑하는 역할을 한다. 여기서 버킷은 도큐먼트가 분할되는 단위로 나뉜 각 그룹을 의미한다. 그림 5.8처럼 모든 도큐먼트가 특정 단위로 그룹핑되는 것을 알 수 있다.

그림 5.8 버킷 집계

그림 5.8은 데이터를 요일별로 나누었다. 이렇듯 특정 목적으로 도큐먼트를 그룹핑하고 싶을 때 버킷 집계를 이용한다. 버킷으로 도큐먼트를 구분한 후에 메트릭 집계와 연계해 분석을 할 수 있는데 이는 5장 뒷부분에서 더 자세히 다루겠다. 표 5.2는 자주 사용하는 버킷 집계 종류다.

표 5.2 버킷 집계 종류

버킷 집계	설명
histogram	숫자 타입 필드를 일정 간격으로 분류한다.
date_histogram	날짜/시간 타입 필드를 일정 날짜/시간 간격으로 분류한다.
range	숫자 타입 필드를 사용자가 지정하는 범위 간격으로 분류한다.
date_range	날짜/시간 타입 필드를 사용자가 지정하는 날짜/시간 간격으로 분류한다.
terms	필드에 많이 나타나는 용어(값)들을 기준으로 분류한다.
significant_terms	terms 버킷과 유사하나, 모든 값을 대상으로 하지 않고 인덱스 내 전체 문서 대비 현재 검색 조건에서 통계적으로 유의미한 값들을 기준으로 분류한다.
filters	각 그룹에 포함시킬 문서의 조건을 직접 지정한다. 이때 조건은 일반적으로 검색에 사용되는 쿼리와 동일하다.

전체 버킷 집계의 종류는 온라인 문서[2]를 참고하고, 여기서는 자주 사용하는 버킷 집계 위주로 살펴보자.

5.3.1 히스토그램 집계

히스토그램 집계histogram aggregation는 숫자 타입 필드를 일정 간격interval 기준으로 구분해주는 집계다. 예제를 살펴보자.

리스트 5.8 히스토그램 집계 요청

```
GET kibana_sample_data_ecommerce/_search
{
  "size": 0,
  "aggs": {
    "histogram_aggs": {
      "histogram": {
        "field": "products.base_price",
        "interval": 100
      }
    }
  }
}
```

리스트 5.8은 히스토그램 집계 요청이다. `histogram_aggs`라고 집계 이름을 지정했고, 집계 타입은 히스토그램(`histogram`) 집계이며 파라미터로 집계를 진행할 대상 필드명(`field`)과 간격(`interval`)을 설정하는데 `products.base_price` 필드값을 100 간격으로 구분했다. 결과를 확인해보자.

리스트 5.9 히스토그램 집계 결과

```
"aggregations" : {
    "histogram_aggs" : {
      "buckets" : [
        { "key" : 0.0, "doc_count" : 4672 },
        { "key" : 100.0, "doc_count" : 263 },
        { "key" : 200.0, "doc_count" : 12 },
        { "key" : 300.0, "doc_count" : 1 },
        { "key" : 400.0, "doc_count" : 1 },
        { "key" : 500.0, "doc_count" : 0 },
        { "key" : 600.0, "doc_count" : 0 },
        { "key" : 700.0, "doc_count" : 0 },
        { "key" : 800.0, "doc_count" : 0 },
```

2 버킷 집계: https://www.elastic.co/guide/en/elasticsearch/reference/7.10/search-aggregations-bucket.html

```
        { "key" : 900.0, "doc_count" : 0 },
        { "key" : 1000.0, "doc_count" : 1 },
      ]
    }
  }
```

리스트 5.9는 리스트 5.8의 실행 결과로, 앞서 지정했던 histogram_aggs라는 이름으로 집계 결과를 보여준다. products.base_price 필드의 값을 100단위로 구분했는데, key가 0은 필드값이 0~99 사이의 값임을 의미한다. doc_count는 버킷에 속한 도큐먼트의 개수인데, base_price의 값이 0~99인 버킷에 도큐먼트가 가장 많고 1000~1099인 버킷에 도큐먼트가 하나 있음을 알 수 있다. 히스토그램 집계와 비슷한 날짜 히스토그램 집계[date histogram aggregation]도 있다. 날짜/시간 필드를 사용한다는 점과 간격이 숫자가 아닌 날짜/시간이라는 점이 다르다.

5.3.2 범위 집계

히스토그램 집계는 설정이 간단하지만 각 버킷의 범위를 동일하게 지정할 수밖에 없다는 단점이 있다. 리스트 5.9처럼 특정 구간에 데이터가 몰려 있거나 데이터 편차가 큰 경우 모든 데이터를 표현하는 데 비효율적인 경우가 있다. 범위 집계[range aggregation]를 이용하면 각 버킷의 범위를 사용자가 직접 설정할 수 있다. 버킷을 더 효율적으로 구분해보자.

리스트 5.10 범위 집계 요청

```
GET kibana_sample_data_ecommerce/_search
{
  "size": 0,
  "aggs": {
    "range_aggs": {
      "range": {
        "field": "products.base_price",
        "ranges": [
          { "from": 0, "to": 50 },
          { "from": 50, "to": 100 },
          { "from": 100, "to": 200 },
          { "from": 200, "to": 1000 }
        ]
      }
    }
  }
}
```

리스트 5.10은 범위 집계 요청이다. 히스토그램 버킷과 사용법이 비슷하지만 범위를 직접 지정할 수 있다. 앞서 products.base_price는 0~200 사이에 거의 모든 데이터가 있었다. 데이터가 없거나 한두 개 있는 200~1000 구간은 크게 하나로 병합하고, 대신 데이터가 많았던 0~200 구간을 세분화했다. 결과를 확인해보자.

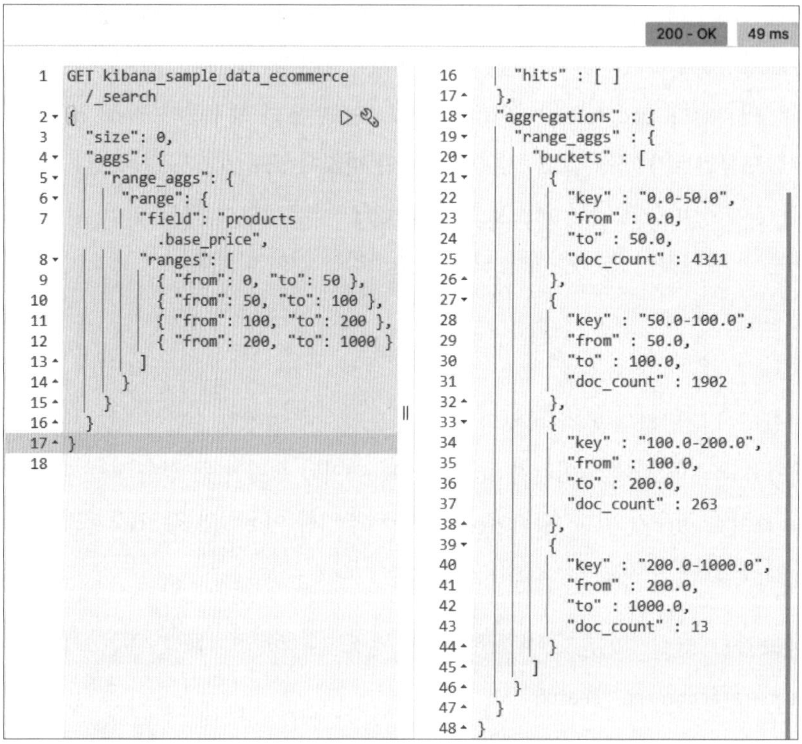

그림 5.9 **범위 집계 결과**

버킷을 4개로 나누었는데 리스트 5.9와 비교하면 더 정교하게 세분화해 도큐먼트를 분류했다. 참고로, 리스트 5.9와 그림 5.9의 도큐먼트 총합이 다른 이유는 products가 배열이기 때문이다. 그림 5.10을 살펴보자.

예를 들어, 도큐먼트 A에서 products.base_price가 배열 형태로 [20,70] 값을 갖고 있다고 해보자. 리스트 5.9에서는 범위가 0~100이기 때문에 1이 카운트되고 그림 5.9에서는 범위가 0~50, 50~100으로 세분화되기 때문에 도큐먼트 A가 개별로 계산되어 총합은 2로 카운트된다.

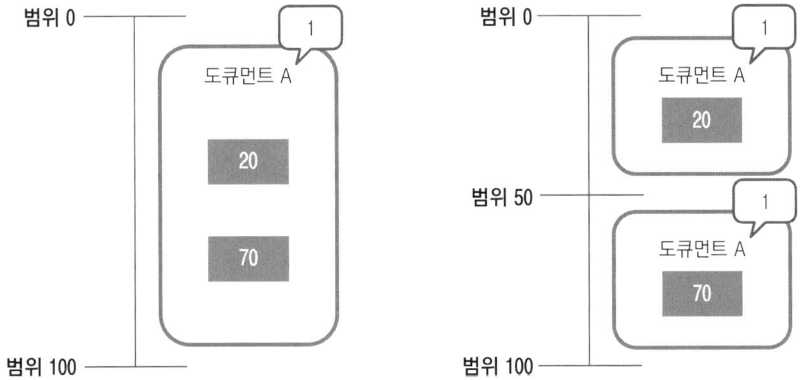

그림 5.10 **범위에 따라 도큐먼트 총합이 다른 이유**

5.3.3 용어 집계

용어 집계terms aggregation는 필드의 유니크한 값을 기준으로 버킷을 나눌 때 사용된다. 5.2절 '메트릭 집계'를 설명하면서 이미 한 번 사용했다. 다시 한번 자세히 알아보자.

리스트 5.11 용어 집계 요청

```
GET kibana_sample_data_ecommerce/_search
{
  "size": 0,
  "aggs": {
    "term_aggs": {
      "terms": {
        "field": "day_of_week",
        "size": 6
      }
    }
  }
}
```

리스트 5.11은 용어 집계 요청으로, `day_of_week` 필드의 값을 기준으로 도큐먼트 수가 많은 상위 6개의 버킷을 요청하고 있다. `size` 파라미터는 만들어지는 버킷 수를 지정하는데, `size`를 작성하지 않으면 기본값으로 10이 적용된다. `size`로 지정한 숫자가 생성되는 버킷보다 작은 경우 `size`로 지정한 버킷만 보이고 나머지 버킷들은 보이지 않는다. 결과를 확인해보자.

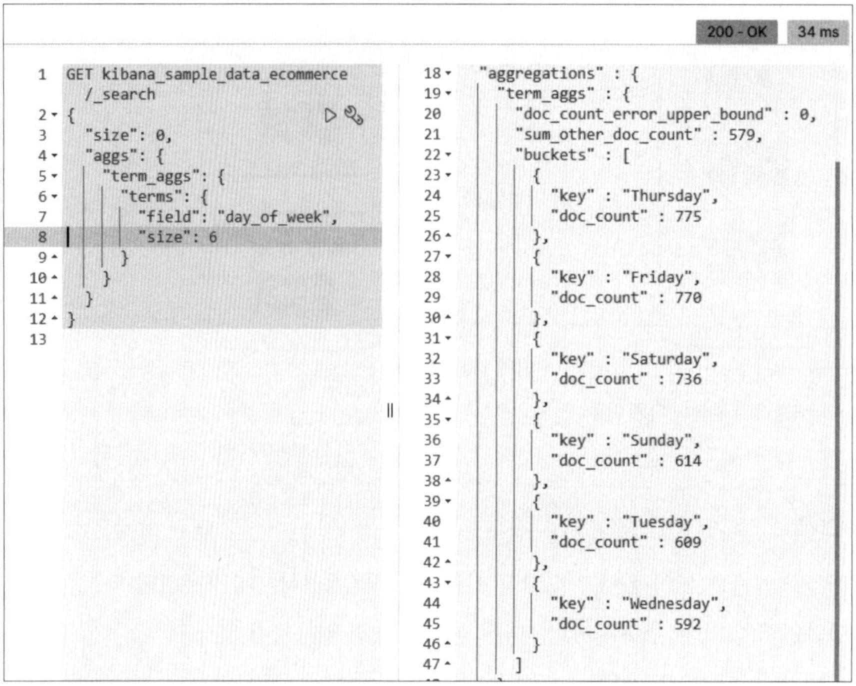

그림 5.11 **용어 집계 결과**

그림 5.11의 결과를 확인해보면 7개의 버킷이 아니라 도큐먼트 개수가 많은 상위 6개의 버킷만 확인할 수 있다. size를 6으로 지정했기 때문인데, size를 지정하지 않았으면 7개의 요일이 보일 것이다. 그리고 다른 집계 결과에는 없고 용어 집계에서만 확인할 수 있는 2개의 특별한 결괏값이 있다. doc_count_error_upper_bound는 버킷이 잠재적으로 카운트하지 못할 도큐먼트의 수이고, sum_other_doc_count는 버킷에는 있지만 size 때문에 보이지 않는 도큐먼트의 수다. 579의 도큐먼트가 size 설정 때문에 보이지 않는다는 것을 알 수 있다. 아마도 579는 결과에서 빠진 Monday 버킷의 도큐먼트 개수일 것이다.

5.3.3.1 용어 집계가 정확하지 않은 이유

용어 집계가 부정확도를 표시하는 이유는 분산 시스템의 집계 과정에서 발생하는 잠재적인 오류 가능성 때문이다. 분산 시스템에서는 데이터를 여러 노드에서 분산하고 취합하는 과정에서 오류가 발생할 수 있다. 엘라스틱서치는 샤드에 도큐먼트를 저장하고 이를 분산하는데, size 설정값과 샤드 개수 등에 의해 집계에 오류가 발생할 수 있다. 샤드는 13.5절에서 다시 다루기로 하고, 리스트 5.11의 상황을 그림 5.12를 통해 살펴보자.

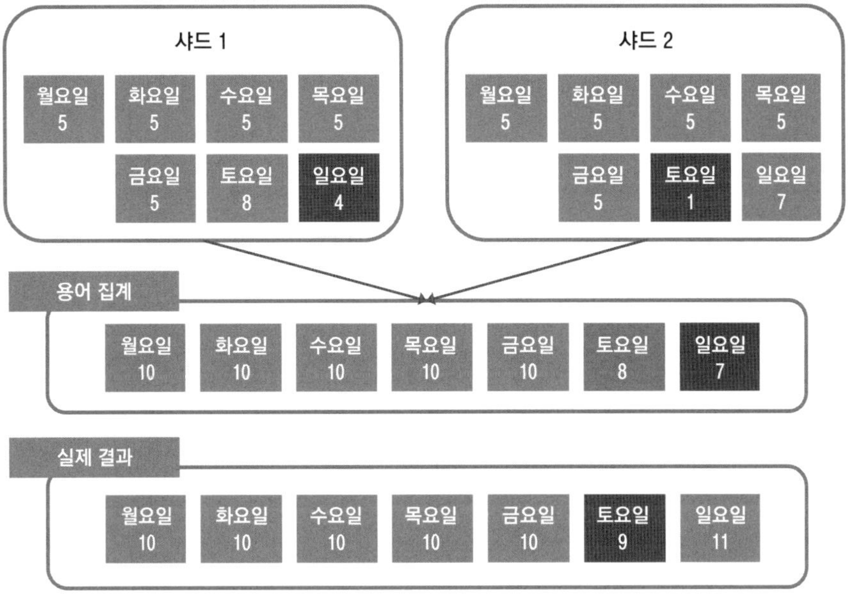

그림 5.12 **용어 집계 과정에서 발생할 수 있는 오류**

그림 5.12는 용어 집계 과정에서 발생할 수 있는 오류를 보여준다. 먼저 가장 아래의 실제 결과를 보면 토요일이 가장 적다. 하지만 용어 집계를 하면 일요일이 가장 적다고 계산되고 실제 결과와 숫자도 다르다(토요일, 일요일 실제 결과와 용어 집계 계산 결과가 다르다). 오류가 발생하는 이유는 집계가 모든 도큐먼트를 가져와 한 번에 집계를 하는 것이 아니라 분산되어 있는 개별 노드단에서 먼저 집계를 하고 그 결과를 취합해 다시 집계를 하기 때문이다. 그림 5.12처럼 도큐먼트가 샤드 1과 샤드 2에 나뉘어서 저장되어 있고, `size`가 6인 용어 집계를 하면 샤드 1과 샤드 2에서 먼저 각각 상위 6개 버킷을 생성한다. 이 과정에서 샤드 1에서는 일요일이 제외되고, 샤드 2에서는 토요일이 제외된다. 그리고 이를 다시 취합하는데, 샤드 1처럼 상대적으로 큰 값들이 몰려 있는 경우 큰 값이 버려질 수 있다. 이처럼 정확한 값과 다른 결과가 나올 수 있고 이런 정보가 응답 결과의 `doc_count_error_upper_bound`에 표시된다.

5.3.3.2 용어 집계 정확성 높이기

용어 집계에서 오류가 발생할 수 있다는 제약 사항을 이해했다면, 정확성을 높이기 위한 방법을 알아보자. 앞서 용어 집계는 분산 시스템 환경에서 오류가 발생할 수 있다고 이야기했다. 고속 처리를 위한 리소스와 속도 간 트레이드오프의 일환으로 리소스 소비량을 늘리면 정확도를 높일 수 있다. 이제 용어 집계 과정에서 발생할 수 있는 문제점을 확인하는 방법과 해결하는 방법을 알아보자.

리스트 5.12 용어 집계 오류 확인 요청

```
GET kibana_sample_data_ecommerce/_search
{
  "size": 0,
  "aggs": {
    "term_aggs": {
      "terms": {
        "field": "day_of_week",
        "size": 6,
        "show_term_doc_count_error": true
      }
    }
  }
}
```

리스트 5.12와 같이 용어 집계를 요청할 때 show_term_doc_count_error 파라미터를 추가한다. 이 파라미터를 추가하면 그림 5.11에서 봤던 doc_count_error_upper_bound 값을 버킷마다 확인할 수 있다. 결과를 확인해보자(그림 5.13 참고).

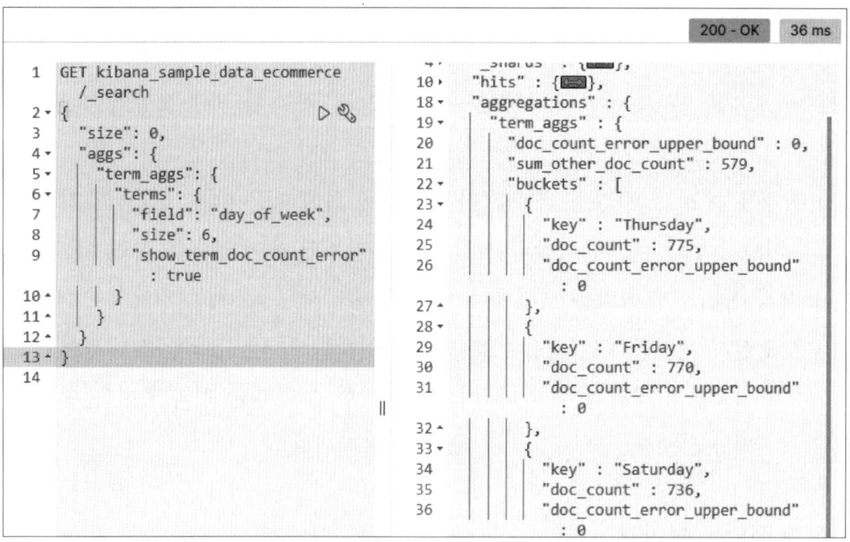

그림 5.13 **리스트 5.12 실행 결과**

각 버킷마다 doc_count_error_upper_bound 값이 나오고 0이 나오면 오류가 없다는 뜻이다. 우리는 샤드를 하나만 사용하고 있고 대용량 작업이 아니므로 현재 특별한 오류는 찾을 수 없지만, 버킷마다 잠재적인 오류 가능성을 확인할 수 있다. 만약 확인 결과 이상값이 나올 경우에는 이를 해결하기 위해 다음과 같이 샤드 크기 파라미터를 늘릴 필요가 있다.

리스트 5.13 용어 집계 시 샤드 크기를 늘린 요청

```
GET kibana_sample_data_ecommerce/_search
{
  "size": 0,
  "aggs": {
    "term_aggs": {
      "terms": {
        "field": "day_of_week",
        "size": 6,
        "shard_size": 100
      }
    }
  }
}
```

용어 집계 시 shard_size 파라미터를 이용해 샤드 크기를 늘릴 수 있는데 샤드 크기는 용어 집계 과정에서 개별 샤드에서 집계를 위해 처리하는 개수를 의미한다. 샤드 크기를 크게 하면 정확도가 올라가는 대신 리소스 사용량이 올라가 성능은 떨어질 수 있다는 것을 기억해야 한다. 샤드 크기는 기본적으로 size * 1.5 + 10으로 계산되는데, 여기서 size는 버킷의 개수다.

5.4 집계의 조합

메트릭 집계로 특정 필드들의 통계를 구할 수 있고 버킷 집계를 이용해 도큐먼트를 그룹핑할 수 있음을 배웠다. 관계형 데이터베이스에서 GROUP BY로 그룹핑한 다음에 통계 함수를 사용하는 것처럼 버킷 집계와 메트릭 집계를 조합하면 다양한 그룹별 통계를 계산할 수 있다. 집계를 조합하는 방법을 배워보자.

5.4.1 버킷 집계와 메트릭 집계

집계의 가장 기본적인 형태는 버킷 집계로 도큐먼트를 그룹핑한 후에 각 버킷 집계별 메트릭 집계를 사용하는 것이다. 버킷 집계와 메트릭 집계를 동시에 요청해보자.

리스트 5.14 버킷 집계 후 메트릭 집계 요청

```
GET kibana_sample_data_ecommerce/_search
{
  "size": 0,
```

```
  "aggs": {
    "term_aggs": {
      "terms": {
        "field": "day_of_week",
        "size": 5
      },
      "aggs": {
        "avg_aggs": {
          "avg": {
            "field": "products.base_price"
          }
        }
      }
    }
  }
}
```

리스트 5.14는 버킷 집계와 매트릭 집계를 조합했다. 먼저 term_aggs라는 용어 집계를 사용해 요일별(day_of_week)로 버킷을 나누는데 상위 5개의 버킷만 사용한다. 그리고 들여쓰기를 확인해보면 메트릭 집계인 평균 집계(avg_aggs)는 용어 집계(term_aggs) 내부에서 호출된다. 즉 용어 집계로 상위 5개 버킷을 만들고 각각의 버킷 내부에서 products.base_price 필드의 평균값을 구한다. 결과를 확인해보자(그림 5.14 참고).

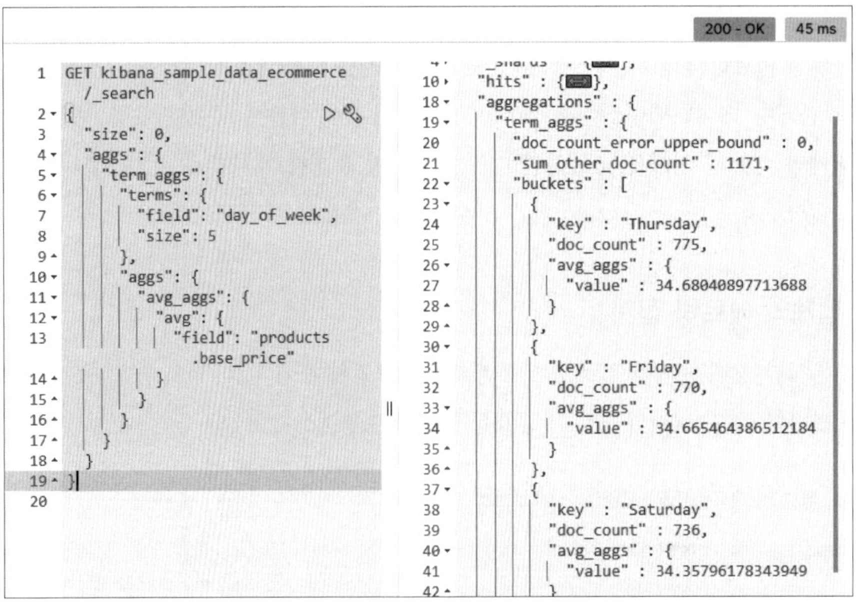

그림 5.14 **리스트 5.14 실행 결과**

도큐먼트 문서가 많은 상위 5개의 버킷으로 나뉘었고 버킷 내부에서 products.base_price의 평균값(avg_aggs)을 계산한다. 이를 통해 우리는 요일별로 판매된 물품들의 평균 가격을 확인할 수 있다. 이번에는 버킷을 나누고 각 버킷에서 복수 개의 메트릭 집계를 수행해보자. 버킷 내부에서 평균 외에 총합, 최소, 최대 같은 다양한 통계 데이터를 보고 싶은 경우가 있다.

리스트 5.15 버킷 집계 후 다수의 메트릭 집계 요청

```
GET kibana_sample_data_ecommerce/_search
{
  "size": 0,
  "aggs": {
    "term_aggs": {
      "terms": {
        "field": "day_of_week",
        "size": 5
      },
      "aggs": {
        "avg_aggs": {
          "avg": {
            "field": "products.base_price"
          }
        },
        "sum_aggs": {
          "sum": {
            "field": "products.base_price"
          }
        }
      }
    }
  }
}
```

리스트 5.15는 버킷 집계 내부에서 2개의 메트릭 집계가 동작한다. 먼저 용어 집계로 요일별(day_of_week)로 상위 5개 버킷을 만든다. 들여쓰기를 확인해보면 메트릭 집계인 평균 집계(avg)와 총합 집계(sum)는 용어 집계 내부에서 사용되고 있고, 버킷 내부에서는 products.base_price 필드의 평균값과 총합을 구하는 두 번의 메트릭 집계를 각각 수행한다. 결과를 확인해보자.

5

엘라스틱서치: 집계

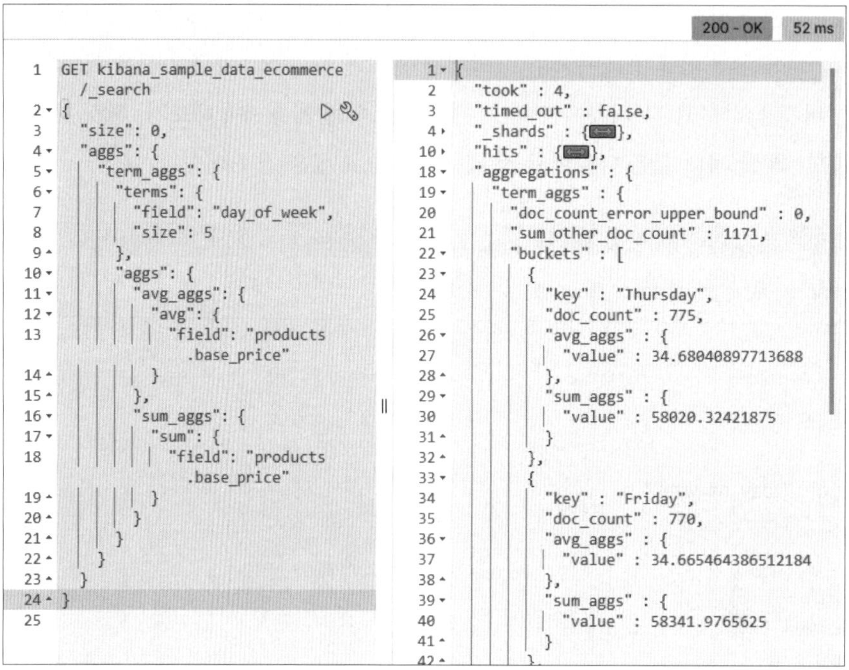

그림 5.15 **리스트 5.15 실행 결과**

그림 5.15를 보면 버킷마다 메트릭 집계의 평균(avg_aggs)과 합계(sum_aggs)가 보이는 것을 알 수 있다.

5.4.2 서브 버킷 집계

서브 버킷sub bucket은 버킷 안에서 다시 버킷 집계를 요청하는 집계다. 버킷 집계로 버킷을 생성한 다음 버킷 내부에서 다시 버킷 집계를 하는데, 트리 구조를 떠올리면 된다. 간단한 서브 버킷을 만들어보자.

리스트 5.16 서브 버킷 생성 요청

```
GET kibana_sample_data_ecommerce/_search
{
  "size": 0,
  "aggs": {
    "histogram_aggs": {
      "histogram": {
        "field": "products.base_price",
        "interval": 100
      },
      "aggs": {
```

```
          "term_aggs": {
            "terms": {
              "field": "day_of_week",
              "size": 2
            }
          }
        }
      }
    }
  }
```


리스트 5.16은 서브 버킷을 생성하고 있다. 우선 버킷 집계인 히스토그램 집계를 사용해 products.base_price 필드를 100단위로 구분한다. 들여쓰기를 확인해보면 두 번째 버킷 집계인 용어 집계는 히스토그램 집계 내부에 있다. 이 경우 히스토그램 집계로 나누어진 버킷 내부에서 다시 버킷을 나눈다. day_of_week 필드를 유니크한 값 기준으로 구분하는데 상위 2개의 버킷만 만든다. 결과를 확인해보자.

그림 5.16 리스트 5.16 실행 결과

그림 5.16을 보면 product.base_price를 100단위 버킷(histogram_aggs)으로 나눈 다음 그 안에서 다시 요일별 버킷(term_aggs)으로 나누었다. 서브 버킷은 2단계를 초과해서 만들지 않는 편이 좋다. 서브 버킷을 많이 만들수록 버킷의 수는 기하급수적으로 늘어날 수 있으므로 주의하자. 집계의 성능이 느려질 뿐만 아니라 클러스터에 과도한 부하를 가하게 될 수 있다.

5.5 파이프라인 집계

파이프라인 집계pipeline aggregation는 이전 결과를 다음 단계에서 이용하는 파이프라인 개념을 차용한다. 엘라스틱 파이프라인 집계는 이전 집계로 만들어진 결과를 입력으로 삼아 다시 집계하는 방식이다. 이 과정에는 부모 집계parent aggregation와 형제 집계sibling aggregation라는 두 가지 유형이 있다. 두 집계의 가장 큰 차이점은 집계가 작성되는 위치다. 부모 집계는 기존 집계 내부에서 작성하고 형제 집계는 기존 집계 외부에서 새로 작성한다. 표 5.3을 확인해보자.

표 5.3 부모/형제 집계

<table>
<tr><th>집계 종류</th><th>설명</th></tr>
<tr><td>부모 집계</td><td><pre>{
  "aggs": {
    ...
    "aggs": {
      ...
      "부모 집계"
    }
  }
}</pre>
기존 집계 결과를 이용해 새로운 집계를 생성한다. 결과는 기존 집계 내부에서 나온다.</td></tr>
<tr><td>형제 집계</td><td><pre>{
  "aggs": {
    ...
    "aggs": {
      ...
    },
    "형제 집계"
  }
}</pre>
기존 집계를 참고해 집계를 수행한다. 결과는 기존 집계와 동일선상에서 나온다.</td></tr>
</table>

자주 사용되는 파이프라인 집계는 표 5.4와 같다.

표 5.4 파이프라인 집계 종류

형제/부모 집계	집계 종류	설명
형제 집계	min_bucket	기존 집계 중 최솟값을 구한다.
	max_bucket	기존 집계 중 최댓값을 구한다.
	avg_bucket	기존 집계의 평균값을 구한다.
	sum_bucket	기존 집계의 총합을 구한다.
	stat_bucket	기존 집계의 min, max, sum, count, avg를 구한다.
	percentile_bucket	기존 집계의 백분윗값을 구한다.
	moving_avg	기존 집계의 이동 평균을 구한다. 단, 기존 집계는 순차적인 데이터 구조여야 한다.
부모 집계	derivative	기존 집계의 미분을 구한다.
	cumulative_sum	기존 집계의 누적합을 구한다.

전체 파이프라인 집계는 온라인 문서[3]를 참고하고, 여기서는 많이 사용하는 부모 집계와 형제 집계를 직접 실행하면서 알아보자.

5.5.1 부모 집계

파이프라인 집계는 이전 집계 결과를 입력으로 사용하는 집계라고 이야기했다. 즉 부모 집계는 단독으로 사용할 수 없고 반드시 먼저 다른 집계가 있어야 하며 그 집계 결과를 부모 집계가 사용한다. 그리고 부모 집계는 이전 집계 내부에서 실행한다. 그리고 결괏값도 기존 집계 내부에서 나타난다. 누적합을 구하는 부모 집계를 만들어보면서 이해해보자. 들여쓰기를 잘 확인하고 부모 집계가 어디에서 실행되는지 주의 깊게 살펴보자.

리스트 5.17 누적합을 구하는 부모 집계 요청 ch05/05/cum_sum_parent_agg

```
GET kibana_sample_data_ecommerce/_search
{
  "size": 0,
  "aggs": {
    "histogram_aggs": {
      "histogram": {
```

3 파이프라인 집계: https://www.elastic.co/guide/en/elasticsearch/reference/7.10/search-aggregations-pipeline.html

```
          "field": "products.base_price",
          "interval": 100
        },
        "aggs": {
          "sum_aggs": {
            "sum": {
              "field": "taxful_total_price"
            }
          },
          "cum_sum": {
            "cumulative_sum": {
              "buckets_path": "sum_aggs"
            }
          }
        }
      }
    }
  }
```

리스트 5.17은 누적합(cumulative_sum)을 구하는 부모 집계다. 부모 집계를 사용하기 위해서는 입력으로 다른 집계가 필요한데, 여기서는 히스토그램 집계와 합계 집계를 사용한다. 먼저 products.base_price를 100 기준으로 버킷을 나누고 각 버킷에서 taxful_total_price의 합을 구하는 집계가 있다. 부모 집계는 합계 집계(sum_aggs)를 입력으로 받아 최종적으로 각 버킷의 누적합(cumulative_sum)을 계산한다. 파이프라인 집계는 반드시 버킷 경로(buckets_path)를 입력해야 하는데, 입력으로 사용했던 sum_aggs 집계를 적으면 된다. 결과를 확인해보자.

그림 5.17에서 누적합 결과인 cum_sum이 개별 버킷 내부에서 보이고 실제로 점점 누적되는 것을 확인할 수 있다.

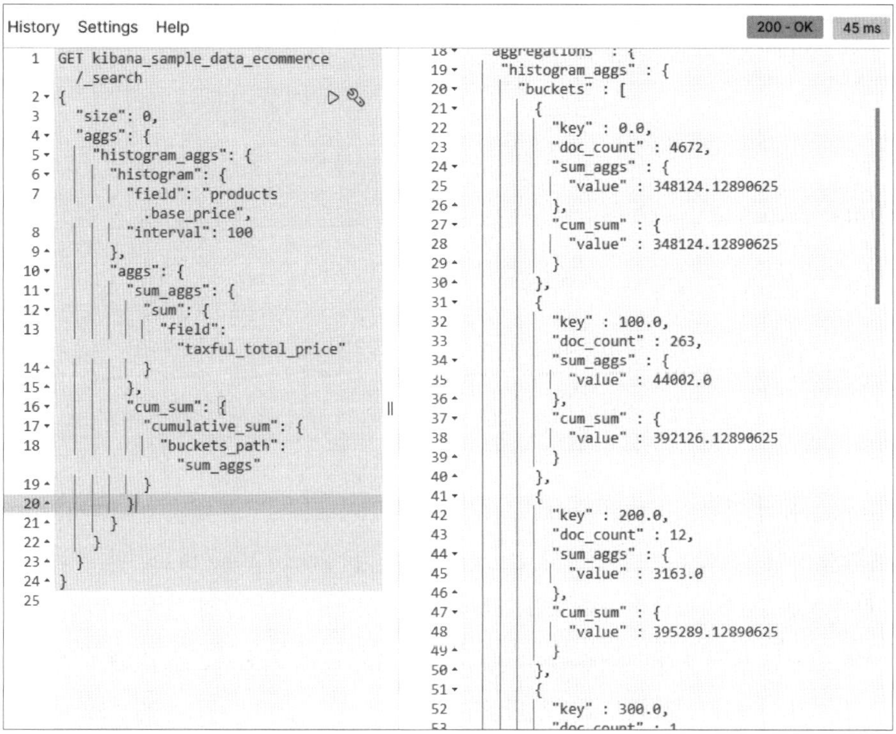

그림 5.17 **리스트 5.17 실행 결과**

5.5.2 형제 집계

부모 집계는 기존 집계 내부에서 집계 작업을 한다고 했다. 반면 형제 집계는 기존 집계 내부가 아닌 외부에서 기존 집계를 이용해 집계 작업을 한다. 형제 집계 중 총합 버킷을 실제로 요청해 보면서 형제 집계를 이해해보자.

리스트 5.18 총합을 구하는 형제 집계 요청 ch05/05/total_sum_sibling_agg

```
GET kibana_sample_data_ecommerce/_search
{
  "size": 0,
  "aggs": {
    "term_aggs": {
      "terms": {
        "field": "day_of_week",
        "size": 2
      },
      "aggs": {
        "sum_aggs": {
```

```
          "sum": {
            "field": "products.base_price"
          }
        }
      }
    },
    "sum_total_price": {
      "sum_bucket": {
        "buckets_path": "term_aggs>sum_aggs"
      }
    }
  }
}
```

먼저 term_aggs는 용어 집계로 day_of_week(요일) 필드를 기준으로 요일별 버킷을 나눈다. size가 2이기 때문에 상위 2개의 버킷을 생성하고 sum_aggs에서 products.base_price 필드의 총합을 구한다. 다음으로 sum_bucket 형제 집계를 이용해 기존 버킷별 합을 구한 집계를 다시 합친다. 파이프라인 집계는 버킷 경로(buckets_path)를 입력해야 하는데, 이번에는 5.5.1절에서 실습해본 누적합 집계와 다르게 > 기호가 들어간다. 버킷 경로에서 '>'는 하위 집계 경로를 나타낼 때 사용된다. 결과를 확인해보자.

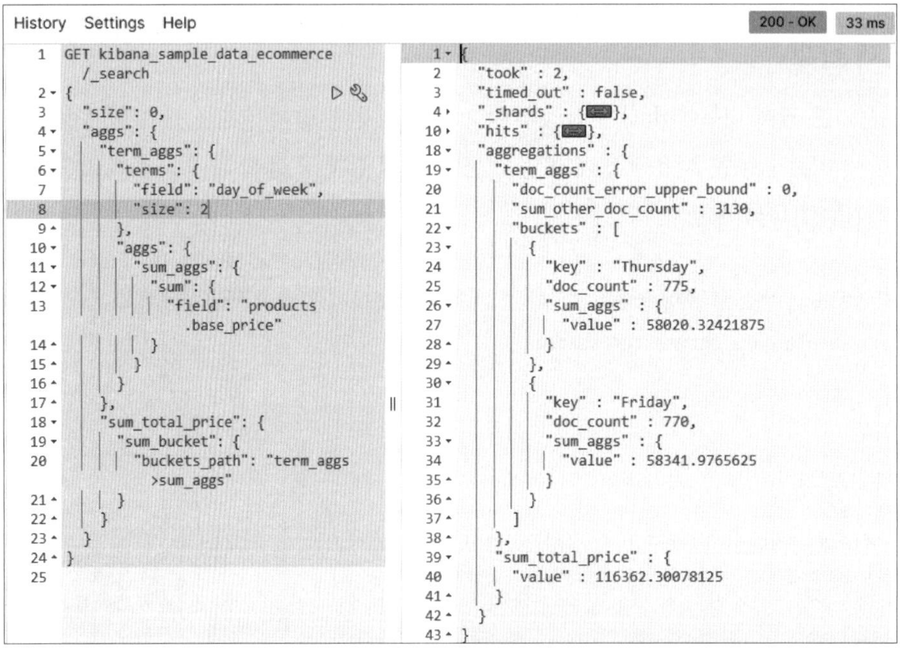

그림 5.18 **리스트 5.18 실행 결과**

그림 5.18을 보면, sum_total_price라는 형제 집계는 기존 집계 내부가 아니라 외부에서 결과를 보여주며 모든 버킷에서 나온 값이 합산됐다.

5.6 정리

5장에서는 엘라스틱서치 집계에 대해 알아봤다. 집계는 검색과 함께 엘라스틱서치에서 자주 사용되는 기능 중 하나이며 키바나 시각화에서는 반드시 필요하다. 집계는 크게 메트릭 집계와 버킷 집계로 나눌 수 있다. 메트릭 집계는 수치 계산이나 통계 작업을 수행하며, 버킷 집계는 특정 기준으로 도큐먼트를 그룹핑한다. 버킷으로 그룹핑하기 위해서는 범주형 필드를 이용해야 하며, 버킷 집계 중 용어 버킷은 분산 시스템에서 오류 발생 가능성이 높은데 이를 해결하는 방법도 알아봤다. 그리고 메트릭 집계와 버킷 집계를 조합하는 방법도 배웠다. 집계 작업 전에 쿼리를 이용해 불필요한 도큐먼트는 제외하고 서브 버킷을 두어 효율적으로 그룹핑하는 법도 익혔다. 마지막으로 파이프라인 집계를 배웠다. 파이프라인 집계는 부모 집계와 형제 집계로 나뉘는데, 부모 집계는 기존 집계 내부에서 작업해야 하는 누적합, 분산 계산 같은 작업에 쓰이며 형제 집계는 기존 집계 외부에서 전체 버킷의 총합/평균/최소/최대 계산 같은 작업에 쓰인다. 이번 장에서는 가장 중요한 집계를 중심으로 살펴봤으므로 이후에 엘라스틱을 활용할 때 도움이 될 것이다.

06

로그스태시

6장에서는 엘라스틱 스택 구성요소 중 로그스태시Logstash에 대해 알아보겠다. 로그스태시를 영어 단어 그대로 해석하면 로그log를 저장한다stash라는 의미가 된다. 컴퓨터 시스템에서 로그란 시스템에서 일련의 동작 과정을 기록하는 것으로 로그는 성능, 오류, 동작 과정 등의 중요한 정보를 담고 있다. 운영 과정에서 문제 해결을 위해 반드시 필요하며 개발 과정에서도 테스트나 디버깅debugging을 위해 필요한 정보다. 다음 그림은 일반적인 로그 파일 형태다.

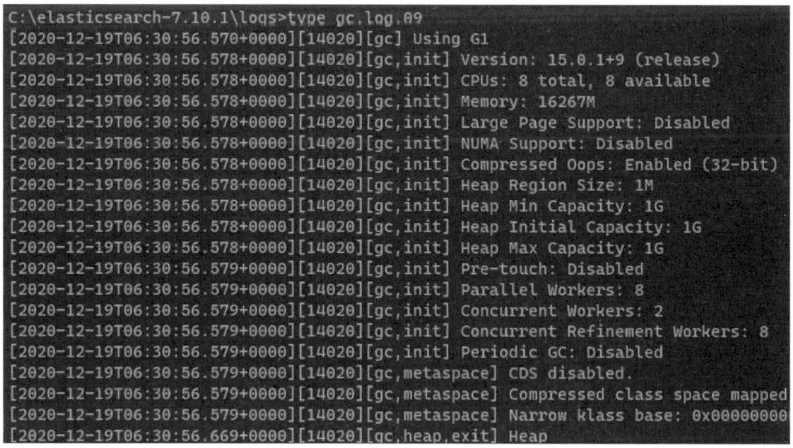

```
C:\elasticsearch-7.10.1\logs>type gc.log.09
[2020-12-19T06:30:56.570+0000][14020][gc] Using G1
[2020-12-19T06:30:56.578+0000][14020][gc,init] Version: 15.0.1+9 (release)
[2020-12-19T06:30:56.578+0000][14020][gc,init] CPUs: 8 total, 8 available
[2020-12-19T06:30:56.578+0000][14020][gc,init] Memory: 16267M
[2020-12-19T06:30:56.578+0000][14020][gc,init] Large Page Support: Disabled
[2020-12-19T06:30:56.578+0000][14020][gc,init] NUMA Support: Disabled
[2020-12-19T06:30:56.578+0000][14020][gc,init] Compressed Oops: Enabled (32-bit)
[2020-12-19T06:30:56.578+0000][14020][gc,init] Heap Region Size: 1M
[2020-12-19T06:30:56.578+0000][14020][gc,init] Heap Min Capacity: 1G
[2020-12-19T06:30:56.578+0000][14020][gc,init] Heap Initial Capacity: 1G
[2020-12-19T06:30:56.578+0000][14020][gc,init] Heap Max Capacity: 1G
[2020-12-19T06:30:56.579+0000][14020][gc,init] Pre-touch: Disabled
[2020-12-19T06:30:56.579+0000][14020][gc,init] Parallel Workers: 8
[2020-12-19T06:30:56.579+0000][14020][gc,init] Concurrent Workers: 2
[2020-12-19T06:30:56.579+0000][14020][gc,init] Concurrent Refinement Workers: 8
[2020-12-19T06:30:56.579+0000][14020][gc,init] Periodic GC: Disabled
[2020-12-19T06:30:56.579+0000][14020][gc,metaspace] CDS disabled.
[2020-12-19T06:30:56.579+0000][14020][gc,metaspace] Compressed class space mapped
[2020-12-19T06:30:56.579+0000][14020][gc,metaspace] Narrow klass base: 0x00000000
[2020-12-19T06:30:56.669+0000][14020][gc,heap,exit] Heap
```

그림 6.1 **로그 예시**

서버 운영이나 프로그램 개발을 해봤다면 그림 6.1과 같은 로그들이 익숙할 것이다. 로그란 일반적으로 시스템 동작의 모든 행위나 이벤트를 기록하는데, 데이터가 중요해지는 빅데이터 시대에는 이런 로그 정보를 데이터 분석에 활용하기도 한다. 하지만 로그 활용은 간단하지만은 않다. 로그 형태가 표준화되어 있지 않기 때문에 로그 생산자는 제각각 다양한 방법으로 로그를 생성하고 있다. 또한 로그라는 것은 반정형 데이터(완벽하게 일치하지는 않더라도 어느 정도 형태가 있는 데이터)이며 세상의 모든 것이 로그가 될 수 있기 때문에 로그 형태를 강제할 방법도 없다. 결국 로그를 수집하는 쪽에서 로그 형태를 분석하고 시스템에서 인식할 수 있도록 로그를 정제하는 작업이 필요한데, 로그스태시는 이 과정을 쉽고 편하게 할 수 있도록 지원한다. 어떤 형태의 로그에 대해서도 로그를 수집 - 가공 - 전송하는 일련의 과정을 간편하게 구현하기 위한 강력한 기능까지 제공한다. 이번 장에서는 로그스태시를 설치하고 파이프라인을 통해 데이터를 수집하고 원하는 형태로 가공하는 방법을 익힐 것이다. 그리고 엘라스틱 스택에서 로그를 쉽게 모니터링하는 방법까지 배워보자.

6.1 로그스태시 소개

로그스태시는 플러그인 기반의 오픈소스 데이터 처리 파이프라인 도구다. 다소 복잡하고 귀찮은 데이터 전처리 과정을 별도의 애플리케이션 작성 없이 비교적 간단한 설정만으로 수행할 수 있다. 데이터를 저장하기 전에 사용자가 원하는 형태로 변경할 수 있는 강력한 기능을 제공한다. 또한 장애 대응 로직이나 성능 저하 요인을 쉽게 파악할 수 있는 모니터링 API, 간단한 조정으로 성능을 튜닝할 수 있는 파라미터들도 제공한다. 데이터 수집을 위해 별도의 애플리케이션 제작보다는 로그스태시 사용을 추천한다. 그림 6.2는 엘라스틱 스택에서 로그스태시의 역할을 보여준다.

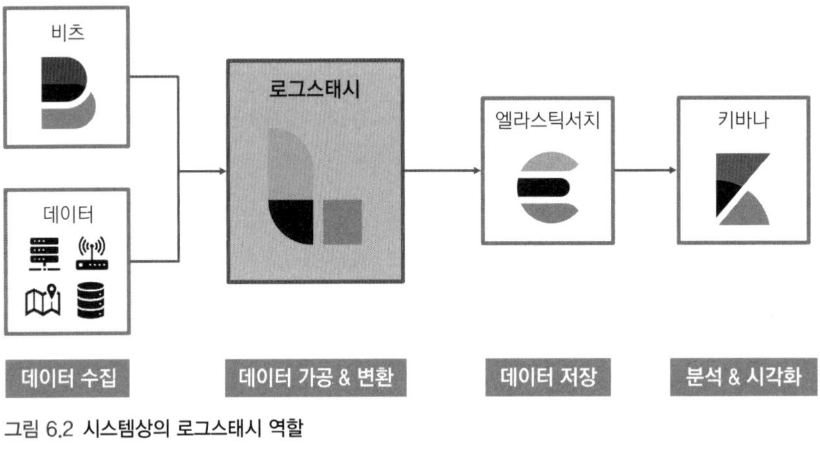

그림 6.2 시스템상의 로그스태시 역할

비츠, 로그스태시, 엘라스틱서치, 키바나를 이용해 데이터를 수집 - 변환 - 저장 - 시각화하는 서비스를 구성할 때 로그스태시는 데이터를 저장하기 전에 원하는 형태로 가공하는 역할을 한다. 로그스태시는 비츠를 포함한 여러 소스 파일을 입력으로 받을 수 있고 데이터를 수정/삭제/추가해 엘라스틱서치나 다른 시스템으로 데이터를 전송할 수 있다.

6.1.1 로그스태시 특징

먼저 로그스태시의 특징을 알아보자. 플러그인 기반으로 확장성이 뛰어나고 현업에서 사용하는 대부분의 데이터 소스를 지원하고 있다. 성능이나 안전성도 뛰어나다.

- **플러그인 기반**: 로그스태시의 파이프라인을 구성하는 각 요소들은 전부 플러그인 형태로 만들어져 있다. 기본으로 제공되는 플러그인 외에도 수많은 커뮤니티 플러그인을 찾을 수 있으며, 정말 필요할 경우 비교적 간단한 코드로 전용 플러그인을 작성해 로그스태시의 다른 모든 장점을 가져가면서 고유한 로직을 포함시킬 수도 있다. 이를 위해 플러그인 개발을 위한 프레임워크를 포함하고 있고 플러그인을 관리할 수 있는 기능도 제공한다.
- **모든 형태의 데이터 처리**: 기본 제공되는 플러그인들의 조합만으로도 대다수의 데이터 소스에서 JSON, XML 등의 구조화된 텍스트뿐만 아니라 다양한 형태의 데이터를 입력받아 가공한 다음에 저장할 수 있다. 특히 이벤트 데이터, 즉 시간에 따라 발생하는 데이터를 처리하는 데 최적화되어 있다. 물론 관계형 데이터베이스에서 데이터를 마이그레이션하거나 엘라스틱서치에 이미 저장된 도큐먼트들을 리인덱싱하는 등 시간과 무관하게 데이터를 처리하는 모든 작업에서도 유연하게 사용될 수 있다.
- **성능**: 자체적으로 내장되어 있는 메모리와 파일 기반의 큐를 사용하므로 처리 속도와 안정성이 높다. 또한 인덱싱할 도큐먼트의 수와 용량을 종합적으로 고려해 벌크 인덱싱을 수행할 뿐만 아니라 파이프라인 배치 크기 조정을 통해 병목현상을 방지하고 성능을 최적화할 수 있다.
- **안정성**: 엘라스틱서치의 장애 상황에 대응하기 위한 재시도 로직이나 오류가 발생한 도큐먼트를 따로 보관하는 데드 레터 큐[dead letter queue]를 내장하고 있다. 파일 기반의 큐를 사용할 경우 뜻하지 않은 로그스태시의 장애 상황에서도 도큐먼트 유실을 최소화할 수 있다.

6.2 로그스태시 설치

로그스태시 7.10 버전을 설치해보자. 엘라스틱 공식 홈페이지[1]에 친절하게 설치 가이드가 나와 있다. 공식 문서에서 Logstash Reference > Getting Started with Logstash 링크를 따라가 보자(그림 6.3 참고).

Getting Started with Logstash

This section guides you through the process of installing Logstash and verifying that everything is running properly. After learning how to stash your first event, you go on to create a more advanced pipeline that takes Apache web logs as input, parses the logs, and writes the parsed data to an Elasticsearch cluster. Then you learn how to stitch together multiple input and output plugins to unify data from a variety of disparate sources.

This section includes the following topics:

- Java (JVM) version
- Installing Logstash
- Stashing Your First Event
- Parsing Logs with Logstash
- Stitching Together Multiple Input and Output Plugins

그림 6.3 **로그스태시 설치 가이드 페이지**

로그스태시는 엘라스틱서치, 키바나 설치와 다르게 자바 가상 머신[JVM]을 먼저 설치해야 한다.

6.2.1 JDK 설치

윈도우에서 JDK를 설치하는 가장 손쉬운 방법은 오라클에서 제공하는 인스톨러를 사용하는 것이다. https://www.oracle.com/java/technologies/javase-downloads.html 페이지에 접속하면 여러 가지 버전의 자바 개발 툴을 제공하고 있는데, 사람들이 가장 많이 사용하고 있는 8 버전을 설치하자.

책을 쓰는 현재 16 버전이 나왔고 안정화 버전인 11 버전이 있지만 충분히 검증된 8 버전을 다운로드하자. 8, 11, 14 버전 모두 사용할 수 있으니 상황에 맞춰 편한 버전을 사용해도 된다. 8 버전의 JDK Download 링크를 클릭하자(그림 6.4 참고).

1 로그스태시 설치: https://www.elastic.co/guide/en/logstash/7.10/installing-logstash.html

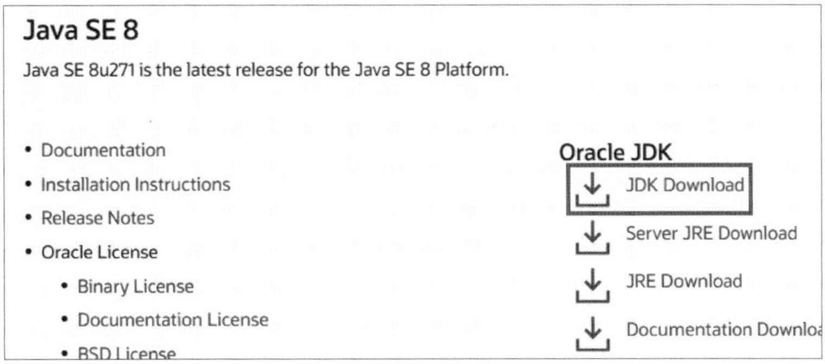

그림 6.4 JDK 다운로드 페이지

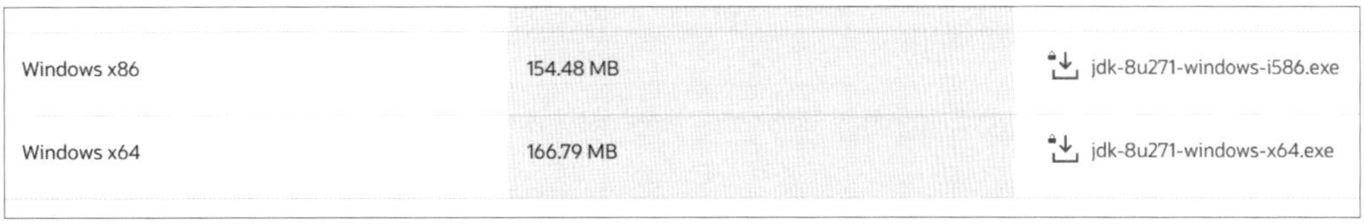

그림 6.5 윈도우 다운로드 링크

64비트 윈도우를 사용한다면 x64, 32비트 윈도우를 사용한다면 x86 버전을 다운로드하면 된다(그림 6.5 참고). 이때 오라클 계정이 필요하므로 없다면 새로 생성하자. 오라클 JDK의 경우 2019년 4월부터 개정된 라이선스로 인해 무료 이용 범위에 대한 논란이 있으나, 개인적인 개발 용도로의 사용은 여전히 무료이니 안심하고 사용하자. 다운로드한 인스톨러를 실행해보자.

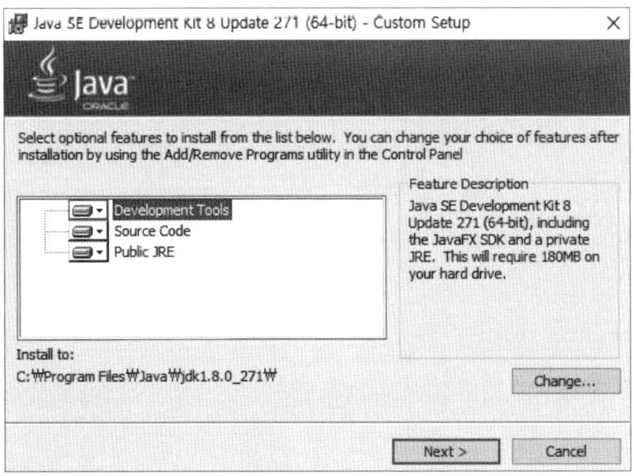

그림 6.6 윈도우 JDK 인스톨러

그림 6.6의 JDK가 설치된 경로 C:\Program Files\Java\jdk1.8.0_271을 기억해두자. **Next**를 눌러 설치를 마무리한다. 자바 설치가 끝나면 윈도우 10에서 JAVA_HOME 경로를 지정해야 한다.

윈도우 설정 앱을 실행하고 시스템을 선택한다.

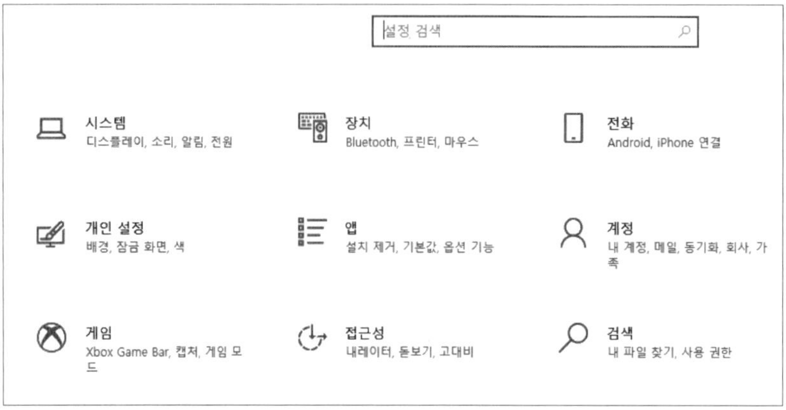

그림 6.7 **자바 경로 설정(1/4): 윈도우 설정 화면**

시스템 메뉴에서 **정보 > 고급 시스템 설정**을 선택한다.

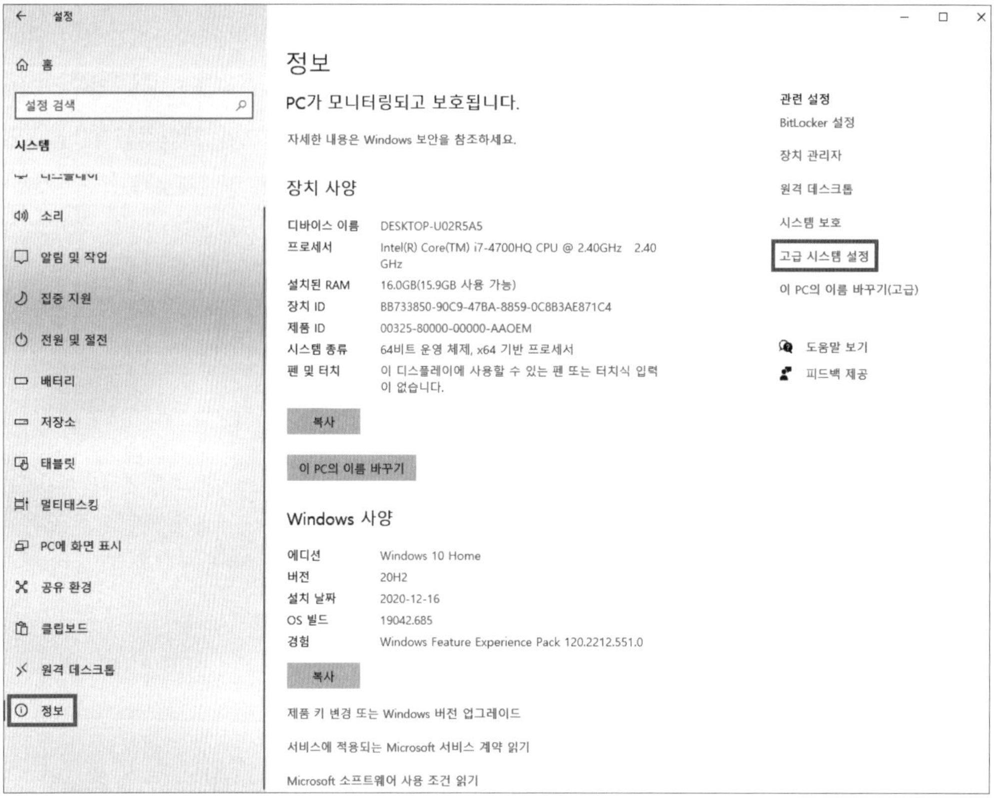

그림 6.8 **자바 경로 설정(2/4): 설정 > 시스템 > 정보 화면**

윈도우 버전에 따라 스크린샷이 조금씩 다를 수 있는데 혹시 스크린샷이 다르더라도 **고급 시스템 설정** 메뉴는 있을 테니 잘 찾아보자. 혹시 찾을 수 없으면 인터넷에서 검색해봐도 좋다. **고급 시스템 설정**을 클릭하면 시스템 속성 창이 뜬다.

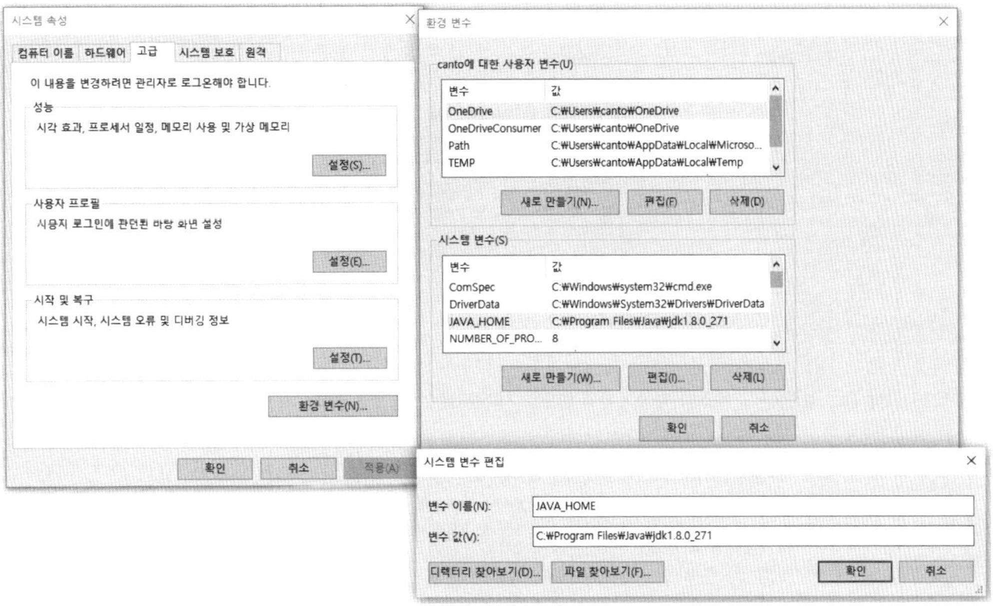

그림 6.9 **자바 경로 설정(3/4): 시스템 속성 > 환경 변수 > 시스템 변수 > JAVA_HOME 추가**

시스템 속성 창의 **고급** 메뉴에서 **환경 변수** 버튼을 눌러보자. 환경 변수를 설정할 수 있는데, 사용자 변수와 시스템 변수가 있다. 우리는 전체 시스템에 영향을 주는 시스템 변수에 자바 경로를 지정할 것이다. **시스템 변수**에서 **새로 만들기**를 누른 다음, **변수 이름**은 JAVA_HOME으로 하고 **변수 값**은 아까 설치할 때 자바 개발 툴이 설치된 디렉토리를 적어주면 된다. 여기서는 앞서 기록해둔 C:\Program Files\Java\jdk1.8.0_271 경로를 적었다. 다음으로 Path를 수정하자.

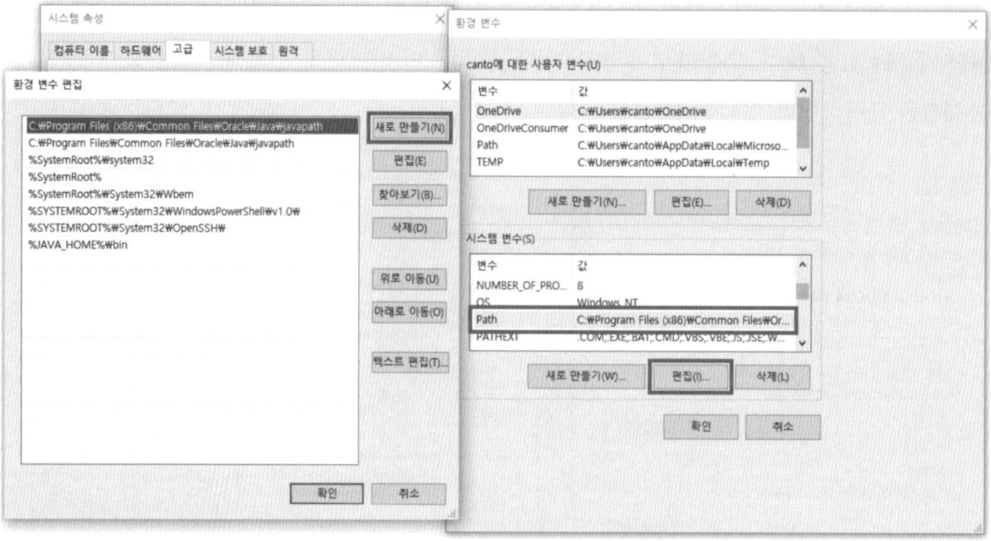

그림 6.10 **자바 경로 설정(4/4): 시스템 속성 > 환경 변수 > 시스템 변수 > Path 편집**

시스템 변수에 이미 Path라는 변수가 있다. 이번에는 **새로 만들기**가 아닌 **편집** 버튼을 눌러보자. 환경 변수 편집 창에서 **새로 만들기**를 하고 %JAVA_HOME%\bin을 입력한다. 이제 자바 실행 파일 경로를 암기하지 않고 자바를 실행할 수 있다. 콘솔을 재시작하고 자바 명령을 입력해보자. 기존 콘솔에서는 동작하지 않으니 반드시 콘솔을 재시작하자.

```
C:\>java -version
java version "1.8.0_271"
Java(TM) SE Runtime Environment (build 1.8.0_271-b09)
Java HotSpot(TM) 64-Bit Server VM (build 25.271-b09, mixed mode)
```

그림 6.11 **설치된 자바 가상 머신 버전 확인**

자바 버전이 보인다면 자바 가상 머신이 설치된 것이다.

6.2.2 로그스태시 다운로드

JDK를 설치하고 나서 로그스태시를 다운로드하자. 그림 6.3에서 installing logstash 링크를 따라 들어가면 각 운영체제별로 다운로드하는 방법이 나온다.

윈도우의 경우 파일을 직접 받는 방법밖에 없다. 그림 6.12의 https://www.elastic.co/downloads 링크를 클릭하자.

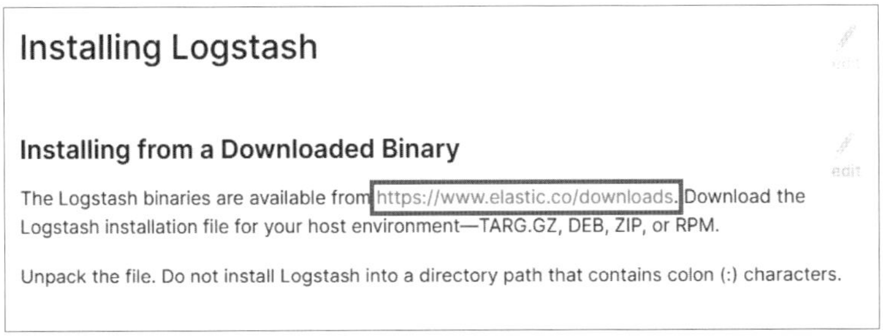

그림 6.12 **로그스태시 설치 페이지**

그림 6.13 **로그스태시 다운로드 페이지: 현재 버전 다운로드**

여기서 WINDOWS에 들어가면 된다. 현재 버전이 7.10.1이 아니면 그림 6.14의 링크를 따라 들어가자.

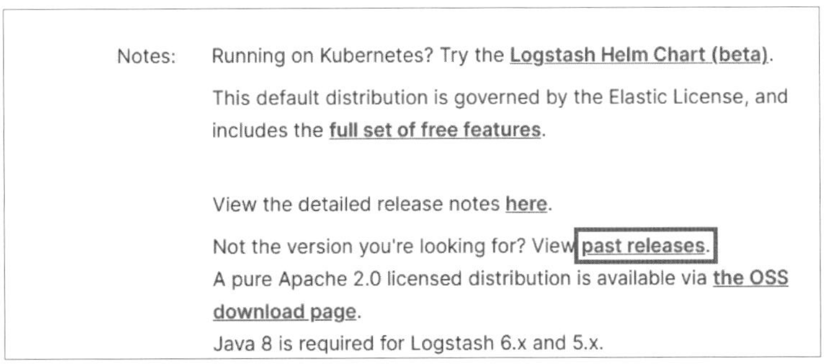

그림 6.14 **로그스태시 다운로드 페이지: 이전 버전 다운로드**

past releases 링크를 따라 들어가면 로그스태시의 모든 버전을 받을 수 있다. 최신 버전이 아니라 다른 버전을 받을 때는 여기서 다운로드하면 된다. 이 책에서는 윈도우 C 드라이브 밑에 logstash-7.10.1이라는 폴더에 압축을 해제했다. 폴더 구조는 다음과 같다.

그림 6.15 **로그스태시 폴더 구조**

압축을 해제하면 그림 6.15와 같은 폴더 구조가 나온다. bin 폴더에는 로그스태시 실행 파일이 들어 있고, config 폴더에는 로그스태시 설정 파일(logstash.yml)과 파이프라인 설정 파일(pipelines.yml) 등이 들어 있다. 그 외의 폴더들은 이 책에서는 다루지 않으니 굳이 신경 쓰지 않아도 된다.

6.2.3 로그스태시 실행

이제 로그스태시를 실행해보자. 그림 6.15의 bin 폴더에 있는 logstash.bat 파일을 실행하면 된다. 필자는 윈도우 10을 설치하면 기본으로 제공하는 명령 프롬프트CMD를 이용해 실행했는데, 각자 자기에게 익숙한 콘솔 프로그램을 이용하면 된다. 명령 프롬프트에서 다음 명령을 실행한다.

리스트 6.1 로그스태시 실행

```
C:\logstash-7.10.1>.\bin\logstash.bat -e "input { stdin { } } output { stdout { } }"
```

로그스태시를 실행하기 위해서는 반드시 파이프라인 설정이 필요하다. 일반적으로 파이프라인은 따로 설정 파일을 만들어서 기록하거나 config 폴더의 pipelines.yml에 기록하는데, -e 옵션을 사용하면 콘솔에서 직접 파이프라인을 설정할 수 있다. 리스트 6.1에 적은 파이프라인은 운영체제의 표준 입력(stdin)으로 전달받은 메시지를 다시 표준 출력(stdout)으로 표시한다. 실행 결과는 그림 6.16과 같다.

```
C:\logstash-7.10.1>.\bin\logstash.bat -e "input { stdin { } } output { stdout { } }" --log.level error
Using JAVA_HOME defined java: C:\Program Files\Java\jdk1.8.0_271
WARNING, using JAVA_HOME while Logstash distribution comes with a bundled JDK
Sending Logstash logs to C:/logstash-7.10.1/logs which is now configured via log4j2.properties
The stdin plugin is now waiting for input:
hello world
{
      "@version" => "1",
          "host" => "DESKTOP-U02R5A5",
       "message" => "hello world\r",
    "@timestamp" => 2020-12-24T22:24:40.352Z
}
```

그림 6.16 **리스트 6.1의 실행 화면**

`--log.level error`는 로그 중 error 레벨 미만의 로그는 감추는 설정이다. 로그스태시에 제공하는 로그 레벨은 표 6.1과 같다.

표 6.1 **로그 레벨**

로그 레벨	설명
fatal	시스템 동작을 멈출 정도의 심각한 오류 발생 시 나타나는 로그들
error	시스템 동작을 멈추지는 않지만 오류가 발생할 때 나타나는 로그들
warn	잠재적인 오류를 포함하는 경고성 로그들
info	진행 상황이나 상태 변경 등의 정보를 알기 위한 로그들
debug	개발 과정에서 디버깅을 하기 위한 로그들
trace	시스템 진행 과정 추적을 위한 로그들

error 로그 레벨은 스크린샷이 길어지는 것을 막기 위해 추가한 옵션이다. 로그스태시를 실행하면 키보드 입력을 받을 수 있게 되고 'hello world'라고 키보드(표준 입력)로 타이핑하면 모니터(표준 출력)에 처리 결과를 보여준다. Ctrl+C를 누르면 로그스태시를 종료할 수 있다.

6.3 파이프라인

로그스태시의 가장 중요한 부분은 파이프라인이다. 파이프라인은 데이터를 입력받아 실시간으로 변경하고 이를 다른 시스템에 전달하는 역할을 하는 로그스태시의 핵심 기능이다. 파이프라인은 입력, 필터, 출력이라는 세 가지 구성요소로 이뤄진다. 입력input과 출력output은 필수 구성요소이고, 필터filter는 옵션이다. 다음 그림은 로그스태시 파이프라인 구조다.

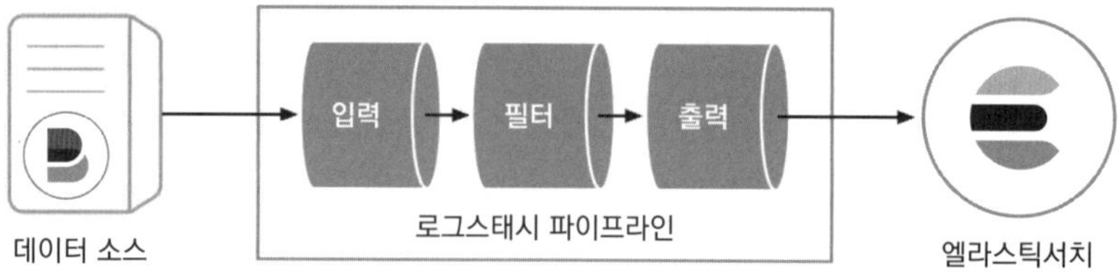

그림 6.17 **파이프라인 실행 순서**[2]

그림 6.17의 화살표를 보면 로그스태시가 입력, 필터, 출력 순으로 실행되는 것을 알 수 있다. 입력은 소스로부터 데이터를 받아들이는 모듈, 필터는 입력으로 들어오는 데이터를 원하는 형태로 가공하는 모듈, 마지막으로 출력은 데이터를 외부로 전달하는 모듈이다. 파이프라인에 입력과 출력은 반드시 포함돼야 하며 입력, 필터, 출력 각 단계에서 복수의 플러그인을 포함시킬 수 있다. 간단한 예제를 통해 파이프라인 구성하는 방법을 배워보자. 표준 입력(키보드)을 받아서 표준 출력(모니터)에 보여주는 간단한 예제는 이미 한 번 실행해봤다. 다시 한번 실행해보자.

```
C:\logstash-7.10.1>.\bin\logstash.bat -e "input { stdin { } } output { stdout { } }"
```

로그스태시를 실행하고 'hello world'를 타이핑하면 모니터에 다음과 같이 출력된다.

그림 6.18 **표준 입력과 표준 출력을 이용한 로그스태시 결과**

로그스태시는 JSON 형태로 데이터를 출력하는데, `@version`이나 `@timestamp`는 로그스태시가 만든 필드로 혹시 사용자가 만든 필드와 충돌이 날 것을 대비해 앞에 `@` 기호가 붙어 있다. `message`, `host` 필드는 데이터와 시스템 사용자를 나타낸다. 여기에는 `@` 기호가 붙지 않았는데, `@` 기호는 로그스태시에 의해 생성된 필드, 붙지 않은 필드는 수집을 통해 얻어진 정보라고 이해하자. 지금은 `message` 필드만 신경 쓰고 나머지는 크게 신경 쓰지 않아도 된다. 간단한 파이프라인일 경우 방금처럼 콘솔에서 직접 작성할 수 있지만 작업의 이력 관리를 위해 pipelines.yml이나 파이프라인 설정 파일을 만들어 로그스태시를 동작하는 것이 좋다. 파이프라인을 작성하는 기본 템플릿은 다음과 같다.

2 출처: https://www.elastic.co/guide/en/logstash/7.10/first-event.html

리스트 6.2 파이프라인 기본 템플릿

```
input {
  { 입력 플러그인 }
}

filter {
  { 필터 플러그인 }
}

output {
  { 출력 플러그인 }
}
```


파이프라인 구성요소인 입력, 필터, 출력의 내부에 플러그인을 지정할 수 있다. 용도나 형태에 맞춰 이미 만들어진 수많은 플러그인이 있기 때문에 필요한 기능을 지원하는 플러그인을 검색하여 템플릿에 추가하면 된다. 이제 파이프라인을 구성하는 입력, 필터, 출력에 대해 더 자세히 알아볼 텐데 기본적으로 직접 타이핑하는 것을 추천하지만, 혹시 타이핑하기 힘들다면 출판사에서 제공하는 깃허브 사이트를 이용하자. 깃허브 사이트에 올라간 파이프라인 설정은 파일이 아니기 때문에 logstash-test.conf 파일에 붙여넣는 식으로 사용하면 된다. `input`, `output`의 파일 경로는 개인 환경에 맞춰 재설정하자.

6.3.1 입력

파이프라인의 가장 앞부분에 위치하며 소스 원본으로부터 데이터를 입력받는 단계다. 직접 대상에 접근해 읽어 들이는 경우도 있지만 서버를 열어놓고 받아들이는 형태의 구성도 가능하다. 다음 그림을 살펴보자. 로그스태시 입력이 받아들일 수 있는 데이터 소스들이다.

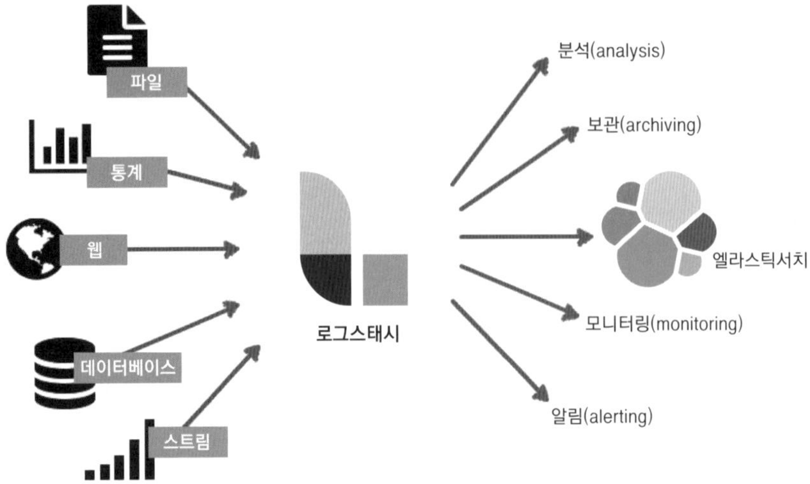

그림 6.19 **로그스태시 입력**[3]

그림 6.19처럼 로그스태시는 다양한 형태의 데이터를 인식할 수 있고 이를 쉽게 처리하기 위해 다양한 입력 플러그인들이 존재한다. 예를 들어 특정 파일은 파일 플러그인을, 실시간 트윗은 트위터 플러그인을 통해 가져올 수 있다. 그 외에도 다양한 입력 플러그인을 제공하는데 전체 입력 플러그인은 온라인 문서[4]를 확인하자. 표 6.2는 자주 사용하는 입력 플러그인이다.

표 6.2 **자주 사용하는 입력 플러그인**

입력 플러그인	설명
file	리눅스의 `tail -f` 명령처럼 파일을 스트리밍하며 이벤트를 읽어 들인다.
syslog	네트워크를 통해 전달되는 시스로그를 수신한다.
kafka	카프카의 토픽에서 데이터를 읽어 들인다.
jdbc	JDBC 드라이버로 지정한 일정마다 쿼리를 실행해 결과를 읽어 들인다.

파일 플러그인은 시스템의 특정 파일을 읽어올 수 있도록 구현된 플러그인으로 지금부터는 파일 플러그인을 통한 입력을 알아볼 것이다. 로그스태시의 플러그인 대부분은 사용법이나 형태가 비슷하므로 파일 플러그인 사용법을 배워두면 다른 입력 플러그인 사용도 크게 어렵지 않을 것이다. 그럼, 이제 파이프라인 설정 파일을 만들어보자. 로그스태시가 설치된 config 폴더에 logstash-test.conf라는 이름으로 설정 파일을 만들자(그림 6.20 참고).

---

3 출처: https://www.elastic.co/guide/en/logstash/7.10/introduction.html

4 입력 플러그인: https://www.elastic.co/guide/en/logstash/7.10/input-plugins.html

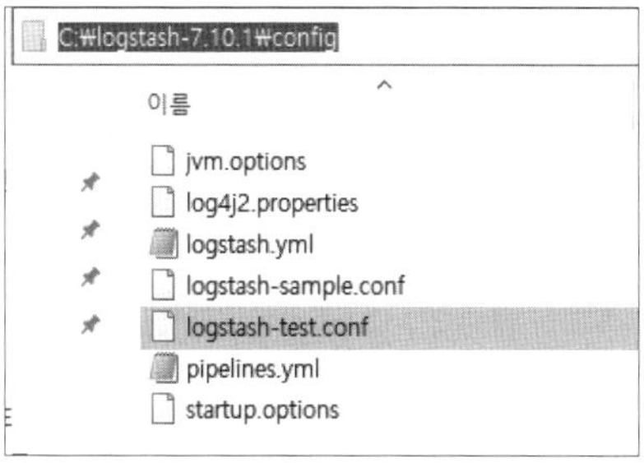

그림 6.20 logstash-test.conf 파일 위치

확장자가 꼭 conf일 필요는 없다. 파이프라인 설정 파일의 위치 역시 크게 중요하지는 않지만 가능하면 프로젝트끼리 묶어두는 것이 소스 관리 차원에서 좋다. 그럼, 이제 logstash-test.conf 파일에 파일 입력 플러그인을 적용해보자. 앞으로 이 설정 파일로 실습을 계속 진행할 것이다.

리스트 6.3 파일 플러그인 추가 ch06/03/input_file_es_log

```
input {
  file {
    path => "C:/elasticsearch-7.10.1/logs/elasticsearch.log"
    start_position => "beginning"
  }
}

output {
  stdout { }
}
```

리스트 6.3의 파이프라인 설정은 필터 플러그인은 사용하지 않았고 입력으로는 파일[file] 플러그인을, 출력으로는 표준 출력[stdout] 플러그인을 사용했다. 파일 플러그인에는 여러 옵션이 있는데, 그중 `path`는 읽어 들일 파일 위치를 결정한다. elasticsearch.log 파일을 읽는 것으로 설정했는데, 파일에 로그가 쌓이면 실시간으로 elasticsearch.log 파일의 변경을 감지해 읽어 들인다. `start_position`은 최초 파일을 발견했을 때 파일을 읽을 위치로, 파일의 시작 부분부터 읽어 들일지 끝부분부터 새로운 라인만 읽어 들일지 정할 수 있다. 출력은 표준 출력 플러그인을 사용했기 때문에 입력이 발생하면 모니터에 출력한다. 실시간으로 출력되는 elasticsearch.log를 수집하기 위해 먼저 엘라스틱서치를 실행하고 로그스태시를 실행해보자.

```
C:\logstash-7.10.1>.\bin\logstash.bat -f .\config\logstash-test.conf
```

-f 옵션은 설정 파일이나 폴더를 지정하는 옵션으로 방금 만들었던 logstash-test.conf를 파이프라인 설정에 사용하게 된다.

```
{
    "@timestamp" => 2020-12-24T11:31:09.968Z,
       "message" => "[2020-12-24T02:05:06,939][WARN ][o.e.m.f.FsHealthService  ] [DE
 check of [C:\\elasticsearch-7.10.1\\data\\nodes\\0] took [10803987ms] which is abov
of [5s]\r",
          "host" => "DESKTOP-U02R5A5",
      "@version" => "1",
          "path" => "C:/elasticsearch-7.10.1/logs/elasticsearch.log"
}
{
    "@timestamp" => 2020-12-24T11:31:09.971Z,
       "message" => "[2020-12-24T17:51:26,598][INFO ][o.e.n.Node               ] [DE
\r",
          "host" => "DESKTOP-U02R5A5",
      "@version" => "1",
          "path" => "C:/elasticsearch-7.10.1/logs/elasticsearch.log"
}
```

그림 6.21 **리스트 6.3 실행 결과**

입력 플러그인 경로에 적힌 elasticsearch.log 파일이 업데이트될 때마다 출력 플러그인의 stdout(표준 출력)에 의해 모니터에 그림 6.21과 같은 로그들이 보일 것이다. 로그는 시스템 환경에 따라서 제각각 다르기 때문에 지금은 신경 쓰지 말자. @version, path, host, @timestamp 같은 필드는 잠시 접어두고 message 필드에만 집중하자. message에 적힌 구문을 분석해 의미 있는 데이터로 변환하는 역할을 필터 플러그인이 해야 하며 이는 로그스태시의 가장 중요한 업무라고 할 수 있다.

6.3.2 필터

입력 플러그인이 받은 데이터를 의미 있는 데이터로 구조화하는 역할을 한다. 필수 구성요소가 아니어서 필터 없이 파이프라인을 구성할 수 있지만, 필터 없는 파이프라인은 그 기능을 온전히 발휘하기 힘들다. 그림 6.22를 살펴보자.

로그스태시 필터는 비정형 데이터를 정형화하고 데이터 분석을 위한 구조를 잡아준다. 그림 6.22처럼 비츠나 키바나 등에서 입력받은 데이터를 로그스태시 필터를 이용해 필요한 정보만 손쉽게 추출하거나 형태를 변환하고 부족한 정보는 추가하는 등 전반적인 데이터 정제/가공 작업을 수행할 수 있다. 이렇게 정형화된 데이터는 엘라스틱서치나 아마존 S3 같은 스토리지에 전송되어 분석 등의 용도로 활용된다. 로그스태시, 그중에서 필터는 데이터를 정형화하고 사용자가 필요한 데이터 형태로 가공하는 데 핵심적인 역할을 한다. 필터 역시 플러그인 형태이며,

입력과 비슷하게 다양한 필터 플러그인이 존재한다. 전체 플러그인은 온라인 문서[5]를 찾아보고, 여기서는 자주 사용하는 필터 플러그인들 위주로 알아보자.

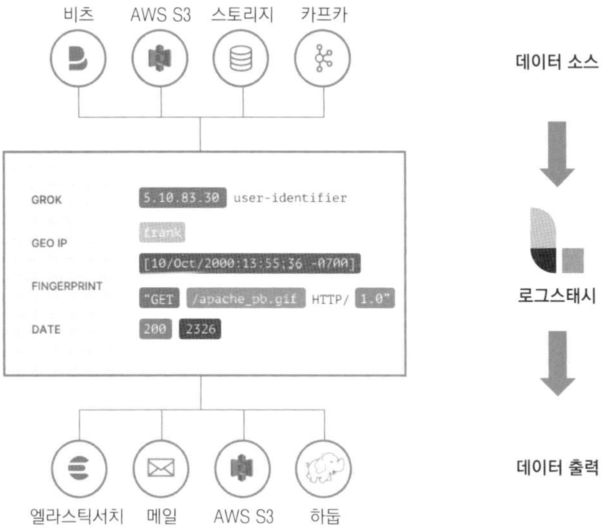

그림 6.22 필터 플러그인 역할[6]

표 6.3 자주 사용되는 필터 플러그인

필터 플러그인	설명
grok	grok 패턴을 사용해 메시지를 구조화된 형태로 분석한다. grok 패턴은 일반적인 정규식과 유사하나, 추가적으로 미리 정의된 패턴이나 필드 이름 설정, 데이터 타입 정의 등을 도와준다.
dissect	간단한 패턴을 사용해 메시지를 구조화된 형태로 분석한다. 정규식을 사용하지 않아 grok에 비해 자유도는 조금 떨어지지만 더 빠른 처리가 가능하다.
mutate	필드명을 변경하거나 문자열 처리 등 일반적인 가공 함수들을 제공한다.
date	문자열을 지정한 패턴의 날짜형으로 분석한다.

우선 예제를 진행하기 위한 파일을 하나 만들어보자.

리스트 6.4 예제 로그 생성 ch06/03/filter-example.log

```
C:\logstash-7.10.1>copy con .\config\filter-example.log
[2020-01-02 14:17] [ID1] 192.10.2.6 9500 [INFO] - connected.
[2020/01/02 14:19:25]   [ID2] 218.25.32.70 1070 [warn] - busy server.
```

5 필터 플러그인: https://www.elastic.co/guide/en/logstash/7.10/filter-plugins.html

6 출처: https://images.contentstack.io/v3/assets/bltefdd0b53724fa2ce/bltd908f368097df15a/5d0d59ed970556dd5800ed8b/diagram-logstash-filters.svg

메모장을 열고 리스트 6.4를 입력한다. 그리고 이 파일은 config 폴더에 filter-example.log라는 이름으로 저장한다.

이제 앞에서 작성했던 logstash-test.conf 파일을 수정해보자.

리스트 6.5 정적 파일 입력받기 ch06/03/input_file_static_file

```
input {
  file {
    path => "C:/logstash-7.10.1/config/filter-example.log"
    start_position => "beginning"
    sincedb_path => "nul"
  }
}

output {
  stdout { }
}
```

리스트 6.5는 방금 만들었던 filter-example.log 파일을 입력으로 받는 파이프라인 설정이다. 파일 플러그인에 sincedb_path라는 옵션이 추가되었다. start_position은 로그스태시가 새로운 파일을 인식했을 때 파일을 어디서부터 읽을 것인지에 대한 옵션으로 beginning과 end 중 하나를 선택할 수 있다. beginning은 파일의 처음, end는 파일의 끝을 가리킨다. sincedb_path는 다음 글상자를 참고하자. 우리는 로그스태시를 실행할 때마다 filter-example.log 파일의 처음부터 시작해야 한다. nul로 지정하면 sincedb 파일을 만들지 않기 때문에 이전 파일을 읽었던 기록이 없어서 매번 로그스태시를 실행할 때마다 파일을 처음부터 읽게 된다. 이제 로그스태시를 실행해보자.

참고 **sincedb 데이터베이스 파일**

sincedb 데이터베이스 파일은 파일을 어디까지 읽었는지 기록하는 파일이다. 앞에서 start_position이 파일을 어디서부터 읽을지 설정한다고 했다. beginning은 파일의 처음부터 읽어오고, end는 파일의 끝에서부터 읽어온다. 특이한 것은 start_position은 파일을 불러들이는 최초에 한 번만 적용된다는 점이다. 리스트 6.5에서 sincedb_path 옵션을 지우고 로그스태시를 실행해보자. 처음 로그스태시를 실행하면 모니터에 2개의 로그가 보인다. 하지만 로그스태시를 종료했다가 다시 실행해보면 로그가 보이지 않는다. 그 이유는 무엇일까? 최초 한 번 실행될 때는 start_position 옵션에 맞춰 파일을 읽는다. 즉 파일의 처음부터 두 줄을 읽는다. 그리고 sincedb 데이터베이스 파일에 어디까지 읽었는지 기록이 된다. 이후에 로그스태시를 재실행하면 start_position을 보고 파일을 불러오는 것이 아니라 sincedb 데이터베이스 파일이 있는지 보고, 있다면 sincedb 데이터베이스 파일에 기록되어 있는 위치부터 파일을 읽는다. `sincedb_path`를 따로 입력하지 않으면 엘라스틱은 기본값으로 로그스태시 data 폴더의 data/plugins/inputs/file 위치에 sincedb 데이터베이스 파일을 생성한다. 파일이 있는 경로로 이동한 다음에 sincedb 파일을 확인해보자.

```
C:\logstash-7.10.1\data\plugins\inputs\file>dir
 C 드라이브의 볼륨에는 이름이 없습니다.
 볼륨 일련 번호: 0668-FE67

 C:\logstash-7.10.1\data\plugins\inputs\file 디렉터리

2020-12-25  오전 07:43    <DIR>          .
2020-12-25  오전 07:43    <DIR>          ..
2020-12-25  오전 07:43                92 .sincedb_674abf7e32f221dee73bea48d5db82d2
               1개 파일                  92 바이트
               2개 디렉터리  951,521,431,552 바이트 남음
```

그림 6.23 sincedb 데이터베이스 파일

data/plugins/inputs/file 위치에 가면 sincedb 파일을 볼 수 있는데 숨김 파일 형태로 저장되어 있다. 파일을 열어보면 파일이 마지막으로 읽힌 오프셋값을 알 수 있다.

그림 6.24는 리스트 6.5에서 작성한 파이프라인의 실행 결과다. 2개의 로그가 로그스태시를 통해 처리되었다. 이제부터 본격적으로 필터 플러그인을 적용해보자.

```
C:\logstash-7.10.1>.\bin\logstash.bat -f .\config\logstash-test.conf --log.level error
Using JAVA_HOME defined java: C:\Program Files\Java\jdk1.8.0_271
WARNING, using JAVA_HOME while Logstash distribution comes with a bundled JDK
Sending Logstash logs to C:/logstash-7.10.1/logs which is now configured via log4j2.properties
{
          "path" => "C:/logstash-7.10.1/config/filter-example.log",
          "host" => "DESKTOP-U02R5A5",
       "message" => "[2020-01-02 14:17] [ID1] 192.10.2.6 9500 [INFO] - connected.\r",
      "@version" => "1",
    "@timestamp" => 2020-12-24T22:49:15.506Z
}
{
          "path" => "C:/logstash-7.10.1/config/filter-example.log",
          "host" => "DESKTOP-U02R5A5",
       "message" => "[2020/01/02 14:19:25]   [ID2] 218.25.32.70 1070 [warn] - busy server.\r",
      "@version" => "1",
    "@timestamp" => 2020-12-24T22:49:15.529Z
}
```

그림 6.24 리스트 6.5 실행 결과

6.3.2.1 문자열 자르기

데이터나 로그는 대부분 길이가 길기 때문에 우리가 원하는 형태로 분리해야 한다. 필터 플러그인 중 문자열을 자르는 방법을 알아보자. 먼저 logstash-test.conf 파일에서 `filter`에 플러그인을 추가해보자. 리스트 6.6 이후 필터 예제에서는 `input`과 `output` 코드를 따로 적지 않을 테니 특별한 언급이 없으면 `input`과 `output`은 수정하지 않는다.

리스트 6.6 mutate 플러그인에서 split 옵션을 이용한 문자열 자르기 ch06/03/filter_mutate_split

```
input {
  file {
    path => "C:/logstash-7.10.1/config/filter-example.log"
    start_position => "beginning"
    sincedb_path => "nul"
  }
}

filter {
  mutate {
    split => { "message" => " " }
  }
}

output {
  stdout { }
}
```

mutate 플러그인은 필드를 변형하는 다양한 기능들을 제공하고 있다. 필드 이름을 바꾸거나 변경하거나 삭제하는 작업 등을 할 수 있다. mutate는 플러그인 내부에 옵션이 다양한데 `split`도 여러 옵션 중 하나다. `split` 옵션은 구분자를 기준으로 데이터를 자를 수 있다. 리스트 6.6에서는 `message`라는 필드를 공백 기준(" ")으로 문자를 분리한다. 그 외에 자주 사용하는 옵션은 표 6.4와 같다.

표 6.4 mutate 옵션

mutate 옵션	설명
split	쉼표(,) 같은 구분 문자를 기준으로 문자열을 배열로 나눈다.
rename	필드 이름을 바꾼다.
replace	해당 필드값을 특정 값으로 바꾼다.
uppercase	문자를 대문자로 변경한다.
lowercase	문자를 소문자로 변경한다.
join	배열을 쉼표(,) 같은 구분 문자로 연결해 하나의 문자열로 합친다.
gsub	정규식이 일치하는 항목을 다른 문자열로 대체한다.
merge	특정 필드를 다른 필드에 포함시킨다.
coerce	null인 필드값에 기본값을 넣어준다.
strip	필드값의 좌우 공백을 제거한다.

mutate는 많은 옵션이 있어서 순서가 중요한데, `coerce - rename - update - replace - convert - gsub - uppercase - capitalize - lowercase - strip - remove - split - join - merge - copy` 순으로 옵션이 적용된다. mutate 플러그인의 자세한 옵션은 온라인 문서[7]에서 확인 가능하다. 로그스태시를 실행해보자.

```
C:\logstash-7.10.1>.\bin\logstash.bat -f .\config\logstash-test.conf
```

`split` 옵션을 사용한 결과는 다음과 같다.

```
{
    "@timestamp" => 2020-12-24T22:57:50.309Z,
          "path" => "C:/logstash-7.10.1/config/filter-example.log",
       "message" => [
        [0] "[2020/01/02",
        [1] "14:19:25]",
        [2] "[ID2]",
        [3] "218.25.32.70",
        [4] "1070",
        [5] "[warn]",
        [6] "-",
        [7] "busy",
        [8] "server."
    ],
      "@version" => "1",
          "host" => "DESKTOP-U02R5A5"
}
{
    "@timestamp" => 2020-12-24T22:57:50.284Z,
          "path" => "C:/logstash-7.10.1/config/filter-example.log",
       "message" => [
        [0] "[2020-01-02",
        [1] "14:17]",
        [2] "[ID1]",
        [3] "192.10.2.6",
        [4] "9500",
        [5] "[INFO]",
        [6] "-",
        [7] "connected."
    ],
      "@version" => "1",
          "host" => "DESKTOP-U02R5A5"
}
```

그림 6.25 mutate 플러그인의 split 옵션 사용 결과

`message` 필드 문자열이 공백을 기준으로 구분되어 배열 형태의 데이터가 되었다. 구분된 문자들은 '필드명[숫자]'와 같이 접근할 수 있다. 예를 들어, ID를 가리키는 필드는 `message[2]`와 같다. mutate는 많이 사용하는 대표적인 필터 플러그인인데 그 밖의 옵션도 더 사용해보자. logstash-test.conf를 다음처럼 수정해보자.

7 mutate 필터 플러그인: https://www.elastic.co/guide/en/logstash/7.10/plugins-filters-mutate.html

리스트 6.7 mutate 플러그인의 다른 옵션들 ch06/03/filter_common_option

```
...
filter {
  mutate {
    split => { "message" => " " }
    add_field => { "id" => "%{[message][2]}" }
    remove_field => "message"
  }
}
...
```

add_field는 필드를 새로 만들어서 추가하는 옵션이다. id라는 필드를 새로 생성하고 앞에서 split으로 분리되어 있는 message 필드의 배열 중에서 message[2]의 데이터를 넣는다. 앞서 설명한 바와 같이 message[2]는 split 옵션에 의해 잘린 데이터 중 ID를 의미하는 필드다. remove_field는 특정 필드를 삭제하는 옵션이다. 만들어진 message, path, @version, @timestamp, host 필드를 지울 수 있다. add_field와 remove_field는 mutate의 특별한 옵션은 아니고 모든 필터 플러그인에서 사용할 수 있는 옵션이다. 모든 필터 플러그인의 공통 옵션은 표 6.5와 같다.

표 6.5 **필터 플러그인 공통 옵션**

공통 옵션	설명
add_field	새로운 필드를 추가할 수 있다.
add_tag	성공한 이벤트에 태그를 추가할 수 있다.
enable_metric	메트릭 로깅을 활성화하거나 비활성화할 수 있다. 기본적으로 활성화되어 있으며, 수집된 데이터는 로그스태시 모니터링에서 해당 필터의 성능을 분석할 때 사용된다.
id	플러그인의 아이디를 설정한다. 모니터링 시 아이디를 이용해 특정 플러그인을 쉽게 찾을 수 있다.
remove_field	필드를 삭제할 수 있다.
remove_tag	성공한 이벤트에 붙은 태그를 제거할 수 있다.

이제 로그스태시를 실행해보자.

```
C:\logstash-7.10.1>.\bin\logstash.bat -f .\config\logstash-test.conf
```

결과를 확인해보자(그림 6.26 참고).

그림 6.26 mutate 플러그인의 split, add_field, remove_field 옵션 사용 결과

필터 플러그인은 순서대로 동작하는데 먼저 `split`에 의해 `message` 필드의 문자열이 공백을 기준으로 분리되었다. 다음으로 `id` 필드를 추가하고 필드값은 `message[2]`를 사용한다. 마지막으로 `message` 필드가 사라졌다. 간단한 예제이지만 로그스태시의 강점이 느껴지는가? 사용하기 쉬우면서 필터들을 통해 강력한 문자열 변환이 가능함을 알 수 있다. 참고로, split이라는 필터 플러그인이 있는데 split 플러그인은 단일 문서를 복수의 문서로 나눠주는 역할을 한다. 지금 사용한 `split`은 mutate 플러그인의 옵션으로 둘을 혼동하지 않도록 주의하자.

6.3.2.2 dissect를 이용한 문자열 파싱

이번에는 dissect 플러그인을 이용해 문자열을 파싱해보자. 앞에서 mutate 플러그인의 `split` 옵션을 이용해 문자열을 분리했지만 하나의 구분자만 이용해서 데이터를 나눠야 한다는 단점이 있다. dissect 플러그인은 패턴을 이용해 문자열을 분석하고 주요 정보를 필드로 추출하는 기능을 수행한다. logstash-test.conf 파일의 `filter` 부분을 수정해보자. `input`과 `output`은 따로 수정하지 않는다.

리스트 6.8 dissect 플러그인 사용 ch06/03/filter_dissect

```
...
filter {
  dissect {
    mapping => {"message" => "[%{timestamp}] [%{id}] %{ip} %{port} [%{level}] - %{message}."}
  }
}
...
```

dissect 플러그인의 `mapping` 옵션에 구분자 형태를 정의하고 필드를 구분한다. `%{필드명}`으로 작성하면 중괄호({}) 안의 필드명으로 새로운 필드가 만들어진다. `%{}` 외의 문자들은 모두 구분자 역할을 한다. 리스트 6.8에서 설정한 필드 구분자를 그림으로 표현해보자.

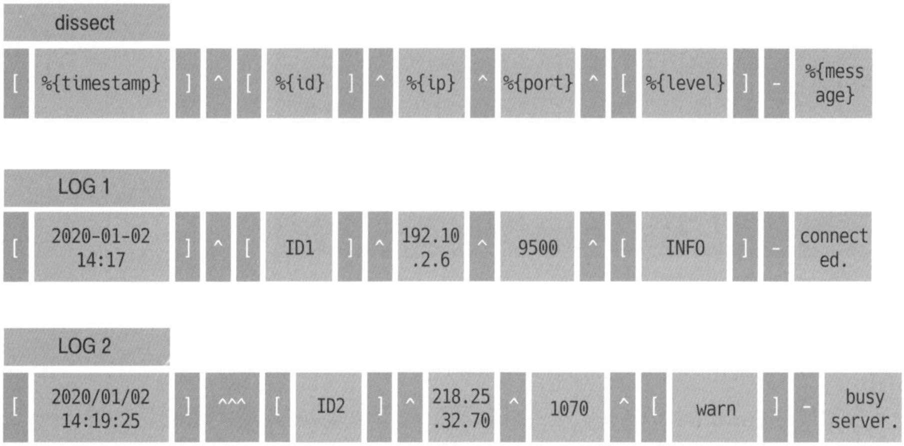

그림 6.27 리스트 6.8의 dissect 플러그인 필드 구분 시 모습

그림 6.27에서는 공백을 표현하기 위해 ^ 기호를 사용했다. 필드를 구분하는 구분자로는 ' '(공백), '-', '[', ']'가 있다. message 필드의 문자열이 "[timestamp] [id] ip port [level] - msg" 형식으로 구성되어 있다면 구분자에 맞춰 문자열을 자르고 생성된 형태에 맞춰 필드를 구분한다. 로그스태시를 실행해보자.

```
C:\logstash-7.10.1>.\bin\logstash.bat -f .\config\logstash-test.conf
```

결과를 확인해보자(그림 6.28 참고).

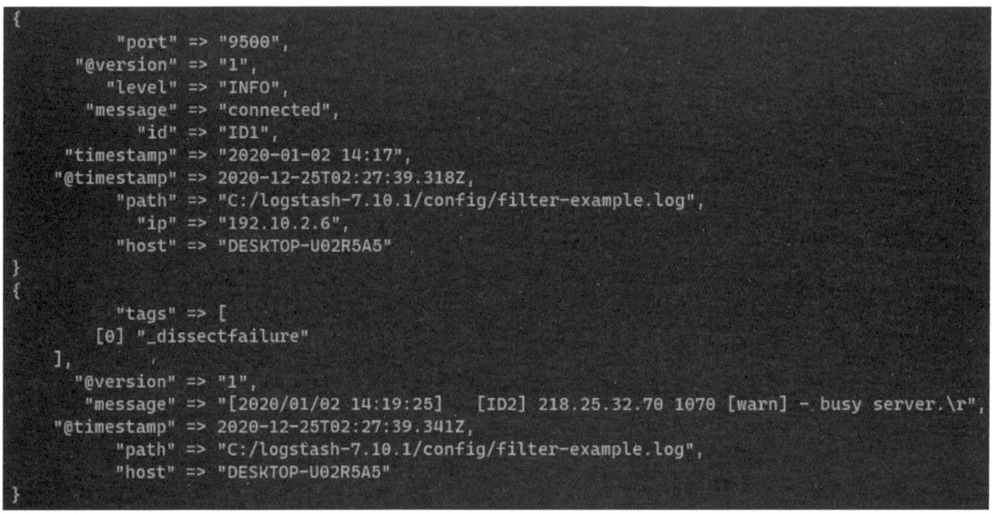

```
{
          "port" => "9500",
      "@version" => "1",
         "level" => "INFO",
       "message" => "connected",
            "id" => "ID1",
     "timestamp" => "2020-01-02 14:17",
    "@timestamp" => 2020-12-25T02:27:39.318Z,
          "path" => "C:/logstash-7.10.1/config/filter-example.log",
            "ip" => "192.10.2.6",
          "host" => "DESKTOP-U02R5A5"
}
{
          "tags" => [
        [0] "_dissectfailure"
    ],
      "@version" => "1",
       "message" => "[2020/01/02 14:19:25]   [ID2] 218.25.32.70 1070 [warn] - busy server.\r",
    "@timestamp" => 2020-12-25T02:27:39.341Z,
          "path" => "C:/logstash-7.10.1/config/filter-example.log",
          "host" => "DESKTOP-U02R5A5"
}
```

그림 6.28 dissect 플러그인 사용 결과

dissect 플러그인에서 매핑된 형태로 문자열이 분리되어 필드에 저장되었다. mutate 플러그인을 사용한 결과와 비교하면 훨씬 깔끔하다는 것을 알 수 있다. 하지만 두 번째 로그에서 문제가 발생했다. `_dissectfailure`는 dissect 필터 플러그인이 동작하지 않을 경우 발생한다. 그림 6.29를 보면서 문제가 발생한 이유를 알아보자.

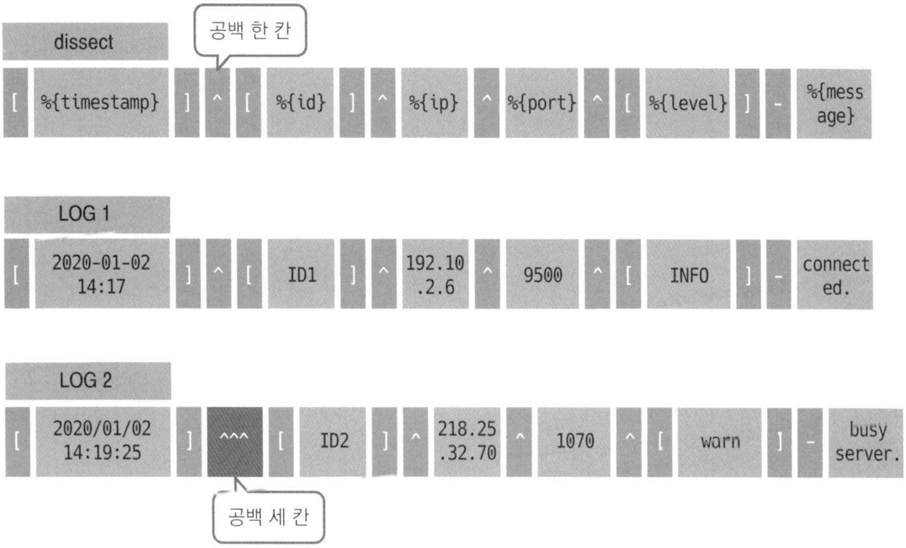

그림 6.29 **dissect 필터 매핑 오류**

dissect 플러그인의 매핑 패턴은 [timestamp]와 [id] 간의 공백이 한 칸이다. 공백이 한 칸인 첫 번째 로그는 패턴에 맞춰 문자가 잘 구분되었지만 두 번째 로그는 [timestamp]와 [id] 사이의 공백이 세 칸이기 때문에 매핑에서 정해놓은 구문자가 아니라며 오류를 발생시킨다. dissect 플러그인에서는 공백 한 칸과 세 칸을 다르게 인식한다. 이를 해결하기 위해 매핑에 적용할 수 있는 몇 가지 기호를 사용해보자. logstash-test.conf 파일을 수정해보자.

리스트 6.9 dissect 플러그인에 사용할 수 있는 필드 기호들 ch06/03/filter_dissect2

```
...
filter {
  dissect {
    mapping => {"message" => "[%{timestamp}]%{?->}[%{id}] %{ip} %{+ip} [%{?level}] - %{}."}
  }
}
...
```

리스트 6.9는 dissect 플러그인의 매핑에서 사용할 수 있는 기호들이다. 먼저 -> 기호는 공백을 무시한다. %{필드명->}을 입력하면 공백이 몇 칸이든 하나의 공백으로 인식한다. 그리고 %{?필드명} 혹은 %{}를 입력하면 그 필드명은 결과에 포함하지 않는다. 그래서 %{?->}라고 입력하면 공백들을 하나의 필드로 만든 다음 무시하게 된다. 기존 level이나 message 필드도 모두 무시하게 된다. %{+필드명}을 작성하면 여러 개의 필드를 하나의 필드로 합쳐서 표현한다. 이제 기존 port 필드가 ip 필드에 합쳐진다. 그림 6.30을 확인해보자.

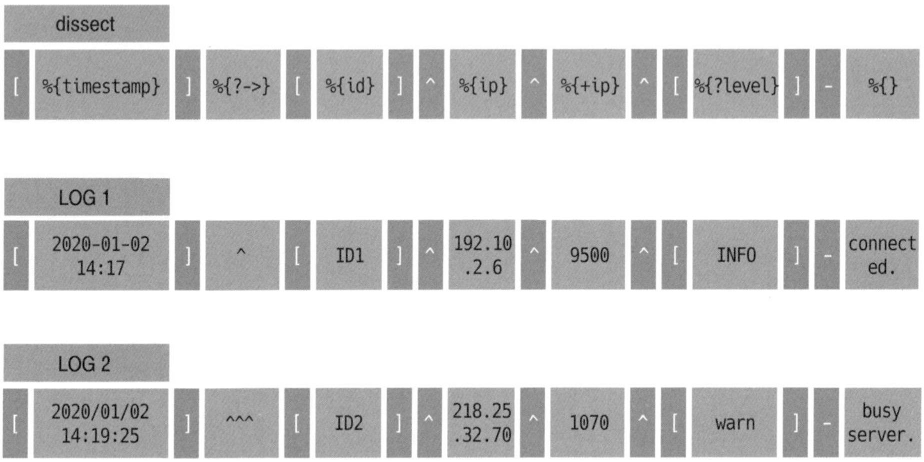

그림 6.30 dissect 플러그인에 사용할 수 있는 필드 기호들

[timestamp]와 [id] 사이에 있던 공백을 필드로 만든 후 공백 처리를 했다. 이제 매핑에 벗어나는 로그는 없어 보인다. 로그스태시를 다시 실행해보자.

```
C:\logstash-7.10.1>.\bin\logstash.bat -f .\config\logstash-test.conf
```

결과를 확인해보자(그림 6.31 참고).

오류가 발생했던 그림 6.28과 달리 두 로그 모두 원하는 형태의 결과가 나왔다. ip와 port 필드가 ip라는 하나의 필드로 변경되었고, level과 message 필드는 결과에 포함되지 않는다.

```
{
           "id" => "ID1",
           "ip" => "192.10.2.6 9500",
         "host" => "DESKTOP-U02R5A5",
      "message" => "[2020-01-02 14:17] [ID1] 192.10.2.6 9500 [INFO] - connected.\r",
   "@timestamp" => 2020-12-25T02:31:55.806Z,
         "path" => "C:/logstash-7.10.1/config/filter-example.log",
     "@version" => "1",
    "timestamp" => "2020-01-02 14:17"
}
{
           "id" => "ID2",
           "ip" => "218.25.32.70 1070",
         "host" => "DESKTOP-U02R5A5",
      "message" => "[2020/01/02 14:19:25]   [ID2] 218.25.32.70 1070 [warn] - busy server.\r",
   "@timestamp" => 2020-12-25T02:31:55.837Z,
         "path" => "C:/logstash-7.10.1/config/filter-example.log",
     "@version" => "1",
    "timestamp" => "2020/01/02 14:19:25"
}
```

그림 6.31 dissect 플러그인에서 필드 기호들을 사용한 결과

6.3.2.3 grok를 이용한 문자열 파싱

grok는 정규 표현식을 이용해 문자열을 파싱할 수 있다. 정규 표현식은 특정한 규칙을 갖는 문자열을 표현하는 언어다. 개발 과정에서 `[0-9]`, `world*` 같은 정규 표현식을 사용해봤을 것이다. grok는 자주 사용하는 정규 표현식들을 패턴화해뒀으며 패턴을 이용해 `%{패턴:필드명}` 형태로 데이터에서 특정 필드를 파싱할 수 있다. 다음은 grok에서 지원하는 패턴들이다.

표 6.6 grok 패턴

패턴명	설명
NUMBER	십진수를 인식한다. 부호와 소수점을 포함할 수 있다.
SPACE	스페이스, 탭 등 하나 이상의 공백을 인식한다.
URI	URI를 인식한다. 프로토콜, 인증 정보, 호스트, 경로, 파라미터를 포함할 수 있다.
IP	IP 주소를 인식한다. IPv4나 IPv6를 모두 인식할 수 있다.
SYSLOGBASE	시스로그의 일반적인 포맷에서 타임스탬프, 중요도, 호스트, 프로세스 정보까지 메시지 외의 헤더 부분을 인식한다.
TIMESTAMP_ISO8601	ISO8601 포맷의 타임스탬프를 인식한다. 2020-01-01T12:00:00+09:00과 같은 형태이며, 타임존까지 정확한 정보를 기록하고 로그에선 많이 쓰이는 날짜 포맷이기에 grok 표현식을 작성할 때도 유용하다.
DATA	이 패턴의 직전 패턴부터 다음 패턴 사이를 모두 인식한다. 특별히 인식하고자 하는 값의 유형을 신경 쓸 필요가 없으므로 특별히 값이 검증될 필요가 없다면 가장 많이 쓰이는 패턴 중 하나다.
GREEDYDATA	DATA 타입과 동일하나, 표현식의 가장 뒤에 위치시킬 경우 해당 위치부터 이벤트의 끝까지를 값으로 인식한다.

표 6.6은 grok에서 지원하는 패턴명과 정규식 패턴을 명시해뒀다. 사람들이 자주 쓰는 패턴들은 이미 만들어져 있기 때문에 가져다가 사용하면 되고, 원하는 패턴이 없는 경우 패턴을 직접 만들어 사용할 수 있다. 링크[8]를 따라 들어가면 기본 제공되는 모든 패턴을 확인할 수 있다. logstash-test.conf 파일을 수정해서 grok 플러그인을 사용해보자.

리스트 6.10 grok 플러그인을 이용한 문자열 자르기 ch06/03/filter_grok

```
...
filter {
  grok {
    match => { "message" => "\[%{TIMESTAMP_ISO8601:timestamp}\] [ ]*\[%{DATA:id}\]
%{IP:ip} %{NUMBER:port:int} \[%{LOGLEVEL:level}\] \- %{DATA:msg}\."}
  }
}
...
```

grok는 기본적으로 `%{패턴명:변수명}` 형태로 작성하면 된다. 먼저 `TIMESTAMP_ISO8601`은 ISO8601 표준 시간 표기법[9]에 대한 패턴이다. `DATA`는 모든 데이터를 인식하고, `IP`는 IPv4 형태의 데이터(192.192.192.192)를 인식한다. `NUMBER`는 숫자를 인식하는데, 변수명 뒤에 `:int`를 추가하면 변경 시 정수 타입으로 지정한다. 특별한 값을 넣지 않으면 모든 데이터가 문자 타입으로 인식된다. `LOGLEVEL`은 시스로그syslog 레벨(WARN, ERROR 등)을 인식한다. '[', ']', '-', '.' 같은 기호는 역슬래시(\)를 붙여 이스케이프할 수 있다. `[timestamp]`와 `[id]` 사이에는 공백이 한 칸인 경우와 세 칸인 경우가 있는데 `[ ]*`라는 정규식을 이용해 모든 공백을 허용하게 했다. 로그스태시를 실행해보자.

```
C:\logstash-7.10.1>.\bin\logstash.bat -f .\config\logstash-test.conf
```

그림 6.32에서 결과를 확인해보자.

8 로그스태시 패턴: https://github.com/logstash-plugins/logstash-patterns-core/blob/master/patterns/ecs-v1/grok-patterns

9 ISO8601 시간 표기법: https://ko.wikipedia.org/wiki/ISO_8601

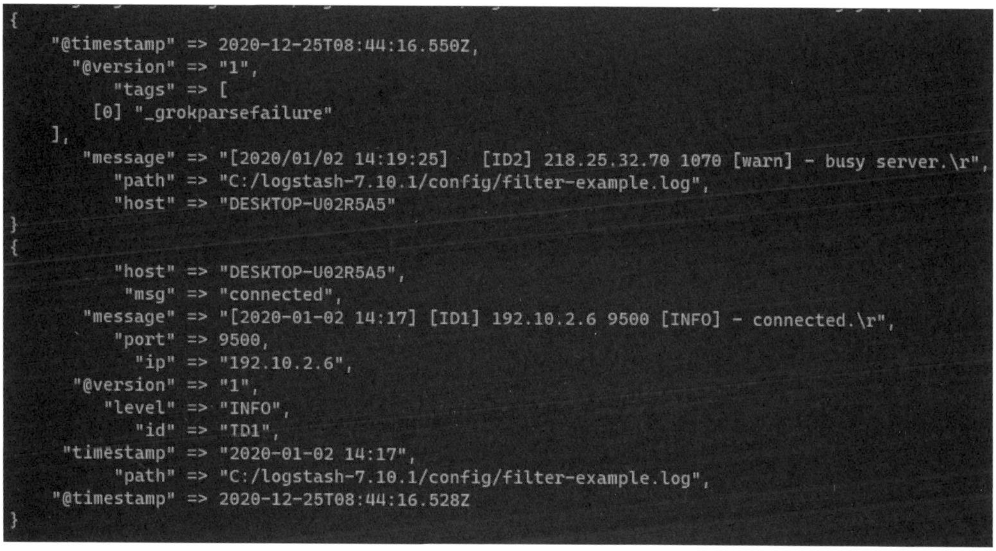

그림 6.32 grok 플러그인 사용 결과

첫 번째 로그는 원하는 형태로 필드가 구분되었고 포트port가 문자 타입이 아닌 정수 타입으로 저장되었다. 하지만 두 번째 로그는 오류가 발생했는데 날짜/시간 데이터 포맷이 맞지 않아서다. 날짜/시간 데이터 포맷은 로그 만드는 사용자가 너무나 다양한 형태로 포맷을 만들어서 사용하기 때문에 데이터를 수집하는 쪽에서 반드시 포맷을 통일해줘야 한다. 현재 제공하는 grok 패턴으로는 두 번째 로그의 날짜/시간을 인식할 수 없기 때문에 새로운 패턴을 만들어볼 것이다. 우선 기존의 TIMESTAMP_ISO8601 포맷을 보자.

리스트 6.11 로그스태시에서 지원하는 grok TIMESTAMP_ISO8601 패턴

```
TIMESTAMP_ISO8601 %{YEAR}-%{MONTHNUM}-%{MONTHDAY}[T ]%{HOUR}:?%{MINUTE}(?::?%{SECOND})
?%{ISO8601_TIMEZONE}?
```

리스트 6.11은 grok에서 지원하는 TIMESTAMP_ISO8601 패턴이다. 연-월-일 형태의 포맷만 지원하고 있는데 연/월/일 형태의 포맷도 지원되도록 수정해보자. 사용자가 패턴을 지정하기 위해서는 grok의 pattern_definitions 옵션을 사용한다. 여기서는 기존 TIMESTAMP_ISO8601 포맷을 기초로 기호만 추가했다. logstash-test.conf 파일을 수정해보자.

리스트 6.12 사용자 지정 패턴 적용 ch06/03/filter_grok_pattern_def

```
...
filter {
  grok {
```

```
    pattern_definitions => { "MY_TIMESTAMP" => "%{YEAR}[/-]%{MONTHNUM}[/-]%{MONTHDAY}
[T ]%{HOUR}:?%{MINUTE}(?::?%{SECOND})?%{ISO8601_TIMEZONE}?" }
    match => { "message" => "\[%{MY_TIMESTAMP:timestamp}\] * \[%{DATA:id}\] %{IP:ip}
%{NUMBER:port:int} \[%{LOGLEVEL:level}\] \- %{DATA:msg}\."}
  }
}
...
```

grok 플러그인에서 pattern_definitions 옵션을 추가하고 원하는 형식의 정규 표현식을 작성하면 된다. 기존의 TIMESTAMP_ISO8601 포맷은 연-월-일 형태만 지원했는데, 이 패턴을 복사해와서 연/월/일 형태까지 지원하도록 추가했다. 정규 표현식에서 [/-]는 '/', '-' 기호 모두 패턴에 맞는다고 판단한다. 로그스태시를 실행해보자.

```
C:\logstash-7.10.1>.\bin\logstash.bat -f .\config\logstash-test.conf
```

결과를 확인해보자(그림 6.33 참고).

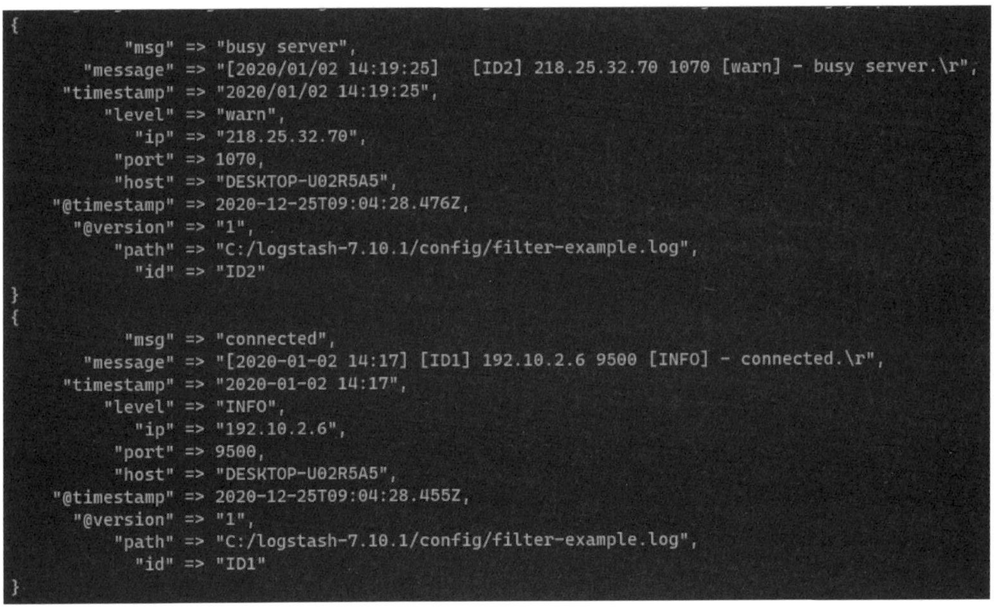

그림 6.33 grok 플러그인 사용자 지정 패턴 사용 결과

날짜/시간 포맷을 수정한 grok 플러그인을 사용했더니 두 로그 모두 정상적인 결과가 나온다.

dissect와 grok 플러그인은 패턴을 이용해 구문 분석을 한다는 공통점이 있지만 성능 차이가 있다. 로그 형식이 일정하고 패턴이 변하지 않는다면 dissect를 사용하는 것이 좋다. 패턴을 해석하지 않아서 속도가 빠르기 때문이다. 하지만 로그 형태가 일정하다고 장담하기 힘들다면 예외 처리나 패턴이 자유로운 grok를 사용하는 것이 좋다. dissect로 분석이 가능한 문자열은 무조건 dissect로 분석하는 것이 성능상 좋으며, grok는 dissect와 기타 필터 조합으로 간단하게 해결되지 않는 진짜 정규 표현식이 필요한 경우에만 사용하는 것이 좋다.

6.3.2.4 대소문자 변경

앞서 로그스태시의 장점이 플러그인을 통해 문자열을 원하는 형태로 쉽게 가공할 수 있다는 것이라고 설명했다. 이번에는 소문자를 대문자로 바꿔보면서 필터 플러그인을 통해 얼마나 쉽게 데이터를 가공할 수 있는지 알아보겠다. logstash-test.conf 파일을 수정해보자.

리스트 6.13 mutate 플러그인의 uppercase 옵션을 이용해 소문자를 대문자로 변경 ch06/03/filter_mutate_uppercase

```
...
filter {
  dissect {
    mapping => {"message" => "[%{?timestamp}]%{?->}[%{?id}] %{?ip} %{?port} [%{level}] -
%{?msg}."}
  }
  mutate {
    uppercase => ["level"]
  }
}
...
```

리스트 6.13은 두 가지 필터 플러그인을 사용하고 있다. 먼저 dissect 플러그인을 이용해 패턴에 맞춰 문자열을 자른다. `level` 필드를 제외하고 나머지는 ?를 사용해 모두 무시한다. 다음으로 mutate 플러그인의 `uppercase` 옵션을 통해 `level` 필드의 데이터를 모두 대문자로 변경한다. 로그스태시를 실행해보자.

```
C:\logstash-7.10.1>.\bin\logstash.bat -f .\config\logstash-test.conf
```

결과를 확인해보자(그림 6.34 참고).

```
{
          "path" => "C:/logstash-7.10.1/config/filter-example.log",
      "@version" => "1",
          "host" => "DESKTOP-U02R5A5",
         "level" => "WARN",
       "message" => "[2020/01/02 14:19:25]   [ID2] 218.25.32.70 1070 [warn] - busy server.\r",
    "@timestamp" => 2020-12-25T09:19:28.028Z
}
{
          "path" => "C:/logstash-7.10.1/config/filter-example.log",
      "@version" => "1",
          "host" => "DESKTOP-U02R5A5",
         "level" => "INFO",
       "message" => "[2020-01-02 14:17] [ID1] 192.10.2.6 9500 [INFO] - connected.\r",
    "@timestamp" => 2020-12-25T09:19:28.008Z
}
```

그림 6.34 mutate 플러그인의 uppercase 옵션 사용 결과

level 필드의 데이터가 warn에서 WARN으로 변경되었다. mutate 플러그인의 lowercase라는 옵션은 uppercase와 반대로 대문자를 소문자로 변경한다.

6.3.2.5 날짜/시간 문자열 분석

이벤트가 발생한 날짜/시간 정보는 모니터링이나 진단을 하는 데 없어서는 안 되는 매우 중요한 정보다. 하지만 로그 생성자들이 만드는 날짜/시간 포맷이 통일되어 있지 않다는 문제가 있다. ISO8601 같은 표준 표기법이 있지만 국가나 문화권별로 표현하는 방법이 다르고 강제적인 규약이 없으니 로그를 생성하는 곳마다 다른 날짜/시간 포맷을 사용한다. 예를 들어 시간의 경우 '12시 25분', '12:45', 'PM 12:45' 같이 다양하게 표현이 가능하다. 이런 다양한 포맷을 date 플러그인을 이용해 기본 날짜/시간 포맷으로 인덱싱할 수 있다. 엘라스틱서치의 경우 ISO8601 표준 포맷(yyyy-MM-dd'T'HH:mm:ss.SSSSSSZ, yyyy-MM-dd, epoch_millis)을 기본으로 사용하고 있다. logstash-test.conf 파일을 수정해서 date 플러그인을 사용해보자.

리스트 6.14 날짜/시간 포맷을 분석하는 코드 ch06/03/filter_date

```
...
filter {
  dissect {
    mapping => {"message" => "[%{timestamp}]%{?->}[%{?id}] %{?ip} %{?port} [%{?level}] -
%{?msg}."}
  }
  mutate {
    strip => "timestamp"
  }
  date {
    match => [ "timestamp", "YYYY-MM-dd HH:mm", "yyyy/MM/dd HH:mm:ss" ]
```

```
    target => "new_timestamp"
    timezone => "UTC"
  }
}
...
```

리스트 6.14의 플러그인들을 하나씩 살펴보자. 우선 앞서 사용했던 dissect 플러그인으로 문자열을 자른다. `timestamp` 필드만 제외하고 나머지 필드는 무시한다. 다음 mutate 플러그인의 `strip` 옵션은 선택한 필드의 양옆에 공백이 있을 경우 제거하는데, dissect에 의해 만들어진 `timestamp` 필드 좌우에 공백이 포함되어 있다면 제거된다. date 플러그인은 날짜/시간 관련된 데이터를 ISO8601 타입으로 일괄적으로 변경한다. `match` 옵션의 첫 번째 값은 매칭할 필드명이고 이후 값들은 매칭할 날짜/시간 포맷이다. 여기서는 `timestamp` 필드 중에서 YYYY-MM-DD HH:mm 포맷이거나 yyyy/MM/dd HH:mm:ss 포맷인 경우 매칭된다. `target`은 `match`에 의해 매칭된 필드가 저장될 새로운 필드를 의미하고, `timezone`은 원본 문자열에 타임존 정보가 포함되어 있지 않을 때 어떤 타임존으로 분석할지 설정할 수 있다. 로그스태시는 타임존을 지정하지 않으면 로컬 PC의 타임존을 적용하게 된다. 이 경우 표준시간대Universal Time Coordinated, UTC와 맞지 않을 수 있으니 타임존을 UTC로 설정한다. 로그스태시에서 사용하는 날짜/시간 포맷은 Joda Time 라이브러리[10] 포맷을 사용한다.

표 6.7 Joda Time 라이브러리에서 지원하는 날짜/시간 패턴 문자열

기호	의미	예시
Y/y	연도	1996
M	월	July, Jul, 07
m	분	30
D	일(연 기준)	189
d	일(월 기준)	10
H	시(0~23)	18
h	시(0~12)	6
S	밀리초(0~999)	978
s	초(0~59)	55

10 Joda Time 라이브러리: https://www.joda.org/joda-time/apidocs/org/joda/time/format/DateTimeFormat.html

로그스태시를 실행해보자.

```
C:\logstash-7.10.1>.\bin\logstash.bat -f .\config\logstash-test.conf
```

이제 결과를 확인해보자(그림 6.35 참고).

```
{
              "path" => "C:/logstash-7.10.1/config/filter-example.log",
              "host" => "DESKTOP-U02R5A5",
        "@timestamp" => 2020-12-25T09:28:46.829Z,
         "timestamp" => "2020-01-02 14:17",
           "message" => "[2020-01-02 14:17] [ID1] 192.10.2.6 9500 [INFO] - connected.\r",
          "@version" => "1",
     "new_timestamp" => 2020-01-02T14:17:00.000Z
}
{
              "path" => "C:/logstash-7.10.1/config/filter-example.log",
              "host" => "DESKTOP-U02R5A5",
        "@timestamp" => 2020-12-25T09:28:46.851Z,
         "timestamp" => "2020/01/02 14:19:25",
           "message" => "[2020/01/02 14:19:25]   [ID2] 218.25.32.70 1070 [warn] - busy server.\r",
          "@version" => "1",
     "new_timestamp" => 2020-01-02T14:19:25.000Z
}
```

그림 6.35 date 플러그인 사용 결과

new_timestamp라는 새로운 필드가 생성되었고, 시간 포맷이 달랐던 두 데이터가 ISO8601 타입의 포맷으로 통일되는 것을 확인할 수 있다.

6.3.2.6 조건문

필터는 기본적으로 모든 이벤트에 적용된다. 단순히 csv나 json과 같이 정해진 포맷을 읽어 들이는 경우라면 모르겠지만, 일반적으로 입력되는 이벤트의 형태는 다양하고 이에 따라 각기 다른 필터를 적용해야 한다. 로그스태시에서는 일반적인 프로그래밍 언어와 동일한 형태로 if, else if, else 조건문을 제공하며, 이를 이용해 이벤트마다 적절한 필터를 적용할 수 있다. if는 조건문이 참이면 if 아래 블록을 실행하고, else if는 단독으로 사용할 수 없으며 if 조건문이 거짓일 때 else if 조건문이 참이면 else if 아래 블록을 실행한다. else는 앞의 구문이 모두 거짓일 때 블록을 실행한다. logstash-test.conf 파일에 조건문을 추가해보자.

리스트 6.15 조건문을 이용한 필터 ch06/03/filter_if_condition

```
...
filter {
  dissect {
    mapping => {"message" => "[%{timestamp}]%{?->}[%{id}] %{ip} %{port} [%{level}] - %{msg}."}
  }
```

```
    if [level] == "INFO" {
      drop { }
    }
    else if [level] == "warn" {
      mutate {
        remove_field => [ "ip", "port", "timestamp", "level" ]
      }
    }
  }
  ...
```


필터 내부에서 조건문을 사용할 수 있다. dissect 플러그인을 통해 먼저 timestamp, id, ip, port, level, msg 필드를 생성한다. 다음으로 if 조건문을 통해 필드명이 특정 조건과 일치하는지 확인하는데, level은 앞서 dissect에서 만들어진 필드다. 파이프라인 순서대로 동작하기 때문에 앞에서 level 필드가 만들어져야만 사용할 수 있다. drop은 데이터를 삭제하는 플러그인이다. 조건문과 결합하면 특정 조건을 만족하는 로그를 버릴 수 있다. 여기서는 level 필드의 값에 따라 로그를 삭제하거나 특정 필드를 제거하고 있다. 로그스태시를 실행해보자.

```
C:\logstash-7.10.1>.\bin\logstash.bat -f .\config\logstash-test.conf
```

결과를 확인해보자(그림 6.36 참고).

```
{
            "id" => "ID2",
          "path" => "C:/logstash-7.10.1/config/filter-example.log",
          "host" => "DESKTOP-U02R5A5",
       "message" => "[2020/01/02 14:19:25]   [ID2] 218.25.32.70 1070 [warn] - busy server.\r",
    "@timestamp" => 2020-12-25T09:35:57.609Z,
           "msg" => "busy server",
      "@version" => "1"
}
```

그림 6.36 조건문을 사용한 결과

조건문에 의해 level이 "INFO"였던 첫 번째 로그는 출력되지 않았다. 그리고 level이 "warn"이었던 두 번째 로그는 mutate 플러그인에 의해 ip, port, timestamp, level 필드가 사라진 것을 확인할 수 있다.

6.3.3 출력

출력은 파이프라인의 입력과 필터를 거쳐 가공된 데이터를 지정한 대상으로 내보내는 단계다. 파이프라인의 마지막 단계이며 입력, 필터 플러그인과 마찬가지로 다양한 출력 플러그인을 지원한다. 자주 사용하는 출력 플러그인은 표 6.8과 같다.

표 6.8 **자주 사용하는 출력 플러그인**

출력 플러그인	설명
elasticsearch	가장 많이 사용되는 출력 플러그인으로, bulk API를 사용해 엘라스틱서치에 인덱싱을 수행한다.
file	지정한 파일의 새로운 줄에 데이터를 기록한다.
kafka	카프카 토픽에 데이터를 기록한다.

전체 출력 플러그인은 온라인 문서[11]를 참고하자. 지금부터는 출력 플러그인 예제를 작성해보자. logstash-test.conf 파일을 다음과 같이 수정한다. 결과를 엘라스틱서치로 전송할 것이므로 로그스태시를 실행하기 전에 엘라스틱서치를 먼저 실행해야 한다.

리스트 6.16 file과 elasticsearch 출력 플러그인 사용 ch06/03/output_file_es

```
input {
  file {
    path => "C:/logstash-7.10.1/config/filter-example.log"
    start_position => "beginning"
    sincedb_path => "nul"
  }
}

output {
  file {
    path => "C:/logstash-7.10.1/config/output.json"
  }
  elasticsearch {
    index => "output"
  }
}
```

리스트 6.16은 2개의 출력 플러그인을 사용한다. 하나는 파일 플러그인으로 데이터를 파일 형식으로 전송한다. path 옵션에 저장할 위치를 적어주면 된다. 두 번째 출력 플러그인은 엘라스틱서치 플러그인으로 데이터를 엘라스틱서치에 전송한다. 인덱스명을 설정할 수 있고 호스트 URL이나 라우팅 같은 다양한 옵션을 사용할 수 있다.

11 출력 플러그인: https://www.elastic.co/guide/en/logstash/7.10/output-plugins.html

표 6.9 엘라스틱서치 플러그인 옵션

옵션	설명
hosts	이벤트를 전송할 엘라스틱서치의 주소
index	이벤트를 인덱싱할 대상 인덱스
document_id	인덱싱될 문서의 아이디를 직접 지정할 수 있는 옵션
user/password	엘라스틱서치에 보안 기능이 활성화되어 있을 때 인증을 위한 사용자 이름과 비밀번호
pipeline	엘라스틱서치에 등록된 인제스트 파이프라인을 활용하기 위한 옵션
template template_name	로그스태시에서 기본 제공되는 인덱스 템플릿 외에 커스텀 템플릿을 사용하기 위한 옵션. template에는 정의한 인덱스 템플릿 파일의 경로를, template_name에는 엘라스틱서치에 어떤 이름으로 등록할지를 설정할 수 있다.

여기서는 간단히 인덱스만 설정했는데 실제 작업 시에는 온라인 문서[12]를 보면서 자신에게 필요한 옵션을 찾아볼 수 있다. 참고로 로그스태시를 실행할 때 --log.level 옵션을 error로 지정하면 출력 로그를 볼 수 없으니 log.level 옵션은 사용하지 않도록 한다.

```
C:\logstash-7.10.1> .\bin\logstash.bat -f .\config\logstash-test.conf
```

결과를 확인해보자(그림 6.37 참고). 먼저 엘라스틱서치에 로그가 저장되었는지 알아보자.

```
[2020-12-25T22:10:39,275][INFO ][logstash.outputs.elasticsearch][main] Attempting to install tem
plate {:manage_template=>{"index_patterns"=>"logstash-*", "version"=>60001, "settings"=>{"index.
refresh_interval"=>"5s", "number_of_shards"=>1}, "mappings"=>{"dynamic_templates"=>[{"message_fi
eld"=>{"path_match"=>"message", "match_mapping_type"=>"string", "mapping"=>{"type"=>"text", "nor
ms"=>false}}}, {"string_fields"=>{"match"=>"*", "match_mapping_type"=>"string", "mapping"=>{"typ
e"=>"text", "norms"=>false, "fields"=>{"keyword"=>{"type"=>"keyword", "ignore_above"=>256}}}}}],
 "properties"=>{"@timestamp"=>{"type"=>"date"}, "@version"=>{"type"=>"keyword"}, "geoip"=>{"dyna
mic"=>true, "properties"=>{"ip"=>{"type"=>"ip"}, "location"=>{"type"=>"geo_point"}, "latitude"=>
{"type"=>"half_float"}, "longitude"=>{"type"=>"half_float"}}}}}}}[2020-12-25T22:10:39,302][INFO
][logstash.outputs.elasticsearch][main] Installing elasticsearch template to _template/logstash
```

그림 6.37 **리스트 6.16 실행 결과: 엘라스틱서치 출력 로그 확인**

로그스태시 로그를 보면 [logstash.outputs.elasticsearch]라는 구분자의 로그들을 확인할 수 있다. 실제 인덱스에 저장이 잘되어 있는지 확인하기 위해 그림 6.38처럼 curl을 이용해 output 인덱스에 접근해보자. output 인덱스가 생긴 것을 확인할 수 있다. 다음으로 파일이 정상적으로 생겼는지도 확인해보자.

12 엘라스틱서치 출력 플러그인: https://www.elastic.co/guide/en/logstash/7.10/plugins-outputs-elasticsearch.html

```
C:\logstash-7.10.1>curl -X GET "localhost:9200/output"
{"output":{"aliases":{},"mappings":{"properties":{"@timestamp":{"type":"date"},"@version":{"type":"text","fields":{"keyword":{"type":"keyword","ignore_above":256}}},"host":{"type":"text","fields":{"keyword":{"type":"keyword","ignore_above":256}}},"message":{"type":"text","fields":{"keyword":{"type":"keyword","ignore_above":256}}},"path":{"type":"text","fields":{"keyword":{"type":"keyword","ignore_above":256}}}}},"settings":{"index":{"routing":{"allocation":{"include":{"_tier_preference":"data_content"}}},"number_of_shards":"1","provided_name":"output","creation_date":"1608901841699","number_of_replicas":"1","uuid":"yV_Gsyo3Rq-xk9XQM5tF1Q","version":{"created":"7100199"}}}}}
```

그림 6.38 **리스트 6.16 실행 결과: 엘라스틱서치 output 인덱스 확인**

로그스태시 로그 중에 logstash.outputs.file이라는 구분자에서 로그들을 확인할 수 있다(그림 6.39 참고). 실제 파일이 있는지도 확인해보자.

```
[2020-12-25T22:10:41,622][INFO ][logstash.outputs.file    ][main][844c3f876357e6183e44ea685704255b16e07b48bb6f3fea2be65bf3ef60d169] Opening file {:path=>"C:/logstash-7.10.1/config/output.json"}
[2020-12-25T22:11:00,984][INFO ][logstash.outputs.file    ][main][844c3f876357e6183e44ea685704255b16e07b48bb6f3fea2be65bf3ef60d169] Closing file C:/logstash-7.10.1/config/output.json
```

그림 6.39 **리스트 6.16 실행 결과: file 출력 로그 확인**

config 폴더에 output.json 파일이 생성된 것을 볼 수 있다(그림 6.40 참고). 편의상 config 폴더에 모든 입출력 파일을 모두 모았으나, 실제 작업 시에는 결과 파일을 config 폴더에 넣지 말자.

```
C:\logstash-7.10.1\config>dir
 C 드라이브의 볼륨에는 이름이 없습니다.
 볼륨 일련 번호: 0668-FE67

 C:\logstash-7.10.1\config 디렉터리

2020-12-25  오후 10:10    <DIR>          .
2020-12-25  오후 10:10    <DIR>          ..
2020-12-25  오후 05:36               133 filter-example.log
2020-12-24  오전 08:26             2,019 jvm.options
2020-12-25  오전 12:06             9,097 log4j2.properties
2020-12-24  오전 08:26               342 logstash-sample.conf
2020-12-25  오후 06:43               277 logstash-test.conf
2020-12-24  오전 08:26            11,194 logstash.yml
2020-12-25  오후 10:10               431 output.json
2020-12-24  오전 08:26             3,693 pipelines.yml
2020-12-24  오전 08:26             1,696 startup.options
               9개 파일              28,882 바이트
               2개 디렉터리  951,495,000,064 바이트 남음
```

그림 6.40 **리스트 6.16 실행 결과: 파일 생성 여부 확인**

6.3.4 코덱

코덱codec은 입력/출력/필터와 달리 독립적으로 동작하지 않고 입력과 출력 과정에 사용되는 플러그인이다. 입/출력 시 메시지를 적절한 형태로 변환하는 스트림 필터다.

그림 6.41 **코덱의 구성**

그림 6.41은 코덱의 작동 위치를 보여준다. 입력과 출력 단계에서 데이터의 인코딩/디코딩을 담당한다. 입력과 출력에만 코덱을 사용하고 필터는 코덱을 사용할 수 없다. 자주 사용하는 플러그인은 표 6.10과 같다.

표 6.10 **코덱 플러그인**

플러그인	설명
json	입력 시 JSON 형태의 메시지를 객체로 읽어 들인다. 출력 시에는 이벤트 객체를 다시금 JSON 형태로 변환한다.
plain	메시지를 단순 문자열로 읽어 들인다. 출력 시에는 원하는 포맷을 지정할 수 있다.
rubydebug	로그스태시의 설정을 테스트하거나 예기치 못한 파이프라인 설정 오류를 디버깅하기 위한 목적으로 주로 사용되며, 출력 시 루비(Ruby) 언어의 해시 형태로 이벤트를 기록한다. 입력 시에는 사용되지 않는다.

여기서는 간단한 사용법과 형태만 익히고 실전에서는 온라인 문서[13]를 참고하자. 코드를 작성하면서 코덱을 배워보자. 다음과 같이 logstash-test.conf를 수정한다.

리스트 6.17 입력 플러그인에 JSON 코덱 사용

```
input {
  file {
    path => "C:/logstash-7.10.1/config/filter-example.log"
    start_position => "beginning"
    sincedb_path => "nul"
    codec => "json"
  }
}

output {
  stdout {}
}
```

리스트 6.17은 기존 입력 플러그인에서 사용했던 filter-example.log 파일에 json 코덱 플러그인을 추가했다. 로그스태시를 실행해보자.

13 코덱 플러그인: https://www.elastic.co/guide/en/logstash/7.10/codec-plugins.html

```
C:\logstash-7.10.1>.\bin\logstash.bat -f .\config\logstash-test.conf
```

결과를 확인해보면 오류가 발생한다.

```
[2020-12-25T22:37:48,704][ERROR][logstash.codecs.json     ][main][219b67109062ad2240ad51ff50dec9
86490b59f2ff342156ea71a4fad29dae7e] JSON parse error, original data now in message field {:error
=>#<LogStash::Json::ParserError: Unexpected character ('-' (code 45)): was expecting comma to se
parate Array entries
"; line: 1, column: 7]>, :data=>"[2020-01-02 14:17] [ID1] 192.10.2.6 9500 [INFO] - connected.\r"
}
[2020-12-25T22:37:48,769][ERROR][logstash.codecs.json     ][main][219b67109062ad2240ad51ff50dec9
86490b59f2ff342156ea71a4fad29dae7e] JSON parse error, original data now in message field {:error
=>#<LogStash::Json::ParserError: Unexpected character ('/' (code 47)): maybe a (non-standard) co
mment? (not recognized as one since Feature 'ALLOW_COMMENTS' not enabled for parser)
"; line: 1, column: 7]>, :data=>"[2020/01/02 14:19:25]   [ID2] 218.25.32.70 1070 [warn] - busy s
erver.\r"}
{
      "@version" => "1",
    "@timestamp" => 2020-12-25T13:37:48.716Z,
          "host" => "DESKTOP-U02R5A5",
          "tags" => [
        [0] "_jsonparsefailure"
    ],
          "path" => "C:/logstash-7.10.1/config/filter-example.log",
       "message" => "[2020-01-02 14:17] [ID1] 192.10.2.6 9500 [INFO] - connected.\r"
}
{
      "@version" => "1",
    "@timestamp" => 2020-12-25T13:37:48.772Z,
          "host" => "DESKTOP-U02R5A5",
          "tags" => [
        [0] "_jsonparsefailure"
    ],
          "path" => "C:/logstash-7.10.1/config/filter-example.log",
       "message" => "[2020/01/02 14:19:25]   [ID2] 218.25.32.70 1070 [warn] - busy server.\r"
}
```

그림 6.42 **잘못된 코덱 사용으로 오류 발생**

그림 6.42는 코덱을 잘못 사용하고 있다는 오류를 보여준다. 표면상으로는 JSON 문법이 잘못되었다는 뜻이지만 결국 파일을 인코딩하지 못한 문제다. 입력 파일은 플레인 텍스트plain text 형식인데 JSON 형식으로 인코딩을 시도했기 때문이다. 입력에 들어가는 코덱은 파일의 경우 확장자에 맞춰 사용해야 하며, 그 외에는 성격에 맞춰 (es_bulk, line 등) 적당한 코덱을 설정하면 된다. logstash-test.conf에 입력 코덱을 명시적으로 입력해보자.

리스트 6.18 입력 플러그인에 plain 코덱 사용

```
input {
  file {
    path => "C:/logstash-7.10.1/config/filter-example.log"
    start_position => "beginning"
    sincedb_path => "nul"
    codec => "plain"
  }
```

```
}

output {
  stdout {}
}
```

CSV 파일의 경우 코덱 플러그인으로 plain을 사용하면 제대로 동작하는데, plain 코덱의 경우 굳이 명시하지 않아도 기본 적용된다. 로그스태시를 실행해보자.

```
C:\logstash-7.10.1>.\bin\logstash.bat -f .\config\logstash-test.conf
```


그림 6.24와 같은 결과가 나오기 때문에 결과 화면은 생략하겠다. 그 외에 입력 코덱은 multiline 코덱도 많이 사용한다. multiline 코덱은 여러 라인 형태로 들어오는 로그를 하나의 로그로 만들기 위해 사용한다. 하나의 로그가 여러 줄로 작성되어 있는 경우 꼭 필요한 플러그인이다. 멀티라인 플러그인은 7.3.4.2절 '멀티라인 로그 처리'에서 자세히 다루겠다.

마지막으로 출력 코덱을 확인해보자. 입력 코덱과 사용법은 같으며, 데이터를 디코딩하는 역할을 한다. logstash-test.conf를 수정해보자.

리스트 6.19 출력 코덱 사용

```
input {
  file {
    path => "C:/logstash-7.10.1/config/filter-example.log"
    start_position => "beginning"
    sincedb_path => "nul"
  }
}

output {
  stdout {
    #codec => "line"
    #codec => "json"
    #codec => "rubydebug"
  }
}
```

#은 주석인데 한 번에 하나의 주석만 풀면서 파이프라인을 세 번 실행해보자. 출력 코덱에 따라 결과가 어떻게 달라지는지 확인해보자. 먼저 line 코덱이다.

```
2020-12-25T14:50:45.936Z DESKTOP-U02R5A5 [2020-01-02 14:17] [ID1] 192.10.2.6 9500 [IN
FO] - connected.
2020-12-25T14:50:45.961Z DESKTOP-U02R5A5 [2020/01/02 14:19:25]   [ID2] 218.25.32.70 1
070 [warn] - busy server.
```

그림 6.43 리스트 6.19 실행 결과: line 코덱 출력

그림 6.43에서 볼 수 있듯이 라인 형식으로 텍스트를 출력한다. 다음은 json 코덱이다.

```
{"host":"DESKTOP-U02R5A5","@version":"1","message":"[2020-01-02 14:17] [ID1] 192.10.2
.6 9500 [INFO] - connected.\r","@timestamp":"2020-12-25T14:52:24.121Z","path":"C:/log
stash-7.10.1/config/filter-example.log"}{"host":"DESKTOP-U02R5A5","@version":"1","mes
sage":"[2020/01/02 14:19:25]   [ID2] 218.25.32.70 1070 [warn] - busy server.\r","@tim
estamp":"2020-12-25T14:52:24.171Z","path":"C:/logstash-7.10.1/config/filter-example.l
og"}
```

그림 6.44 리스트 6.19 실행 결과: json 코덱 출력

그림 6.44에서 볼 수 있듯이 JSON 형태로 로그가 만들어진다. 우리가 만들지 않았던 `@timestamp`, `host` 같은 여러 필드들이 추가되었다. 마지막은 rubydebug 코덱이다.

```
{
          "path" => "C:/logstash-7.10.1/config/filter-example.log",
          "host" => "DESKTOP-U02R5A5",
    "@timestamp" => 2020-12-25T14:54:19.627Z,
       "message" => "[2020-01-02 14:17] [ID1] 192.10.2.6 9500 [INFO] - connected.\r",
      "@version" => "1"
}
{
          "path" => "C:/logstash-7.10.1/config/filter-example.log",
          "host" => "DESKTOP-U02R5A5",
    "@timestamp" => 2020-12-25T14:54:19.650Z,
       "message" => "[2020/01/02 14:19:25]   [ID2] 218.25.32.70 1070 [warn] - busy se
rver.\r",
      "@version" => "1"
}
```

그림 6.45 리스트 6.19 실행 결과: rubydebug 코덱 출력

그림 6.45에서 볼 수 있듯이 JSON 형태로 결과가 나타나며, 사용자가 읽기 쉽게 들여쓰기까지 지원된다. 표준 출력(`stdout`) 플러그인에서 코덱을 따로 명시하지 않으면 기본으로 사용되는 코덱이다. 이렇게 코덱에 따라 같은 데이터라도 출력 형태가 달라지는 것을 확인할 수 있다.

6.4 다중 파이프라인

이번에는 하나의 로그스태시에서 여러 개의 파이프라인을 동작하는 방법을 알아보자. 프로젝트를 진행하다 보면 로그 입수 경로가 다양해진다. A라는 서버와 B라는 서버에서 로그를 입수해 하나의 엘라스틱서치에 저장하는 경우가 있을 수 있다. 혹은 하나의 서버에서도 로그 형태가 다른 경우도 있는데 A 프로그램과 B 프로그램 로그를 하나의 엘라스틱서치에 저장하는 경우가 대

표적이다. 다음 그림은 하나의 서버에서 2개의 프로그램 로그를 입수하는 경우다. 비츠와 카프카에서 나오는 로그를 엘라스틱서치에 함께 저장하려고 하는데 그 과정에서 로그스태시를 이용해 문자열 구문 분석을 진행하려고 한다.

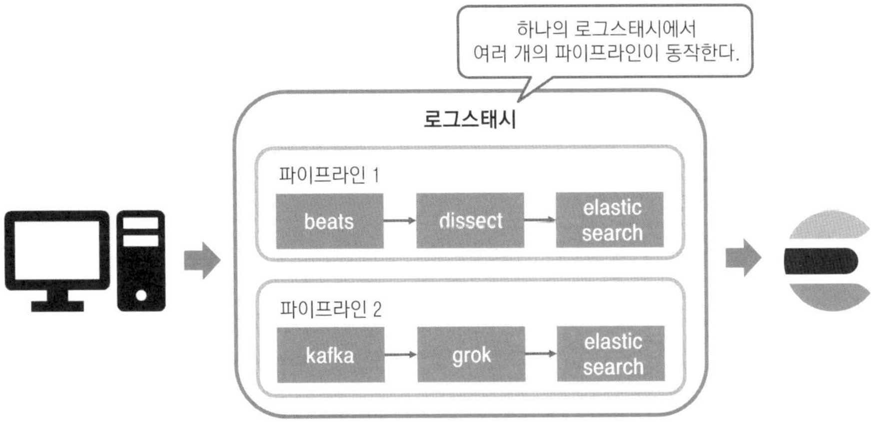

그림 6.46 **하나의 로그스태시에서 다중 파이프라인이 필요한 경우**

그림 6.46은 하나의 시스템에서 로그를 가져오는데, 2개의 프로그램이 있고 각각 파이프라인 형태가 다른 경우다. 비츠에서 나오는 로그와 카프카에서 나오는 로그를 동일한 엘라스틱서치에 저장하고 그 안에서 분석해야 한다고 해보자. 기존에는 로그스태시를 여러 개 실행했다. 하지만 이런 방식에는 문제가 있다. 실행된 로그스태시는 개별적이고 독립적인 JVM 인스턴스이기 때문에 모니터링이 어렵고 전체적인 관리가 어려워 좋은 방법이 아니다. 다른 방법은 하나의 로그스태시에 조건문을 두어 분리하는 것이다. 이렇게 하면 하나의 파이프라인으로 처리할 수는 있지만 필터 처리가 복잡해진다. 다중 파이프라인 없이 하나의 파이프라인에서 여러 소스를 처리하면 다음과 같이 파이프라인이 지저분해진다.

리스트 6.20 하나의 파이프라인으로 다중 처리하는 경우

```
input
{
  beats { ... tag => beats }
  kafka { ... tag => kafka }
}

filter {
  if "beats" in [tags]
  {
    dissect { ... }
  } else if "kafka" in [tags] {
    grok { ... }
```

```
    }
  }

  output {
    if "beats" in [tags] {
      elasticsearch {
        index => "A"
      }
    } else if "kafka" in [tags] {
      elasticsearch {
        index => "B"
      }
    }
  }
```

리스트 6.20과 같이 하나의 파이프라인으로 다른 성격의 로그를 처리하려면 수많은 `if`, `else` 조건문이 필요하다. 파이프라인이 복잡해지고 요구사항이 바뀔 때마다 점점 더 지저분해진다. 이런 문제를 해결하기 위해 다중 파이프라인을 사용할 수 있다.

6.4.1 다중 파이프라인 작성

다중 파이프라인은 하나의 로그스태시에서 여러 개의 파이프라인을 독립적으로 실행할 수 있게 한다. 다중 파이프라인을 실행하는 방법을 배워보자. 먼저 pipelines.yml 파일을 수정해야 한다. pipelines.yml 파일은 config 폴더에서 찾을 수 있다. pipelines.yml에 주석으로 `Example of two pipelines`라고 적혀 있는 부분이 있는데 이 부분을 참고해 다음 내용을 추가하자.

```
C:\logstash-7.10.1\config>type pipelines.yml
# List of pipelines to be loaded by Logstash
#
# This document must be a list of dictionaries/hashes, where t
# Default values for omitted settings are read from the `logst
# When declaring multiple pipelines, each MUST have its own `p
#
# Example of two pipelines:
#
# - pipeline.id: mypipe1
#   pipeline.workers: 1
#   pipeline.batch.size: 1
#   config.string: "input { generator {} } filter { sleep { ti
# - pipeline.id: another_test
#   queue.type: persisted
#   path.config: "/tmp/logstash/*.config"
- pipeline.id: mypipe1
  path.config: "/logstash-7.10.1/config/mypipe1.conf"
- pipeline.id: mypipe2
  path.config: "/logstash-7.10.1/config/mypipe2.conf"
```

그림 6.47 pipelines.yml에서 2개의 파이프라인 지정

그림 6.47은 mypipe1, mypipe2 2개의 파이프라인을 정의한다. pipeline.id는 다중 파이프라인의 고유한 아이디를 설정한다. path.config는 파이프라인 설정 파일의 위치다. 윈도우이지만 경로에 'C:'가 없다는 점에 주목하자. 많이 쓰는 파이프라인 설정은 표 6.11과 같다.

표 6.11 파이프라인 설정

설정	설명
pipeline.id	파이프라인의 고유한 아이디
path.config	파이프라인 설정 파일의 위치
pipeline.workers	필터와 출력을 병렬로 처리하기 위한 워커 수. 기본적으로 호스트의 CPU 코어 수와 동일하게 설정된다.
pipeline.batch.size	입력 시 하나의 워커당 최대 몇 개까지의 이벤트를 동시에 처리할지를 결정한다. 배치 처리된 이벤트들은 엘라스틱서치 출력에서 하나의 벌크 요청으로 묶이기 때문에, 이 수치가 클수록 요청 수행 횟수가 줄어들어 인덱싱 성능 개선 효과가 있지만, 그만큼 단일 요청이 커지므로 1000, 2000과 같이 적당히 조절해가며 튜닝할 필요가 있다.
queue.type	파이프라인에서 사용할 큐의 종류를 정할 수 있다. 기본적으로 memory 타입이 사용되나, persisted 타입을 선택해 이벤트의 유실을 좀 더 최소화할 수도 있다.

그 외의 설정값들은 온라인 문서[14]를 참고하자. 이제 mypipe1.conf와 mypipe2.conf를 생성해 보자. 다중 파이프라인 사용 방법을 익히는 것이 목적이기 때문에 설정 파일은 최대한 간단하게 작성했다. 먼저 mypipe1.conf 파일을 작성한다.

리스트 6.21 mypipe1.conf 파이프라인 구성 ch06/04/mypipe1.conf

```
input {
  file {
    path => "C:/elasticsearch-7.10.1/logs/elasticsearch.log"
    start_position => "beginning"
    sincedb_path => "nul"
  }
}

output {
  stdout {}
}
```

mypipe1 파이프라인은 elasticsearch.log를 입력으로 받고 표준 출력으로 모니터 화면에 결과를 보여준다. 엘라스틱서치를 실행하고 있지 않다면 일정하게 데이터가 추가되는 다른 파일들을

14 로그스태시 설정: https://www.elastic.co/guide/en/logstash/7.10/logstash-settings-file.html

사용해도 좋다. 다음으로 mypipe2.conf 파일을 작성하자.

리스트 6.22 mypipe2.conf 파이프라인 구성 ch06/04/mypipe2.conf

```
input {
  file {
    path => "C:/elasticsearch-7.10.1/logs/gc.log"
    start_position => "beginning"
    sincedb_path => "nul"

  }
}

output {
  elasticsearch {
    index => "multipipe_pipe2"
  }
}
```

`mypipe2` 파이프라인은 입력으로 gc.log를 받고, 출력은 엘라스틱서치에 `multipipe_pipe2`라는 인덱스 이름으로 데이터를 저장한다. 2개의 파이프라인을 작성했으면 로그스태시를 실행해보자.

로그스태시를 실행하면 기본적으로 pipelines.yml에 정의되어 있는 파이프라인을 인식하는데 `-f`, `-e` 옵션을 사용해 실행하면 pipelines.yml 대신 사용자가 지정한 파이프라인을 사용하게 된다. 지금까지는 `-f` 옵션을 이용하여 우리가 만든 파이프라인을 사용했는데, 이번에는 `-f` 옵션을 사용하지 않아서 pipelines.yml에 있는 파이프라인을 사용하게 된다.

```
C:\logstash-7.10.1>.\bin\logstash.bat
```

방금 우리는 pipelines.yml 파일을 수정해 2개의 파이프라인을 만들어뒀다. 먼저 `mypipe1` 결과를 확인해보자(그림 6.48 참고). 엘라스틱서치에서 로그가 발생해야 로그스태시도 동작하기 때문에 반드시 엘라스틱서치를 실행하고 만일 기다려도 로그가 출력되지 않으면 이것저것 엘라스틱서치를 동작시켜 로그를 강제로 만들어보자.

```
{
         "host" => "DESKTOP-U02R5A5",
         "path" => "C:/elasticsearch-7.10.1/logs/elasticsearch.log",
      "message" => "[2020-12-26T10:49:17,948][INFO ][o.e.c.m.MetadataCreateIndexSe
KTOP-U02R5A5] [multipipe_pipe2] creating index, cause [auto(bulk api)], templates [
1]/[1]\r",
     "@version" => "1",
   "@timestamp" => 2020-12-26T01:49:18.450Z
}
{
         "host" => "DESKTOP-U02R5A5",
         "path" => "C:/elasticsearch-7.10.1/logs/elasticsearch.log",
      "message" => "[2020-12-26T10:49:19,175][INFO ][o.e.c.m.MetadataMappingServic
-U02R5A5] [multipipe_pipe2/iTGX82CbQMCIg1Dk99v_pA] create_mapping [_doc]\r",
     "@version" => "1",
   "@timestamp" => 2020-12-26T01:49:19.470Z
}
```

그림 6.48 다중 파이프라인 실행 결과: mypipe1

elasticsearch.log를 표준 출력으로 보여주고 있다. 정상 동작을 확인했다. 다음으로 mypipe2 결과를 확인해보자(그림 6.49 참고).

```
[2020-12-26T10:49:15,761][INFO ][logstash.outputs.elasticsearch][mypipe2] Using a default mapp
ing template {:es_version=>7, :ecs_compatibility=>:disabled}
[2020-12-26T10:49:15,846][INFO ][logstash.outputs.elasticsearch][mypipe2] Attempting to instal
l template {:manage_template=>{"index_patterns"=>"logstash-*", "version"=>60001, "settings"=>{
"index.refresh_interval"=>"5s", "number_of_shards"=>1}, "mappings"=>{"dynamic_templates"=>[{"m
essage_field"=>{"path_match"=>"message", "match_mapping_type"=>"string", "mapping"=>{"type"=>"
text", "norms"=>false}}}, {"string_fields"=>{"match"=>"*", "match_mapping_type"=>"string", "ma
pping"=>{"type"=>"text", "norms"=>false, "fields"=>{"keyword"=>{"type"=>"keyword", "ignore_abo
ve"=>256}}}}}], "properties"=>{"@timestamp"=>{"type"=>"date"}, "@version"=>{"type"=>"keyword"}
, "geoip"=>{"dynamic"=>true, "properties"=>{"ip"=>{"type"=>"ip"}, "location"=>{"type"=>"geo_po
int"}, "latitude"=>{"type"=>"half_float"}, "longitude"=>{"type"=>"half_float"}}}}}}}
```

그림 6.49 다중 파이프라인 실행 결과: mypipe2

로그스태시 로그를 통해 mypipe2는 엘라스틱서치에 인덱스를 생성하고 로그를 저장하는 것을 확인할 수 있다.

6.5 모니터링

마지막으로, 로그스태시를 모니터링하는 방법을 알아보자. 모니터링은 로그스태시를 운영하는 과정에서 필요한 기능으로, 크게 두 가지 방법이 있다. 로그스태시가 제공하는 API를 활용해 특정 시점의 통계 정보를 얻는 방법과 모니터링 기능을 활성화해서 지속적인 통계 정보를 수집하고, 키바나를 통해 대시보드 형태로 연속적인 모니터링을 수행하는 방법이다.

6.5.1 API를 활용하는 방법

로그스태시에서 제공하는 API를 활용하면 설정 변경이나 시스템을 재시작하는 복잡한 과정 없이 설정 파일을 확인할 수 있다. 또한 로그스태시는 전반적인 통계 정보를 제공하기 때문에 간단한 정보를 빠르게 확인하기 좋다. 6.4절에서 사용했던 다중 파이프라인을 재활용해 API 종류와 사용법을 배워보자.

```
C:\logstash-7.10.1>.\bin\logstash.bat
```

로그스태시를 실행하고 다른 터미널을 열어서 REST API를 호출해보자. 9600 포트는 로그스태시의 REST API가 사용하는 기본 포트 번호다. 혹시 로그스태시 포트를 바꿨다면 바꾼 포트번호를 적어준다. curl 프로그램을 이용해 로그스태시의 전반적인 정보를 가져올 수 있다.

```
C:\logstash-7.10.1>curl -XGET "localhost:9600?pretty"
```

뒤에 붙은 ?pretty는 사용자가 보기 편하도록 들여쓰기나 라인 정리를 위해 사용한 옵션으로, 적지 않아도 동작에 문제는 없다. 결과를 확인해보자.

```
C:\logstash-7.10.1>curl -XGET "localhost:9600?pretty"
{
  "host" : "DESKTOP-U02R5A5",
  "version" : "7.10.1",
  "http_address" : "127.0.0.1:9600",
  "id" : "f6bb2b7e-c99f-4aa4-b2e1-1bd72c777197",
  "name" : "DESKTOP-U02R5A5",
  "ephemeral_id" : "8da24618-81bc-49fd-ba49-5b6ff40f1f8d",
  "status" : "green",
  "snapshot" : false,
  "pipeline" : {
    "workers" : 8,
    "batch_size" : 125,
    "batch_delay" : 50
  },
  "build_date" : "2020-12-05T03:00:47Z",
  "build_sha" : "3345bf0753fabfc68e3b8b1daa44811eccacff9c",
  "build_snapshot" : false
}
```

그림 6.50 curl을 이용해 로그스태시 정보 확인

그림 6.50처럼 curl을 이용해 로그스태시의 기본적인 정보를 확인할 수 있다. 버전부터 파이프라인 정보 등 로그스태시의 전반적인 상태를 제공한다. 이제 세부적인 API를 알아보자. API는 총 네 가지다.

표 6.12 **로그스태시 API 리스트**

정보	사용법
노드	curl -XGET 'localhost:9600/_node?pretty'
플러그인	curl -XGET 'localhost:9600/_node/plugins?pretty'
노드 통계	curl -XGET 'localhost:9600/_node/stats?pretty'
핫 스레드	curl -XGET 'localhost:9600/_node/hot_threads?pretty'

표 6.12는 로그스태시 모니터링을 위한 API들이다. 첫 번째 노드 정보 API는 로그스태시가 실행되고 있는 노드의 기본 정보를 제공하는데 크게 파이프라인, OS, JVM 정보를 제공한다. 두 번째 플러그인 정보 API는 로그스태시에서 사용하는 플러그인 정보를 제공한다. 세 번째 노드 통계 정보 API는 파이프라인, 이벤트, 프로세스 등의 로그스태시 통계 정보를 제공한다. 마지막으로 핫 스레드 정보 API는 CPU 사용량이 많은 스레드를 높은 순으로 보여주는데 문제 발생 시 원인을 찾는 데 유용하다. 몇 가지 API를 직접 실행해보자.

```
C:\logstash-7.10.1>curl -XGET "localhost:9600/_node/pipelines?pretty"
```

결과를 확인해보자.

그림 6.51 **로그스태시 파이프라인 정보**

그림 6.51은 실행 중인 로그스태시 파이프라인에 대한 정보를 제공하고 있다. `mypipe1`, `mypipe2`에 대한 파이프라인 정보를 확인할 수 있다. 파이프라인의 경우 설정 파일을 직접 열어보는 게 훨씬 이해하기 쉬울지도 모르지만 API를 사용하면 로그스태시 런타임에 각 파이프라인의 설정이 정상적으로 로드되었는지 확인할 수 있다. 파이프라인 외에 모니터링 노드 API로 확인할 수 있는 정보는 표 6.13과 같다.

표 6.13 **타입별 모니터링 노드 API**

타입	설명
pipelines	실행 중인 파이프라인의 종류와 각 파이프라인에 할당된 배치 크기, 워커 수 등의 정보를 얻는다.
os	로그스태시가 실행되는 노드의 OS의 종류와 버전 등의 정보를 얻는다.
jvm	로그스태시가 실행되는 노드의 자바 가상 머신의 버전과 GC 방식, 힙 메모리 등의 정보를 얻는다.

이번에는 노드 통계 정보를 확인해보자.

```
C:\logstash-7.10.1>curl -XGET "localhost:9600/_node/stats/pipelines?pretty"
```

키바나에서 로그스태시를 모니터링할 때 실제 사용하는 데이터들이다. 결과를 확인해보자(그림 6.52 참고).


```
"pipelines" : {
  "mypipe2" : {
    "events" : {
      "out" : 3566,
      "in" : 3566,
      "duration_in_millis" : 15289,
      "queue_push_duration_in_millis" : 60,
      "filtered" : 3566
    },
    "plugins" : {
      "inputs" : [ {
        "id" : "f8bf9671e4bdf362d498dbe1e66df72a89c706602d160f693a2a3f104358c358",
        "events" : {
          "out" : 3566,
          "queue_push_duration_in_millis" : 60
        },
        "name" : "file"
      } ],
      "codecs" : [ {
        "id" : "plain_bbf16bf9-9702-4b31-a9b9-bbdbc60df87e",
        "decode" : {
          "out" : 0,
          "writes_in" : 0,
          "duration_in_millis" : 0
        },
        "encode" : {
          "writes_in" : 0,
          "duration_in_millis" : 0
        },
        "name" : "plain"
      }, {
        "id" : "plain_5d53dd25-0bec-4e74-9a77-7eff67ce846f",
        "decode" : {
          "out" : 0,
          "writes_in" : 0,
          "duration_in_millis" : 0
        },
```


그림 6.52 **노드 통계 데이터 중 파이프라인 정보**

파이프라인을 구성하는 플러그인 정보와 로그스태시에서 입력, 출력 정보가 통계화되어 보이고 있다. 이 정보들은 특히 파이프라인 구성요소 중 어떤 구간에 병목이 있는지 등을 용이하게 확인하는 데 사용된다. 노드 통계 정보는 파이프라인 외에 표 6.14와 같은 통계 정보를 제공한다.

표 6.14 **타입별 모니터링 노드 통계 API**

타입	설명
jvm	스레드, 메모리 사용량, GC 등 자바 가상 머신의 사용 통계
process	사용 중인 파일 디스크립터 수, 즉 열어둔 파일 수와 메모리, CPU 사용량 등 프로세스의 사용 통계
events	파이프라인별이 아닌, 실행 중인 로그스태시에 인입된, 필터링된, 출력된 총 이벤트의 수와 이를 처리하기 위해 소요된 시간 등의 통계
pipelines	파이프라인과 그 하위에 구성된 플러그인별 이벤트 통계
reloads	로그스태시에서 자동/수동으로 설정을 리로드했을 때 성공/실패 수 통계
os	로그스태시가 도커와 같은 컨테이너에서 실행될 때 cgroup에 대한 통계

6.5.2 모니터링 기능 활성화

모니터링 기능을 활성화하면 로그스태시 통계 데이터를 엘라스틱서치에 전송하고, 키바나 GUI를 이용해 모니터링 정보를 연속적으로 파악할 수 있다. 로그스태시 config 폴더의 logstash.yml 파일을 열고 다음과 같이 수정하자.

```
# X-Pack Monitoring
# https://www.elastic.co/guide/en/logstash/current/monitoring-logstash.html
xpack.monitoring.enabled: true
#xpack.monitoring.elasticsearch.username: logstash_system
#xpack.monitoring.elasticsearch.password: password
#xpack.monitoring.elasticsearch.proxy: ["http://proxy:port"]
xpack.monitoring.elasticsearch.hosts: ["http://localhost:9200"]
# an alternative to hosts + username/password settings is to use cloud_id/cloud_auth
#xpack.monitoring.elasticsearch.cloud_id: monitoring_cluster_id:xxxxxxxxxx
#xpack.monitoring.elasticsearch.cloud_auth: logstash_system:password
# another authentication alternative is to use an Elasticsearch API key
#xpack.monitoring.elasticsearch.api_key: "id:api_key"
#xpack.monitoring.elasticsearch.ssl.certificate_authority: [ "/path/to/ca.crt" ]
#xpack.monitoring.elasticsearch.ssl.truststore.path: path/to/file
#xpack.monitoring.elasticsearch.ssl.truststore.password: password
#xpack.monitoring.elasticsearch.ssl.keystore.path: /path/to/file
#xpack.monitoring.elasticsearch.ssl.keystore.password: password
#xpack.monitoring.elasticsearch.ssl.verification_mode: certificate
#xpack.monitoring.elasticsearch.sniffing: false
#xpack.monitoring.collection.interval: 10s
#xpack.monitoring.collection.pipeline.details.enabled: true
#
```

그림 6.53 **로그스태시 모니터링을 위한 설정 파일 변경**

그림 6.53에 표시된 부분은 키바나에서 로그스태시 모니터링을 하기 위한 설정 파일 변경 부분이다. 새로 입력할 필요는 없고 주석 처리(라인 앞에 #이 있는 것)되어 있는 부분을 찾아 주석을 제거하고 내용만 조금 바꾸면 된다. `xpack.monitoring.enabled`를 `true`로 변경했고, `xpack.monitoring.elasticsearch.hosts`를 로컬 호스트로 변경했다. 혹시 엘라스틱서치가 로컬 호스트가 아닌 다른 서버에 설치되어 있다면 거기에 맞는 주소를 적어주면 된다. 사용자 이름과 비밀번호는 사용하지 않아서 주석 처리된 것을 풀지 않았다. 엘라스틱 시큐리티 기능을 사용하고 있다면 사용자 이름과 비밀번호도 수정해야 한다. 로그스태시를 재실행하지 않으면 설정이 적용되지 않는다.

```
C:\logstash-7.10.1>.\bin\logstash.bat
```

결과를 확인해보자.

```
[2020-12-26T19:01:20,842][INFO ][logstash.monitoring.internalpipelinesource] Validated license
 for monitoring. Enabling monitoring pipeline.
[2020-12-26T19:01:22,542][INFO ][org.reflections.Reflections] Reflections took 37 ms to scan 1
 urls, producing 23 keys and 47 values
[2020-12-26T19:01:23,612][INFO ][logstash.outputs.elasticsearch][mypipe2] Elasticsearch pool U
RLs updated {:changes=>{:removed=>[], :added=>[http://127.0.0.1:9200/]}}
[2020-12-26T19:01:23,612][INFO ][logstash.outputs.elasticsearchmonitoring][.monitoring-logstas
h] Elasticsearch pool URLs updated {:changes=>{:removed=>[], :added=>[http://localhost:9200/]}
}
[2020-12-26T19:01:23,664][WARN ][logstash.outputs.elasticsearch][mypipe2] Restored connection
to ES instance {:url=>"http://127.0.0.1:9200/"}
[2020-12-26T19:01:23,664][WARN ][logstash.outputs.elasticsearchmonitoring][.monitoring-logstas
h] Restored connection to ES instance {:url=>"http://localhost:9200/"}
[2020-12-26T19:01:23,680][INFO ][logstash.outputs.elasticsearch][mypipe2] ES Output version de
termined {:es_version=>7}
[2020-12-26T19:01:23,680][INFO ][logstash.outputs.elasticsearchmonitoring][.monitoring-logstas
h] ES Output version determined {:es_version=>7}
[2020-12-26T19:01:23,686][WARN ][logstash.outputs.elasticsearchmonitoring][.monitoring-logstas
h] Detected a 6.x and above cluster: the `type` event field won't be used to determine the doc
ument _type {:es_version=>7}
```

그림 6.54 **로그스태시 모니터링 로그 확인**

그림 6.54는 모니터링 기능을 활성화하고 난 후 로그스태시를 재실행했을 때의 로그다. 전과 다르게 로그스태시가 실행되면서 모니터링monitoring과 관련된 로그들이 보인다. 이제 키바나에서 모니터링 기능을 사용해보자. 키바나 왼쪽 상단의 토글 메뉴를 클릭하면 키바나 메뉴들을 확인할 수 있는데 Management > Stack Monitoring을 선택하자. Stack Monitoring 메뉴를 한 번도 실행하지 않았다면 UI에서 먼저 활성화부터 해야 한다.

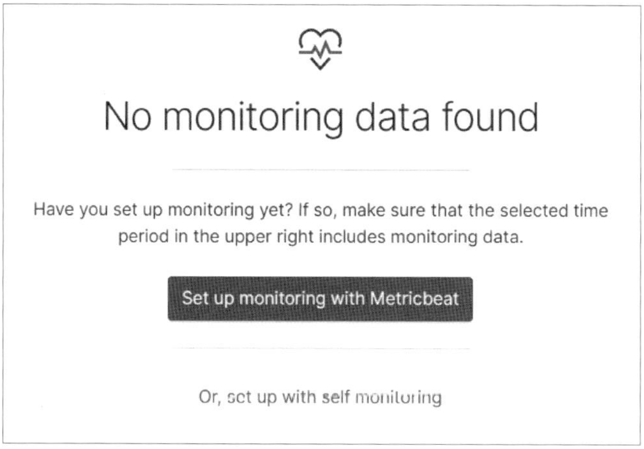

그림 6.55 스택 모니터링 첫 화면

그림 6.55에서 하단의 Or, set up with self monitoring 링크를 클릭한다.

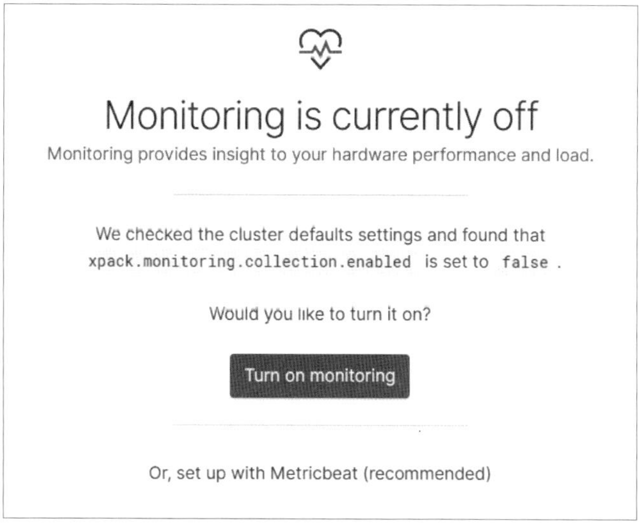

그림 6.56 스택 모니터링 활성화 페이지

그림 6.56에서 Turn on monitoring 버튼을 클릭하면 스택 모니터링 UI가 활성화된다. 현재 로그스태시 모니터링이 작동하고 있기 때문에 모니터링 UI에서 Logstash가 보인다. 혹시 키바나에서 Logstash가 보이지 않으면 로그스태시가 동작하지 않았거나 설정 파일(logstash.yml)에서 모니터링 설정이 제대로 되지 않은 것이다.

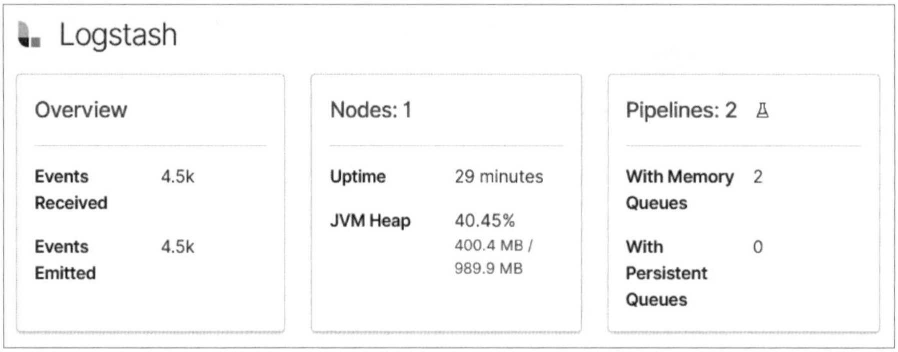

그림 6.57 **키바나에서 로그스태시 모니터링 화면**

로그스태시가 실행되고 있다면 그림 6.57이 보일 것이다. 오버뷰Overview는 로그스태시의 전체적인 통계 화면을 보여주고, 노드Nodes는 로그스태시 인스턴스 통계 지표를 표시한다. 파이프라인Pipelines은 현재 실행 중인 로그스태시들의 파이프라인 구성과 성능 정보를 보여준다. 현재 로그스태시는 다중 파이프라인이 실행되었기에 파이프라인 2개가 보인다. 부담 없이 링크나 버튼을 눌러보면서 어떤 데이터를 모니터링해주는지 확인하자. 먼저 Node1 링크를 눌러보자. 현재는 로그스태시가 하나의 노드에서 하나만 돌고 있어서 오버뷰와 노드에서 보이는 화면은 거의 비슷하다.

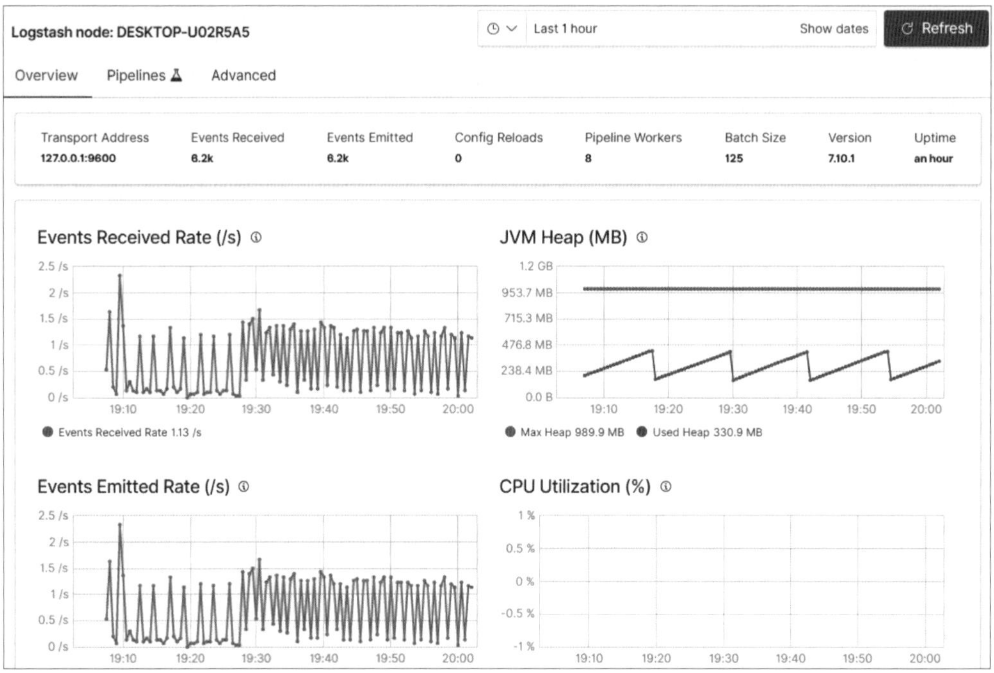

그림 6.58 **로그스태시 노드 통계 정보 화면**

그림 6.58은 로그스태시의 노드 통계 정보를 보여준다. 우리가 실행한 로그스태시 인스턴스의 통계 정보라고 생각하면 된다. 입력 로그는 Events Received Rate 그래프에서 보여준다. 출력 로그는 Events Emitted Rate에서 확인할 수 있다. 입력과 출력 간의 지연이 없는 것으로 보아 로그스태시가 잘 동작하고 있다고 볼 수 있다. JVM Heap은 로그스태시에서 힙 메모리 정보를 보여준다. 로그스태시 config 폴더의 jvm.options에서 설정한 최대 힙 메모리와 사용 중인 메모리 크기를 알 수 있다. 자바는 가비지 컬렉션garbage collection, GC이라는 기능이 있어 메모리 사용량이 일정 수준 이상 올라가면 메모리 정리를 해준다. 메모리가 올라가다 GC에 의해 다시 낮아지는 것을 확인할 수 있다. 메모리 힙 크기는 jvm.options 파일에서 설정할 수 있다.


```
C:\logstash-7.10.1\config>type jvm.options
## JVM configuration

# Xms represents the initial size of total heap space
# Xmx represents the maximum size of total heap space

-Xms1g
-Xmx1g
```

그림 6.59 **로그스태시 JVM 힙 설정**

jvm.options 파일은 로그스태시 config 폴더 밑에 있다. Xms는 초기 힙 크기이고 Xmx는 최대 힙 크기로, 둘 다 1기가로 설정되었다. 힙 크기를 높게 설정하면 캐싱을 많이 할 수 있어서 로그스태시의 성능을 높일 수 있지만, 노드 전체의 메모리를 고려해 설정해야 한다. 다른 프로세스와 리소스를 같이 써야 하기 때문에 노드의 총 메모리 리소스를 고려해 힙 크기를 정해야 한다. 로그스태시 모니터링을 하면서 메모리나 입출력 지연 그리고 노드의 부하 정도를 체크하자. 그리고 문제가 발생하면 대응 방안을 고민해야 한다. 이것이 모니터링을 하는 목적이다. 다음으로 그림 6.58 상단의 Pipelines 링크를 클릭해보자.

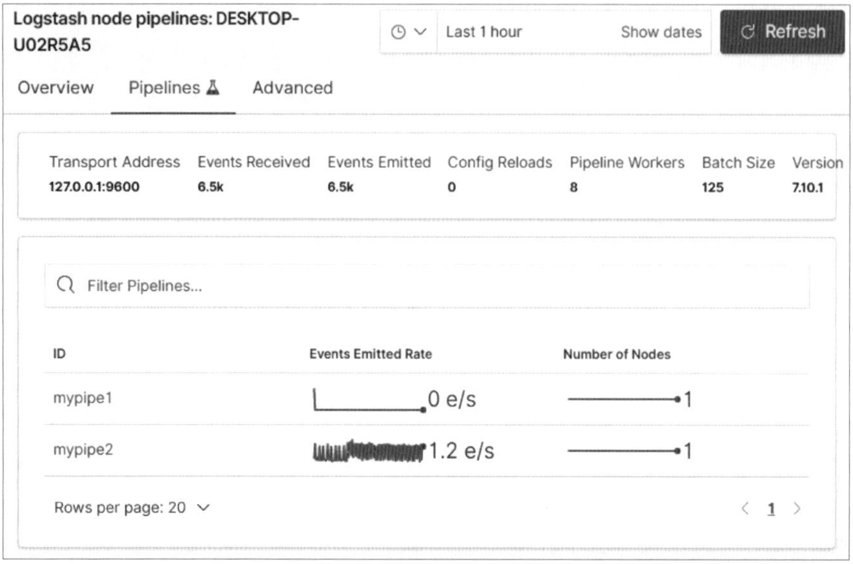

그림 6.60 **로그스태시 파이프라인 화면**

그림 6.60을 보면 로그스태시에서 생성했던 2개의 파이프라인 mypipe1, mypipe2가 보인다. mypipe2를 클릭해보자.

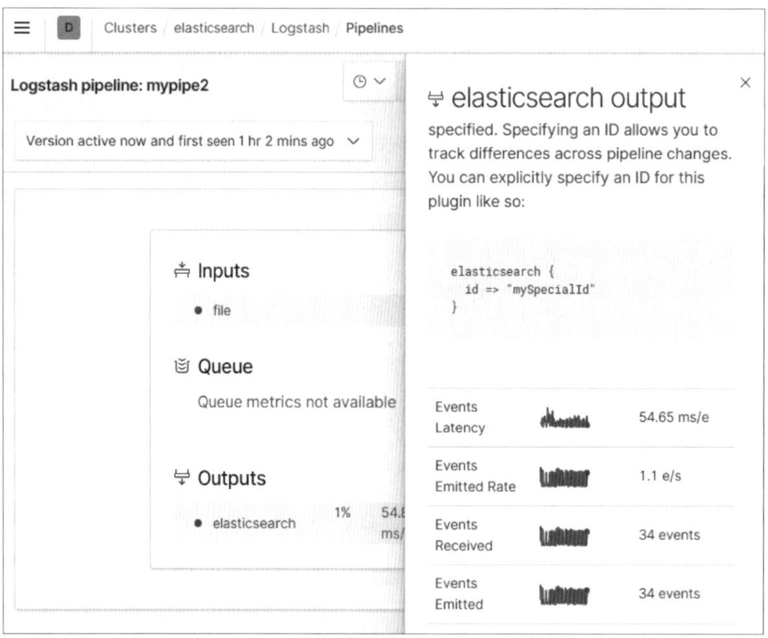

그림 6.61 **로그스태시 파이프라인 상세 화면**

우리가 mypipe2.conf에 적었던 플러그인과 여러 옵션을 키바나에서 확인할 수 있다. 사용했던 입력 플러그인과 출력 플러그인을 모니터링에서 확인할 수 있고 데이터를 처리하는 통곗값도 확인할 수 있다. 키바나 모니터링을 통해 키바나에서 편하게 모든 로그스태시 통계 정보를 모니터링할 수 있다.

6.6 정리

6장에서는 엘라스틱 스택에서 데이터 전처리를 담당하는 로그스태시를 소개하면서 설치 방법과 로그스태시를 구성하는 파이프라인을 배웠다. 파이프라인은 반드시 포함돼야 하는 입력과 출력 그리고 데이터를 변환하는 필터로 이뤄진다. 입력/출력/필터/코덱이라는 네 가지 구성요소를 배웠고 각 구성요소마다 핵심적인 플러그인들을 배웠다. 그리고 입력 소스가 여러 개인 경우에 다중 파이프라인을 통해 하나의 로그스태시에서 관리하는 방법을 배웠다. 마지막으로 로그스태시 모니터링 방법을 배웠는데, 모니터링 과정에서 로그스태시에 문제가 생길 경우 즉각적으로 대응해야 한다. 소스 데이터가 제대로 들어오지 않으면 뒷단의 많은 프로세스가 비정상적으로 동작하기 때문에 로그스태시 모니터링은 매우 중요한 부분이다.

07

비츠

아파치 HTTPD 서버 관리는 아주 잘 알고 있지만 엔진엑스Nginx에 대해서는 아직 낯설다면 로그에서 어떤 내용을 찾아서 어떻게 해석해야 할지 막막할 것이다. 아니면 윈도우 서버는 잘 다루지만 현재 리눅스 서버를 학습 중이라면 리눅스 서버의 정상 동작을 파악하기 위한 메트릭을 알아내기 위해 제법 시간을 들여야 한다. 이 모든 사항을 설정으로 정의해서 소프트웨어가 알아서 파악하게 만드는 방법은 없을까? 이게 바로 비츠Beats와 비츠 모듈이 하는 일이다.

비츠는 가볍고 사용하기 쉬운 데이터 수집기다. 고Go 프로그래밍 언어로 작성된 경량 프로그램이기 때문에 로그 수집을 원하는 시스템에 큰 부담을 주지 않으며 로그스태시, 엘라스틱서치와 연계해 다양한 시스템의 이벤트를 수집할 수 있게 도와준다. 비츠는 오픈소스 라이선스를 따르며 립비트Libbeat라는 프레임워크를 제공하므로 사용자들이 직접 필요한 각 비트를 구현할 수 있다.

비츠는 수집한 데이터를 엘라스틱으로 실어 나르기 위해 최전방에 위치한 소프트웨어로서, 엘라스틱에서 공식적으로 지원하는 파일비트filebeat(로그 파일 수집), 메트릭비트metricbeat(메트릭 수집), 패킷비트packetbeat(네트워크 데이터 수집), 윈로그비트winlogbeat(윈도우 이벤트 로그 수집), 오딧비트auditbeat(감사 데이터 수집), 하트비트heartbeat(가동 시간 모니터링 데이터 수집), 펑션비트functionbeat(서버리스 데이터 수집) 외에도 공동체에서 만든 카프카비트kafkabeat(카프카 토픽 데이터 수집), 엔진엑스비트nginxbeat(엔진엑스 상태 수집), MySQL비트mysqlbeat(MySQL 상태 수집) 등 상당히 많은 비트가 존재한다. 이와 더불어 비츠는 온프레미스와 가상 머신뿐만 아니라 컨테이너와 쿠버네티스 환경에서도 사용이 가능하므로 전체 인프라스트럭처의 관측성observability을 높이기 위한 토대로도 볼 수 있다.

비츠는 설정이 간편하고 별도의 데이터 가공을 위한 프로그래밍 작업이 필요하지 않으므로 일단 원하는 비트를 확보했다면 빠르게 데이터 수집을 시작할 수 있으며, 특정 비트 내에서 모듈을 추가하는 방식으로 필요한 기능을 확장할 수 있다.

7장에서는 파일비트를 예로 들어서 다운로드 후 설정과 실행 방법을 살펴보고, 모듈을 추가한 후 활성화해서 기능을 확장하고, 비트의 정상 동작을 확인하기 위해 키바나에서 설치된 비트를 모니터링한다. 그리고 파일비트 외의 다양한 비트를 사용하는 방법으로 마무리하겠다.

7.1 비츠 소개

비츠는 가벼운 프로그램을 지향하기 때문에 하나의 목적만을 수행한다. 그래서 비츠는 목적별로 다양한 비츠들이 존재한다. 또한 데이터를 수집하는 데 특화되어 있는데, 데이터를 수집하는 역할만을 보면 로그스태시와 유사해 보일 수 있으나 차이가 있다. 로그스태시는 다양한 플러그인을 포함해 범용성이 높은 만큼 무겁게 움직이는 반면, 비츠는 범용성을 포기하고 특정 목적만 수행하도록 가볍게 구성되어 애플리케이션의 성능에 영향을 미치지 않고 필요한 이벤트를 수집할 수 있다. 그렇다고 이벤트 가공을 완전히 지원하지 않는 것도 아니므로 간단한 수집이라면 로그스태시보다 비츠를 쓰는 것이 성능상 유리하다. 하지만 좀 더 전문적이고 범용적인 대량 이벤트 가공이 필요하다면 로그스태시가 더 적합하다. 그러므로 비츠는 로그스태시의 대체재라기보다는 공생 관계로 이해하자. 엘라스틱 스택에서 비츠의 역할을 그림 7.1을 통해 알아보자.

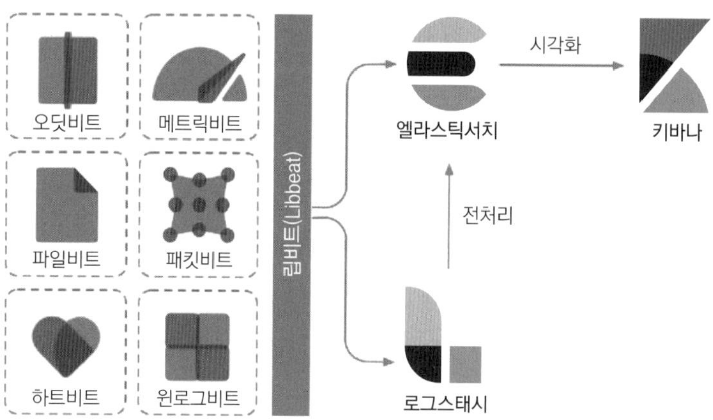

그림 7.1 **엘라스틱 스택에서 비츠의 역할**[1]

1 출처: https://www.elastic.co/guide/en/beats/libbeat/7.10/images/beats-platform.png

일반적으로 비츠에서 수집한 데이터는 엘라스틱서치로 바로 보내거나 로그스태시를 거쳐 엘라스틱서치로 보낸다. 로그스태시를 거칠 경우 각 비트에서 발생된 다량의 이벤트들을 일괄적으로 가공하고 처리할 수 있다. 굳이 데이터 발생량이 많지 않거나 복잡한 가공을 수행할 필요가 없다면 로그스태시를 거치지 않아도 무방하다. 성격에 따라 비츠 종류가 나뉘는데, 사용 방식은 비슷하나 설치 방법이나 용도가 조금씩 다르다. 비츠 종류를 알아보자.

표 7.1 **비츠 종류**

비트명	설명
파일비트 (filebeat)	로그 파일을 실시간으로 읽어 들여 전송한다. 로그스태시나 엘라스틱서치에 데이터 전달 시 부하 방지 기능을 지원한다. 가장 많이 사용되는 비츠다.
하트비트 (heartbeat)	서비스가 살아 있는지 확인하고 모니터링한다. 핑(ping), HTTP 서비스 체크 등 서비스 상태를 파악하기 위한 여러 방법들을 지원하며 크론(cron) 스케줄 표현식을 기반으로 주기적으로 서비스 활성 여부를 판단한다.
메트릭비트 (metricbeat)	운영체제를 포함하여 서비스로부터 주기적으로 통계 지표를 수집한다. 시스템의 CPU나 메모리 같은 정보나 데이터베이스, 프록시 같은 특정 서비스의 통계 데이터도 수집할 수 있다.
패킷비트 (packetbeat)	네트워크 패킷 분석기로 네트워크 데이터를 수집한다. 트래픽, 응답 시간, 사용자 패턴 분석 같은 작업 등을 패킷비트를 이용해 할 수 있다.
오딧비트 (auditbeat)	리눅스의 시스템 보안 정보를 감사하는 auditd에서 생성하는 로그를 수집한다. 사용자가 사전에 정의한 규칙에 따르지 않는 로그들을 식별하여 계정 미준수나 보안 정책에 위배되는 동작을 식별할 수 있다.
저널비트 (journalbeat)	리눅스 systemd로 실행되는 서비스들에 대한 로그를 수집한다.
펑션비트 (functionbeat)	클라우드의 서버리스 환경에서 사용할 수 있고 아마존의 큐 데이터 등을 수집한다.
윈로그비트 (winlogbeat)	윈도우에서 발생하는 이벤트 로그를 수집한다.
커스텀 비츠 (custom beats)	오픈소스 커뮤니티에서 만든 비츠다. 링크[2]를 따라가 보면 다양한 비츠들을 확인할 수 있다. 아파치비트(apachebeat), 카프카비트(kafkabeat), 엔진엑스비트(nginxbeat) 등 공식 지원하지 않더라도 유용한 비츠들이 이미 많이 만들어져 있으므로 필요한 비츠를 찾아보고 활용하는 것도 좋다.

비츠 종류는 매우 많으며 특히 사용자들이 직접 만드는 비츠도 많아서 비츠를 하나하나 소개하기는 힘들다. 여기서는 많이 사용되는 비츠 위주로 살펴보고, 그 외의 비츠는 온라인 문서[3]를 찾아보자. 하나의 비트 사용 방법을 익히고 이해하게 되면 다른 비츠를 사용할 때 크게 어려움이 없다. 세부적인 옵션이 조금 다를 뿐이지 큰 틀에서는 모든 비츠의 동작이 비슷하기 때문이다.

2 커스텀 비츠: https://www.elastic.co/guide/en/beats/libbeat/7.10/community-beats.html

3 비츠: https://www.elastic.co/guide/en/beats/libbeat/7.10/beats-reference.html

7.2 비츠 설치

엘라스틱서치에서 제공하는 비츠와 사용자가 직접 만든 비츠의 설치 방법이 조금씩 다르다. 먼저 엘라스틱서치에서 제공하는 비츠는 https://www.elastic.co/kr/downloads/beats에서 다운로드할 수 있다.

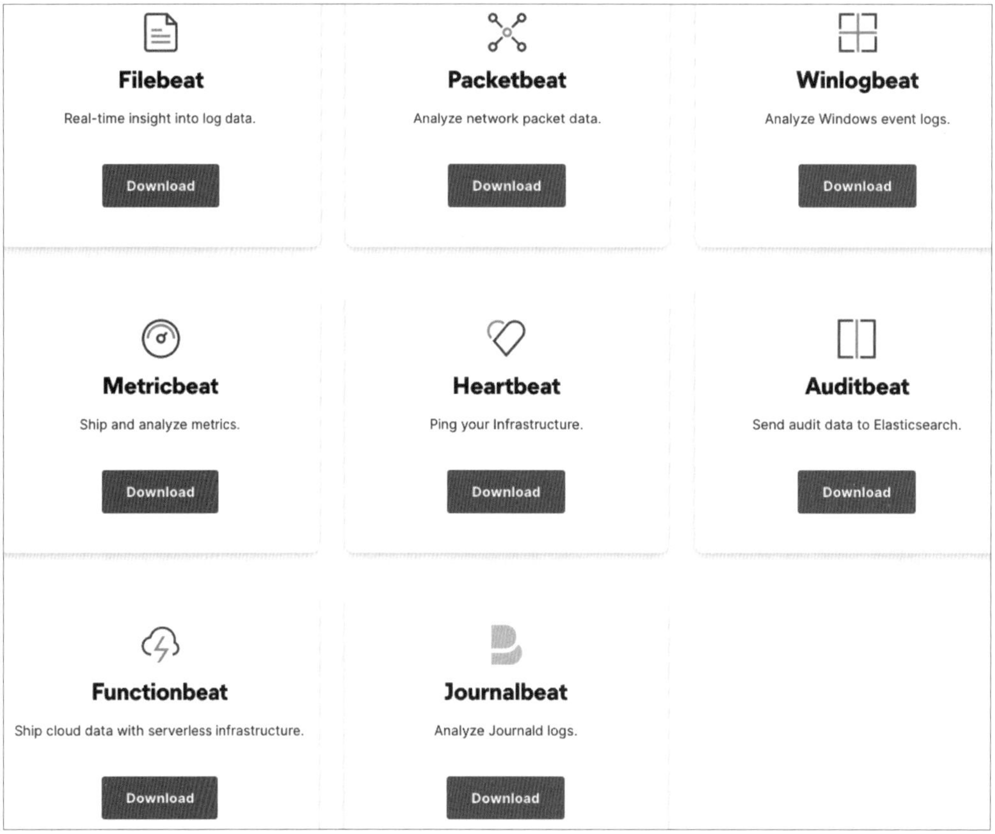

그림 7.2 **비츠 다운로드 페이지**

홈페이지에서 8개의 비트를 다운로드할 수 있고 각 비트의 다운로드 링크를 따라 들어가면 자세한 설치 방법과 설정 방법을 확인할 수 있다. 엘라스틱이 제공하지 못하는 기능은 사용자들이 만든 비츠를 사용하면 된다. 커스텀 비츠는 그림 7.3과 같이 온라인 공식 문서[4]에 모두 모아두었다.

4 커스텀 비츠: https://www.elastic.co/guide/en/beats/libbeat/7.10/community-beats.html

amazonbeat	Reads data from a specified Amazon product.
apachebeat	Reads status from Apache HTTPD server-status.
apexbeat	Extracts configurable contextual data and metrics from Java applications via the APEX toolkit.
browserbeat	Reads and ships browser history (Chrome, Firefox, & Safari) to an Elastic output.
cborbeat	Reads from cbor encoded files (specifically log files). More: CBOR Encoding Decoder
cloudflarebeat	Indexes log entries from the Cloudflare Enterprise Log Share API.

그림 7.3 **커스텀 비츠 페이지**

개별 링크에 접속하면 깃허브로 연결되고 제작자가 사용 방법을 제공하고 있다. 이처럼 엘라스틱 스택은 다양한 비츠를 제공하고 있기 때문에 모든 비츠를 아우르는 설치 방법이 없다. 이 때문에 엘라스틱서치, 키바나, 로그스태시처럼 일반적인 설치 방법을 제공할 수는 없다. 하지만 하나의 비츠 설치 방법만 익혀도 나머지 비츠를 설치하고 사용하는 데 큰 어려움은 없다. 모든 비츠는 동작 원리가 같기 때문이다. 그림 7.4는 비츠의 일반적인 동작 과정이다.

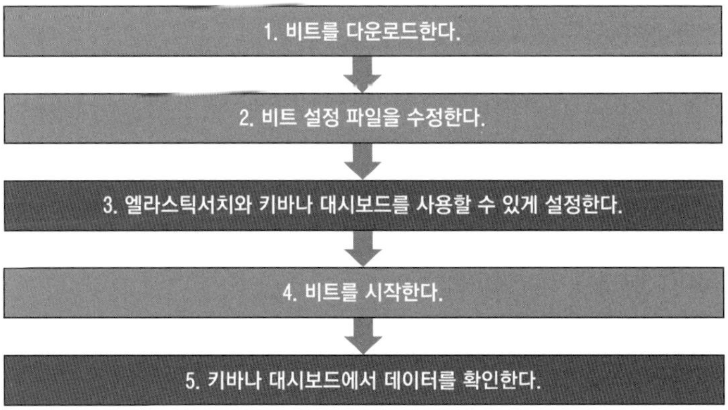

그림 7.4 **비트 동작 과정**

비트를 실행하기 위한 필수적인 단계는 파일을 다운로드하고 설정 파일을 수정하고 실행하는 1번, 2번, 4번으로 구성된다. 하지만 키바나에서 비츠 대시보드나 시각화를 이용하려면 3번과 5번이 더 필요하다. 책에서는 5단계를 모두 사용하는 것을 기준으로 설명하기 때문에 비트와 함께 반드시 키바나와 엘라스틱서치가 같이 구동돼야 한다. 모든 비츠의 기본 동작 과정은 그림

7.4와 같기 때문에 우리는 사용자들이 가장 많이 쓰는 파일비트를 통해 비츠를 배워볼 것이며, 그 과정에서 자연스럽게 비트의 설치, 수정 파일의 변경, 비트 실행이라는 주요 동작들을 배울 것이다. 그럼 파일비트를 이용해 비츠를 더 자세히 배워보자.

7.3 파일비트

앞에서 이야기했지만 비츠 사용법은 그리 어렵지 않다. 파일비트의 사용 방법을 익혀두면 다른 비츠를 사용하는 것도 어렵지 않다. 가장 많이 사용되는 파일비트 위주로 비츠 사용법과 온라인 문서 보는 방법을 배워보자.

7.3.1 파일비트 아키텍처

서버나 시스템을 운영하다 보면 수많은 로그들이 파일 형태로 발생한다. 파일비트는 이런 로그 파일을 쉽게 수집하도록 도와주며 궁극적으로 엘라스틱과 키바나를 이용해 로그를 추적하고 통계를 만들어 활용할 수 있게 도와준다. 파일비트는 고Go 언어로 작성되어 있고 JVM 같은 무거운 런타임 라이브러리가 따로 필요하지 않아서 가볍기 때문에 수집할 시스템에 부담 없이 부설치될 수 있다. 그리고 로그스태시처럼 간단한 필터 작업도 가능하다. 그림 7.5는 파일비트 아키텍처 구조다.

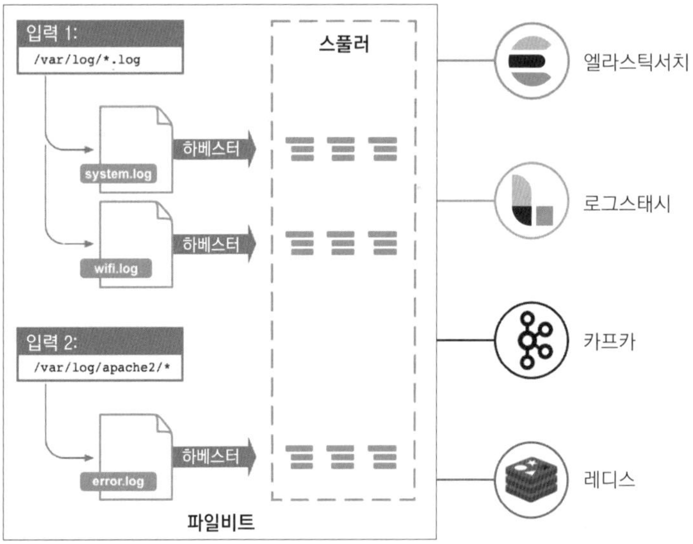

그림 7.5 파일비트 아키텍처[5]

5 출처: https://www.elastic.co/guide/en/beats/filebeat/7.10/images/filebeat.png

파일비트는 표 7.2와 같이 크게 세 가지 주요 구성요소로 이뤄져 있다.

표 7.2 파일비트 구성요소

구성요소	내용
입력(input)	설정 파일에서 하베스터에 대한 입력 소스를 정한다. 파일비트는 하나 혹은 여러 개의 입력을 가질 수 있다.
하베스터(harvester)	입력에 명시된 파일을 직접 수집하는 주체다. 파일은 하나의 하베스터를 가지며, 하베스터는 파일을 한 줄씩 읽고 내보내는 역할을 한다. 또한 파일을 열고 닫는 역할도 한다. 하베스터가 실행되는 동안에는 파일 디스크립터가 열려 있다.
스풀러(spooler)	하베스터가 수집한 이벤트를 엘라스틱서치나 로그스태시 같은 장소로 전달한다.

파일비트는 기본적으로 파일에 적재되는 로그들을 가져오는 역할을 한다. 입력[input]에서 대상 경로를 모니터링하다가 새로운 파일이 발견되면 하베스터를 생성해서 해당 데이터를 읽어 들인다. 뒷부분 예제를 해보면 두 구성요소가 어떻게 동작하는지 이해할 수 있다.

7.3.2 파일비트 다운로드

윈도우의 경우 패키지 매니저가 따로 없어서 엘라스틱에서 제공하는 서버에서 직접 다운로드해야 한다. https://www.elastic.co/kr/downloads/beats/filebeat에서 다운로드할 수 있다.

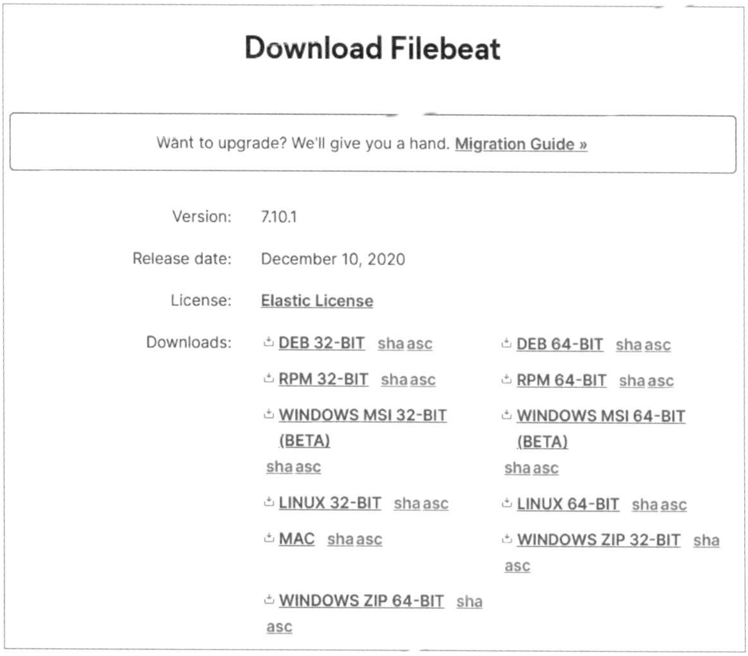

그림 7.6 파일비트 최신 버전 다운로드

현재 7.10.1 버전이 최신 버전이다. 자신이 사용하는 윈도우 아키텍처에 따라 32, 64비트 중 하나를 선택하면 된다. 책을 읽는 시점에 최신 버전이 7.10.1이 아니라면 파일비트 다운로드 페이지 아래쪽에 있는 Notes 부분을 확인해보자.

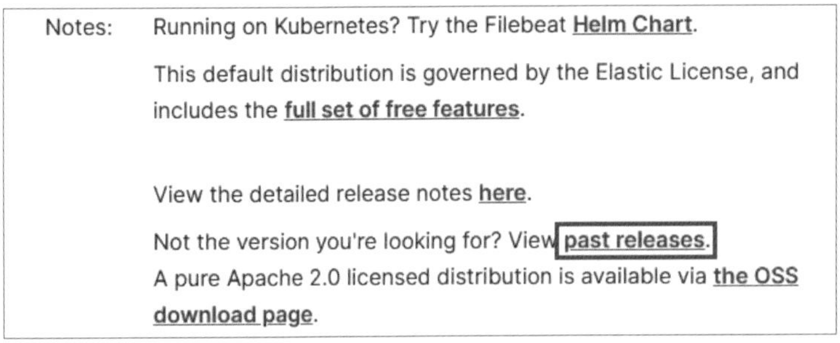

그림 7.7 **파일비트 이전 버전 다운로드**

past releases 링크를 따라가면 모든 파일비트 버전을 다운로드할 수 있는 페이지가 있다. 거기에서 7.10.1 버전을 다운로드하면 된다. 이 책에서는 윈도우 C 드라이브 밑의 filebeat-7.10.1이라는 폴더에 압축을 해제했다.

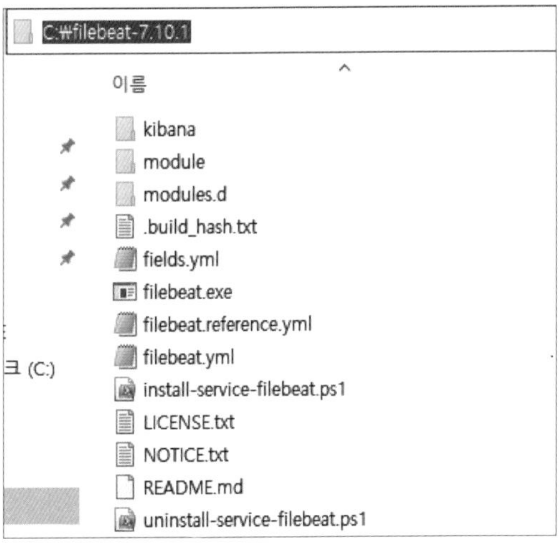

그림 7.8 **파일비트 폴더 구조**

압축을 해제하면 그림 7.8과 같은 폴더 구조가 나온다. 실행 파일(filebeat.exe)과 설정 파일(filebeat.yml)이 루트 디렉토리에 존재하며 module이라는 폴더에는 사용할 수 있는 apache, kafka 같은 모듈이 들어 있다.

7.3.3 파일비트 실행

파일비트를 다운로드했으면 이제 원하는 로그 파일을 수집하기 위해 설정 파일을 수정해야 한다. 파일비트를 다운로드하고 압축을 풀면 filebeat.yml이라는 설정 파일이 있다. 설정 파일에서 설정 가능한 모든 파라미터는 온라인 문서[6]에서 확인 가능하다. 참고로, 하트비트나 메트릭비트를 다운로드하고 압축을 풀면 heartbeat.yml이나 metricbeat.yml이라는 이름의 설정 파일이 있고 온라인 문서에서 설정 파일 사용법을 제공하고 있다. 파일비트 설정 파일 작성 방식이 로그스태시와 비슷해 보이지만 플러그인을 통해 입력/필터/출력을 설정하는 로그스태시와 달리 파일비트는 복잡한 설정이 없다. 그나마 파일비트가 다른 비츠에 비하면 설정이 조금 복잡하므로 파일비트를 사용할 줄 알면 다른 비츠를 사용하는 데 큰 어려움이 없을 것이다. 파일비트 설정 파일인 filebeat.yml을 리스트 7.1과 같이 수정한다.

리스트 7.1 파일비트의 설정 파일

```
filebeat.inputs:
- type: log
  enabled: true
  paths:
    - C:/elasticsearch-7.10.1/logs/*.log

output.elasticsearch:
  hosts: ["localhost:9200"]

setup.kibana:
  host: "localhost:5601"
```

인풋input은 파일비트가 가져오는 입력이고, 아웃풋output은 내보내는 출력이다. 인풋으로 설정하는 타입은 표 7.3과 같다.

표 7.3 **파일비트 인풋 타입**

인풋 타입	설명
log	가장 기본이 되는 타입으로, 파일시스템의 지정한 경로에서 로그 파일을 읽어 들인다.
container	도커 같은 컨테이너의 로그를 수집하기 위한 입력으로, 파일을 읽어 들인다는 점에서 log와 유사하다.
s3	log 타입과 유사하나, 아마존 웹 서비스의 S3 버킷에 위치한 파일을 읽어 들인다.
kafka	다른 타입과는 다르게 파일을 읽어 들이는 대신 카프카의 토픽을 읽어 들인다.

6 filebeat.yml 설정: https://www.elastic.co/guide/en/beats/filebeat/7.10/configuring-howto-filebeat.html

인풋은 타입에 따라 설정해야 하는 내용이 달라지는데, 인풋으로 설정할 수 있는 모든 타입은 온라인 문서[7]를 참고해 작성하면 된다. 여기서는 인풋 타입을 `log`로 설정했는데 `log` 타입은 `paths`에 지정된 파일의 로그를 한 줄씩 가져오는 것을 의미한다. 리스트 7.1은 C:/elasticsearch-7.10.1/logs 폴더에 있는 확장자가 log인 모든 파일을 가져온다. 아웃풋은 하베스터가 읽어들인 데이터를 전달할 곳으로 엘라스틱서치, 로그스태시, 카프카, 특정 파일, 콘솔 등 여러 형태의 아웃풋 중 하나를 지정할 수 있다. 아웃풋으로 설정하는 타입은 표 7.4와 같다.

표 7.4 **파일비트 아웃풋 타입**

아웃풋 타입	설명
`elasticsearch`	가장 많이 사용되는 타입으로, 수집한 이벤트를 엘라스틱서치로 직접 인덱싱한다.
`logstash`	다수의 비츠를 사용해 엘라스틱서치로 전송되는 인덱싱 리퀘스트의 양이 많거나, 비츠나 인제스트 노드 수준에서 처리하기 어려운 가공 작업이 필요할 때 별도의 로그스태시를 구축한 후 수집한 이벤트를 전송한다. 다수의 인덱싱 요청이 로그스태시에서 단일 벌크 리퀘스트로 묶여 인덱싱 효율의 개선을 기대할 수 있다. 이때 전송한 이벤트는 로그스태시의 `beats` 인풋을 이용해 입력받을 수 있다.
`kafka`	파일비트에서 1차적으로 수집한 이벤트를 카프카로 전송한다. 카프카는 좀 더 안정적인 수집 파이프라인을 구성할 때 신뢰할 만한 중간 저장소/큐이므로 수집 중 장애 발생 시 데이터 손실을 최소화하기 위한 방안으로 활용된다. 최종적으로 엘라스틱서치의 인덱싱을 원할 경우 이후 다시 파일비트의 카프카 인풋을 이용하거나 로그스태시의 카프카 인풋을 이용해 입력할 수 있다.
`console`	수집한 이벤트를 시스템 콘솔에 출력한다. 일반적으로 수집이 정상적으로 이뤄지는지 입력 설정을 테스트하기 위한 목적으로 사용된다.

리스트 7.1과 같이 엘라스틱서치(`elasticsearch`)를 아웃풋으로 지정하면 반드시 엘라스틱서치 호스트 주소(`hosts`)를 적어줘야 한다. 온라인 문서[8]에서 모든 파일비트 아웃풋 타입 설정 방법을 설명하고 있으니 참고하면 된다. 마지막으로, `setup.kibana`를 지정하면 키바나 대시보드에서 파일비트 데이터를 확인할 수 있다. 6.0 버전 이후부터 지원되며 비츠의 끝단[end point]을 키바나로 설정하면 끝이다. 비츠와 키바나의 연결은 필수는 아니지만, 이 책에서는 항상 이 설정을 사용해 키바나에서 모든 비츠를 확인하도록 설정할 것이다. 파일비트 설정 파일을 작성했으니 실행해보자.

```
C:\filebeat-7.10.1>.\filebeat.exe setup -e
```

파일비트를 실행하기 전에 먼저 `setup` 옵션을 실행한다. `-e`는 모니터에 오류나 로그를 보여주는 옵션이다.

7 파일비트 인풋: https://www.elastic.co/guide/en/beats/filebeat/7.10/configuration-filebeat-options.html#filebeat-input-types

8 파일비트 아웃풋: https://www.elastic.co/guide/en/beats/filebeat/7.10/configuring-output.html

```
2020-12-27T10:29:05.076+0900    INFO    eslegclient/connection.go:99    elasticsearch url: http://localhost:9200
2020-12-27T10:29:05.080+0900    INFO    [esclientleg]   eslegclient/connection.go:314   Attempting to connect to Elasticsearch version 7.10.1
2020-12-27T10:29:05.080+0900    INFO    kibana/client.go:119    Kibana url: http://localhost:5601
2020-12-27T10:29:05.117+0900    WARN    fileset/modules.go:421  X-Pack Machine Learning is not enabled
Loaded machine learning job configurations
2020-12-27T10:29:05.117+0900    INFO    eslegclient/connection.go:99    elasticsearch url: http://localhost:9200
2020-12-27T10:29:05.121+0900    INFO    [esclientleg]   eslegclient/connection.go:314   Attempting to connect to Elasticsearch version 7.10.1
Loaded Ingest pipelines
```

그림 7.9 setup 옵션 적용 시 나오는 파일비트 로그

7 비츠

엘라스틱서치 인덱스 템플릿, 수명주기 정책과 같은 인덱스 관리 정보와 인제스트 파이프라인, 그리고 키바나 샘플 대시보드까지 설치하기 때문에 셋업setup하는 데 시간이 좀 걸린다. 그림 7.9와 같이 마지막 로그인 `Loaded Ingest pipelines`까지 보이면 셋업이 완료된다. 정상적으로 실행이 완료됐다면 로그에서 특별히 주의할 것은 없겠으나, 오류가 있다면 오류 메시지와 더불어 `INFO` 레벨로 표기된 키바나와 엘라스틱서치의 URL을 확인하고 해당 주소로 연결을 테스트하자. 셋업이 끝나고 키바나에 가보면 파일비트 관련 부분이 추가된 것을 확인할 수 있다. filebeat-* 같은 인덱스가 생성되고 키바나 메뉴의 대시보드에 그림 7.10과 같은 파일비트와 관련된 샘플 대시보드들이 추가된다.

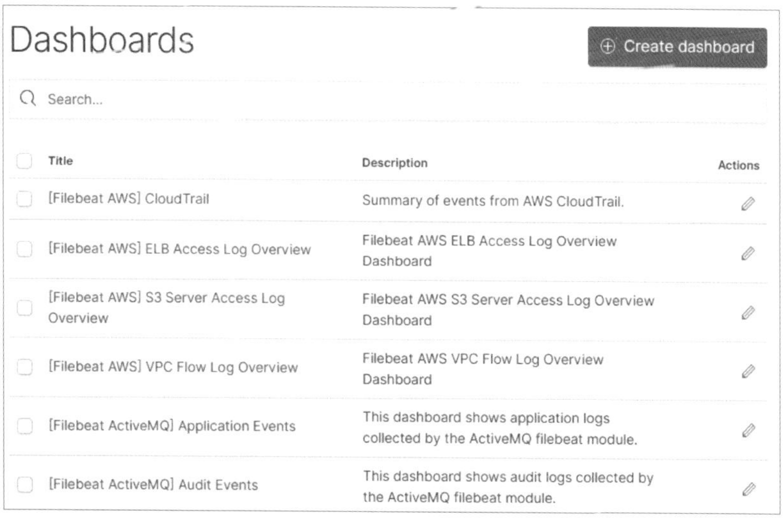

그림 7.10 키바나 대시보드에 파일비트 항목들 추가

파일비트와 엘라스틱서치, 키바나 간의 셋업이 끝나면 이제 마지막으로 파일비트를 실행해야 한다.

```
C:\filebeat-7.10.1>.\filebeat.exe -e
```

-e 옵션을 추가하면 파일비트의 오류나 로그를 확인할 수 있다. 파일비트가 실행되면 키바나에 들어가서 키바나 메뉴의 Management > Stack Management > Index Management를 확인하자. 현재 클러스터의 인덱스들을 확인할 수 있는데 filebeat-*라는 이름의 인덱스가 보일 것이다. 우리가 직접 만들지 않았지만 파일비트에서 setup 과정을 통해 만들어졌다.

☐	filebeat-7.10.1-2020.12.27 -000001	● yellow	open	1	1	19121	4.1mb

그림 7.11 파일비트가 filebeat-* 인덱스에 인덱싱되고 있는 키바나 화면

또한 로그를 직접 확인해볼 수도 있다. 키바나 메뉴의 Kibana > Discover에서 데이터를 탐색할 수 있다. 인덱스 패턴을 filebeat-*로 선택해보자.

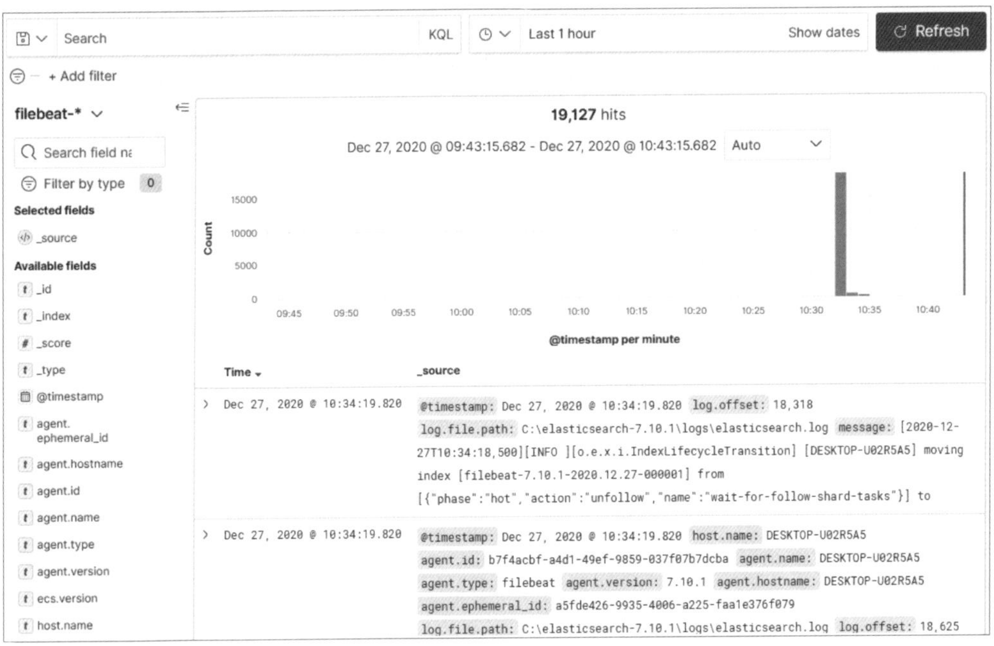

그림 7.12 파일비트를 통해 들어온 데이터의 탐색 화면

그림 7.12와 같이 파일비트를 통해 들어온 데이터를 탐색해볼 수 있다.

7.3.4 파일비트 설정

이번에는 파일비트 설정 파일을 수정해보자. 파일비트를 설치한 config 폴더를 보면 filebeat.reference.yml이라는 파일이 있다. 파일비트의 모든 설정에 대한 설명과 기본값이 적혀 있는 참조 파일이다. 버전에 맞춰 추가/삭제된 옵션이 모두 포함되어 있으니 설정 파일을 수정할 때 참고하자.

7.3.4.1 유용한 설정

파일비트의 설정 중 자주 사용되는 옵션들은 좀 더 자세히 들여다보자. 먼저 `ignore_older`는 새로운 파일 탐색 시 오래된 파일은 읽어 들이지 않고 무시하기 위한 설정이다. 그림 7.13의 내용을 확인해보자.

```
C:\filebeat-7.10.1>type filebeat.yml
filebeat.inputs:
- type: log
  enabled: true
  paths:
    - C:/elasticsearch-7.10.1/logs/*.log
  ignore_older: 24h

output.elasticsearch:
  hosts: ["localhost:9200"]

setup.kibana:
  host: "localhost:5601"
```

그림 7.13 파일비트의 인풋 log 타입에서 ignore_older 설정

`ignore_older`는 인풋 타입이 `log`인 경우 사용할 수 있는 옵션으로 `ignore_older` 값은 `10h`(10시간), `10m`(10분)처럼 타임스트링 형식으로 작성한다. 예를 들어, `ignore_older`를 `10h`로 설정하면 최근 10시간 전의 로그만 수집하겠다는 의미다. `ignore_older`의 기본값은 `0`으로, 특별히 값을 명시하지 않으면 파일의 생성/수정 시간과 무관하게 모든 내용을 읽어 들인다. 다음은 특정 라인이나 파일을 추가/제외하는 옵션이다.

```
C:\filebeat-7.10.1>type filebeat.yml
filebeat.inputs:
- type: log
  enabled: true
  paths:
    - C:/elasticsearch-7.10.1/logs/*.log
  include_lines: ['^ERR', '^WARN']
  exclude_lines: ['^DBG']
  exclude_files: ['\.gz$']

output.elasticsearch:
  hosts: ["localhost:9200"]

setup.kibana:
  host: "localhost:5601"
```

그림 7.14 **파일비트 인풋 log 타입에서 특정 라인 처리**

파일비트 수준에서 복잡한 정제 작업을 수행할 수는 없지만, 간단한 정제 작업을 비츠에서 처리하면 엘라스틱서치나 로그스태시에서 처리하는 작업량을 줄일 수 있다. `include_lines`는 특정 라인을 정규 표현식을 이용해 필터링하고 매칭된 라인만 비츠에서 수용한다. 여기서 `ERR`이나 `WARN`으로 시작하는 로그 라인은 파일비트가 수집한다. `exclude_lines`는 특정 라인을 정규식 표현식을 이용해 필터링하고 매칭된 라인은 비츠에서 수집하지 않는다. 여기서 `DBG`로 시작하는 로그 라인은 파일비트 내부에서 버린다. 마지막 `exclude_files`는 패턴에 일치하는 파일을 무시할 때 사용한다. 여기서 확장자가 gz인 파일은 무시한다. 특정 폴더 내부에 분석해야 하는 로그 파일과 분석하지 않아도 되는 파일들이 섞여 있을 때 유용하게 사용할 수 있다.

7.3.4.2 멀티라인 로그 처리

로그가 한 줄로 표현되면 좋지만 그림 7.15처럼 하나의 로그가 여러 줄로 나올 때는 어떻게 처리해야 할까? 자바 프로그램에서 자주 보이는 로그 패턴으로, 여러 라인을 하나의 로그로 인식해야 한다. 파일비트는 이런 경우를 위해 멀티라인 옵션을 제공하고 있다.

```
java.io.IOException: 현재 연결은 원격 호스트에 의해 강제로 끊겼습니다
        at sun.nio.ch.SocketDispatcher.read0(Native Method) ~[?:?]
        at sun.nio.ch.SocketDispatcher.read(SocketDispatcher.java:43) ~[?:?]
        at sun.nio.ch.IOUtil.readIntoNativeBuffer(IOUtil.java:223) ~[?:?]
        at sun.nio.ch.IOUtil.read(IOUtil.java:192) ~[?:?]
        at sun.nio.ch.SocketChannelImpl.read(SocketChannelImpl.java:378) ~[?:?]
        at org.elasticsearch.transport.CopyBytesSocketChannel.readFromSocketChannel(CopyBytesSocke
        at org.elasticsearch.transport.CopyBytesSocketChannel.doReadBytes(CopyBytesSocketChannel.j
        at io.netty.channel.nio.AbstractNioByteChannel$NioByteUnsafe.read(AbstractNioByteChannel.j
        at io.netty.channel.nio.NioEventLoop.processSelectedKey(NioEventLoop.java:714) [netty-tran
        at io.netty.channel.nio.NioEventLoop.processSelectedKeysPlain(NioEventLoop.java:615) [nett
        at io.netty.channel.nio.NioEventLoop.processSelectedKeys(NioEventLoop.java:578) [netty-tra
        at io.netty.channel.nio.NioEventLoop.run(NioEventLoop.java:493) [netty-transport-4.1.49.Fi
        at io.netty.util.concurrent.SingleThreadEventExecutor$4.run(SingleThreadEventExecutor.java
        at io.netty.util.internal.ThreadExecutorMap$2.run(ThreadExecutorMap.java:74) [netty-commor
```

그림 7.15 **자바 오류 로그**

자바 오류는 스택 트레이스 정보를 담고 있기 때문에 실제로 하나의 오류를 멀티라인으로 표현한다. 멀티라인을 하나의 라인처럼 처리하는 방법을 6.3.4절 '코덱'에서 잠깐 다뤘는데 용어만 조금 다를 뿐 사용법은 비슷하다. 멀티라인 처리를 위한 설정 방법을 알아보자.

```
C:\filebeat-7.10.1>type filebeat.yml
filebeat.inputs:
- type: log
  enabled: true
  paths:
    - C:/elasticsearch-7.10.1/logs/*.log
  multiline.pattern: '^[[:space:]]'
  multiline.negate: false
  multiline.match: after

output.elasticsearch:
  hosts: ["localhost:9200"]

setup.kibana:
  host: "localhost:5601"
```

그림 7.16 **멀티라인 처리를 위한 설정**

인풋 타입이 log인 경우에 멀티라인을 처리할 수 있다. 일반적으로 로그는 한 줄에 하나의 로그가 기록되며, 파일비트 또한 기본적으로 싱글라인 단위로 이벤트를 처리한다. 하지만 경우에 따라 하나의 로그가 여러 줄에 걸쳐 기록되는 경우가 있는데, 이때 multiline 설정을 이용할 수 있다. multiline 설정에는 pattern, negate, match라는 세 가지 하위 옵션이 있으며, 이 세 가지 설정을 조합해 읽어 들인 줄이 로그의 끝인지, 아니면 다음 줄을 계속해서 읽어 들일지 결정할 수 있다.

먼저 multiline.pattern은 정규식을 이용해 패턴을 지정한다. 패턴과 일치하는 라인이 나타나면 멀티라인으로 인식한다. 그림 7.16에서는 라인의 첫 번째 문자가 공백이면 멀티라인 패턴으로 인식된다. 자바 오류 로그였던 그림 7.15의 두 번째 라인부터 모두 멀티라인 패턴에 해당된다. multiline.negate는 true일 때 패턴 일치 조건을 반전시킨다. 그림 7.16에서 negate 조건을 true로 변경한다면 첫 번째 문자가 공백이 아닐 때 멀티라인으로 인식한다. 마지막으로, multiline.match는 멀티라인을 처리하는 방식으로 before와 after를 지정할 수 있다. 그림 7.16의 멀티라인 설정은 매칭 패턴에 일치하는 공백으로 시작하는 라인을 공백으로 시작하지 않는 라인 뒤에 붙이는 방식으로 멀티라인 자바 로그를 하나의 로그로 처리할 수 있다. 이제 negate와 match의 값을 조합하면 2×2 = 4가지 패턴이 나오는데 이 조합을 이용해 멀티라인을 이해해보자. 이번에는 예제를 실행할 필요는 없다. 먼저 예시를 위해 멀티라인 로그를 만들어보자.

리스트 7.2 멀티라인 로그

```
aoo
koo
boo
boo
zoo
boo
```

리스트 7.2와 같이 여섯 라인으로 되어 있는 멀티라인 로그가 있다고 할 때 파일비트를 이용해 멀티라인 처리를 해보자.

리스트 7.3 멀티라인 처리를 위한 설정

```
filebeat.inputs:
- type: log
...
  multiline.pattern: '^b'
  multiline.negate: true or false
  multiline.match: before or after
```

리스트 7.3의 멀티라인 패턴은 라인의 첫 번째 문자가 'b'로 시작할 경우 패턴으로 인식한다. negate는 true나 false 중 하나를 사용할 수 있고, match는 before나 after 중 하나를 사용할 수 있다. 네 가지 경우에 따라 멀티라인이 어떻게 달라지는지 그림으로 알아보자.

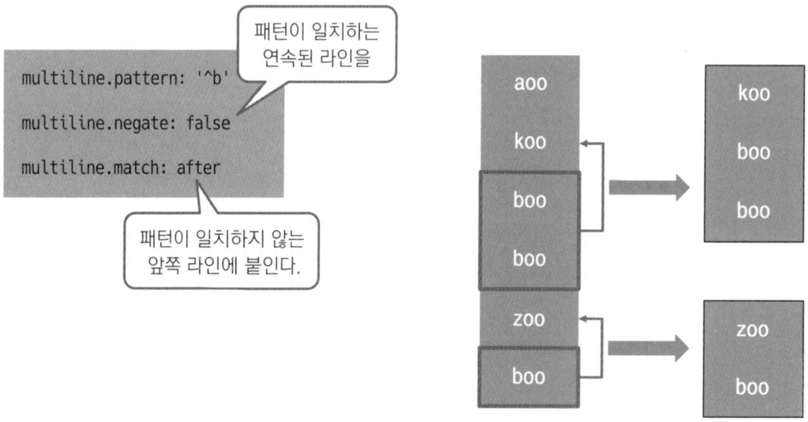

그림 7.17 negate: false, match: after인 경우

그림 7.17은 negate는 false, match는 after로 설정한 경우다. 먼저 negate가 false인 경우 패턴이 일치하는 연속된 라인을 기준으로 생각하자. b로 시작하는 'boo boo'와 'boo'가 이에 해당한다. 다음 match 값이 after다. after는 기준 라인(패턴이 일치하는 연속된 라인)이 패턴이 일치하지 않는 라인 앞쪽에 붙는다는 것을 의미한다. 한 줄씩 따라가 보자. 'aoo'는 패턴에 맞지 않고 뒤에도 패턴에 맞는 라인이 없어서 무시된다. 두 번째 라인 'koo'는 패턴에 맞지 않지만 바로 뒤에 나오는 패턴에 맞는 연속된 라인 'boo boo'와 결합해 'koo boo boo'가 하나의 라인으로 처리된다. 'zoo' 역시 패턴에 맞지 않지만 다음 라인 'boo'가 패턴에 맞아 'zoo boo'가 결합된다. 결국 negate:false, match:after 조합은 'koo boo boo'와 'zoo boo' 2개의 로그를 만든다.

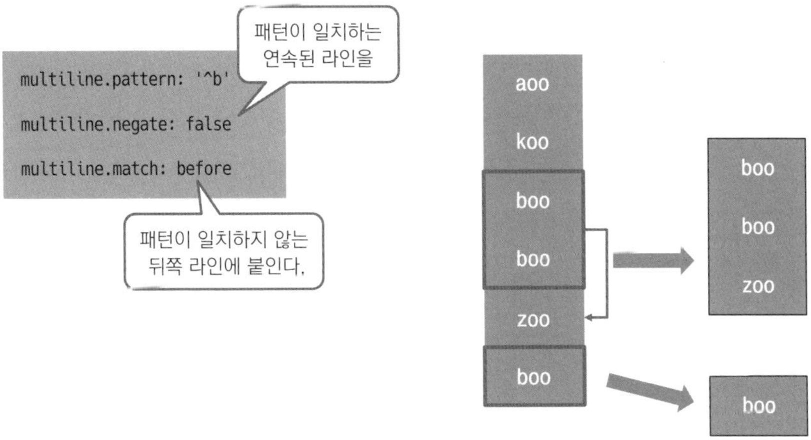

그림 7.18 negate: false, match: before인 경우

그림 7.18은 negate는 false, match는 before로 설정한 경우다. negate가 false이기 때문에 그림 7.17과 같이 패턴이 일치하는 연속된 라인을 기준으로 생각하자. 하지만 match 값은 그림 7.17과 정반대인 before 값이다. 이 경우에는 기준 라인(패턴이 일치하는 연속된 라인)이 패턴이 일치하지 않는 라인 뒤쪽에 붙는다. 한 줄씩 따라가 보자. 첫 번째 라인 'aoo'와 두 번째 라인 'koo'는 패턴에 맞지 않고, 앞쪽에도 패턴에 맞는 라인이 없다. 이런 라인들은 무시된다. 'boo boo'는 패턴에 맞는 연속된 라인으로, 다음 라인에 나오는 패턴과 맞지 않는 'zoo'와 결합해 'boo boo zoo'가 된다. 마지막 'boo'는 다음 라인이 없지만 패턴에 맞기 때문에 혼자 멀티라인을 구성한다. 이 경우 'boo boo zoo'와 'boo'라는 2개의 로그를 만든다.

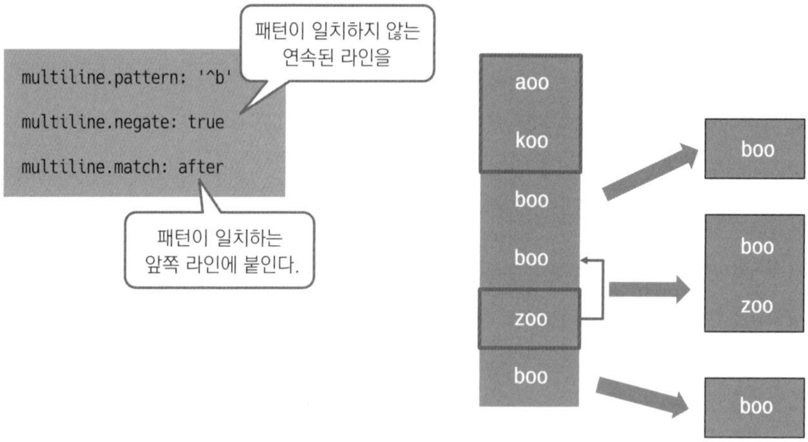

그림 7.19 negate: true, match: after인 경우

그림 7.19는 `negate`가 `true`다. `negate`가 `true`이면 반대로 패턴이 일치하지 않는 연속된 라인을 기준으로 생각하자. 'b'로 시작하지 않는 'aoo koo'와 'zoo'가 여기에 속한다. `match`는 `after`다. `after`는 기준 라인(패턴이 일치하지 않는 연속된 라인)이 패턴이 일치하는 라인 앞쪽에 붙는다. 즉 패턴에 맞지 않는 연속된 라인들이 있고, 그 앞 라인이 패턴에 맞을 경우 멀티라인을 구성한다. 'aoo koo'는 패턴에 맞지 않는 연속된 라인이다. 하지만 앞에 라인이 없어서 무시된다. 세 번째 'boo'는 패턴에 맞기 때문에 홀로 멀티라인을 구성한다. 다섯 번째 라인 'zoo'는 앞 라인에 패턴에 맞는 라인이 있어서 'boo zoo'로 멀티라인을 구성한다. 마지막 'boo' 역시 홀로 멀티라인을 구성한다. 이 경우 'boo', 'boo zoo', 'boo' 3개의 로그를 만든다.

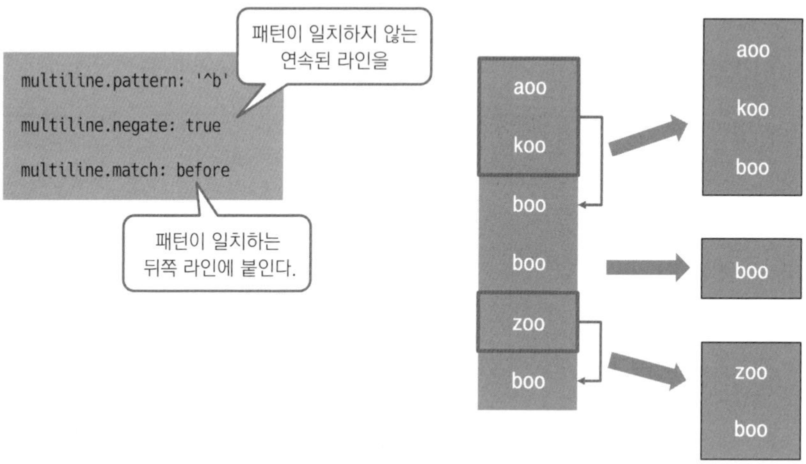

그림 7.20 negate: true, match: before인 경우

그림 7.20은 negate가 true, match가 before인 경우다. negate가 true이니 패턴이 일치하지 않는 연속된 라인을 기준으로 생각하자. match는 before다. before는 기준 라인(패턴이 일치하지 않는 연속된 라인) 뒤에 패턴에 맞는 라인이 오는 경우 멀티라인을 구성한다. 'aoo koo'는 패턴에 맞지 않는 연속된 라인이다. 뒤 라인에 패턴에 맞는 'boo'가 와서 결합하고 'aoo koo boo' 멀티라인을 구성한다. 네 번째 'boo'는 해당사항이 없지만 패턴에 맞기 때문에 홀로 멀티라인을 구성한다. 'zoo'는 다음 'boo'와 결합해 'zoo boo' 멀티라인을 구성한다. 멀티라인 설정들이 직관적으로 이해가 어려운데, 자주 사용하다 보면 눈에 익을 것이다.

7.3.5 모듈

모듈은 많이 사용되고 잘 알려진 시스템 데이터를 수집하기 위한 일반적인 설정을 사전 정의해 둔 것이다. 모듈을 이용하면 복잡한 가공이 필요한 이벤트인 경우에도 최소한의 비츠 설정으로 손쉽게 로그들을 수집할 수 있다. 모듈의 핵심은 손쉬운 사용이다. 예를 들어, 엔진엑스나 아파치 서버의 로그를 수집한다고 가정해보자. 특별히 사용자 설정 변경이 없었다면 설치 경로나 로그 발생 위치, 로그 형태는 동일할 것이다. 이처럼 잘 알려진[well known] 서비스들은 동일한 설정으로 수집할 수 있기 때문에 모듈이라는 형태로 사전 설정을 제공하고 있다. 따라서 비츠를 이용해 로그를 수집할 계획이 있다면 먼저 적합한 모듈이 있는지 찾아보자. 비츠가 모듈을 지원하는지 여부를 확인하는 다양한 방법이 있지만 온라인 문서 확인이 가장 좋다. 파일비트의 경우 표 7.5와 같은 모듈들을 지원한다.

표 7.5 파일비트 모듈

모듈	설명
aws	AWS의 CloudWatch, CloudTrail 같은 서비스에서 발생하는 로그들을 수집할 수 있다.
cef	시스로그를 통해 CEF(Common Event Format) 이벤트를 입력받을 수 있다.
cisco	시스코사의 ASA, Nexus 등 네트워크 장비에서 발생되는 이벤트를 수집한다.
elasticsearch	엘라스틱서치의 클러스터, GC, 감사로그 등을 수집할 때 사용한다.
googlecloud	구글 클라우드 플랫폼의 VPC 플로우, 방화벽 로그 등을 수집할 수 있다.
logstash	로그스태시에서 발생한 로그들을 수집할 수 있다.

표 7.5는 자주 사용하는 파일비트 모듈이고, 파일비트가 지원하는 전체 모듈은 온라인 문서[9]에서 확인할 수 있다. 파일비트에서 모듈을 사용하는 방법을 알아보자.

9 파일비트 모듈: https://www.elastic.co/guide/en/beats/filebeat/7.10/filebeat-modules.html

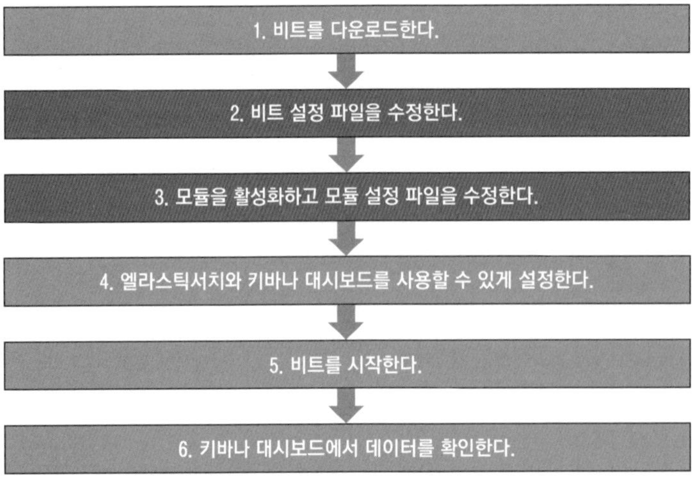

그림 7.21 **모듈을 이용한 비트 동작 과정**

그림 7.21은 모듈을 이용해 비트를 실행하는 방법이다. 기존 그림 7.4의 비트 실행 과정과 다른 점은 2번, 3번 부분이다. 비트 설정 파일에 모듈을 사용한다는 점을 기록해야 하고(2번), 모듈을 활성화하는 부분을 추가해야 한다(3번). 그 외에 나머지는 기존의 비트 실행 동작 과정을 따르면 된다. 모듈의 태생이 설정 없이 간단하게 비트를 사용하려는 목적으로 출발했기 때문에 실제 설정 파일 작성은 매우 간단하다. 즉 모듈을 이용하면 손쉽게 비츠를 동작시켜 파일을 수집할 수 있다. 일단 모듈을 직접 사용해보면서 쉽게 로그를 수집하는 방법을 배워보자.

7.3.5.1 비트 다운로드

먼저 어떤 모듈을 어떤 용도로 사용할 것인지 정해야 한다. 사용하려는 모듈에 따라서 다운로드해야 하는 비트가 달라진다. 모듈의 종류는 비츠 온라인 문서에서 확인이 가능하다. 온라인 문서에 Modules라는 메뉴가 있다면 그 비트는 모듈을 지원한다.

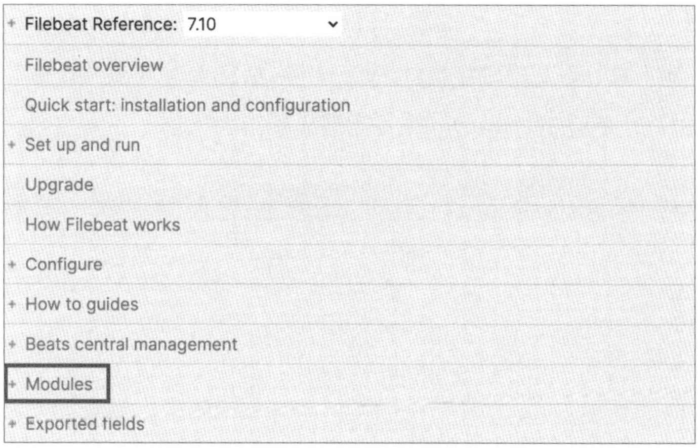

그림 7.22 **파일비트 온라인 페이지: 모듈 사용 가능함**

그림 7.22에서 볼 수 있듯이, 파일비트의 경우 모듈을 지원하고 있다. Modules 링크를 따라 들어가면 파일비트가 지원하는 모듈들을 볼 수 있다.

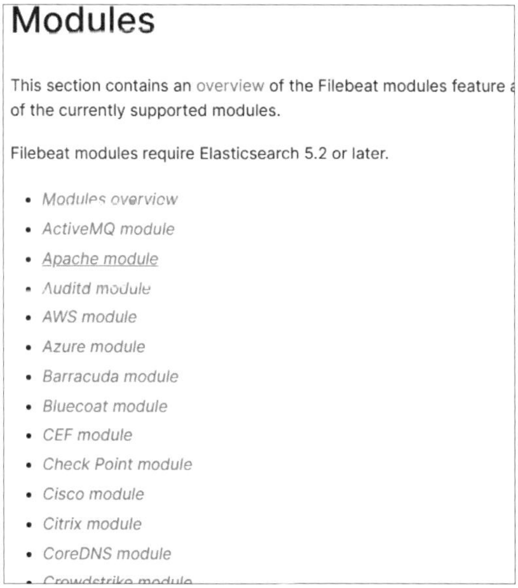

그림 7.23 **파일비트 모듈 종류**

다양한 모듈 리스트가 보이고(그림 7.23 참고) 개별 모듈마다 설명과 사용 방법에 대한 가이드를 제공하고 있다. 여기서는 파일비트의 `logstash` 모듈을 사용해보자.

7.3.5.2 비츠 설정 파일 수정

모듈을 사용하려면 먼저 비츠 설정 파일을 변경해야 한다. 인풋input은 모듈 설정 파일에서 설정할 것이므로, 아웃풋output만 적어주면 된다. filebeat.yml을 수정해보자.

리스트 7.4 모듈 사용을 위한 비츠 설정

```
output.elasticsearch:
  hosts: ["localhost:9200"]

setup.kibana:
  host: "localhost:5601"

filebeat.config.modules:
  path: ${path.config}/modules.d/*.yml
```

인풋은 모듈 설정 파일에서 작성해야 하기 때문에 삭제했다. 아웃풋은 엘라스틱서치로 설정했고 `setup.kibana`를 추가해 키바나에 샘플 대시보드를 설치할 수 있도록 지정했다. 마지막으로, 모듈을 설정하기 위해서는 모듈 경로를 지정해줘야 한다. `${path.config}`는 파일비트가 설치된 경로다.

참고 **파일비트 경로 변수**

파일비트에서 자주 사용되는 경로를 변수로 정의하고 있다. 다음을 확인해보자.

경로	경로
`path.home`	파일비트 설치 경로(C:\filebeat-7.10.1)
`path.config`	파일비트 구성 파일 경로(C:\filebeat-7.10.1)
`path.data`	파일비트 데이터 경로(C:\filebeat-7.10.1\data)
`path.logs`	파일비트 로그 경로(C:\filebeat-7.10.1\logs)

7.3.5.3 모듈 활성화

현재 카프카나 클라우드 모듈을 실습할 수 있는 환경이 안 되어 있기 때문에 즉시 테스트해볼 수 있는 `logstash` 모듈을 사용할 것이다. `logstash` 모듈은 로그스태시 로그를 가져오는 모듈이다. 비츠 설정 파일을 수정하여 모듈을 사용하기로 했으니 이제 콘솔에서 모듈을 활성화해보자. 사용법은 단순하다.

```
C:\filebeat-7.10.1>.\filebeat.exe modules enable logstash
Enabled logstash
```

그림 7.24 **로그스태시 모듈 활성화**

파일비트를 실행하고 modules 명령을 적어준다. 다음으로 enable/disable을 이용해 모듈을 활성화하거나 비활성화할 수 있다. 마지막으로 모듈 이름을 적어주면 된다. 'Enabled 모듈명'이라는 로그가 나오면 모듈이 활성화된 것이다. 그림 7.25처럼 여러 개의 모듈을 선택할 수 있다.

```
C:\filebeat-7.10.1>.\filebeat.exe modules enable logstash kibana elasticsearch
Module logstash is already enabled
Enabled kibana
Enabled elasticsearch

C:\filebeat-7.10.1>.\filebeat.exe modules disable kibana elasticsearch
Disabled kibana
Disabled elasticsearch
```

그림 7.25 **멀티 모듈 활성화/비활성화**

여러 개의 모듈을 enable로 활성화하거나 disable로 비활성화할 수 있다. 여러 개의 모듈을 등록할 때는 모듈 사이에 공백을 두면 된다. 현재 활성화된 모듈이 무엇인지 확인하는 방법도 알아보자.

```
C:\filebeat-7.10.1>.\filebeat.exe modules list
Enabled:
logstash

Disabled:
activemq
apache
auditd
aws
azure
barracuda
bluecoat
cef
checkpoint
cisco
citrix
coredns
```

그림 7.26 **활성화/비활성화된 모듈 확인**

그림 7.26처럼 modules list라는 명령으로 활성화된 모듈과 비활성화된 모듈을 확인할 수 있다.

7.3.5.4 모듈 설정 파일 수정

이제 모듈 속성 파일(logstash.yml)을 수정해보자. 모듈은 기본적으로 사람들이 많이 쓰는 기능들을 사전 정의했기 때문에 수정할 필요가 거의 없다. 하지만 모든 사용자의 요구사항을 맞추기는 힘들기 때문에 모듈 수정 파일을 두어 개별적인 설정이 가능하게 한다. 모듈 설정 파일은 파일비트 디렉토리 아래의 modules.d라는 디렉토리에 있다. 비활성화된 모듈은 disabled 확장자가 붙어 있고, 활성화된 모듈은 disabled 확장자가 빠진다.

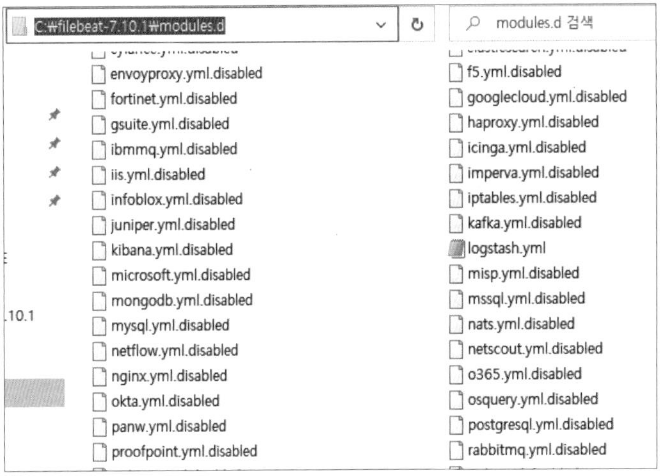

그림 7.27 **로그스태시 모듈 파일 확장자 변경**

그림 7.27에서 볼 수 있듯이, modules.d 디렉토리에 가보면 방금 활성화한 logstash.yml만 뒤에 disabled가 없다. 이제 모듈 설정 파일인 logstash.yml을 수정해보자(그림 7.28 참고).

`logstash` 모듈은 일반 로그와 슬로우 로그 수집을 지원한다. 로그스태시 실행 중 발생된 대부분의 로그는 일반 로그에 속하며, 파이프라인 내에서 과도하게 처리 시간이 지연되는 이벤트의 경우 별도의 파일에 슬로우 로그로 기록된다. 테스트 차원에서 일반 로그만 경로를 지정한다. `var.paths`에 7장에서 설치했던 로그스태시 로그 경로를 지정해주는데, 경로를 지정하지 않으면 파일비트가 운영체제에 맞는 경로를 자동으로 지정한다.

```
C:\filebeat-7.10.1\modules.d>type logstash.yml
# Module: logstash
# Docs: https://www.elastic.co/guide/en/beats/filebeat/7.10/filebeat-module-logstash.html

- module: logstash
  # logs
  log:
    enabled: true

    # Set custom paths for the log files. If left empty,
    # Filebeat will choose the paths depending on your OS.
    var.paths: [C:\logstash-7.10.1\logs\*.log]

  # Slow logs
  slowlog:
    enabled: true
    # Set custom paths for the log files. If left empty,
    # Filebeat will choose the paths depending on your OS.
    #var.paths:
```

그림 7.28 **시스템 모듈 수정**

7.3.5.5 setup 명령과 비트 실행

비트 설정과 모듈 설정까지 완료했으니 비트를 실행할 것이다. 먼저 setup 명령을 통해 엘라스틱 인덱스 템플릿을 생성하고 키바나 대시보드를 사용할 수 있게 한다. setup 명령을 실행해보자. 이때는 특별히 -e 옵션을 붙이지 않더라도 로그가 표시된다.

```
C:\filebeat-7.10.1>.\filebeat.exe setup
Overwriting ILM policy is disabled. Set `setup.ilm.overwrite: true` for enabling.

Index setup finished.
Loading dashboards (Kibana must be running and reachable)
Loaded dashboards
Setting up ML using setup --machine-learning is going to be removed in 8.0.0. Please u
nstead.
See more: https://www.elastic.co/guide/en/machine-learning/current/index.html
Loaded machine learning job configurations
Loaded Ingest pipelines
```

그림 7.29 **파일비트의 setup 명령 실행**

그림 7.29는 파일비트 setup 명령을 실행한 결과다. setup 명령은 엘라스틱서치와 키바나에 API를 이용해 인제스트 파이프라인, 대시보드 등을 설치하므로 엘라스틱서치와 키바나는 반드시 실행 중이어야 하며 네트워크 접근에도 문제가 없어야 한다. 혹시라도 setup 명령이 실패했다면 문제를 해결하고 setup 명령을 다시 실행하자. 해당 명령은 여러 번 다시 시도하더라도 특별히 문제되지는 않는다. 환경에 따라서 셋업 시간이 오래 걸리기도 한다. 셋업까지 완료되면 이제 비트를 실행하면 된다. 비트를 실행하기 전에 먼저 확인해야 할 것이 있다. 키바나 대시보드에

가보면 파일비트 샘플 대시보드들이 많이 설치되어 있다. 로그스태시 모듈과 관련된 대시보드는 [Filebeat Logstash] Logstash Logs ECS, [Filebeat Logstash] Slowlogs ECS 두 가지가 있다. 이 중 [Filebeat Logstash] Logstash Logs ECS를 선택해서 대시보드를 확인해보자.

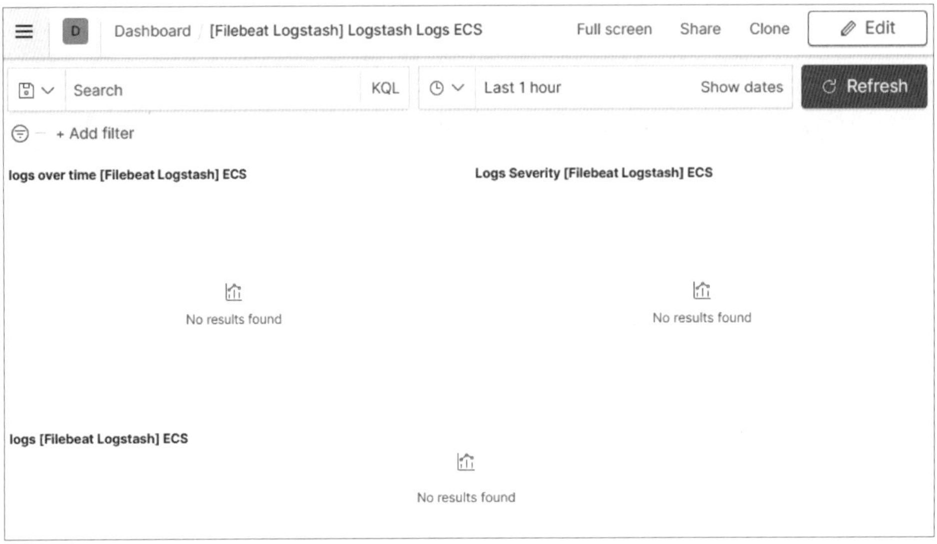

그림 7.30 **대시보드에서 파일비트 확인**

파일비트가 실행되기 전이라서 아직 데이터가 수집되지 않아 대시보드에 아무것도 보이지 않는다(그림 7.30 참고). 이제 파일비트를 실행해보자.

```
C:\filebeat-7.10.1>.\filebeat.exe -e
```

-e 옵션이 있으니 로그들이 보일 텐데 특별한 오류가 보이지 않는다면 파일비트가 잘 실행된 것이다. 혹시 오류가 있다면 -d '*' 옵션으로 디버깅 메시지도 볼 수도 있다. 파일비트가 로그스태시 모듈에서 파일을 가져오기 위해서는 로그스태시를 실행해야 한다. 윈도우 명령 콘솔을 하나 더 띄운 다음 로그스태시를 실행해보자.

```
C:\logstash-7.10.1>.\bin\logstash.bat
```

6장에서 다중 파이프라인까지 테스트를 진행했다면 그림 7.31의 로그와 같이 파이프라인 2개가 실행되면서 로그스태시가 동작할 것이다.

```
[2020-12-28T23:13:48,128][INFO ][logstash.javapipeline    ][mypipe1] Pipeline s
tarted {"pipeline.id"=>"mypipe1"}
[2020-12-28T23:13:48,128][INFO ][logstash.javapipeline    ][mypipe2] Pipeline s
tarted {"pipeline.id"=>"mypipe2"}
[2020-12-28T23:13:48,178][INFO ][filewatch.observingtail  ][mypipe2][f8bf9671e4
bdf362d498dbe1e66df72a89c706602d160f693a2a3f104358c358] START, creating Discove
rer, Watch with file and sincedb collections[2020-12-28T23:13:48,180][INFO ][fi
lewatch.observingtail  ][mypipe1][707ac4a0db2e1589fd97c73f882cc83ac6345b782aaaf
9029741e0714dad340b] START, creating Discoverer, Watch with file and sincedb co
llections[2020-12-28T23:13:48,183][INFO ][logstash.agent           ] Pipelines
running {:count=>3, :running_pipelines=>[:mypipe2, :".monitoring-logstash", :my
pipe1], :non_running_pipelines=>[]}
[2020-12-28T23:13:49,318][INFO ][logstash.agent           ] Successfully starte
d Logstash API endpoint {:port=>9600}
{
       "message" => "[2020-12-28T02:16:51,479][INFO ][o.e.x.m.a.TransportDelete
ExpiredDataAction] [DESKTOP-U02R5A5] Completed deletion of expired ML data\r",
    "@timestamp" => 2020-12-28T14:13:48.647Z,
          "path" => "C:/elasticsearch-7.10.1/logs/elasticsearch.log",
      "@version" => "1",
          "host" => "DESKTOP-U02R5A5"
}
```

그림 7.31 **로그스태시 실행 화면**

로그스태시가 실행되고 로그파일(logstash-plain.log)에 파일이 쌓이면 파일비트의 로그스태시 모듈이 이를 감지한다. 그림 7.32의 파일비트 로그에 하베스터가 파일을 읽었다는 로그가 보인다.

```
2020-12-28T23:13:40.758+0900    INFO    log/harvester.go:302    Harvester started for
 file: C:\logstash-7.10.1\logs\logstash-plain.log
```

그림 7.32 **파일비트가 로그스태시 로그 파일을 가져오는 로그**

이제 마지막으로 키바나에서 확인을 해보자.

7.3.5.6 키바나에서 확인

키바나 대시보드의 [Filebeat Logstash] Logstash Logs ECS를 다시 확인해보면, 방금 로그스태시를 실행하고 비츠가 로그를 수집하자 비츠를 실행하기 전에는 비어 있던 대시보드에 데이터가 추가됐음을 알 수 있다(그림 7.33 참고).

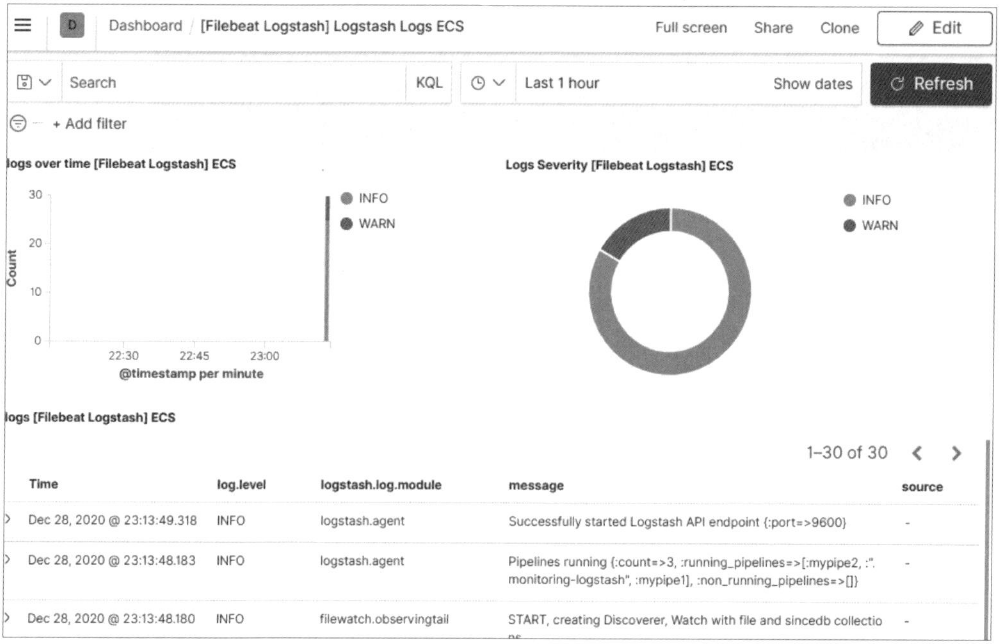

그림 7.33 파일비트용 엘라스틱서치 인덱스

7.4 모니터링

이번에는 비츠를 모니터링하는 방법을 배워보자. 모니터링은 비츠가 데이터 입출력을 잘하고 있는지 비츠가 동작 중인 호스트의 리소스들은 문제없는지 등을 엘라스틱서치와 키바나를 통해 확인할 수 있는 기능이다. filebeat.yml 파일비트 설정 파일에서 모니터링 설정을 추가한다.

리스트 7.5 모니터링을 위한 비츠 설정 파일 변경 부분

```
filebeat.inputs:
- type: log
  enabled: true
  paths:
    - C:/elasticsearch-7.10.1/logs/*.log

output.elasticsearch:
  hosts: ["localhost:9200"]

setup.kibana:
  host: "localhost:5601"
```

```
monitoring.enabled: true
# monitoring.cluster_uuid: PRODUCTION_ES_CLUSTER_UUID
monitoring.elasticsearch:
  hosts: ["localhost:9200"]
```

monitoring으로 시작하는 설정들이 모니터링과 관련된 설정들이다. 먼저 monitoring.enabled 부분을 true로 설정한다. 다음으로 monitoring.elasticsearch에는 엘라스틱서치 호스트 URL을 적어준다. 2장에서 설치했던 엘라스틱서치 호스트 주소를 적으면 된다. monitoring.cluster_uuid는 모니터링 클러스터 주소를 적어주면 되는데, 모니터링 클러스터와 파일비트의 아웃풋으로 설정하는 엘라스틱 클러스터(output.elasticsearch.hosts)가 동일하면 설정할 필요는 없다. 일반적으로 데이터 연산을 하는 엘라스틱서치 클러스터와 관리 용도로 모니터링을 하는 클러스터를 분리해서 운영하는 경우가 많은데 이런 경우에는 모니터링 클러스터의 UUID를 적어야 한다. 참고로, 클러스터 UUID는 다음과 같은 엘라스틱서치 API를 통해 확인할 수 있다.

```
C:\filebeat-7.10.1>curl -XGET "localhost:9200"
{
  "name" : "DESKTOP-U02R5A5",
  "cluster_name" : "elasticsearch",
  "cluster_uuid" : "VlLeOSDfTtyhikERi1VMCg",
  "version" : {
    "number" : "7.10.1",
    "build_flavor" : "default",
    "build_type" : "zip",
    "build_hash" : "1c34507e66d7db1211f66f3513706fdf548736aa",
    "build_date" : "2020-12-05T01:00:33.671820Z",
    "build_snapshot" : false,
    "lucene_version" : "8.7.0",
    "minimum_wire_compatibility_version" : "6.8.0",
    "minimum_index_compatibility_version" : "6.0.0-beta1"
  },
  "tagline" : "You Know, for Search"
}
```

그림 7.34 **클러스터 UUID 확인 방법**

그림 7.34는 curl을 이용해 엘라스틱서치 클러스터의 UUID를 확인하는 방법이다. cluster_uuid가 우리가 찾으려는 값이다. 클러스터 이름이나 UUID는 클러스터 식별 용도로 많이 사용되기 때문에 이 기회에 확인하고 가자. 리스트 7.5를 적용하고 파일비트를 재시작하자. 엘라스틱서치와 키바나가 실행되고 있어야 한다.

```
C:\filebeat-7.10.1>.\filebeat.exe -e
```

그림 7.35와 같이 [monitoring]이라는 로그들이 보이면 모니터링이 동작하는 것이다.

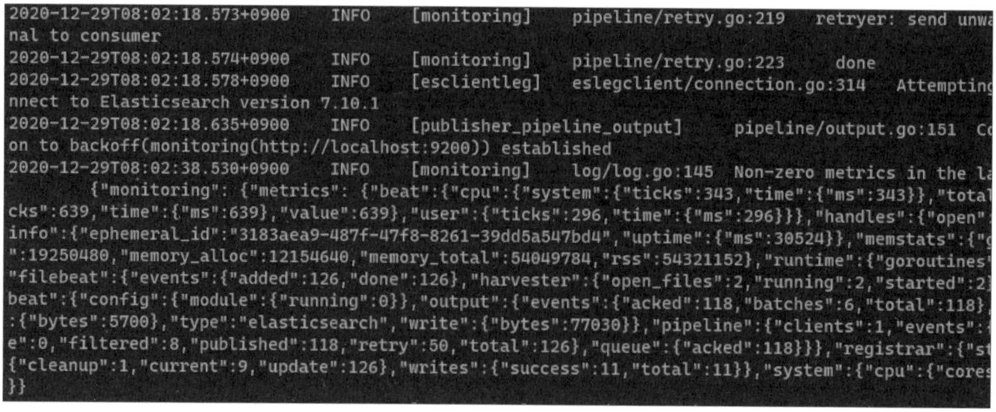

그림 7.35 **파일비트 로그 중 모니터링 관련 로그**

이제 키바나에서 모니터링이 가능하다. 키바나 왼쪽 상단의 토글 메뉴를 클릭하면 키바나 메뉴들을 확인할 수 있는데 Management > Stack Monitoring을 선택하면 된다. Stack Monitoring을 한 번도 작동해보지 않았다면 먼저 UI에서 활성화해야 하는데 해당 내용은 6.5절에서 설명했다. 키바나 스택 모니터링에서 Beats가 보일 것이다.

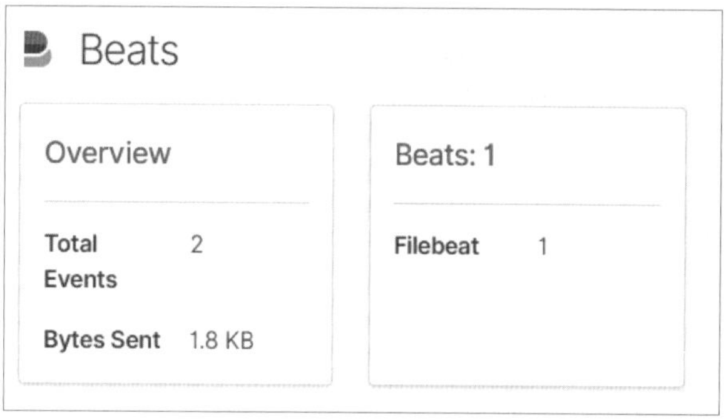

그림 7.36 **비츠가 활성화된 모니터링**

비츠의 전반적인 상태와 개별 비츠들의 인스턴스들을 확인할 수 있다. 현재는 파일비트 하나만 엘라스틱서치와 연결되어 있음을 확인할 수 있다(그림 7.36 참고). 그림 7.36의 Beats 링크를 클릭해서 비트 상태에 대한 세부적인 모니터링을 해보자.

그림 7.37에는 비트 상태를 모니터링할 수 있는 다양한 그래프들이 보인다. CPU나 메모리 사용량을 확인할 수 있고 비트 인풋/아웃풋 과정에서 발생한 오류들도 확인이 가능하다. 실제 다양한 링크들을 클릭해보면서 파일비트로 모니터링할 수 있는 기능들을 확인해보자.

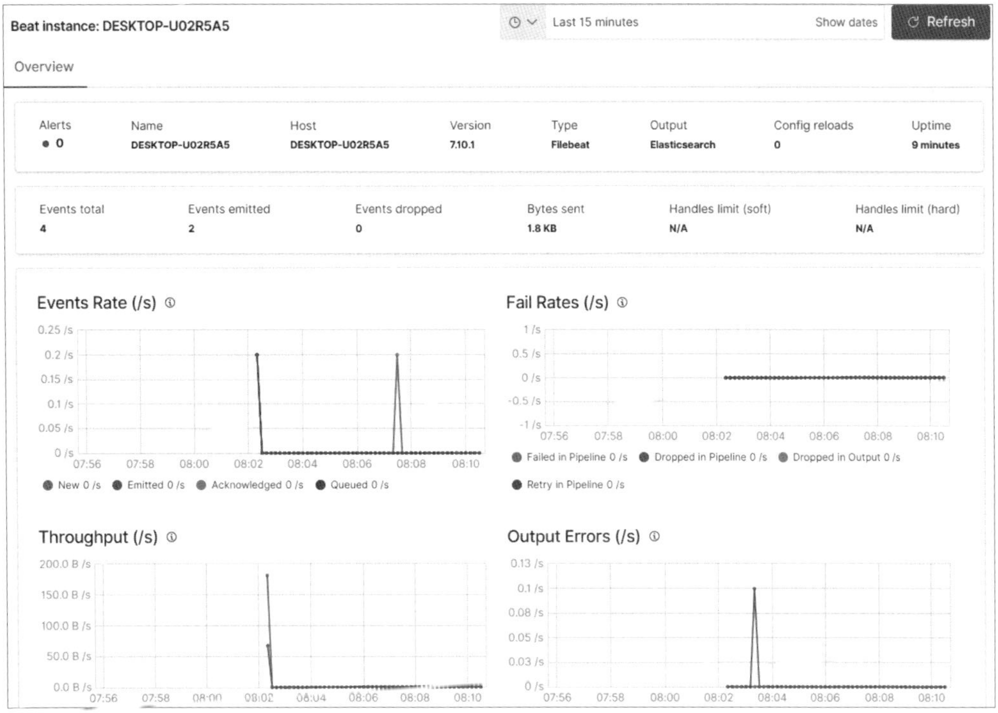

그림 7.37 세부적인 모니터링 화면

7.5 그 밖의 비츠 사용하기

지금까지 파일비트 위주로 설명했는데 비츠의 종류는 정말 많다. 이번 절에서는 다양한 비츠들을 실행하는 방법을 배워보자. 비츠의 사용법은 먼저 비츠를 다운로드하고 설정 파일을 수정한 다음 실행하면 된다. 엘라스틱서치와 연동해서 사용할 경우 실행 전에 `setup` 명령을 실행하는 과정이 추가되고, 모듈을 지원하는 비츠라면 모듈을 활성화한 다음에 실행하는 과정이 추가되는 것이 전부다. 대부분의 비츠는 립비트Libbeat를 기반으로 동작하므로 사용 방법이 비슷하기 때문에 파일비트와 크게 다르지 않다. 비트마다 설정 파일 사용법이 조금 다르지만 온라인 문서를 참고해 쉽게 사용할 수 있을 것이다. 하지만 온라인 문서를 찾아보는 것보다 더 쉬운 방법이 있다. 키바나 웹 UI를 통해 쉽게 비츠를 사용할 수 있다.

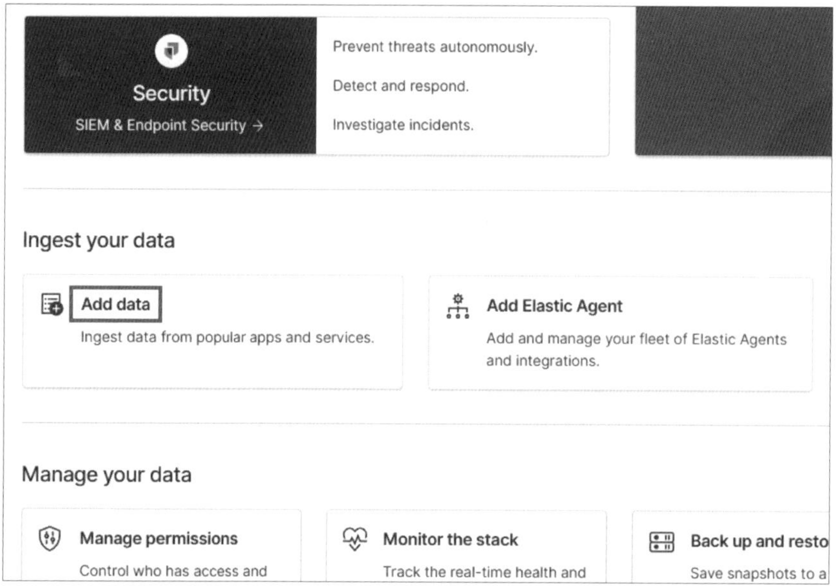

그림 7.38 비츠 사용 가이드

그림 7.38의 키바나 첫 화면에서 Add data라는 버튼이 보인다. 이 버튼을 클릭해보자.

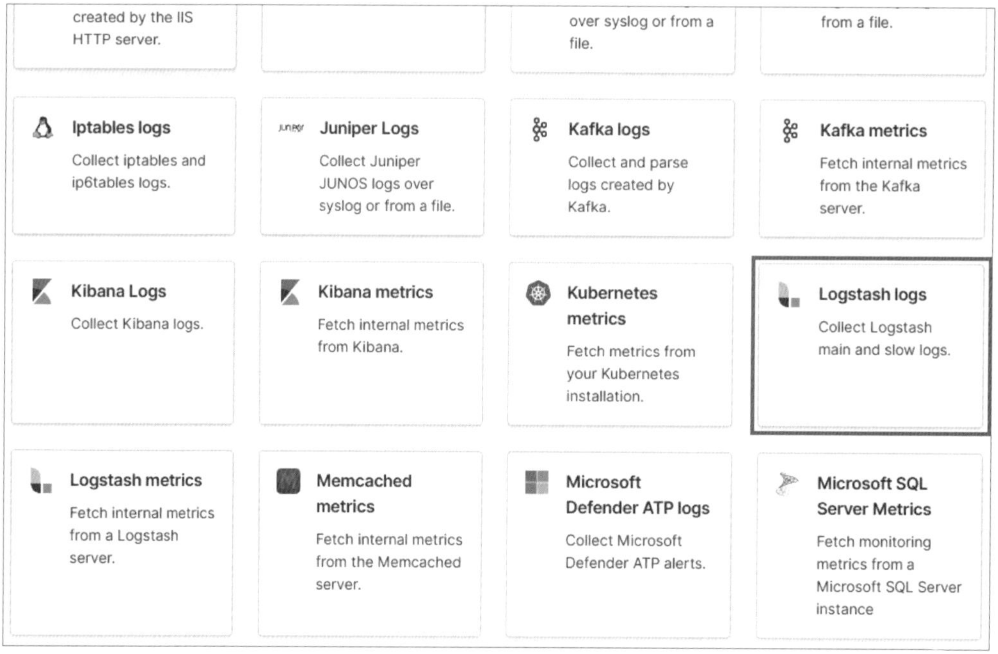

그림 7.39 로깅을 위한 비츠 모듈들

그림 7.39와 같이 사용 가능한 모든 비츠의 모듈들이 보인다. 크게 Logs, Metrics, Security 카테고리로 나뉘어 있는데 각 카테고리에서 어떤 모듈들이 있는지 확인할 수 있다. 우리는 앞서 살펴봤던 로그스태시 모듈을 사용할 것이다. Logstash logs는 파일비트에서 사용하는 모듈로 로그스태시 로그를 기록하고 Logstash metrics는 매트릭비트에서 사용하는 모듈로 로그스태시 통계 정보를 보여준다. Logstash logs를 클릭하면 사용 가이드를 확인할 수 있다.

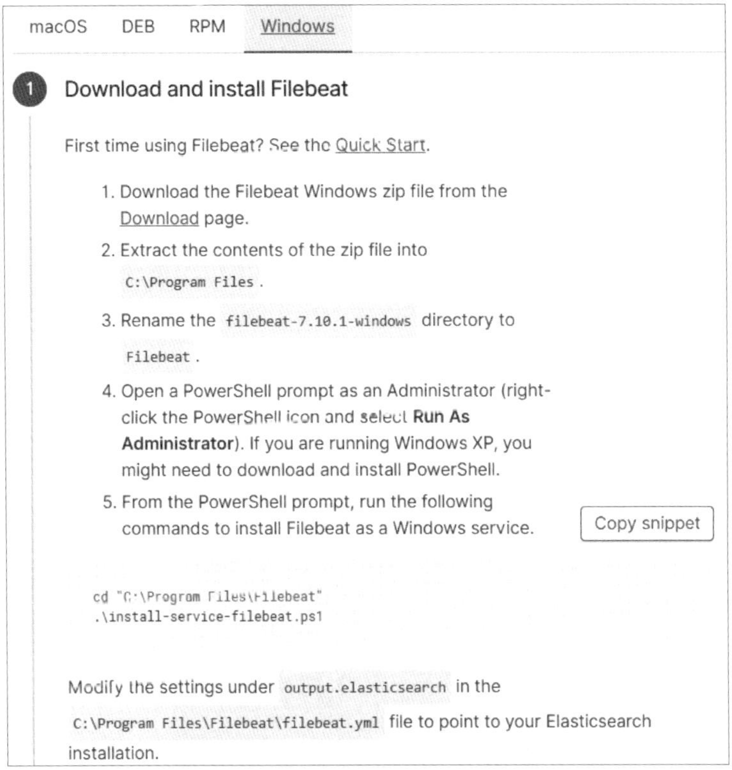

그림 7.40 **로그스태시 모듈 사용 가이드(1/4): 파일비트 다운로드**

사용 가이드를 따라서 진행하면 되는데, 먼저 비트를 다운로드한다. 그림 7.40과 같이 운영체제별 다운로드 방법이 안내된다. 윈도우 사용자는 install-service-filebeat.ps1이라는 셸 프로그래밍을 통해 윈도우 서비스로 등록할 수 있다. 우리는 압축 파일을 직접 다운로드했다(7.3.5.1절 참고).

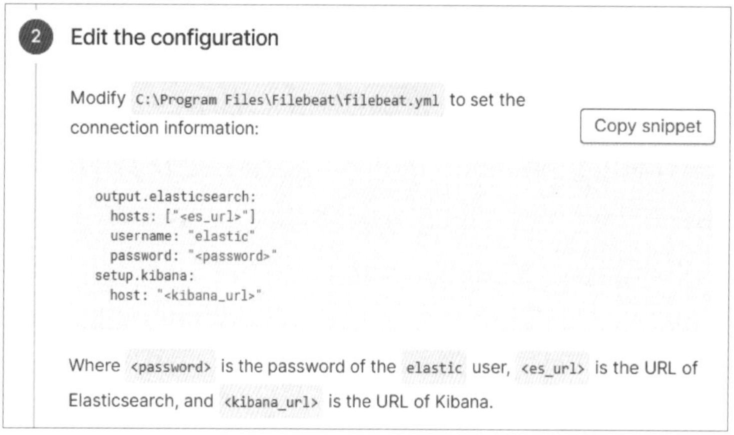

그림 7.41 **로그스태시 모듈 사용 가이드(2/4): 비츠 설정 파일 수정**

다음으로 그림 7.41과 같이 파일비트 설정 파일을 수정하는 방법을 안내한다. 엘라스틱서치를 출력으로 사용하는 경우에 반드시 엘라스틱서치 호스트(`hosts`) 주소를 입력해야 하고 엘라스틱서치가 보안 기능이 활성화되었다면 `username`과 `password`를 입력해야 한다. 보안 기능이 활성화되면 엘라스틱서치 노드 간 통신이나 서버와 클라이언트 사이를 암호화한다. 엘라스틱서치를 운영하게 되면 반드시 필요한 기능이므로, 보안 기능 설정은 14.3절에서 자세히 다룬다. 현재 우리는 보안 기능을 활성화하지 않았기 때문에 `username`과 `password`를 입력할 필요는 없다. 가이드를 이용해 설정 파일을 수정하다가 범하기 쉬운 실수 중 하나는 filebeat.yml을 전부 지우고 그림 7.41의 내용만 입력하는 경우다.

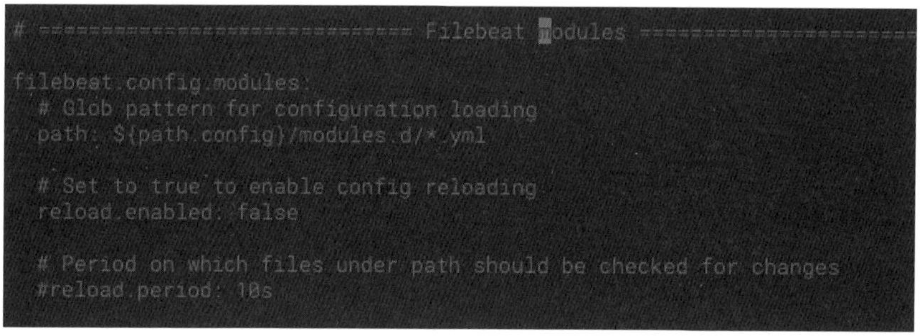

그림 7.42 **filebeat.yml의 모듈 관련 설정사항들**

filebeat.yml을 전부 지우면 그림 7.42의 모듈 설정 부분도 지워지므로 `filebeat.config.modules` 설정값이 없어 모듈을 실행할 수 없다(그림 7.42 참고). 따라서 기존 filebeat.yml 파일에서 그림 7.41의 `output.elasticsearch`와 `setup.kibana` 부분만 찾아서 수정하자(7.3.5.2절 참고).

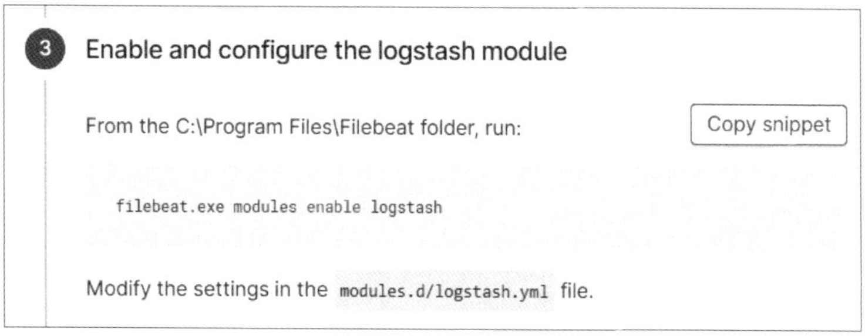

그림 7.43 **로그스태시 모듈 사용 가이드(3/4): 모듈 활성화**

다음으로 그림 7.43과 같이 모듈을 활성화한다(7.3.5.3절 참고). 모듈을 활성화한 다음에는 모듈 설정 파일(modules.d/logstash.yml)을 수정해야 하는데 가이드에는 modules.d/logstash.yml 파일을 수정하라고만 적혀 있다. logstash.yml에서 인풋의 파일 경로를 적어주는데 이 부분은 7.3.5.4절에서 다뤘다.

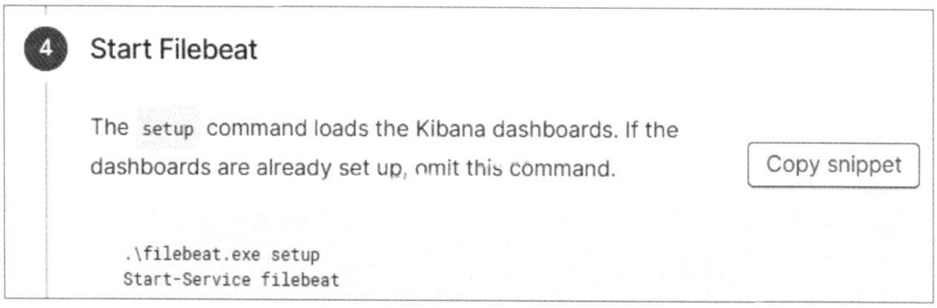

그림 7.44 **로그스태시 모듈 사용 가이드(4/4): setup 명령과 비츠 실행**

마지막으로, setup 명령을 실행하고 파일비트를 실행한다(그림 7.44 참고). 키바나에서 제공하는 비츠는 모두 setup 명령을 실행해야 한다. 이 부분은 7.3.5.5절에서 다뤘다.

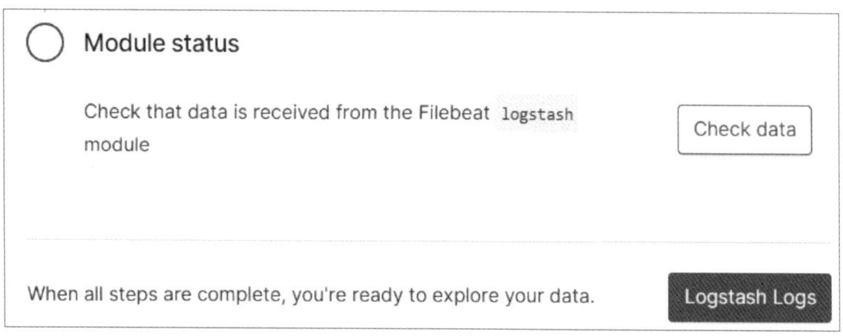

그림 7.45 **모듈 활성화 점검과 대시보드 링크**

그림 7.45는 옵션이다. 현재 모듈이 활성화되어 있는지 체크하는 Check data 버튼과 대시보드 바로가기 링크인 Logstash Logs 버튼이 있다. 7.3.5.6절에서 봤던 대시보드와 동일하다. 이처럼

엘라스틱에서는 다양한 비츠와 모듈 조합을 사용할 수 있도록 가이드를 제공하고 있다. 이 메뉴를 잘 활용하면 손쉽게 원하는 로그들을 가져올 수 있다.

7.6 정리

7장에서는 비츠에 대해 배웠다. 비츠를 설치하는 방법부터 설정 파일을 변경하는 방법 그리고 모듈을 사용하는 방법을 배웠다. 가장 많이 쓰는 파일비트로 설명을 했는데, 비츠의 경우 립비트 기반으로 대부분 형태가 비슷하므로 실전에서 하트비트, 메트릭비트 등을 사용할 때도 7장을 이해하고 있다면 특별한 어려움은 없을 것이다. 또한 비츠를 모니터링하는 방법을 배웠다. 로그스태시와 마찬가지로 비츠는 최전방에서 데이터를 받아들이는 부분이므로 데이터 수집에 문제가 없는지 항상 모니터링해야 한다. 마지막으로, 키바나를 이용해 손쉽게 비츠를 사용하는 방법을 배웠다. 가볍고 로그 수집 목적에 특화되어 있음을 기억하고 용처에 맞게 잘 사용하자. 새롭게 개발하기보다는 이미 있는 비츠들을 잘 활용하고 로그스태시나 엘라스틱서치 등과 함께 사용하면 더 큰 효과를 볼 수 있다.

08 키바나

빅데이터 아키텍처에서 시각화는 상당히 중요한 위치를 차지하고 있다. 예를 들어, 내 웹사이트를 방문한 사람들의 주중 방문 시간대를 알고 싶다고 가정하자. 다행히도 방문 로그 데이터가 엘라스틱서치에 저장되어 있다면 엘라스틱서치의 집계 질의를 사용해 어렵지 않게 요일과 시간대별로 사용자 수를 셀 수도 있을 것이다. 하지만 이렇게 얻은 결과가 눈에 잘 들어오지 않는 이유는 우리의 두뇌가 이산적인 형태의 테이블을 재조합해서 통찰을 얻도록 설계되어 있지 않기 때문이다. 여기서 바로 비즈니스 인텔리전스Business Intelligence, BI 도구가 등장한다. 이 도구는 많은 양의 비정형적인 데이터를 수집하고 처리해서 보고서나 대시보드 형태로 데이터 시각화를 지원하므로 의사결정 과정에서 통찰을 얻을 수 있게 만든다.

앞서 우리는 비츠와 로그스태시를 이용해 데이터를 수집하고 가공했고, 엘라스틱서치에 가공된 데이터를 저장하는 방법까지 배웠다. 이제 간단하고 직관적인 방법으로 데이터 시각화를 가능하게 만드는 키바나Kibana에 집중할 시간이 왔다. 엘라스틱서치와 키바나를 결합하면 텍스트 문서부터 로그 파일, 메트릭, 전자상거래 트래픽, 기업의 비즈니스 트랜잭션에 이르기까지 다양한 데이터를 탐색하고 조사하는 기회를 얻을 수 있다. 키바나의 검색창에서 데이터를 찾은 다음에 다양한 차트를 활용해 데이터를 시각화하고 대시보드로 시각화한 데이터를 상호대화식으로 실험한 다음에 대형 스크린에 표시해서 의사결정 속도를 높이는 시나리오를 생각해보자.

물론 키바나는 엘라스틱서치의 쿼리나 집계를 활용해 데이터를 처리하므로 제대로 활용하려면 엘라스틱서치의 쿼리 DSL, 버킷, 메트릭 집계와 같은 핵심 개념을 기본적으로 이해하고 있어야 한다.

8장에서는 앞서 배운 엘라스틱서치의 여러 가지 기능을 토대로 키바나를 제대로 활용하는 방법을 예로 들어 설명하겠다. 여러 인덱스를 통합해서 하나로 탐색이 가능하게 만드는 인덱스 패턴을 시작으로 데이터를 탐색하는 디스커버, 시각화를 위한 타입 정리, 대시보드와 캔버스를 활용한 화면 표시, 서울 지역의 우편번호 데이터를 사용한 지도 표시를 다룬다.

8.1 키바나 소개

키바나를 단순 데이터 시각화 툴로 오해할 수 있는데 키바나는 엘라스틱 스택의 관리, 모니터링, 솔루션을 총괄하는 메인 UI다. 키바나의 기능은 표 8.1과 같이 크게 세 가지로 분류할 수 있다.

표 8.1 **키바나의 주요 기능**

키바나 기능	설명
데이터 분석과 시각화 툴	오픈소스 기반의 데이터 탐색 및 시각화 도구 제공
엘라스틱 관리	보안, 스냅샷, 인덱스 관리, 개발자 도구 등을 제공
엘라스틱 중앙 허브	모니터링을 비롯해 엘라스틱 솔루션을 탐색하기 위한 포털

이번 장에서는 키바나가 제공하는 기능 중 데이터 분석과 시각화 기능을 중점적으로 소개하겠다. 엘라스틱서치 인덱스에 저장된 데이터를 다양한 차트들을 이용해 시각화할 수 있으며 대시보드나 캔버스 기능을 통해 데이터를 관점별로 분석할 수 있다. 무엇보다 어느 유료 라이선스 부럽지 않은 대시보드 툴을 제공한다. 그럼, 먼저 시각화 관점에서 키바나의 역할을 알아보자.

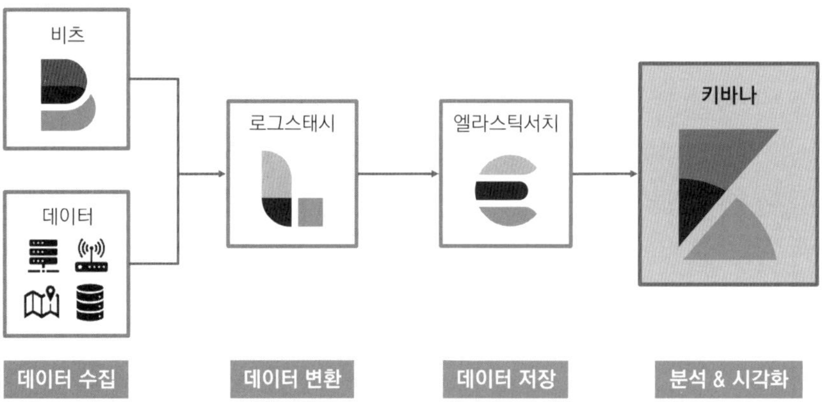

그림 8.1 **엘라스틱 스택에서 키바나의 역할**

그림 8.1처럼 키바나는 시스템의 끝단에서 사용자에게 정보를 효율적으로 제공한다. 엘라스틱서치에서 제공되는 시계열 데이터나 위치 분석 같은 다양한 분석 결과를 키바나를 통해 시각화한다. 유료 라이선스가 필요한 머신러닝이나 네트워크 그래프 기능도 있지만 대부분의 기능은 무료인 베이직 라이선스 수준에서 제공된다. 사용하기가 편하고 부담 없이 이것저것 시각화를 해볼 수 있기 때문에 데이터 탐색에도 매우 유리하다. 대표적인 시각화 기능은 다음과 같다.

표 8.2 키바나 시각화 기능

시각화 기능	설명
디스커버(Discover)	데이터를 도큐먼트 단위로 탐색해 구조와 관계 등을 확인할 수 있다.
시각화(Visualize)	다양한 그래프 타입으로 데이터 시각화를 할 수 있다.
대시보드(Dashboard)	그래프, 지도 등을 한곳에서 확인하면서 다양한 인사이트를 얻을 수 있다.
캔버스(Canvas)	그래프와 이미지 등을 프레젠테이션 슬라이드처럼 구성할 수 있다.
맵스(Maps)	위치 기반 데이터를 지도 위에 표현할 수 있다.

표 8.2에서 나오는 시각화 기능들을 8장에서 모두 다룰 것이다. 그림 8.2는 엘라스틱 공식 홈페이지에서 소개하고 있는 키바나 화면이다.

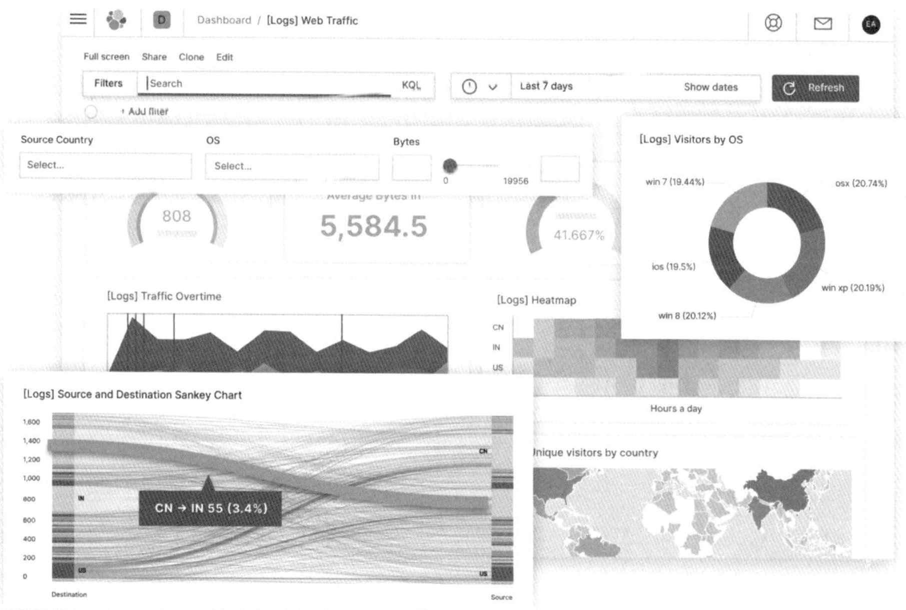

그림 8.2 키바나에서 제공하는 시각화 기능들[1]

1 출처: https://images.contentstack.io/v3/assets/bltefdd0b53724fa2ce/blt14d57abad5d2499c/5ee0060cbf4ae52c761edcb7/illustrated-screenshot-kibana-7dot8-730x555.png

모두 키바나를 통해 구현할 수 있는 것들이다. 엘라스틱서치 인덱스에 데이터만 저장되어 있다면 이 모든 것을 쉽게 시각화할 수 있다. 이제 키바나 시각화 기능을 하나씩 알아보자.

8.1.1 인덱스 패턴

키바나에서 시각화를 하기 위해서는 반드시 엘라스틱서치 인덱스에 연결되어야만 한다. 그래서 키바나를 범용적인 시각화 툴로 사용하기에는 무리가 있다. 하지만 오픈소스이면서 다양한 그래프와 지도를 지원하고 빅데이터 처리가 가능하다는 장점이 있다. 키바나는 데이터 소스를 엘라스틱서치 인덱스에서 가져오는데 이를 인덱스 패턴index patterns이라고 한다. 키바나 인덱스 패턴은 인덱스 매핑 정보 등을 키바나에 사용하기 적합하게 미리 캐싱해둔 것으로 여러 개의 인덱스에 대한 메타데이터를 병합해 저장해뒀다가 검색이나 시각화 생성 시 활용하게 된다. 다음 그림을 확인해보자.

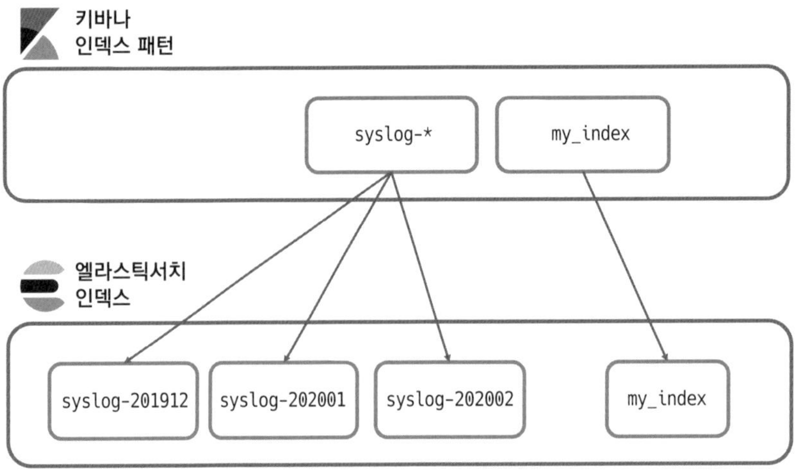

그림 8.3 인덱스와 인덱스 패턴 간의 관계

그림 8.3의 syslog-*라는 키바나 인덱스 패턴을 보자. syslog-*라는 인덱스 패턴은 키바나에서 활용하기 쉽도록 필드 포맷 등을 캐싱해둔 메타데이터로, 엘라스틱서치의 syslog-xxx 인덱스들과 연결되어 있다. 키바나에서는 엘라스틱서치 인덱스에 직접 접근하지 않고 syslog-* 인덱스 패턴에 접근해 쿼리를 하고 시각화한다. 왜 키바나는 엘라스틱서치 인덱스에 직접 접근하지 않고 인덱스 패턴이라는 구조를 한 단계 더 거치는 것일까? 인덱스 패턴을 만드는 이유는 복수의 인덱스에 대한 매핑을 사전에 병합해두어 쿼리 생성이나 시각화에 활용할 수 있기 때문이다. 키바나에서 인덱스 패턴을 만드는 방법을 알아보자.

리스트 8.1 인덱스 생성

```
PUT kibana_index1/_doc/1
{
  "name": "kim"
}

PUT kibana_index2/_doc/1
{
  "name": "lee"
}
```

리스트 8.1은 kibana_index1, kibana_index2라는 이름으로 인덱스 2개를 생성했다. 데이터가 없으면 인덱스 패턴을 만들 수 없으므로 데이터를 넣어줬다. 인덱스를 만들었으니 이제 키바나의 Discover[디스커버], Visualize[시각화] 같은 메뉴에 들어가 보자. 하지만 방금 만들었던 kibana_index1, kibana_index2 인덱스에 접근할 수 없으므로 어떤 작업도 진행할 수 없다. 키바나에서는 인덱스 패턴을 통해서만 엘라스틱서치 인덱스에 접근할 수 있다. 키바나는 엘라스틱서치 인덱스가 아니라 키바나 인덱스 패턴을 데이터 소스로 인식하기 때문이다. 이제 키바나 인덱스 패턴을 만들어보자.

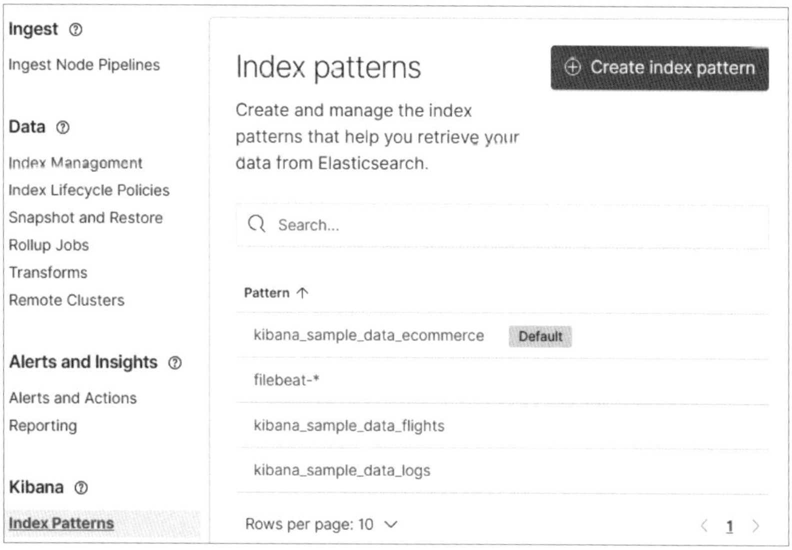

그림 8.4 **키바나에서 인덱스 패턴 생성(1/2)**

키바나 왼쪽 상단의 토글 메뉴를 클릭하면 키바나 메뉴들을 확인할 수 있는데 Management > Stack Management를 선택하면 된다. 그중 Kibana > Index Patterns라는 링크를 통해 인덱스 패턴을 만들 수 있다. 앞서 실습을 진행하면서 샘플 데이터를 로드했으며, 파일비트나 로그스태시 작업을 하면서 우리가 모르는 사이 인덱스 패턴도 몇 개 만들어졌다. 하지만 지금 우리는 리스트 8.1에서 만든 `kibana_index1`, `kibana_index2` 인덱스와 그 인덱스 내부 데이터로 시각화를 해야 한다. 그림 8.4의 Create index pattern 버튼을 클릭해서 인덱스 패턴을 생성해보자.

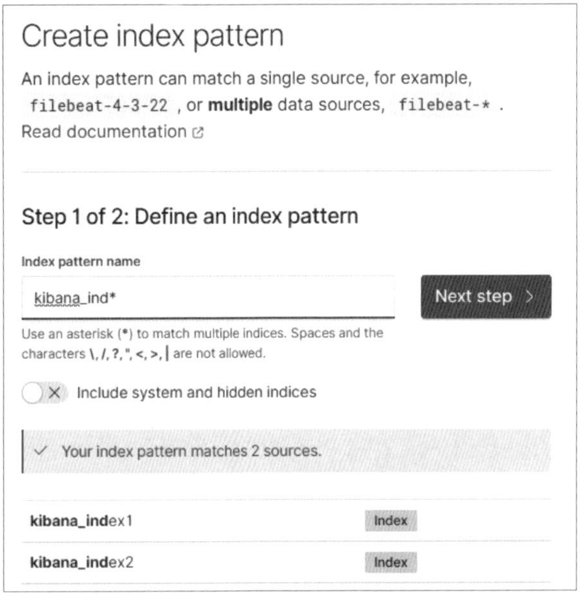

그림 8.5 키바나에서 인덱스 패턴 생성(2/2)

그러면 그림 8.5와 같은 화면이 보인다. 키바나 인덱스 패턴을 정할 수 있는 입력창이 보이고 그 밑으로 현재 클러스터에 등록된 엘라스틱서치 인덱스들이 보인다. 그림 8.5와 같이 Index pattern name에 kibana_ind까지만 입력하면 kibana_index1, kibana_index2가 같은 인덱스 패턴으로 지정될 수 있다고 굵은 글씨체로 보인다. 인덱스 패턴명에는 와일드카드(*)와 쉼표(,)를 사용해 복수의 패턴을 포함할 수 있고, 패턴 앞에 마이너스(-) 기호를 붙여 특정 패턴을 제외할 수도 있다. 패턴 이름(Index pattern name)을 kibana_index*로 작성하면 kibana_index로 시작하는 모든 인덱스가 키바나 인덱스 패턴과 연결된다. Next step을 선택해 키바나 인덱스 패턴을 만든다. 이제 다시 Discover 메뉴로 가보면 kibana_index* 인덱스 패턴을 이용해 데이터 탐색이 가능하다.

그림 8.6 Discover 메뉴에서 인덱스 패턴 확인

인덱스 패턴이 있으면 키바나 데이터 탐색과 시각화가 가능하다.

8.2 디스커버

이제 키바나의 시각화 메뉴들을 하나씩 살펴보자. 그 전에 엘라스틱에서 제공하는 샘플 데이터 3개(kibana_sample_data_ecommerce, kibana_sample_data_flights, kibana_sample_data_logs)를 로드하자. 샘플 데이터를 로드하는 방법은 3.1절에서 다뤘는데, 샘플 데이터를 로드하면 인덱스를 생성함과 동시에 인덱스 패턴도 만들어준다. 가장 먼저 살펴볼 메뉴는 Discover로, 데이터를 확인하고 탐색하기 위한 용도로 사용된다. 문서/이벤트/도큐먼트/로그의 시간에 따른 발생량을 히스토그램으로 보여주기도 하고 데이터 구조나 필드 타입 등을 간단히 확인할 수도 있다. 또한 적절한 쿼리와 필터 등을 이용해 데이터를 탐색해가면서 추후 시각화 등에서 활용할 수 있다. 디스커버 화면을 살펴보자.

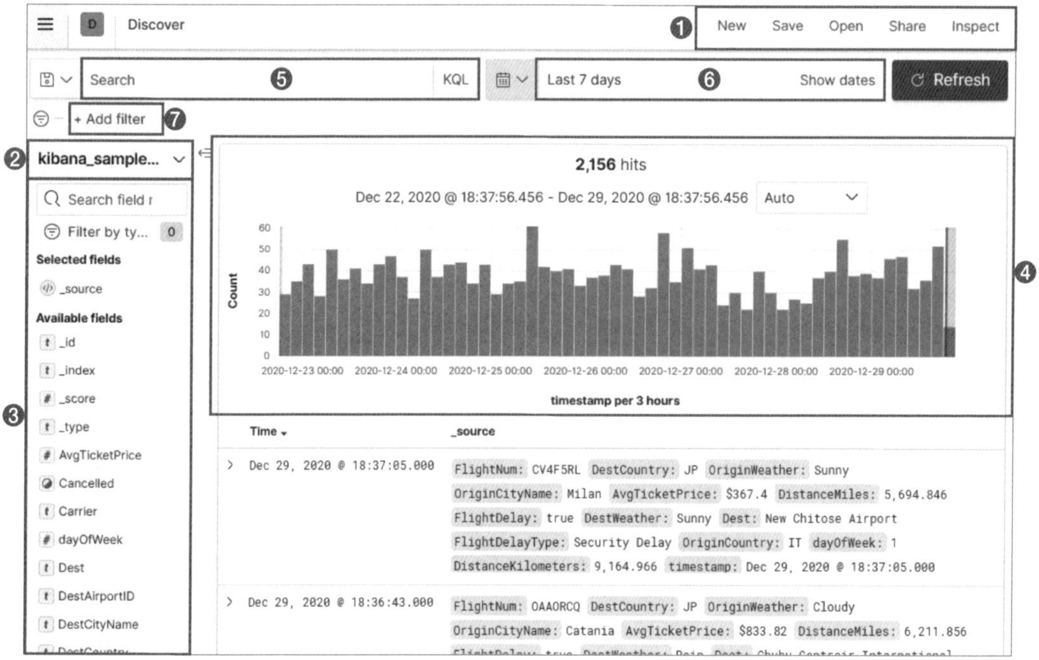

그림 8.7 **디스커버 화면 구성**

그림 8.7에 등장하는 디스커버 화면을 구성하는 각 인터페이스들의 설명은 표 8.3과 같다. 표 8.3은 그림 8.7의 번호를 오름차순으로 정렬했다.

표 8.3 **디스커버 인터페이스**

인터페이스	설명
❶ 툴바	결과를 저장하고 불러오는 등의 기능 버튼이 위치한다.
❷ 인덱스 패턴	탐색할 인덱스 패턴을 선택할 수 있다.
❸ 사이드바	필드 타입과 필드명을 볼 수 있어 데이터 구조를 확인할 수 있다. 데이터가 너무 많다면 특정 필드만 선택해서 볼 수도 있다.
❹ 시계열 히스토그램	히스토그램 형태로 시간에 따른 발생량을 확인할 수 있다. 인덱스 패턴에 시간/날짜 필드가 없는 경우에는 보이지 않는다.
❺ 쿼리바	쿼리를 이용해 데이터를 검색할 수 있다.
❻ 타임피커	시계열 데이터의 시간 범위를 조정할 수 있다.
❼ 필터바	쿼리를 필터처럼 사용할 수 있다.

사용하는 인덱스 패턴에 시계열 데이터가 없는 경우 시계열 히스토그램은 보이지 않는다. 쿼리바와 필터바, 타임피커는 Discover뿐만 아니라 다른 메뉴에서도 사용되므로 다음 절에서 좀 더 자세히 다루겠다.

8.2.1 쿼리바, 필터바, 타임피커

쿼리바와 필터바, 타임피커는 Discover 외에 Visualize나 Dashboard 같은 메뉴에서도 쓰이는데, 잘 사용하면 데이터를 쉽게 조작하고 탐색할 수 있다. 특히 엘라스틱 스택은 검색에 큰 강점을 갖는 시스템임을 기억해야 한다. 로그를 분석하거나 전문 검색을 할 때 쿼리바나 필터바를 유용하게 사용할 것이다. 단, 쿼리바와 필터바는 상호 보완적인 관계임을 명심하자. 쿼리와 필터 모두 내부적으로 엘라스틱서치의 쿼리를 사용하지만, 시각화나 활용 방법 등에서 쓰임이 조금 다르다. 타임피커는 인덱스 패턴에 타임 필드를 지정한 경우에만 사용할 수 있다.

8.2.1.1 쿼리바

쿼리바는 KQL[Kibana Query Language]과 루씬 쿼리 스트링, 두 가지 언어를 지원한다. 그림 8.8의 쿼리바 오른쪽 끝에 KQL 버튼이 있다. 특별한 설정이 없으면 쿼리바는 기본적으로 KQL 언어를 이용한다. KQL 버튼을 클릭해 루씬 쿼리 스트링 언어로 변경할 수 있다. 앞으로 쿼리바 설명은 KQL을 기준으로 한다. 사용법은 매우 쉽다. 쿼리바의 자동완성 기능을 이용해 손쉽게 쿼리를 구현할 수 있다. 직접 사용해보자.

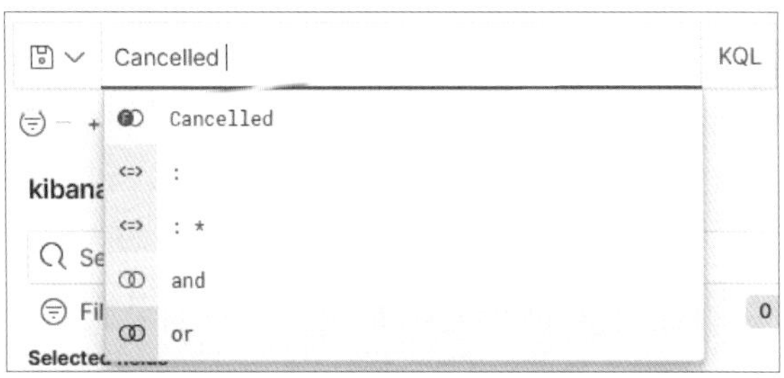

그림 8.8 **쿼리바**

그림 8.8은 kibana_sample_data_flights 인덱스 패턴을 사용한 쿼리바 예제다. 타이핑도 필요 없다. 쿼리바의 입력창을 클릭하면 하단으로 사용 가능한 필드들을 고를 수 있고, 필드를 선택하면 필드 타입에 맞춰서 필드가 사용할 수 있는 연산자 종류(문자형이면 ':', 숫자형이면 '>', '<' 같은 기호들)를 선택할 수 있다. 그림 8.8과 같이 Cancelled 필드를 골라보자. 직접 타이핑하지 말고 키바나에서 제공하는 자동완성 기능을 이용해 다음 내용을 작성해보자.

리스트 8.2 쿼리바에 조건식 설정

```
Cancelled : true and DestCountry : "US"
```

쿼리바에 직접 타이핑해도 좋지만 자동완성 기능만 이용해 작성해보자. Cancelled가 true이면서 Destcountry가 "US"인 도큐먼트를 탐색할 수 있다.

8.2.1.2 필터바

필터바는 쿼리바와 하는 역할이 비슷하지만 필드를 개별적으로 처리할 수 있다. 예를 들어, 리스트 8.2와 다르게 Cancelled : true 결과와 Destcountry : "US"를 따로 보려고 한다고 해보자. 쿼리바로 이를 구현하려면 매번 KQL 형태로 쿼리를 작성해야 한다. 쿼리바는 쿼리를 저장하는 기능이 있지만 어쨌든 쿼리를 실행할 때는 쿼리를 재작성하는 것이 원칙이다. 하지만 필터바는 개별적으로 필드를 제어할 수 있다. 필터바를 사용하는 방법을 알아보자.

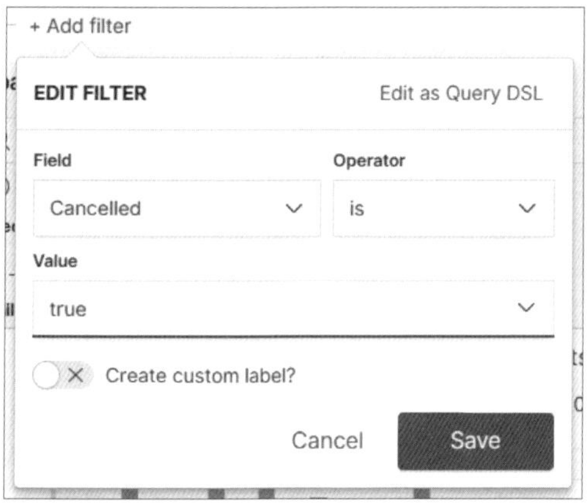

그림 8.9 **필터**

그림 8.9는 그림 8.8에서 쿼리바로 했던 Cancelled : true 쿼리를 필터바로 구현하는 것이다. 필터바 역시 자동완성 기능을 지원한다. Field를 선택하고 Operator를 정한 다음 Value를 선택하면 된다. 고급 사용자를 위해 복잡한 쿼리 방법도 지원한다. Edit as Query DSL 링크를 이용하면 4장에서 배웠던 DSL 쿼리 문법을 이용해 필터 UI로 제공하기 힘든 복잡한 쿼리도 필터바로 구현 가능하다. 생성된 필터바는 여러 용도로 활용이 가능하다. 여기서는 리스트 8.2의 쿼리바에서 진행했던 쿼리를 필터바로 구현해보겠다.

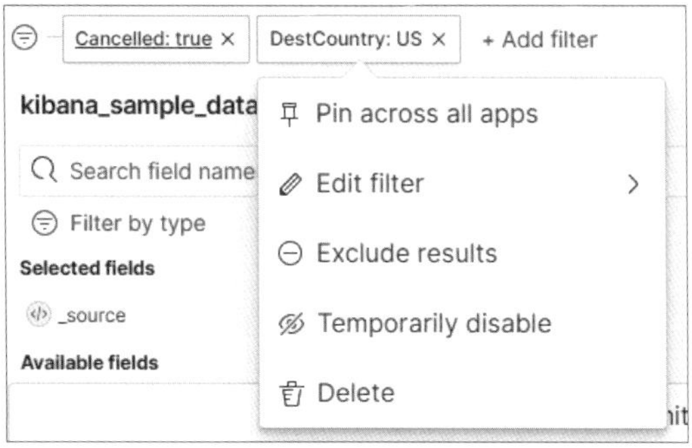

그림 8.10 필터 사용법

그림 8.10은 필터바에 2개의 쿼리가 AND로 연산되어 있고 이는 리스트 8.2에 적혀 있던 것과 같은 결과가 나온다. 2개의 쿼리가 분리되어 있지만 분리된 쿼리는 AND 연산으로 묶이기 때문이다. 하지만 이것이 끝이 아니다. 생성된 필터를 조합하면 강력한 기능을 구현할 수 있다. 먼저 Pin across all apps는 만들어진 필터를 핀[pin] 기능처럼 사용한다. Pin across all apps를 선택하면 그 필터는 사라지지 않고 모든 앱(대시보드, 시각화 등)에서 적용된다. 예를 들어, Discover 메뉴에서 필터를 만들고 이 필터에 핀 적용을 해보자. 그리고 Dashboard 메뉴로 가면 기본적으로 이 필터를 적용한 상태에서 작업이 시작된다. Exclude results는 적용된 필터에 NOT 연산자를 추가한다. 한번 직접 실행해보자. Destcountry: US에서 Exclude results를 선택하면 NOT Destcountry: US가 되어 도착지가 미국이 아닌 것들만 필터링한다. Temporarily disable은 일시적으로 필터를 비활성화하여 무시한다. 다시 활성화하려면 Re-enable을 선택하면 된다.

8.2.1.3 타임피커

타임피커는 날짜/시간 정보를 조작해 데이터를 특정한 날짜/시간 범위 내에서 시각화한다. 이 기능을 사용하려면 키바나 인덱스 패턴을 생성할 때 반드시 기본 날짜/시간 필드를 설정해줘야 한다. 그림 8.11은 kibana_sample_data_log* 인덱스 패턴을 만들 때 기본 날짜/시간을 지정하는 화면이다.

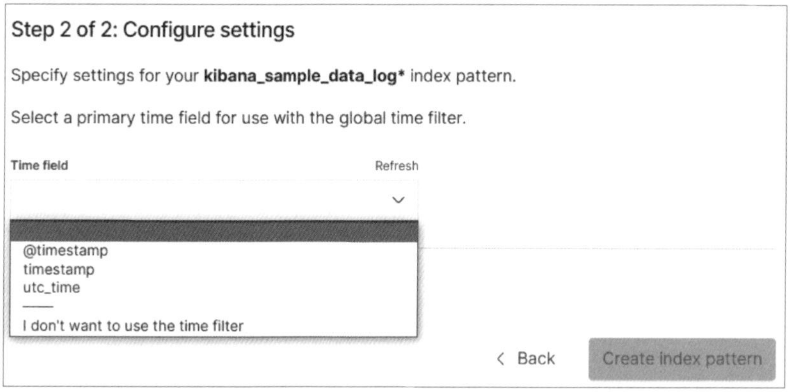

그림 8.11 **인덱스 패턴 생성 시 기본 날짜/시간 필드 지정**

Time field에 현재 키바나 인덱스 패턴에서 사용 가능한 인덱스의 날짜/시간 필드를 모두 보여준다. timestamp를 선택하면 `timestamp` 필드가 기본 날짜/시간 필드가 되고, 타임피커도 `timestamp` 필드의 날짜/시간 데이터를 기준으로 범위를 지정한다. 만약 인덱스에 날짜/시간 필드가 없는 경우 그림 8.11과 같이 인덱스 패턴을 만들 때 기본 날짜/시간 필드를 지정하지 못하고, 타임피커도 사용할 수 없다. 이제 타임피커를 확인해보자.

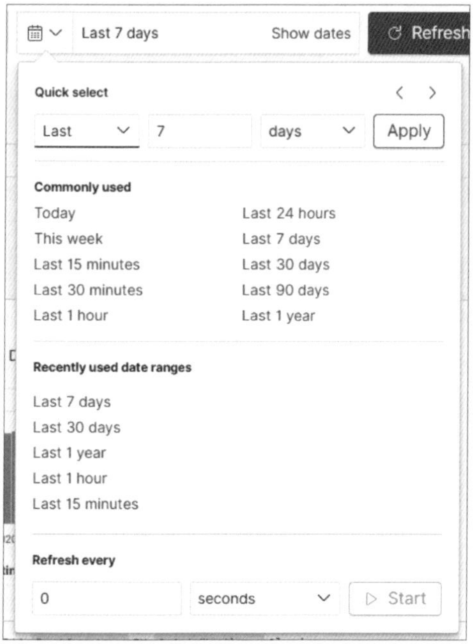

그림 8.12 **타임피커 빠른 설정**

그림 8.12는 타임피커 인터페이스다. 사용법은 간단하다. 크게 빠른 설정과 사용자 설정이 있는데, 그림 8.12가 빠른 설정을 할 수 있는 화면이다. 빠른 설정의 경우 현재 시간을 기준으로 과거나 미래의 시간 범위를 지정해 필터링할 수 있다. 정확한 시간 설정이 아닌 현재 시간을 기준으로 일정 기간의 도큐먼트만 탐색할 때 사용하면 된다. 반면 사용자 설정은 기간을 더 정확히 지정할 수 있다. 그림을 살펴보자.

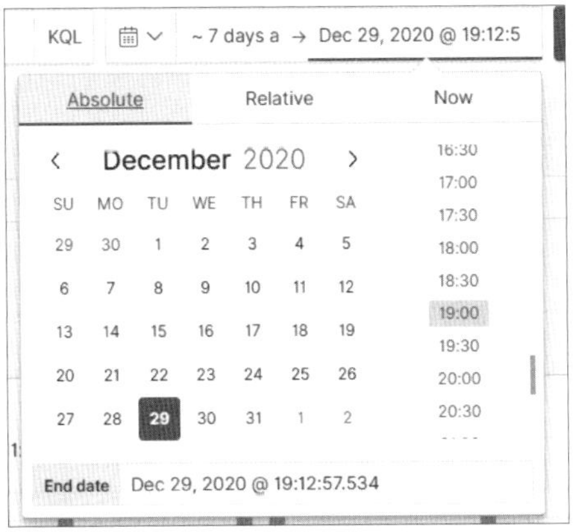

그림 8.13 **타임피커 사용자 설정**

그림 8.13은 타임피커 중 사용자 설정 화면이다. 정확히 시작하는 날짜/시간과 종료하는 날짜/시간을 선택할 수 있어서 세세한 시간 범위를 필터링하여 실행할 경우 유용하다.

8.3 시각화

Visualize 메뉴는 엘라스틱서치에 저장된 데이터를 그래프나 표, 지도 등 다양한 타입으로 보여주는 역할을 한다. 라인, 바, 파이 차트부터 맵, 시계열 비주얼 빌더Time Series Visual Builder, TSVB, 태그 클라우드 등 다양한 시각화 타입을 지원한다. 데이터를 가장 효과적으로 보여줄 수 있는 방법을 떠올리고 그에 맞는 타입을 선택하면 된다. Visualize 메뉴 사용이 어렵지는 않지만, 엘라스틱서치의 집계aggregation를 모르면 이해가 쉽지 않다. 복습 차원에서 엘라스틱서치의 집계를 되짚어보자.

- **메트릭 집계**: 평균/최소/최대 같은 수량을 계산한다.
- **버킷 집계**: 특정 기준에 맞춰 데이터를 분리한다. 서브 버킷을 생성할 수 있다.
- **파이프라인 집계**: 집계 결과를 입력으로 받아 다시 집계를 한다. 부모/형제 집계 유형이 있다.

시각화 타입은 대부분 메트릭 집계와 버킷 집계를 통해 그래프를 그리고, 좀 더 복잡한 그래프는 파이프라인 집계를 이용한다. 간단한 그래프를 하나 만들면서 키바나가 엘라스틱서치의 집계를 이용해 시각화하는 방법을 배워보자.

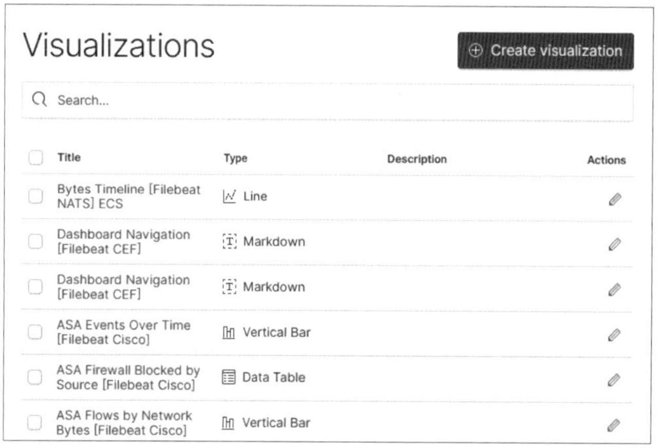

그림 8.14 **시각화 화면**

키바나 메뉴에서 Visualize를 선택하면 그림 8.14와 같은 화면이 나온다. 샘플 데이터를 로드하면서 생긴 시각화들과 7장 '비츠'에서 파일비트 setup을 하면서 만들어진 많은 샘플 시각화들이 보인다. 한 번씩 클릭해서 시각화 샘플들을 확인해보는 것도 좋다. 우선은 새로운 시각화 타입을 생성한다. Create visualization 버튼을 클릭한다.

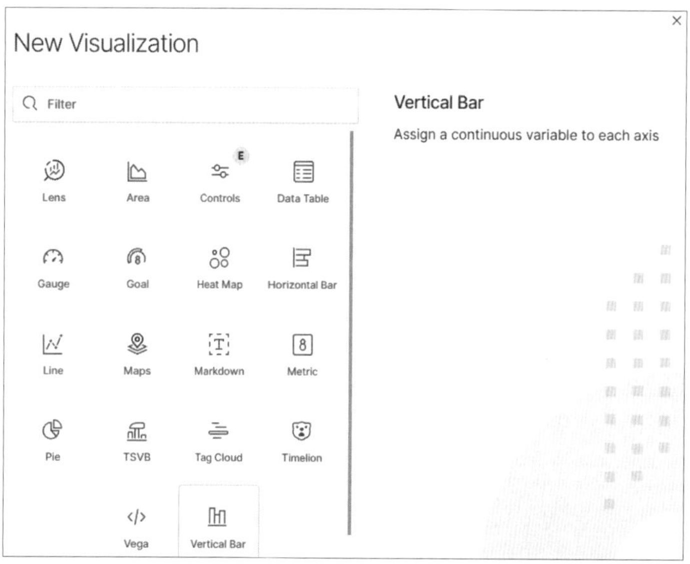

그림 8.15 **시각화 타입 선택**

그림 8.15는 새로 만들 시각화의 타입을 선택할 수 있는 화면이다. 다양한 타입들이 보인다. 수직/수평 막대나 지도, 파이 차트 등이 보이고 게이지나 테이블도 타입으로 선택할 수 있다. EExperimental라고 붙은 것은 아직 안정화가 덜 된 단계의 서비스이므로 안정성이 떨어질 수 있다. 현재 지원되는 타입이 맘에 들지 않다면 시각화 표현식인 베가Vega를 이용해 직접 시각화할 수도 있다. 여기서는 기본이 되는 Vertical Bar수직 막대 타입을 선택해보자.

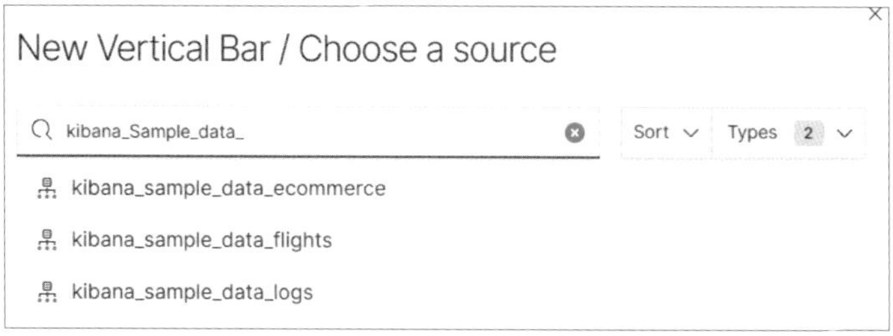

그림 8.16 **인덱스 패턴 선택**

그림 8.16은 타입을 선택한 후에 키바나 인덱스 패턴을 선택하는 화면이다. 모든 시각화 타입은 소스 데이터가 필요한데 키바나 인덱스 패턴이 사용된다. 샘플 데이터인 kibana_sample_data_flights를 선택해보자. 이제 kibana_sample_data_flights 데이터를 가지고 시각화를 해볼 수 있다. 키바나는 다양한 종류의 시각화 타입을 지원하는데 대표적인 3개만 배워보자. 3개만 익히면 나머지 타입도 어렵지 않을 것이다.

8.3.1 막대 그래프

가장 기본이 되는 시각화 타입으로, 막대 그래프 형태로 2차원 데이터를 표현한다. 그림 8.15에서 시각화 타입을 선택할 때 Vertical Bar수직 막대 혹은 Horizontal Bar수평 막대를 선택한다. 시각화 타입으로 수직 막대를 선택하고 키바나 인덱스 패턴은 kibana_sample_data_flights를 골라보자.

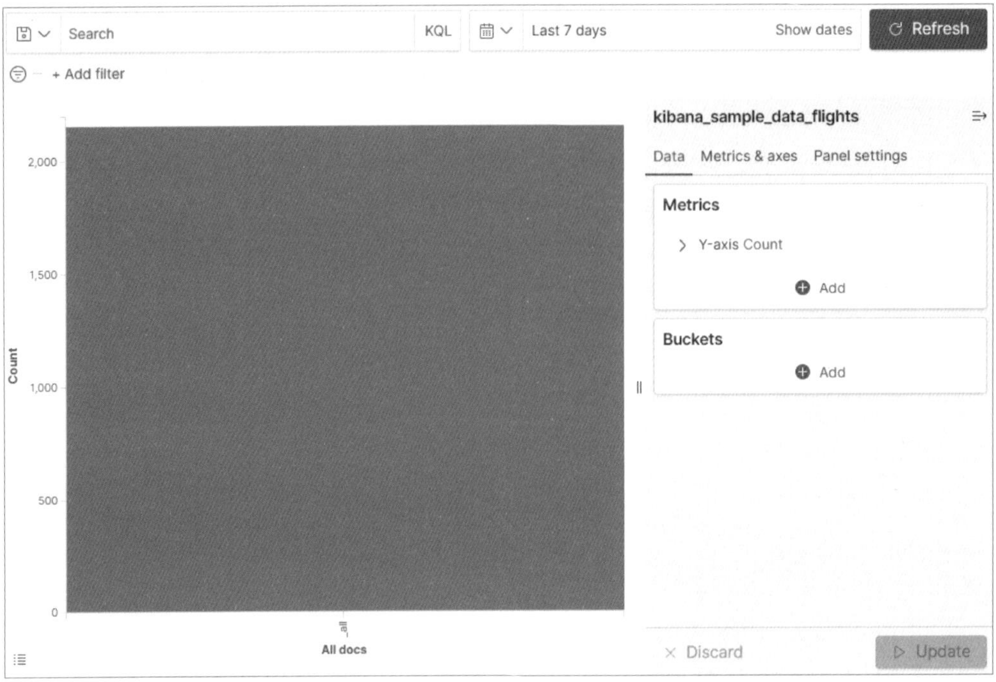

그림 8.17 **막대 그래프 타입의 첫 화면**

그림 8.17은 수직 막대 타입의 첫 화면이다. 대부분의 시각화 UI는 형식이 비슷하다. 가운데 가장 큰 인터페이스에 실제 시각화 내용이 보이고 오른쪽 인터페이스에서 데이터를 설정한다. 그 외에 메뉴와 쿼리바, 타임피커, 필터바 등이 보인다. 먼저 Metrics와 Buckets을 설정해야 한다. Metrics는 평균값/최솟값/최댓값 같은 통계를 보여주고 그래프상에서 Y축에 속한다. Buckets은 특정 기준으로 데이터를 나누는 역할을 하며 그래프상에서 X축에 속한다. 먼저 Buckets 설정을 해보자. Buckets 하단에 있는 + Add 버튼을 누르면 세 가지 메뉴가 나오는데 X-axis는 X축을 의미한다. split series는 서브 버킷 용도로 사용되고, split chart는 그래프를 버킷 기준으로 쪼개서 보여줄 때 쓰인다. 여기서 X-axis를 선택한다.

그림 8.18 **버킷 선택 화면**

그림 8.18은 X축을 어떤 기준으로 나눠야 하는지 정하는 화면이다. Buckets을 나눌 때 Aggregation을 사용하는데, 5장에서 배웠던 내용이지만 복습 차원에서 다시 살펴보자.

표 8.4 **X축 버킷 집계 종류**

버킷 집계	설명
Date Histogram	날짜/시간 데이터 타입을 가진 필드만 사용 가능. 일정한 주기를 기준으로 버킷을 구분함
Date Range	날짜/시간 데이터 타입을 가진 필드만 사용 가능. 사용자가 임의 범위를 지정해 버킷을 구분함
Filters	필터 적용 가능
Histogram	일정한 주기를 기준으로 버킷을 구분함
Ipv4 Range	ip 타입을 가진 필드만 사용 가능. ip 범위를 임의 지정해 버킷을 구분함
Range	사용자가 임의의 범위를 지정해 버킷을 구분함
Significant Terms	필드의 유니크한 값 중 통계적으로 의미 있는 용어를 기준으로 구분함
Terms	필드의 유니크한 값을 기준으로 구분함

표 8.4는 시각화 타입에서 지원하는 버킷 집계 종류다. 이 기준으로 X축을 만든다고 생각하면 된다. 먼저 Aggregation에서 Date Histogram을 선택해보자. 날짜 히스토그램Date Histogram 집계는 날짜/시간 데이터 타입을 가진 필드가 있을 때 일정한 날짜/시간 간격으로 버킷을 생성한다.

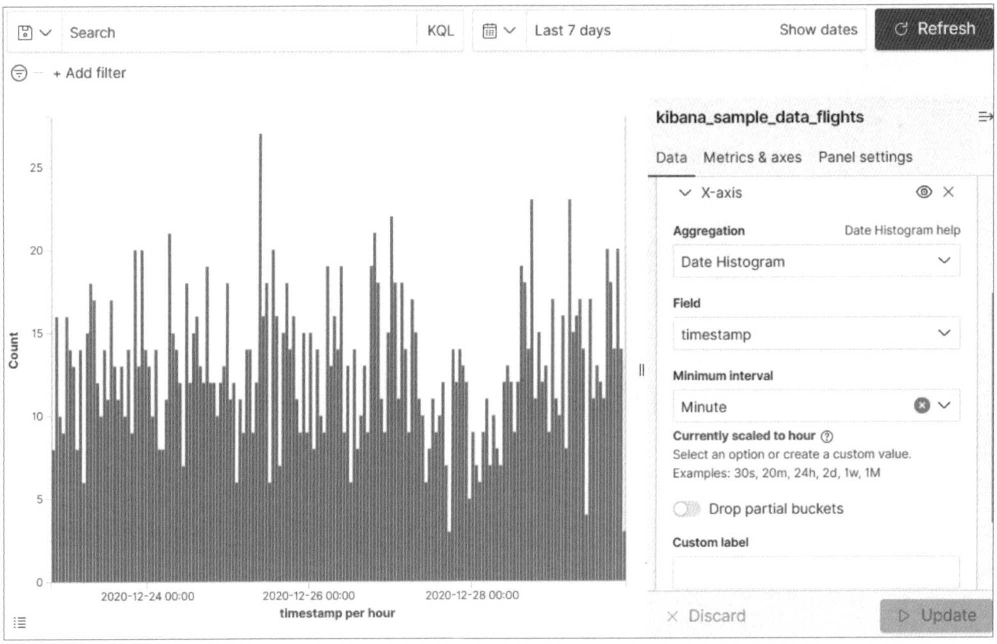

그림 8.19 Date Histogram 버킷 집계를 이용해 X축 생성

Date Histogram을 선택하면 Field를 선택해야 하는데, kibana_sample_data_flighs 인덱스 패턴에는 `timestamp`라는 날짜/시간 필드가 있다. Field에 timestamp를 선택하고 Minimum interval간격을 Minute분로 설정하고 하단의 Update 버튼을 누르자. Minimum interval을 바꿔보면서 그래프가 어떤 형태로 변하는지 확인해보자. 참고로, Aggregation에서 Date Range나 Date Histogram은 날짜/시간 타입의 필드가 없으면 사용할 수 없다.

다음은 Aggregation에서 Range를 사용해보자. Range 집계는 사용자가 임의로 간격을 지정해 버킷을 생성하는 것으로, 사용자가 데이터값의 범위를 대략이라도 알고 있어야 사용할 수 있다. 실제 데이터는 1~10의 값을 갖고 있는데 범위를 100~200으로 잡으면 안 되기 때문이다. 범위 집계에 사용할 필드의 데이터 범위를 확인하기 위해 키바나 콘솔을 이용하자.

리스트 8.3 terms를 이용해 필드값 확인

```
GET kibana_sample_data_flights/_search
{
  "size": 0,
  "aggs": {
    "unique_aggs": {
      "terms": {
        "field": "dayOfWeek"
      }
    }
  }
}
```

리스트 8.3을 키바나 콘솔에서 실행해보자. 용어Terms 집계는 5장에서 다뤘으니 자세한 설명은 생략하고 결과를 확인해보자.

리스트 8.4 리스트 8.3의 집계 결과

```
...
  "aggregations" : {
    "unique_aggs" : {
      "doc_count_error_upper_bound" : 0,
      "sum_other_doc_count" : 0,
      "buckets" : [
        { "key" : 0, "doc_count" : 2033 },
        { "key" : 4, "doc_count" : 2001 },
        { "key" : 2, "doc_count" : 1948 },
        { "key" : 1, "doc_count" : 1934 },
        { "key" : 5, "doc_count" : 1915 },
        { "key" : 3, "doc_count" : 1914 },
        { "key" : 6, "doc_count" : 1314 }
...
```

리스트 8.4를 보면 `dayOfWeek` 필드는 0~6까지의 값을 갖는다는 것을 알 수 있다. 아마 일곱 가지 요일을 숫자로 부호화한 것으로 추정된다. 이제 `dayOfWeek` 필드에 범위를 직접 지정해주고 막대 그래프를 그려보자. 구간은 3구간으로 나눠보자.

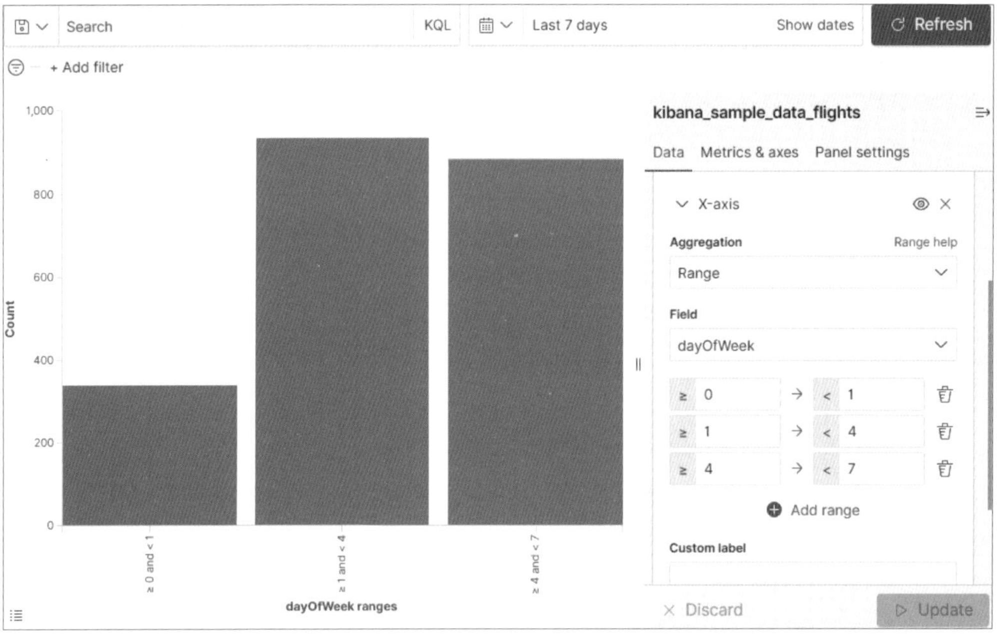

그림 8.20 **범위 집계를 이용한 막대 그래프**

Aggregation은 Range를 선택하고 Field는 dayOfWeek를 선택하자. Range는 Histogram과 다르게 간격을 사용자가 지정할 수 있다. 여기서는 0~1, 1~4, 4~7의 세 구간으로 나눈다. 숫자가 겹치는 구간이 있는데 0~1은 0의 값, 1~4는 1, 2, 3의 값, 4~7은 4, 5, 6의 값을 갖는다. Update를 하면 그림 8.20과 같은 결과를 확인할 수 있다. 필드의 범위를 알고 있다면 Histogram보다는 더 정확하게 사용자가 원하는 형태의 그래프를 그릴 수 있다.

다음은 Aggregation에서 Terms를 사용해보고 정렬 기능까지 알아보자. 용어 집계는 특정 필드의 고윳값을 기준으로 데이터를 구분한다. 용어 집계를 이용해 그래프의 X축을 그려보자.

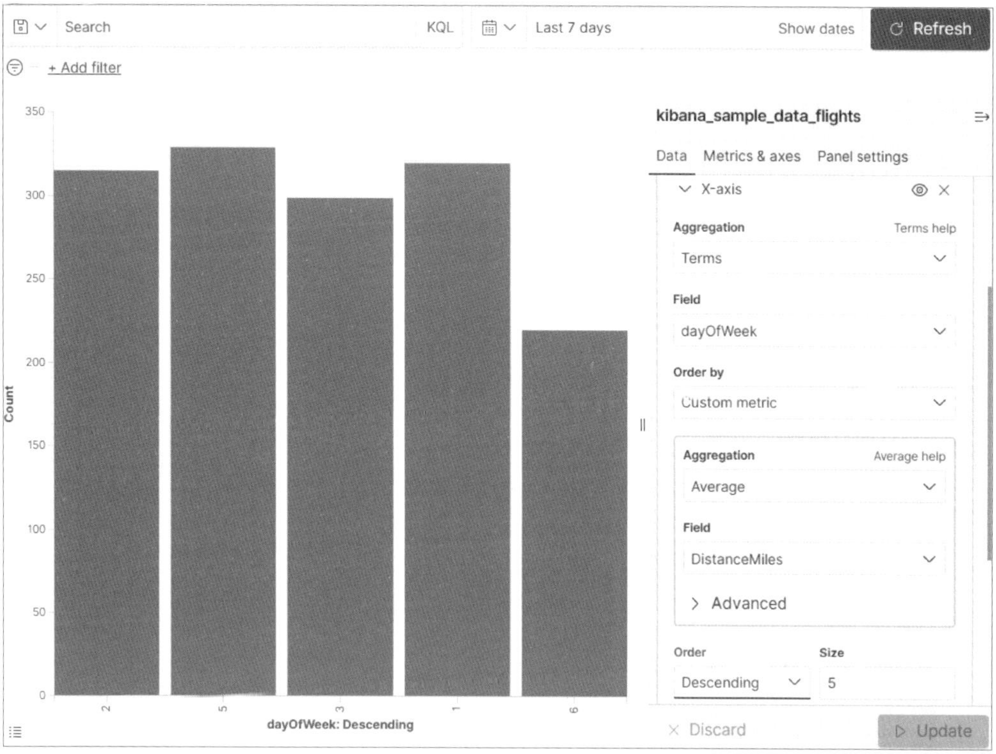

그림 8.21 **용어 집계를 이용한 막대 그래프**

Aggregation은 Terms를 선택하고 Field는 dayOfWeek를 선택하자. Order by는 X축 정렬 기준이며, Metric, Alphabetical, Custom metric 세 가지를 선택할 수 있다. Metric은 현재 설정한 Metrics인데 따로 지정하지 않으면 Count로 설정된다. 그림 8.21의 Y 좌표인 Metric이 Count로 지정되어 있고, Order by를 Metric으로 설정하면 Count가 높은 버킷 순으로 X축이 정렬된다. Alphabetical은 알파벳순으로 정렬된다. 마지막 Custom metric사용자 지정 메트릭은 사용자가 정의한 정렬에 사용하기 위한 집계로, 전체 연산에는 영향을 미치지 않는다. Order by에 Custom metric을 선택하면 다시 집계를 만들어야 하는데, Aggregation에 Average평균를 선택하고 Field는 DistanceMiles를 선택하자. 이는 DistanceMiles 필드의 평균값이 높은 순으로 X축을 정렬한다는 뜻이다. 마지막 하단의 Order는 정렬을 오름차순Ascending으로 할지 내림차순Descending으로 할지 설정하고, Size는 그래프로 보여줄 X축의 상위 개수를 선택한다. Size를 5로 선택하고 Update 버튼을 누르면 그림 8.21과 같이 X축에 5개만 보인다.

이제 Buckets이 아닌 Metrics에 대해 알아보자. Buckets이 X축을 설정한다면 Metrics는 Y축을 설정하는데 X축을 어떤 통곗값으로 표현할지 보여준다.

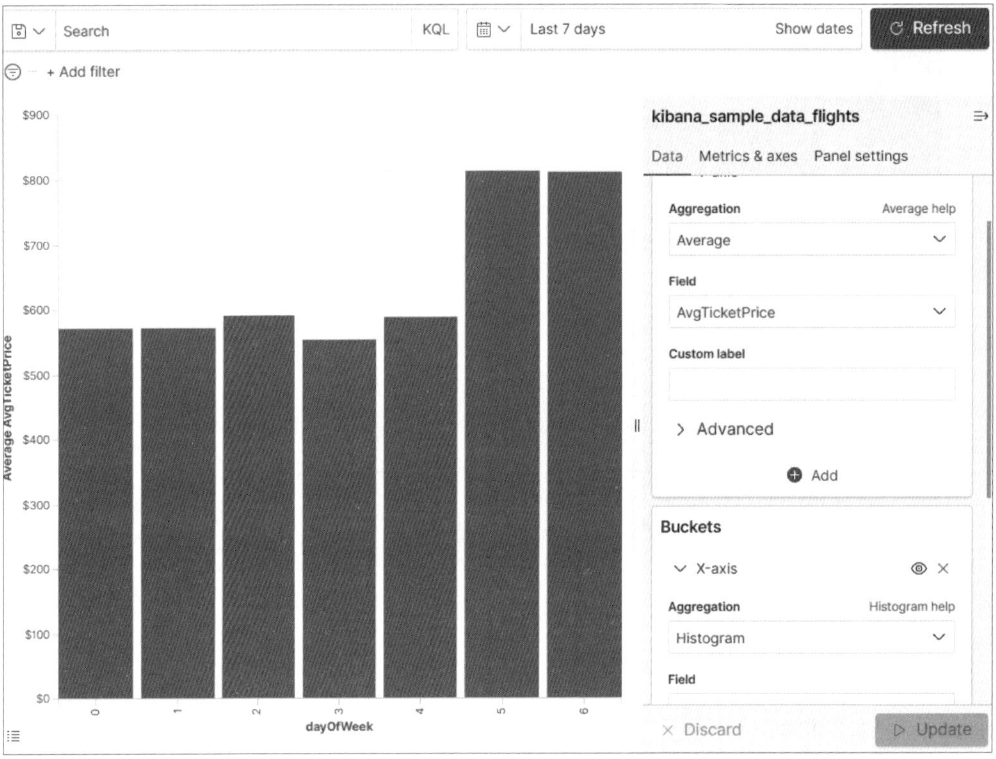

그림 8.22 **Y축 기준을 변경한 막대 그래프**

먼저 그림 8.22와 같이 Buckets을 지정하자. Aggregation은 Histogram을 선택하고 Field는 dayOfWeek를 선택하자. Interval을 1로 설정하면 0, 1, 2, 3, 4, … 같은 방식으로 X축을 나누게 된다. 다음으로 Metrics를 변경하자. Metrics의 + Add 버튼을 누르면 Y-axis와 dot size를 선택할 수 있다. Y-axis는 Y축이 되는 메트릭 메뉴이고, dot size는 라인을 동그라미 원dot 형태로 만들어준다. dot size는 시각화 샘플 중에서 [Flights] Flight Count and Average Ticket Price를 참고하자. 여기서는 Y-axis를 선택한다. Metrics는 특별한 설정을 하지 않으면 기본적으로 Aggregation이 Count로 지정된다. 즉 Buckets의 문서 수를 Y축으로 보여준다. 우리는 Aggregation에 Count가 아닌 Average를 선택하고 Field는 AvgTicketPrice를 선택하고 Update를 해보자. 그림 8.22와 같이 Y축이 Count가 아닌 AvgTicketPrice 필드의 평균값을 보여주는 것을 확인할 수 있다.

마지막으로 Metrics에서 파이프라인 집계를 사용해보자. 우리는 파이프라인 집계 중 미분Derivative 집계를 실행해볼 것이다.

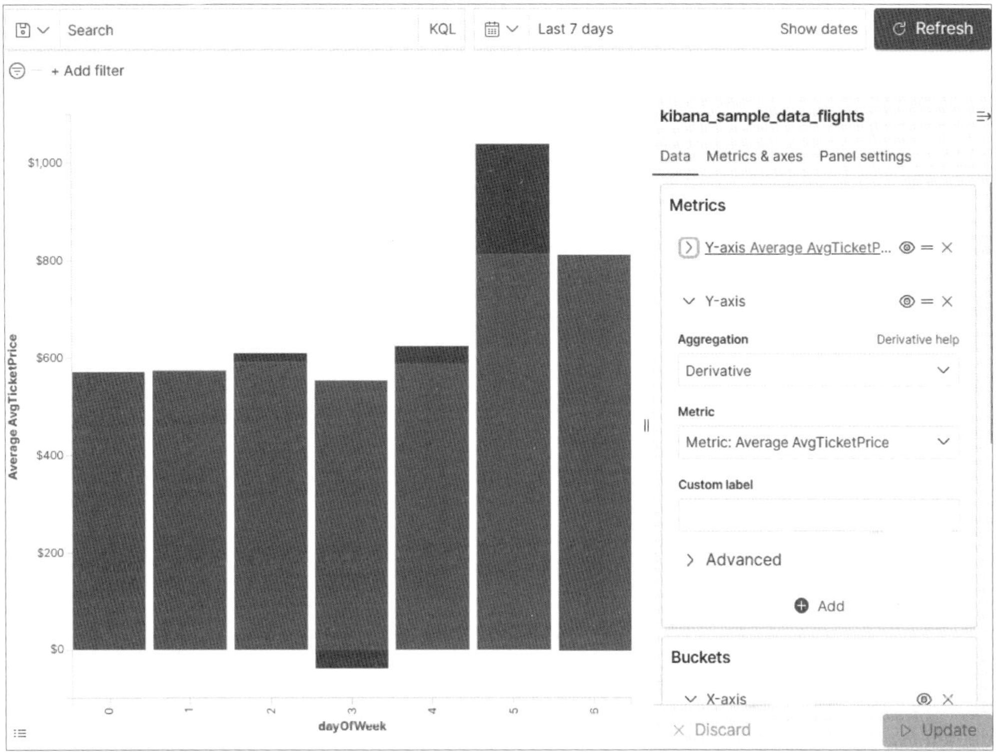

그림 8.23 파이프라인 집계

그림 8.22에서 사용했던 그래프에서 Metircs를 하나 추가하여 파이프라인 집계를 해볼 것이다. Metric에서 + Add 버튼을 누르고 Y-axis를 선택하자. Aggregation은 부모 파이프라인 집계 중 Derivative미분를 선택한다. 부모 파이프라인 집계의 경우 부모가 되는 집계가 필요한데 그림 8.22에서 만들었던 Metrics를 사용하면 된다. Metric을 Metric: Average AvgTicketPrice로 선택하면 앞서 만들었던 Metric를 이용해 미분 집계가 계산된다. 그림 8.22의 막대 그래프에서 변화량(짙은 색 그래프)이 추가된 것을 알 수 있다. X축 요일이 숫자로 표현되어 알 수 없지만 0을 일요일, 6을 토요일이라고 했을 때 평일/주말 간의 평균 티켓값 차이가 크다는 사실을 알 수 있다.

8.3.2 히트맵

히트맵은 열분포 형태의 시각화 표현 방식이다. X, Y축을 2개의 버킷으로 생성하고 메트릭값을 색의 진하기로 표현함으로써 3차원 데이터 처리가 가능하다. 색의 종류, 그라데이션 깊이 등은 설정을 통해 수정할 수 있다. 요일별 비행기 목적지로 가장 많이 가는 도시가 어디인지 확인하기 위해 시각화를 생성해보자. 먼저 새로운 시각화 타입을 만드는데, 타입은 Heat Map[히트맵]을 선택하고(그림 8.24 참고) 인덱스 패턴은 kibana_sample_data_flights를 선택한다.

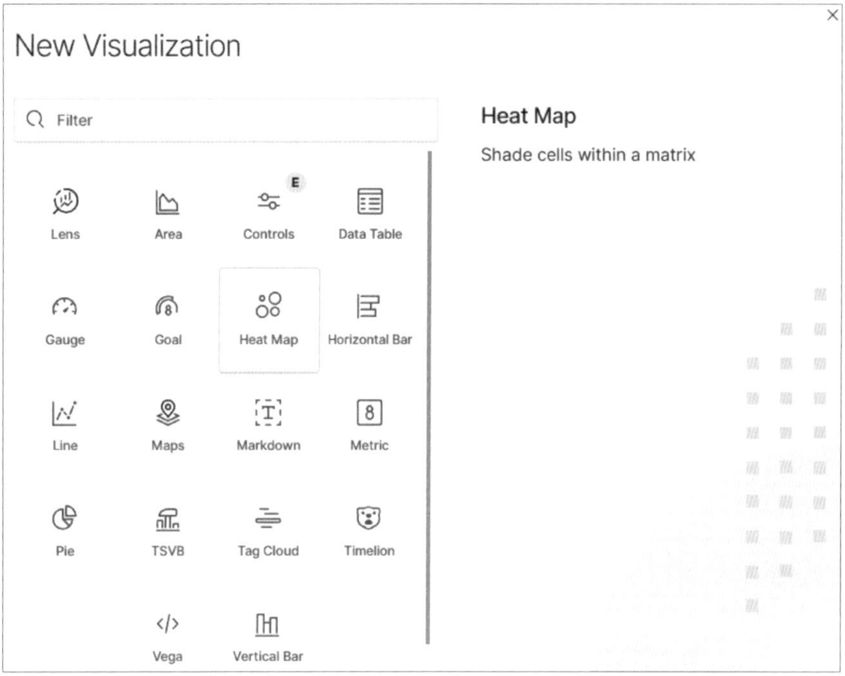

그림 8.24 **히트맵 타입 선택**

히트맵은 3차원 처리를 위해 X, Y축에 버킷 집계를 하고 Z축에 메트릭 집계를 한다. 색깔의 진하기를 통해 Z축을 표현한다. 그럼 히트맵을 구성해보자.

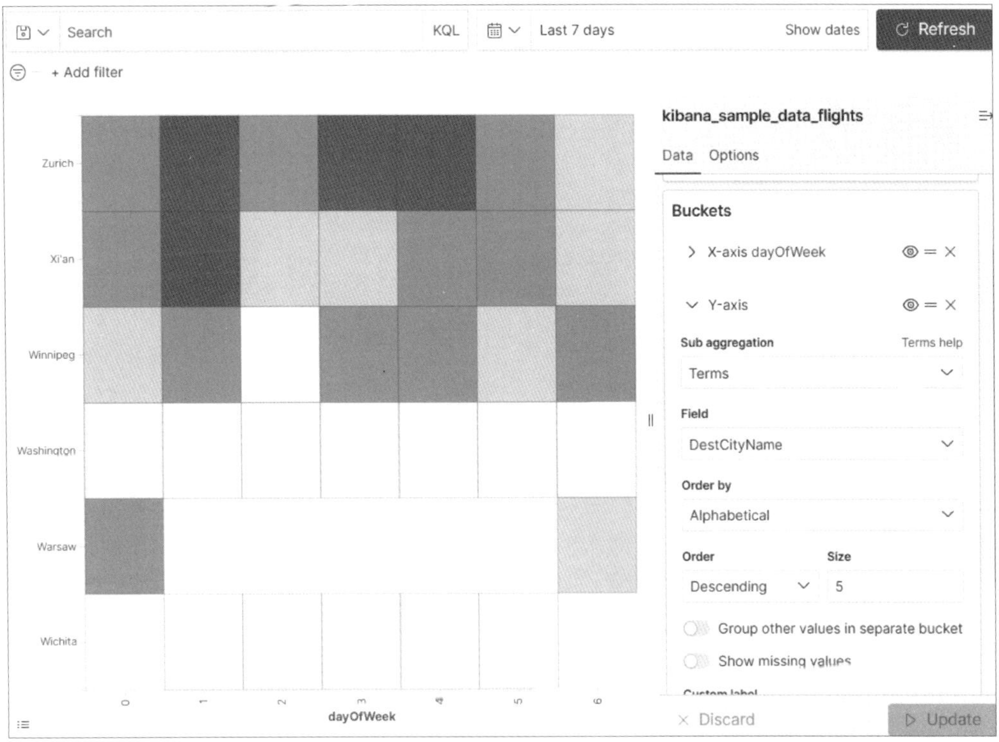

그림 8.25 **히트맵 구성: Y축 고정되지 않음**

요일별 비행기 목적지로 가장 많은 도시 수를 알기 위해 먼저 X축은 요일, Y축은 도시를 표현하자. Buckets에서 + Add 버튼을 눌러서 X-axis를 선택하고 Aggregation은 Histogram, Field는 dayOfWeek, Interval은 1로 설정한다 Y축은 목적지 도시명이다. Buckets에서 + Add 버튼을 눌러서 Y-axis를 선택하고 Sub aggregation은 Terms, Field는 DestCityName, Order by는 Alphabetical로 지정하고, Order는 Descending[내림차순], Size는 5를 지정해 상위 5개만 보이도록 설정한다. Z축, 즉 색상은 단순 도시 수이기 때문에 Count 메트릭을 사용하면 되기 때문에 특별히 수정할 것은 없다. 설정이 끝나면 Update 버튼을 눌러 그래프를 확인해보자. 그림 8.25를 보면 Y축이 Size로 설정한 5가 아닌 6개로 보인다. 그 이유는 바르샤바[Warsaw]라는 도시에 평일 비행편이 없기 때문인데 결과적으로 히트맵의 축이 고정되지 않고 데이터에 따라 기준이 변경돼서 지저분해진다. 따라서 히트맵을 만들 때는 X, Y축의 기준을 잘 정의해야 한다. 특히 X, Y축이 고정되지 않으면 히트맵은 데이터에 따라 축이 계속 변경될 것이다. 그럼 히트맵 설정을 조금 바꿔보자.

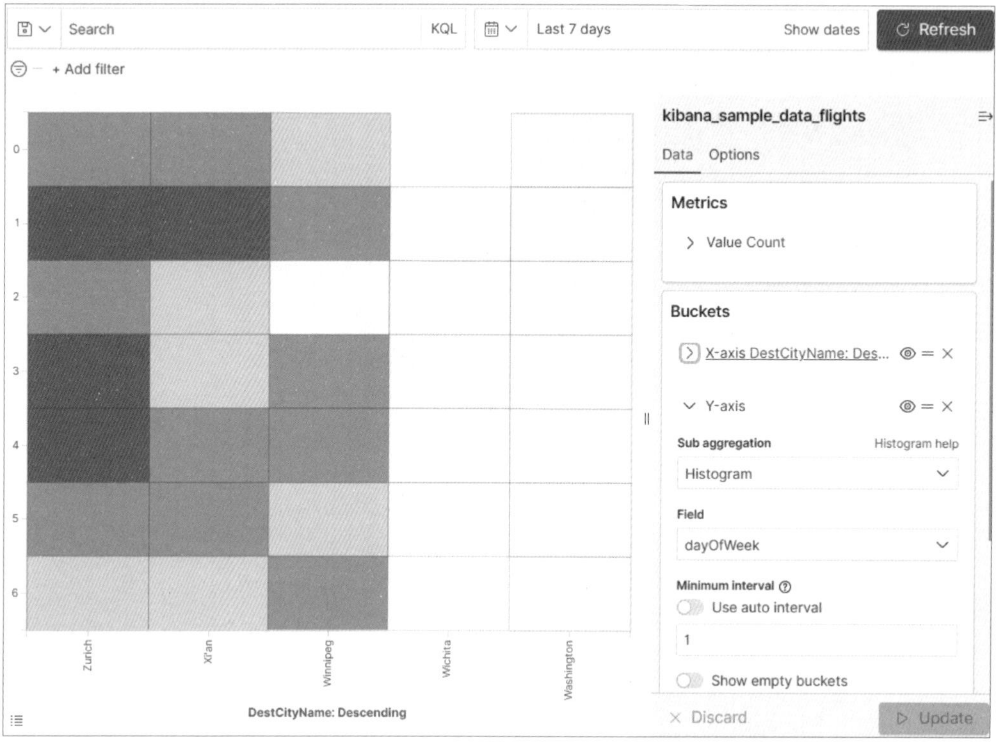

그림 8.26 **히트맵 구성: Y축 고정**

그림 8.26과 같이 X축과 Y축을 바꿔보자. Y축에 모든 데이터가 반드시 값을 갖고 있는 요일(dayOfWeek)을 사용했기 때문에 비록 X축 값이 빠져도 히트맵 모양이 틀어지지 않고 7×5 형태의 테이블을 유지하게 된다. X, Y축의 필드는 목적에 맞게 선택해야 하지만 테이블 형태가 변경되지 않도록 집계의 설정값에 주의해야 한다.

8.3.3 TSVB(Time Series Visual Builder)

시계열 데이터를 처리하기 위한 메뉴로, 로그 모니터링이나 시간 범위 내의 특정 동작을 시각화하는 데 유용하다. TSVB를 통해 시계열 데이터, 통계 정보, *n*번째 상위 값, 게이지 등을 편하게 확인할 수 있다. TSVB가 어떤 분석에 인사이트를 줄 수 있는지 직접 사용해보자.

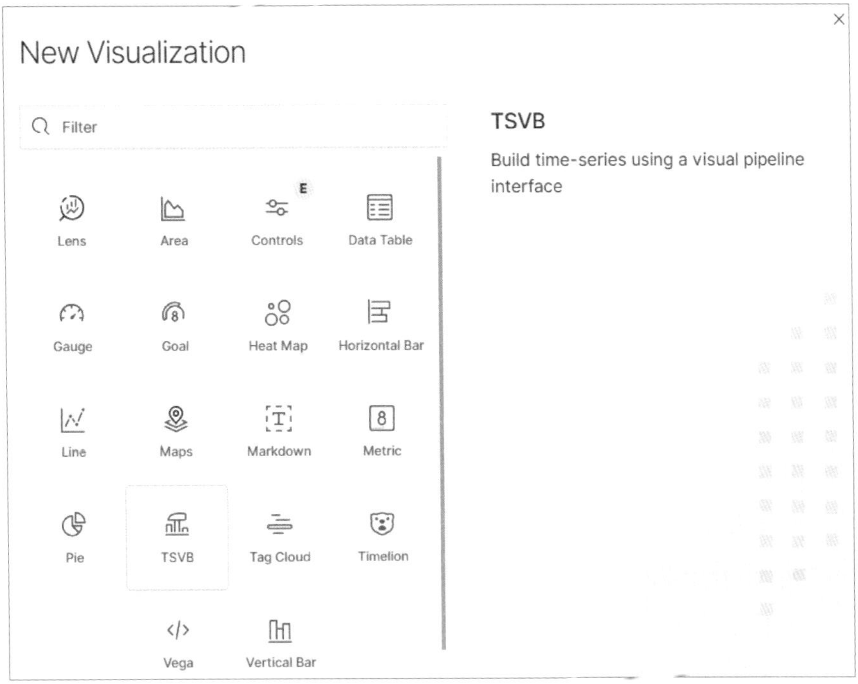

그림 8.27 TSVB 타입 선택

그림 8.27과 같이 새로운 시각화를 하나 만들고 타입으로 TSVB를 선택한다. 다른 시각화와 다르게 TSVB는 인덱스 패턴 선택을 TSVB 내부에서 진행한다.

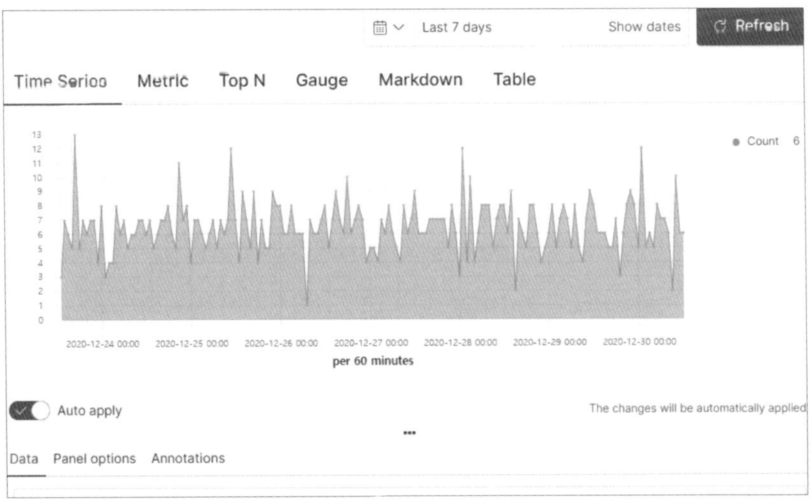

그림 8.28 TSVB 메인 화면

그림 8.28은 TSVB의 첫 화면이다. 상단 인터페이스에 6개의 서비스가 보인다. Time Series는 시계열 데이터를 히스토그램 형태로 확인할 수 있고 나머지 5개의 서비스는 특별한 타입으로 데이터 정보를 보여준다. 텍스트 형태로 표현하는 Metric, 수평 바 형태로 표현하는 Top N, 게이지 형태로 표현하는 Gauge, 마크다운 형태로 표현하는 Markdown, 테이블 형태로 표현하는 Table이 있다. Auto apply를 활성화하면 데이터 소스가 변할 경우 바로 시각화에 반영된다. 우선 인덱스 패턴을 지정해보자. Panel options에 인덱스 패턴을 선택할 수 있는 항목이 있다.

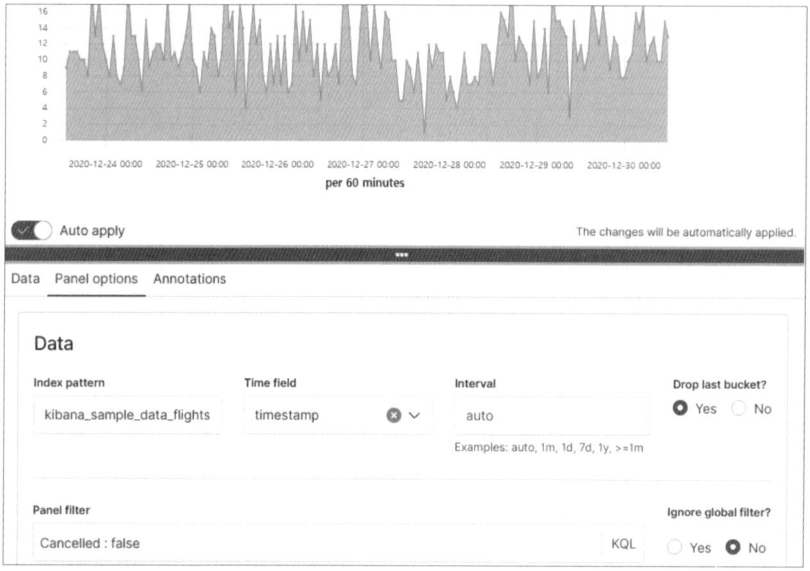

그림 8.29 TSVB 패널 옵션 설정

그림 8.29의 Index pattern에 kibana_sample_data_flights를 입력하고, Time filed에 timestamp를 입력한다. Time field는 날짜/시간 타입인 필드만 입력할 수 있다. 시각화하려는 인덱스 패턴에 날짜/시간 타입 필드가 없다면 TSVB 메뉴는 사용할 수 없다. Interval은 Time filed를 구분할 시간 주기다. Panel filter는 필터를 설정하는 것으로 쿼리바와 사용법이 같다. `Cancelled : false` 같은 형식으로 작성하면 데이터 중 `Cancelled`가 `false`인 데이터만 필터링해서 보여준다. 다음으로 Data 메뉴를 수정해보자.

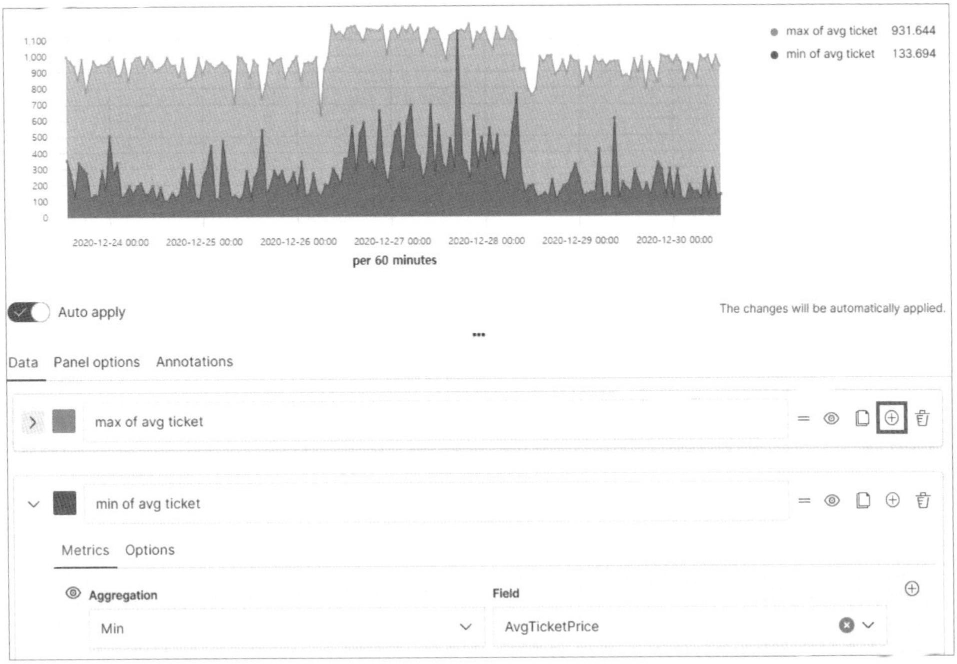

그림 8.30 TSVB Data 옵션 설정

Data에서 매트릭 집계나 파이프라인 집계를 추가할 수 있다. + 버튼으로 메트릭을 추가해 여러 데이터를 함께 볼 수 있는데 그림 8.30은 `AvgTicketPrice` 필드의 `min`, `max`를 같이 보여주고 있다. TSVB는 시계열 데이터를 분석하는 데 특화되었는데 그중 하나인 어노테이션Annotations을 알아보자.

Annotations 메뉴로 들어가서 Index pattern과 Time field에 kibana_sample_data_flights와 timestamp를 입력한다. 지금 적은 인덱스 패턴과 필드는 데이터에 직접적인 영향을 주는 것은 아니고 어노테이션 처리 용도로만 사용된다. Query string은 `OriginCityName : "Seoul"`로 입력하면 출발지가 서울인 데이터에 어노테이션이 달린다. Icon은 어노테이션에 사용할 아이콘이다. Fields와 Row template은 어노테이션에 마우스를 올렸을 때 보여주는 문자들이다. Fields는 필드명을 적어주고 여러 개일 경우 쉼표(,)를 넣으면 된다. 그럼 Row template이 Fields에 적은 필드들을 변수로 인식하고 어노테이션에 마우스를 올리면 텍스트 형태로 보여준다. 두 번의 중괄호에 필드명을 적어주면 되는데 Row template에 `{{OriginCityName}} -> {{DestCityName}}`으로 적고 TSVB 그래프에 마우스를 가져가면 그림 8.31처럼 Seoul -> Torino라고 실제 필드값으로 변환해 보여준다. 그 외에 나머지 Metric, Top N, Gauge, Markdown, Table 메뉴들은 직접 실행하면서 확인해보자. 지금까지의 과정을 이해했다면 사용하는 데 큰 어려움은 없을 것이다.

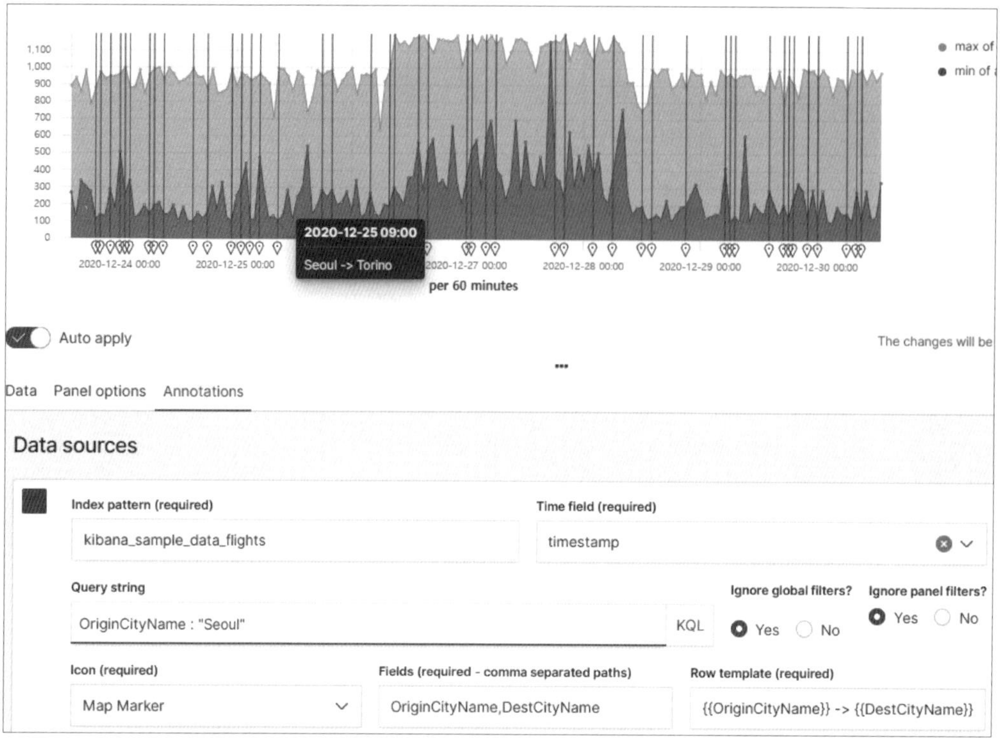

그림 8.31 TSVB 주석 설정

8.4 대시보드

대시보드는 8.3절에서 살펴봤던 시각화 타입들을 한 페이지에 모아 볼 수 있는 기능으로, 한 화면에서 다양한 관점으로 데이터를 보면서 분석할 수 있다. 한 화면에서 포괄적인 데이터를 볼 수 있기 때문에 중요한 의사결정을 할 수 있게 도와준다. 또 시스템 운영자라면 자동 새로고침 기능을 이용해 대시보드를 통해 시스템을 실시간으로 모니터링할 수 있다. 키바나에서 제공하는 대시보드를 어떻게 활용할 수 있는지 알아보자.

8.4.1 대시보드 만들기

대시보드를 만들기 위해 익혀야 하는 특별한 메뉴나 기능은 없다. 시각화에서 만들었던 다양한 타입들을 잘 조합하고 배치해 한눈에 들어오도록 보여주는 것이 전부다. Dashboard 메뉴를 선택하면 샘플로 만들어진 대시보드들을 볼 수 있다. 새로운 대시보드를 하나 만들어보자.

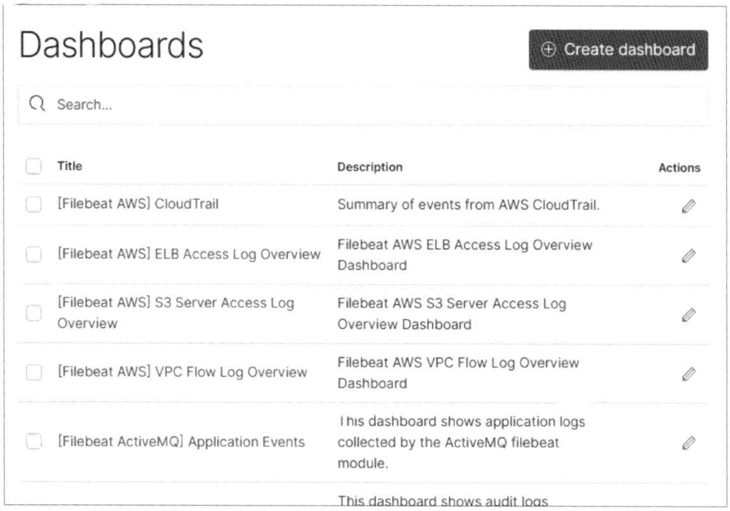

그림 8.32 **새로운 대시보드 생성**

그림 8.32의 Create dashboard 버튼을 누르면 새로운 대시보드를 만들 수 있다. 대시보드는 시각화 모음이다. 대시보드에서 시각화는 패널이라고 하는데, 우리가 만들었거나 샘플에서 제공한 시각화 타입들을 불러올 수 있다. 메뉴에서 Add를 눌러 패널을 추가해보자.

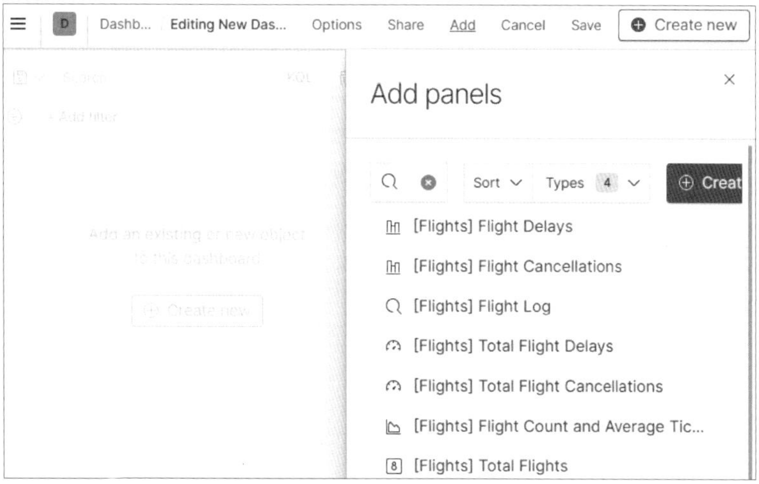

그림 8.33 **대시보드에 사용할 패널들 선택**

그림 8.33의 Flights 샘플 데이터 중 4개를 선택하자. 이름이 [Flights] Flight Count and Average Ticket Price, [Flights] Airline Carrier, [Flights] Delays & Cancellations, [Flights] Origin and Destination Flight Time인 4개의 패널을 선택한다.

그림 8.34 **대시보드 화면**

우리가 선택했던 4개의 패널이 그림 8.34처럼 같은 크기로 보인다. 패널 상단을 클릭 드래그하면 창을 이동할 수 있는데 가장 중요한 패널이 왼쪽 위에 오도록 위치를 이동해보자. 패널의 오른쪽 하단을 드래그하면 패널 크기를 조절할 수 있다. 패널 왼쪽 하단을 클릭하면 범례legend를 표시할지 여부를 정할 수 있다. 시각화 중 범례 표시 기능이 있는 타입에만 이 버튼이 나타난다. 패널 오른쪽 상단에 설정 버튼이 있는데, 패널을 지우거나 개별적인 수정이 가능하며 패널별 데이터 검사 기능과 패널별 고유한 시간 범위를 적용할 수 있다. 대시보드의 전체적인 시간 설정은 타임피커에서 하지만, 패널마다 개별적인 시간 설정은 패널 설정 메뉴에서 가능하다. 이번에는 필터를 적용하고 타임피커를 바꿔보자.

그림 8.35 대시보드에서 필터 적용

필터를 직접 입력해도 되지만, 패널에서 특정 아이템을 선택해도 필터가 자동으로 적용된다(그림 8.35 참고). [Flights] Airline Carrier 패널의 파이 차트에서 ES-Air를 클릭해보자. Carrier: ES-Air 필터가 자동 생성되는 것을 알 수 있다. 이번에는 [Flights] Flight Count and Average Ticket Price 패널에서 차트 일정 영역을 드래그 앤 드롭으로 선택할 수 있다. 이 경우 타임피커가 적용된다. 이처럼 대시보드에서 필터를 적용하고 날짜/시간을 변경하면서 데이터 분석 작업을 편하게 할 수 있다. 이렇게 만들어진 대시보드는 저장하여 재활용하거나 편집이 가능하다. 또한 아이프레임iframe 형태로 다른 웹 페이지에 임베딩하거나 링크를 통해 웹에서 대시보드를 공유할 수도 있다.

8.5 캔버스

캔버스는 인포그래픽 형태로 데이터를 프레젠테이션할 수 있게 해주는 툴이다. MS사의 파워포인트를 사용하는 것처럼 화면을 편집하고 프레젠테이션할 수 있다고 생각하면 된다. 키바나의 대시보드가 강력한 기능을 제공하지만 시각화 표현이 정형화되어 있다는 느낌을 받을 수 있는데, 좀 더 자기만의 방식으로 보고서나 인포그래픽 형태의 대시보드를 원한다면 캔버스가 고민을 해결해줄 것이다. 캔버스는 간단한 UI 조작을 통해 이미지나 폰트 종류와 크기, 색상까지 변경이 가능하며 캔버스의 문법을 이용하면 더욱 유연하게 화면을 구성할 수 있다.

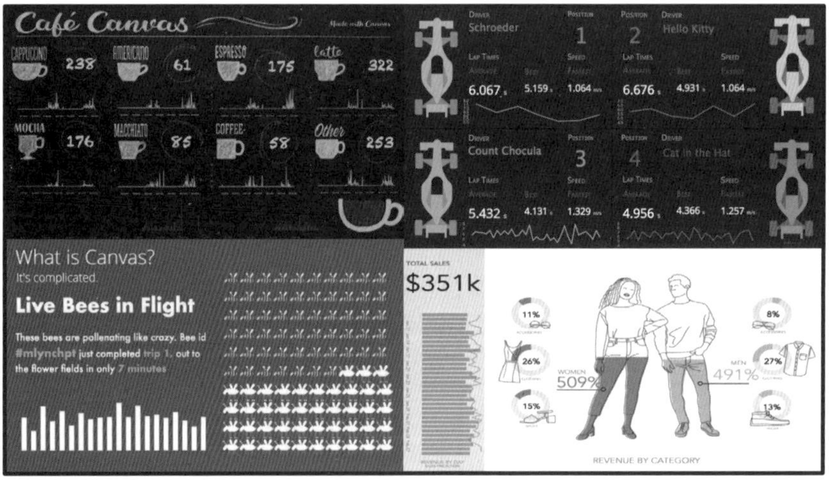

그림 8.36 **캔버스를 이용한 인포그래픽**[2]

그림 8.36은 엘라스틱 공식 홈페이지에서 제공하는 캔버스의 활용 예시다. 캔버스의 가장 큰 강점은 정형화된 대시보드 형식에서 벗어나 나만의 디자인 스타일에 맞춰 동적으로 데이터를 표현할 수 있다는 것이다. 이미지를 가져오거나 css 편집이 가능하며 더 개인화된 디자인을 원하는 고급 유저라면 전용 문법expression syntax[3]을 익혀 새로운 스타일을 창조할 수 있다. 이번에는 캔버스를 실습해보자.

2 출처: https://static-www.elastic.co/v3/assets/bltefdd0b53724fa2ce/blt801ffea51d590277/5c18b20b1e9a48990b55d354/screenshot-canvas-inspire-coffee.jpg
https://static-www.elastic.co/v3/assets/bltefdd0b53724fa2ce/bltd9de1523ba03e2c5/5c18b21ec38bf59c0bff12f3/screenshot-canvas-inspire-racecars.jpg
https://static-www.elastic.co/v3/assets/bltefdd0b53724fa2ce/bltfa058d6785d516b7/5c18b2266aa6fe920bf4a32a/screenshot-canvas-inspire-bees.jpg

3 캔버스 문법: https://www.elastic.co/guide/en/kibana/7.10/canvas-expression-lifecycle.html

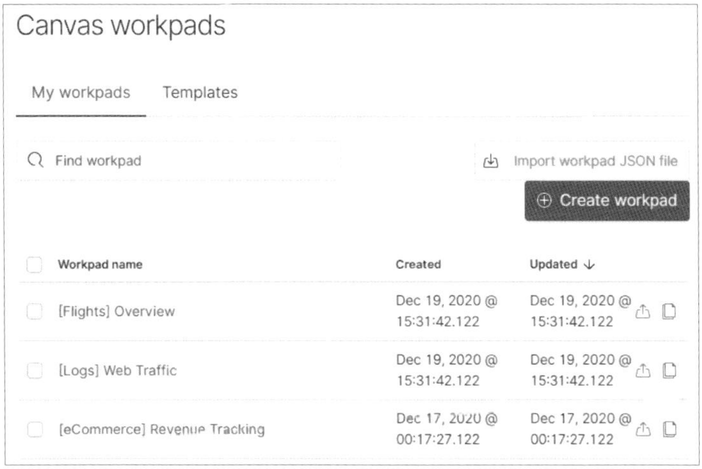

그림 8.37 **캔버스 첫 화면**

샘플 데이터에서 제공하는 캔버스들이 그림 8.37에 보인다. 새로 캔버스를 만들지 말고 샘플이 제공하는 캔버스를 이용해 캔버스를 익혀보자. [Flights] Overview를 선택한다.

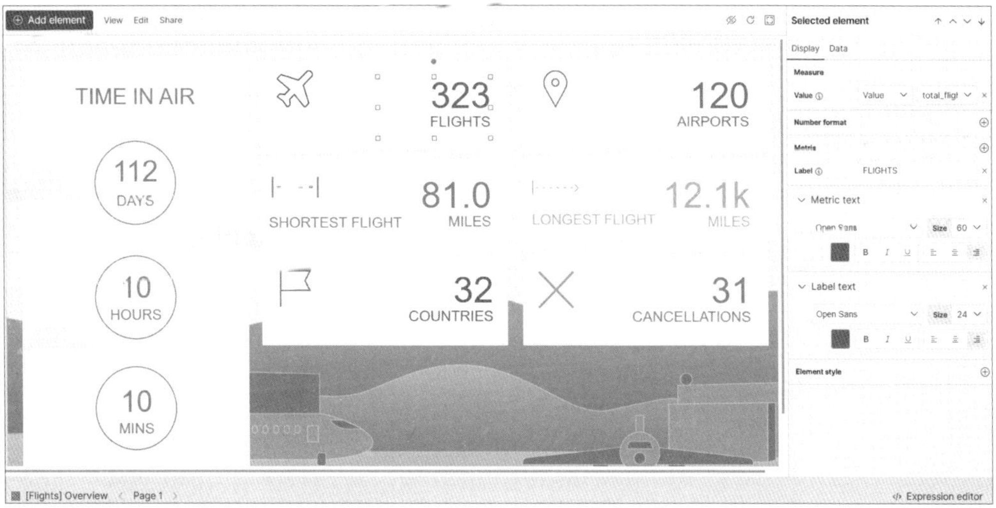

그림 8.38 **캔버스 편집 화면**

파워포인트와 비슷한 화면 구성이다. 가운데는 디자인된 캔버스 화면이 보이고 오른쪽 인터페이스는 서식이나 설정을 변경할 수 있다. 캔버스는 모든 것이 객체로 이뤄졌는데 TIME IN AIR라는 텍스트는 마크다운 객체, 비행기 모양의 아이콘은 이미지 객체다. 객체는 캔버스에 사용하는 기본 단위로 그림 8.38에서 323이라는 숫자도 텍스트 객체에서 메트릭값을 표현한 것이다. 객체를 클릭하면 객체가 갖는 속성에 맞춰 오른쪽 인터페이스의 서식이나 설정 메뉴들이 변경된다. 객체화된 데이터는 동적으로 변경할 수 있다. 혹시 인포그래픽 작업을 해본 경험이 있다면 데이터 수작업이 얼마나 힘든지 알 것이다. 데이터가 바뀌면 그래프를 수정하고 이를 이미지화한 다음 도큐먼트에 붙여넣는 고된 작업이 필요하다. 특히 데이터가 자주 변경된다면 모든 작업을 처음부터 다시 해야 한다. 하지만 캔버스는 인포그래픽 작업 과정에서 사람 손을 거치지 않는다. 데이터가 변경되면 바뀐 데이터에 맞춰 인포그래픽 내용도 수정되기 때문이다. 그럼 캔버스를 이용해 동적으로 데이터를 변경하는 방법을 알아보자. 객체를 하나 선택하자.

그림 8.39 엘라스틱서치 SQL을 이용한 동적 데이터 처리

그림 8.39의 120 AIRPORTS를 클릭하면 된다. 객체 설정창에 Display, Data 메뉴가 있는데 Data를 클릭해보자. 이미지나 마크다운 같은 정적인 객체가 아니면 데이터를 입력받아야 한다. 데이터 소스를 가져오는 방식은 네 가지가 있다(표 8.5 참고). 그림 8.39에서는 Elasticsearch SQL 방법을 사용하고 있다.

표 8.5 데이터 소스 종류

데이터 소스	설명
Timelion	Timelion 문법을 이용해 시계열 데이터를 시각화한다.
Demo Data	프로젝트에 상관없이 데모로 제공하는 데이터를 사용해볼 수 있다.
Elasticsearch SQL	엘라스틱서치 쿼리 구문을 사용한다.
Elasticsearch raw documents	엘라스틱서치 데이터를 집계 과정 없이 직접 가져온다.

엘라스틱서치 SQL 문으로 데이터를 가져오는 것이 가장 일반적이고 편리하기 때문에 엘라스틱서치 SQL을 이용해 데이터를 입력하는 방법을 배워보자.

8.5.1 엘라스틱서치 SQL

기존 SQL 문법에 익숙한 사용자를 위해 엘라스틱서치에서 제공하는 SQL이다. 엘라스틱서치는 관계형 데이터베이스가 아니기 때문에 SQL 문법 지원이 쉬운 일은 아니다. 기본적인 저장 구조나 동작 방식이 관계형 데이터베이스와 다르기 때문이다. 따라서 SQL 쿼리로 요청을 하면 내부적으로 엘라스틱서치의 쿼리 DSL 형태로 변형하고 최적화하는 형태로 동작한다. 6.3 버전부터 지원되기 때문에 6.3 이전 버전에서는 사용할 수 없으며, 아직 제약이 조금 있지만 추후 버전에서 계속 개선될 예정이다. 리스트 8.5는 온라인 문서에서 소개하는 SELECT 문 설명이다.

리스트 8.5 엘라스틱서치 SQL 문의 SELECT 문법

```
SELECT select_expr [, ...]
[ FROM table_name ]
[ WHERE condition ]
[ GROUP BY grouping_element [, ...] ]
[ HAVING condition]
[ ORDER BY expression [ ASC | DESC ] [, ...] ]
[ LIMIT [ count ] ]
[ PIVOT ( aggregation_expr FOR column IN ( value [ [ AS ] alias ] [, ...] ) ) ]
```

관계형 데이터베이스를 사용해본 사람이라면 익숙한 용어들일 것이다. 그룹핑, 정렬 같은 기본적인 SQL 문은 모두 지원한다. 키바나 콘솔에서 간단한 쿼리문을 돌려보면서 이해해보자. 책에서 다루지 못한 부분은 온라인 문서[4]를 참고하자. 키바나의 콘솔에서 직접 엘라스틱서치 SQL 문을 사용해보자.

리스트 8.6 간단한 엘라스틱서치 SQL 요청

```
POST _sql?format=txt
{
  "query": "DESCRIBE kibana_sample_data_flights"
}
```

엘라스틱서치는 SQL 문 지원을 위해 _sql이라는 API를 제공하고 있다. format=txt 옵션을 이용하면 SQL 쿼리 결과를 JSON이 아닌 텍스트 형태로 볼 수 있다. SQL 문은 텍스트 형태가 JSON 형태보다 가독성이 더 높기 때문에 가능하면 format=txt 옵션을 붙이는 것이 좋다. ?pretty 옵션을 이용해 JSON 형태의 결과를 확인했던 것과 비슷한 맥락으로 이해하면 된다.

4 엘라스틱 SQL: https://www.elastic.co/guide/en/elasticsearch/reference/7.10/xpack-sql.html

결과를 확인해보자(그림 8.40 참고).

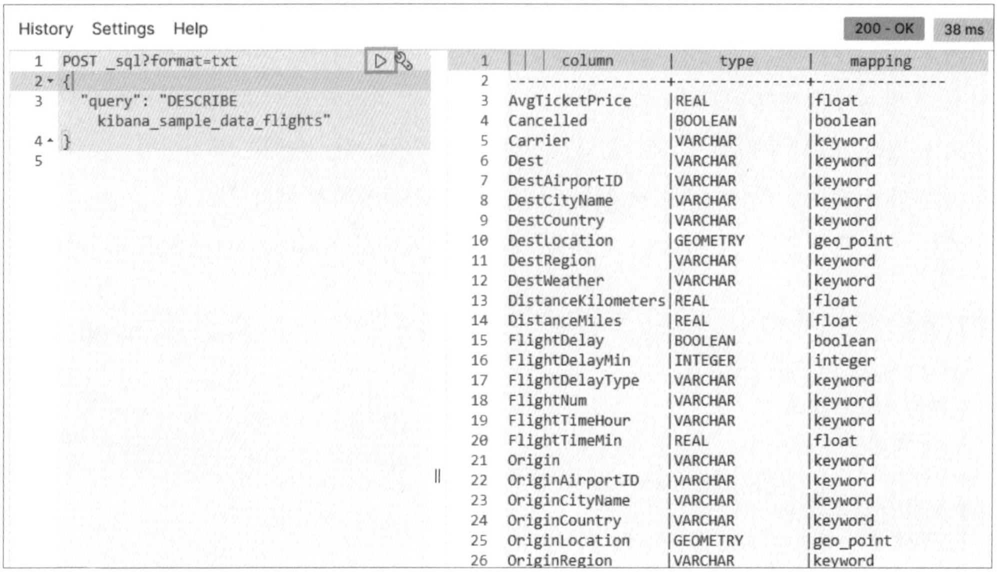

그림 8.40 **리스트 8.6 실행 결과**

이번에는 좀 더 복잡한 쿼리를 실행해보자.

리스트 8.7 복잡한 엘라스틱서치 SQL

```
POST _sql?format=txt
{
  "query":
  """
    SELECT Dest FROM kibana_sample_data_flights
    WHERE OriginCountry='US'
    ORDER BY DistanceMiles
    DESC LIMIT 10
  """
}
```

SELECT, WHERE, ORDER BY, LIMIT 같이 많이 사용되는 SQL 문들이 보인다. 앞서 엘라스틱서치 SQL은 내부적으로 엘라스틱서치 DSL 쿼리 형태로 변환된다고 설명했다. 엘라스틱서치 SQL이 엘라스틱서치 DSL 문으로 변환되는 내부 과정을 살펴보자.

리스트 8.8 엘라스틱서치 SQL 문을 엘라스틱서치 DSL로 변환

```
GET kibana_sample_data_flights/_search
{
  "size" : 10,
  "query" : {
    "term" : {
      "OriginCountry" : {
        "value" : "US",
        "boost" : 1.0
      }
    }
  },
  "_source" : false,
  "stored_fields" : "_none_",
  "docvalue_fields" : [
    {
      "field" : "Dest"
    }
  ],
  "sort" : [
    {
      "DistanceMiles" : {
        "order" : "desc",
        "missing" : "_first",
        "unmapped_type" : "float"
      }
    }
  ]
}
```

리스트 8.8은 리스트 8.7의 엘라스틱서치 SQL 문이 엘라스틱서치 DSL로 변환된 결과다. 먼저 LIMIT 10에 해당하는 내용은 "size" : 10으로 표현되었다. WHERE 절은 term 필터를 이용하고, ORDER BY는 sort를 이용했다. 결과를 확인해보자.

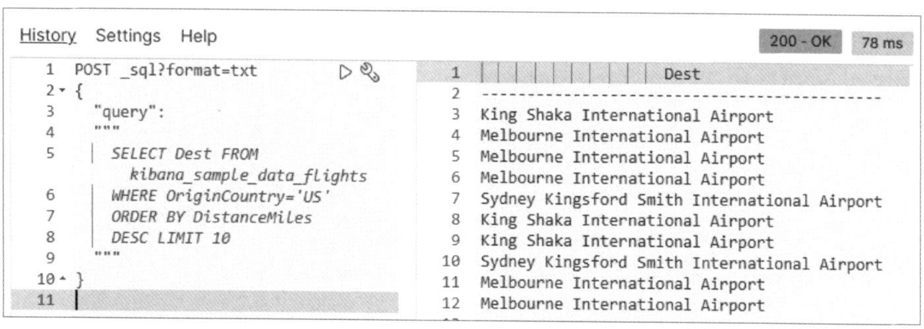

그림 8.41 **리스트 8.7 실행 결과**

그림 8.41과 같이 10개의 `Dest`가 검색될 것이다. 캔버스 객체에서 데이터를 가져올 때 엘라스틱서치 SQL을 이용해보자. SQL 지식이 있다면 특별한 학습 없이 쉽게 캔버스를 활용할 수 있다.

8.6 맵스

키바나 맵스를 통해 사용자는 위치 정보가 포함된 데이터를 지도에 올려 시각화해볼 수 있고, 멀티 레이어 기능을 통해 다양한 형태의 지도를 레이어한 화면에서 볼 수 있다. 또 로컬이나 다른 서버에 있는 벡터 형태의 폴리곤polygon을 시각화할 수도 있다. 엘라스틱 스택은 위치/지역 데이터를 표현하고 처리할 수 있는 환경을 제공하는데 위치는 위경도가 포함된 특정 좌표이고, 지역은 위치가 모여서 만드는 특정 공간, 경계선이라고 생각하자. 엘라스틱서치는 위치/지역 정보를 처리하기 위한 데이터 타입과 쿼리를 지원하는데 온라인 문서[5]에서 확인할 수 있다.

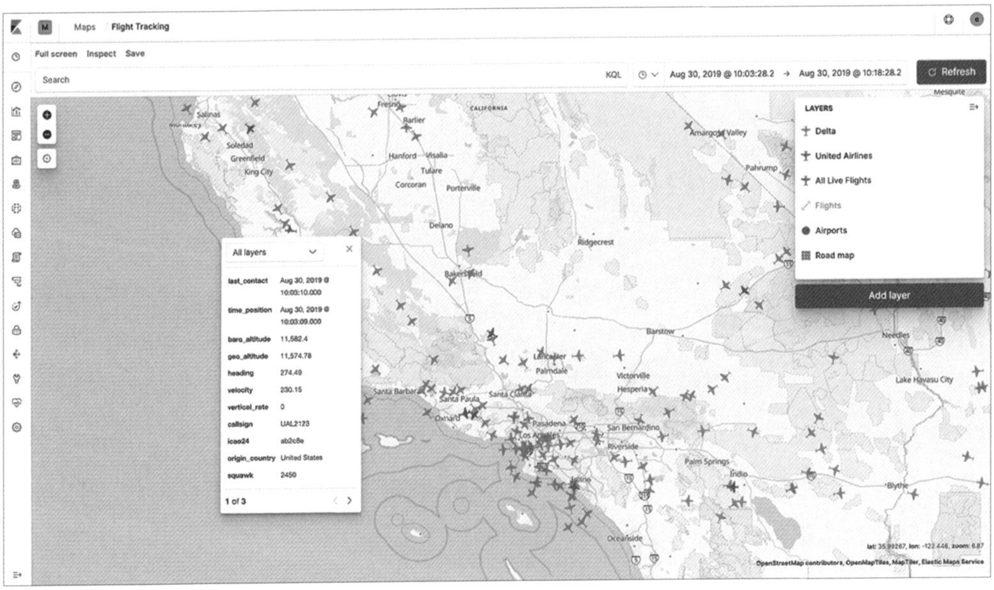

그림 8.42 **키바나 맵스 화면**[6]

---

5 지리 쿼리: https://www.elastic.co/guide/en/elasticsearch/reference/7.10/geo-queries.html

6 출처: https://static-www.elastic.co/v3/assets/bltefdd0b53724fa2ce/blt5cf86eeba3ec6809/5dbcc093b5f194339a9b7a4e/screenshot-maps-location-monitoring.png

그림 8.42는 키바나에서 제공하는 맵스 화면 중 하나다. 멀티 레이어를 지원하고 선택한 항목에 대한 세부 정보도 확인할 수 있다. 또한 대시보드에 추가해 다른 시각화 객체와 함께 이용할 수 있다. 이번 절에서는 키바나의 Maps 메뉴에서 위치/지역 데이터를 시각화하는 방법을 알아보자. 맵스는 기본적으로 위치/지역 데이터가 있는 도큐먼트만 시각화가 가능하다. 키바나 왼쪽 상단의 토글 메뉴를 클릭하면 키바나 메뉴들을 확인할 수 있는데 여기에 Maps라는 메뉴가 있다. 맵스를 실행해보자.

그림 8.43과 같이 비츠의 샘플 대시보드에서 사용한 맵스 시각화들이 보인다. Create map으로 새로 맵을 생성해보자.

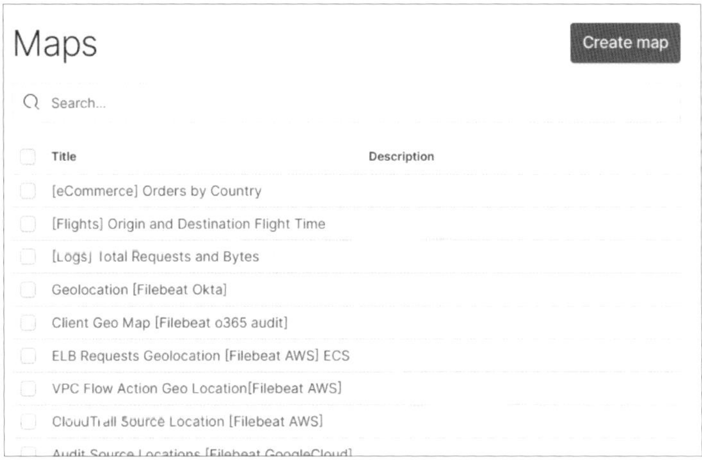

그림 8.43 **맵스 첫 화면**

맵스에서는 Add layer 버튼을 누르면 레이어를 추가할 수 있다. 레이어는 크게 벡터 레이어와 타일 서비스, 두 가지로 구분할 수 있다. Upload GeoJSON, Documents, Choropleth, Clusters and grids, Heat map, Point to point, EMS Boundaries, Configured GeoJSON이 벡터 레이어에 속하며 점, 선, 폴리곤 등을 표현할 수 있다. EMBS Basemap, Configured Tile Map Service, Tile Map Service, Web Map Service, Vector tiles는 타일 서비스에 속하며 타일 서버에서 제공하는 타일 서비스를 사용할 수 있다. 이 중 Configured GeoJSON과 Configured Tile Map Service는 키바나 설정 파일인 kibana.yml을 수정해야 보이는 메뉴다. 자주 사용되는 레이어로 맵스를 익혀보자.

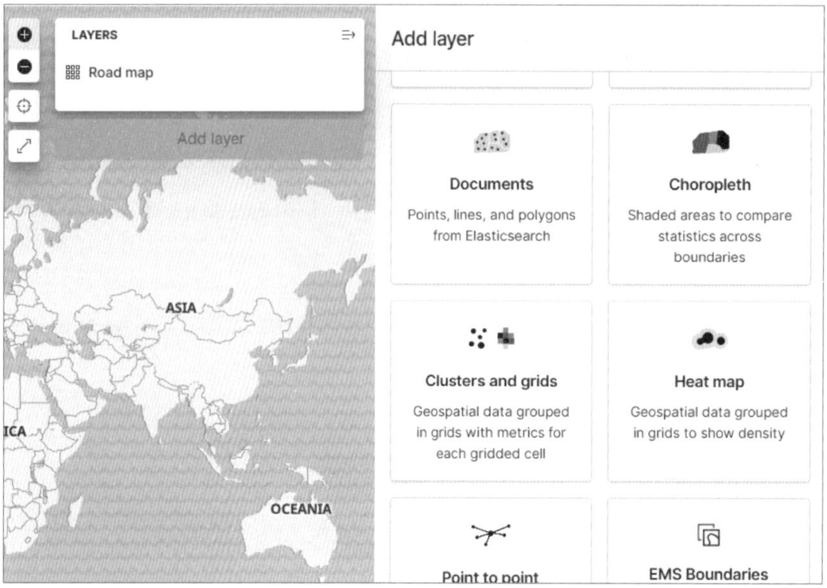

그림 8.44 **지도 레이어 종류**

8.6.1 윈도우 웹 서버 구축

레이어를 추가하기에 앞서 사용자가 만든 GeoJSON 파일을 가져오려면 웹 서버가 필요하다. 혹시 윈도우 웹 서버가 이미 구축되어 있다면 이번 절은 생략해도 된다. 필자는 엔진엑스Nginx를 설치할 것이다. 엔진엑스는 가볍고 설치가 쉬우며 빠르기 때문에 요즘 많이 사용하는 웹 서버 프로그램이다. 홈페이지(http://nginx.org/en/download.html)에서 다운로드할 수 있다.

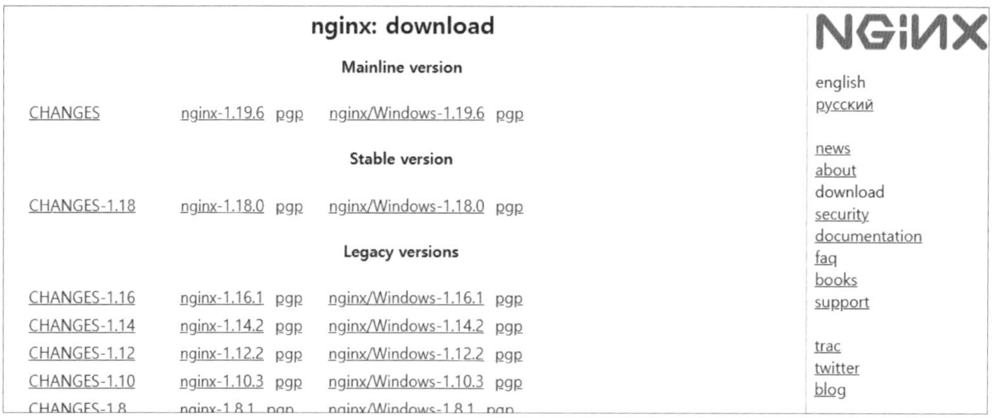

그림 8.45 **엔진엑스 다운로드 페이지**

그림 8.45의 페이지에서 안정 버전인 nginx/Windows-1.18.0을 다운로드한다. 파일을 다운로드하고 C: 디렉토리 밑에 압축을 푼다.

그림 8.46 **엔진엑스 폴더 구조**

nginx.exe를 실행하기만 하면 웹 서버가 동작하는데 그 전에 설정 파일을 수정해야 한다. conf 디렉토리 밑에 있는 nginx.conf 파일을 수정한다.

```
server {
    listen       80;
    server_name  localhost;

    #charset koi8-r;

    #access_log  logs/host.access.log  main;

    location / {
        root   html;
        add_header Content-Security-Policy "default-src 'self';";
        add_header 'Access-Control-Allow-Origin' 'http://localhost:5601';
        index  index.html index.htm;
    }

    #error_page  404              /404.html;
```

그림 8.47 **엔진엑스 설정 파일 수정**

`location /` 블록에 두 줄을 추가한다. 첫 번째 줄의 CSP(Content Security Policy)는 웹 보안 정책 중 하나로 각종 악성 스크립트를 막기 위해 사용된다. `default-src 'self'`라고 작성하면 모든 콘텐츠 소스를 자기 도메인에서 가져오는 것으로 설정한다. 실제로 우리는 웹 서버와 키바나 서버가 같은 도메인에 있기 때문에 큰 문제는 없다. 두 번째 줄 `Access-Control-Allow-Origin` 설정은 요청을 보내는 주소(키바나 서버)와 받는 주소(엔진엑스 서버)가 다를 경우 CORS(Cross-Origin Resource Sharing) 오류가 발생하는데 이를 해결하기 위해 서버 응답 헤더에 프론트 주소를 적어주는 것이다. 참고로, CORS는 각기 다른 도메인에서 리소스를 공유하는 방법을 정의하는 것이다. 이 두 줄을 추가하지 않으면 키바나 맵스에서 웹 서버에 있는 사용자 지도 파일을 가져오지 못한다.

이제 설정을 마쳤다면 엔진엑스를 실행한다. 엔진엑스 실행은 nginx.exe를 더블클릭하면 된다. 브라우저에서 http://localhost를 입력했을 때 그림 8.48의 화면이 나오면 웹 서버가 실행된 것이다.

그림 8.48 **엔진엑스 웹 서버 실행 시 나오는 첫 화면**

참고로, 엔진엑스를 종료하고 싶은 경우 윈도우 콘솔에서 다음 명령을 실행하면 종료stop 시그널을 보내게 된다.

```
C:\nginx-1.18.0>nginx.exe -s stop
```

작업 관리자에서 nginx.exe 프로세스가 보이지 않는다면 엔진엑스 웹 서버가 잘 종료된 것이다. 그림 8.49는 아직 엔진엑스가 실행 중인 상태다.

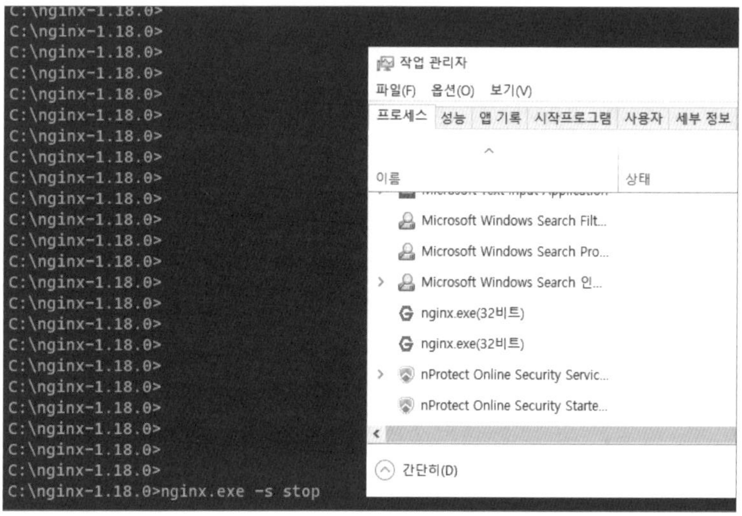

그림 8.49 **엔진엑스 웹 서버 프로세스 확인**

웹 서버 설정을 수정하고 나서는 재시작해야 하는데 엔진엑스를 종료했다가 다시 실행하면 된다. 엔진엑스를 재시작하는 다른 방법들도 있으나 여기서는 일반적인 방법을 소개했다.

8.6.2 사용자 지정 타일맵과 GeoJSON 적용

이제 웹 서버가 구축되었다면 사용자 지정 타일맵과 GeoJSON을 적용해보자. 또한 웹 서버를 구축했던 이유도 설명하겠다. 앞서 키바나는 위치/지역 정보를 처리할 수 있다고 했는데, 위치는 단순 좌표이고 지역은 위치가 모여서 만드는 폴리곤으로 키바나에서는 벡터 레이어vector layer라고 한다. 엘라스틱서치가 제공하는 벡터 레이어는 https://maps.elastic.co 사이트에서 확인할 수 있다.

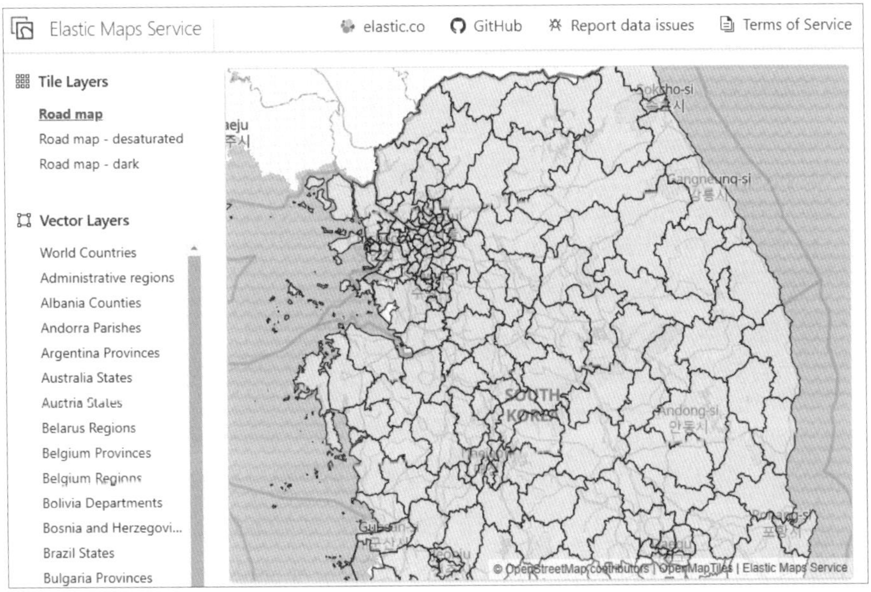

그림 8.50 엘라스틱서치가 제공하는 벡터 레이어

전 세계 행정구역 정보를 Vector Layers라는 폴리곤 단위로 제공하는데, 한국에 대해서는 시도South Korea Provinces와 시군구South Korea Municipalities 단위의 폴리곤을 제공한다. 그림 8.50은 시군구 단위의 벡터 레이어다. 하지만 작업을 하다 보면 행정동 단위나 우편번호 단위 혹은 사용자가 만든 형태 등 다양한 형태의 벡터 레이어가 필요하다. 우리는 서울시 우편번호 폴리곤이 담겨 있는 GeoJSON 파일을 벡터 레이어로 사용하는 방법을 배워볼 것이다. 서울시 우편번호 데이터는 책의 깃허브 사이트에서 받을 수 있다. ch08/06/TL_KODIS_BAS_11.geojson

우편번호 경계선 GeoJSON 파일을 다운로드한 다음에 엔진엑스 서버로 이동한다.

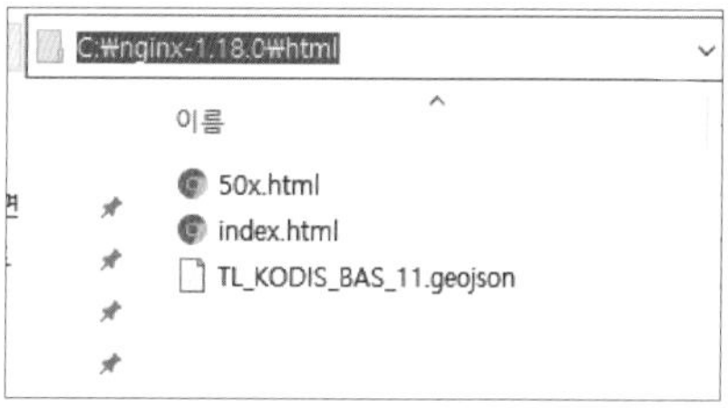

그림 8.51 **엔진엑스 폴더 기준으로 geojson 파일 저장 위치**

html 폴더는 엔진엑스에서 루트[root]가 되는 웹사이트 경로다. geoJSON 파일이 엔진엑스 루트 경로에 복사되었다면 이제 키바나 설정 파일(kibana.yml)의 수정이 필요하다. 파일 제일 마지막에 다음 내용을 추가한다.

리스트 8.9 사용자 지정 벡터 설정

```
map.regionmap:
  layers:
    - name: "SEOUL ZIPCODE"
      url: "http://localhost/TL_KODIS_BAS_11.geojson"
      attribution: "INRAP"
      fields:
          - name: "BAS_MGT_SN"
            description: "zipcode number"
```

`map.regionmap`은 사용자 벡터 레이어를 설정한다. `layers` 밑에 레이어 이름(name)을 정하고 URL을 적어주는데 키바나 서버와 도메인의 CORS가 가능해야 한다. 앞에서 윈도우 웹 서버를 구축하고 웹 서버 설정 파일을 수정한 이유가 사용자가 만든 geojson에 접근할 수 있게 하려는 것이었다. `attribution`은 geoJSON 파일을 참고하는 방법을 정의하고 `fields`는 geoJSON 속성 중 노출할 필드를 정의한다. 이 필드는 나중에 다른 인덱스와 조인에 사용된다. 특히 조인에 사용하기 때문에 중복되지 않는 고유한 필드를 사용하는 것이 좋다. TL_KODIS_BAS_11.geojson 파일을 열어보면 여러 필드가 있는데 `BAS_MGT_SN` 필드가 우편번호를 나타내는 고유한 값을 갖는다. 참고로, YAML 파일은 들여쓰기에 신경 써야 하는데 웹(http://www.yamllint.com/)에서 yml 정적 검사를 해주는 서비스를 이용하여 입력 오류가 없는지 체크해봐야 한다. 그림 8.52와 같이 `name` 시작 라인이 `url`, `attribution`, `fields`와 다를 경우 YAML 파일이 잘못 작성된 것이다.

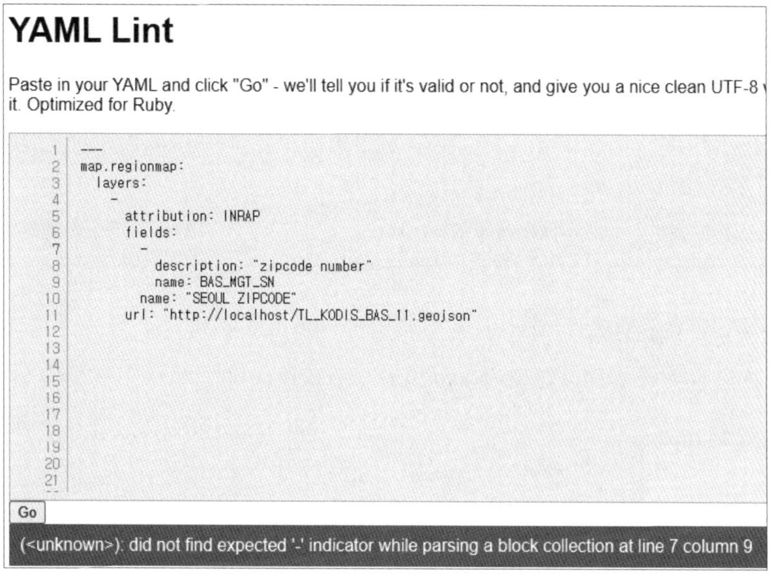

그림 8.52 온라인 YAML 파일 검사기

이제 키바나를 실행해보자. 설정 파일이 변경되었으니 기존에 키바나를 실행하고 있었다면 종료했다가 다시 실행하자. 키바나 맵스에서 Add layer를 클릭해보면 전에 없던 메뉴가 하나 보일 것이다.

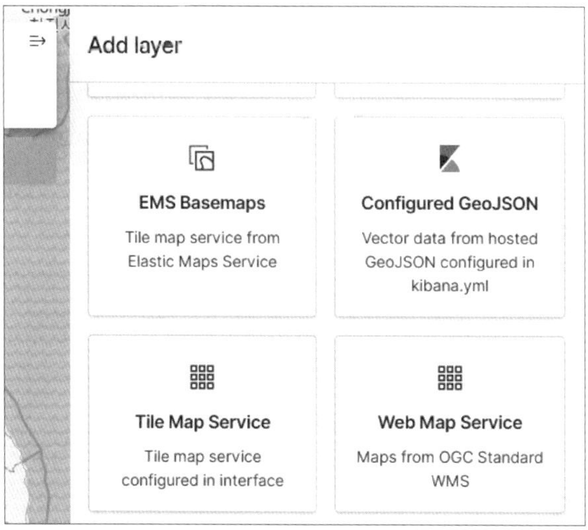

그림 8.53 Configured GeoJSON 레이어 선택 가능

그림 8.53에 보이는 Configured GeoJSON은 사용자가 만든 벡터 레이어를 사용할 수 있는 메뉴로 방금 우리가 만들었던 우편번호 레이어를 이용할 수 있다. 이번에는 사용자 지정 타일맵을

추가해보자. 타일맵은 지도를 타일 이미지 형태로 제공하는 것으로 빠른 렌더링을 위해 사용된다. 키바나 설정 파일(kibana.yml) 마지막에 다음 내용을 추가한다.

리스트 8.10 사용자 지정 타일맵 설정

```
map.tilemap.url:
  "https://mt1.google.com/vt/lyrs=s&x={x}&y={y}&z={z}"
```

구글에서 제공하는 위성사진 타일맵으로, 키바나 설정 파일에 추가하고 키바나를 다시 실행해보자. 키바나 맵스에서 Add layer를 클릭하면 Configured Tile Map Service라는 메뉴가 추가된다.

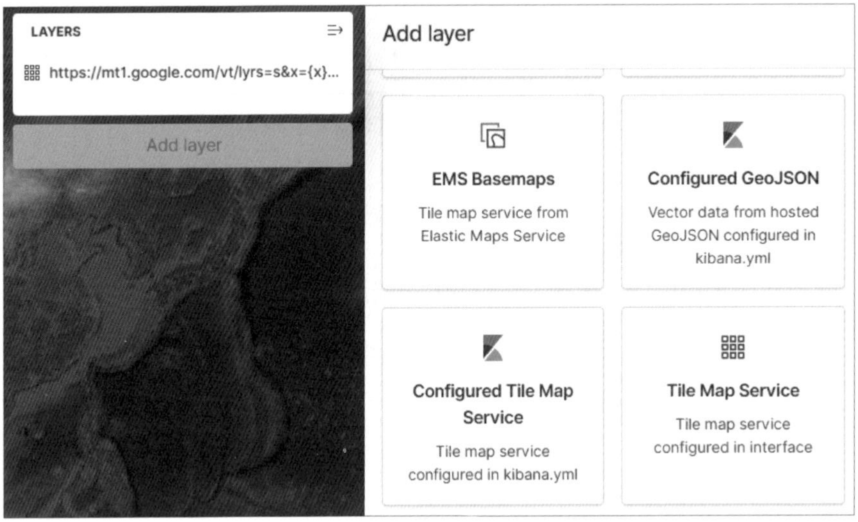

그림 8.54 Configured Tile Map Service 레이어 선택 가능

기본 배경화면이 변경되었고, 사용자가 지정한 타일맵을 사용할 수 있게 되었다. 인터넷에서 다양한 타일맵 서비스[7]를 찾아보고 사용할 수 있다. 이 옵션을 사용할 경우 기본 타일맵이 변경되므로 주의해야 한다. 일반적으로 기본 타일맵은 오픈 스트리트 맵이나 구글 맵을 많이 사용하는데, 리스트 8.10을 적용하면 기본 타일맵이 인공위성 맵으로 변경되기 때문에 불편할 수 있다. 키바나 설정 파일(kibana.yml)에서 리스트 8.10을 주석 처리하고 키바나를 다시 실행하면 기본 맵이 오픈 스트리트 맵으로 변경된다.

7 타일맵 서버: https://wiki.openstreetmap.org/wiki/Tile_servers

8.6.3 클러스터와 그리드

클러스터와 그리드는 글로 설명하는 것보다 한번 실행해보는 것이 이해가 빠를 수 있다. 2개의 레이어를 만들어볼 텐데 하나는 클러스터 형태로, 하나는 그리드 형태로 만들 것이다. 맵스에서 Add layer를 누르고 Clusters and grids를 선택하면, 그림 8.55와 같은 화면이 나온다.

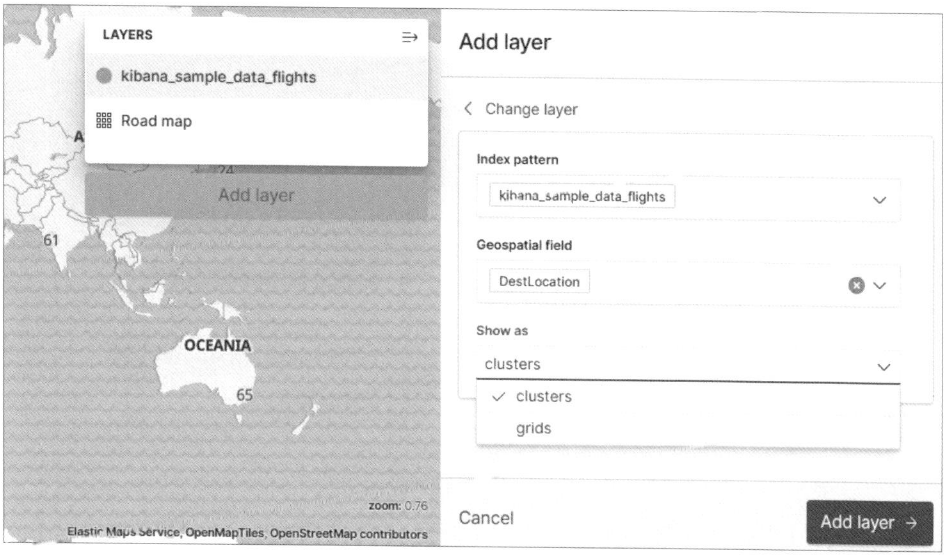

그림 8.55 Clusters and grids 레이어 생성

Index pattern은 kibana_sample_data_flights를 선택한다. Geospatial field는 위치 정보가 있는 필드다. kibana_sample_data_flights는 DestLocation과 OriginLocation 2개의 필드를 선택할 수 있는데 DestLocation을 선택한다. Show as는 보여주는 방식인데, 클러스터와 그리드 방식이 있다. clusters를 선택하고 Add layer → 버튼을 클릭한다.

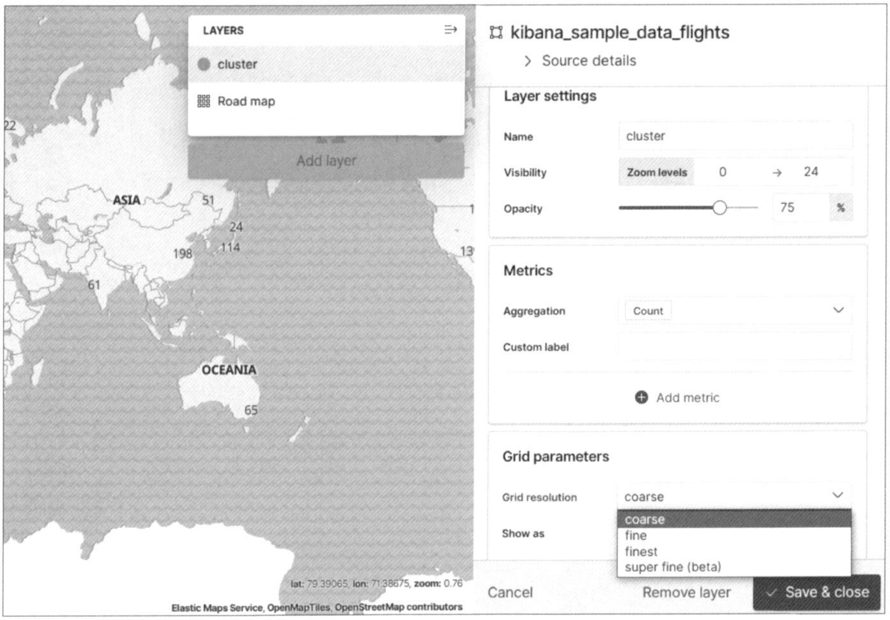

그림 8.56 레이어 세부 설정

다음으로 그림 8.56과 같이 세부 설정을 할 수 있는데 레이어 Name을 cluster로 지정한다. Metrics에서 카운트/최소/최대/평균 같은 매트릭 집계를 구할 수 있는데 Count를 선택한다. Grid parameters에서는 정확도를 설정할 수 있다. coarse에서 super fine으로 바꿔보면서 클러스터 위치 정확도가 더 정교해지는 모습을 확인해보자. Save 버튼을 눌러 저장하면 cluster 레이어가 생긴다. 이번에는 grid 레이어를 만들어보자. Add layer에서 Clusters and grids를 선택하고 그림 8.55와 같이 설정한다. 다만 이번에는 Show as를 grids로 지정한다. 세부 설정은 그림 8.56과 같다. 레이어 Name만 grid로 변경하고 저장하자.

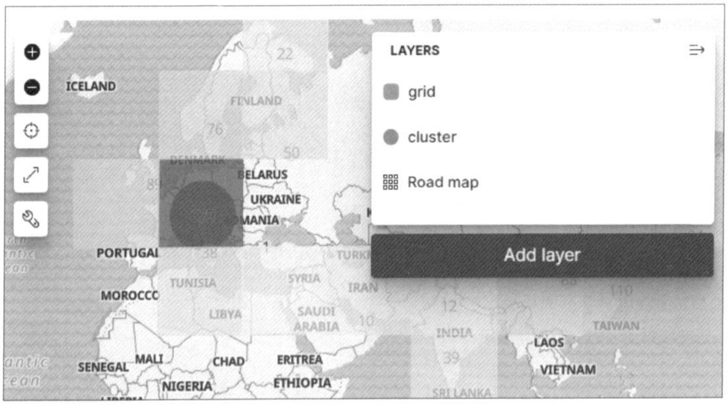

그림 8.57 클러스터 레이어와 그리드 레이어의 시각화 차이

다음과 같이 2개의 레이어가 생겼다. grid 레이어는 사각형 격자 형태로 보이는데 지오타일 그리드GeoTile Grid 집계 방식으로 지오포인트를 타일 형식으로 그룹핑하여 보여주고 cluster 레이어는 원형 형태로 보인다. 이제 지도를 확대해보자.

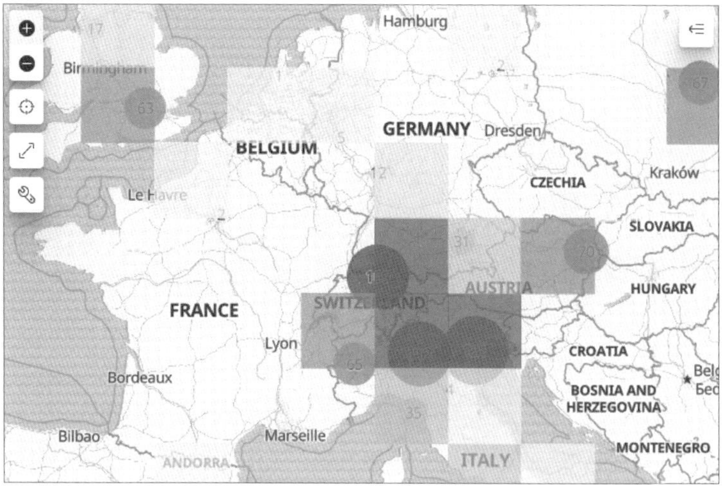

그림 8.58 **지도 확대/축소 시 시각화 해상도 변경**

그림 8.57에서 하나의 큰 클러스터로 잡혔던 것들이 지도가 확대되면서 세부적으로 나뉘는 것을 그림 8.58에서 볼 수 있다. 지도의 해상도에 따라 위치 정보가 더 정교하게 보이게 된다. 위치 정보가 있다면 맵스를 통해 메트릭 정보와 함께 시각화가 가능하다. kibana_sample_data_flight를 통해 "티켓 가격이 가장 비싼 도시는 어디인가?", "비행기가 가장 많이 도착한 도시는 어디인가?" 같은 질문의 답을 얻을 수 있다.

8.6.4 GeoJSON 적용하기

EMS에서 제공하는 벡터 레이어 외에 사용자가 만든 벡터 레이어 등록이 필요할 때 사용하는 기능이다. GeoJSON 형태의 파일만 업로드 가능하다. 그 전에 잠깐 GeoJSON 파일에 대해 알아보자.

리스트 8.11 GeoJSON 파일 형태

```
{
  "type": "Feature",
  "geometry": {
    "type": "Point", // 점
    "coordinates": [102.0, 0.5]
```

```
    },
    "properties": { ... }
  }
  {
    "type": "Feature",
    "geometry": {
      "type": "LineString", // 선
      "coordinates": [  [1, 3], [3, 5]  ]
    }, ...
  }
  {
    "type": "Feature",
    "geometry": {
      "type": "Polygon", // 폴리곤
      "coordinates": [  [[1, 3], [3, 3], [3, 1], [1, 3]]  ]
    }, ...
  }
```

GeoJSON은 위치 정보를 JSON 형태로 표현하는 표준 포맷이다. 점, 선, 폴리곤 등을 지형지물과 연계해 위치를 표시하는 용도로 많이 사용된다. 타입(type)과 좌표(coordinates)를 이용해 영역을 표시하고 프로퍼티(properties)에 설명을 적을 수 있다. 이제 다시 맵스를 실행하고 Add layer를 선택하여 Configured GeoJSON을 선택해보자.

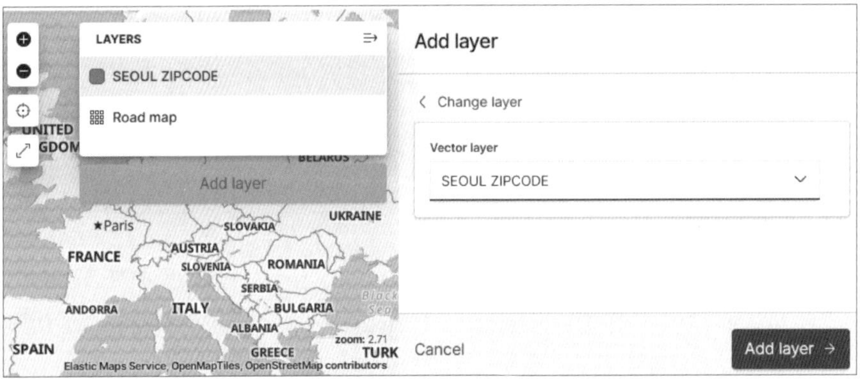

그림 8.59 Configured GeoJSON 레이어 생성

그림 8.59에서 Vector layer를 선택할 수 있는데 리스트 8.9에서 지정했던 벡터 레이어 이름을 찾을 수 있다. 다시 한번 키바나 설정 파일(kibana.yml)을 확인해보자.

```
# Specifies locale to be used for all localizable strings,
# Supported languages are the following: English - en , by
#i18n.locale: "en"

map.regionmap:
  layers:
    - name: "SEOUL ZIPCODE"
      url: "http://localhost/TL_KODIS_BAS_11.geojson"
      attribution: "INRAP"
      fields:
          - name: "BAS_MGT_SN"
            description: "zipcode number"

#map.tilemap.url:
#  "https://mt1.google.com/vt/lyrs=s&x={x}&y={y}&z={z}"
```

그림 8.60 키바나 설정 파일에서 사용자 지정 레이어 설정

우리가 지정했던 벡터 레이어 이름인 SEOUT ZIPCODE를 확인할 수 있다(그림 8.60 참고). 그림 8.59에서 Add layer → 버튼을 누르면 상세 설정을 할 수 있다. 그 전에 지도를 확대하여 사용자가 만들었던 벡터 레이어의 폴리곤 형태를 확인해보자(그림 8.61 참고).

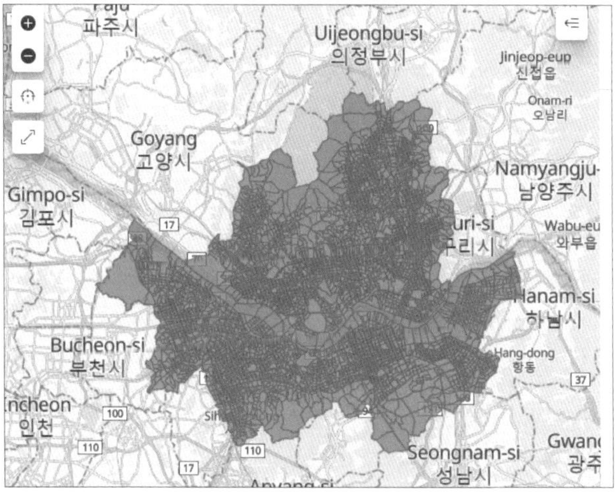

그림 8.61 사용자 지정 벡터 레이어 확인

서울 지역의 우편번호 경계선을 표현하는 GeoJSON 파일이다. 이제 이 벡터 레이어와 조인할 도큐먼트가 필요하다. 현재 샘플 데이터는 서울 우편번호를 갖고 있는 도큐먼트가 없기 때문에 테스트를 위해 간단한 인덱스를 만들어보자. 키바나 콘솔에서 다음과 같은 세 번의 인덱싱 요청을 진행하자.

리스트 8.12 kibana_ems_index 인덱스 생성과 도큐먼트 인덱싱

```
PUT kibana_ems_index/_doc/1
{
  "BAS_MGT_SN": "1156000102"
}

PUT kibana_ems_index/_doc/2
{
  "BAS_MGT_SN": "1156000100"
}

PUT kibana_ems_index/_doc/3
{
  "BAS_MGT_SN": "1156000044"
}
```

도큐먼트에는 BAS_MGT_SN이라는 서울 우편번호가 들어간다. 인덱스가 잘 생성되었는지도 확인해보자.

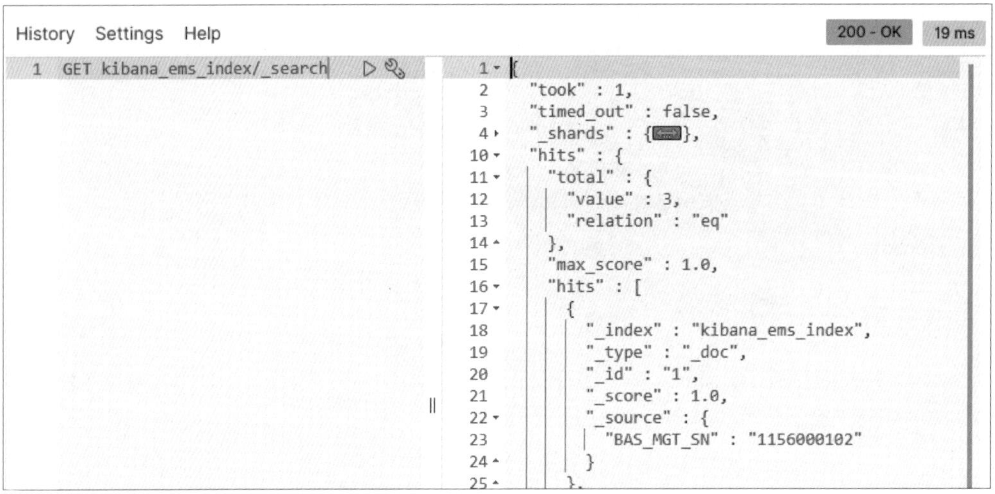

그림 8.62 **리스트 8.12에서 만든 인덱스 확인**

3개의 데이터가 있음을 확인했다. 그리고 키바나에서 사용할 수 있게 인덱스 패턴도 지정한다.

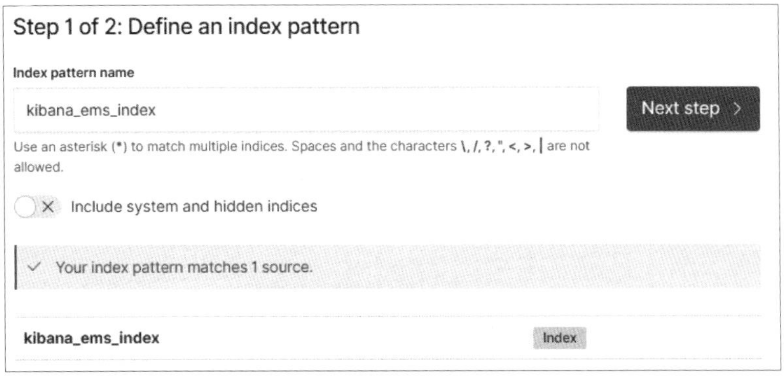

그림 8.63 kibana_ems_index 인덱스 패턴 생성

그림 8.63에서 볼 수 있듯이, 인덱스 패턴은 kibana_ems_index로 했다. 이제 사용자가 만들었던 SEOUL ZIPCODE 벡터 레이어와 방금 만들었던 kibana_ems_index를 우편번호로 조인할 것이다. Term joins라는 항목을 클릭해서 그림 8.64와 같이 지정한다.

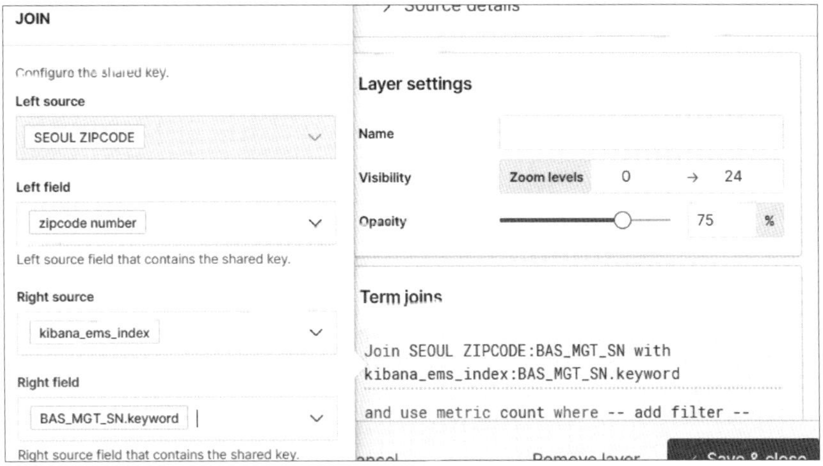

그림 8.64 상세 설정에서 Term joins 설정 방법

왼쪽은 TL_KODIS_BAS_11.geojson의 zipcode number 필드로, 키바나 설정 파일(kibana.yml)의 `map.regionmap.layers.fields`에서 지정한 이름이다. 오른쪽은 방금 만들었던 kibana_ems_index의 `BAS_MGT_SN.keyword` 필드다. 조인을 하면 kibana_ems_index의 3개 도큐먼트만 보이고 나머지 폴리곤은 `count`가 0이기 때문에 사라진다(그림 8.65 참고).

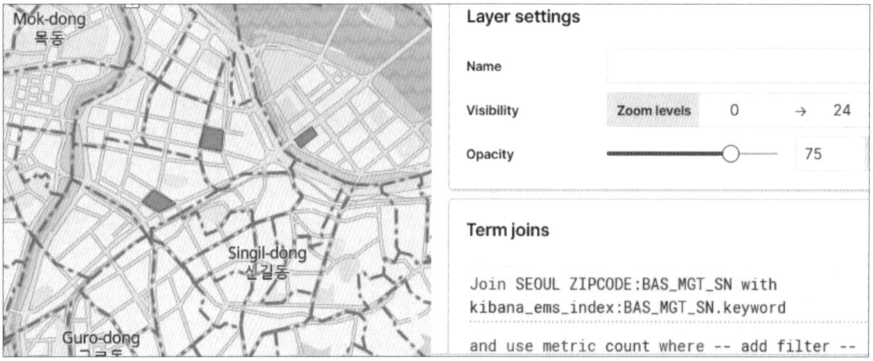

그림 8.65 Term joins 적용 후 시각화 변경

이처럼 사용자가 원하는 벡터 레이어를 추가하고 필요에 맞게 사용할 수 있다. 맵스 레이어 중에 Upload GeoJSON이 있는데(Add layer > Upload GeoJSON), 이 메뉴를 이용하면 로컬에 있는 geoJSON을 바로 업로드해서 사용할 수 있다.

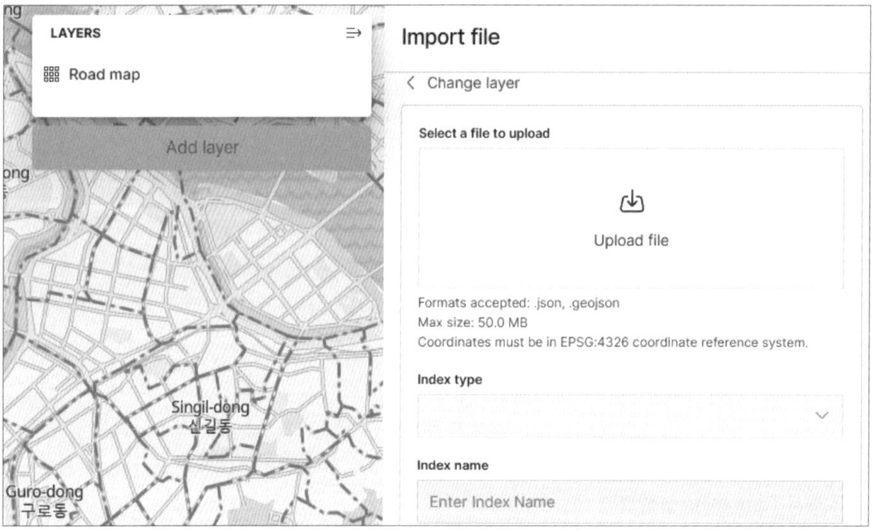

그림 8.66 Upload GeoJSON 레이어 화면

로컬 컴퓨터에 있는 TL_KODIS_BAS_11.geojson을 직접 업로드해서 한번 사용해보자. 이 경우 웹 서버도 필요 없고 인덱스 타입과 인덱스 패턴도 자동으로 등록이 된다. 다만 파일 크기가 50MB로 제한이 있다. 업로드하고 나서 사용법은 앞에서 설명했던 것과 동일하다.

8.6.5 타일맵 서비스

GeoJSON과 마찬가지로 EMS 외에 사용자가 원하는 타일 서비스를 사용하고 싶거나 폐쇄망에서 자체적인 타일 서비스를 사용하려고 할 때 타일맵 서비스를 활용할 수 있다. 8.6.2절에서 설명한 사용자 지정 타일맵과의 차이점은 사용자 지정 타일맵의 경우 kibana.yml에 사전 설정한 URL을 이용해 맵을 제공하는 반면 타일맵 서비스는 레이어를 등록하는 시점에 URL을 설정한다는 것이다. 타일맵은 지도 이미지를 타일 형태로 저장하고 요청이 올 때 타일 형태로 제공하는 구조로, HTTP API 형태로 사용하기 쉽게 제공된다. 구글에서 제공하는 인공위성 타일맵 서비스를 사용해 타일맵을 이해해보자. Add layer에서 Tile Map Service를 선택하고 Url에 https://mt1.google.com/vt/lyrs=s&x={x}&y={y}&z={z}를 입력하자.

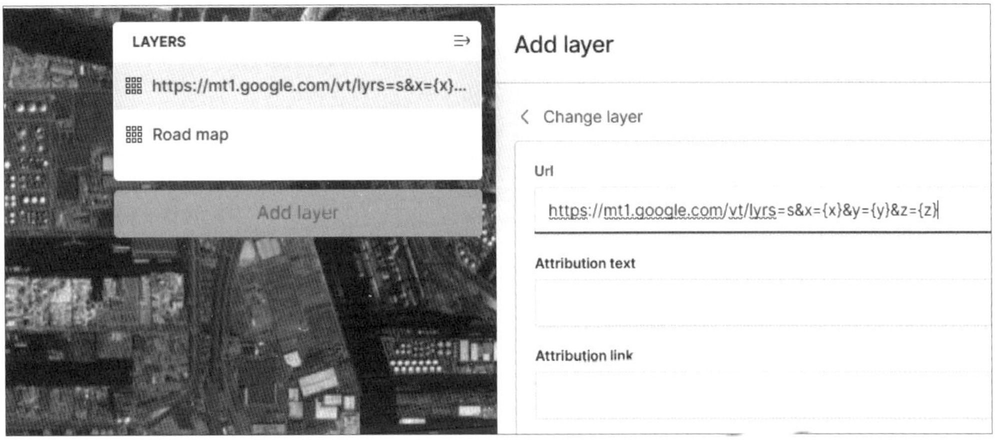

그림 8.67 Tile Map Service 레이어 화면

그림 8.67의 Url은 구글 맵 서버에서 제공하는 타일 지도 서비스다. 약간의 로딩 시간이 지나면 맵스에 있는 지도가 구글에서 제공하는 인공위성 타일맵으로 변경된다. 구글, 기타 단체나 회사에서 여러 가지 형태로 제공하고 있으니 필요에 맞는 다양한 타일맵을 이용할 수 있다.

8.7 정리

키바나는 시각화를 지원하는 핵심 임무 외에도 엘라스틱 스택의 시스템을 관리하고 모니터링하는 데 도움을 주는 웹 UI로, 8장에서는 데이터를 탐색하고 시각화하는 부분을 위주로 설명했다. 여기서 소개한 디스커버, 시각화, 대시보드, 캔버스, 맵스는 분석과 시각화에 관여하는 메뉴들로 앞서 설명한 엘라스틱서치 집계를 기반으로 동작한다. 디스커버에서는 시각화와 대시보드에서 공통으로 쓰이는 쿼리바와 필터바, 타임피커를 살펴봤고, 대시보드에서는 시각화 화면을 구성하는 방법을 다뤘으며, 시각화에서는 다양한 그래프를 그리는 방법을 다뤘다. 캔버스에서는 엘라스틱서치 SQL을 소개했으며, 맵스에서는 사용자 지정 벡터 레이어를 지원하기 위해 웹 서버를 구축하고 geoJSON을 사용하는 방법을 다뤘다. 엘라스틱 활용을 다루는 11장에서 맵스를 사용하므로 여기서 미리 기능을 익혀두면 도움이 될 것이다.

3부

엘라스틱 스택 실전 활용

엘라스틱 스택은 실시간 데이터 수집과 분석을 비롯해 모니터링에 특화된 기능을 제공하므로 다양한 서비스, 네트워크를 포괄하는 인프라에서 발생하는 로그와 성능 지표 모니터링에 많이 활용된다. 하지만 분석할 데이터가 반드시 실시간이어야 할 필요는 없으며, 당연히 시간 정보를 포함할 필요도 없다. 어떠한 형태의 데이터가 입력되더라도 원하는 형태로 가공해 빠르게 분석할 수 있는 것이 바로 엘라스틱 스택의 특장점이다. 엘라스틱 스택은 수집, 가공, 저장, 검색, 집계, 시각화에 이르기까지 데이터 분석을 위한 모든 과정을 아우르기 때문에 스택 내 각 제품의 사용 방법에 따라 무궁무진한 활용이 가능하다. 3부에서는 다양한 형태의 데이터를 수집하고, 가공하고, 저장하고, 분석하는 몇 가지 예제들을 소개한다.

9장에서는 캐글 CSV 데이터를 분석하는 방법을 알아본다. 이 과정에서 CSV 파일을 엘라스틱서치에 인덱싱하는 방법과 로그스태시를 이용해 문자열을 파싱하는 방법, 그리고 키바나로 차트를 그리는 방법을 알아볼 것이다. 10장에서는 로그스태시의 다양한 필터 중 트윗 필터를 이용해 실시간 트윗 데이터를 수집해본다. 또한 한글 형태소를 분석하는 방법을 배워보고, 리인덱싱과 실시간 대시보드를 만드는 방법도 익힐 것이다. 11장에서는 공공데이터를 가지고 파이썬 엘라스틱 클라이언트 앱을 개발해본다. 또한 QGIS라는 무료 지도 앱을 이용해 벡터 레이어를 제작하고 키바나 맵스에서 사용하는 방법도 알아보겠다.

09

캐글 CSV 파일을 활용한 인덱스 작성

엘라스틱서치를 이용해 분석을 하려면 가장 먼저 데이터가 필요하다. 9장에서는 데이터를 얻는 방법과 얻어온 데이터를 엘라스틱서치에 저장하고 시각화하는 일련의 과정을 배워볼 것이다. 데이터를 확보하기 위해 캐글Kaggle의 도움을 받아야 하는데, 캐글은 데이터 과학자들의 경진대회 플랫폼으로 기업이나 단체에서 해결하고 싶은 문제를 상금과 함께 등록하면 데이터 과학자들의 경쟁을 통해 더 좋은 모델이나 방법을 찾아주는 사이트다. 기업에서는 해결하기 힌든 문제를 적은 금액으로 해결할 수 있고 데이터 과학자들은 구하기 힘든 데이터를 사용해볼 수 있다는 점에서 서로 이익이 되는 시스템이다. 다양한 현실 데이터가 많기 때문에 학습은 물론이고 연구나 구현 과정에서도 많은 도움이 될 것이다.

9장에서는 캐글에서 가져온 영화 관련 데이터를 키바나를 이용하여 손쉽게 엘라스틱서치에 저장하는 방법과 로그스태시를 거치면서 데이터를 정제한 다음 인덱스 매핑에 맞춰 엘라스틱서치에 인덱스를 생성하는 방법을 배울 것이다. 최종적으로 키바나에서 캐글 데이터를 분석하는 방법까지 배워보자.

9.1 실습 진행 방식

이번 장을 실습하면서 배우게 되는 내용은 다음과 같다.

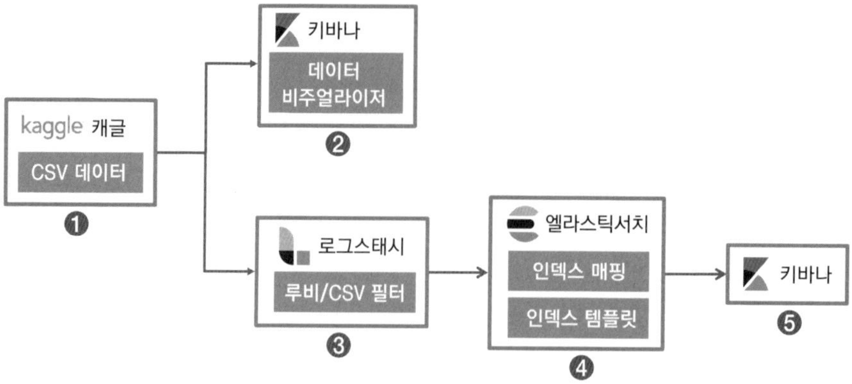

그림 9.1 **실습 진행 방식**

❶ 캐글 사이트에서 CSV 파일을 가져오는 방법을 통해 양질의 데이터를 검색하고 얻는 방법을 배울 수 있다.

❷ 키바나 데이터 비주얼라이저를 통해 간단히 CSV 파일을 엘라스틱서치로 올려보고 빠르게 데이터를 탐색할 수 있다.

❸ 로그스태시를 이용해 문자열을 파싱하기 위해 루비 필터나 CSV 필터의 세부 옵션들을 알아볼 것이다.

❹ 인덱스 매핑과 인덱스 템플릿을 이용해 인덱스를 생성할 것이다.

❺ 키바나를 통해 시각화를 해본다. 두 가지 시나리오를 미리 정해 그에 맞춰 데이터를 정제하는데, 10년간 가장 많이 만들어진 영화 장르가 무엇인지와 할리우드 영화에서 평점과 수익/예산의 상관관계를 알아볼 것이다.

9.2 실습 준비 작업

이번 실습에서 필요한 준비사항은 다음과 같다.

1. 캐글 사이트(https://www.kaggle.com/) 회원 가입이 필요하다. 회원 가입을 하지 않으면 데이터를 다운로드할 수 없다.
2. 엘라스틱서치, 키바나, 로그스태시를 설치하고 실행한다.[1]

1 설치에 관한 내용은 2.2절과 6.2절에서 다뤘다.

9.3 CSV 파일 가져오기

먼저 캐글 회원 가입을 하고 Datasets데이터셋 메뉴에서 데이터를 가져오자. 실습용 데이터 외에도 평소 관심 있었던 데이터가 있는지 확인해보자. 캐글 사이트(https://www.kaggle.com/datasets)에 들어가 보면 다양한 데이터셋을 볼 수 있으니 데이터 분석을 공부할 때 좋은 데이터가 필요하면 캐글부터 살펴보자. 지금부터는 가장 무난하면서 관심 있을 만한 영화 평점 데이터를 분석해보자. 데이터를 다운로드하기 위해서는 캐글 계정이 있어야 한다. 계정이 있는 사람은 로그인을 하고, 계정이 없다면 이번 기회에 계정을 하나 만들자. 로그인하고 Datasets 메뉴에 들어가자.

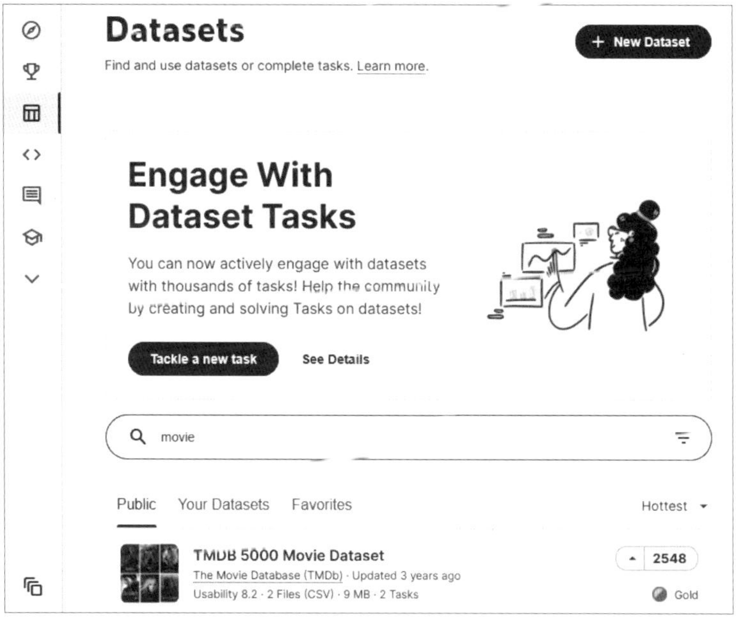

그림 9.2 캐글에서 제공하는 데이터셋

실습을 위한 영화 데이터가 필요하기 때문에 그림 9.2와 같이 'movie'라고 입력하고 TMDB 5000 Movie Dataset이라는 데이터를 선택할 것이다. 게시물을 클릭하면 데이터에 대한 배경 자료와 데이터 종류, 데이터 컬럼 등을 정리한 상세 페이지가 나온다.

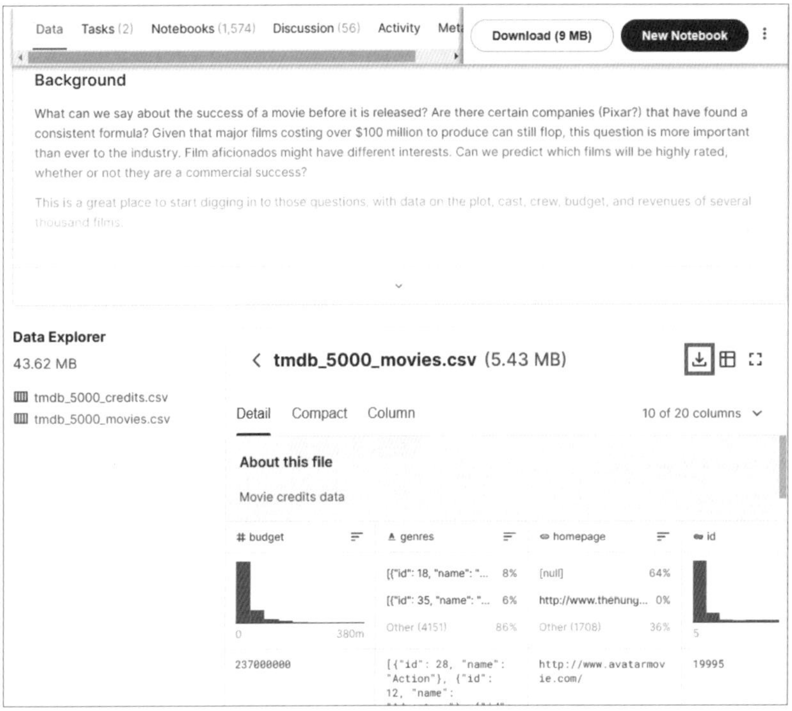

그림 9.3 TMDB 5000 Movie Dataset 상세 페이지

그림 9.3은 우리가 선택한 TMDB 5000 Movie Dataset 데이터의 상세 페이지다. 파일 크기와 데이터 컬럼 등을 알 수 있다. 다운로드하면 파일이 2개인데 여기서는 tmdb_5000_movies.csv 만 사용할 것이다. 이 파일의 저작권은 TMDB(https://www.themoviedb.org)에 있기 때문에 파일을 직접 다운로드해서 사용하자.

9.4 키바나 데이터 비주얼라이저를 이용한 파일 가져오기

먼저 키바나에서 제공하는 Data Visualizer[데이터 비주얼라이저] 메뉴를 이용해 CSV 파일을 엘라스틱 서치에 저장해보자. 웹 UI가 제공하는 메뉴만을 이용해 아주 쉽게 CSV 파일을 엘라스틱서치에 저장할 수 있다. 데이터 비주얼라이저는 100MB 이하의 CSV(쉼표로 분리된 형식), TSV(탭으로 분리된 형식), JSON 형식의 로그 파일을 지원한다. 키바나 왼쪽 상단의 토글 메뉴를 클릭하면 키바나 메뉴들을 확인할 수 있는데 Machine Learning을 선택하면 그림 9.4와 같은 페이지가 나온다.

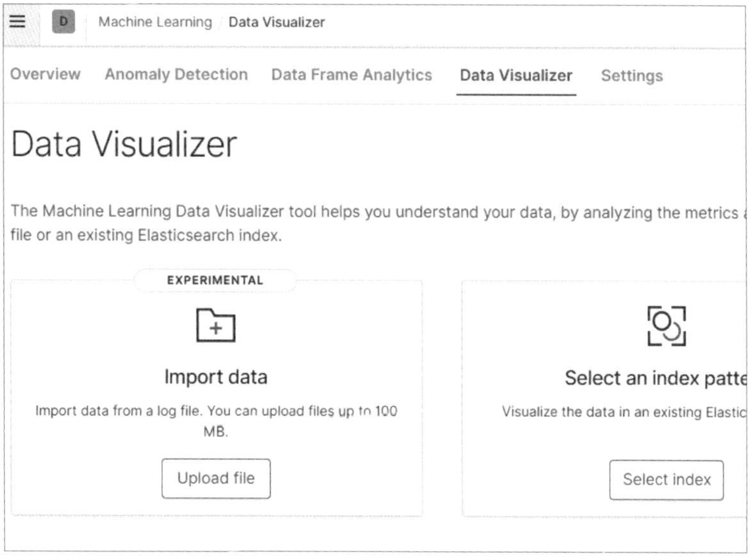

그림 9.4 데이터 비주얼라이저

Data Visualizer 외의 Machine Learning 메뉴는 베이직 라이선스 이하에서는 사용할 수 없다. Import data의 Upload file 버튼을 누르면 파일을 업로드할 수 있다. EXPERIMENTAL이라고 붙어 있는 것은 아직 정식 릴리스 버전은 아니고 안정화되지 않은 버전이라는 뜻이다. Upload file 버튼을 눌러보자.

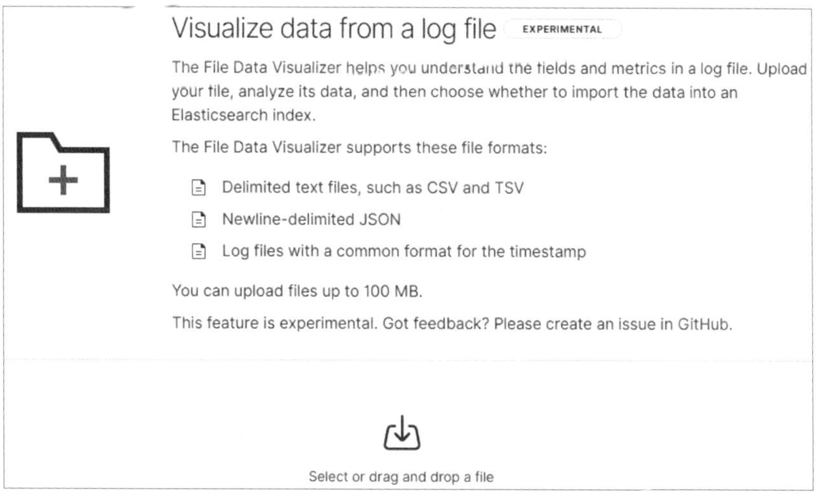

그림 9.5 데이터 비주얼라이저 업로드 화면

그림 9.5의 페이지에서 Select or drag and drop a file 링크를 이용해 파일을 불러올 수 있다. 캐글에서 다운로드했던 tmdb_5000_movies.csv 파일을 선택하자. 엘라스틱서치가 파일을 자체적으로 분석한다.

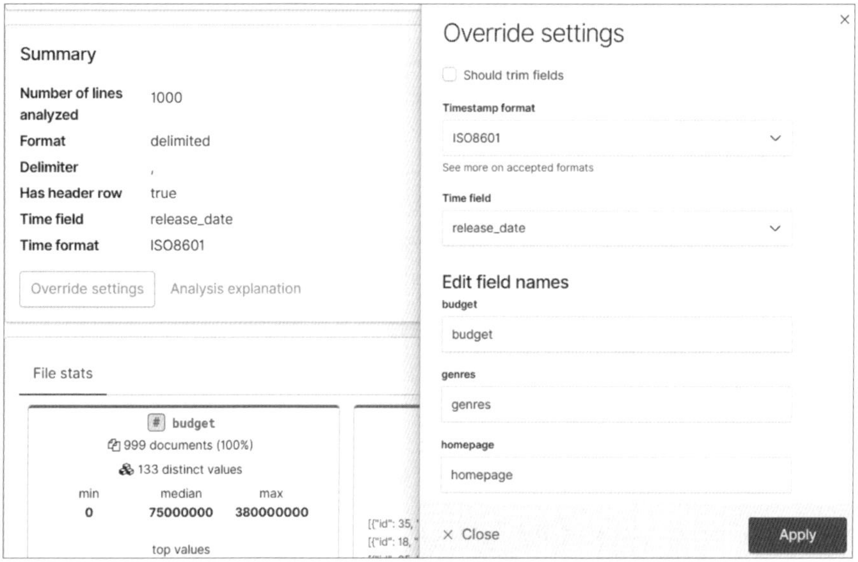

그림 9.6 데이터 비주얼라이저에서 CSV 파일 분석

그림 9.6과 같이 파일 내용과 요약 정보, 그리고 각 컬럼의 통계 정보를 보여준다. 개별 컬럼의 최솟값/중간값/최댓값을 보여주고 유니크한 값의 비율도 보여준다. 데이터의 분포를 확인하거나 컬럼값의 범위 같은 간단한 확인 작업도 가능하다. Summary의 Override settings 버튼에서는 컬럼명 변경이 가능하고 시간/날짜형 데이터 타입을 설정하고 타임 포맷도 변경할 수 있다. 키바나에서는 시간/날짜 데이터를 이용해 필터링을 자주 수행하기 때문에 시간/날짜 컬럼이 있다면 Time field로 설정하는 것이 좋다. 여기서는 release_date 컬럼을 Time field로 설정했다. 페이지 하단의 Import 버튼을 누르면 인덱스 매핑과 인덱스 설정이 가능하다.

인덱스 설정에는 간단한 설정(Simple)과 고급 설정(Advanced)이 있는데 간단한 설정은 인덱스 이름 정도만 설정하면 엘라스틱이 다이내믹 매핑을 이용해 데이터를 매핑하고 인덱스를 생성한다. 고급 설정은 그림 9.7과 같은 화면이 나온다. 인덱스 설정과 매핑, 그리고 인제스트 파이프라인을 이용해 데이터 변환까지 가능하다. 인덱스 설정은 13.7.3절에서, 인제스트 파이프라인은 13.2.3.1절에서 다시 설명하겠다. tmdb_5000_movie1이라는 이름으로 Index name과 Index pattern name을 만들자. 그림 9.7에는 보이지 않지만 페이지 하단의 Import 버튼을 누르면 된다.

그림 9.7 **인덱스 매핑, 인덱스 설정, 파이프라인 설정**

그림 9.8을 보면, 4723개의 도큐먼트가 인덱싱되었고 80개의 도큐먼트가 인덱싱되지 못했다. 인덱싱되지 못한 도큐먼트들은 Import complete 섹션 하단에서 로그를 확인할 수 있다. 여기서는 일부 데이터의 매핑이 예상과 다른 점이 문제인데, 일반적인 해결책은 파일 자체를 가공해 전처리하거나 별도의 매핑 정의 작업을 거치는 것이다. 지금은 비주얼라이저를 써보는 실습이므로 실패한 도큐먼트들은 무시하고 진행하겠다.

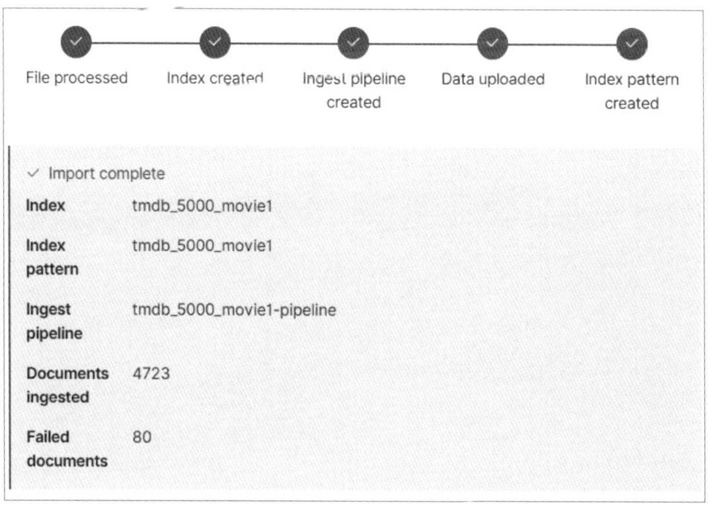

그림 9.8 **CSV 파일 인덱싱 결과**

9.4.1 데이터 Discover

이제 인덱싱된 데이터를 확인해보자. 먼저 키바나 Discover 메뉴를 확인해보자.

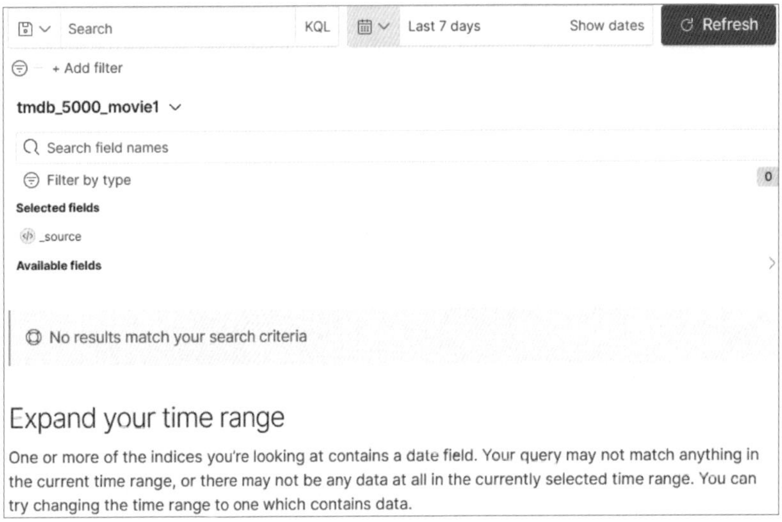

그림 9.9 디스커버에서 tmdb_5000_moive1 데이터 탐색

Discover를 선택하고 인덱스 패턴으로 tmdb_5000_movie1을 선택하자. 아무 데이터도 보이지 않는데 무엇이 문제일까? 4723개의 도큐먼트가 인덱싱되었다고 했는데 왜 데이터가 하나도 없는 것일까? 그 이유를 그림 9.9에서 설명하고 있다. 우리가 인덱스를 만들 때 기본 시간/날짜 컬럼을 `release_date`로 지정했는데 그림 9.9의 타임 피커를 보면 오늘 날짜 기준으로 과거 7일(Last 7 days)까지의 `release_date` 데이터만 보여주려고 한다. 먼저 `release_date`의 범위를 알아보자. 키바나 콘솔에서 매트릭 집계를 통해 데이터 범위를 확인할 수 있다.

리스트 9.1 데이터 범위를 확인하는 요청

```
GET tmdb_5000_movie1/_search
{
  "size": 0,
  "aggs": {
    "rdate": {
      "stats": {
        "field": "release_date"
      }
    }
  }
}
```

5장에서 다뤘던 내용이다. 추가 설명이 필요하면 5.2절 '매트릭 집계'를 다시 한번 살펴보자. stats는 통겟값을 알려주는 매트릭이다. 결과를 확인해보자(그림 9.10 참고).

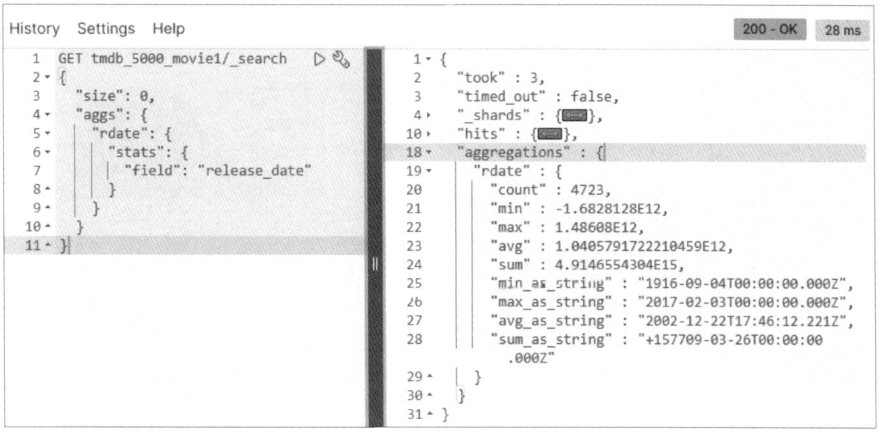

그림 9.10 **리스트 9.1 실행 결과**

release_data는 1916-09부터 2017-02까지의 범위를 갖고 있다. 그래서 그림 9.9처럼 현재(2021년)부터 과거 7일까지의 도큐먼트가 없었던 것이다. 그럼 타임피커를 수정해보자.

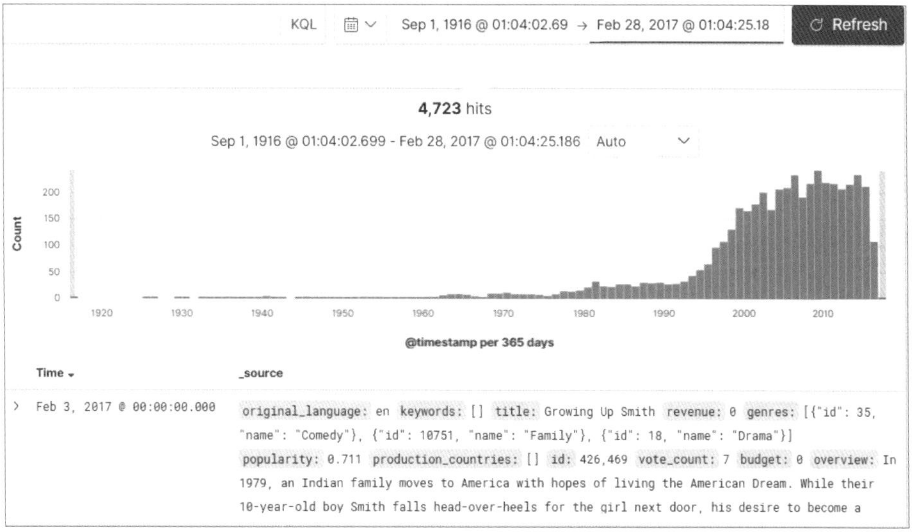

그림 9.11 **타임피커에서 날짜/시간 변경**

그림 9.11에서 볼 수 있듯이, 타임피커를 1916.09.01~2017.02.28로 변경하니 4723개의 도큐먼트를 찾는다. 키바나를 사용할 때는 항상 날짜/시간 범위에 주의해야 한다. 이제 로그스태시를 이용해 문자열을 분석하는 작업을 해보자.

9.5 로그스태시를 이용한 파일 가져오기

데이터 비주얼라이저를 통해 데이터를 가져왔을 때 몇 가지 문제점이 있다. Discover 메뉴에서 데이터를 확인해보자.

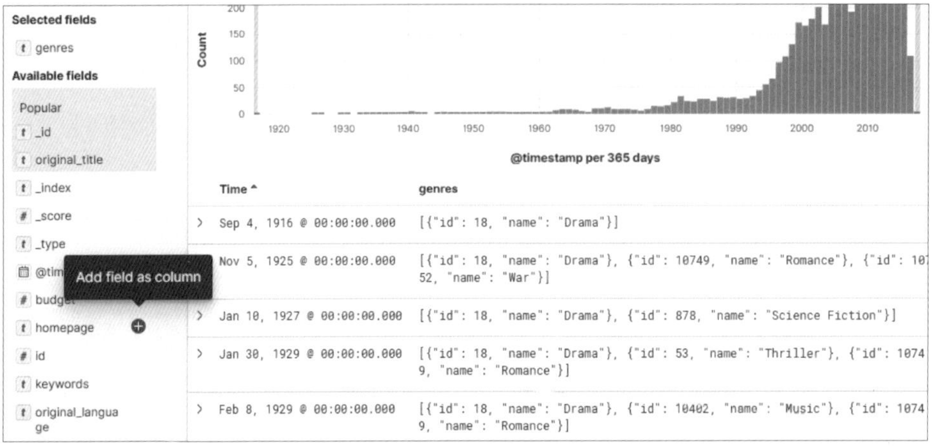

그림 9.12 디스커버에서 genres 필드 데이터 탐색

그림 9.12의 화면 왼쪽에서 필드를 선택하면 특정 필드를 자세히 볼 수 있는데 genres를 선택하자. genres는 JSON 형태의 텍스트로 저장이 되어 있는데, 실제 분석을 하기 위해서는 genres는 ['Drama', 'Romance']와 같은 객체 배열[2] 형태로 저장돼야 한다. 이 외에도 다른 전처리 작업이 필요한데, 로그스태시를 이용해 원본 CSV 파일을 우리가 원하는 형태로 변환해보자.

9.5.1 CSV 파일 읽기

로그스태시 파이프라인을 작성할 때, 인풋은 CSV 파일을 가져와야 하기 때문에 파일 플러그인을 사용한다. 로그스태시 config 폴더에 logstash-tmdb.conf 파일을 만들고 리스트 9.2의 파이프라인을 작성한다. 로그스태시 작성법과 실행법, 필터 사용법 등은 6장에서 설명했다.

리스트 9.2 로그스태시 파이프라인에서 CSV 파일 읽기 ch09/05/input_file

```
input {
  file {
    path => "C:/example/tmdb_5000_movies.csv"
    start_position => "beginning"
    sincedb_path => "nul"
```

2 객체 배열: https://www.elastic.co/guide/en/elasticsearch/reference/7.10/array.html

```
    }
  }

  output {
    stdout {}
  }
```

이 책에서는 tmdb_5000_movies.csv를 C:\example에 저장했는데 각자의 환경에 맞게 수정해야 한다. 입력은 파일 플러그인을 사용했고 캐글에서 다운로드한 csv 파일을 가져온다. start_position과 sincedb_path는 6.3.2절을 참고하자. 우선 표준 출력(모니터)으로 설정하고 한번 실행해보자.

```
C:\logstash-7.10.1>.\bin\logstash.bat -f .\config\logstash-tmdb.conf
```

결과를 확인해보자(그림 9.13 참고).

```
{
       "message" => "300000,\"[{\"\"id\"\": 28, \"\"name\"\": \"\"Action\"\"}, {\"\"id
\"\": 35, \"\"name\"\": \"\"Comedy\"\"}, {\"\"id\"\": 878, \"\"name\"\": \"\"Science F
iction\"\"}]\",,13282,\"[{\"\"id\"\": 4565, \"\"name\"\": \"\"dystopia\"\"}, {\"\"id\"
\"\": 9666, \"\"name\"\": \"\"street race\"\"}, {\"\"id\"\": 11799, \"\"name\"\": \"\"re
ality spoof\"\"}]\",en,Death Race 2000,\"In a boorish future, the government sponsors
a popular, but bloody, cross-country race in which points are scored by mowing down pe
destrians. Five teams, each comprised of a male and female, compete using cars equippe
d with deadly weapons. Frankenstein, the mysterious returning champion, has become Ame
rica's hero, but this time he has a passenger from the underground resistance.\",6.473
667,\"[{\"\"name\"\": \"\"New World Pictures\"\", \"\"id\"\": 1950}]\",\"[{\"\"iso_316
6_1\"\": \"\"US\"\", \"\"name\"\": \"\"United States of America\"\"}]\",1975-04-27,800
0000,80,\"[{\"\"iso_639_1\"\": \"\"en\"\", \"\"name\"\": \"\"English\"\"}]\",Released,
A Cross Country Road Wreck!,Death Race 2000,5.9,124",
          "path" => "C:/example/tmdb_5000_movies.csv",
          "host" => "DESKTOP-U02R5A5",
    "@timestamp" => 2021-01-02T01:09:52.743Z,
      "@version" => "1"
}
```

그림 9.13 리스트 9.2 실행 결과

message 필드를 로그스태시 파이프라인을 이용해 우리가 원하는 형태로 가공할 것이다. 그 전에 CSV 파일의 경우 첫 라인을 살펴봐야 한다. 대부분 CSV 파일의 첫 라인에는 컬럼명이 적혀 있는데 컬럼명 라인은 제외해야 한다.

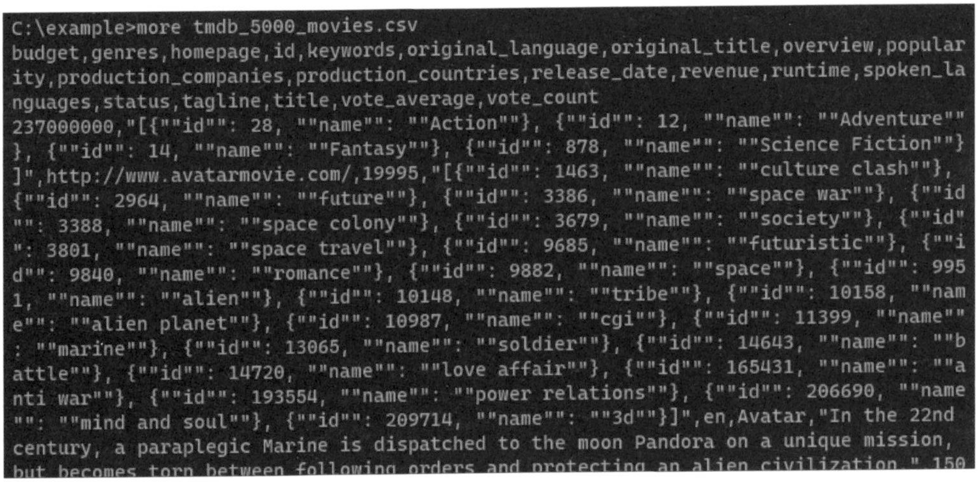

그림 9.14 more를 이용해 CSV 파일 내용 살펴보기

more는 파일을 한 화면에서 볼 수 있게 나누어서 보여주는 명령이다(그림 9.14 참고). 우리가 받은 tmdb_5000_movies.csv 파일도 첫 번째 라인에 컬럼명이 들어 있는데 이 라인은 제외해야 한다. 그럼 CSV 필터를 이용해 구분자인 쉼표(,)를 기준으로 필드를 구분하고 컬럼명이 있는 라인을 제외하자. logstash-tmdb.conf 파일을 수정한다.

리스트 9.3 CSV 헤더 삭제와 쉼표를 기준으로 한 문자열 파싱 ch09/05/filter_csv

```
input {
  file {
    path => "C:/example/tmdb_5000_movies.csv"
    start_position => "beginning"
    sincedb_path => "nul"
  }
}

filter {
  csv {
    separator => ","
    columns => ["budget","genres","homepage","id","keywords","original_language",
"original_title","overview","popularity","production_companies","production_countries",
"_release_date","revenue","runtime","spoken_languages","status","tagline",
"title","vote_average","vote_count"]
    remove_field => ["message", "production_companies", "production_countries",
"keywords", "spoken_languages", "@timestamp", "path", "@version", "host"]
    skip_header => true
  }
}
```

```
output {
  stdout {}
}
```

CSV 파일은 CSV 필터 플러그인을 이용해 손쉽게 데이터를 파싱할 수 있다. 먼저 separator는 CSV의 구분자를 이용해 필드를 구분하는데 tmdb_5000_movies.csv 파일은 쉼표(,) 구분자로 분리되어 있다. 다음으로 columns는 message를 쉼표로 구분하고 나서 만들어지는 필드들의 이름이다. 순서가 중요하므로 그림 9.14에서 CSV 첫 번째 라인인 컬럼명을 복사해서 사용하는 것이 안전하다. 후속 작업을 위해 컬럼 중에서 release_date를 _release_date로 변경했는데 이 부분에 주의하자. remove_field는 필요 없는 필드를 지우는 옵션으로, 사용하지 않을 필드들은 지운다. 마지막으로 skip_header는 첫 라인, 즉 CSV 헤더값을 제외한다. 이제 다시 로그스태시를 실행해보자.

```
C:\logstash-7.10.1>.\bin\logstash.bat -f .\config\logstash-tmdb.conf
```

그림 9.15의 결과를 확인해보자. 그림 9.14와 비교했을 때 문자열이 파싱되어 분석이나 활용이 가능한 데이터 구조 형태로 변경되었다.

```
{
             "homepage" => nil,
           "vote_count" => "124",
    "original_language" => "en",
         "vote_average" => "5.9",
              "runtime" => "80",
               "status" => "Released",
               "budget" => "300000",
        "_release_date" => "1975-04-27",
       "original_title" => "Death Race 2000",
                "title" => "Death Race 2000",
               "genres" => "[{\"id\": 28, \"name\": \"Action\"}, {\"id\": 35, \"name\"
: \"Comedy\"}, {\"id\": 878, \"name\": \"Science Fiction\"}]",
                   "id" => "13282",
           "popularity" => "6.473667",
             "overview" => "In a boorish future, the government sponsors a popular, bu
t bloody, cross-country race in which points are scored by mowing down pedestrians. Fi
ve teams, each comprised of a male and female, compete using cars equipped with deadly
 weapons. Frankenstein, the mysterious returning champion, has become America's hero,
but this time he has a passenger from the underground resistance.",
              "tagline" => "A Cross Country Road Wreck!",
              "revenue" => "8000000"
}
```

그림 9.15 **리스트 9.3 실행 결과**

스크린샷으로는 확인할 수 없지만 첫 번째 라인이었던 CSV 헤더 로그가 사라졌고 message가 CSV 필터에 의해 쉼표를 기준으로 다양한 필드로 쪼개지면서 우리가 정의한 컬럼순으로 데이터가 할당된다. remove_field에 적었던 6개의 필드도 보이지 않는다. 하지만 여전히 문제가 있다. 먼저 genres가 배열 객체가 아닌 하나의 긴 텍스트 형태라는 점과 날짜/시간 데이터인 _release_date가 날짜/시간 포맷이 아니라는 점이 문제로 보인다.

9.5.2 날짜/시간 타입으로 파싱

먼저 유일한 날짜/시간 필드인 _release_date를 텍스트 타입이 아닌 엘라스틱서치가 사용하는 날짜/시간 타입으로 변경해보자. date 필터 플러그인을 사용하면 된다. logstash-tmdb.conf 파일을 수정하자. 기존 필터는 변경하지 않고 date 필터 플러그인만 추가한다.

리스트 9.4 date 필터 플러그인 사용 ch09/05/filter_date

```
input {
  ...
}

filter {
  csv {
    separator => ","
    columns => ...
    remove_field => ...
    skip_header => true
  }
  date  {
    match => ["_release_date", "YYYY-MM-dd"]
    target => "release_date"
    timezone => "UTC"
    remove_field => "_release_date"
  }
}

output {
  ...
}
```

date 필터 플러그인을 사용해 '2009-12-10'과 같이 YYYY-MM-dd 형식의 시간 포맷을 따르는 문자열을 엘라스틱서치의 날짜/시간 타입으로 인덱싱 가능하도록 변경하고 필드 이름을 release_date로 만든다. 그리고 _release_date 필드는 삭제한다. 로그스태시를 다시 실행해보자.

```
C:\logstash-7.10.1>.\bin\logstash.bat -f .\config\logstash-tmdb.conf
```

그림 9.16의 결과를 확인해보면 그림 9.15와 다른 점을 발견할 수 있다.

```
{
           "vote_count" => "124",
             "overview" => "In a boorish future, the government sponsors a popular, bu
t bloody, cross-country race in which points are scored by mowing down pedestrians. Fi
ve teams, each comprised of a male and female, compete using cars equipped with deadly
 weapons. Frankenstein, the mysterious returning champion, has become America's hero,
but this time he has a passenger from the underground resistance.",
           "popularity" => "6.473667",
               "status" => "Released",
    "original_language" => "en",
              "revenue" => "8000000",
               "budget" => "300000",
                "title" => "Death Race 2000",
             "homepage" => nil,
                   "id" => "13282",
         "release_date" => 1975-04-27T00:00:00.000Z,
              "tagline" => "A Cross Country Road Wreck!",
         "vote_average" => "5.9",
              "runtime" => "80",
               "genres" => "[{\"id\": 28, \"name\": \"Action\"}, {\"id\": 35, \"name\"
: \"Comedy\"}, {\"id\": 878, \"name\": \"Science Fiction\"}]",
       "original_title" => "Death Race 2000"
}
```

그림 9.16 **리스트 9.4 실행 결과**

_release_date 필드가 release_date 필드로 이름이 바뀌었고 엘라스틱에서 사용 가능한 날짜/시간 타입으로 변경되었다. 이제 genres 필드를 수정해보자.

9.5.3 루비 필터를 이용한 파싱

genres 필드는 배열 형태로 저장되리라 예상했으나 하나의 긴 텍스트로 저장되었다. genres 필드를 원래 의도했던 배열 형태로 바꿔보자. 여기에는 루비 필터 플러그인을 사용할 것이다. 루비 필터 플러그인은 플러그인 내부에서 루비[Ruby] 언어를 실행할 수 있게 한다. 로그스태시 설정 파일에 직접 루비 코드를 넣는 인라인 방법과 루비 파일을 만들고 이를 불러와 실행하는 방식이 있다. 우리는 복잡한 코드가 아니어서 인라인 코드로 작성하지만, 복잡한 코드의 경우 루피 파일을 만들어 사용하는 편이 좋다. 두 가지 방법이 있는데 하나씩 해보자. 먼저 루비 필터만 이용해 JSON을 파싱하는 방법이다. logstash-tmdb.conf를 수정해보자.

리스트 9.5 루비 플러그인 적용 ch09/05/filter_ruby

```
input {
  ...
}

filter {
```

```
  csv {
    ...
  }
  date  {
    ...
  }
  ruby {
    code => "
      genres = JSON.parse(event.get('genres')).map{ |genre| genre['name'] }
      event.set('genres', genres)
    "
  }
}

output {
  ...
}
```

루비 플러그인의 code 내부는 루비 언어다. code 외에 루비 필터에서 사용할 수 있는 옵션은 다음과 같다.

표 9.1 **루비 필터 옵션**

옵션	설명
code	각 이벤트의 필터링을 위한 루비 코드를 작성한다.
init	로그스태시가 초기화되는 시점에서 수행할 코드. 모든 이벤트에 대해 공통으로 사용될 함수나 상수 등을 정의할 때 사용한다.
path	코드를 설정에 모두 작성하는 대신 별도의 파일로 작성하고 해당 파일을 가리킬 수 있다. 이때 코드 파일에는 `filter` 함수가 구현되어 있어야 한다.

루비 필터 플러그인의 상세 내용은 온라인 문서[3]를 참고하자. 기본적으로 루피 필터를 사용하기 위해서는 루비 언어와 로그스태시에서 제공하는 이벤트 API[4]에 대한 기초 지식이 필요하다.

3 루비 필터 플러그인: https://www.elastic.co/guide/en/logstash/7.10/plugins-filters-ruby.html

4 이벤트 API: https://www.elastic.co/guide/en/logstash/7.10/event-api.html

참고

이벤트 API는 로그스태시 내부에서 각 이벤트를 처리할 때 사용되는 API다. 다음과 같이 `get`과 `set` 함수를 제공하며, 이를 이용해 루비 필터에서 필드값을 읽고 변경할 수 있다.

- `event.get("[my][field][name]")`: get API. 파라미터로 이벤트 객체에서 얻어오고자 하는 필드 경로를 입력하는데, 이때 하위 객체의 필드는 [상위 필드명][하위 필드명]과 같이 대괄호로 표현한다.
- `event.set("[my][field][name]", "field value")`: set API. get API와 동일하게 값을 변경하고자 하는 필드 경로를 입력하고, 두 번째 파라미터로 변경할 값을 입력한다.

`JSON.parse()`는 JSON을 파싱하는 함수이며 로그스태시에서 제공하는 API인 `event.get`으로 특정 컬럼의 문자열을 가져오고 `event.set`으로 특정 컬럼에 문자열을 쓴다. `map`은 루비 `map` 함수로, 열거형 데이터의 값을 가져올 수 있다. 결과를 확인해보자.

```
{
                "title" => "Death Race 2000",
         "vote_average" => "5.9",
               "status" => "Released",
    "original_language" => "en",
              "revenue" => "0000000",
         "release_date" => 1975-04-27T00:00:00.000Z,
              "runtime" => "80",
               "budget" => "300000",
             "homepage" => nil,
              "tagline" => "A Cross Country Road Wreck!",
             "overview" => "In a boorish future, the government sponsors a popular, but bloody, cross-country race in which points are scored by mowing down pedestrians. Five teams, each comprised of a male and female, compete using cars equipped with deadly weapons. Frankenstein, the mysterious returning champion, has become America's hero, but this time he has a passenger from the underground resistance.",
               "genres" => [
        [0] "Action",
        [1] "Comedy",
        [2] "Science Fiction"
    ],
           "popularity" => "6.473667",
           "vote_count" => "124",
       "original_title" => "Death Race 2000",
                   "id" => "13282"
}
```

그림 9.17 **리스트 9.5 실행 결과**

그림 9.17에서 `genres`가 배열 형태로 변환된 것을 확인할 수 있다. 다른 방법으로 루비 필터를 사용해보자. json 필터 플러그인으로 파싱한 후 루비 필터에서 매핑하는 방식인데, JSON 형식을 파싱할 때 검증된 필터를 사용하므로 예외 상황에 대한 대응이 수월하므로 추천하는 방식이다. json 필터 플러그인은 JSON 구문을 해석하는 플러그인으로, 표 9.2와 같이 크게 4개의 옵션이 있다.

표 9.2 json 필터 플러그인 옵션

옵션	설명
`source`	파싱되지 않는 JSON 문자열이 들어 있는 필드를 지정한다.
`target`	파싱된 객체를 담을 대상 필드를 지정한다. 설정하지 않으면 루트 객체에 객체를 병합한다.
`skip_on_invalid_json`	잘못된 형식의 JSON 문자열이 입력되었을 때 별도의 경고 없이 이를 무시한다.
`tag_on_failure`	JSON 문자열 파싱에 실패했을 때 `tags` 필드에 추가할 태그를 의미한다. 기본값은 `_jsonparsefailure`로 디버깅에 유용하다.

이제 리스트 9.5에서 작성했던 루비 필터를 지우고 json 필터와 루비 필터를 이용해 logstash-tmdb.conf 파일을 수정해보자.

리스트 9.6 json, 루비 필터의 조합 ch09/05/filter_json_ruby

```
input {
  ...
}

filter {
  csv {
    ...
  }
  date  {
    ...
  }
  json {
    source => "genres"
    target => "genres"
  }

  ruby {
    code => "
      genres = event.get('genres').map{ |genre| genre['name'] }
      event.set('genres', genres)
    "
  }

}

output {
  ...
}
```

리스트 9.6은 json, 루비 필터 플러그인을 동시에 사용한다. 루비에서 했던 JSON 파싱 작업을 json 필터가 진행한다. 결과를 확인해보자(그림 9.18 참고).

```
{
                "title" => "Death Race 2000",
         "vote_average" => "5.9",
               "status" => "Released",
    "original_language" => "en",
              "revenue" => "8000000",
         "release_date" => 1975-04-27T00:00:00.000Z,
              "runtime" => "80",
               "budget" => "300000",
             "homepage" => nil,
              "tagline" => "A Cross Country Road Wreck!",
             "overview" => "In a boorish future, the government sponsors a popular, but bloody,
cross-country race in which points are scored by mowing down pedestrians. Five teams, each compr
ised of a male and female, compete using cars equipped with deadly weapons. Frankenstein, the my
sterious returning champion, has become America's hero, but this time he has a passenger from th
e underground resistance.",
               "genres" => [
        [0] "Action",
        [1] "Comedy",
        [2] "Science Fiction"
    ],
           "popularity" => "6.473667",
           "vote_count" => "124",
       "original_title" => "Death Race 2000",
                   "id" => "13282"
}
```

그림 9.18 리스트 9.6 실행 결과

그림 9.17과 같은 결과가 나온다. 역시 우리가 원했던 것처럼 genres가 배열 형태의 데이터로 변환되었다.

9.6 인덱스 매핑

로그스태시에서 파싱된 데이터들이 엘라스틱서치로 인덱싱되기 위해서는 엘라스틱서치 매핑 작업이 필요하다. 다이내믹 매핑을 지원하지만 최적의 성능을 이끌어내기 위해서는 매핑을 최적화할 필요가 있다. 여기서는 두 가지 인덱싱 방법을 적용해볼 것이다. 3장에서 주요 내용을 설명했기 때문에 여기서는 동작 과정 위주로 진행하겠다.

9.6.1 인덱스 매핑을 적용하여 로그스태시 데이터 저장

이제는 테스트를 위해 사용하던 표준 출력(stdout) 대신 엘라스틱서치에 직접 인덱싱을 수행하자. logstash-tmdb.conf에서 출력 부분을 기존 표준 출력에서 엘라스틱서치 플러그인으로 수정하면 된다.

리스트 9.7 엘라스틱서치 출력 플러그인 사용

```
...
output {
  elasticsearch {
    index => "tmdb_5000_movie2"
  }
}
```

로그스태시를 실행하기 전에 한 가지 해야 할 일이 있다. 우리는 필드의 데이터 타입을 알고 있기 때문에 다이내믹 매핑보다는 명시적 매핑을 하는 것이 좋다. 다이내믹 매핑이 범용성이 뛰어나지만 필드 타입을 모두 알고 있다면 굳이 다이내믹 매핑을 할 이유는 없다. 우선 인덱스를 생성하고 원하는 형태로 매핑해야 한다. 키바나 콘솔에서 `tmdb_5000_movie2` 인덱스를 만들면서 매핑을 적용해보자.

리스트 9.8 tmdb_5000_movie2 인덱스 매핑 ch09/06/index_tmdb_5000_movie2

```
PUT tmdb_5000_movie2
{
  "mappings": {
    "properties": {
      "budget": { "type": "double" },
      "popularity" : { "type": "double" },
      "vote_average" : { "type": "double" },
      "vote_count" : { "type": "double" },
      "id" : { "type": "long" },
      "revenue" : { "type": "long" },
      "runtime" : { "type": "long" },

      "genres" : { "type": "keyword" },
      "original_language" : { "type": "keyword" },
      "status" : { "type": "keyword" },

      "homepage" : { "type": "text" },
      "original_title" : { "type": "text" },
      "overview" : { "type": "text" },
      "tagline" : { "type": "text" },
      "title" : { "type": "text" },

      "release_date" : { "type": "date", "format" : "iso8601" }
    }
  }
}
```

tmdb_5000_movie2 인덱스가 생성되었다. 로그스태시를 거쳐 나온 결과를 다시 한번 보면서 매핑 타입을 구성한 이유를 확인해보자.

```
{
        "release_date" => 1975-04-27T00:00:00.000Z,
          "popularity" => "6.473667",
              "status" => "Released",
      "original_title" => "Death Race 2000",
             "revenue" => "8000000",
             "runtime" => "80",
          "vote_count" => "124",
        "vote_average" => "5.9",
             "tagline" => "A Cross Country Road Wreck!",
            "homepage" => nil,
                  "id" => "13282",
            "overview" => "In a boorish future, the government sponsors a popul
ar, but bloody, cross-country race in which points are scored by mowing down ped
estrians. Five teams, each comprised of a male and female, compete using cars eq
uipped with deadly weapons. Frankenstein, the mysterious returning champion, has
 become America's hero, but this time he has a passenger from the underground re
sistance.",
              "budget" => "300000",
               "title" => "Death Race 2000",
              "genres" => [
       [0] "Action",
       [1] "Comedy",
       [2] "Science Fiction"
    ],
    "original_language" => "en"
}
```

그림 9.19 **인덱싱될 도큐먼트 형태**

text로 매핑한 tagline, overview 같은 필드는 전문 검색이 필요해 보인다. original_title 같은 경우도 경우도 문자는 짧지만 전문 검색이 필요한 경우가 있다. 예를 들어 '엽기적인 그녀'라는 영화를 검색할 때 '엽기', '그녀'로 검색해도 검색이 돼야 하기 때문이다. 반면 status나 original_language 같은 경우는 범주형 데이터이기 때문에 keyword로 매핑했다. 그 외에 숫자 형식은 long, double 형태로 매핑되었고, 날짜/시간 데이터인 release_date는 date 타입으로 매핑되었다. 이제 최종 완성된 로그스태시를 실행해보자. 리스트 9.9는 최종 완성본 로그스태시 logstash-tmdb.conf 파일이다.

리스트 9.9 로그스태시 최종 파이프라인 ch09/06/logstash-tmdb.conf

```
input {
  file {
    path => "C:/example/tmdb_5000_movies.csv"
    start_position => "beginning"
    sincedb_path => "nul"
  }
}
```

```
filter {
  csv {
    separator => ","
    columns => ["budget","genres","homepage","id","keywords","original_language",
"original_title","overview","popularity","production_companies","production_countries",
"_release_date","revenue","runtime","spoken_languages","status","tagline","title",
"vote_average","vote_count"]
    remove_field => ["message", "production_companies", "production_countries",
"keywords", "spoken_languages", "@timestamp", "path", "@version", "host"]
    skip_header => true
  }
  date  {
    match => ["_release_date", "YYYY-MM-dd"]
    target => "release_date"
    timezone => "UTC"
    remove_field => "_release_date"
  }
  json {
    source => "genres"
    target => "genres"
  }

  ruby {
    code => "
      genres = event.get('genres').map{ |genre| genre['name'] }
      event.set('genres', genres)
    "
  }
}

output {
  elasticsearch {
    index => "tmdb_5000_movie2"
  }
}
```

이제 로그스태시를 실행해보자.

```
C:\logstash-7.10.1>.\bin\logstash.bat -f .\config\logstash-tmdb.conf
```

결과를 확인해보자. 로그스태시가 특별한 문제 없이 정상적으로 실행되었다면 Successfully started Logstash~ 로그를 확인할 수 있다.

```
[2021-01-02T14:58:59,986][WARN ][logstash.outputs.elasticsearch][main][0ef4e589ad162413f070c6afdea
f5c7b10838c5e8604b591975fde157b6c60a0] Could not index event to Elasticsearch. {:status=>400, :act
ion=>["index", {:_id=>nil, :_index=>"tmdb_5000_movie2", :routing=>nil, :_type=>"_doc"}, #<LogStash
::Event:0x35a538b5>], :response=>{"index"=>{"_index"=>"tmdb_5000_movie2", "_type"=>"_doc", "_id"=>
"5CGtwXYBcjXb_y4zdwXk", "status"=>400, "error"=>{"type"=>"mapper_parsing_exception", "reason"=>"fa
iled to parse field [revenue] of type [long] in document with id '5CGtwXYBcjXb_y4zdwXk'. Preview o
f field's value: 'revenue'", "caused_by"=>{"type"=>"illegal_argument_exception", "reason"=>"For in
put string: \"revenue\""}}}}}
```

그림 9.20 **로그스태시를 실행한 후 보이는 도큐먼트 수집 실패 메시지**

그림 9.20은 수집 중 매핑 이슈로 인덱싱에 실패한 로그로, 특정한 몇 개의 도큐먼트들이 수집되지 않았음을 WARN 레벨에서 보여준다. 또한 genres 필드가 비어 있어서 루비 문법 오류가 나는 경우도 있는데, 실제 프로젝트와는 달리 여기서는 루비 필터를 사용해보는 것이 목적이기 때문에 이런 세부적인 오류는 처리하지 않는다. 몇 개의 도큐먼트들이 수집되지 않았을 뿐 로그스태시는 정상적으로 실행되었다. 이제 엘라스틱서치에 저장이 잘되었는지 확인해보자.

```
GET tmdb_5000_movie2/_search
```

키바나 콘솔에서 search API를 이용해 영화 데이터가 엘라스틱서치에 어떻게 저장되었는지 보자.

그림 9.21 **tmdb_5000_movie2 인덱스의 도큐먼트 확인**

genres가 배열 형태로 저장되었고, release_date도 날짜 형식으로 잘 저장되어 있음을 확인할 수 있다.

9.6.2 템플릿을 적용하여 로그스태시 데이터 저장

이번에는 인덱스 템플릿을 이용해 인덱스를 매핑해보자. 인덱스 템플릿을 이용하면 설정이 동일한 복수의 인덱스를 만들 때 유리하다. 로그스태시를 이용해 대량의 실시간 데이터를 입력받는 경우 인덱스를 직접 생성하며 매핑을 적용하기보다 인덱스 템플릿을 이용하는 경우가 많다. 일반적으로 엘라스틱서치를 이용한다면 데이터의 양이 굉장히 많을 것이기에 성능 최적화를 위해 날짜별로 인덱스를 분리하기 때문이다. 인덱스 템플릿 사용법은 3.7절에서 설명했으니 간단히 동작만 확인해보자. 먼저 인덱스 템플릿을 만들기 위해 키바나 콘솔에서 다음 API를 요청해보자.

리스트 9.10 tmdb 인덱스 템플릿 생성 요청 ch09/06/template_tmdb

```
PUT _index_template/tmdb
{
  "index_patterns": "tmdb_5000_movie*",
  "priority": 1,
  "template": {
    "mappings": {
      "properties": {
        "budget": { "type": "double" },
        "popularity" : { "type": "double" },
        "vote_average" : { "type": "double" },
        "vote_count" : { "type": "double" },
        "id" : { "type": "long" },
        "revenue" : { "type": "long" },
        "runtime" : { "type": "long" },
        "genres" : { "type": "keyword" },
        "original_language" : { "type": "keyword" },
        "status" : { "type": "keyword" },
        "homepage" : { "type": "text" },
        "original_title" : { "type": "text" },
        "overview" : { "type": "text" },
        "tagline" : { "type": "text" },
        "title" : { "type": "text" },
        "release_date" : { "type": "date", "format" : "iso8601" }
      }
    }
  }
}
```

템플릿이 생성되었으면 이제 로그스태시를 실행해보자. logstash-tmdb.conf에서 엘라스틱서치 인덱스 이름만 바꿔주자.

리스트 9.11 출력 플러그인에서 엘라스틱서치 인덱스명 변경

```
...
output {
  elasticsearch {
    index => "tmdb_5000_movie3"
  }
}
```

logstash-tmdb.conf에서 마지막 인덱스명만 `tmdb_5000_movie3`으로 변경하면 된다. 인덱스를 `tmdb_5000_movie3`으로 입력하면 tmdb 인덱스 템플릿이 적용되면서 인덱스가 생성된다. 로그스태시를 실행한다.

```
C:\logstash-7.10.1>.\bin\logstash.bat -f .\config\logstash-tmdb.conf
```

결과를 확인해보자. 그림 9.20과 마찬가지로 `logstash.outputs.elasticsearch` 로그가 보였다면 성공한 것이다. 키바나 콘솔에서 방금 만들어진 `tmdb_5000_movie3` 인덱스를 확인해보자(그림 9.22 참고).

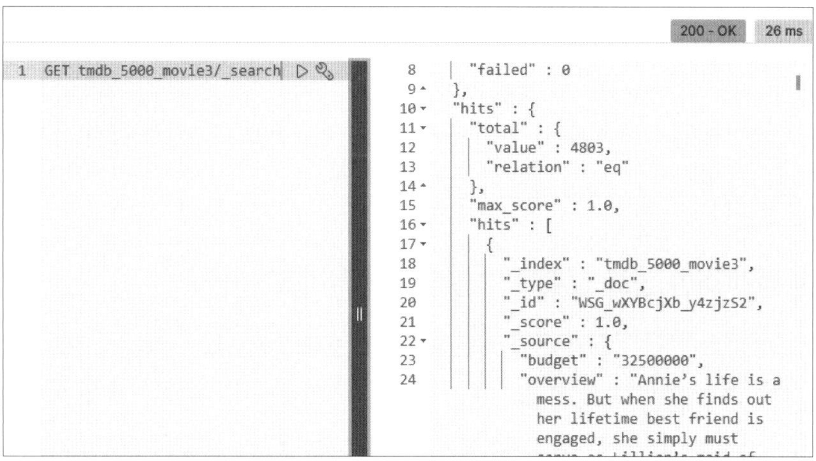

그림 9.22 tmdb_5000_movie3 인덱스의 도큐먼트 확인

`tmdb_5000_movie2`와 같은 결과가 나온다면 잘 동작한 것이다.

9.7 키바나에서 간단히 분석해보기

영화 데이터를 수집했으니 키바나에서 분석해보자. 현재까지 3개의 인덱스를 만들었다. tmdb_5000_movie1은 데이터 비주얼라이저를 이용해 만들었는데 문자 파싱이 되지 않았다. tmdb_5000_movie2와 tmdb_5000_movie3은 로그스태시에서 문자열 파싱과 전처리를 거쳤고 완벽하게 같은 형태이며 포함된 도큐먼트까지 같은 인덱스다. tmdb_5000_movie2와 tmdb_5000_movie3 중 아무거나 사용해도 되지만 편의상 tmdb_5000_movie2 인덱스를 이용할 것이다. 키바나에서 엘라스틱서치 인덱스를 이용하기 위해서는 먼저 키바나 인덱스 패턴을 지정해야 한다.

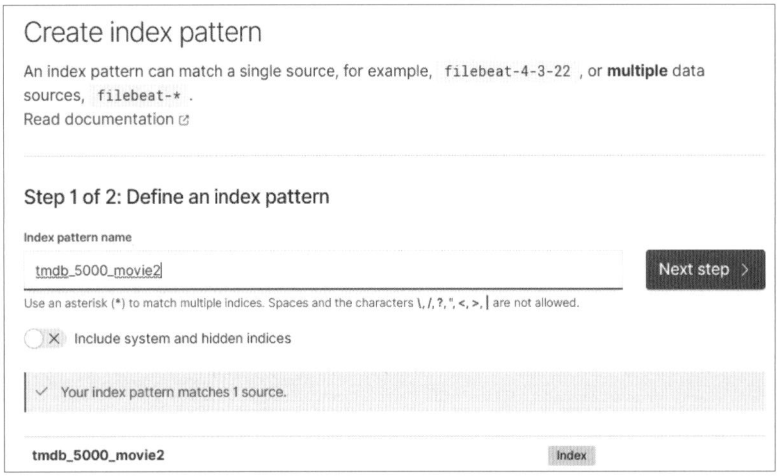

그림 9.23 **인덱스 패턴 이름 지정**

그림 9.23과 같이 인덱스 패턴 이름을 tmdb_5000_movie2라고 지정하고 타임 필터에서 사용할 수 있는 날짜/시간 데이터 필드로 release_date를 선택한다.

9.7.1 지난 10년 동안 어떤 영화 장르가 가장 많이 만들어졌는가?

첫 번째 분석은 지난 10년간 어떤 장르가 가장 많이 만들어졌는지 살펴보겠다. genres(장르) 필드가 배열 형태로 파싱되지 않았다면 할 수 없는 분석이다. 이제 키바나의 시각화에서 그래프를 그려보자. 키바나에서 새로운 시각화를 만들고 시각화 타입은 Area[영역] 그래프를 선택한다(그림 9.24 참고).

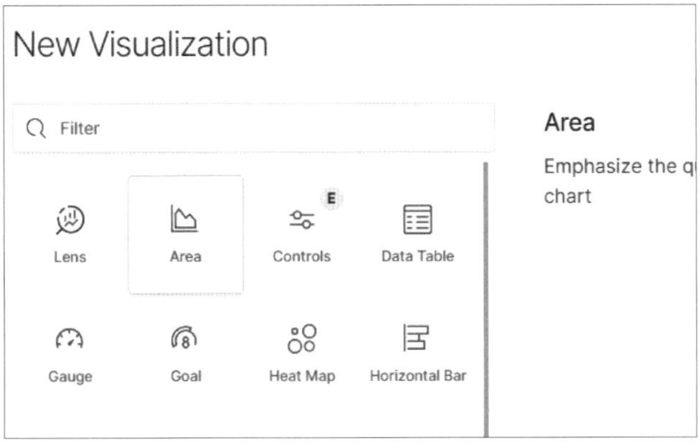

그림 9.24 Area 시각화 타입 선택

인덱스 패턴은 tmdb_5000_movie2를 선택한다. 시각화 메뉴가 나오면 먼저 타임 필터를 지정한다. 지난 10년간이기 때문에 시간 설정을 다시 지정해야 한다.

그림 9.25 타임피커에서 날짜/시간 조정

그림 9.25와 같이 타임피커의 시간 범위를 ~10 years ago → now로 변경하면 현재now 기준으로 과거 10년의 영화들을 확인할 수 있다. 다음으로 버킷과 메트릭을 지정한다.

버킷 집계는 X-axis를 선택하고, Aggregation은 Terms, Field는 genres, Order by는 Metric 기준으로 상위 10개로 지정한다. 메트릭은 단순 Count로 지정한다. 짜잔. 그림 9.26에서 10년간 유행한 장르를 확인할 수 있다. 드라마, 코미디, 스릴러, 액션 순으로 많이 제작된 것을 알 수 있다. 앞서 genres를 파싱하지 못했다면 할 수 없는 분석이다.

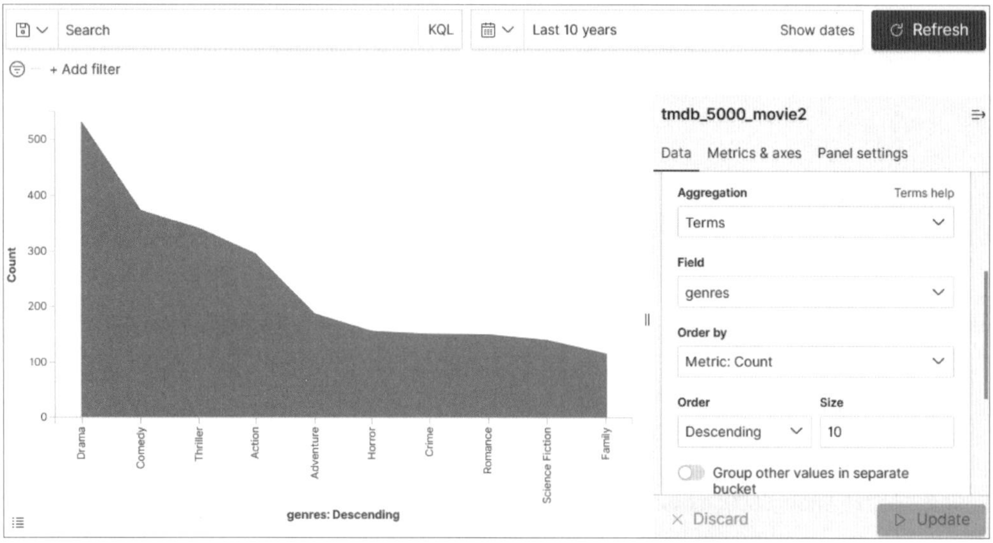

그림 9.26 지난 10년간 가장 많이 만들어진 장르

9.7.2 할리우드 영화 중 평점 높은 영화는 수익이 났을까? 예산은 얼마나 썼을까?

이번에는 할리우드 영화를 기준으로 좋은 영화를 만들면 수익이 났는지 알아보자. 여기서는 관객 평점이 높으면 좋은 영화라고 가정한다. 그리고 과거 할리우드 블록버스터 영화들은 평점이 낮은 경향이 있었는데 실제로도 그런지 알아보자. 키바나 메뉴에서 시각화를 선택하고 새로운 시각화를 생성하자. 타입은 Vertical Bar[수직 막대] 타입을 선택하자.

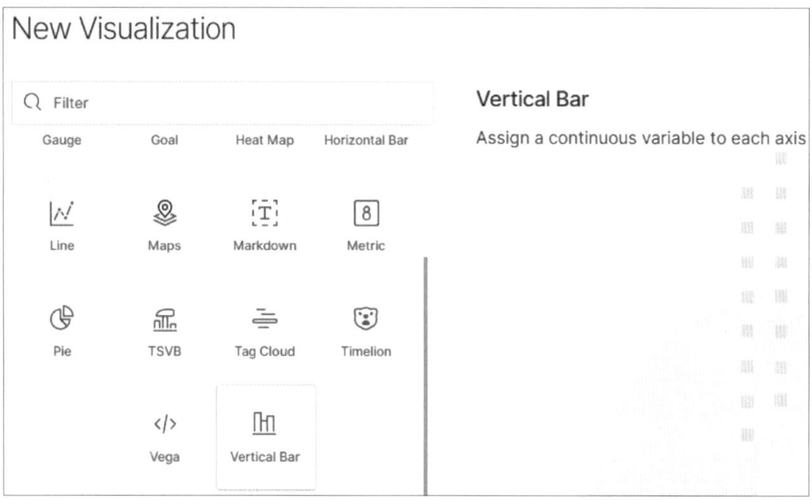

그림 9.27 Vertical Bar 시각화 타입 생성

인덱스 패턴은 역시 tmdb_5000_movie2를 선택한다. 이번 분석에는 시간 범위를 정하지 않았으니 자유롭게 설정하면 되는데 앞서와 마찬가지로 과거 10년으로 설정했다. 이제 버킷buckets과 메트릭metrics을 설정해야 한다. 먼저 그림 9.28과 같이 X축 Buckets을 설정해보자.

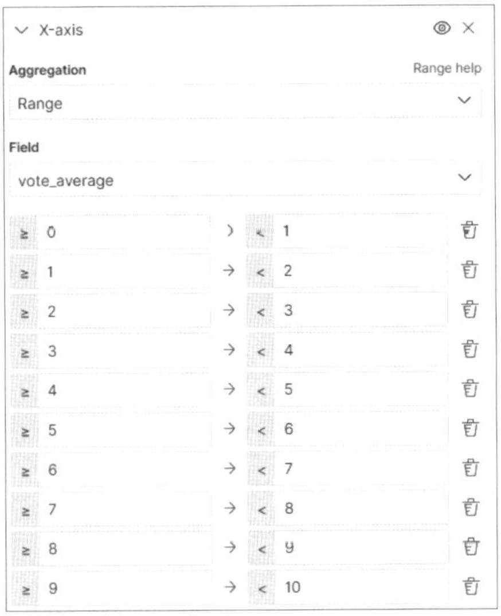

그림 9.28 X축 버킷 설정

Aggregation은 Range로 선택하고 Field는 vote_average를 선택한다. vote_average는 사람들의 평점으로 0~10점 사이의 값이다. Aggregation을 Histogram으로 선택하고 interval를 1로 사용하면 될 것 같지만 이 경우 X축이 유동적으로 변한다는 문제가 있다. 예를 들어 8, 9, 10점대 데이터가 없을 때 Histogram은 X축에 8, 9, 10이 보이지 않는다. 분석을 하는데 X축이 고정되지 않고 변하면 혼란을 야기한다. Range 대신 Histogram을 선택하면 그래프가 어떻게 달라지는지 직접 확인해보기 바란다. 다음으로 그림 9.29와 같이 Y축 Metrics를 설정하자.

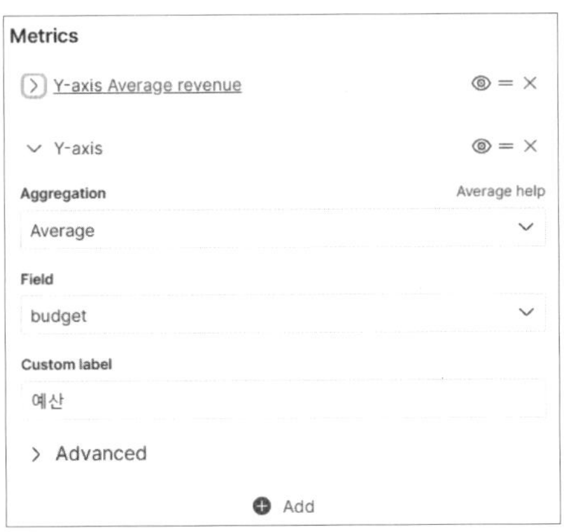

그림 9.29 Y축 메트릭 집계 설정

Y축에 두 가지 Metrics를 설정할 것이다. 하나는 매출revenue 평균값이고, 다른 하나는 예산budget 평균값이다. 먼저 Metrics에서 Add 버튼을 누르고 Y-axis를 선택한다. Aggregation에 Average를 넣고 Field는 revenue를 선택한다. 또 한 번 Add 버튼을 누르고 Y-axis를 선택한 다음 그림 9.29와 같이 설정한다. 이번에는 Aggregation에 Average를, Field에 budget을 입력한다. 크기가 비슷한 메트릭 집계는 Y축에서 같이 보면서 비교할 수 있다. Y축에 두 가지 Metrics를 사용할 때 두 메트릭값의 숫자 크기 차이가 큰 경우는 주의해야 한다. 예를 들어, 범위가 1~10인 값과 1000~5000인 값을 Y축에서 같이 보려고 하면 작은 숫자의 그래프는 거의 보이지 않으니 주의해야 한다. 스케일이 비슷한 값들만 Y축으로 같이 보는 것이 좋다. 그리고 여기서는 Aggregation으로 Average를 사용했지만 평균의 함정에 빠질 수 있기 때문에 Percentile을 이용해 중간값 등을 같이 사용하면 더 양질의 결과를 얻을 수 있다. 마지막으로, 필터를 적용해 할리우드 영화만 필터링해보자.

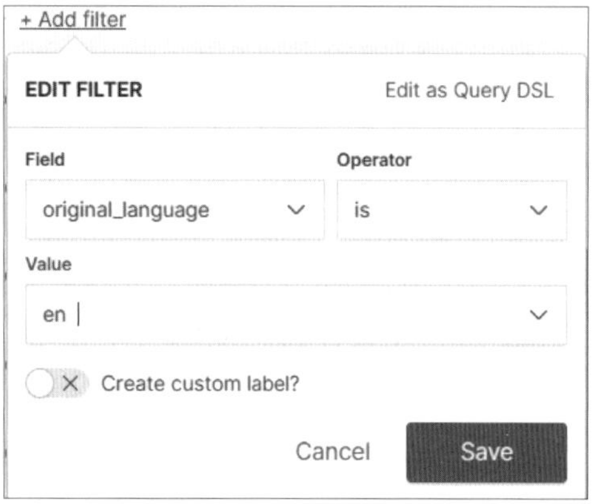

그림 9.30 **할리우드 영화 필터링 설정**

original_language 필드가 en인 값을 할리우드 영화라고 가정한다. 그림 9.30의 Save를 누르면 필터가 적용된다. 이제 그래프를 확인해보자.

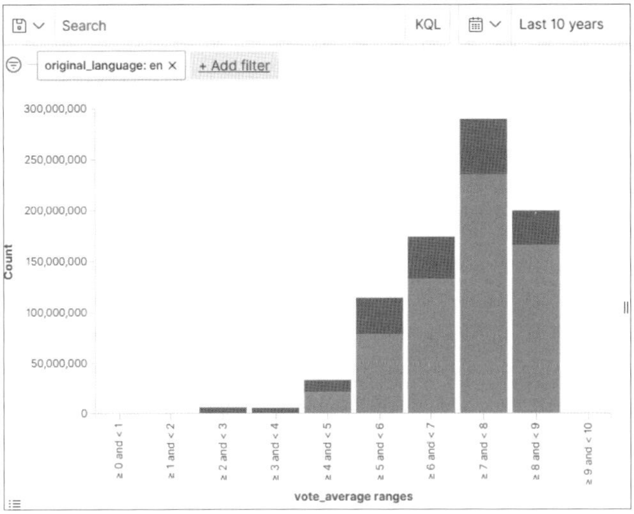

그림 9.31 할리우드 영화의 평점과 수익/예산 연관성

일반적으로 평점이 좋을수록 수익(옅은 색 그래프)이 높다는 사실을 알 수 있다. 하지만 완벽한 양의 상관관계는 아니다. 예산(짙은 색 그래프)의 경우는 조금 모호하다. 평점과 예산 간의 상관관계가 크게 드러나지 않는다. 평균 평점이 5, 6, 7, 8점대의 작품들이 거의 비슷한 예산을 사용했음을 알 수 있다. 그럼 할리우드 영화가 아닌 비할리우드 영화에서는 이 그래프가 어떻게 바뀌는지 확인해보자. 필터를 이용하면 아주 손쉽게 시각화가 가능하다.

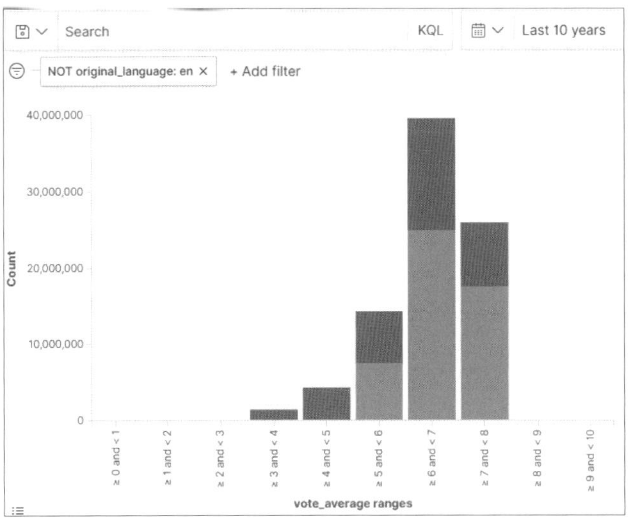

그림 9.32 비 할리우드 영화의 평점과 수익/예산 연관성

그림 9.31에서 original_language:en 필터를 클릭하고 Exclude results를 선택해보자. 9.32를 보면 필터에 Not이 포함되면서 우리가 설정했던 필터(할리우드 영화)의 반대를 볼 수 있다. 즉 할리우드 영화가 아닌 영화들만 필터링된다. 할리우드 영화와 비슷하지만 조금 다른 형태다. 그 외에 시간을 변경하거나 다른 필드들을 사용하거나 메트릭 종류를 바꿔보자. 이렇게 분석하고 싶은 데이터를 엘라스틱서치에 올리고 키바나를 통해 시각화를 함으로써 해당 분야의 인사이트를 얻을 수 있다.

9.8 정리

9장은 앞에서 설명했던 엘라스틱서치 매핑, 템플릿 기법과 로그스태시의 필터, 키바나 시각화를 다뤘다. 캐글 데이터를 이용해 엘라스틱에서 분석하는 방법은 다른 공공데이터 분석 과정에서도 그대로 응용이 가능할 것이다. 키바나에서 CSV 파일을 시각화하는 작업은 가장 손쉽게 해볼 수 있고 가장 많이 사용되는 기능이니 익혀두면 도움이 된다. 또한 로그 스태시 필터와 인덱스 매핑과 관련해 앞서 배웠던 내용을 실전에서 응용하는 방법도 익힐 수 있을 것이다.

10 로그스태시를 활용한 한글 트위터 데이터 분석

요즘 SNSSocial Networking Service(소셜 네트워크 서비스) 데이터를 활용해 사회 문화 현상을 분석하는 것이 유행이다. 구글 트렌드[1]로 사람들이 요즘 관심 있어 하는 주제를 찾거나 사람들이 많이 사용하는 SNS의 패턴을 기업의 마케팅에 적용하는 사례들이 늘어나고 있다. 이런 추세에 맞춰 10장에서는 트위터 사례를 들어 소셜 네트워크를 분석하고 시각화해서 어떤 인사이트를 얻을 수 있는지 알아보겠다. 3장에서 설명한 바와 같이 엘라스틱서치에서 제공하는 기본 분석기(스탠다스 분석기)는 영어를 기본으로 동작하지만, 한글과 영어는 형태가 다르기 때문에 기본 분석기를 사용하면 한글이 분석되지 않는다. 따라서 여기서는 한국어를 지원하는 분석기를 사용하겠다.

이 장에서는 로그 스태시, 엘라스틱서치, 키바나를 중심으로 데이터 파이프라인을 만들어본다. 이 과정에서 로그스태시에 트윗을 밀어넣는 방법, 한글 형태소 분석기를 설치하고 사용하는 방법, 한글 형태소 분석기를 적용하기 위해 기존의 인덱스를 리인덱싱하는 방법, 키바나로 실시간 데이터를 시각화하는 방법을 소개할 것이다.

10.1 실습 진행 방식

이번 장을 실습하면서 배우게 되는 내용은 다음과 같다.

1 구글 트렌드: https://trends.google.co.kr/trends/?geo=KR

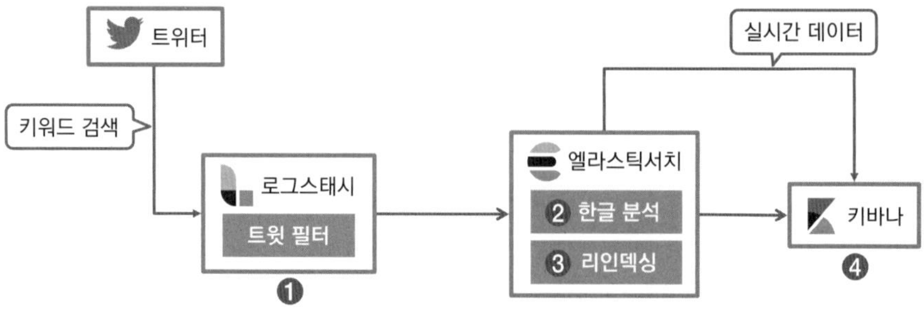

그림 10.1 **실습 진행 방식**

❶ 로그스태시의 트위터 플러그인을 사용해 트위터에서 실시간 데이터를 받는 방법을 알아본다. SNS를 분석할 때 데이터 수집에 활용할 수 있다.

❷ 한글 형태소를 분석하는 방법을 알아본다. 노리^Nori^라는 플러그인의 사용 방법을 배운다.

❸ 리인덱싱 방법을 배워본다.

❹ 키바나에서 실시간 데이터를 시각화하는 방법을 배워본다.

10.2 실습 준비 작업

이번 실습에서 필요한 준비사항은 다음과 같다.

1. 트위터 개발자 계정이 필요하다. 개발자 계정이 있어야 트위터 플러그인에서 사용하는 API 키값을 얻을 수 있다.
2. 엘라스틱서치, 키바나, 로그스태시를 설치하고 실행한다.[2]

10.2.1 트위터 개발자 정보

로그스태시 트위터 플러그인을 사용하기 위해서는 `consumer_key`, `consumer_secret`, `oauth_token`, `oauth_token_secret` 필드를 필수적으로 입력해야 한다. 이 필드를 채우기 위해서는 트위터 개발자 계정을 생성하고 트위터 개발자 페이지에서 인증 정보를 얻어야 한다. 개발자 계정을 생성하는 방법은 일반적인 웹사이트 가입 방법과 크게 다르지 않으므로 이 책에서는 다루지 않겠다. 트위터 개발자 계정은 이미 만들었다고 가정하고 트위터 앱을 만드는 과정부터 시작하겠다.

2 설치에 관한 내용은 2.2절과 6.2절에서 다뤘다.

https://developer.twitter.com/en에 접속하자.

그림 10.2 트위터 개발자 홈페이지

로그인을 하지 않으면 그림 10.2의 Developer Portal 링크가 보이지 않는다. Sign In 링크를 따라 트위터 개발자 계정으로 로그인을 하면 트위터 홈페이지로 이동되는데, 다시 위의 트위터 개발자 사이트(https://developer.twitter.com/en)에 접속하면 그림 10.2와 같이 Developer Portal 링크가 보인다. Developer Portal 링크에 접속한다.

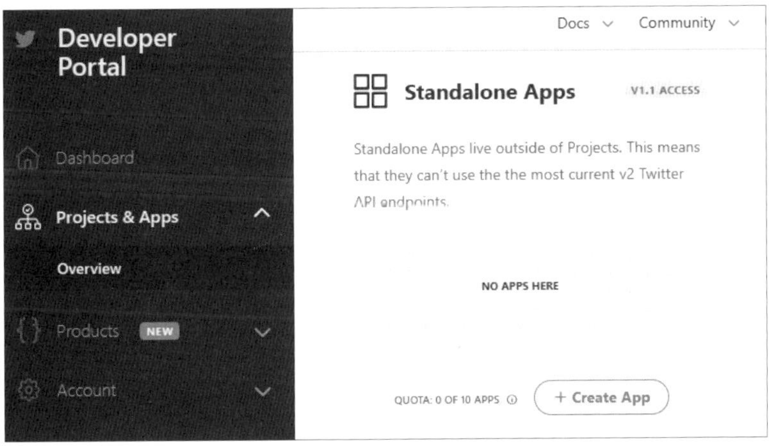

그림 10.3 트위터 개발자 대시보드 화면

키를 얻기 위해서는 앱이 필요하다. 프로젝트를 만들 필요는 없으니 Projects & Apps > Overview 메뉴로 간 다음 그림 10.3 하단의 Create App 버튼을 클릭해 앱을 만들어보자.

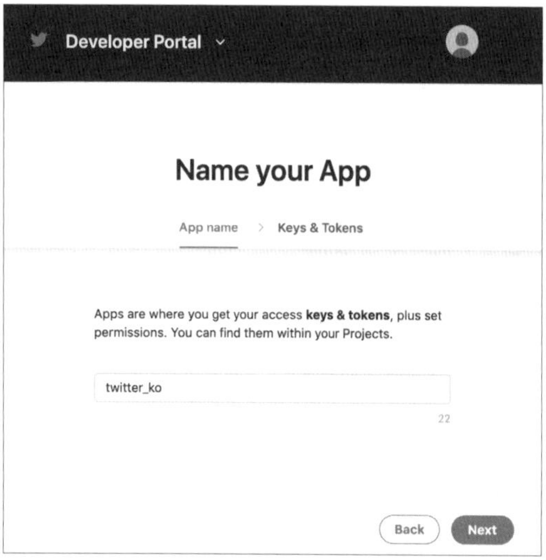

그림 10.4 **트위터 앱 이름 설정**

그림 10.4에서 앱 이름을 정하고 Next 버튼을 누르자. 앱 이름은 다른 사람이 사용하지 않은 것이어야 한다.

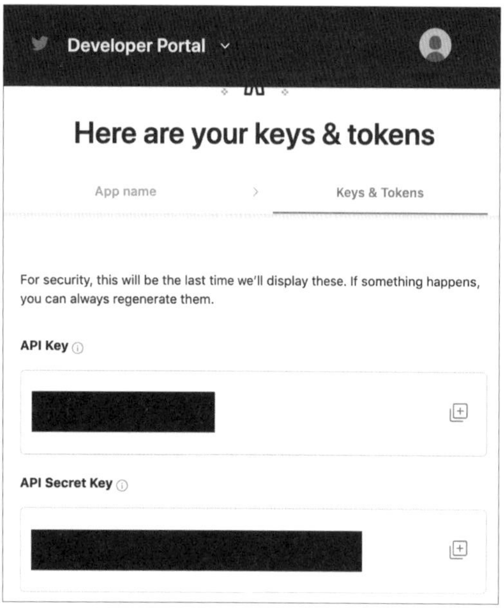

그림 10.5 **트위터 앱 키 & 토큰 설정**

API Key와 API Secret Key를 얻을 수 있다. 지금 복사해서 메모장에 적어도 되고, 앱 생성 후 재발급받아도 된다. 화면 하단의 App settings 버튼을 클릭하여 앱 생성을 완료하자.

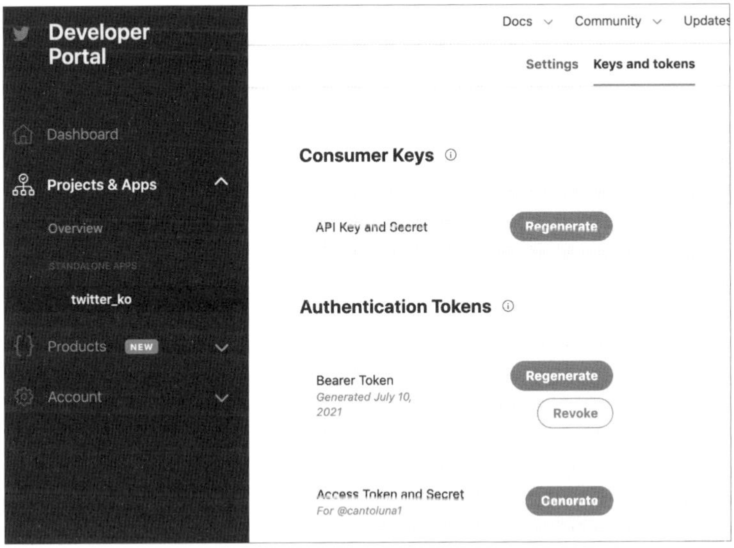

그림 10.6 **앱 생성 화면**

왼쪽 메뉴에 방금 만들었던 twitter_ko 앱 메뉴가 보인다. Keys and tokens를 클릭하면 그림 10.6과 같은 화면이 나온다. 앞서 트위터 로그스태시를 사용하기 위해서는 네 가지 키가 필요하다고 했는데 `consumer_key`와 `consumer_secret`은 API Key and Secret에서 얻을 수 있고 `oauth_token`과 `oauth_token_secret`은 Access Token and Secret에서 얻을 수 있다. Regenerate와 Generate 버튼을 눌러서 발급된 키를 메모장에 복사해두고 리스트 10.1을 작성할 때 키값을 넣어주면 된다.

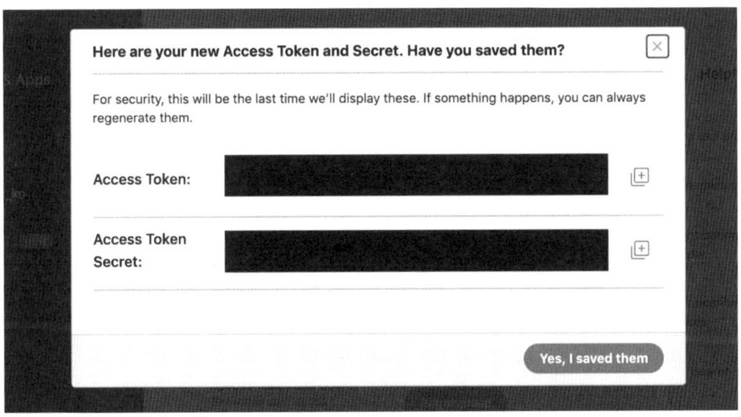

그림 10.7 Access Token & Secret **키 생성**

그림 10.7은 Access Token and Secret의 Generate를 클릭했을 때 나오는 화면이다. Yes, I saved them을 누르면 토큰이 생성되는데 발급받고 나면 토큰값을 확인할 수 없기 때문에 Yes, I saved them 버튼을 누르기 전에 토큰값을 메모장에 저장해둬야 한다. 토큰이나 API 키는 계속 재발급 받을 수 있다.

10.3 로그스태시 수행

트위터 API 사용을 위한 준비가 끝났으면 로그스태시 파이프라인을 작성해보자. 로그스태시 config 폴더 내에 logstash-twitter.conf 설정 파일을 하나 만들고 파이프라인을 작성하자.

리스트 10.1 로그스태시 구성 ch10/03/logstash-twitter.conf

```
input {
  twitter {
    consumer_key => "<API KEY>"
    consumer_secret => "<API SECRET KEY>"
    oauth_token => "<ACCESS TOKEN>"
    oauth_token_secret => "<ACCESS TOKEN SECRET>"
    keywords => ["코로나19"]
    languages => ["ko"]
  }
}

filter {
  mutate {
    gsub => [
      "message", "@[^ ]+", "@*****"
    ]
  }
}

output {
  elasticsearch {
    hosts => ["http://localhost:9200"]
    index => "twitter_ko"
  }
}
```

입력[input] 플러그인은 twitter 플러그인을 사용했다. twitter 플러그인은 트위터 데이터를 쉽게 입력으로 받을 수 있게 만든 플러그인으로, 표 10.1과 같은 옵션을 사용할 수 있다.

표 10.1 **트위터 플러그인 옵션**

옵션	설명
consumer_key	트위터 앱에서 발급받은 정보들을 설정한다.
consumer_secret	
oauth_token	
oauth_token_secret	
keywords	트위터의 실시간 트윗 스트림에서 추적하고자 하는 키워드를 입력한다. 복수의 키워드를 OR 조건으로 추적하고자 할 경우 ["foo", "bar"]와 같이 배열 형태로 입력하고, AND 조건으로 추적하고자 할 경우 ["foo bar"]와 같이 하나의 문자열 안에 복수의 키워드를 공백으로 구분해 입력하자.
languages	트윗 스트림에서 추적하고자 하는 언어를 입력한다. ["ko", "en"]과 같이 입력할 수 있으며, 사용되는 값은 국제 표준 표기법인 BCP47을 따른다.

이 외에 twitter 플러그인에서 사용할 수 있는 옵션은 온라인 문서[3]를 참고하고, 여기서는 최소한의 옵션으로만 구성하겠다. 먼저 consumer_key, consumer_secret, oauth_token, oauth_token_secret은 그림 10.6에 적힌 개발자 계정으로 앱을 생성하면서 얻은 4개의 키를 적어주면 된다. keywords에 단어를 입력하면 그 단어로 검색된 데이터를 가져온다. 배열 형태이기 때문에 여러 데이터를 키워드로 사용할 수가 있다. 그리고 languages에 언어를 지정해준다. 필터[filter]는 mutate 플러그인을 사용했는데 gsub 옵션을 이용해 message 필드에 멘션된 사용자의 아이디를 마스킹(*****) 처리한다. gsub 옵션은 정규식 패턴을 이용해 특정 필드의 문자를 변환하는 mutate 플러그인 옵션이다. 마지막으로 출력[output]은 elasticsearch 플러그인을 사용했고, 인덱스는 twitter_ko라는 이름으로 지정했다.

이제 로그스태시를 실행해보자.

```
C:\logstash-7.10.1>.\bin\logstash.bat -f .\config\logstash-twitter.conf
```

로그스태시가 정상적으로 실행되면 엘라스틱서치에 twitter_ko라는 인덱스가 생성된다. 이제 키바나 인덱스 패턴을 만들어야 한다. 인덱스 이름과 같은 twitter_ko라는 인덱스 패턴을 만든다(그림 10.8 참고).

3 트위터 플러그인: https://www.elastic.co/guide/en/logstash/7.10/plugins-inputs-twitter.html

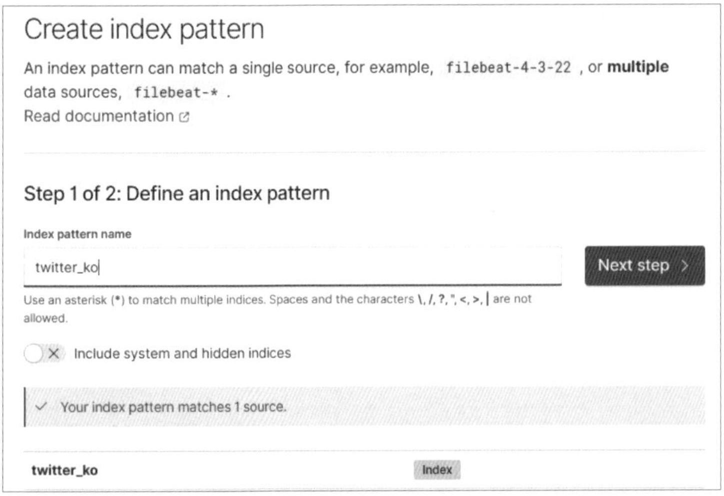

그림 10.8 twitter_ko 인덱스 패턴 생성

Step 2에서 날짜/시간 필드는 @timestamp 필드를 선택한다. `@timestamp`는 로그스태시가 자동으로 생성하는 시간 함수로, 각 트윗의 생성 시간과 거의 일치한다. 이제 키바나 Discover 메뉴에서 데이터가 잘 들어왔는지 확인해보자. 그 전에 데이터를 수집하는 시간이 좀 필요하다. 트윗의 경우 특정 키워드로 데이터를 크롤링하면 데이터 크롤링 양이 너무 적기 때문에 최신 트렌드에 맞는 데이터를 키워드로 적어야 한다. 책이 쓰인 시점과 독자들이 책을 보는 시점이 다르기 때문에 https://twitter.com/explore에서 최신 트렌드를 찾아 키워드로 이용해보자.

그림 10.9 실시간 트렌드를 보여주는 트위터의 '탐색하기' 기능

그림 10.9처럼 트위터 홈페이지에 가서 **탐색하기** 링크로 가면 실시간으로 인기 있는 해시태그나 주제를 보여준다. 여기서 인기 있는 키워드를 설정해보자. 책을 쓰는 시점에는 방탄소년단이 인기가 많지만 우리는 코로나19를 키워드로 이용한다. 키바나 Discover에 도큐먼트가 쌓이지 않는다면 더 인기 있는 키워드로 바꿔보자. 그럼 키바나 Discover 메뉴를 다시 살펴보자.

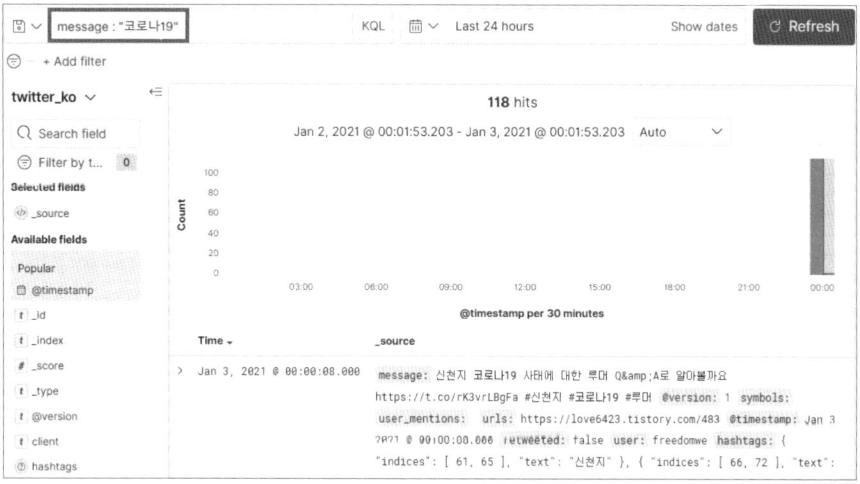

그림 10.10 Discover 메뉴에서 데이터 탐색: '코로나19'로 검색

쿼리바에 message : **"코로나19"**로 지정하니 118개의 도큐먼트가 검색되었다. '코로나19'는 로그스태시 파이프라인을 작성할 때 twitter 플러그인에서 사용한 키워드였다. 그럼 '코로나'로 검색하면 어떻게 될까? 쿼리바를 변경하고 결과를 확인해보자.

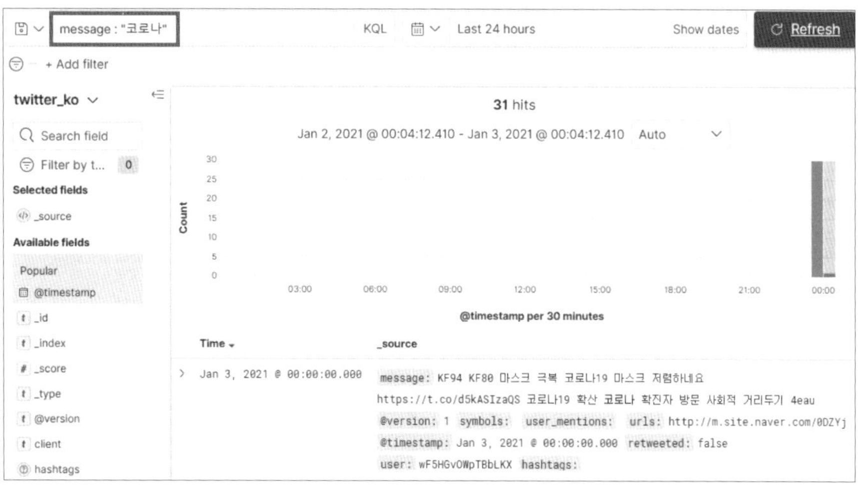

그림 10.11 Discover 메뉴에서 데이터 탐색: '코로나'로 검색

31개의 도큐먼트만 검색된다. 엘라스틱서치는 전문 검색이 되기 때문에 '코로나'로 검색을 해도 '코로나19'가 검색이 돼야 하는데 실제 동작하지 않는다. 검색된 31개의 도큐먼트는 운 좋게 '코로나'라는 단어가 있어서 검색되었던 것이다. 이런 문제가 발생한 이유는 기본으로 적용되는 스탠다드 분석기가 영어 문법에 특화되어 있어서 한글을 제대로 분석하지 못했기 때문이다. 한글 형태소 분석기를 설치하고 한글 형태소 분석을 해보자.

10.4 검색과 한글 형태소 분석기

한글 형태소 분석기는 영어가 아닌 한글에 특화된 분석기다. 앞서 3.8절에서 분석기와 토크나이저, 필터 등을 설명했다. 한글 형태소는 전문 검색을 위해 역인덱스를 만들 때 영어와 달리 한국어를 고려해서 진행된다. 헌법에 있는 문장을 예제로 한글 형태소가 어떤 방식으로 분석되는지 살펴보자.

표 10.2 **한글 형태소 분석에 사용할 한글 데이터**

아이디	문장
1	대한민국은 민주공화국이다.
2	대한민국의 주권은 국민에게 있고, 모든 권력은 국민으로부터 나온다.
3	대한민국의 국민이 되는 요건은 법률로 정한다.
4	국가는 법률이 정하는 바에 의하여 재외국민을 보호할 의무를 진다.
5	대한민국의 영토는 한반도와 그 부속도서로 한다.

표 10.2와 같은 5개의 한글 문장이 있다. 한글 형태소 분석기인 노리 분석기가 표 10.2의 5개 문장을 어떻게 분석하는지 알아보자.

표 10.3 **한글 데이터가 노리 분석기에 의해 토큰으로 분리된 상태**

용어	1	2	3	4	5
대한	○	○	○		○
민국	○	○	○		○
은	○	○	○		
민주	○				
공화	○				

용어	1	2	3	4	5
국	○				
이	○		○	○	
다	○				
의		○	○		○
주권		○			
국민		○	○	○	
에게		○			
있		○			
...					

표 10.3은 노리 분석기가 사전을 기반으로 토큰을 분리한 상태다. 분석기는 토크나이저와 필터에 따라 미세하게 역인덱싱 방법들이 다른데 대략적으로 한글은 이런 식으로 나눠지는구나 정도만 이해하고 넘어가자. 한글을 분석하기 위해선 한글 어휘의 기본 단위인 형태소 단위로 분석해주는 전용 플러그인을 설치해 사용하게 된다. 과거에는 공식 지원되는 플러그인이 없어 아리랑, 은전한닢 등의 커뮤니티 플러그인을 사용했으나 성능이나 호환성 측면에서 엘라스틱서치 6.4 버전부터 공식 지원되는 노리Nori 사용을 권장한다. 노리 분석기를 설치해보자.

리스트 10.2 노리 분석기 설치

```
C:\elasticsearch 7.10.1>.\bin\elasticsearch-plugin install analysis-nori
```

윈도우 터미널에서 플러그인 설치를 위해 elasticsearch-plugin을 실행한다. 많이 사용되는 엘라스틱서치 플러그인은 표 10.4와 같다.

표 10.4 **엘라스틱서치 플러그인**

플러그인	설명
노리 분석기	한글 텍스트를 분석하기 위한 분석기 플러그인
S3 저장소	스냅샷 저장소로 AWS S3를 사용하기 위한 플러그인
Attachment 인제스트 프로세서	PDF, PPT, XLS 등의 표준 포맷 문서의 텍스트를 인제스트 파이프라인 수준에서 추출하기 위한 프로세서 플러그인
Murmur3 매퍼	집계 성능 최적화를 위해 사용되는 플러그인으로, 매핑에 사용하면 집계 시점에 내부적으로 생성하는 해시를 인덱싱 시점에 미리 생성, 저장할 수 있다.

플러그인에 대한 전반적인 설명은 온라인 문서[4]를 더 참고하자. 설치 결과를 확인해보자(그림 10.12 참고).

```
C:\elasticsearch-7.10.1>.\bin\elasticsearch-plugin install analysis-nori
future versions of Elasticsearch will require Java 11; your Java version from
[C:\Program Files\Java\jdk1.8.0_271\jre] does not meet this requirement
-> Installing analysis-nori
-> Downloading analysis-nori from elastic
[=================================================] 100%??
-> Installed analysis-nori
```

그림 10.12 **노리 분석기 설치 과정**

설치가 완료되었다면 엘라스틱서치를 재실행하자. 노리 분석기는 nori_tokenizer라는 토크나이저와 nori_part_of_speech, nori_readingform이라는 2개의 필터로 구성되어 있으며 한글 형태소 분석에 특화되어 있다. 실제 nori_tokenizer를 가지고 한글 문장이 어떻게 분석되는지 키바나 콘솔에서 테스트해보자.

리스트 10.3 노리 분석기 테스트

```
POST _analyze
{
  "tokenizer": "nori_tokenizer",
  "text": "대한민국은 민주공화국이다."
}
```

리스트 10.3을 실행해보면 '대한민국은 민주공화국이다'라는 텍스트가 표 10.3과 같이 분리되는 것을 알 수 있다. 그럼 '코로나19'를 노리 분석기와 엘라스틱서치가 제공하는 기본 분석기로 돌렸을 때 형태소 분석이 어떻게 다른지 알아보자. 먼저 엘라스틱서치가 제공하는 기본 분석기를 사용해보자. 3.8절에서 이미 설명했지만 엘라스틱서치가 제공하는 기본 분석기는 영문법을 기반으로 분석을 수행한다.

4 엘라스틱서치 플러그인: https://www.elastic.co/guide/en/elasticsearch/plugins/7.10/index.html

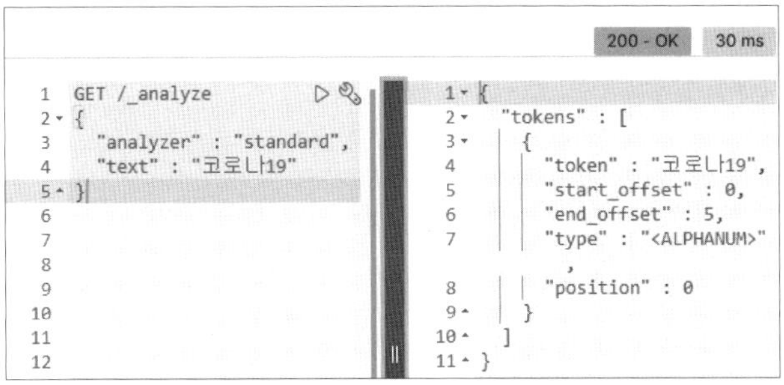

그림 10.13 **'코로나19'를 엘라스틱서치 기본 분석기를 사용하여 토큰화**

결과를 확인해보면 '코로나19'가 토큰으로 분리되지 않았다. 영어가 아니기 때문에 한글 용어 term를 인식하지 못한다. 이번에는 방금 설치했던 한글 노리 분석기를 이용해보자.

그림 10.14 **'코로나19'를 노리 분석기를 사용하여 토큰화**

한글 분석기는 '코로나19'를 [코로나, 19]로 토큰화했다. 이제 '코로나'로 검색해도 '코로나19'를 검색할 수 있다.

10.5 리인덱싱

다시 검색 결과로 돌아가 우리가 '코로나19'가 포함된 문장에서 '코로나'라는 단어를 검색할 수 있는 방법을 찾아보자. 엘라스틱서치 기본 분석기인 스탠다드 분석기는 영어 기반이라서 한글 형태소를 분리하지 못한다. 한글 형태소 분석기를 통해 '코로나'라는 용어에 대한 역인덱스가 만들어져야 한다. 이 작업을 하기 위해서는 `message` 필드가 노리 분석기를 사용하도록 수정해야 한다. 하지만 한 가지 문제가 있는데 한 번 생성된 인덱스 매핑은 수정할 수 없다. 엘라스틱서치는 이런 문제를 해결하기 위해 이미 인덱싱된 도큐먼트를 새로운 인덱스로 다시 인덱싱하는 reindex API를 제공한다. 다음 요청을 진행해보자.

리스트 10.4 reindex 함수를 사용하기 위한 새로운 인덱스 생성

```
PUT twitter_ko_v2
{
  "settings": {
    "analysis": {
      "analyzer": {
        "korean": {
          "tokenizer": "nori_tokenizer"
        }
      }
    }
  },
  "mappings": {
    "properties": {
      "message": {
        "type": "text",
        "analyzer": "korean"
      }
    }
  }
}
```

reindex 함수를 사용하려면 2개의 인덱스가 필요하다. 변경하기 전 소스 인덱스와 변경 후 결과 인덱스다. 소스 인덱스는 리스트 10.1에서 만들었던 twitter_ko이고 결과 인덱스는 노리 분석기가 적용된 리스트 10.4의 twitter_ko_v2다. 리인덱싱을 하기 전에 결과 인덱스가 되는 twitter_ko_v2 인덱스 매핑 작업을 해야 한다. 먼저 세팅(settings)에서 분석기(analysis)를 정의한다. 분석기, 토크나이저, 필터 설정은 3장에서 다뤘으니 혹시 이해가 안 가면 다시 한번 살펴보자. 분석기(analyzer) 이름은 korean이라고 지었고, 토크나이저(tokenizer)는 nori_tokenizer를 사용했다. 필터는 사용하지 않는다. 매핑(mappings) 설정도 하고 있는데 문제가 되었던 message 필드에 기본 분석기가 아니라 새로 정의했던 korean 분석기를 사용한다. 이제 message 필드에 있는 데이터들은 nori_tokenizer가 한글 형태소로 분석할 것이다. 이제 인덱스를 만들었으니 실제 reindex를 동작해보자.

리스트 10.5 reindex 동작 요청

```
POST _reindex
{
  "source": {
    "index": "twitter_ko"
  },
  "dest": {
    "index": "twitter_ko_v2"
  }
}
```

source에는 소스 인덱스, dest에는 결과 인덱스를 적어주면 된다. 요청 결과를 확인해보자.

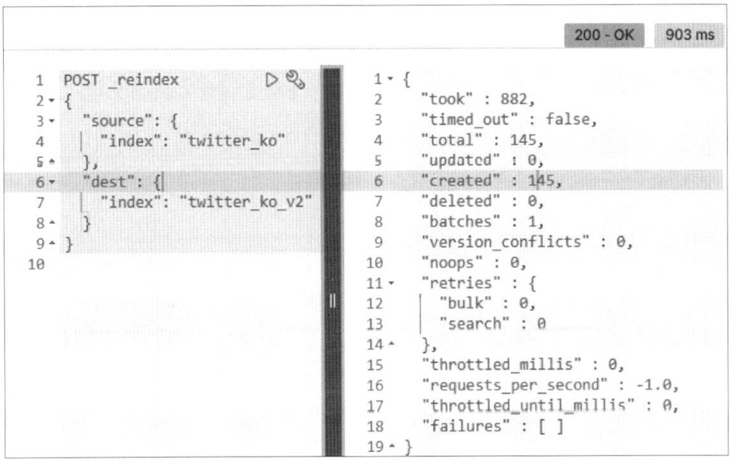

그림 10.15 **리스트 10.5 실행 결과**

그림 10.15에서 볼 수 있듯이 총 145개의 도큐먼트가 리인덱싱되었다. 여기서 확인할 수는 없지만 twitter_ko 인덱스의 message 필드들이 twitter_ko_v2 인덱스로 복사되면서 노리 분석기에 의해 한글 형태소로 분석될 것이다. 이제 다시 키바나로 가보자. 키바나에서 사용하기 위해서는 먼저 인덱스 패턴부터 만들어야 한다.

그림 10.16 twitter_ko_v2 인덱스 패턴 생성

twitter_ko_v2라는 이름의 인덱스 패턴을 만들자. 타임 필터는 마찬가지로 @timestamp 필드를 사용한다. 인덱스 패턴을 만들었으면 Discover 메뉴로 가보자. 그림 10.11에서 했던 것처럼 '코로나'로 다시 검색을 해보고 결과를 확인해보자. 참고로, 노리 분석기를 사용하기 전에는 31개의 도큐먼트를 찾았다.

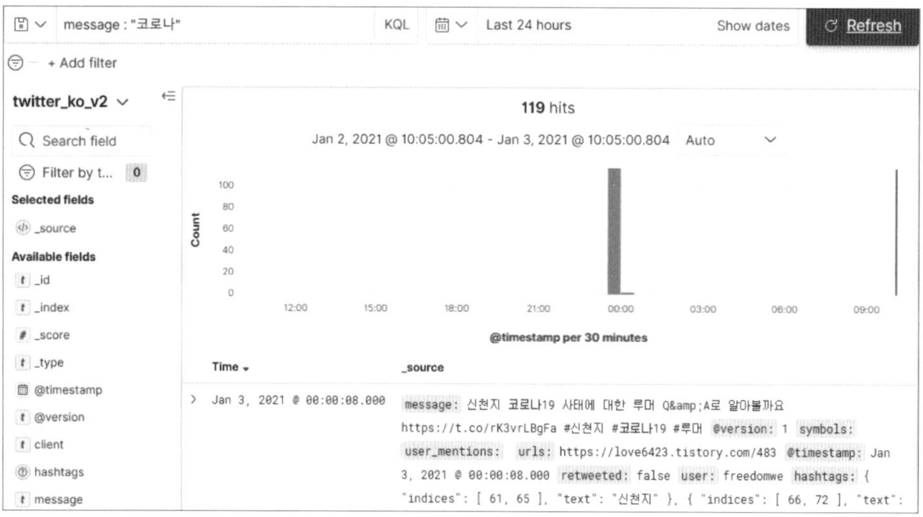

그림 10.17 노리 분석기가 설치된 후 한글 검색

그림 10.17에서 볼 수 있듯이, twitter_ko_v2 인덱스는 message : "코로나"로 쿼리를 했을 때 119개의 도큐먼트를 찾는다. 그림 10.10과 비교했을 때 118보다 1개 더 많은 이유는 특정 도큐먼트 중에서 message 필드에 '코로나19'는 없고 '코로나'만 있는 도큐먼트가 있기 때문이다.

10.6 실시간 데이터 시각화

마지막으로, 트위터에서 실시간으로 발생하는 임의의 트위터 데이터를 입수하고 이를 시각화해보자. 임의의 트윗을 수집하기 위해서는 트위터 플러그인의 옵션을 수정해야 한다. logstash-twitter-realtime.conf 파일을 생성하고 리스트 10.6처럼 파이프라인을 작성한다.

리스트 10.6 키워드 없이 임의의 트위터 데이터 입수 ch10/06/logstash-twitter-realtime.conf

```
input {
  twitter {
    consumer_key => "<API KEY>"
    consumer_secret => "<API SECRET KEY>"
    oauth_token => "<ACCESS TOKEN>"
    oauth_token_secret => "<ACCESS TOKEN SECRET>"
    use_samples => true
  }
}

filter {
  mutate {
    gsub => [
      "message", "@[^ ]+", "@*****"
    ]
  }
}

output {
  elasticsearch {
    hosts => ["http://localhost:9200"]
    index => "twitter_all"
  }
}
```

기존 키워드 검색 대신 use_samples 옵션을 이용해 공개된 트위터를 랜덤하게 입수할 수 있다. 그리고 엘라스틱서치 인덱스 주소도 twitter_all이라는 이름으로 변경했다. 이제 로그스태시를 실행해보자.

```
C:\logstash-7.10.1>.\bin\logstash.bat -f .\config\logstash-twitter-realtime.conf
```

정상적으로 동작을 했다면 엘라스틱서치에 twitter_all이라는 인덱스가 생성되었을 것이다. 키바나에서 확인하기 위해 인덱스 패턴을 만들어보자.

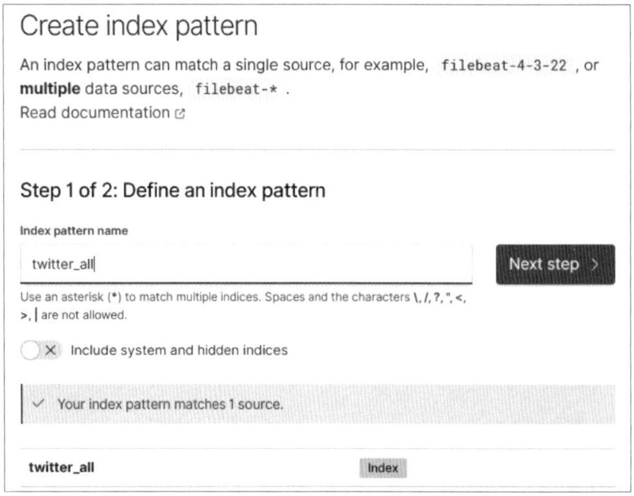

그림 10.18 twitter_all 인덱스 패턴 생성

그림 10.18과 같이 twitter_all이라는 이름으로 인덱스 패턴을 만들고 날짜/시간 필드는 @timestamp를 사용한다. 이제 시각화를 구성해보자. 8장에서 키바나를 설명하면서 사용하지 않았던 태그 클라우드를 이용해 실시간 데이터를 시각화하는 방법을 알아보자. 트위터나 로그 데이터처럼 실시간으로 들어오는 데이터가 있다면 실시간 시각화가 가능하다. 먼저 시각화에서 Tag Cloud[태그 클라우드]를 선택하자.

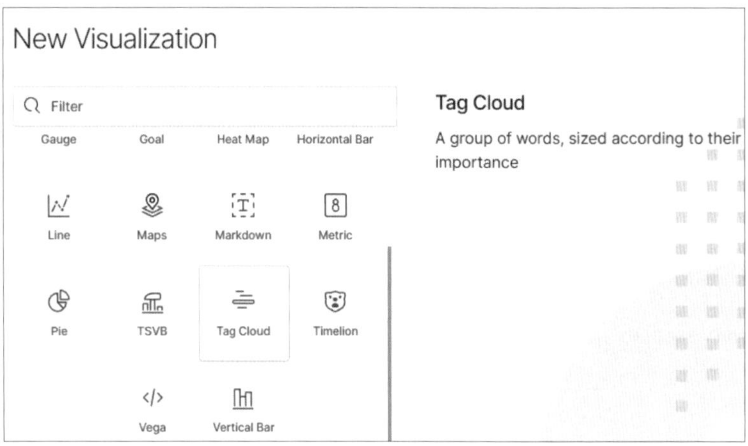

그림 10.19 Tag Cloud 시각화 타입 선택

인덱스 패턴은 twitter_all을 선택한다. 이제 버킷과 메트릭 설정을 해보자.

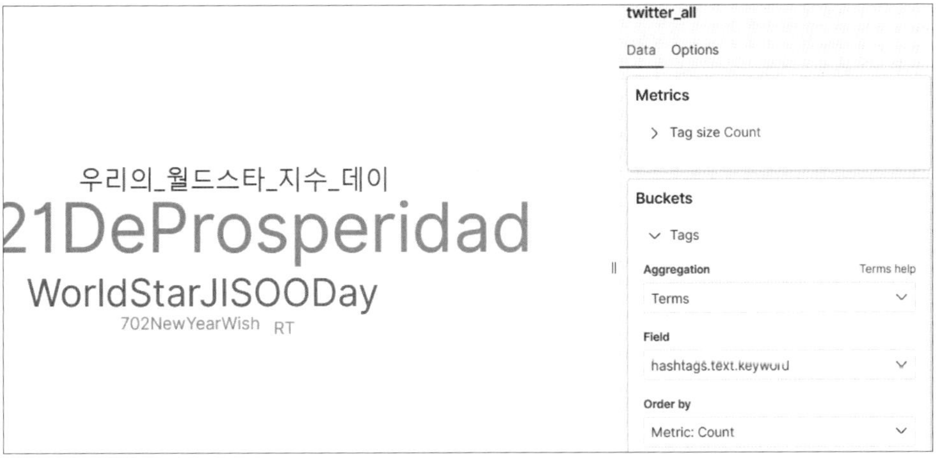

그림 10.20 **태그 클라우드 설정**

버킷 Aggregation은 Terms 집계를 선택한다. Field는 해시태그가 저장된 해시태그(hashtags.text.keyword)를 선택한다. 메트릭은 Count를 선택한다. 해시태그가 많은 순서로 상위 5개를 보여주는데 이를 통해 현재 주목받는 이슈가 무엇인지 알 수 있다. 다음은 타임피커를 수정하자. 실시간 시각화에서 중요한 부분은 타임피커다.

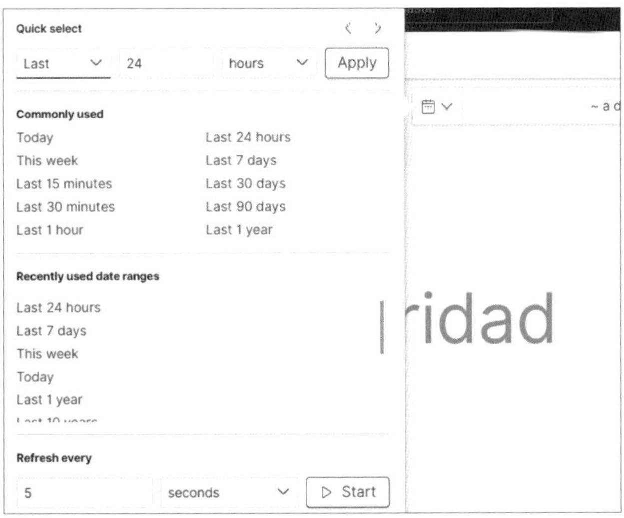

그림 10.21 **타임피커에서 5초마다 화면을 갱신하도록 설정**

그림 10.21과 같이 타임피커에서 리프레시 타임을 5초로 선택하고 Start 버튼을 누르자. 5초마다 해시태그를 카운트해서 상위 5개를 보여주는데 최근 소셜에서 주목받는 이슈가 무엇인지 보여주는 재미있는 시각화를 구성할 수 있다. 특히 태그 클라우드는 기준에 따라 데이터를 명확하

게 비교할 수 있다는 장점이 있다. 태그 클라우드가 5초가 지나도 변하지 않는다면 5초 단위로 태그 개수 순위가 변하지 않았기 때문이다. 시간을 5초가 아닌 더 긴 시간을 두고 오래 관찰하면 이슈가 변한다는 사실을 확인할 수 있을 것이다. 마지막으로, Discover 메뉴에서도 실시간으로 들어오는 도큐먼트를 확인할 수 있다. 5초마다 새로고침하도록 설정하고 최근 15분(Last 15 minutes) 데이터를 읽어오도록 설정해보자.

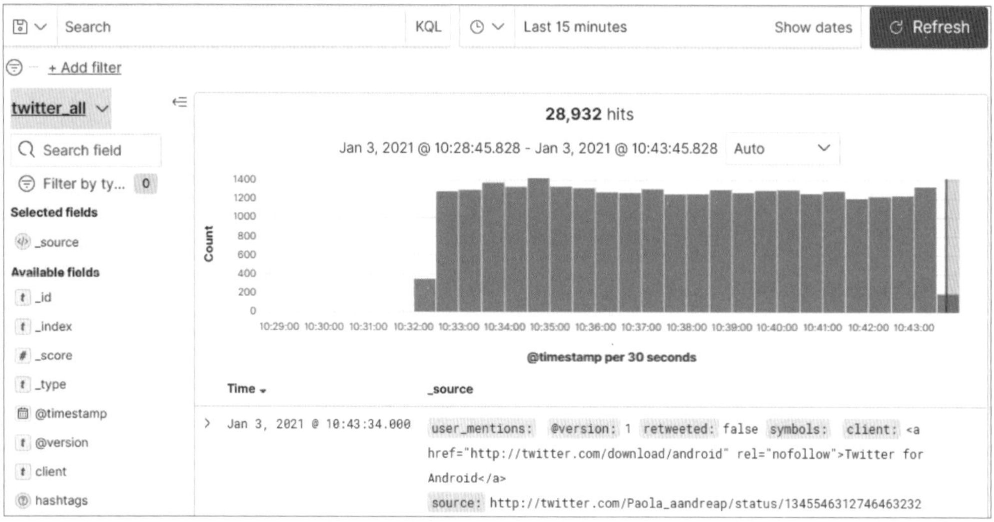

그림 10.22 **디스커버에서 5초마다 데이터 입수 확인**

그림 10.22에서 5초마다 도큐먼트 개수가 늘어나는 것을 확인할 수 있다.

10.7 정리

10장에서는 로그스태시를 이용해 실시간 트위터 데이터를 엘라스틱서치로 저장하고 키바나에서 시각화하는 방법을 배웠다. 로그스태시는 다양한 인풋을 지원하고 있으니 필요에 따라 다른 인풋도 사용할 수 있다. 또한 한글 데이터를 역인덱싱하는 방법도 배웠다. 엘라스틱에서 공식 지원하는 한글 형태소 분석기인 노리를 사용했을 때와 사용하지 않았을 때 드러나는 결과의 차이점도 확인했다. 리인덱싱을 통해 한글이 들어 있는 검색 결과가 제대로 나오도록 수정하는 방법도 소개했다. 마지막으로, 실시간 데이터를 시각화하는 방법과 8장에서 시각화를 설명할 때 다루지 않은 태그 클라우드 시각화 타입을 사용하는 방법도 알아봤다.

11 파이썬 클라이언트를 활용한 공공데이터 분석

분석을 위해 데이터를 찾다 보면 국민 편익 향상과 일자리 창출을 목적으로 정부에서 제공하는 양질의 공공데이터를 접하게 된다. 버스 정류장 위치, 지하철 승객 수, 미세먼지 정보 등 다양한 공공데이터를 활용해 다양한 서비스를 만들 수 있다. 11장에서는 공공데이터를 가져와서 시각화하고 분석하는 방법을 배울 것이다. 공간 데이터는 위경도 위치 정보나 벡터 정보(폴리곤 형태의 점들로 이어진 도형 형태)로 되어 있기 때문에 가공되지 않은 상태의 데이터만으로는 데이터 간의 관계를 파악하기가 쉽지 않다. 키바나의 맵스Maps는 무료이면서도 아주 편리한 지리 정보 시각화 도구로, 위치 정보가 있는 데이터를 시각화하는 과정에 큰 도움이 된다. 공공데이터에서 제공하는 벡터 정보를 키바나에 올리기 위해서는 벡터 레이어를 만들 수 있는 QGIS를 이용해 맵을 다루는 기술이 필요하므로 이에 대한 방법도 배워볼 것이다.

이와 같은 기본 지식을 토대로 엘라스틱서치 클라이언트를 활용해 공공데이터를 수집해보자. 엘라스틱서치는 기본적으로 자바, 자바스크립트, 파이썬, 닷넷.NET 등 다양한 언어 기반의 클라이언트를 제공하는데, 이 장에서는 데이터 분석에 가장 널리 사용되는 프로그래밍 언어인 파이썬을 이용해 API로 데이터를 가져오고 이를 엘라스틱서치에 인덱싱한 다음에 키바나로 시각화한다.

11장에서는 서울 행정동별 인구 분석과 공공와이파이 지도 시각화라는 두 가지 주제를 엘라스틱 스택과 파이썬으로 직접 구현해보기 때문에 데이터 과학자들이 엘라스틱을 활용해 현장에서 작업하는 과정을 이해할 수 있을 것이다.

11.1 실습 진행 방식

이번 장을 실습하면서 배우게 되는 내용은 다음과 같다.

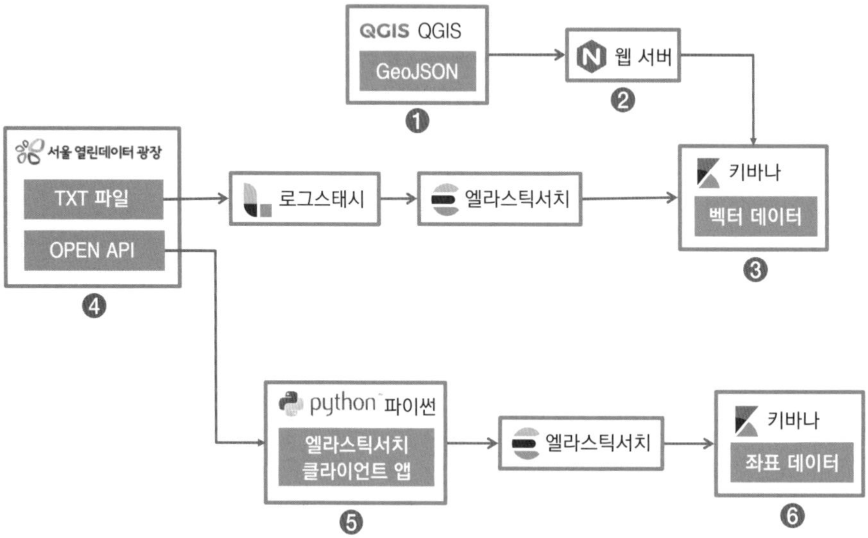

그림 11.1 **실습 진행 방식**

❶ QGIS를 이용해 사용자 벡터 레이어를 생성하는 방법과 GeoJSON으로 변환하는 방법을 배운다.

❷ 지도 경계선이 포함된 GeoJSON을 키바나에서 사용할 수 있게 환경을 구성한다.

❸ 키바나 Visualize 메뉴에서 벡터 레이어를 시각화한다.

❹ 공공데이터에서 제공하는 오픈 API 사용 방법을 배운다.

❺ 파이썬을 이용해 엘라스틱서치 클라이언트 앱을 개발해본다. 이 과정에서 엘라스틱서치 파이썬 API를 다룬다.

❻ 키바나 Visualize 메뉴에서 위치 데이터를 시각화한다.

11.2 실습 준비 작업

이번 실습에서 필요한 준비사항은 다음과 같다.

1. 서울 열린데이터 사이트에서 회원 가입을 하고 인증키를 발급받는다.

2. 파이썬 3.8 버전을 설치해 엘라스틱서치 클라이언트 앱을 개발한다.

3. QGIS라는 오픈소스 공간 분석 툴을 설치해 사용자 벡터 레이어 개발에 활용한다.

4. 맵 시각화 타입 중 간단한 시각화 작업에 활용하기 좋은 Region Map과 Coordinate Map 타입을 추가한다.

5. 엔진엑스를 실행해 웹 서버를 실행한다.

6. 엘라스틱서치, 키바나, 로그스태시를 설치하고 실행한다.[1]

11.2.1 서울 열린데이터 인증키 발급받기

우리나라에서 공공데이터로 가장 많이 활용되는 두 가지 사이트가 있다. 하나는 전국 단위의 데이터를 제공하고 있는 공공데이터 포털(https://www.data.go.kr)이고, 하나는 서울시의 데이터만 제공하는 서울 열린데이터 광장(https://data.seoul.go.kr)이다. 두 사이트를 직접 방문하고 연결된 링크들을 따라가 보면 정말 다양한 분야의 공공데이터를 얻을 수 있다.

그림 11.2 **공공데이터 사이트**

그림 11.2는 공공데이터 포털(위)과 서울 열린데이터 광장(아래)의 첫 화면이다. 이번 절에서는 서울 열린데이터 광장의 데이터로 서울 행정동별 인구 분포와 서울 공공 와이파이 위치 분석을 진행할 것이다. 서울 열린데이터 광장 오픈 API를 사용하기 위해서는 인증을 받아야 한다. 인증받는 방법이나 사용하는 방법은 대부분의 공공데이터에서 비슷한 형식으로 진행되기 때문에

1 설치에 관한 내용은 2.2절과 6.2절에서 다뤘다.

방법을 한 번만 알아두면 다른 사이트에서도 어렵지 않게 사용할 수 있다. 서울 열린데이터 광장 홈페이지에 접속해 로그인을 한다. 로그인에 성공하면 그림 11.3의 상단 메뉴에서 **나의화면 > 인증키 관리** 페이지가 보이는데 인증키 관리 페이지로 이동한다.

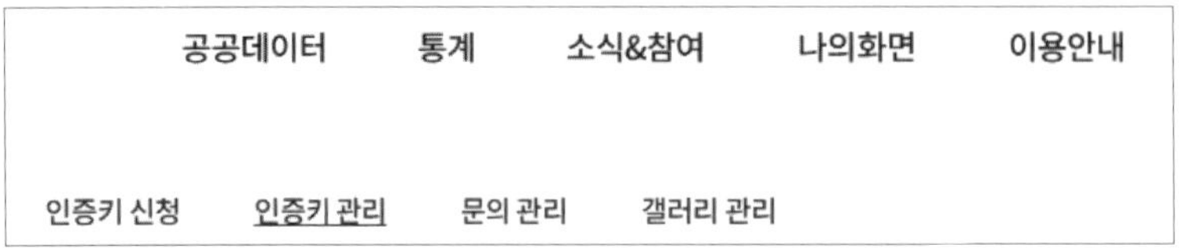

그림 11.3 **서울 열린데이터 광장 인증키 얻기(1/4): 인증키 신청 페이지**

인증키 관리 화면에 가보면 그림 11.4와 같은 **일반 인증키 신청** 버튼이 있다. 버큰을 클릭하자. 이미 발급받은 인증키가 있으면 인증키 신청 부분은 생략한다.

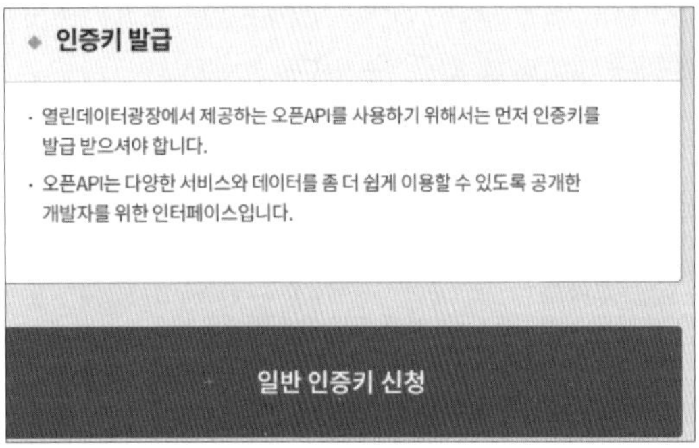

그림 11.4 **서울 열린데이터 광장 인증키 얻기(2/4): 인증키 신청 버튼**

그림 11.5와 같은 신청서가 나오는데 편하게 적어주면 된다.

그림 11.5 **서울 열린데이터 광장 인증키 얻기(3/4): 인증키 신청서 작성**

이메일까지 적고 **인증키 신청** 버튼을 누르면 인증키를 발급해준다.

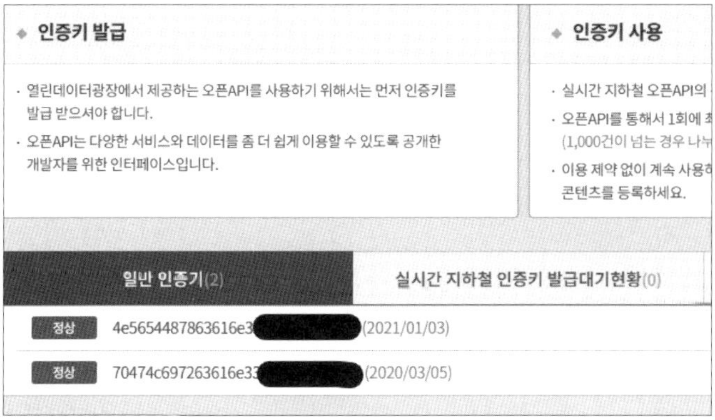

그림 11.6 **서울 열린데이터 광장 인증키 얻기(4/4): 인증키 확인**

이제 그림 11.6과 같이 발급받은 인증키가 보일 것이다.

11.2.2 파이썬 3.8 설치

파이썬 홈페이지(https://www.python.org/)의 Downloads > Windows를 따라가서 파이썬을 설치하자.[2] 현재 3.9까지 버전이 나왔지만 안정화 버전인 3.8을 선택한다.

그림 11.7 **파이썬 다운로드 페이지**

설치 편의를 위해 윈도우 인스톨러를 사용할 것이다. 그림 11.7의 Windows installer (64-bit) 링크를 클릭하면 파일을 다운로드할 수 있다. 다운로드한 exe 파일을 실행해보자.

2 https://www.python.org/downloads/windows/

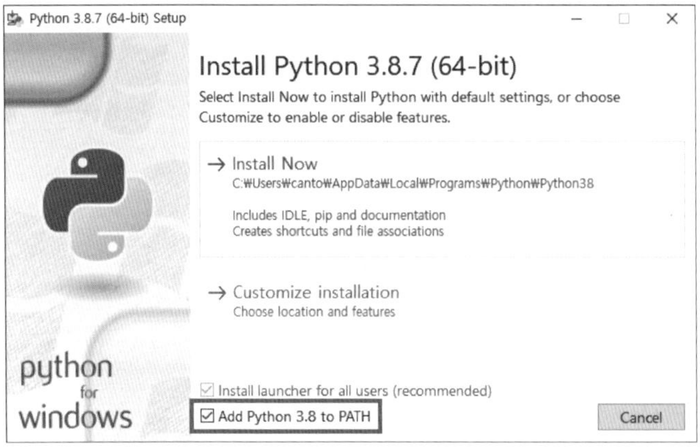

그림 11.8 **파이썬 3.8 인스톨러 실행**

그림 11.8의 Add Python 3.8 to PATH 체크박스를 체크해야 한다. 그래야 파이썬 실행 경로가 환경 변수에 자동으로 등록된다. 파이썬이 정상적으로 설치되었으면 윈도우 콘솔에서 python 명령이 적용될 것이다. 반드시 콘솔을 다시 실행해야 한다. 윈도우 파워셸PowerShell 같은 콘솔을 쓰고 있다면, 파워셸 자체를 다시 실행해야 한다.

```
C:\>python --version
Python 3.8.7

C:\>python
Python 3.8.7 (tags/v3.8.7:6503f05, Dec 21 2020, 17:59:51) [MSC v.1
928 64 bit (AMD64)] on win32
Type "help", "copyright", "credits" or "license" for more informat
ion.
>>>
```

그림 11.9 **파이썬 설치 여부 확인**

그림 11.9와 같이 python 명령이 동작하면 정상적으로 설치된 것이다.

11.2.3 QGIS 설치

QGIS는 지리 정보를 처리할 수 있는 무료 오픈소스다. 여기서는 키바나 맵스에서 사용할 벡터 레이어를 만들기 위해 QGIS를 이용할 것이다. QGIS 홈페이지(https://qgis.org/ko/site/forusers/download.html)에서 설치 파일을 다운로드한다.

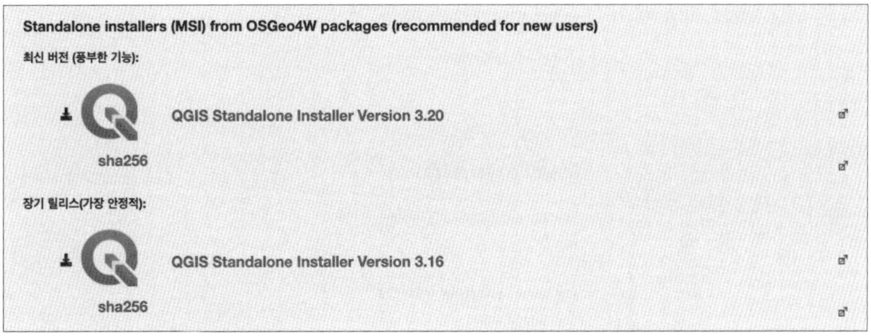

그림 11.10 QGIS 설치 페이지

장기 지원 버전인 3.16을 받는다(그림 11.10 참고). 설치 파일을 다운로드하고 실행한다.

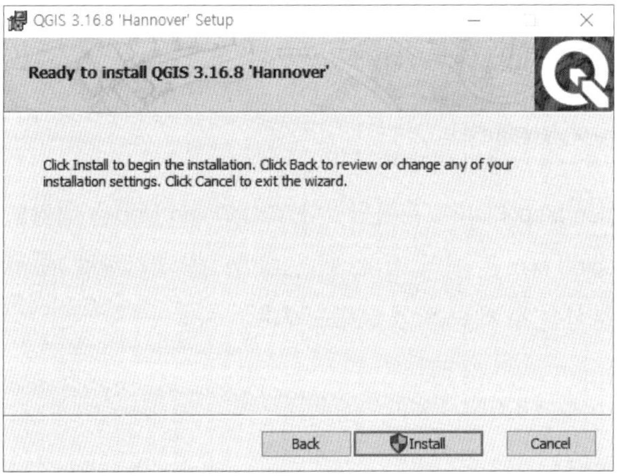

그림 11.11 QGIS 인스톨러

특별한 설치 옵션을 설정하지 말고 하나씩 넘겨 그림 11.11처럼 기본 설정에 맞춰 설치한다.

11.2.4 맵 시각화 타입 추가

키바나 시각화Visualize에서 지도 관련 메뉴는 Maps 하나만 있다. 하지만 키바나 7.4 버전까지는 Visualize 메뉴에 두 가지 지도 시각화 타입이 있었다. 7.10.1 버전에는 보이지 않지만 키바나 설정을 변경하면 이 메뉴를 다시 볼 수 있다. 키바나 설정 파일 kibana.yml에 다음 설정을 추가하고 키바나를 재시작해보자.

리스트 11.1 키바나 설정 파일 수정

```
xpack.maps.showMapVisualizationTypes: true
```

키바나가 재시작되면 Visualize 메뉴에서 Create visualization을 클릭하자.

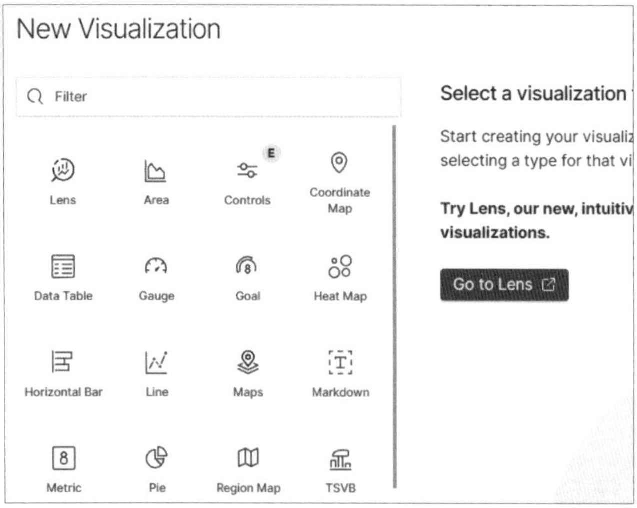

그림 11.12 **시각화 타입에서 Coordinate Map과 Region Map이 보임**

Visualize 메뉴에서 Coordinate Map과 Region Map 타입이 추가되었다. Coordinate Map은 위경도 데이터를 시각화할 때 주로 사용되고, Region Map은 지역 정보, 벡터 데이터를 시각화할 때 사용한다. 맵스보다 가볍기 때문에 간단한 분석은 두 메뉴를 이용해도 좋다.

11.3 서울 행정동별 인구 분석하기

먼저 서울 행정동별 인구를 분석해보자. 서울은 25개의 구와 424개의 행정동으로 구분된다. 각 동별 남녀 성비, 외국인의 비율, 고령자의 비율 등을 알아보자. 빅데이터 시대가 되면서 요즘 많은 국가들이 공공데이터를 오픈하고 있다. 우리나라도 IT 강국답게 많은 데이터를 시민들이 연구나 사업에 사용할 수 있도록 무료로 공개하고 있다. 공공데이터는 국가에서 대규모로 수집하기 때문에 스케일도 크고 민간에서는 쉽게 얻기 힘든 데이터가 많으므로 유용하게 활용할 수 있다.

11.3.1 로그스태시로 공공데이터 가져오기

서울 열린데이터에서 공공데이터를 가져오는 방법은 크게 파일을 다운로드하거나 오픈 API 형태로 데이터를 제공받는 형태로 나뉜다. 파일 다운로드는 따로 인증키가 필요하지 않지만 최신 데이터를 제공받기 힘들다. 먼저 파일로 공공데이터를 받아서 분석해보자.

그림 11.13 서울시 주민등록인구 (동별) 통계 데이터[3]

'동별 인구'로 검색을 해서 '서울시 주민등록인구 (동별) 통계' 데이터를 찾았다. 이 데이터는 오픈 API를 제공하지 않으므로 파일을 직접 받은 다음 로그스태시로 파싱한 후 엘라스틱에 저장할 것이다. 링크[4]를 클릭해 서울시 주민등록인구 (동별) 통계 페이지에 들어가자. 하단에 파일을 내려받을 수 있는 버튼이 있다.

그림 11.14 파일 다운로드하기

그림 11.14의 **내려받기(TXT)**를 이용해 파일을 다운로드한다. 책을 쓰는 시점과 현재 시점이 다른 관계로 예제와 똑같이 진행하려면 파일 기간을 그림 11.14와 같이 20년 3~4분기로 조정하여 내려받자. 이 파일은 이 책의 깃허브 페이지 https://github.com/onlybooks/elasticstack/에서도 내려받을 수 있다. ch11/03/seoul_pop.txt

3 출처: https://data.seoul.go.kr/dataList/10043/S/2/datasetView.do, 저작권자: 서울특별시 스마트도시정책관 빅데이터담당관

4 서울시 주민등록인구 동별 통계: https://data.seoul.go.kr/dataList/10043/S/2/datasetView.do

이 책에서는 파일명을 seoul_pop.txt로 변경하고 C:\example 폴더에 저장했다. 로그스태시를 사용하기 전에 간단히 파일을 확인해보자.

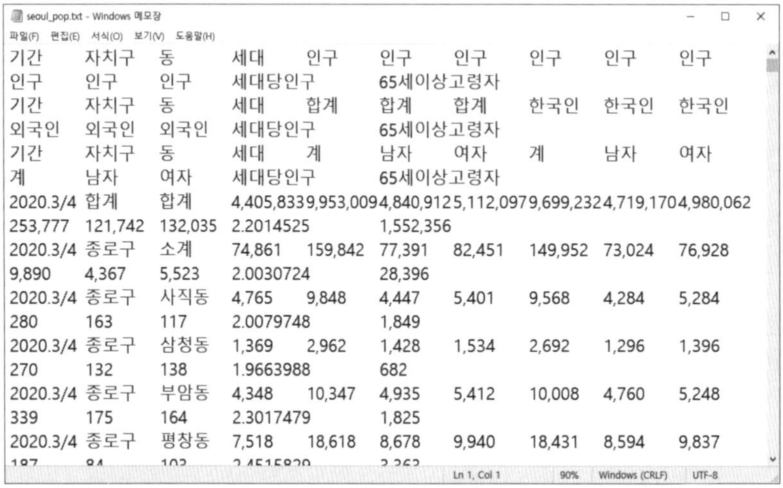
seoul_pop.txt - Windows 메모장
파일(F) 편집(E) 서식(O) 보기(V) 도움말(H)
기간 자치구 동 세대 인구 인구 인구 인구 인구 인구
인구 인구 인구 세대당인구 65세이상고령자
기간 자치구 동 세대 합계 합계 합계 한국인 한국인 한국인
외국인 외국인 외국인 세대당인구 65세이상고령자
기간 자치구 동 세대 계 남자 여자 계 남자 여자
계 남자 여자 세대당인구 65세이상고령자
2020.3/4 합계 합계 4,405,8339,953,0094,840,9125,112,0979,699,2324,719,1704,980,062
253,777 121,742 132,035 2.2014525 1,552,356
2020.3/4 종로구 소계 74,861 159,842 77,391 82,451 149,952 73,024 76,928
9,890 4,367 5,523 2.0030724 28,396
2020.3/4 종로구 사직동 4,765 9,848 4,447 5,401 9,568 4,284 5,284
280 163 117 2.0079748 1,849
2020.3/4 종로구 삼청동 1,369 2,962 1,428 1,534 2,692 1,296 1,396
270 132 138 1.9663988 682
2020.3/4 종로구 부암동 4,348 10,347 4,935 5,412 10,008 4,760 5,248
339 175 164 2.3017479 1,825
2020.3/4 종로구 평창동 7,518 18,618 8,678 9,940 18,431 8,594 9,837
Ln 1, Col 1 90% Windows (CRLF) UTF-8

그림 11.15 **다운로드한 파일 구조**

구분자는 `\t`(탭)로 되어 있다. '동' 컬럼 이름이 '합계', '소계'인 라인은 삭제하고, 숫자 데이터는 3자릿수마다 쉼표(,)가 들어가 있는데 숫자 타입으로 형변환하기 위해서는 쉼표를 삭제해야 한다. 그럼 로그스태시 파이프라인을 만들어보자. 로그스태시 config 폴더에 logstash-spop.conf 파일을 만들자.

리스트 11.2 로그스태시 파이프라인 ch11/03/logstash-spop.conf

```
input {
  file {
    path => "C:/example/seoul_pop.txt"
    start_position => "beginning"
    sincedb_path => "nul"
  }
}

filter {
  mutate {
    gsub => [
      "message", ",", ""
    ]
  }

  csv {
```

```
    separator => "	" # 반드시 탭 키를 직접 눌러야 한다.
    columns => ["GIGAN","JACHIGU","DONG","SEDAE","GYE_1","NAMJA_1","YEOJA_1","GYE_2",
"NAMJA_2","YEOJA_2","GYE_3","NAMJA_3","YEOJA_3","SEDAEDANGINGU","N_65SEISANGGORYEONGJA"]
    remove_field => ["GIGAN", "message", "@timestamp", "path", "@version", "host"]
  }
  if [DONG] == "동" or [DONG] == "합계" or [DONG] == "소계" {
    drop { }
  }
}

output {
  elasticsearch {
    index => "seoul_ingu"
  }
}
```

인풋은 file 플러그인을 이용해 다운로드한 seoul_pop.txt 파일을 가져온다. 필터filter는 먼저 mutate 플러그인의 gsub를 이용해 쉼표(,)를 모두 지운다. 다음으로 csv 필터를 이용해 컬럼을 구분하는데 separator => "\t"라고 입력하면 안 된다. 반드시 키보드로 Tab 키를 눌러서 표현해야 한다. 컬럼을 생성하고 불필요한 컬럼을 지운 다음에 DONG(동) 컬럼에서 필요 없는 도큐먼트들을 삭제한다. 마지막으로 아웃풋으로는 elasticsearch의 seoul_ingu라는 인덱스로 데이터를 전달한다.

로그스태시를 실행하기 전에 인덱스 매핑 작업을 하자.

리스트 11.3 seoul_ingu 인덱스 매핑 ch11/03/index_seoul_ingu

```
PUT seoul_ingu
{
  "mappings": {
    "properties": {
      "JACHIGU": {"type": "keyword"},
      "DONG": {"type": "keyword"},
      "SEDAE": {"type": "integer"},
      "GYE_1": {"type": "integer"},
      "NAMJA_1": {"type": "integer"},
      "YEOJA_1": {"type": "integer"},
      "GYE_2": {"type": "integer"},
      "NAMJA_2": {"type": "integer"},
      "YEOJA_2": {"type": "integer"},
      "GYE_3": {"type": "integer"},
      "NAMJA_3": {"type": "integer"},
```

```
        "YEOJA_3": {"type": "integer"},
        "SEDAEDANGINGU": {"type": "float"},
        "N_65SEISANGGORYEONGJA": {"type": "integer"}
      }
    }
  }
```

seoul_ingu라는 인덱스를 생성하고 데이터들을 매핑한다. 시군구나 행정동의 경우 범주형 데이터이기 때문에 키워드 타입으로 지정했다. 3.6절에서 매핑에 대해 설명했으니 참고하기 바란다. 이제 로그스태시를 실행해보자.

```
C:\logstash-7.10.1>.\bin\logstash.bat -f .\config\logstash-spop.conf
```

로그스태시가 잘 동작했다면 엘라스틱서치에 seoul_ingu라는 인덱스가 생성되고 424개의 도큐먼트가 인덱싱된다. 마지막으로 키바나에서 인덱스 패턴을 만들자.

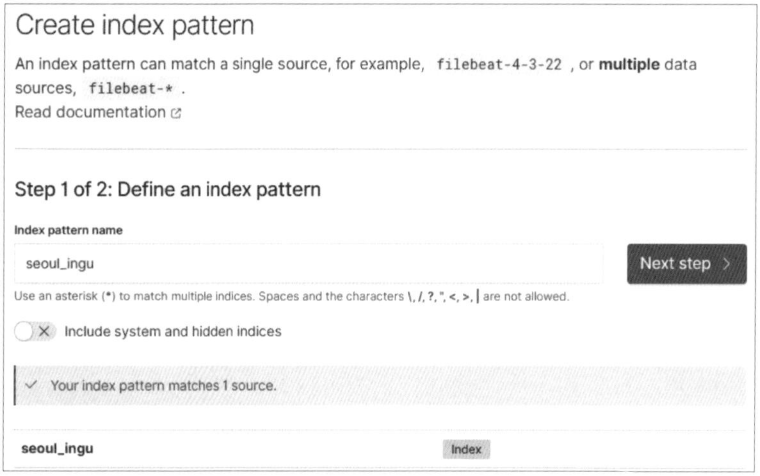

그림 11.16 seoul_ingu 인덱스 패턴 생성

그림 11.16에서 볼 수 있듯이 인덱스 패턴 이름은 seoul_ingu이고, 날짜/시간 필드는 설정하지 않는다.

11.3.2 QGIS 이용한 사용자 벡터 레이어 생성

키바나 맵스를 사용하다 보면 사용자 벡터 레이어를 사용할 일이 많다. 엘라스틱에서 제공하는 벡터 레이어는 시군구, 시도 경계선 정보가 전부이다 보니 작업하다 보면 사용자가 생성한

geojson으로 벡터 레이어 작업이 필요하다. 국가에서 제공하는 다양한 공공데이터 벡터 레이어들을 활용하는 방법을 알아보자.

11.3.2.1 공공데이터 지리 정보 다운로드

공공데이터는 다양한 지리 정보도 제공한다. 국가공간정보포털(http://www.nsdi.go.kr) 같은 곳에서 다양한 벡터 레이어를 제공하고 있다. 국가공간정보포털의 오픈 마켓에서 행정동 단위 경계면 데이터를 얻을 수 있다. 국가공간정보포털에 회원 가입을 하고 http://data.nsdi.go.kr/dataset/20171206ds00001 링크에 접속해보자.

그림 11.17 국가공간정보포털 오픈마켓에서 제공하는 행정동 경계 데이터셋

그림 11.17의 Z_SOP_BND_ADM_DONG_PG.zip 파일을 다운로드해서 압축을 풀어보자. 이 책의 깃허브에서도 파일을 제공한다. `ch11/03/Z_SOP_BND_ADM_DONG_PG.zip`

geojson 파일이 아닌 shp 파일 형식의 압축 파일이다. 국가에서 제공하는 공간 데이터는 대부분 확장자가 shp 파일 형식이다.

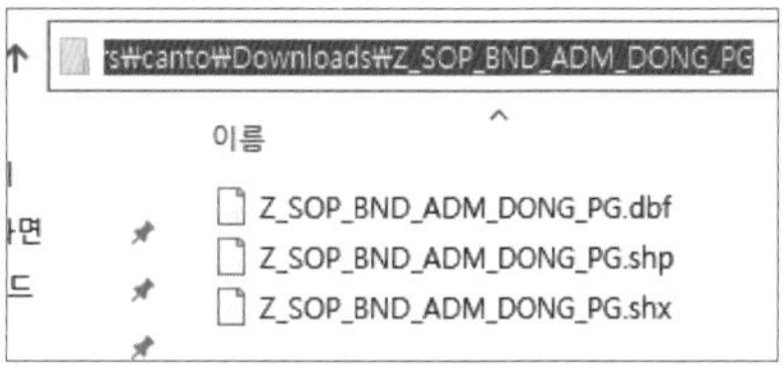

그림 11.18 **공공데이터에서 제공하는 벡터 레이어 파일 포맷**

shp 파일 형식은 지도를 표현하기 위해 점, 선, 도형 같은 벡터 정보를 갖고 있는 파일로 dbf, shp, shx 3개의 파일로 구성되어 있다. 좌표 데이터가 있는 shp 파일, 도형 인덱스가 있는 shx 파일, 속성 데이터가 있는 dbf 파일, 이렇게 3개의 파일을 통상 SHP 파일 형식이라고 한다. 키바나에서는 geojson 파일이 필요하기 때문에 이를 변환해줘야 한다. 참고로, 국가공간정보포털 외에 도로명주소 데이터(http://www.juso.go.kr/), 통계지리정보서비스(http://sgis.kostat.go.kr/) 등 여러 곳에서 SHP 파일 형식으로 경계면 백터 레이어를 제공하고 있으니 참고하자.

11.3.2.2 QGIS를 이용하여 GeoJSON 파일 만들기

SHP 파일 형식을 geojson 형식으로 변경하기 위해 QGIS라는 툴을 사용해볼 것이다. 키바나 맵스는 geojson 파일만 인식할 수 있는데 QGIS를 이용하여 공간 연산과 geojson 형태의 백터 레이어를 만들 수 있다. QGIS는 공간 데이터를 처리하기 위한 툴로, 파일 변환은 일부 기능일 뿐이며 공간 연산이나 지리 데이터 확인 등 지리/공간에 관련된 여러 작업들을 할 수 있다. QGIS에 대한 깊이 있는 설명은 이 책의 범위를 넘어가기 때문에 여기서는 아주 기본적인 것들만 설명할 것이다. QGIS를 실행하고 프로젝트를 새로 하나 만들자. **프로젝트 > 새로 생성**을 하면 된다. 다음으로 배경지도를 추가한다. 오픈 스트리트 맵이나 구글지도를 사용할 것이다.

그림 11.19 **QGIS 구글 배경지도 만들기**

왼쪽 메뉴바 탐색기에서 XYZ Tiles를 선택하고 마우스 오른쪽 버튼을 누르면 메뉴가 나오는데 **새 연결**을 선택한다. 그림 11.19와 같이 'XYZ 연결'이라는 새 창이 뜨면 URL에 https://mt1.

google.com/vt/lyrs=m&x={x}&y={y}&z={z}를 입력하고 이름을 '구글지도'라고 하자. 이제 구글지도를 배경지도로 선택할 수 있다. QGIS 3.16에서는 구글지도와 오픈스트리트 맵이 기본으로 제공되기 때문에 굳이 배경지도를 만들지 않아도 된다.

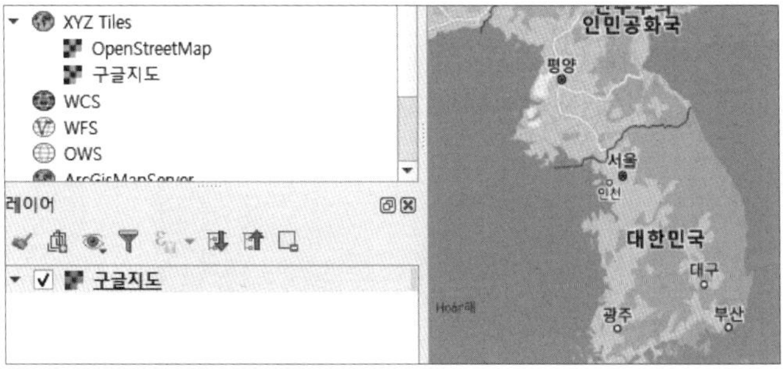

그림 11.20 **구글지도 확인**

XYZ Tiles에 있는 구글지도를 레이어에 드래그하면 구글지도가 보인다. 구글지도 외에 오픈스트리트 맵이나 다양한 지도 맵을 사용할 수 있다. 배경지도가 만들어졌으니 벡터 데이터를 불러오자. 메뉴의 **레이어 > 레이어 추가 > 벡터 레이어 추가**를 선택하고 벡터 데이터셋에서 앞에서 다운로드한 Z_SOP_BND_ADM_DONG_PG.zip 파일을 선택한다. 주의할 것은 그림 11.17 국가공간정보포털에서 파일을 다운로드하면 압축이 두 번 되어 있다. 반드시 압축을 한 번 풀고 그 안에 있는 zip 파일을 선택해야 한다. **추가** 버튼을 누르면 레이어에서 Z_SOP_BND_ADM_DONG_PG라는 레이어가 추가된다. 다음으로 구글지도와 좌표계를 통일해야 한다. **레이어** 메뉴에서 Z_SOP_BND_ADM_DONG_PG를 선택하고 오른쪽 마우스를 클릭하면 메뉴가 나타나는데 **레이어 좌표계 > 레이어 좌표계 설정**을 클릭한다.

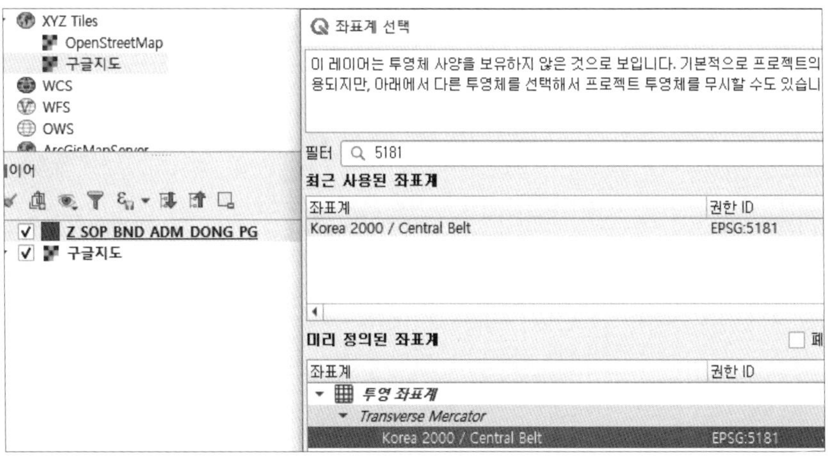

그림 11.21 **좌표계 설정**

지리 좌표계는 지구상의 위치를 표현하기 위한 방법으로, 여러 단체나 국가에서 좌표계를 만들어서 사용하고 있다. 데이터를 제공하는 곳에서 어떤 좌표계를 사용해야 하는지 가이드를 준다. 우리가 받은 Z_SOP_BND_ADM_DONG_PG 파일은 중부 좌표계인 5181 좌표계를 사용해야 한다. 필터에서 5181로 검색해 결과로 나온 EPSG:5181 좌표계를 선택하고 **확인**을 누르자(그림 11.21 참고). 이제 QGIS에서 대한민국을 확대해보면 그림 11.22와 같이 전국의 모든 행정동 단위의 경계선들이 보이게 된다.

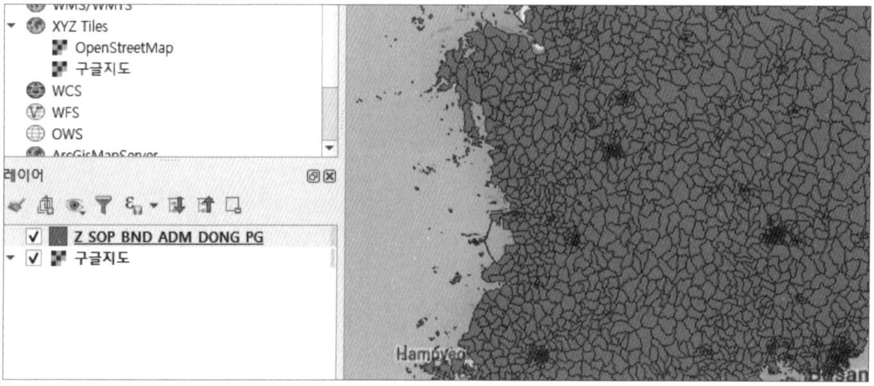

그림 11.22 **대한민국 행정동 경계선 벡터 확인**

우리는 서울시 행정동만 있으면 되기 때문에 필터를 이용해 서울시 행정동만 가져올 것이다. 행정동은 코드로 되어 있는데 앞 2자리가 시도를 의미한다. 서울은 11로 시작하고, 11로 시작하는 행정동 코드는 모두 서울시에 속한 행정동이다. 필터를 적용해보자. Z_SOP_BND_ADM_DONG_PG 레이어에서 오른쪽 마우스를 클릭하면 메뉴가 나타나는데 **필터 설정...**을 클릭한다.

그림 11.23 **QGIS 필터 작성**

그림 11.23과 같은 쿼리 작성 창이 나오면 필터 표현식에 `"ADM_DR_CD"  LIKE '11%'`라고 입력한다. `ADM_DR_CD`(행정동 코드)가 11로 시작하는 데이터만 필터링한다.

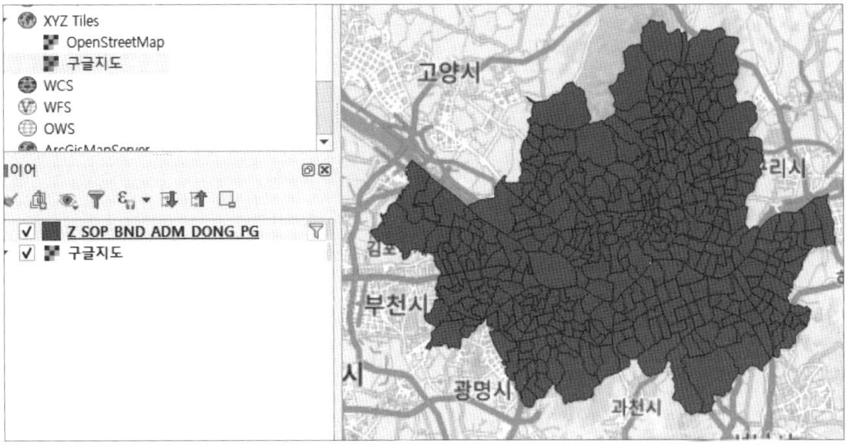

그림 11.24 **필터가 적용되어 서울만 경계선 벡터 확인**

필터가 적용되면서 서울에 있는 행정동만 보인다. 마지막으로, 완성된 서울시 행정동 경계를 키바나에서 사용할 수 있는 geojson 파일 형태로 만들어보자. Z_SOP_BND_ADM_DONG_PG 레이어에서 오른쪽 마우스를 클릭하면 메뉴가 나타나는데 **내보내기 > 객체를 다른 이름으로 저장...**을 선택한다.

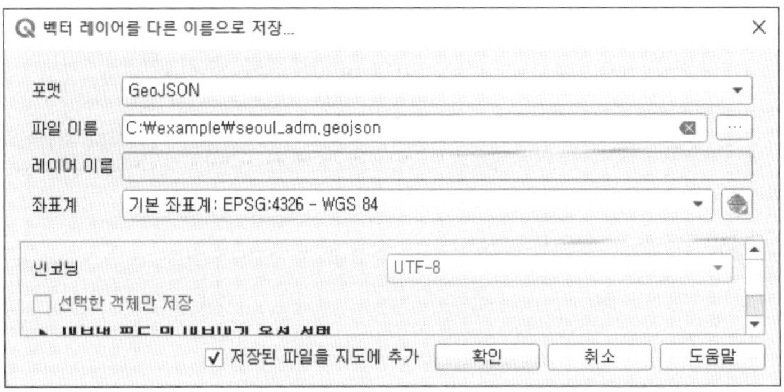

그림 11.25 **QGIS geojson 파일 내보내기**

그림 11.25에서 볼 수 있듯이, 포맷은 GeoJSON으로 하고 파일 이름은 seoul_adm.geojson으로 했다. 좌표계는 EPSG:4326 위경도 좌표계를 선택한다. 키바나는 위경도 좌표계만 인식할 수 있기 때문에 반드시 EPSG:4326을 사용해야 한다. 다른 좌표계를 사용하면 키바나에서 보이지 않으니 주의하자. 혹시 파일을 만들기 힘들면 출판사에서 제공하는 깃허브 페이지를 이용하자.

ch11/03/seoul_adm.geojson

이 외에도 QGIS는 다양한 공간 연산을 지원한다. 재미 삼아 이것저것 메뉴를 만져보고 인터넷에서 사용기도 찾아보자. QGIS 사용법을 소개하는 이유는 앞으로 키바나의 맵스를 통해 공간 데이터를 시각화할 때 다양한 벡터 레이어가 필요한데 QGIS를 이용하면 큰 도움을 받을 수 있기 때문이다.

11.3.3 서울에서 일인 가구가 많은 지역은 어디일까?

앞서 확보한 데이터를 다시 살펴보자. seoul_ingu 인덱스에 공공데이터에서 제공하는 서울 행정동별 인구 데이터가 저장되어 있다. 도큐먼트 개수(20년 3~4분기 기준)는 424개, 필드는 2020년 기준으로 주민등록상의 총세대수, 총인구, 남자인구, 여자인구, 한국인 총인구, 한국인 남자인구, 한국인 여자인구, 외국인 총인구, 외국인 남자인구, 외국인 여자인구, 세대당 인구, 65세 이상 고령자 인구 데이터가 있다. 모두 흥미로운 데이터이지만 세대당 인구 데이터가 눈에 들어온다. 특히 요즘 일인 가구나 소규모 가구가 늘어나면서 그에 따른 마케팅이나 사업들이 많이 생겨나고 있는데, 키바나를 이용해 일인 가구가 많은 지역이 어디인지 분석해보자.

11.3.3.1 사용자 벡터 레이어 사용하기

8.6절 '맵스'에서 설명했던 내용이므로 여기서는 동작 과정 위주로 진행하겠다. 보충 설명은 8.6절을 참고하자. 먼저 키바나 설정 파일인 kibana.yml에서 regionmap 설정을 추가한다.

리스트 11.4 키바나 설정 파일 내 regionmap 설정 추가

```
map.regionmap:
  layers:
     - name: "ADONG"
       url: "http://localhost/seoul_adm.geojson"
       fields:
          - name: "ADM_DR_NM"
            description: "ADM NAME"
```

seoul_adm.geojson은 11.3.2.2절에서 우리가 만든 서울시 행정동 벡터 레이어다. 필드[fields]는 인덱스와 조인할 GeoJSON 필드로, 유니크한 값으로 설정해야 한다. seoul_adm.geojson에서 유니크한 값은 행정동 코드(ADM_DR_CD)이지만 seoul_ingu 인덱스는 행정동 코드가 없어서 조인할 수가 없다. 차선책으로 seoul_ingu 인덱스는 행정동 이름이 있기 때문에 조인할 수 있는 ADM_

DR_NM을 필드로 설정한다. 이제 엔진엑스 웹 서버를 실행할 것이다. 그 전에 geojson 파일을 엔진엑스 루트 디렉토리(C:\nginx-1.18.0\html)에 복사한다(그림 11.26 참고).

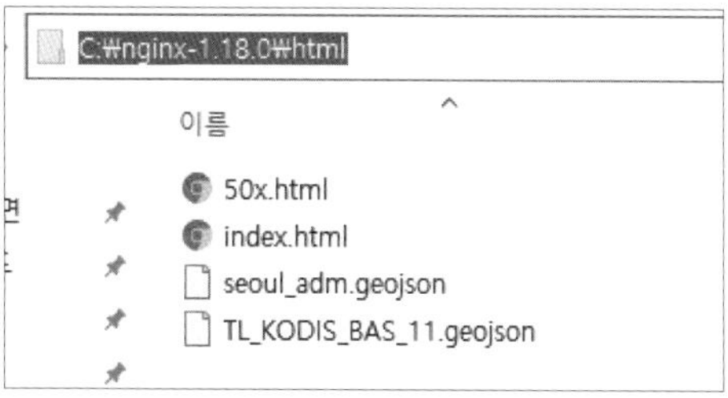

그림 11.26 geojson 파일을 엔진엑스 특정 위치에 복사

엔진엑스 설정 방법은 8장에서 다뤘다. 이제 엔진엑스를 실행한다. 엔진엑스 폴더의 nginx.exe를 더블클릭한다. http://localhost/를 입력했을 때 엔진엑스 페이지가 뜬다면 서버가 실행된 것이다. 이제 키바나에서 시각화를 해보자. 키바나 Visualize 메뉴에서 Create visualization을 클릭하자. 11.2.4절을 진행했다면 그림 11.27과 같이 Region Map이라는 타입이 보일 것이다.

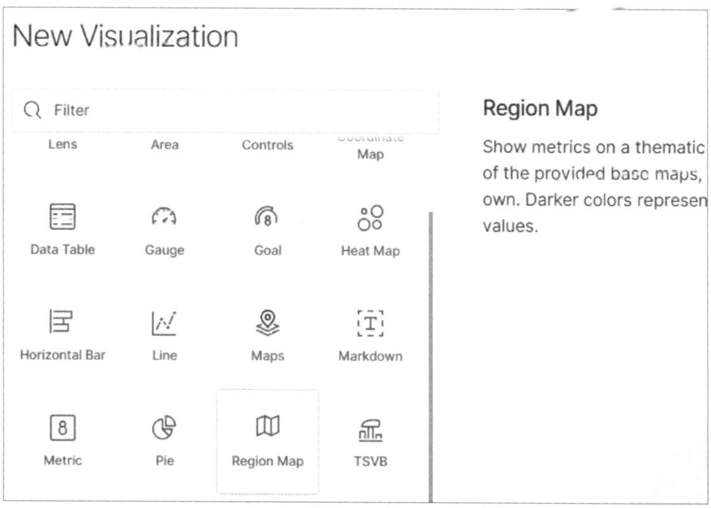

그림 11.27 Region Map 시각화 타입 선택

Region Map 타입을 선택하고 인덱스 패턴은 seoul_ingu를 선택한다. 시각화를 시작하고 그림 11.28의 Options 메뉴를 확인해보자.

그림 11.28 **사용자 GeoJSON 적용 모습**

리스트 11.4의 kibana.yml에서 적었던 레이어 이름(ADONG)과 필드 이름(ADM NAME)이 보인다. 지도를 확대/이동해 서울을 보면 서울 행정동 단위의 경계선을 표현한 벡터 레이어가 보인다. Display warnings는 오프[off]로 지정한다. 데이터 정제가 완벽하지 않아 렌더링 과정에서 발생하는 경고인데 실습에 큰 지장은 없다. 이제 그림 11.29의 Data로 돌아가서 버킷과 메트릭을 작성한다. 일단 세대당 인구수 필드를 이용해 행정동별 세대당 인구수를 확인해보자.

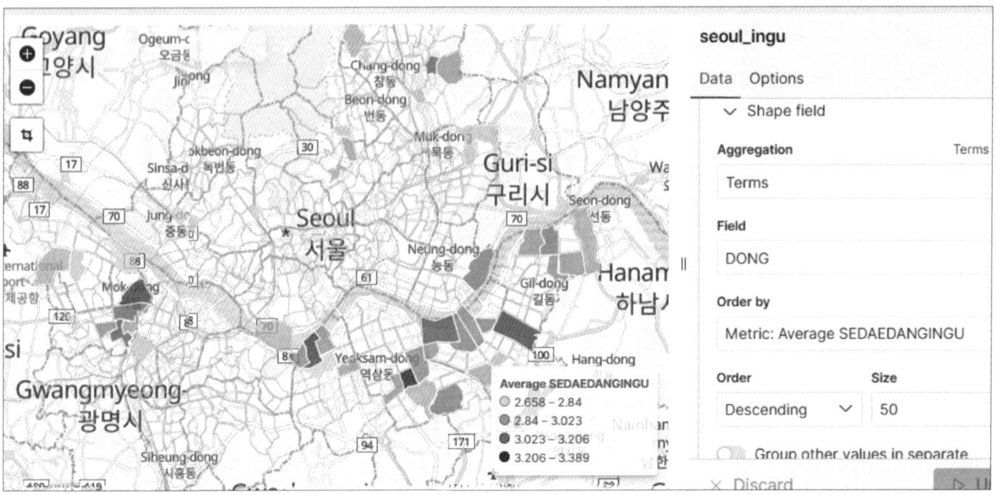

그림 11.29 **버킷, 메트릭 설정: 세대당 인구가 많은 상위 50개**

버킷은 백터 레이어와 조인할 필드를 지정해야 한다. Aggregation은 Terms를 선택하고 Field는 DONG을 선택한다. geojson의 행정동 이름인 ADM_NAME과 seoul_ingu 인덱스의 행정동 이름인 DONG이 조인된다. Order는 Descending[내림차순]으로 하고 Size는 50을 선택하자. 메트릭에서

Aggregation은 Average, Field는 SEDAEDANGINGU를 선택한다. 이러한 설정은 세대당 인구가 많은 상위 50개의 행정동을 지도로 표현하라는 뜻이다. 색깔이 진할수록 세대당 인구가 많은 동네다. 강남, 목동 등 대체적으로 강남 쪽이 세대당 인구가 많다. 우리는 일인 가구가 많은 곳을 찾아야 하므로 그림 11.30과 같이 설정을 다시 바꿔보자.

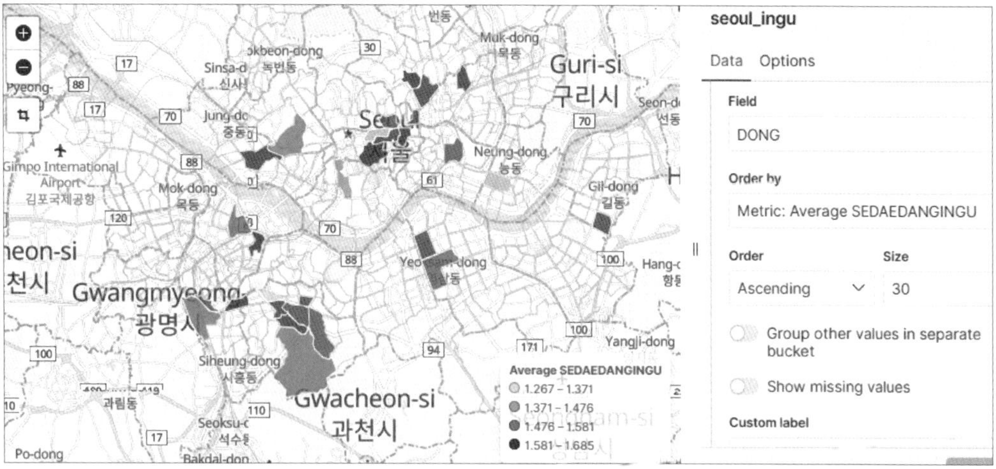

그림 11.30 버킷, 메트릭 설정: 세대당 인구가 적은 상위 30개

나머지 설정은 모두 같고, Order만 Ascending오름차순으로 변경하고 상위 30개만 보이게 했다. 지도 모양은 완전히 반대로 나온다. 고시촌이 많은 신림동이나 주거지가 적고 직장이 많은 서울 중구 쪽 지역들이 주로 잡힌다. 사실 원천 데이터에 일인 가구에 대한 정보가 없기 때문에 일인 가구가 가장 많은 행정동을 정확히 알기는 힘들다. 하지만 데이터 중에 평균 세대수 데이터가 있기 때문에 평균 세대수가 적다면 일인 가구가 많다고 추정해보는 것이다.

11.3.4 서울에서 외국인이 많은 곳은 어디일까?

이번에는 다른 분석을 한번 해보자. 행정동 데이터를 받았지만 행정동은 특정한 시군구에 속한다. 예를 들어 압구정동, 신사동 등은 강남구에 속하고 효자동, 혜화동은 종로구에 속한다. 행정동을 그룹핑하여 시군구를 알 수 있지만 고맙게도 데이터에 자치구(JACHIGU)라는 이름으로 시군구를 알 수 있는 필드가 존재한다. 시군구를 이용해 외국인이 많이 거주하는 시군구를 찾아보자. 키바나 Visualize 메뉴를 선택하고 Create visualization을 클릭하자. Vertical Bar수직 막대 시각화 타입을 선택하고 인덱스 타입은 seoul_ingu를 선택한다.

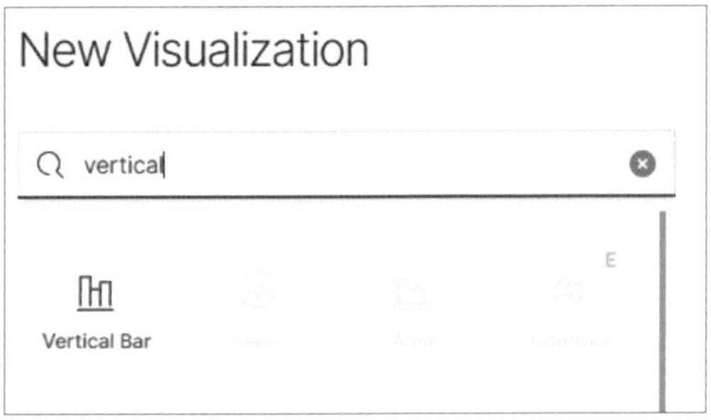

그림 11.31 Vertical Bar 시각화 타입 선택

seoul_ingu 인덱스에 외국인 남녀 인구수 데이터가 있다. 이를 이용해 시각화를 해보자.

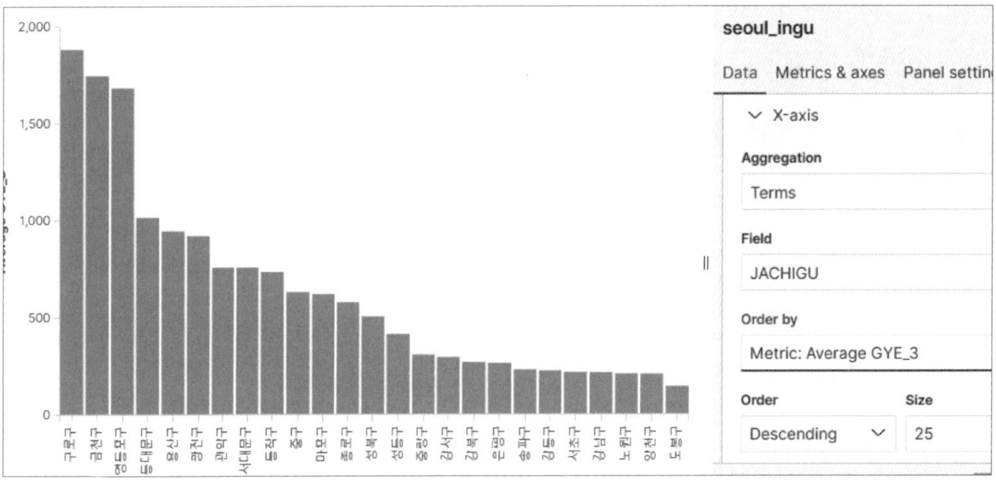

그림 11.32 외국인이 많이 거주하는 시군구

버킷 집계는 X-axis를 선택하고 Aggregation은 Terms를, Field는 JACHIGU를 선택한다. Order는 Descending내림차순으로 하고 Size는 25를 선택한다(서울 시군구 개수가 25개다). 메트릭은 Y-axis를 선택하고 Aggregation은 Average, Field는 GYE_3(외국인 전체 인구)을 선택한다. 이 경우 외국인이 많이 사는 구를 확인할 수 있다. 구로구, 금천구, 영등포구가 압도적으로 외국인 거주자 비율이 높은 것을 알 수 있다. 이제 남자/여자 외국인 비율과 함께 확인해보자.

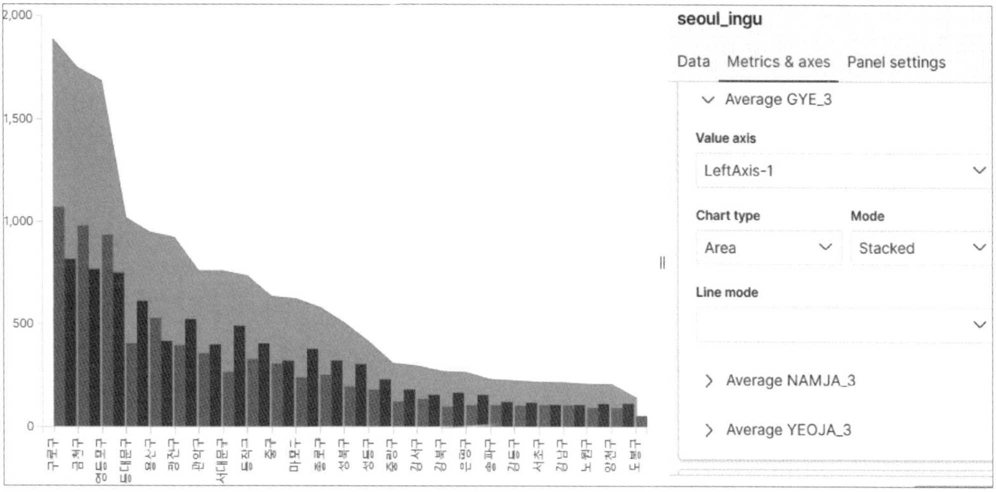

그림 11.33 외국인 남/녀/전체 많이 거주하는 시군구

그림 11.32에서 사용한 그래프에서 버킷은 그대로 두고 메트릭을 추가해보자. Aggregation은 Average를, Field는 NAMJA_3(남자 외국인)를 설정하고, 다시 Aggregation은 Average를, Field는 YEOJA_3(여자 외국인)를 설정해 2개의 메트릭 집계를 추가한다. Metrics & axes 메뉴에서 그래프 스타일을 변경할 수 있는데 Average GYE_3(전체 외국인)은 Chart Type을 Area로 변경하고, Average NAMJA_3과 Average YEOJA_3은 Mode를 Normal로 변경하자. 동대문구나 서대문구는 다른 구보다 여성 외국인이 많이 살고 있다는 사실도 직관적으로 확인한 수 있다.

11.4 서울 공공와이파이 지도 만들기

이번에는 서울시에서 제공하는 공공와이파이가 어디 있는지 공공데이터를 이용해 알아보자. 공공와이파이는 통신 3사에서 무선 데이터를 사용하기 힘든 국민들을 위해 복지 차원에서 제공하는 와이파이다. 어느 위치에 와이파이들이 있는지 알아보고 와이파이 지도를 제작해보자.

11.4.1 오픈 API를 이용한 공공데이터 가져오기

서울시 공공데이터에서 와이파이 데이터를 얻을 수 있다. 서울 열린광장에서 공공와이파이로 검색하면 그림 11.34와 같은 페이지에 접근이 가능하다.

그림 11.34 **서울시 공공와이파이 정보**

서울시 공공와이파이 위치 정보는 오픈 API를 사용할 수 있다. 링크[5]를 따라 들어가면 오픈 API의 사용법이 나온다(그림 11.35 참고).

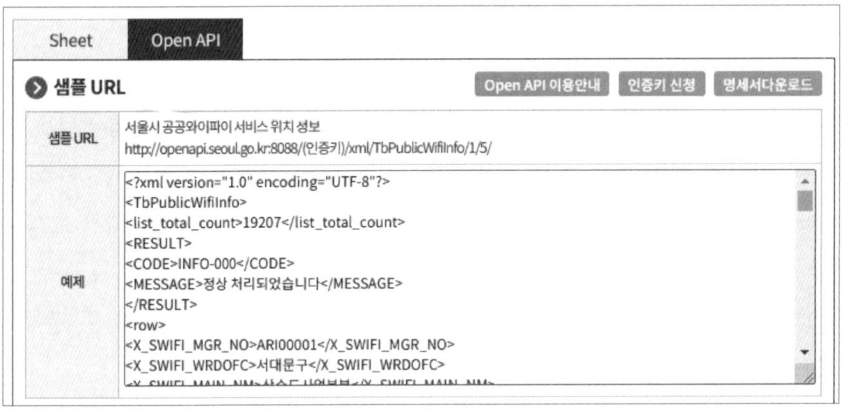

그림 11.35 **오픈 API 사용법 제공**

브라우저에서 API를 호출해보자.

    http://openapi.seoul.go.kr:8088/(인증키)/xml/TbPublicWifiInfo/1/5/

브라우저를 열고 샘플 URL을 입력할 때, (인증키)는 11.2.1절에서 얻었던 개인 인증키로 대체한다.

5 서울시 공공와이파이 위치 정보: https://data.seoul.go.kr/dataList/OA-1218/S/1/datasetView.do

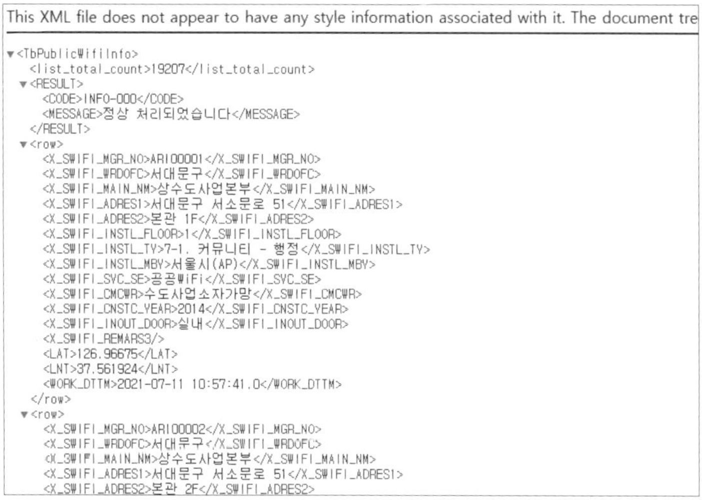

그림 11.36 오픈 API 결괏값

결과로 나온 그림 11.36에서 와이파이가 설치된 위경도 데이터와 함께 총 데이터 개수도 19207개라고 알려준다. 여기서는 X_SWIFI_WRDOFC(시군구), W_SWIFI_MAIN_NM(설치 장소), LAT, LNT(위경도) 필드만 사용할 것이다.

11.4.2 파이썬을 이용한 오픈 API 실행

파이썬 코드를 이용해 오픈 API를 실행해보자. 예제를 실행하기 위해 먼저 필요한 모듈을 설치해야 한다. 오픈 API는 HTTP로 데이터를 요청하고 받을 수 있으므로 requests 모듈을 설치하자. pip는 파이썬 모듈을 쉽게 설치할 수 있도록 도와주는 도구다. 콘솔에서 pip를 이용해 requests를 설치해보자.

```
C:\>pip install requests
```

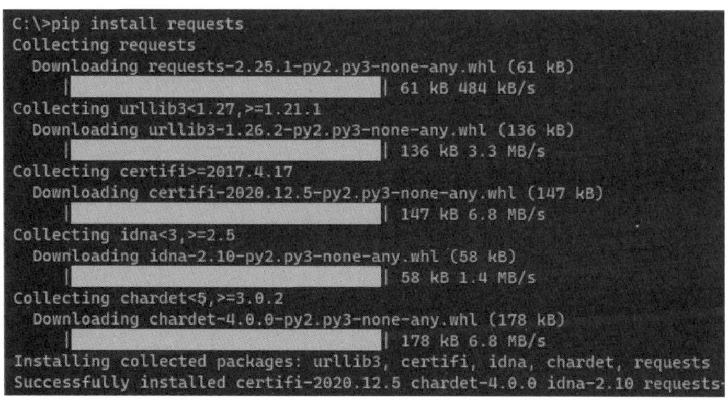

그림 11.37 requests 모듈 설치

그림 11.37에서 볼 수 있듯이, 관련된 다른 모듈까지 pip가 의존성을 점검하면서 설치한다. 이제 파이썬 코드로 오픈 API의 결과를 가져오는지 확인해보자. wifi_api.py 이름으로 다음 코드를 작성하자.

리스트 11.5 오픈 API 데이터 가져오기 ch11/04/wifi_api.py

```
import urllib.request # ❶
import json # ❷

url = 'http://openapi.seoul.go.kr:8088/(인증키)/json/TbPublicWifiInfo/1/500' # ❸
response = urllib.request.urlopen(url) # ❹
json_str = response.read().decode('utf-8') # ❺
data = json.loads(json_str) # ❻
print(json.dumps(data, indent=4, ensure_ascii=False)) # ❼

#for row in data['TbPublicWifiInfo']['row']:
#   print(row['X_SWIFI_MAIN_NM'])
```

전반적인 동작 흐름을 파악할 목적으로 핵심적인 기능만 구현했다.

❶ import로 필요한 패키지들을 선언했다. urllib.request는 URL을 여는 데 필요한 함수와 라이브러리를 제공한다.

❷ json은 JSON을 처리하는 함수를 제공한다.

❸ url에 오픈 API URL을 적어준다. '(인증키)'라고 적힌 부분은 각자 부여받은 인증키로 대체한다. 파일 포맷은 xml이 아닌 json 포맷 형태로 요청했고 1~500개의 데이터를 요청했다.

❹ URL 주소의 GET 요청으로 얻은 데이터를 response 변수에 저장한다.

❺ 한글 데이터가 있기 때문에 결과를 UTF-8로 디코딩해서 json_str 변수에 저장한다.

❻ data 변수에 JSON 데이터인 json_str을 파싱해 객체 형태로 저장한다.

❼ dumps 함수는 JSON 객체를 문자열로 바꿔준다.

마지막은 주석 처리되었지만 data 객체를 통해 개별 필드에 접근하는 방법을 설명하고 있다.

터미널에서 파이썬 코드를 실행해보자.

```
C:\example>python wifi_api.py
```

결과를 확인해보자(그림 11.38 참고). 웹 브라우저와 같은 결과가 나온다.

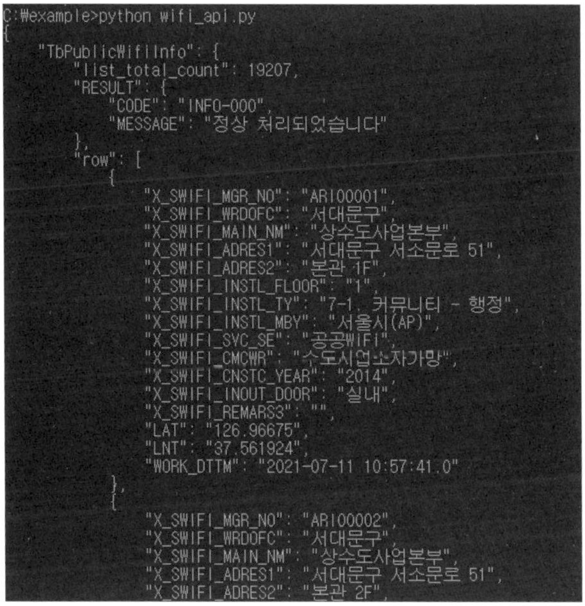

그림 11.38 **리스트 11.5 실행 결과**

TbPublicWifiInfo 밑에 list_total_count, RESULT, row라는 키가 있고 그중에서 row는 배열 형태로 구성되어 있다. 우리가 필요한 행정동별 인구 데이터가 row의 배열 하나하나의 값이라는 것도 확인되었다. 지금까지 파이썬을 이용해 오픈 API의 데이터에 접근하는 방법을 알아봤다.

11.4.3 파이썬 엘라스틱서치 클라이언트

이번에는 엘라스틱에서 제공하는 파이썬 클라이언트를 사용해 데이터를 엘라스틱서치에 저장하는 방법을 배워보자. 키바나 콘솔에서 요청했던 작업들을 파이썬으로 한다고 생각하면 된다. 먼저 파이썬에서 elasticsearch 모듈을 설치해야 한다.

```
C:\>pip install elasticsearch
```

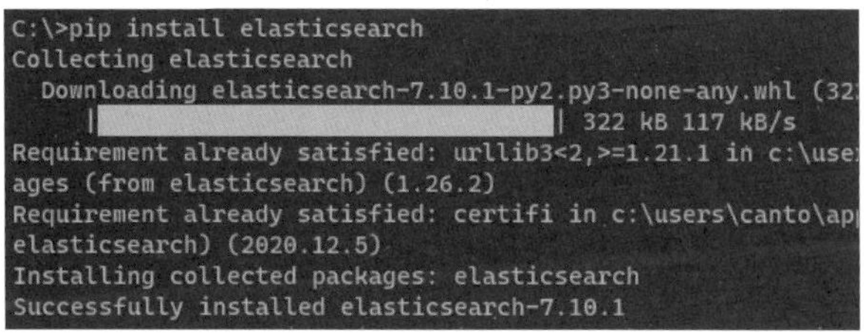

그림 11.39 **엘라스틱서치 모듈 설치**

이제 파이썬 코드를 작성해보자. python_es.py 이름으로 다음 코드를 작성하자.

리스트 11.6 엘라스틱서치에 데이터를 저장하고 검색하기 ch11/04/python_es.py

```
from elasticsearch import Elasticsearch # ❶

es = Elasticsearch() # ❷

doc = {"name": "kim", "age": 35} # ❸
res = es.index(index='test_index', body=doc) # ❹
print(res)

doc = { # ❺
        "size": 1,
        "query": {
          "term": {
            "DestCityName": "Seoul"
          }
        }
      }

res = es.search(index='kibana_sample_data_flights', body=doc) # ❻
print(res)
```

리스트 11.6은 파이썬 엘라스틱서치 클라이언트를 사용하는 아주 간단한 예제다. 엘라스틱서치 API를 공부했다면 함수들의 형태가 낯설지 않을 것이다.

❶ 엘라스틱서치 함수를 제공한다.

❷ `Elasticsearch()` 함수는 엘라스틱서치 설정과 관련된 다양한 파라미터를 지원하는데 아무 설정도 하지 않으면 localhost와 9200 포트에 접속을 한다.

❸ 엘라스틱서치에 인덱싱할 도큐먼트를 만든다.

❹ `index()` 함수는 도큐먼트를 인덱싱한다. 여기서는 `test_index`라는 인덱스를 생성하고, `name`과 `age`를 필드로 갖는 도큐먼트 하나를 인덱싱한다.

❺ 엘라스틱 `search()` 함수에 사용할 DSL 쿼리를 정의한다.

❻ `search()` 함수는 4장에서 배웠던 search API와 사용법이 동일하며 `body`에는 DSL 쿼리 형태의 요청 본문을 지정한다.

결과를 확인해보자(그림 11.40 참고).

```
C:\example>python python_es.py
{'_index': 'test_index', '_type': '_doc', '_id': '2GqJyHYBIesY6GNMEUJY', '_
version': 1, 'result': 'created', '_shards': {'total': 2, 'successful': 1,
'failed': 0}, '_seq_no': 0, '_primary_term': 1}
{'took': 50, 'timed_out': False, '_shards': {'total': 1, 'successful': 1, '
skipped': 0, 'failed': 0}, 'hits': {'total': {'value': 139, 'relation': 'eq
'}, 'max_score': 4.5392447, 'hits': [{'_index': 'kibana_sample_data_flights
', '_type': '_doc', '_id': 'EhgWhHYBPZ5iaoUvL9r4', '_score': 4.5392447, '_s
ource': {'FlightNum': 'BOOKXH0', 'DestCountry': 'KR', 'OriginWeather': 'Cle
ar', 'OriginCityName': 'Paris', 'AvgTicketPrice': 920.587418059468, 'Distan
ceMiles': 5560.795796830947, 'FlightDelay': False, 'DestWeather': 'Clear',
'Dest': 'Incheon International Airport', 'FlightDelayType': 'No Delay', 'Or
iginCountry': 'FR', 'dayOfWeek': 0, 'DistanceKilometers': 8949.233350855106
, 'timestamp': '2020-12-14T08:22:01', 'DestLocation': {'lat': '37.46910095'
, 'lon': '126.4509964'}, 'DestAirportID': 'ICN', 'Carrier': 'ES-Air', 'Canc
elled': False, 'FlightTimeMin': 813.5666682595551, 'Origin': 'Charles de Ga
ulle International Airport', 'OriginLocation': {'lat': '49.01279831', 'lon'
```

그림 11.40 **리스트 11.6 실행 결과**

그림 11.40에서 test_index가 생성되었고, search API를 실행한 결과가 보인다. 이 모든 데이터는 키바나 콘솔에서도 확인할 수 있다. 이처럼 파이썬 앱으로 엘라스틱서치에 접근해 데이터를 주고받을 수 있다. 파이썬에서 사용할 수 있는 엘라스틱서치 API에 대한 설명은 https://elasticsearch-py.readthedocs.io/en/master/api.html에 아주 자세히 나와 있다.

11.4.4 파이썬 클라이언트 앱

파이썬에서 오픈 API를 호출하는 방법과 엘라스틱서치 API 사용법을 배웠으니 두 가지를 합쳐서 파이썬 엘라스틱서치 클라이언트 앱을 만들어보자. wifi_app.py라는 이름으로 다음 코드를 작성하자.

리스트 11.7 최종 파이썬 클라이언트 코드 ch11/04/wifi_app.py

```
import urllib.request
from xml.etree.ElementTree import fromstring, ElementTree # ❶
from elasticsearch import Elasticsearch

es = Elasticsearch() # ❷

for i in range (1, 21): # ❸
  iStart = (i-1)*1000 + 1
  iEnd = i*1000

  url = 'http://openapi.seoul.go.kr:8088/(인증키)/xml/TbPublicWifiInfo/'+str(iStart)+'/'+
str(iEnd)+'/' # ❹
```

```
    response = urllib.request.urlopen(url) # ❺
    xml_str = response.read().decode('utf-8') # ❻

    tree = ElementTree(fromstring(xml_str)) # ❼
    root = tree.getroot() # ❽

    for row in root.iter("row"): # ❾
      gu_nm = row.find('X_SWIFI_WRDOFC').text
      place_nm = row.find('X_SWIFI_MAIN_NM').text
      place_x = float(row.find('LAT').text)
      place_y = float(row.find('LNT').text)
      doc = { # ❿
        "gu_nm": gu_nm,
        "place_nm": place_nm,
        "instl_xy": {
          "lat": place_y,
          "lon": place_x
        }
      }
      res = es.index(index="seoul_wifi", doc_type="_doc", body=doc) # ⓫
    print("END", iStart, "~", iEnd)
  print("END")
```

앞에서 설명했던 부분은 따로 설명하지 않는다.

❶ import로 필요한 라이브러리를 불러오는데 이번에는 json이 아닌 xml 파싱을 해볼 것이다.

❷ Elasticsearch( )로 엘라스틱서치에 접속한다.

❸ 총 데이터 개수는 19207인데 오픈 API에서 한 번에 호출할 수 있는 개수가 제한돼서 1000개씩 나누어서 API를 호출하기 위해 루프문을 돌린다. iStart, iEnd는 오픈 API의 호출 시작과 끝을 지정하고 있다.

❹ url 변수의 '(인증키)'는 서울 공공데이터 광장에서 받은 인증키로 대체한다.

❺ URL 주소의 GET 요청으로 얻은 데이터를 response 변수에 저장한다.

❻ 한글 데이터가 있기 때문에 결과를 UTF-8로 디코딩해서 xml_str 변수에 저장한다.

❼ XML 파싱한 데이터를 tree 변수에 넣는다.

❽ getroot를 호출해 최상단 루트 태그를 얻는다.

❾ 이터레이션(반복)을 통해 <row> … </row>로 되어 있는 모든 데이터를 가져온다.

다시 한번 오픈 API의 응답 결과를 확인해보자(그림 11.41 참고).

This XML file does not appear to have any style information associated with it. The document tre

```
▼<TbPublicWifiInfo>
  <list_total_count>19207</list_total_count>
 ▼<RESULT>
   <CODE>INFO-000</CODE>
   <MESSAGE>정상 처리되었습니다</MESSAGE>
  </RESULT>
 ▼<row>
   <X_SWIFI_MGR_NO>ARI00001</X_SWIFI_MGR_NO>
   <X_SWIFI_WRDOFC>서대문구</X_SWIFI_WRDOFC>
   <X_SWIFI_MAIN_NM>상수도사업본부</X_SWIFI_MAIN_NM>
   <X_SWIFI_ADRES1>서대문구 서소문로 51</X_SWIFI_ADRES1>
   <X_SWIFI_ADRES2>본관 1F</X_SWIFI_ADRES2>
   <X_SWIFI_INSTL_FLOOR>1</X_SWIFI_INSTL_FLOOR>
   <X_SWIFI_INSTL_TY>7-1. 커뮤니티 - 행정</X_SWIFI_INSTL_TY>
   <X_SWIFI_INSTL_MBY>서울시(AP)</X_SWIFI_INSTL_MBY>
   <X_SWIFI_SVC_SE>공공WiFi</X_SWIFI_SVC_SE>
   <X_SWIFI_CMCWR>수도사업소자가망</X_SWIFI_CMCWR>
   <X_SWIFI_CNSTC_YEAR>2014</X_SWIFI_CNSTC_YEAR>
   <X_SWIFI_INOUT_DOOR>실내</X_SWIFI_INOUT_DOOR>
   <X_SWIFI REMARS3/>
   <LAT>126.96675</LAT>
   <LNT>37.561924</LNT>
   <WORK_DTTM>2021-07-11 10:57:41.0</WORK_DTTM>
  </row>
 ▼<row>
   <X_SWIFI_MGR_NO>ARI00002</X_SWIFI_MGR_NO>
   <X_SWIFI_WRDOFC>서대문구</X_SWIFI_WRDOFC>
   <X_SWIFI_MAIN_NM>상수도사업본부</X_SWIFI_MAIN_NM>
   <X_SWIFI_ADRES1>서대문구 서소문로 51</X_SWIFI_ADRES1>
   <X_SWIFI_ADRES2>본관 2F</X_SWIFI_ADRES2>
```


그림 11.41 **오픈 API 응답 결과**

가져온 데이터는 총 19207개이며 `<row> … </row>` 안에 있는 `<X_SWIFI_MAIN_NM>` 같은 키들을 엘라스틱서치 필드에 인덱싱하면 된다.

⑩ 루프를 돌며 총 19207개의 `<row>` 안의 데이터들을 가져온다. 와이파이가 설치된 좌표인 LAT, LNT, 설치된 시군구(X_SWIFI_WRDOFC), 설치 장소(X_SWIFI_MAIN_NM) 등을 doc 변수에 저장한다.

⑪ index( ) 함수를 이용해 seoul_wifi라는 인덱스에 방금 저장된 doc을 인덱싱한다.

한글 분석기와 위경도 데이터 타입을 이용해야 하기 때문에 파이썬 코드 실행 전에 반드시 인덱스 매핑부터 먼저 해야 한다. 키바나 콘솔에서 다음 API를 요청하자.

리스트 11.8 seoul_wifi 인덱스 생성 요청 ch11/04/index_seoul_wifi

```
PUT seoul_wifi
{
  "settings": {
    "analysis": {
      "analyzer": {
        "korean": {
          "tokenizer": "nori_tokenizer"
        }
      }
```

```
      }
    },
    "mappings": {
      "properties": {
        "gu_nm": {"type": "keyword"},
        "place_nm": {"type": "text", "analyzer": "korean"},
        "instl_xy": {"type": "geo_point"}
      }
    }
  }
```

place_nm은 데이터가 한글로 되어 있다. 한글의 경우 엘라스틱에서 제공하는 노리 한글 형태소 분석기를 사용해야 제대로 된 전문 검색을 할 수 있다. 한글 분석기 설정과 사용법은 10.4절에서 다뤘다. 와이파이 설치 위치인 위경도 데이터는 geo_point 데이터 타입으로 설정한다. geo_point 타입의 필드는 표 11.1과 같이 다섯 가지 형태로 지정할 수 있다.

표 11.1 geo_point 타입 지정하는 방법

형식	예시

객체 형식: lat, lon 키를 이용	PUT test/_doc/1
	{
	  "INSTL_XY": {
	    "lat": 41.21,
	    "lon": 114.23
	  }
	}

텍스트 형식: lat, lon 순으로 텍스트 생성	PUT test/_doc/1
	{
	  "INSTL_XY": "41.21, 114.23"
	}

지오해시 형식	PUT test/_doc/1
	{
	  "INSTL_XY": "drm3btev3e86"
	}

배열 형식: [lon, lat] 형식	PUT test/_doc/1
	{
	  "INSTL_XY": [114.23, 41.21]
	}

POINT(lon lat) 형식	PUT test/_doc/1
	{
	  "INSTL_XY": "POINT(114.23 41.21)"
	}

우리는 instl_xy 필드를 geo_point 데이터 타입으로 매핑하고 실제 데이터 저장은 파이썬에서 표 11.1의 객체 형식을 따랐다.

```
"instl_xy": {
  "lat": float(row.find('LNT').text),
  "lon": float(row.find('LAT').text)
}
```

도큐먼트에서 lat, lon으로 배열을 만들어 geo_point 필드에 인덱싱하면 위치 관련된 필드가 되므로 위치 관련 쿼리들을 수행할 수 있다. 이제 파이썬 코드를 실행해보자.

```
C:\example>python wifi_app.py
```

결과를 확인해보자. 마지막 END가 나와야 코드가 모두 실행된 것이다.

```
http://openapi.seoul.go.kr:8088/4e5654487863616e3832704a6c734c/xm
l/TbPublicWifiInfo/17001/18000/
END 17001 ~ 18000
http://openapi.seoul.go.kr:8088/4e5654487863616e3832704a6c734c/xm
l/TbPublicWifiInfo/18001/19000/
END 18001 ~ 19000
http://openapi.seoul.go.kr:8088/4e5654487863616e3832704a6c734c/xm
l/TbPublicWifiInfo/19001/20000/
END 19001 ~ 20000
END
```

그림 11.42 **리스트 11.10 실행 결과**

위경도가 한국이 아닌 곳으로 잡혔거나 우리가 모르는 시군구 데이터가 있는 경우 오류가 발생할 수 있는데 현재는 오류 처리가 전혀 안 되어 있다. 실제 작업할 때는 발생할 수 있는 모든 예외 경우를 검토하고 오류가 발생하지 않도록 꼼꼼히 작업해야 한다. 파이썬 코드의 동작 시간이 오래 걸리는데 만 개가 넘는 API 요청을 하기 때문이다. 이런 경우 다음 절에서 설명하는 bulk API를 사용해 코드를 최적화해야 한다.

11.4.5 bulk API를 이용한 인덱스

wifi_api.py 코드의 문제점은 파이썬으로 만든 엘라스틱서치 클라이언트 앱과 엘라스틱서치 간의 HTTP 통신이 너무 많다는 것이다. 코드를 확인해보자.

리스트 11.11 기존 코드는 HTTP 통신이 13844번 발생한다.

```
es = Elasticsearch()

for # 19207
  doc = {
    # 개별 도큐먼트 생성
  }
  res = es.index(index='seoul_wifi', doc_type='_doc', body=doc)
#end for
```

리스트 11.11의 코드는 19207개의 도큐먼트를 만들고 도큐먼트 하나가 생성됨과 동시에 엘라스틱서치에 인덱싱 요청을 한다. `es.index` 함수는 인덱스에 도큐먼트를 인덱싱하는 요청으로 HTTP 통신을 하게 되는데, 이 경우 19207번 통신을 수행하기 때문에 각 통신을 수행하기 위한 공통 프로세스를 처리하는 데 많은 시간이 소요된다. bulk API를 사용해 이러한 문제를 해결할 수 있다.

리스트 11.12 bulk API를 사용하면 HTTP 통신이 한 번만 발생한다.

```
es = Elasticsearch()
docs = []

for # 19207
  doc = {
    # 개별 도큐먼트 생성
  }
  docs.append(doc)
#end for
res = helper.bulk(es, docs)
```

리스트 11.11은 19207개의 도큐먼트를 만들지만 엘라스틱서치와 통신은 `helper.bulk`를 호출할 때 한 번만 진행된다. `docs` 리스트에 19207개의 도큐먼트를 담아 한 번에 전송하기 때문이다. 리스트 11.11에서 코드 실행 시간이 길었던 이유는 클라이언트 앱과 엘라스틱서치 간의 HTTP 통신 횟수가 많아서였는데 이 부분이 대폭 줄어든다. 실제 실행 시간이 수백 배 빨라지는 것을 확인할 수 있다. bulk API를 사용한 코드 전문은 다음과 같다.

리스트 11.13 bulk API를 이용한 코드 ch11/04/wifi_bulk.py

```
import urllib.request
from xml.etree.ElementTree import fromstring, ElementTree
from elasticsearch import Elasticsearch, helpers # ❶

es = Elasticsearch()

docs = [] # ❷

#for i in range (1, 21):
for i in range (1, 2):
  iStart = (i-1)*1000 + 1
  iEnd = i*1000

  url = 'http://openapi.seoul.go.kr:8088/(인증키)/xml/TbPublicWifiInfo/'+str(iStart)+'/'+
str(iEnd)+'/'
  response = urllib.request.urlopen(url)
  xml_str = response.read().decode('utf-8')

  tree = ElementTree(fromstring(xml_str))
  root = tree.getroot()

  for row in root.iter("row"):
    gu_nm = row.find('X_SWIFI_WRDOFC').text
    place_nm = row.find('X_SWIFI_MAIN_NM').text
    place_x = float(row.find('LAT').text)
    place_y = float(row.find('LNT').text)
    doc = { # ❸
      "_index": "seoul_wifi2", # ❹
      "_source": {
        "gu_nm": gu_nm,
        "place_nm": place_nm,
        "instl_xy": {
          "lat": place_y,
          "lon": place_x
        }
      }
    }
    docs.append(doc) # ❺
  print("END", iStart, "~", iEnd)

res = helpers.bulk(es, docs) # ❻
print("END")
```

리스트 11.8과 비슷하지만 몇 가지 부분이 달라졌다.

❶ helpers는 엘라스틱서치 API를 추상화해 몇 가지 기능을 도와주는 라이브러리이며, bulk API는 helpers에 속한다.

❷ docs라는 비어 있는 리스트 타입을 만든다. 벌크 데이터를 한곳에 넣을 공간이다.

❸ 공공데이터 API에서 제공하는 데이터를 가져와서 하나의 도큐먼트를 만든다. 리스트 11.8과 도큐먼트 생성 포맷이 조금 다르다. bulk 함수에 사용할 수 있는 포맷이다.

❹ seoul_wifi2라는 인덱스는 현재 존재하지 않는 인덱스이지만 엘라스틱서치 특성상 다이내믹 매핑으로 자동 생성된다. 성능 비교 목적이므로 따로 매핑을 정의하지는 않는다.

❺ 도큐먼트를 만든 후 docs라는 리스트 타입에 추가(append)한다. 19207번 반복되면서 모든 도큐먼트가 docs 변수에 들어간다.

❻ helpers.bulk라는 bulk API를 호출한다. 위에서 선언했던 es 변수와 방금 만들었던 docs를 인자로 넣어준다.

코드에서 '(인증키)'라고 적힌 부분만 각자에게 맞게 수정하면 된다.

11.4.6 서울시 공공와이파이 위치 시각화하기

먼저 키바나에서 seoul_wifi라는 인덱스 패턴을 만든다.

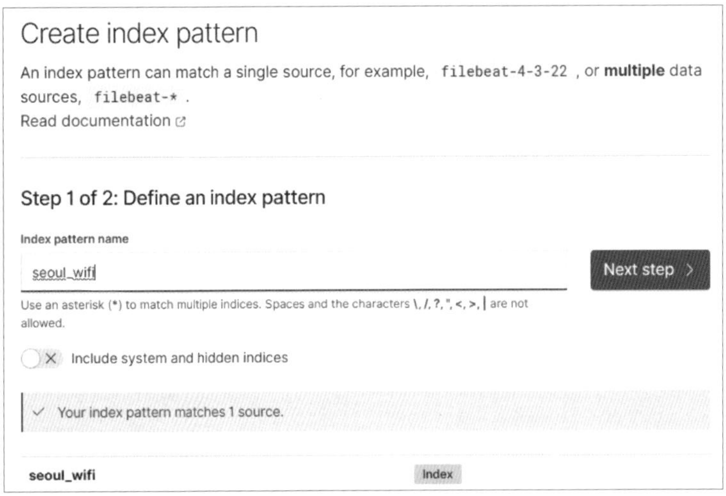

그림 11.43 seoul_wifi 인덱스 패턴 생성

그림 11.43에서 볼 수 있듯이, 인덱스 패턴 이름은 seoul_wifi로 지정하고 인덱스에 별도의 시간 필드가 존재하지 않으므로 날짜/시간 필드는 지정하지 않는다. 이제 서울 공공 와이파이가 어디에 설치되었는지 지도를 통해 알아보자. 시각화에서 Coordinate Map을 선택한다.

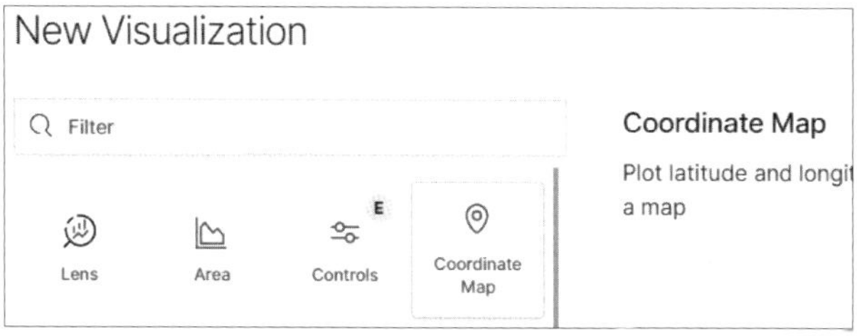

그림 11.44 Coordinate Map 시각화 타입 선택

Coordinate Map을 사용하려면 키바나 설정 파일을 수정해야 하는데, 아직 설정하지 않았다면 11.2.4절을 확인하자. Coordinate Map을 선택하고 인덱스 패턴은 seoul_wifi를 선택한다.

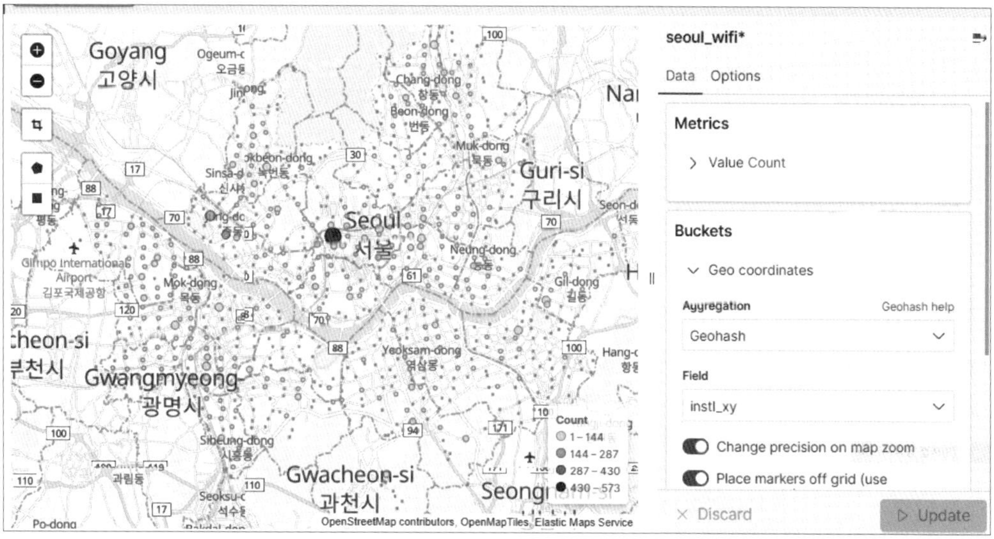

그림 11.45 버킷, 메트릭 설정

Bucket에서 + Add 버튼을 누른 다음 Geo coordinates를 선택하고 Aggregation으로 Geohash를 선택하고, Field는 instl_xy를 선택한다. 메트릭에는 데이터 개수를 보여주는 Count를 선택한다. Update 버튼을 누르면 지도에 데이터가 표시되는데 지도를 확대해나가면 와이파이 위치 데이터가 있는 곳이 정확하게 보이게 된다. 그림 11.45에서 어느 지역에 무료 와이파이가 많이 설치되어 있는지 알 수 있다. 단순 데이터만 가지고는 보이지 않았던 인사이트를 얻을 수 있다. 이제

필터링을 추가해 강남구 도서관 중 무료 와이파이가 있는 곳이 어디인지 알아보자.

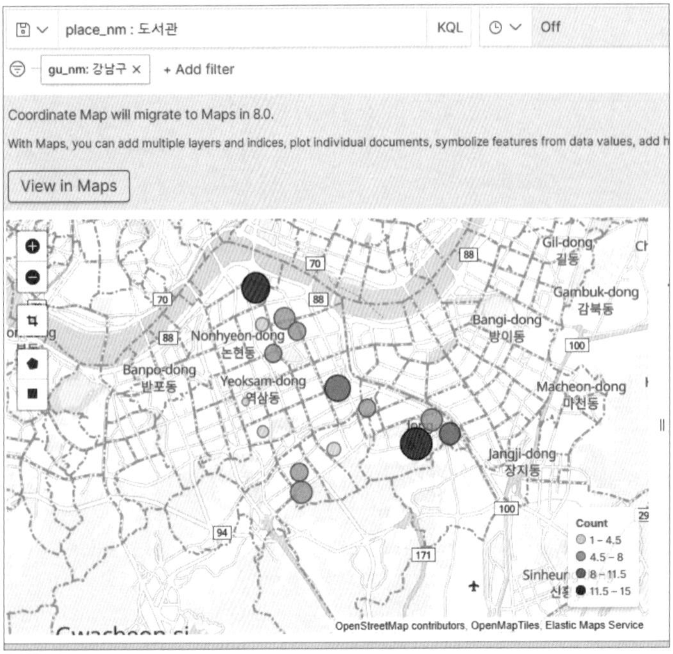

그림 11.46 **도서관에 설치되어 있는 와이파이 찾기**

먼저 쿼리바에 'place_nm : 도서관'을 입력하면 주소에 도서관이 포함되어 있는 모든 장소가 검색된다. `place_nm`은 기본 분석기가 아닌 노리 분석기를 이용했기 때문에 한글 형태소 분석이 가능하다. 그리고 `gu_nm`이 '강남구'인 필터를 추가한다. 두 가지 조건에 의해 강남구에 있는 도서관 중 무료 와이파이가 설치되어 있는 장소들이 보이게 된다(그림 11.46 참고). 참고로, Coordinate Map 타입은 추후 키바나 8.0 버전에서 맵스 기능에 통합될 것이다.

11.5 정리

11장에서는 지도 데이터를 시각화하는 방법과 API 형태의 공공데이터를 가져오고 파이썬을 이용해 엘라스틱서치 클라이언트 앱을 개발하는 방법을 배웠다. 먼저 CSV 파일을 내려받아 로그스태시를 엘라스틱에 저장하는 방법을 살펴봤다. 다음으로 QGIS를 이용해 사용자 벡터 레이어를 생성한 후 서울에서 일인 가구가 많은 지역과 외국인이 많은 지역을 지도와 그래프로 시각화했다. 또한 공공데이터 오픈 API를 사용해서 데이터를 가져오기 위해 요즘 가장 많이 사용하는 파이썬을 이용해 엘라스틱서치 클라이언트 앱을 개발하는 방법도 살펴봤다. 구현을 위한 프로그래밍 언어가 다르더라도 엘라스틱서치에 접근하는 클라이언트 라이브러리의 기본 동작 방식은 비슷하므로, 각자 상황에 맞는 언어로 이식하는 작업에 큰 어려움은 없을 것이다. 이렇게 오픈 API로 가져온 데이터를 토대로 서울시 공공와이파이 위치를 시각화하는 방법을 살펴봤다. 이 과정에서 설정을 변경하여 숨겨진 시각화 메뉴를 만들었고 Region Map과 Coordinate Map으로 표현하는 방법을 배웠다.

4부

엘라스틱 운영

4부에서는 엘라스틱 운영 방법을 알아보겠다. 일반적으로 개발 업무는 새로운 기능을 기획하고 만드는 것을 의미하고, 운영 업무는 개발된 시스템을 운영하고 관리하는 것을 의미한다. 전통적인 시스템 개발 과정에서는 개발과 운영의 구분이 확실했다면 클라우드 시대에는 데브옵스DevOps*가 각광받고 있다. 엘라스틱 역시 이런 추세에 맞춰 개발과 운영을 무 자르듯이 분리하지 않는다. 따라서 2, 3부에서 배웠던 개발 기술이 운영 업무에서 사용되고 4부에서 배울 운영 기술이 개발 업무에서 사용된다. 따라서 운영자는 물론이고 개발자들도 4부를 주의 깊게 살펴야 할 필요성이 있다.

먼저 12장에서는 리눅스 기반으로 엘라스틱서치와 키바나 설치, 실행 방법을 다룬다. 앞서 2장에서 설명한 윈도우 기반의 설치, 실행 방법과 비교해 차이점을 확인할 수 있다. 13장은 엘라스틱서치의 클러스터, 노드, 샤드 등을 배우고 운영을 위한 시스템 환경 설정 방법 등을 배운다. 엘라스틱서치 시스템 구성의 기본 원리를 다루고 있기 때문에 엘라스틱서치를 이해하기 위해서 반드시 숙지해야 하는 내용이다. 마지막 14장에서는 논리적 노드 3개로 클러스터를 구성하는 방법을 배우고, 요즘 특히 관심이 커지고 있는 보안 기능을 사용하는 방법도 배워볼 것이다. 14장에서는 실제 현업에서 엘라스틱 시스템을 운영하는 노하우를 얻을 수 있다.

* 데브옵스(DevOps): 소프트웨어 개발과 운영의 합성어로 개발자와 운영자 간의 소통과 협업을 강조하는 개발 환경이나 문화를 말한다.

12 리눅스 실습 환경 구성

엘라스틱을 실제로 운영하면 윈도우보다 리눅스 환경에서 작업할 확률이 높다. 그 이유는 요즘처럼 클라우드가 대세로 자리 잡고 있는 환경에서는 대다수 서버가 비용이나 관리 측면에서 유리한 리눅스 운영체제로 구성되어 있기 때문이다. 엘라스틱 스택을 실제로 운영하게 된다면 아주 높은 확률로 리눅스 기반에서 엘라스틱 스택을 다루게 될 것이다. 12장에서는 리눅스에서 엘라스틱 스택을 설치하는 방법을 배워볼 텐데 먼저 실습에 앞서 리눅스 운영체제가 설치된 PC가 있어야 한다. 혹시 리눅스가 설치된 PC가 있다면 12.1절 '버추얼박스에서 우분투 설치하기'는 건너뛰어도 좋다. 하지만 리눅스 PC가 없고 윈도우 PC만 있다면 먼저 오라클 버추얼박스Oracle VM VirtualBox를 설치해야 한다. 버추얼박스는 가상 머신virtual machine을 실행해주는 오픈소스 소프트웨어로 리눅스 운영체제를 윈도우 운영체제에서 동작하게 만들어준다. 즉 윈도우 PC에서 버추얼박스를 설치하고 버추얼박스에서 리눅스 가상 머신을 실행한 후에 리눅스에 엘라스틱서치와 키바나를 설치할 것이다. 다양한 리눅스 제품과 버전이 있지만 여기서는 우분투 18.04 LTS 버전을 기준으로 작업을 하겠다. 리눅스는 계정을 여러 개 만들어 사용자를 분리할 수 있는데 es라는 계정을 만들어 사용할 것이다. 엘라스틱 스택은 루트root 계정으로 실행할 수 없으므로 반드시 일반 리눅스 사용자 계정을 하나 만들자.

12.1 버추얼박스에서 우분투 설치하기

버추얼박스는 운영체제를 가상화해주는 오픈 소프트웨어로, 윈도우 컴퓨터에서 리눅스 운영체제를 사용하려면 먼저 버추얼박스를 설치해야 한다. https://www.virtualbox.org/에 접속해 보자.

그림 12.1 **오라클 버추얼박스 홈페이지**

그림 12.1에서 **다운로드** 링크를 따라 들어가자.

그림 12.2 **윈도우 호스트 버추얼박스 다운로드**

호스트host 컴퓨터는 가상 머신이 실행되는 물리적 컴퓨터를 의미하는데, 우리는 윈도우 운영체제가 돌고 있는 컴퓨터가 호스트 컴퓨터가 된다. 참고로, 가상 머신에는 리눅스 운영체제가 들어간 컴퓨터가 설치되는데 이를 게스트guest 컴퓨터라고 한다. **Windows 호스트** 링크를 클릭해 최신 버전의 윈도우 호스트용 버추얼박스를 다운로드하자. 내려받은 파일을 실행하면 설치를 진행하게 된다. 책을 쓰는 시점과 독자들이 실습하는 시점에 버전이 다를 수는 있으나 실습을 진행하는 데는 큰 무리가 없을 것이다. 참고로 이 책은 버추얼박스 6.1.18 버전을 기준으로 진행되었다.

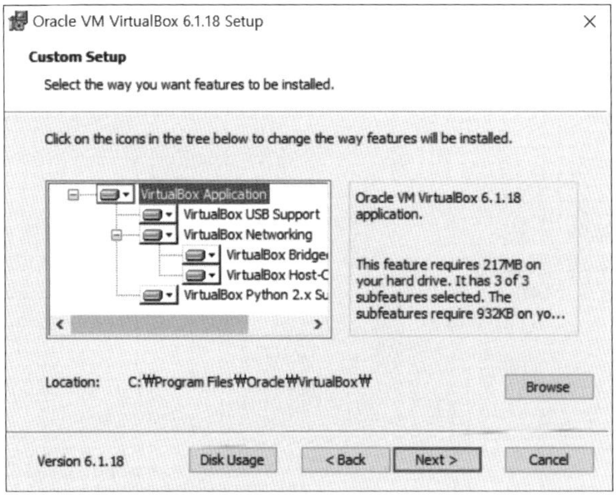

그림 12.3 버추얼박스 설정 마법사

그림 12.3의 설정 마법사에서 특별히 수정할 것은 없다. 설치 과정에서 나오는 설정들은 기본값을 사용해 설치를 마무리한다. 이제 가상 머신에서 사용할 리눅스 설치 이미지를 다운로드하자. 우리는 리눅스 배포판 중 우분투Ubuntu를 사용할 것이다. https://ubuntu.com/에 접속하자.

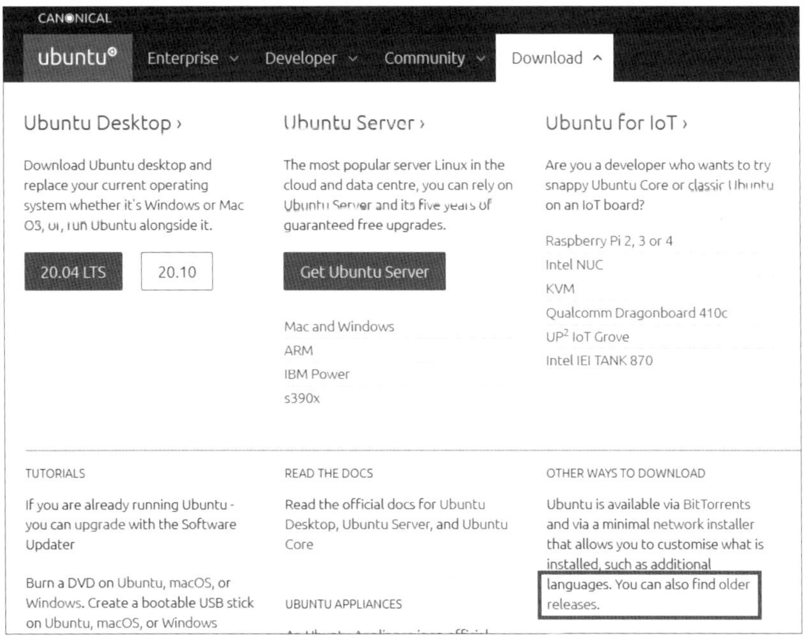

그림 12.4 우분투 이미지를 다운로드할 수 있는 공식 홈페이지

그림 12.4의 Download 메뉴에 가보면 우분투 설치 파일을 다운로드할 수 있다. 데스크톱, 서버용 등 다양한 설치 파일 이미지가 있는데 20.04 버전이 아닌 18.04 버전을 다운로드하자. older releases 링크로 들어가 보자.

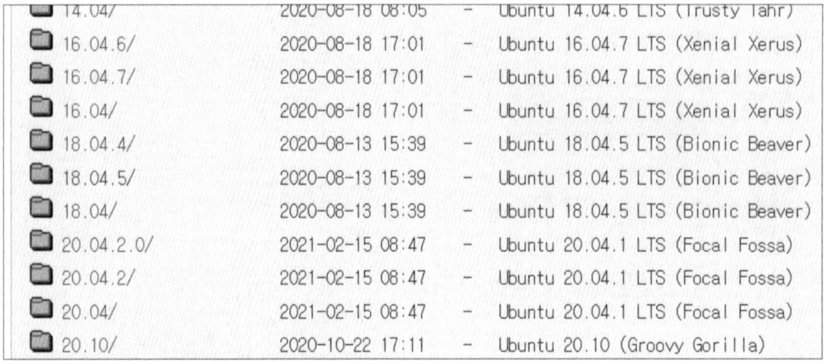

그림 12.5 **우분투 이전 버전 다운로드 페이지**

우분투의 모든 버전을 다운로드할 수 있다. 그림 12.5의 18.04 링크를 클릭하자.

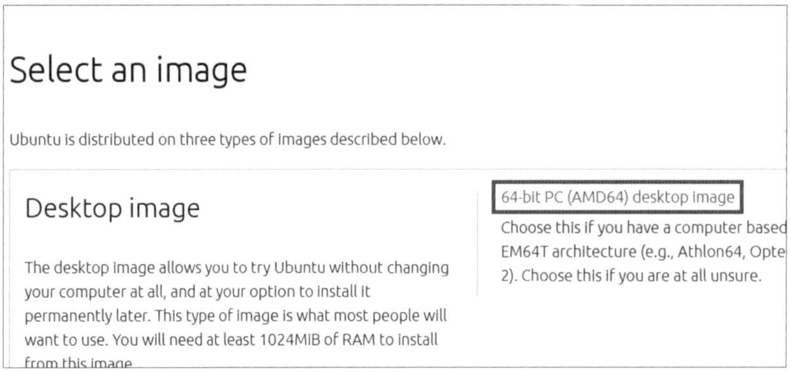

그림 12.6 **우분투 18.04 버전 다운로드**

그림 12.6의 64비트 데스크톱 이미지(64-bit PC (AMD64) desktop image)를 다운로드하면 된다. 이제 다운로드한 리눅스 설치 이미지로 버추얼박스에서 가상 머신을 만들어보자.

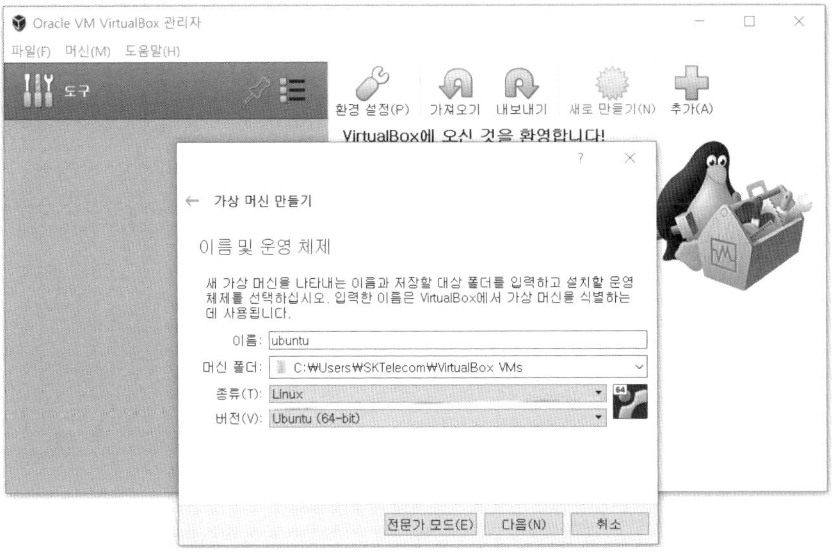

그림 12.7 **새로운 가상 머신 만들기**

먼저 버추얼박스를 실행하고 **새로 만들기** 메뉴를 선택한다. 그림 12.7과 같은 가상 머신 만들기 창이 뜨는데 가상 머신 이름을 ubuntu로 작성하면 종류나, 버전이 이름에 맞춰 Linux, Ubuntu (64-bit)로 자동으로 바뀐다. **다음(N)** 버튼을 누르자.

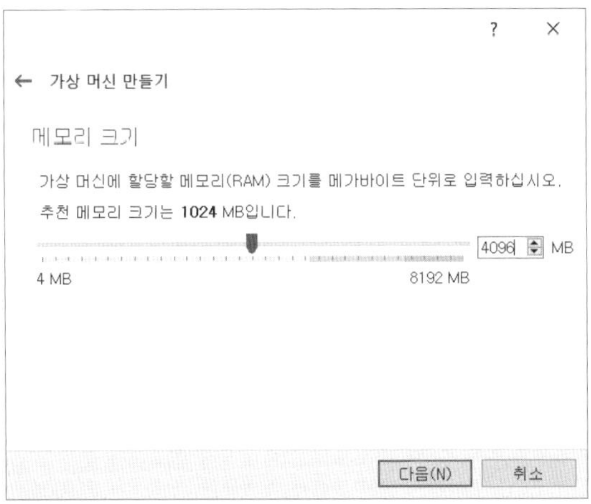

그림 12.8 **가상 머신 메모리 크기 설정**

이름을 설정했다면 그림 12.8처럼 가상 머신의 메모리 크기를 지정해야 한다. 호스트 컴퓨터의 메모리에서 가져오는 개념이라 호스트 컴퓨터 메모리 크기를 넘길 수 없다. 14장에서는 하나의 가상 머신에서 엘라스틱서치 노드 3개를 실행해야 하므로 넉넉하게 최소 4096MB 이상은 잡아주자. 그렇다고 가상 머신의 메모리를 너무 크게 설정하면 호스트 컴퓨터 메모리가 부족해질 수 있으니 적당한 크기를 잡아주자. 추후에 가상 머신을 실행하고 수정할 수 있으니 너무 고민하지 않아도 된다.

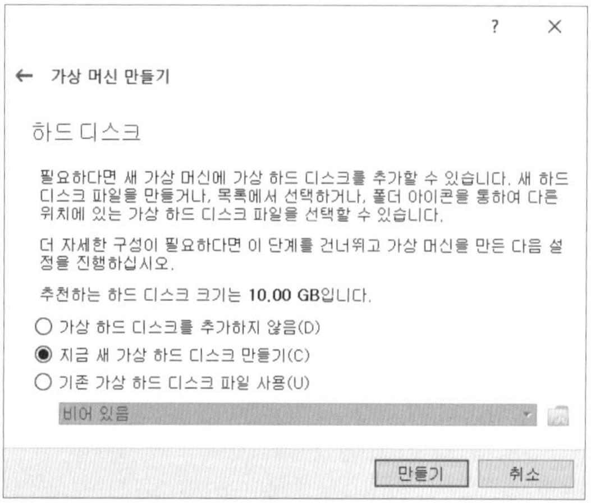

그림 12.9 **가상 머신 하드 디스크 설정**

계속해서 엘라스틱서치와 키바나를 설치하고 실행해야 하므로, 그림 12.9와 같이 가상 머신에서 사용할 하드 디스크를 추가하자. **지금 새 가상 하드 디스크 만들기**를 선택하면 된다.

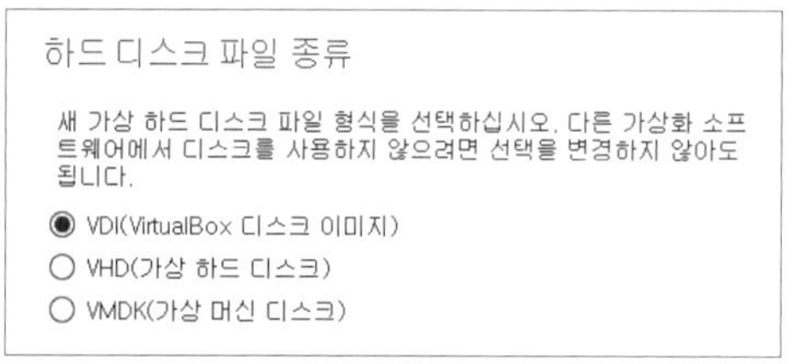

그림 12.10 **가상 머신 하드 디스크 파일 종류**

가상 하드 디스크는 그림 12.10과 같이 VDI를 선택한다. VDI는 버추얼박스에서만 사용하는 가상 하드 디스크이고, VHD는 마이크로소프트사의 Hyper-V, Citrix의 Zen과 공유할 수 있으며, VMDK는 VM웨어VMware에서 공유할 수 있는 디스크다. 버추얼박스 외의 가상 머신 제품과는 공유할 일이 없기 때문에 VDI를 선택하면 된다.

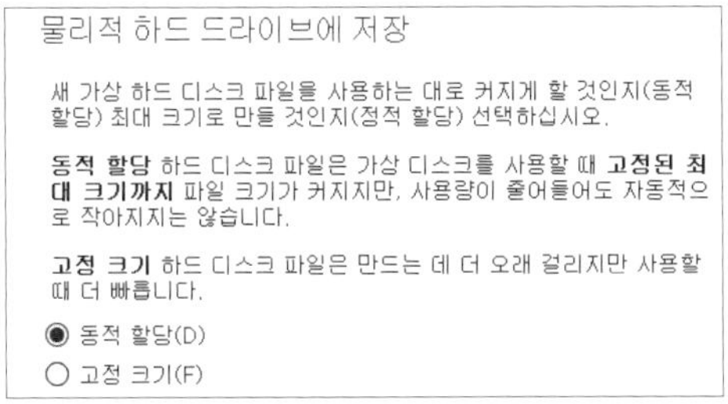

그림 12.11 **하드 디스크 할당 방식 설정**

하드 디스크 할당 방식을 설정해야 하는데 동적 할당은 가상 머신 사용량에 따라 디스크 크기를 조절하는 대신 속도가 느리고, 고정 크기는 가상 머신이 시작하면서 호스트 컴퓨터의 실제 디스크 리소스가 할당되고 속도가 빠르다는 장점이 있다. 우리는 그림 12.11과 같이 동적 할당을 선택한다.

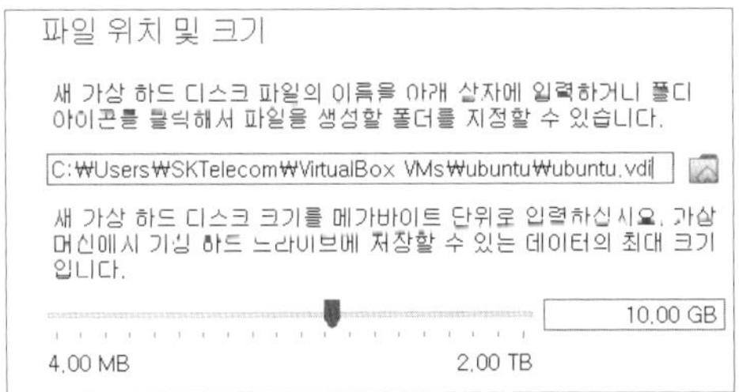

그림 12.12 **하드 디스크 용량 설정**

그림 12.12에서는 가상 하드 디스크가 사용할 하드 디스크 용량을 지정한다. 가상 머신에서 동적으로 할당받을 수 있는 최대 디스크 크기다. 14장에서 사용할 실습의 경우 하드 디스크 용량이 크게 필요하지 않다. 호스트 컴퓨터 하드 디스크 용량을 고려해 적당히 잡아주자. 여기서는 10GB를 할당했다.

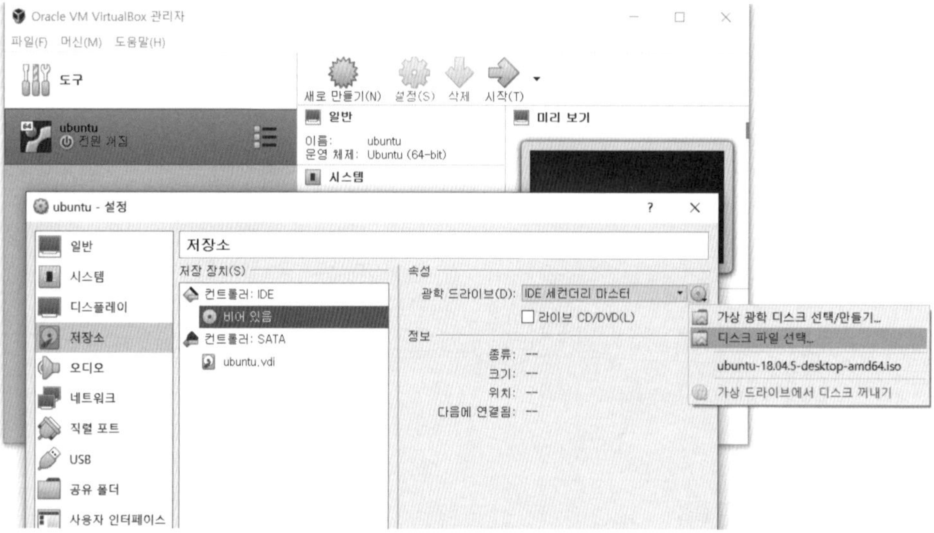

그림 12.13 **우분투 저장소 설정**

이제 그림 12.13과 같이 **설정 > 저장소**에서 다운로드했던 우분투 이미지를 선택하자. IDE 컨트롤러의 **광학 드라이브**에서 **디스크 파일 선택**을 누르고 앞에서 다운로드했던 우분투 설치 이미지(ubuntu-18.04.5-desktop-amd64.iso)를 선택하면 된다.

그림 12.14 **우분투 설치**

이제 그림 12.14의 Install Ubuntu를 눌러 우분투를 설치하면 된다. 우분투 설치 과정에서 특별히 설정을 건드릴 부분은 없다. 그냥 기본 설정값을 선택하면 된다.

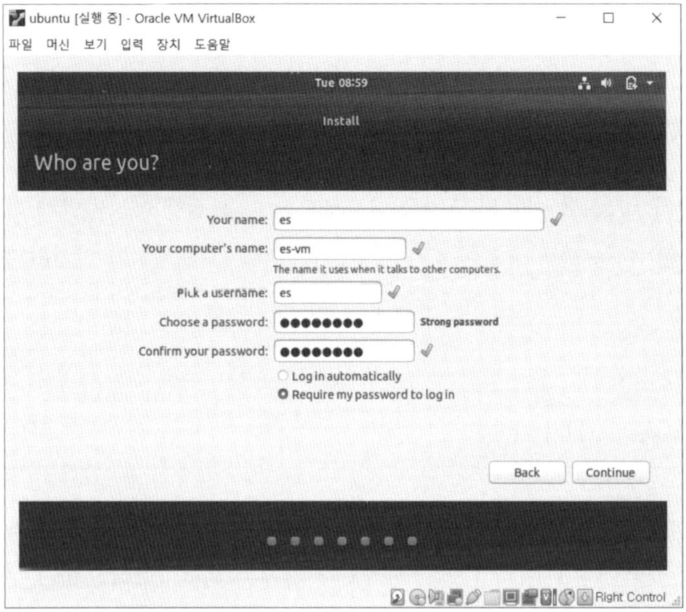

그림 12.15 **우분투 계정 생성**

우분투 설치 과정의 제일 마지막에는 그림 12.15와 같이 계정 설정을 해야 한다. 14장에서 실습할 때를 위해 계정명은 반드시 es로 지정한다. 설치가 완료되면 우분투를 사용할 수 있다. 참고로, 네트워크는 특별히 설정하지 않고 기본 설정인 NAT를 사용한다.

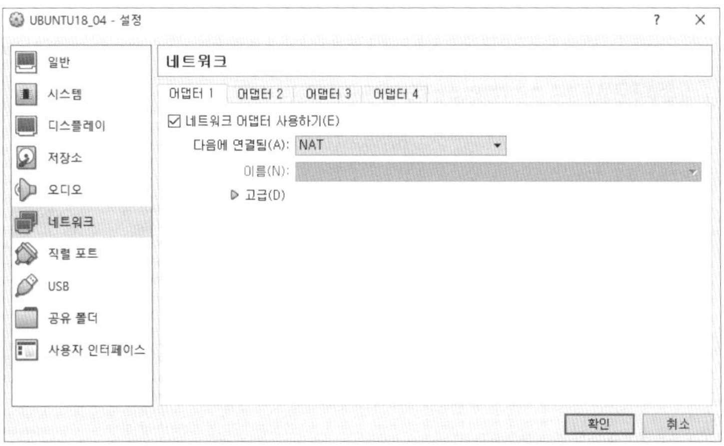

그림 12.16 **버추얼박스 네트워크 설정**

이번 실습에서는 호스트(윈도우)와 게스트(우분투) 간의 네트워크는 필요치 않고 게스트(우분투)와 외부 네트워크만 연결하면 되므로 NAT[Network Address Translation] 네트워크를 이용해 네트워크 환경을 구성한다(그림 12.16 참고).

12.2 엘라스틱서치 설치

먼저 엘라스틱서치를 설치해보자. wget을 이용해 파일을 다운로드한 다음 실행하는 방법과 리눅스 패키지 매니저를 이용해 설치하는 방법을 알아볼 것이다. 그 전에 다음 패키지가 설치되지 않았다면 설치하자.

리스트 12.1 wget, curl, tree 패키지 설치

```
es@es-vm:~$ sudo apt install wget curl tree
```

`apt install`은 우분투 패키지 매니저를 이용해 소프트웨어를 설치할 수 있는 명령이다. wget과 curl은 웹 서버에서 파일을 다운로드하고 HTTP 요청을 하는 데 사용하는 프로그램이다. tree는 디렉토리 구조를 확인할 수 있는 프로그램이다.

12.2.1 wget을 이용한 설치

wget은 웹 서버에서 콘텐츠를 다운로드할 수 있는 프로그램으로, 엘라스틱 스택에서 제공하는 웹 서버에 접근해 파일을 가져온다. 2장에서 설치했던 윈도우와 동작 방식이 크게 다르지 않다. 먼저 wget으로 파일을 다운로드한다.

리스트 12.2 엘라스틱서치 7.10.1 버전 다운로드

```
es@es-vm:~/elastic$ wget https://artifacts.elastic.co/downloads/elasticsearch/
elasticsearch-7.10.1-linux-x86_64.tar.gz
```

엘라스틱서치는 300MB를 조금 넘는 크기의 파일이다. 다음으로 다운로드한 압축 파일을 푼다.

리스트 12.3 엘라스틱서치 압축 파일 해제

```
es@es-vm:~/elastic$ tar -xzvf elasticsearch-7.10.1-linux-x86_64.tar.gz
```

tar는 리눅스 압축 관련 프로그램으로 -xzvf 옵션에서 x는 아카이브 풀기, z는 gz 압축 파일 적용, v는 진행 과정 표시, f는 아카이브 해제 파일명을 지정한다. 따로 아카이브 파일 위치를 지정하지 않으면 현재 폴더에서 아카이브를 푼다. 리눅스는 tree 명령을 이용해 디렉토리 구조를 쉽게 확인할 수 있다. 아카이브를 푼 폴더에서 tree 명령을 내려보자.

```
es@es-vm:~/elastic/elasticsearch-7.10.1$ tree -L 1
.
├── bin
├── config
├── data
├── jdk
├── lib
├── LICENSE.txt
├── logs
├── modules
├── NOTICE.txt
├── plugins
└── README.asciidoc

8 directories, 3 files
```

그림 12.17 **엘라스틱서치 폴더 구조**

그림 12.17의 tree 명령 옵션 중에서 -L 1은 1레벨 디렉토리만 보여준다. 엘라스틱서치 폴더 구조는 2장에서 설명했다. 이제 엘라스틱서치를 실행해보자. bin 폴더 밑에 elasticsearch 실행 파일이 있다.

```
es@es-vm:~/elastic/elasticsearch-7.10.1$ ./bin/elasticsearch
```

마지막으로, 엘라스틱서치가 정상적으로 실행되는지 확인해보자. 그림 12.18과 같이 curl을 이용해 확인할 수 있다.

```
es@es-vm:~$ curl -XGET 'http://localhost:9200'
{
  "name" : "es-vm",
  "cluster_name" : "elasticsearch",
  "cluster_uuid" : "lxlJuQGxSDWMjm7fJZMSBQ",
  "version" : {
    "number" : "7.10.1",
    "build_flavor" : "default",
    "build_type" : "tar",
    "build_hash" : "1c34507e66d7db1211f66f3513706fdf548736aa",
    "build_date" : "2020-12-05T01:00:33.671820Z",
    "build_snapshot" : false,
    "lucene_version" : "8.7.0",
    "minimum_wire_compatibility_version" : "6.8.0",
    "minimum_index_compatibility_version" : "6.0.0-beta1"
  },
  "tagline" : "You Know, for Search"
}
```

그림 12.18 **엘라스틱서치 실행 여부 확인**

프로그램 종료는 터미널에서 Ctrl+C를 눌러 프로세스를 종료하거나 `ps -ef` 명령을 이용해 `pid`를 알아낸 후 `kill pid` 명령을 통해 프로세스를 종료할 수 있다.

12.2.2 리눅스 패키지 매니저를 이용한 설치

파일을 다운로드하면 설치가 간편하고 원하는 경로에 제품을 설치하고 관리할 수 있다는 장점이 있으나, 운영 환경에서는 파일 설치 외에도 성능 최적화를 위한 환경 변수 설정이나 백그라운드 서비스 등록 등 몇 가지 추가적인 작업이 필요하다. 리눅스는 프로그램 설치와 환경 설정을 간편하게 하기 위한 패키지로서 레드햇 계열 리눅스에는 rpm, 데비안 계열 리눅스에는 deb 파일을 각각 지원하는데, 엘라스틱 스택 또한 이 두 가지 규격의 패키지 형태로도 배포되고 있다. 설치 패키지를 사용할 경우 리눅스 기본 디렉토리 구조에 맞게 파일, 데이터, 로그 경로를 설정해주고, 성능이나 안정성 면에서 중요한 시스템 설정값을 조정해주며, 각 제품의 백그라운드 실행과 관리를 위한 서비스 등록을 수행해준다. 리눅스의 패키지 매니저를 사용하면 설치뿐만 아니라 추후 업그레이드나 삭제 시에도 간단한 명령으로 진행이 가능하다는 장점이 있다. 먼저 PGP 키를 등록한다. PGP[Pretty Good Privacy]는 공개키 암호 방식을 구현하는 것으로 엘라스틱서치 패키지 제품의 서명에 사용한다.

리스트 12.4 PGP 키 등록

```
es@es-vm:~$ wget -qO - https://artifacts.elastic.co/GPG-KEY-elasticsearch | sudo apt-key add -
```

OK가 나온다면 성공한 것이다. 엘라스틱에서 제공하는 서명키를 리눅스 PC apt key에 추가했다. 다음으로 저장소를 추가로 등록해야 한다. 일반적으로 리눅스는 공식 저장소에서 주요 패키지를 제공하는데, 이곳에 원하는 패키지가 없거나 버전이 낮은 경우 새롭게 저장소를 등록해야 한다. 엘라스틱도 7.10.1 버전을 사용하기 위해서는 역시 저장소를 새로 추가해야 한다. 저장소 추가에 앞서 패키지 관리자가 https를 통해 패키지에 접근할 수 있도록 패키지를 하나 설치한다.

리스트 12.5 apt-transport-https 패키지 설치

```
es@es-vm:~$ sudo apt install apt-transport-https
```

`apt-transport-https`가 설치되었으면 엘라스틱서치 저장소를 추가하자. /etc/apt/sources.list에 저장소(deb https://artifacts.elastic.co/packages/7.x/apt stable main)를 추가하거나 /etc/apt/sources.list.d에 파일을 추가하면 된다.

리스트 12.6 저장소 추가

```
es@es-vm:~$ echo "deb https://artifacts.elastic.co/packages/7.x/apt stable main" | sudo
tee /etc/apt/sources.list.d/elastic-7.x.list
```

/etc/apt/sources.list.d/elastic-7.x.list 파일이 추가되었다면 성공이다. 이제 패키지 매니저를 이용해 엘라스틱서치를 설치하자. 먼저 저장소를 업데이트한다.

리스트 12.7 패키지 매니저 업데이트

```
es@es-vm:~$ sudo apt-get update
```

방금 만들었던 elastic-7.x 저장소가 추가되었다는 로그가 확인되면 엘라스틱서치를 설치하자. 최신 버전을 받는 방법과 특정 버전을 선택해 받는 방법이 있는데, 먼저 최신 버전으로 설치하는 방법이다. 여기서는 7.10.1을 설치할 것이므로 이 명령은 참고만 하자.

리스트 12.8 엘라스틱서치 최신 버전 설치

```
es@es-vm:~$ sudo apt-get install elasticsearch
```

특정 버전을 받으려면 뒤에 버전을 추가하면 된다. 여기서는 7.10.1을 설치할 것이므로 다음 명령을 실행한다.

리스트 12.9 엘라스틱서치 특정 버전 설치

```
es@es-vm:~$ sudo apt-get install elasticsearch=7.10.1
```

설치가 완료되면 엘라스틱서치를 실행해보자. 시스템 데몬을 관리하는 `systemctl` 명령을 사용해 서비스를 실행할 수 있다. 직접 실행하는 대신 시스템 데몬으로 실행하면 서비스가 예측하지 못하게 종료된 경우 자동으로 재시작한다는 장점이 있다.

리스트 12.10 systemd를 이용해 엘라스틱서치 실행

```
es@es-vm:~$ sudo /bin/systemctl start elasticsearch.service
```

`start` 명령으로 `elasticsearch.service`라는 이름의 데몬을 실행한다. 실행 여부 확인은 `status` 명령을 사용한다.

리스트 12.11 systemd를 이용해 엘라스틱서치 실행 여부 확인

```
es@es-vm:~$ sudo /bin/systemctl status elasticsearch.service
```

서비스 데몬의 상태를 확인할 수 있는데, 그림 12.19와 같이 `Active`가 `active (running)`이면 서비스가 동작하는 것이다.

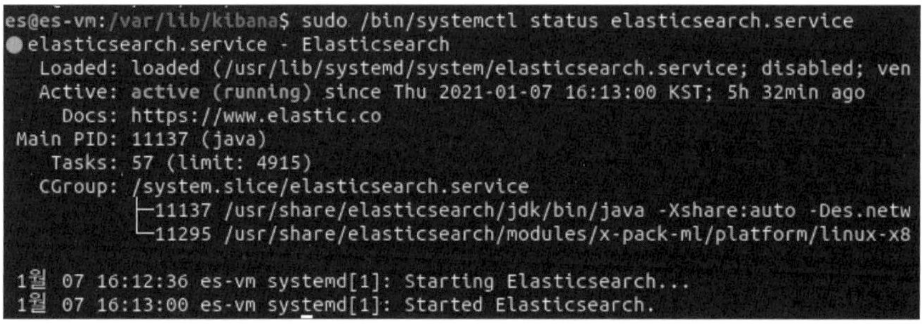

그림 12.19 **리스트 12.11 실행 결과**

앞에서 해봤던 curl을 이용해 서비스 실행 여부를 확인할 수도 있다. 마지막으로, `stop` 명령으로 서비스 데몬을 종료할 수 있다.

리스트 12.12 systemd를 이용해 엘라스틱서치 종료

```
es@es-vm:~$ sudo /bin/systemctl stop elasticsearch.service
```

더 자세한 사항은 온라인 문서[1]를 참고하자. 마지막으로 리눅스 패키지 매니저를 이용할 경우 실행 파일, 로그, 설정 파일 경로는 리눅스의 기본 설치 경로를 따른다. 설정 파일이나 로그 경로를 꼭 확인하자.

- 실행 파일 경로: /usr/share/elasticsearch
- 로그 경로: /var/log/elasticsearch
- 시스템 설정 파일 경로: /etc/default/elasticsearch
- 설정 경로: /etc/elasticsearch
- 데이터 저장 경로: /var/lib/elasticsearch

리눅스 패키지 매니저를 이용해 설치하는 경우 위 경로를 잘 기억해야 한다.

1 deb 패키지 매니저 설치: https://www.elastic.co/guide/en/elasticsearch/reference/7.10/deb.html

12.3 키바나 설치

다음으로 키바나를 설치해보자. wget을 이용해 파일을 다운로드한 다음 실행하는 방법과 리눅스 패키지 매니저를 이용해 설치하는 방법을 알아볼 것이다. 앞서 해본 엘라스틱서치와 대부분 동작이 비슷하기 때문에 같은 명령은 설명을 최소화하겠다.

12.3.1 wget을 이용한 설치

엘라스틱서치와 마찬가지로 wget을 이용해 압축 파일을 다운로드하고 실행하면 된다. 먼저 wget으로 파일을 다운로드한다.

리스트 12.13 키바나 7.10.1 버전 다운로드

```
es@es-vm:~/elastic$ wget https://artifacts.elastic.co/downloads/kibana/kibana-7.10.1-linux-x86_64.tar.gz
```

키바나 7.10.1의 경우 235MB 정도 크기다. 아카이브 파일을 풀자. 용량에 비해 포함된 파일이 많기 때문에 조금 시간이 걸릴 것이다.

리스트 12.14 키바나 압축 파일 해제

```
es@es-vm:~/elastic$ tar -xzvf kibana-7.10.1-linux-x86_64.tar.gz
```

tar를 이용해 아카이브를 푼 다음 tree 명령을 이용해 디렉토리 구조를 확인해보자.

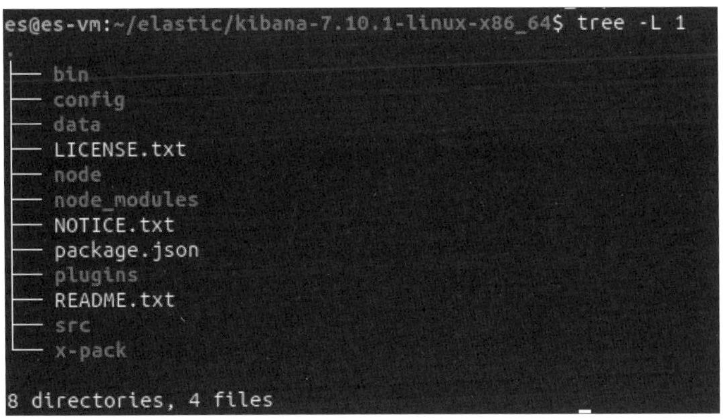

그림 12.20 **키바나 폴더 구조**

그림 12.20의 `tree` 명령 옵션 중에서 `-L 1`은 1레벨 디렉토리만 보여준다. 키바나 폴더 구조는 2장에서 설명했다. bin 폴더 밑의 kibana 실행 파일을 실행해보자. 키바나는 반드시 엘라스틱서치를 먼저 실행한 상태에서 실행해야 한다.

리스트 12.15 키바나 실행

```
es@es-vm:~/elastic/kibana-7.10.1$ ./bin/kibana
```

마지막으로, 키바나가 정상적으로 실행되는지 확인해보자. 그림 12.21처럼 브라우저에서 http://localhost:5601 주소에 키바나 화면이 보이면 정상적으로 실행된 것이다.

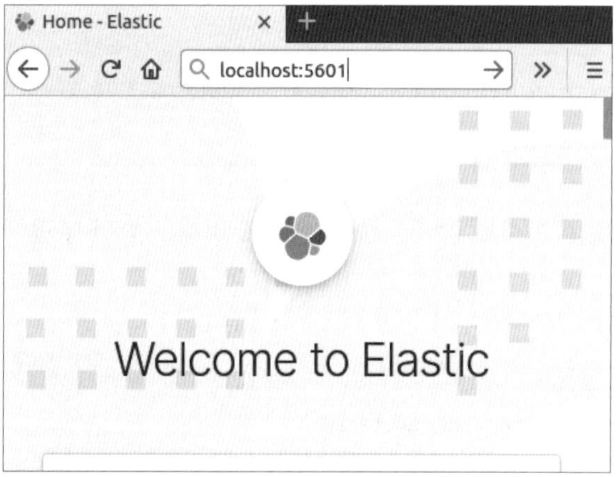

그림 12.21 **키바나 화면**

12.3.2 리눅스 패키지 매니저를 이용한 설치

리눅스 패키지 매니저의 장점은 12.2.2절에서 설명했다. 동작 과정만 확인해보자. 먼저 PGP 키를 등록한다. 12.2.2절에서 PGP 키를 등록했다면 생략해도 된다.

```
es@es-vm:~$ wget -qO - https://artifacts.elastic.co/GPG-KEY-elasticsearch | sudo apt-key add -
```

OK가 나온다면 성공한 것이다. 다음으로 엘라스틱 저장소를 추가하는데, 저장소 추가에 앞서 패키지 관리자가 https를 통해 패키지에 접근할 수 있도록 패키지를 하나 설치한다. 이 작업 역시 12.2.2절에서 작업했다면 생략해도 된다.

```
es@es-vm:~$ sudo apt install apt-transport-https
```

apt-transport-https가 설치되었으면 엘라스틱서치 저장소를 추가하자. /etc/apt/sources.list에 저장소(deb https://artifacts.elastic.co/packages/7.x/apt stable main)를 추가하거나 /etc/apt/sources.list.d에 파일을 추가하면 된다. 마찬가지로 12.2.2절에서 작업했다면 생략해도 된다.

```
es@es-vm:~$ echo "deb https://artifacts.elastic.co/packages/7.x/apt stable main" | sudo
  tee /etc/apt/sources.list.d/elastic-7.x.list
```

/etc/apt/sources.list.d/elastic-7.x.list 파일이 추가되었다면 성공이다. 이제 패키지 매니저를 이용해 키바나를 설치하자. 먼저 저장소를 업데이트한다.

```
es@es-vm:~$ sudo apt-get update
```

방금 만들었던 elastic-7.x 저장소가 추가되었다는 로그가 확인되었다면 키바나를 설치하자. 최신 버전을 받는 방법과 특정 버전을 선택해 받는 방법이 있는데, 먼저 최신 버전으로 설치하는 방법이다. 여기서는 7.10.1을 설치할 것이므로 이 명령은 참고만 하자.

리스트 12.16 키바나 최신 버전 설치

```
es@es-vm:~$ sudo apt-get install kibana
```

특정 버전을 받으려면 뒤에 버전을 추가하면 된다. 여기서는 7.10.1을 설치할 것이므로 다음 명령을 실행한다.

리스트 12.17 키바나 특정 버전 설치

```
es@es-vm:~$ sudo apt-get install kibana=7.10.1
```

설치가 완료되면 키바나를 실행해보자. 엘라스틱서치와 마찬가지로 시스템 데몬을 이용해 실행한다.

리스트 12.18 systemd를 이용해 키바나 실행

```
es@es-vm:~$ sudo /bin/systemctl start kibana.service
```

start 명령으로 kibana.service라는 이름의 데몬을 실행한다. 동작 여부 확인은 status 명령을 사용한다.

리스트 12.19 systemd를 이용해 키바나 실행 여부 확인

```
es@es-vm:~$ sudo /bin/systemctl status kibana.service
```

서비스 데몬의 상태를 확인할 수 있는데, 그림 12.22와 같이 `Active`가 `active (running)`이면 서비스가 동작하는 것이다.

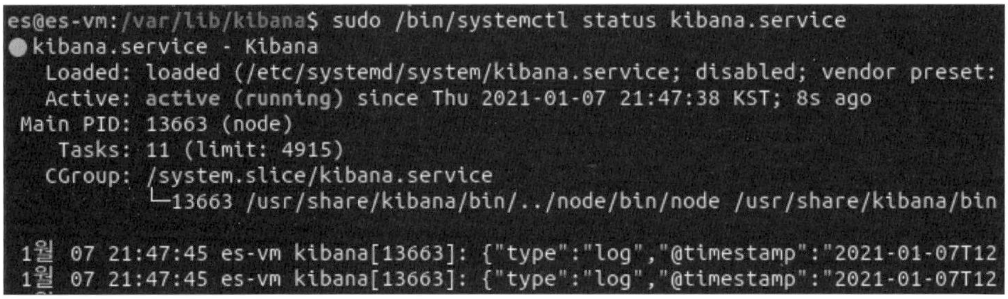

그림 12.22 **리스트 12.19 실행 결과**

그림 12.22 외에도 키바나 실행 여부는 브라우저에서 http://localhost:5601을 열어보면 된다. 마지막으로, `stop` 명령으로 서비스 데몬을 종료할 수 있다.

리스트 12.20 systemd를 이용해 키바나 종료

```
es@es-vm:~$ sudo /bin/systemctl stop kibana.service
```

더 자세한 사항은 온라인 문서[2]를 참고하자. 마지막으로 리눅스 패키지 매니저를 이용할 경우 실행 파일, 로그, 설정 파일 경로는 리눅스의 기본 설치 경로를 따른다. 설정 파일이나 로그 경로를 꼭 확인하자.

- 실행 파일 경로: /usr/share/kibana
- 로그 경로: /var/log/kibana
- 시스템 설정 파일 경로: /etc/default/kibana
- 설정 경로: /etc/kibana
- 데이터 저장 경로: /var/lib/kibana

리눅스 패키지 매니저를 이용해 설치하는 경우 위 경로를 잘 기억해야 한다.

2 deb 패키지 매니저 설치: https://www.elastic.co/guide/en/kibana/7.10/deb.html

12.4 정리

엘라스틱 스택은 설치가 간편하고 설명이 잘되어 있어서 별도의 설정 없이 바로 실행해도 일부 기능을 제외하고는 문제없이 실행할 수 있다. 이 때문에 쉽고 빠르게 테스트나 개발이 가능하다. 12장에서는 운영 모드 관점에서 엘라스틱을 살펴보는데, 리눅스 환경에서 엘라스틱서치와 키바나를 설치하는 방법이 2장에서 배웠던 윈도우 환경의 설치보다 크게 어려운 부분은 없다. 특히 아카이브 파일을 다운로드하여 실행하는 방식은 운영체제와 상관없이 동일하다. 이렇게 엘라스틱서치와 키바나를 리눅스 환경에 맞춰 설치했다면 이제 운영을 위한 클러스터와 노드를 구성할 수 있게 된다.

13 클러스터와 노드 구성

13장에서는 엘라스틱서치 클러스터를 구성하는 방법과 엘라스틱서치의 기본이 되는 노드에 대해 알아보자. 일반적으로 컴퓨터 시스템에서 클러스터는 여러 대의 컴퓨터를 병렬로 연결해 하나의 시스템을 구성하는 것을 말한다. 이렇게 구성하면 시스템 장애를 대비한 고가용성high availability을 높이는 동시에 시스템 성능도 높일 수 있다. 엘라스틱서치가 여느 검색 엔진보다 빅데이터 시대에 앞서갈 수 있는 이유는 클러스터에 속한 여러 노드에 필요한 작업을 나눠서 수행하는 분산 처리를 지원하여 엄청나게 큰 데이터를 다룰 수 있었기 때문이다.

엘라스틱서치에서 클러스터를 구성하는 요소를 노드node라고 한다. 클러스터는 여러 노드의 집합인데, 노드는 엘라스틱서치가 설치되는 물리적 혹은 논리적 단위다. 일반적으로 하나의 컴퓨터(혹은 서버)에 하나의 노드를 구성하는데, 물리적인 서버뿐만 아니라 논리 혹은 가상 서버로도 노드를 구분한다. 운영 관점에서 보면 여러 노드를 이용해 클러스터를 구성하는 방식은 매우 중요하기 때문에 클러스터 동작 원리를 알아야 한다.

13장에서는 HTTP 계층과 전송 계층에 대한 기본적인 사항을 설명하고 마스터 노드, 데이터 노드, 인제스터 노드 등 다양한 노드를 소개한다. 계속해서 클러스터 규모에 따른 노드 구성과 시스템 구성에 이어 클러스터를 백업하는 방법을 설명한다. 그리고 데이터를 나누는 기본 단위인 샤드shard를 설명하고 샤드 할당 과정과 모니터링 방법을 알아본 후, 샤드 개수와 크기를 구성하는 방법을 소개한다. 마지막으로 클러스터, 노드, 인덱스 설정 방법을 요약 정리하면서 마무리한다.

13.1 HTTP 계층과 전송 계층

엘라스틱서치의 클러스터는 여러 개의 노드로 이뤄졌고 노드들은 서로 통신하면서 클러스터를 구성하고 있다. 노드는 두 가지 통신 모듈이 있는데, 하나는 클러스터 내부에서 사용하는 전송transport 모듈이고 다른 하나는 외부와 통신에 사용되는 HTTP 모듈이다. 전송 모듈은 클러스터 내부에서 노드와 노드 간의 통신에 사용되고, HTTP 모듈은 REST API를 통해 주로 노드와 외부 클라이언트 통신을 위해 사용된다.

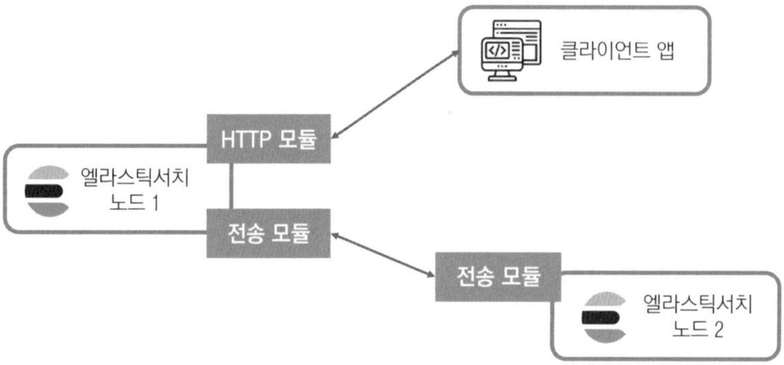

그림 13.1 **엘라스틱서치 통신 모듈**

그림 13.1은 엘라스틱서치 전송 모듈 두 가지의 동작 방식을 보여준다. 엘라스틱서치 노드 1과 엘라스틱서치 노드 2는 클러스터 내부에서 전송 모듈을 통해 통신을 하고, 엘라스틱서치 노드 1과 클라이언트 앱은 클러스터 외부에서 HTTP 모듈을 통해 통신한다. 두 가지 모듈의 차이점과 특징을 표 13.1로 간단히 표현해봤다.

표 13.1 **엘라스틱서치 통신 모듈의 특징**

통신 모듈	특징
전송 모듈[1]	• 클러스터 내부 모듈 간의 통신에 사용함 • 노드 간 데이터를 분산 처리하는 구조에 적합한 방식 • 기본 포트: 9300 ~ 9399
HTTP 모듈[2]	• 엘라스틱 API에서 제공하는 형태로 외부 클라이언트 앱과 통신 시 사용함 • 기본 포트: 9200 ~ 9299

1 전송 모듈: https://www.elastic.co/guide/en/elasticsearch/reference/7.10/modules-transport.html

2 HTTP 모듈: https://www.elastic.co/guide/en/elasticsearch/reference/7.10/modules-http.html

13.2 노드

노드는 엘라스틱서치 클러스터를 구성하는 하나의 인스턴스instance다. 일반적으로 하나의 논리적인 서버로 구성되어 데이터를 저장하고 클러스터의 인덱싱과 검색 기능에 참여한다. 물리적인 서버 하나에 노드 하나를 구성하는 방식을 권장하지만, 단일 서버에 복수의 노드를 설치할 수도 있다. 클러스터에 참여하는 노드 이름은 중복돼서는 안 되며, 노드는 역할에 따라 업무가 달라지는데 하나의 노드가 여러 역할을 할 수 있다. 노드는 하드웨어 영향을 많이 받기 때문에 하드웨어까지 고려해서 노드를 구성해야 한다. 엘라스틱서치에서 제공하는 노드들의 역할을 알아보자.

13.2.1 마스터 노드

클러스터는 반드시 하나의 마스터 노드master node를 가져야 한다. 마스터 노드는 인덱스의 설정, 매핑 정보와 물리적 위치, 이 외에도 클러스터 설정 정보나 인덱스 템플릿 정보 등 클러스터의 모든 상태 정보를 관리한다. 또한 각 노드들과 통신하면서 클러스터의 변화를 모니터링한다. 클러스터를 유지하기 위해 없어서는 안 되는 역할이기에 마스터 노드가 없으면 클러스터가 멈춘다. 마스터 노드는 사용자가 정할 수 없고 다수의 마스터 후보 노드가 투표를 통해 결정한다. 사용자는 마스터 후보 노드master-eligible node만 지정할 수 있다. 그럼 마스터 노드가 선출되는 과정을 알아보자.

13.2.1.1 마스터 노드 선출 과정

클러스터 내의 마스터 후보 노드들은 투표를 통해 마스터 노드를 선출한다. 그림 13.2를 보면서 클러스터 내의 노드들이 어떻게 마스터 노드를 선출하는지 알아보자. 4개의 노드가 있는데 이 중 3개는 마스터 후보 노드들이고 1개의 노드는 마스터 후보 노드가 아니다. 마스터 노드가 선출되는 과정은 다음과 같다.

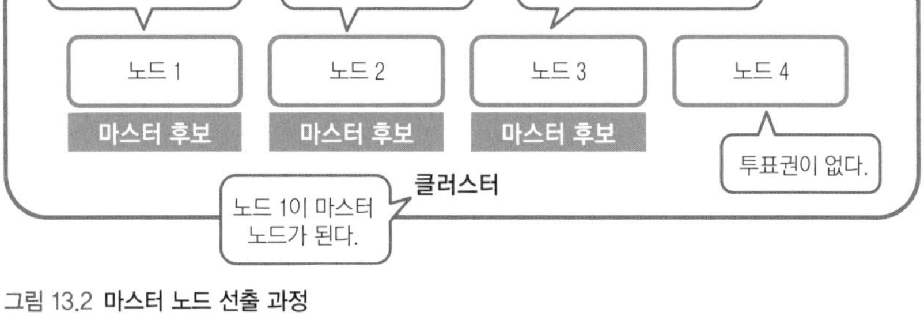

그림 13.2 마스터 노드 선출 과정

노드 1, 노드 2, 노드 3이 마스터 후보 노드들이고, 노드 4는 마스터 후보 노드가 아니기에 마스터 노드가 될 수 없다. 마스터 노드는 마스터 후보 노드 중 과반수 넘는 표를 받은 노드가 되기 때문이다. 그림 13.2에서 3개의 노드 중 노드 1, 노드 2가 노드 1이 마스터 노드가 되는 것에 투표했다(자신에게 투표하는 것이 가능하다). 이와 같은 과정을 거쳐 과반수 득표로 노드 1이 마스터 노드가 되었다. 클러스터 내부에서 *N*/2 + 1(*N*은 마스터 후보 노드 수) 표를 얻은 마스터 후보 노드가 과반수에 의해 마스터 노드가 되는데 그림 13.2를 공식에 대입하면 3/2 + 1 = 2(소수점 버림)가 되어 두 표를 얻은 노드가 마스터 노드가 된다. 다음으로 기존 마스터 노드가 이탈한 후 마스터 노드를 재선출하는 과정을 살펴보자.

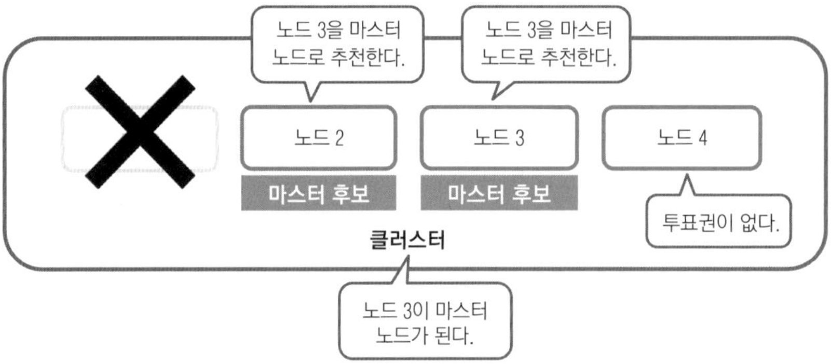

그림 13.3 마스터 노드 이탈과 마스터 노드 재선출 과정

마스터 노드였던 노드 1이 클러스터에서 이탈한 상황이다. 노드 1에 문제가 발생해 시스템이 동작하지 않거나 노드 1이 리부팅된다거나 네트워크 문제로 노드 1이 다른 노드들과 통신이 되지 않는 경우 이런 상황이 발생할 수 있다. 이때, 마스터 노드를 반드시 다시 선출해야 한다. 그림 13.3을 보면 노드 1이 클러스터에서 빠지면서 투표를 할 수 있는 마스터 후보 노드가 2개가 되었다. 마스터 후보 노드인 노드 2와 노드 3이 다시 투표를 한다. 과반수 공식 *N*/2 + 1(2/2 + 1 = 2)에 의해 두 표를 얻어야 마스터 노드가 될 수 있다. 노드 2와 노드 3은 모두 노드 3에 투표한 결과 노드 3이 마스터 노드가 되었다. 이 상황에서, 이탈했던 노드 1이 다시 클러스터에 합류하는 경우를 살펴보자.

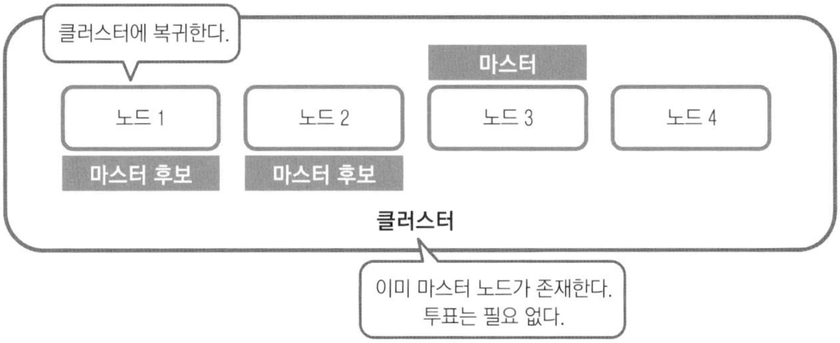

그림 13.4 **이탈했던 노드가 다시 클러스터에 합류하는 경우**

노드 1은 직전에 마스터 노드였지만 이미 클러스터는 노드 3을 마스터 노드로 선출한 상황이다. 마스터 후보 노드들은 마스터 노드의 정보를 공유하고 있기 때문에 마스터 노드가 노드 1이든 노드 3이든 큰 문제는 없다. 마스터 노드로 선출되는 즉시 마스터 노드로 역할을 할 수 있기 때문이다. 노드 1이 복귀해도 다시 마스터 노드를 선출하는 상황은 발생하지 않는다.

13.2.1.2 스플릿 브레인

스플릿 브레인split brain은 네트워크 장애 등으로 클러스터가 분리되었을 때 나누어진 각각의 서브 클러스터가 서로 마스터 노드를 선출하고 독립적인 클러스터로 동작하는 상태를 의미한다. 클러스터에서 스플릿 브레인이 발생하면 2개의 독립적인 클러스터에서 각각 요청을 처리하게 되고 클러스터 상태나 인덱싱된 데이터 등에 차이가 생겨 추후에 시스템이 합쳐질 때 동기화 문제가 발생한다.

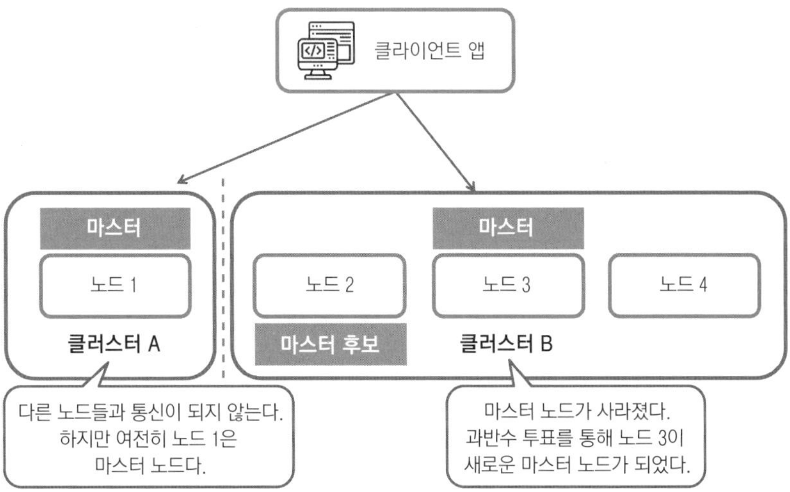

그림 13.5 **스플릿 브레인이 발생하는 경우**

그림 13.5는 스플릿 브레인이 발생하는 경우다. 엘라스틱서치 7.0 이전 버전은 설정에서 minimum_master_node라는 최소 마스터 후보 노드 수를 직접 설정할 수 있었다. *N*/2 + 1(*N*은 마스터 후보 노드 개수)이라는 가이드를 제시하지만 사용자가 임의로 설정하다 보면 실수할 수도 있다. 그림 13.5는 기존 마스터 노드였던 노드 1이 자체적인 클러스터 A를 구성하고, 스플릿 브레인이 발생해 노드 2와 노드 3이 새로운 클러스터 B를 구성하고 노드 3을 마스터 노드로 만들었다. 이 경우 클라이언트 앱은 2개의 마스터 노드와 통신을 하게 된다. 7.0 이후 버전부터 마스터 노드 선출 알고리즘 변경으로 minimum_master_node를 직접 지정하지 않기 때문에 스플릿 브레인은 발생하지 않는다. 하지만 이전 버전을 사용해야 하는 경우가 있으니 스플릿 브레인 개념은 숙지해두자.

13.2.1.3 투표 전용 노드

7.3 버전부터 마스터 후보 노드 중에서 마스터 노드를 선정하는 투표에는 참여하지만 실제 마스터 노드가 되지는 않는 노드들이 추가되었다. 투표에만 참여하는 노드라는 것이 무슨 의미가 있을까 싶지만 다음 사례를 생각해보자. 퍼블릭 클라우드 환경에서는 물리적인 거리 제한 없이 아시아, 유럽, 북미에 노드를 구성해 클러스터를 만들 수 있다. 이때 지진으로 서버 오류가 발생해 아시아존에 있던 모든 노드가 동작하지 않는 상황에서 투표 전용 노드voting only node를 이용해 시스템을 정상으로 유지하는 방법을 알아보자. 우선 투표 전용 노드가 없는 상황부터 알아보자.

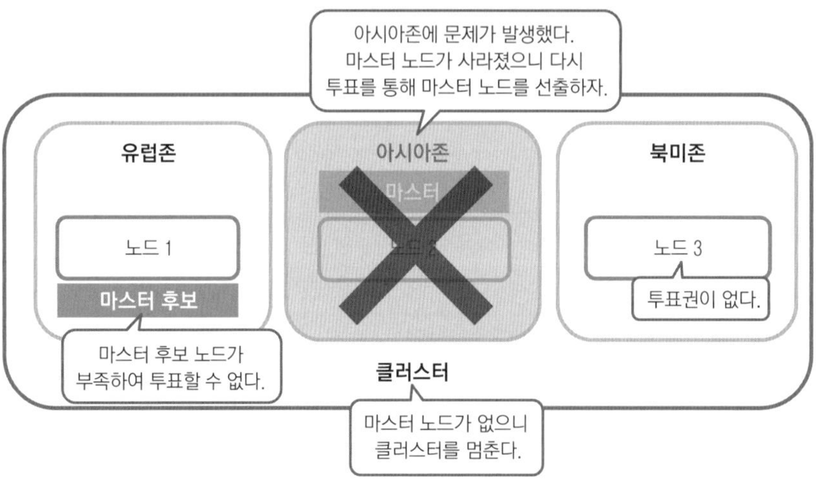

그림 13.6 **마스터 후보 노드 부족으로 마스터 노드를 선출하지 못하는 경우**

그림 13.6은 마스터 후보 노드가 2개로, 유럽존과 아시아존에 있다. 이때 아시아존에 문제가 발생하면 마스터 노드를 다시 선출해야 한다. 현재 클러스터에 남아 있는 마스터 후보 노드는 노드

1이 전부다. 최소 마스터 후보 노드 수가 부족해서 클러스터는 마스터 노드를 선출할 수 없고 시스템은 중단된다. 이제 노드 3을 투표 전용 노드로 변경하면 어떻게 되는지 알아보자.

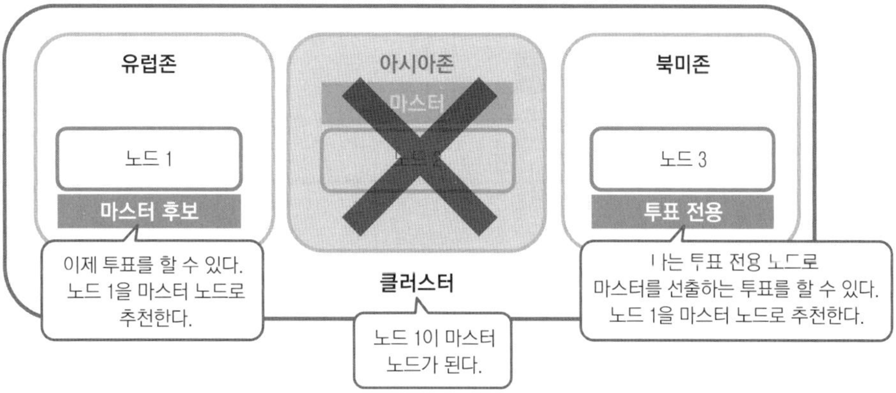

그림 13.7 **투표 전용 노드를 이용해 마스터 노드를 선출하는 경우**

그림 13.7은 북미존에 있던 노드 3이 투표 전용 노드가 되었다. 투표 전용 노드는 마스터 노드가 되지는 않지만 마스터 노드를 선정하는 투표에는 참여할 수 있다. 아시아존에 문제가 발생해 마스터 노드를 다시 선출해야 하는데 노드 1과 노드 3이 각각 노드 1을 마스터 노드로 투표를 했다. 노드 1이 마스터 노드가 되었고 아시아존에 문제가 발생했지만 클러스터는 동작을 한다. 투표 전용 노드는 마스터 노드가 되지 않기 때문에 마스터 후보 노드보다 부담 없이 운영될 수 있으며, 마스터 후보 노드들이 대량으로 장애가 발생했을 때 시스템이 멈추지 않고 동작할 수 있게 도와준다.

13.2.2 데이터 노드

데이터 노드data node는 인덱싱한 도큐먼트를 샤드 형태로 저장하여 데이터의 CRUD 작업과 검색, 집계 작업을 한다. 실질적인 데이터 프로세싱 작업이 일어나기 때문에 일반적으로 노드 중 가장 많은 부하를 받는다. 이 때문에 여유가 된다면 클러스터를 구성할 때 마스터 노드와 데이터 노드 역할을 구분하는 방식도 좋다. 데이터 노드의 부하로 인해 마스터 노드의 성능이 떨어질 경우 클러스터 전체의 안정성에 영향을 미치기 때문이다. 마스터 노드는 클러스터의 상태만 관리하고 데이터 노드는 데이터 처리만 하는 것이 좋다. 데이터 노드는 컴퓨터 리소스(I/O, CPU, 메모리 등) 사용량에 민감하기 때문에 모니터링하면서 부하 상태를 체크하고 상황에 맞춰 명시적으로 샤드를 재분배하거나 데이터 노드를 추가/변경하는 작업을 해야 한다. 다음 그림과 같은 상황을 살펴보자.

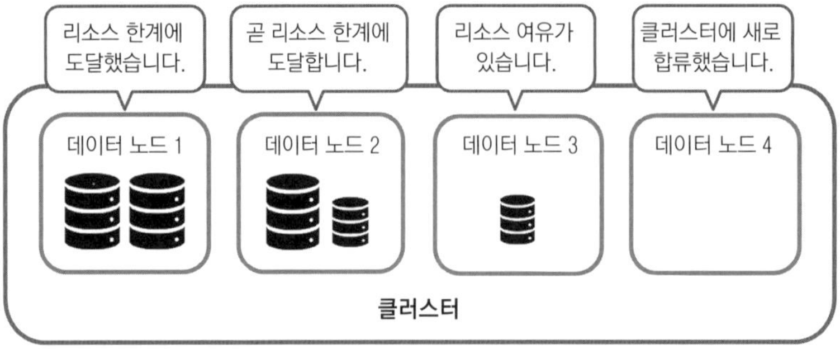

그림 13.8 **데이터 노드 모니터링**

그림 13.8은 클러스터 내의 4개 데이터 노드를 모니터링해야 하는 이유를 보여준다. 노드 1은 이미 리소스 한계에 왔고, 노드 2는 한계에 도달하려고 한다. 노드 3은 여유가 있고, 노드 4는 이제 막 클러스터에 합류했다. 적당한 리소스 배치를 통해 특정 노드에 부하가 몰리는 것을 막아야 하는데 그림 13.8의 경우 데이터 노드 1의 샤드를 데이터 노드 4에 재분배하면 된다.

13.2.3 인제스트 노드

인제스트 노드ingest node는 도큐먼트의 가공과 정제를 위한 인제스트 파이프라인이 실행되는 노드다. 인제스트 노드는 파이프라인을 통해 도큐먼트를 엘라스틱서치에 인덱싱하기 전에 원하는 형태로 변형할 수 있다. 로그스태시의 필터와 기능적으로 유사하나, 실행 주체가 엘라스틱서치라는 점과 지원되는 기능에 일부 차이가 있다. 무엇보다 인제스트 노드를 활용하면 로그스태시 설치 없이 비츠만 설치해 데이터를 수집하고, 인제스트 파이프라인을 이용해 이를 가공할 수 있다. 물론 입력되는 데이터가 많아지면 인덱싱 리퀘스트를 모아주거나, 좀 더 복잡한 가공을 수행할 수 있다는 점에서 로그스태시의 역할이 필수적인 경우도 있으니 가볍고 간단한 수집 프로세스라면 비츠와 인제스트 노드의 조합을, 좀 더 무겁고 복잡한 가공이 필요하다면 로그스태시까지 함께 사용하자.

모든 노드는 기본적으로 인제스트 노드 역할을 수행할 수 있으나, 데이터 가공을 많이 하는 시스템이면 별도의 인제스트 전용 노드를 구성하는 것이 좋다. 전용 노드 구성에 관해서는 13.2.5절에서 더 자세히 다루겠다. 인제스트 노드 동작 과정을 알아보자(그림 13.9 참고).

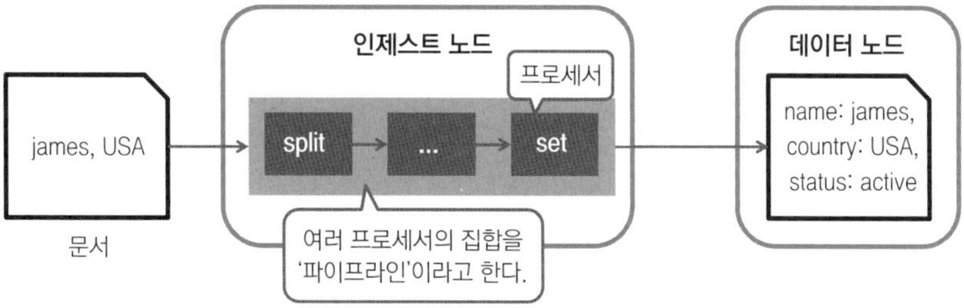

그림 13.9 **인제스트 노드 동작**

인제스트 노드는 프로세서와 파이프라인이라는 구성요소를 갖고 있다. 프로세서는 도큐먼트를 변형할 수 있는 기능적으로 구분되는 모듈이다. 특정 구분자를 이용해 도큐먼트를 쪼개거나 조건에 맞춰 도큐먼트를 버리거나 변경하는 동작을 할 수 있다. 파이프라인은 프로세서의 집합이다. 프로세서의 종류와 순서에 따라 파이프라인의 성격이 달라지는데, 파이프라인과 프로세서를 살피면서 7장에서 배웠던 로그스태시와 비교해보자.

13.2.3.1 파이프라인

먼저 인제스트 파이프라인pipeline을 생성하는 방법을 배워보자. 파이프라인 생성을 위한 REST API를 제공하는데, 주요 파라미터는 `description`과 `processors`다. `description`은 파이프라인에 대한 설명이고 `processors`는 파이프라인이 처리해야 할 프로세서들이다. 앞서 파이프라인은 여러 개의 프로세서로 이뤄졌다고 했는데, `processors`는 여러 개의 프로세서들을 넣을 수 있는 리스트 형태로 작성할 수 있고 프로세서들은 적혀 있는 순서대로 실행이 된다. 그럼 파이프라인을 하나 만들어보자.

리스트 13.1 인제스트 노드의 파이프라인 생성 요청

```
PUT _ingest/pipeline/mypipe
{
  "description": "description",
  "processors": [
    {
      "set": {
        "field": "status",
        "value": "low",

        "on_failure": [ # ❶
          {
            "set": {
              "field": "error",
              "value": "set processor error"
```

```
            }
          }
        ]
      }
    }
  ],
  "on_failure": [ # ❷
    {
      "set": {
        "field": "error",
        "value": "pipeline1 error"
      }
    }
  ]
}
```

mypipe라는 파이프라인을 생성하고 파이프라인 안에 set이라는 프로세서를 만든다. set 프로세서는 특정 필드값을 추가/수정하는 역할을 하는데 status라는 필드가 없다면 새로 만들고 값을 low로 할당하고 status 필드가 이미 있다면 값을 low로 수정할 것이다. on_failure는 파이프라인이나 프로세서 처리에 실패했을 때 예외를 처리하는 방법이다. on_failure를 적는 위치에 따라 적용 범위도 바뀌는데 on_failure가 ❶의 경우처럼 프로세서 내에 포함되어 있다면 프로세서 동작 중에 발생하는 예외를 처리하고, ❷의 경우처럼 파이프라인에 포함되어 있다면 파이프라인에서 발생하는 오류에 대한 예외를 처리한다. 파이프라인을 생성했으면 적용하는 방법도 알아보자. 참고로, JSON 본문에는 #이나 //를 주석으로 사용할 수 없으니 주의하자. 책에서 설명의 편의를 위해 달아둔 기호이므로, 코드를 직접 타이핑한다면 #이 적힌 부분은 삭제하자. 앞에서 만든 파이프라인인 mypipe를 이용해 도큐먼트를 인덱싱해보자.

리스트 13.2 파이프라인을 적용하여 도큐먼트 저장 요청

```
PUT my_index/_doc/1?pipeline=mypipe
{
  "name": "id1",
  "status": "high"
}
```

my_index 인덱스에 name과 status 필드를 가진 도큐먼트를 인덱싱하는데 리스트 13.1에서 만들었던 mypipe가 적용된다. 결과를 확인해보자(그림 13.10 참고).

그림 13.10 **리스트 13.2 실행 결과**

1번 도큐먼트의 status 필드값이 "low"로 변경된 것을 알 수 있다. mypipe 파이프라인의 set 프로세서는 status 필드가 없으면 "low" 값으로 필드를 추가하고 status 필드가 있으면 "low"로 값을 수정하는데, 여기서는 status 필드가 있기 때문에 값이 "high"에서 "low"로 수정되었다. 다음은 기존 인덱스를 파이프라인으로 수정해보자. 먼저 새로운 인덱스를 생성해보자.

리스트 13.3 my_index2 인덱스 생성과 도큐먼트 인덱싱 요청

```
PUT my_index2/_doc/1
{
  "name": "id1",
  "status": "high"
}

PUT my_index2/_doc/2
{
  "name": "id2"
}
```

my_index2라는 이름으로 새로운 인덱스를 생성했다. 이제 파이프라인을 적용해 도큐먼트를 수정해보자. 두 가지 방법이 있는데 update API에 파이프라인을 적용하는 방법과 reindex API에 파이프라인을 적용하는 방법이 있다. 먼저 update API부터 이용해보자. update_by_query라는 API를 사용한다.

리스트 13.4 update_by_query API를 사용해 기존 인덱스에 파이프라인 적용 요청

```
POST my_index2/_update_by_query?pipeline=mypipe
```

결과를 확인해보자.

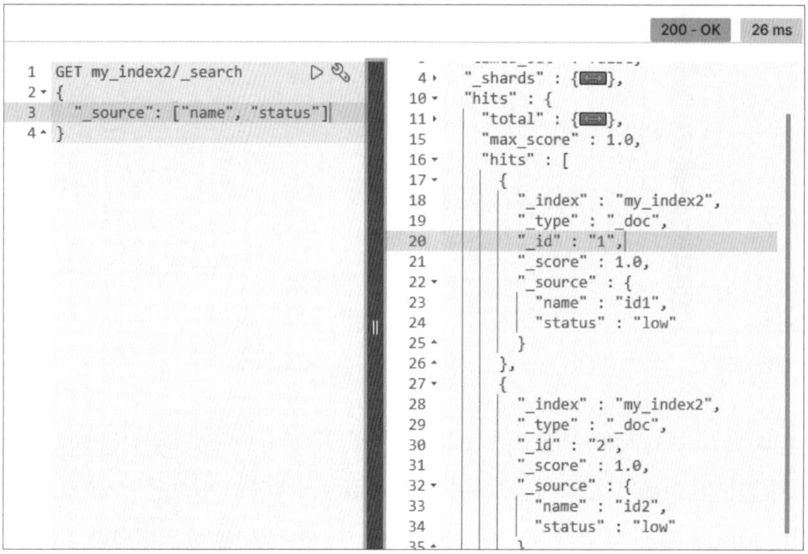

그림 13.11 **리스트 13.4 실행 결과**

1번 도큐먼트의 status 필드값이 "low"로 변경되었고, 2번 도큐먼트의 status 값이 추가되었다. 다음으로 reindex API를 사용해볼 것이다. reindex API의 사용 방법은 10.5절에서 배웠으므로 여기서는 간단히 파이프라인을 적용한 reindex API의 동작 과정만 살펴보자.

리스트 13.5 reindex API를 사용해 새로운 인덱스에 파이프라인 적용 요청

```
POST _reindex
{
  "source": {
    "index": "my_index2"
  },
  "dest": {
    "index": "my_index3",
    "pipeline": "mypipe"
  }
}
```

기존 my_index2 인덱스가 리인덱싱되면서 my_index3이라는 새로운 인덱스를 생성하는데 my_index2 인덱스에 있던 모든 도큐먼트가 my_index3 인덱스 도큐먼트에 복사되는 과정에서 dest에 명시해준 mypipe 파이프라인의 영향을 받는다. 수정해야 하는 도큐먼트가 많다면 update

API를 사용해 도큐먼트를 일일이 수정하는 대신 리인덱싱과 파이프라인을 조합해 새로운 인덱스를 생성하는 방식이 성능상 유리할 수도 있다. 업데이트는 내부적으로 검색, 해당 도큐먼트 삭제, 수정된 도큐먼트 리인덱싱의 순서로 작업이 일어나는데, 삭제된 도큐먼트는 세그먼트 머지가 발생하기 전까지 ID만 내부적으로 기록해뒀다가 검색 시 필터링하는 방식이어서 검색 성능에 나쁜 영향을 미친다. 도큐먼트 업데이트는 가급적 피하는 것이 좋다.

마지막으로, 인덱스 설정에서 기본 파이프라인을 적용하는 방법도 알아보자.

리스트 13.6 인덱스 설정에서 파이프라인 적용 요청

```
PUT my_index4
{
  "settings": {
    "default_pipeline": "mypipe"
  }
}
```

my_index4라는 인덱스에 파이프라인을 적용했다. 설정(settings)에 default_pipeline 파라미터를 추가하고 리스트 13.1에서 만들었던 mypipe 파이프라인을 적용하면 된다. my_index4 인덱스에 도큐먼트를 인덱싱하면 set 프로세서에 의해 status 필드가 추가되거나 수정된다.

13.2.3.2 프로세서

프로세서processors는 파이프라인을 구성하는 구성요소다. 도큐먼트를 원하는 형태로 변경할 수 있는 기능을 제공하는 작은 컴포넌트들이다. 다양한 프로세서가 있는데 로그스태시의 필터 플러그인과 비슷한 역할을 한다. 전체 프로세서는 온라인 문서[3]를 참고하고, 표 13.2에서는 자주 사용하는 몇 가지 프로세서만 설명한다.

3 프로세서: https://www.elastic.co/guide/en/elasticsearch/reference/7.10/ingest-processors.html

표 13.2 **프로세서 종류와 예시**

<table>
<tr><th>프로세서 종류</th><th>설명</th></tr>
<tr><td>date</td><td>날짜/시간 데이터를 파싱한다. 다음 예시의 경우 my_field 필드에 있는 데이터가 formats에 있는 날짜/시간 포맷일 경우 timestamp에 날짜 객체를 저장한다.
<pre>{
  "date" : {
    "field" : "my_field",
    "target_field" : "timestamp",
    "formats" : ["dd/MM/yyyy hh:mm:ss"]
  }
}</pre></td></tr>
<tr><td>drop</td><td>특정 도큐먼트를 저장하고 싶지 않을 때 사용한다. 주로 "if" 옵션을 이용해 조건을 지정한다.
<pre>{
  "drop": {
    "if" : "ctx.my_field == 'Guest'"
  }
}</pre></td></tr>
<tr><td>grok</td><td>고수준의 정규식 패턴인 grok를 이용해 특정 필드를 구조화된 필드들로 만들 수 있다. 로그스태시 6.3.2.3절을 참고하자.</td></tr>
<tr><td>set</td><td>특정 필드에 값을 지정한다. 필드가 이미 있다면 변경하고, 없다면 새로 추가된다.
<pre>{
  "set": {
    "field": "my_index",
    "value": "failed"
  }
}</pre></td></tr>
<tr><td>split</td><td>필드를 구분 기호를 이용해 분리한다. 분리된 필드는 배열 형태의 값을 갖는다.
<pre>{
  "split": {
    "field": "my_field",
    "separator": ","
  }
}</pre></td></tr>
</table>

프로세서는 사용 방법이 제각각이지만 모든 프로세서에는 if, tag, on_failure라는 공통의 파라미터가 존재한다. if는 조건문에 사용되며, tag는 동작 과정에 영향은 없지만 프로세서를 쉽게 추적할 수 있게 한다. on_failure는 프로세서에 문제가 발생했을 때 후속 조치를 위해 사용된다. 조건문을 이용해 프로세서를 좀 더 다이내믹하게 구성해보자.

리스트 13.7 조건문을 이용한 프로세서 요청

```
PUT _ingest/pipeline/myproc
{
  "processors": [
    {
      "set": {
        "if": "ctx.name == 'id2'",
          "field": "status",
          "value": "low"
      }
    }
  ]
}
```

myproc라는 파이프라인을 만들었고 set 프로세서에 조건문을 추가했다. if 조건문은 어떤 프로세서든지 사용 가능한 파라미터다. if 조건문에 있는 ctx는 스크립트의 컨텍스트를 의미하며, 프로세서의 if 조건문에서는 도큐먼트에 접근할 수 있는 특별한 변수로 작용한다. ctx.name은 도큐먼트의 name 필드를 의미한다. 즉 ctx.name == 'id2'는 name 필드값이 "id2"인 도큐먼트를 의미하며, name 필드가 "id2"일 경우 status 필드값을 "low"로 변경한다. 이제 생성한 파이프라인을 적용해 2개의 도큐먼트를 인덱싱해보자.

리스트 13.8 myproc가 적용된 my_index5 인덱스 생성 요청

```
PUT my_index5/_doc/1?pipeline=myproc
{
  "name": "id1",
  "status": "high"
}

PUT my_index5/_doc/2?pipeline=myproc
{
  "name": "id2",
  "status": "high"
}
```

my_index5 인덱스를 생성하고 2개의 도큐먼트를 인덱싱했다. 도큐먼트는 myproc 파이프라인이 적용되는데 myproc 파이프라인은 특정 조건에서만 set 프로세서가 동작한다. 결과를 확인해보자(그림 13.12 참고).

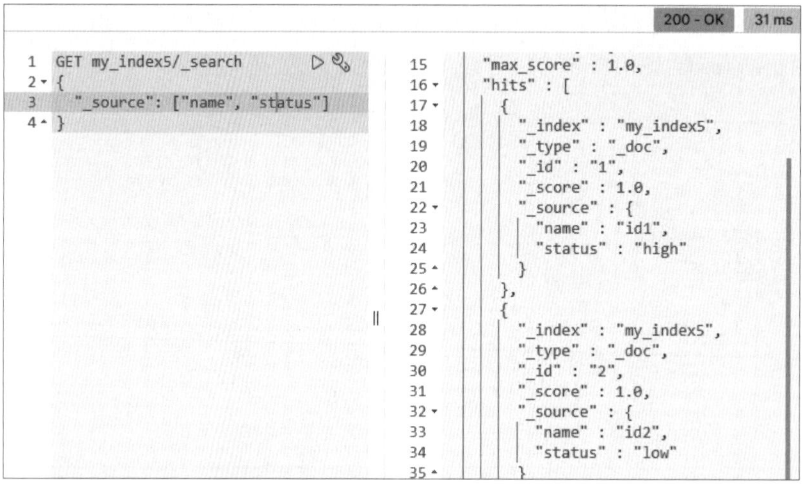

그림 13.12 **리스트 13.8 실행 결과**

id1, id2 도큐먼트의 status 값은 둘 다 "high"였는데 id2만 myproc 파이프라인에 의해 status 값이 "low"로 변경됐음을 확인했다. 파이프라인의 프로세서와 조건문을 활용하면 강력한 데이터 정제 기능을 구현할 수 있다.

13.2.4 그 밖의 노드들

지금까지 마스터 노드, 데이터 노드, 인제스트 노드를 살펴봤다. 그 외의 기능을 하는 노드도 살펴보자.

13.2.4.1 머신러닝 노드

머신러닝 노드machine learning node는 엘라스틱서치가 제공하는 머신러닝 기능을 이용할 수 있는 노드다. 머신러닝 기능은 유료 라이선스에 포함된 기능이기 때문에 여기서 자세히 다루지는 않겠다. 현재는 이상 탐지anomaly detection를 목적으로 주로 사용되지만 버전이 올라가면서 기능이 활발히 추가되고 있다. 엘라스틱서치 설정 파일(elasticsearch.yml)에서 xpack.ml.enabled 설정과 node.roles: [ml] 설정을 해야 사용할 수 있고, 대규모 머신러닝 작업이 필요한 경우 전용 머신러닝 노드를 설정하는 것이 좋다.

그림 13.13은 엘라스틱 홈페이지에 있는 이미지로, 머신러닝을 이용해 시계열 데이터에서 이상을 탐지하는 키바나 화면이다. 우리가 설치한 베이직 라이선스로는 머신러닝을 이용할 수 없는데 라이선스를 업그레이드하면 이상징후를 알리고, 시계열을 예측하고, 분류나 회귀 분석 같은 기능들을 이용할 수 있다.

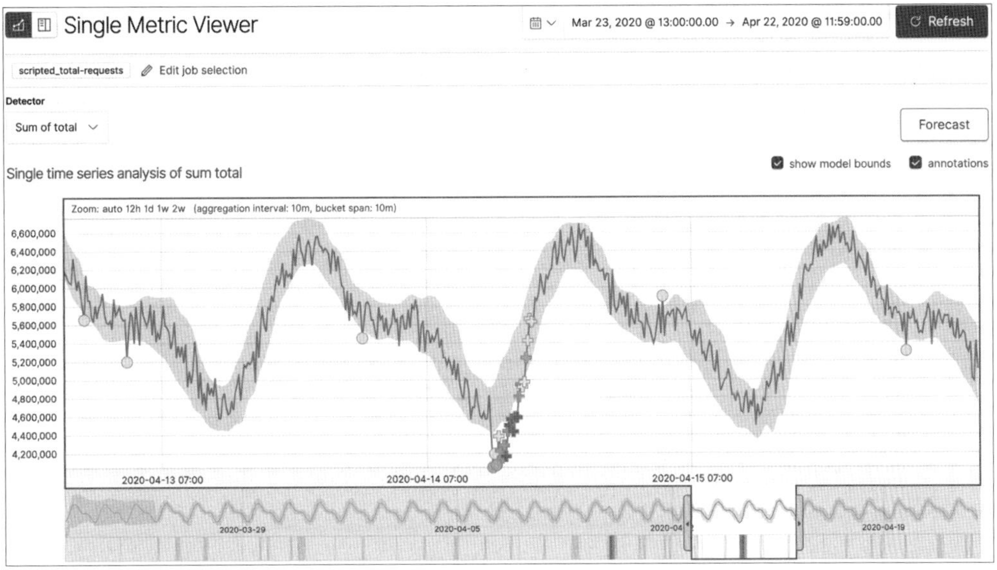

그림 13.13 **머신러닝 노드에서 구현한 이상 탐지 화면**[4]

13.2.4.2 코디네이터 노드

코디네이터 노드coordinator node는 REST API 요청을 처리하는 역할을 하는데, 기본적으로 모든 노드가 코디네이터 노드 역할을 수행할 수 있다. 코디네이터 노드는 사용자 요청 작업을 받아서 각 노드들에 선날하고 취합해 결과를 제공하는 역할을 한다. 다음 그림을 살펴보자.

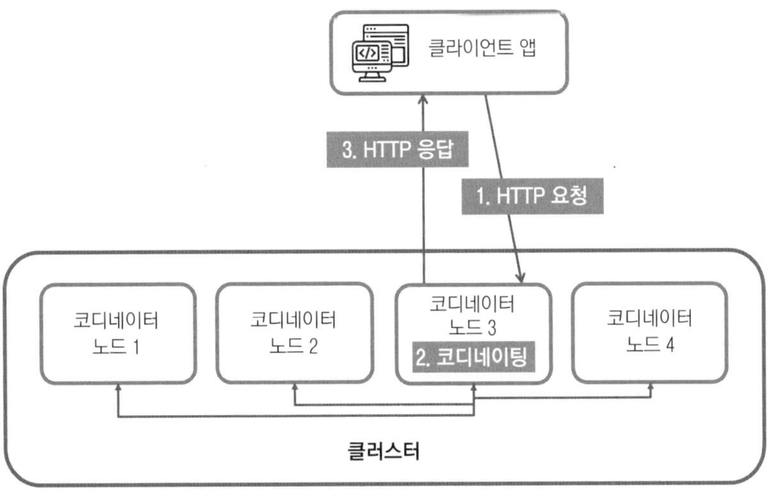

그림 13.14 **코디네이터 노드 동작**

4 출저: https://www.elastic.co/guide/en/kibana/current/user/ml/images/ml-single-metric-viewer.png

그림 13.14는 코디네이터 노드의 동작 과정을 설명하는데, 이 그림에서 모든 노드는 코디네이터 노드이자 데이터 노드다. 동작 과정을 번호로 표시했다. 먼저 클라이언트 앱에서 엘라스틱서치 클러스터로 HTTP 요청을 했는데 노드 3이 요청을 받았다. 노드 3은 클라이언트 요청을 처리하기 위해 데이터를 취합하는데 데이터가 있는 노드 1, 노드 2, 노드 4에 요청하고 각 노드들의 연산 결과를 취합한다. 그리고 마지막으로 클라이언트에 HTTP 응답을 준다. 문제는 처리해야 하는 요청이 많거나 무거운 집계를 돌리는 경우 코디네이터 노드에서 연산 결과를 취합하는 과정에 리소스가 많이 필요하고 이 과정에서 다른 중요한 작업을 놓치기도 한다. 노드 3이 마스터 노드였다면 문제가 발생할 소지가 있다. 따라서 데이터 코디네이터 작업이 많은 서비스의 경우 전용 코디네이터 노드를 두어 데이터 노드의 부하를 줄이고 검색 효율을 높이는 것이 좋다. 그림 13.15는 전용 코디네이터 노드를 활용하는 방법이다.

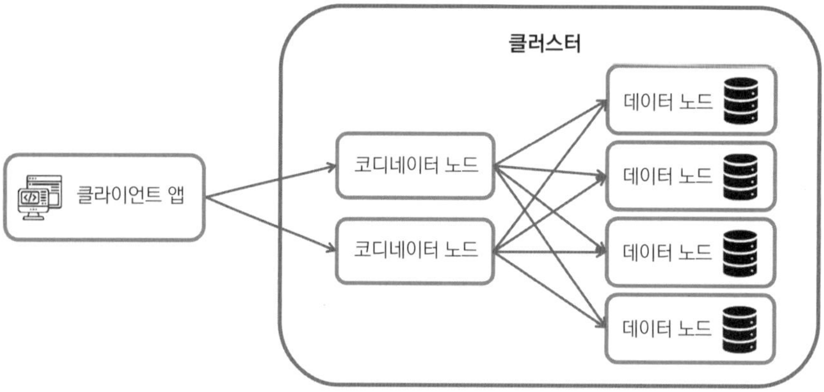

그림 13.15 **코디네이터 노드의 활용**

코디네이터 전용 노드를 두어 클라이언트 앱이 코디네이터 노드를 거치도록 구성했다. 코디네이터 전용 노드는 로드밸런싱load balancing과 요청 라우팅, 요청 캐싱, 그리고 각 데이터 노드에서 계산된 결과에 대한 취합에 온전히 집중할 수 있다. 규모가 크고 복잡한 검색이나 집계 요청이 많다면 코디네이터 전용 노드를 두는 것이 좋다.

13.2.5 전용 노드

노드들은 기본적으로 다양한 역할을 수행할 수 있다. 마스터 후보 노드이면서 데이터 노드, 인제스트 노드 등의 역할을 할 수 있다. 기본적으로 노드에 엘라스틱서치를 설치하고 설정 파일을 수정하지 않으면 그 노드는 모든 역할을 수행하게 되는데 2장에서 설치한 엘라스틱서치는 싱글 노드로 노드 하나가 모든 역할을 수행한다. 하지만 대규모 시스템을 구성할 경우 이런 구성은 좋지 않은데, 특히 클러스터 안전성에 지대한 영향을 미치는 마스터 노드와 데이터 처리를 위해 하드웨어 리소스를 많이 사용하는 데이터 노드를 하나로 구성하면 잠재적인 문제의 원인이 된다. 그래서 노드별로 하나의 역할을 수행하는 전용 노드dedicated node로 클러스터를 구성하면 시스템의 성능과 안전성, 비용 면에서 좀 더 효율적으로 활용할 수 있다. 엘라스틱서치 설정 파일에서 노드의 역할 변경 방법을 알아보자. elasticsearch.yml을 확인해보자.

리스트 13.9 elasticsearch.yml에서 노드의 역할 설정

```
node.roles: [ master, data, data_content, data_hot, data_warm, data_cold, ingest, ml,
remote_cluster_client ]
```

리스트 13.9는 elasticsearch.yml에서 노드의 역할을 부여하는 방법을 보여준다. `node.roles` 설정에 부여하고자 하는 역할을 나열하면 된다. 리스트 13.9는 사용자가 별도의 설정을 하지 않았을 때 기본적으로 부여되는 역할들이다. `data_*` 역할들과 `remote_cluster_client` 역할은 각각 데이터 티어, 크로스 클러스터 검색/복제와 관련된 역할로, 이 책에서는 다루지 않겠다. 자세한 내용은 문서를 참고하며, 전용 노드별로 부여해야 할 주요 설정값을 알아보자.

표 13.3 **전용 노드 설정값**

노드 타입	node.roles
마스터 전용 노드	[master]
투표 전용 노드	[master, voting_only]
데이터 전용 노드	[data]
인제스트 전용 노드	[ingest]
머신러닝 전용 노드	[ml]
코디네이터 전용 노드	[ ]

표 13.3은 특정 노드를 전용 노드로 만들기 위해 elasticsearch.yml 파일에서 설정해야 하는 값들이다. 표 13.4에서 볼 수 있듯이, 전용 노드는 성격에 따라 권장되는 하드웨어 사양도 다르다.

표 13.4 전용 노드 권장 하드웨어 사양

	CPU	메모리	저장장치
마스터 후보 전용 노드	저사양	저사양	저사양
데이터 전용 노드	고사양	고사양	고사양
인제스트 전용 노드	고사양	중간 사양	저사양
코디네이터 전용 노드	저사양	중간 사양	저사양

마스터 후보 전용 노드는 클러스터의 상태 관리가 주 역할이기 때문에 하드웨어 성능이 중요하지 않다. 데이터 전용 노드는 클라이언트 요청을 처리하기 위해 빈번한 I/O 작업과 연산 작업이 필요하기 때문에 고사양의 하드웨어로 구성하고, 가능하면 전용 노드로 사용하는 것을 권장한다. 인제스트 전용 노드는 데이터 수집이 목적이기 때문에 연산 작업에 비해 저장장치는 크게 중요하지 않다. 마지막으로, 코디네이터 전용 노드는 API 요청의 부하를 분산하는 역할이기에 일반적으로는 특별히 고사양의 하드웨어가 필요하지는 않다. 다만 요청량이 많을 경우에는 메모리를, 무거운 집계 요청이 잦은 경우에는 CPU를 더 많이 할당하면 도움이 된다. 전용 노드를 사용하면 노드 역할에 따라 하드웨어를 달리 구성할 수 있고 역할에 맞춰 최적화가 가능하기 때문에 대규모 시스템의 경우 전용 노드를 활용해 시스템을 구성하는 것이 좋다.

13.3 노드 구성과 시스템 구성

이번 절에서는 전용 노드를 활용해 클러스터를 구성하는 방법을 알아보자. 시스템 규모가 커지면 노드들의 성격에 따라 전용 노드를 구성하고 그에 맞는 하드웨어와 운영 방식이 필요하다. 또한 시스템의 가용성을 높이기 위한 HA[High Availability] 방안도 고민해야 하는데 마스터 후보 전용 노드는 가능하면 1, 3, 5, 7 같은 홀수 배열로 구성하며 나머지 노드들은 하트비트 같은 도구를 통해 주기적으로 상태 검사를 수행해 문제 여부를 판단하고 빠르게 복구할 수 있는 구조로 시스템을 구성하는 것이 중요하다.

13.3.1 소규모 클러스터

노드가 하나인 시스템, 즉 노드 하나가 모든 역할을 하는 것을 싱글 노드라고 한다. 현재 우리가 구축한 환경이 싱글 노드인데 싱글 노드는 특별한 선택권 없이 하나의 노드가 모든 역할을 수행해야 하며, 노드에 이상이 발생하면 서비스가 중단되기 때문에 운영 시에는 거의 사용되지 않는다. 지금 설명하는 소규모 클러스터는 하나의 노드가 아니라 적어도 3~5대 정도의 노드가 있는 경우다.

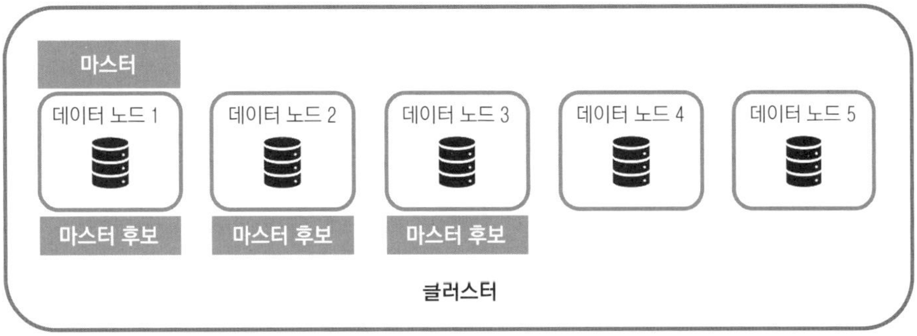

그림 13.16 **노드 5대를 이용한 클러스터 구성**

그림 13.16은 노드 5대를 이용한 소규모 클러스터 구성이다. 노드 개수가 부족하여 다양한 전용 노드를 구성하기 힘들다. 우선 마스터 노드는 반드시 필요하기 때문에 3개의 노드를 마스터 후보 노드로 설정했다. 과반수 공식에 의해 마스터 노드를 선출할 것이며, 짝수로 지정할 경우 문제가 발생할 수 있으므로 마스터 후보 노드 개수를 홀수 개로 지정했다. 그림 13.16에서는 노드 1이 마스터 노드가 되었다. 데이터 노드는 디스크, 메모리, I/O 모두 많은 리소스를 필요로 하기 때문에 가능한 데이터 노드는 많을수록 좋다. 현재 소규모 클러스터는 노드 개수가 적기 때문에 모두 데이터 노드가 되도록 구성했다. 특히 노드 1, 노드 2, 노드 3은 마스터 노드와 데이터 노드 역할을 같이 하기 때문에 하드웨어 구성에 좀 더 신경을 쓰고 시스템 부하를 모니터링하면서 데이터 노드를 확장할 수 있도록 준비해야 한다.

13.3.2 대규모 클러스터

대규모 클러스터는 노드들을 효율적으로 관리하기 위해 전용 노드를 잘 활용하는 것이 중요하다. 마스터 후보 노드들은 하드웨어 성능은 비교적 중요하지 않지만 최소 3대를 준비하고 가능한 한 클라이언트의 요청을 받지 않도록 구성한다. 데이터 전용 노드는 온전히 데이터 작업만 진행하고 클러스터에서 가장 많이 배치해야 한다. 그리고 가능하면 고사양의 하드웨어를 구성하고 사양은 통일하는 것이 좋은 이유는 분산 처리 시 복수의 노드에서 발생한 결과를 코디네이터 노드에서 취합해야 하는데 데이터 노드 하나의 응답이 느리면 전체 응답 속도에 영향을 미치기 때문이다. 인제스트 전용 노드는 데이터 수집의 엔트리 포인트 역할로서, 특히 파이프라인을 이용한 데이터 정제 작업에 집중한다. 코디네이터 전용 노드는 검색이나 집계 작업 취합을 담당하는데, 서비스 성격에 따라 도입 유무를 결정하자.

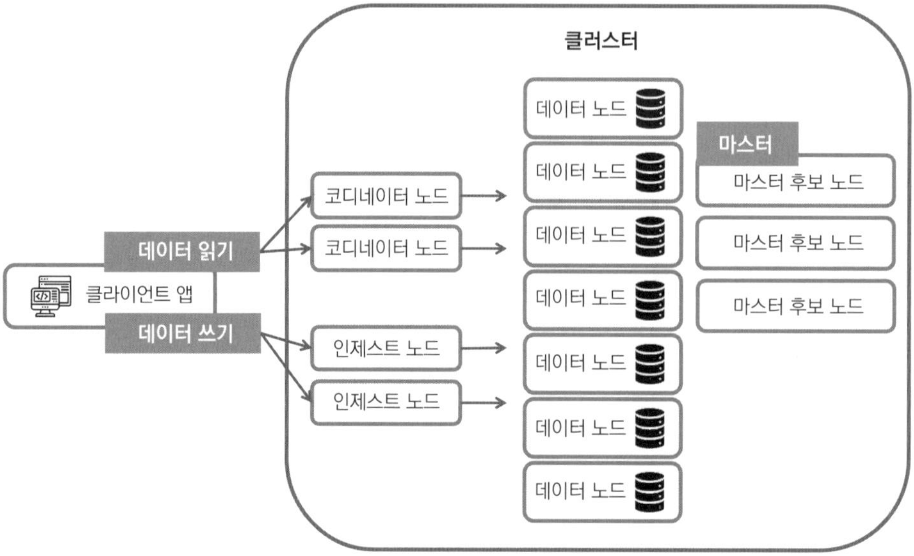

그림 13.17 **대규모 클러스터 구성**

그림 13.17은 대규모 클러스터 구성 예시다. 참고 목적으로 만들었기에, 대규모 클러스터를 구성하면 이렇게 해야 한다는 정답을 보여주는 것이 아님을 유의하자. 시스템의 성격이나 사용 방법에 따라 구성은 얼마든지 달라질 수 있다. 데이터 읽기가 많은 시스템인지 데이터 쓰기가 많은 시스템인지 데이터가 얼마나 많이 필요한지에 따라 노드들을 다양하게 구성할 수 있다. 다만 한 가지는 명심해야 한다. 대규모 클러스터를 구성할 때 마스터 후보 전용 노드와 데이터 전용 노드를 나누는 것이 중요하다. 마스터 노드의 불안정은 클러스터 전체의 불안정으로 이어지므로 마스터와 데이터 노드는 되도록 역할을 분리하고, 마스터 노드는 클라이언트의 요청이나 데이터 작업에 참여하지 않고 클러스터 관리에 집중시키는 것이 좋다.

13.3.3 핫/웜/콜드 노드 구성

데이터 노드는 저장하는 데이터의 성격에 따라 핫hot/웜warm/콜드cold 노드로 구분할 수 있다. 이렇게 노드를 구분하는 이유는 데이터 노드를 더 효율적으로 사용해 전반적인 클러스터 효율을 높이기 위해서다. 자주 사용하는 노드에 더 좋은 리소스를 할당하고 자주 사용하지 않는 노드에 리소스를 줄이는 식으로 비용을 절감할 수 있다. 핫 노드에는 활발하게 인덱싱과 검색이 일어나는 인덱스들을 위치시키고 충분한 리소스의 하드웨어를 할당해주자. HDD보다는 SSD가 좋고

가용성을 높이는 방법도 고민해야 한다. 웜 노드에는 자주 사용하지 않는 데이터를 저장하는데, 쿼리의 빈도가 낮고 인덱싱은 일어나지 않는 인덱스들이 이에 해당된다. 핫 노드에 비해 성능 좋은 디스크나 큰 메모리는 필요 없지만 많은 데이터를 저장하기 위해 대용량 디스크를 사용한다. 콜드 노드에는 프리즈freeze 모드의 인덱스들을 저장하게 되는데, 프리즈 모드의 인덱스는 평상시에는 메모리에 띄워놓지 않으므로 인덱스를 유지하기 위한 메모리 공간이 필요하지는 않으나, 검색 요청이 올 때 인덱스 파일을 오픈하기 때문에 검색 시간이 많이 소요된다. 주로 검색을 수행하지는 않지만 데이터 보존 기간 정책상 보관해야만 하는 데이터들이 이에 해당된다. 하드웨어는 시스템 내에서 지원하는 최소한의 사양으로 구성하되 디스크의 용량만 필요한 만큼 갖추면 되고, 가용성을 위한 시스템 구성은 굳이 필요하지 않다.

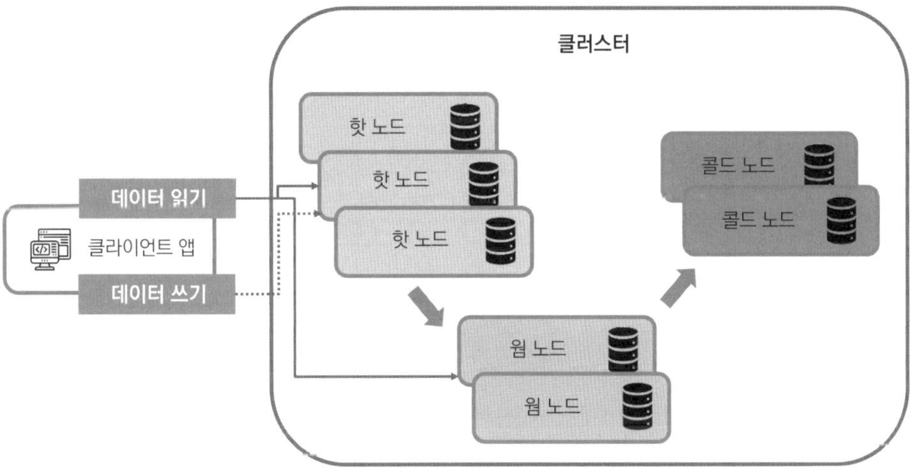

그림 13.18 **핫/웜/콜드 아키텍처**

핫/웜/콜드 노드 구성은 샤드 할당 필터링shard allocation filtering 기술이나 데이터 티어data tiers를 사용한다. 샤드 할당 필터링은 샤드를 조건에 따라 특정 노드에 저장하는 방법이고, 데이터 티어는 7.10 버전에 추가된 기능으로 하드웨어가 동일한 노드들을 묶는 방법이다. 샤드는 13.5절에서 다시 설명하겠지만 일단 도큐먼트를 저장하는 기본 단위라고 알고 있자. 이 책에서는 샤드 할당 필터링으로 핫/웜/콜드 아키텍처를 구분할 것이므로, 필요하다면 데이터 티어는 온라인 문서[5]를 참고하자. 그럼 샤드 할당 필터링을 알아보자.

5 데이터 티어: https://www.elastic.co/guide/en/elasticsearch/reference/7.10/data-tiers.html

13.3.3.1 샤드 할당 필터링

샤드를 필터링하는 방법은 다음과 같다. 먼저 특정 노드에 속성을 단다. 예를 들면 A 노드는 핫 노드, B 노드는 웜 노드라는 식이다. 다음으로 인덱스들을 특정 속성에 맞는 노드에 저장한다. 예를 들어 A 인덱스는 자주 사용하기 때문에 핫 노드에, B 인덱스는 1년간 거의 사용하지 않았기에 웜 노드에 저장하는 식이다. 노드에 속성을 다는 방법과 인덱스를 특정 노드에만 설정하는 방법을 알아보고, 이를 이용해 핫/웜 노드를 구성하는 방법을 알아보자.

노드에 속성 달기

먼저 핫/웜으로 사용하려는 노드에 속성 태그를 달아야 한다. 속성 태그를 달고 싶은 노드의 엘라스틱서치 설정 파일(elasticsearch.yml)에 속성값을 추가한다. node.attr을 적어주고 그 뒤에는 원하는 속성값과 태그명을 적어주면 된다. 현재 우리는 싱글 노드이기 때문에 테스트할 수 없으니 실습을 따라 할 필요는 없다. 어려운 내용은 아니므로 읽으면서 내용만 이해하자.

리스트 13.10 노드에 핫(hot) 태그 달기

```
node.attr.node_tag: hot
```

리스트 13.10은 특정 노드에 note_tag라는 이름의 속성을 만들고 hot이라는 이름의 태그를 달았다. node_tag나 hot은 예약어가 아니며 사용자가 원하는 이름을 지정하면 된다. 이제 이 노드에 태그와 속성이 붙게 되었다.

인덱스 설정에 샤드 필터링 추가

이번에는 인덱스에 속성 태그를 붙여보자. 인덱스에 속성 태그가 붙으면 인덱스의 모든 도큐먼트, 즉 샤드가 특정 노드로 인덱싱된다. 아래 요청을 살펴보자.

리스트 13.11 인덱스에 태그 달기

```
PUT sample_data_now
{
  ...
  "settings": {
    "index.routing.allocation.require.node_tag" : "hot"
  }
}
```

인덱스 생성 시 settings에 속성 태그를 추가했다. index.routing.allocation.require는 샤드 필터링 조건을 정의하기 위한 파라미터다. 뒤에 붙은 속성명(note_tag)과 태그값(hot)은 앞에서 지정했던 특정 노드의 속성 태그값들이다. sample_data_now 인덱스의 모든 도큐먼트는 속성과 태그값이 일치하는 특정 노드에만 저장된다.

핫 노드에서 웜 노드로 인덱스 옮기기

일반적으로 쓰기 작업은 핫 노드에서만 진행한다. 반면에, 기존 핫 노드에 있던 인덱스 중에서 시간이 오래되었거나 사용 빈도가 떨어지는 인덱스는 웜이나 콜드 노드로 옮긴다. 동적 세팅을 이용해 인덱스를 이동하는 방법을 알아보자.

리스트 13.12 핫 노드 데이터를 웜 노드로 이동하는 요청

```
PUT sample_data_yesterday/_settings
{
  "index.routing.allocation.require.node_tag" : "warm"
}
```

리스트 13.12는 sample_data_yesterday 인덱스를 note_tag: warm으로 태깅되어 있는 노드로 이동하는 요청이다. settings API(_settings)는 설정 파일(elasticsearch.yml)을 변경하지 않고 동적으로 설정을 변경한다. 일반적으로 오래되거나 자주 사용하지 않는 인덱스는 웜이나 콜드 노드로 옮겨주는 것이 좋다. 강제 사항은 아니지만 핫 노드는 연산이 많고 빠른 응답이 필요하여 고성능 하드웨어로 구성하고 웜/콜드 노드는 데이터 보관 용도의 쓰임이 높아서 디스크 장비 외에 크게 리소스를 많이 쓰지 않는 방식으로 구성하기 때문에 정책적으로 인덱스를 사이클에 맞춰 노드를 옮겨주면 시스템 효율성 측면에서 이롭다. 엘라스틱서치는 ILM[Index Lifecycle Management]이라는 인덱스 관리 정책을 포함하고 있는데, 인덱스들의 수명주기를 파악해 노드를 이동하고 관리해준다. 키바나 메뉴의 Management > Stack Management > Index Lifecycle Policies에서 확인할 수 있다.

그림 13.19는 키바나에서 제공하는 인덱스 수명주기 관리[Index Lifecycle Policies, ILM] 화면이다. 여기서 인덱스 수명주기를 관리할 수 있는데, Create Policy 버튼을 누르거나 기존 정책들을 클릭해보면 세부적인 정책을 확인할 수 있다.

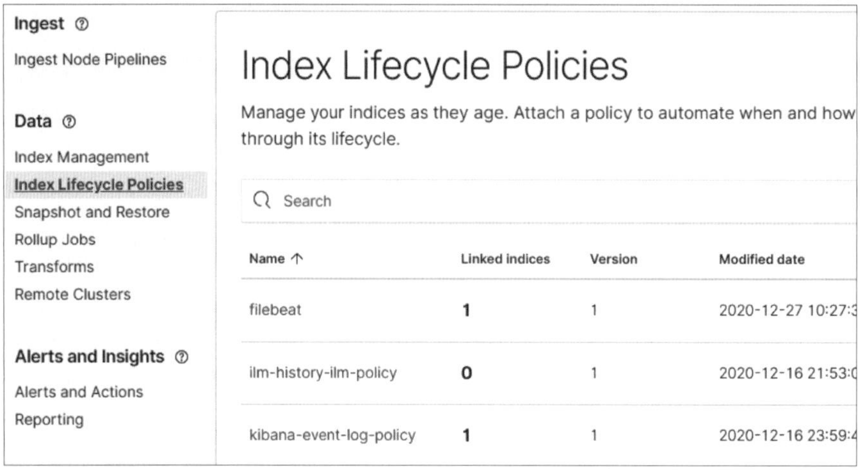

그림 13.19 ILM을 이용한 인덱스 관리

그림 13.20은 ILM 세부 정책 설정 화면이다. 기본적으로 ILM은 인덱스를 핫, 웜, 콜드, 삭제의 네 가지 단계로 나눈다. UI상으로 각 단계마다 활성화를 할 수 있고, 단계가 활성화되면 조건을 설정할 수 있다. 예를 들어, 핫/웜만 사용하려면 핫/웜만 활성화하고 단계에 진입하기 위한 조건과 진입 후 동작 등을 설정하면 된다.

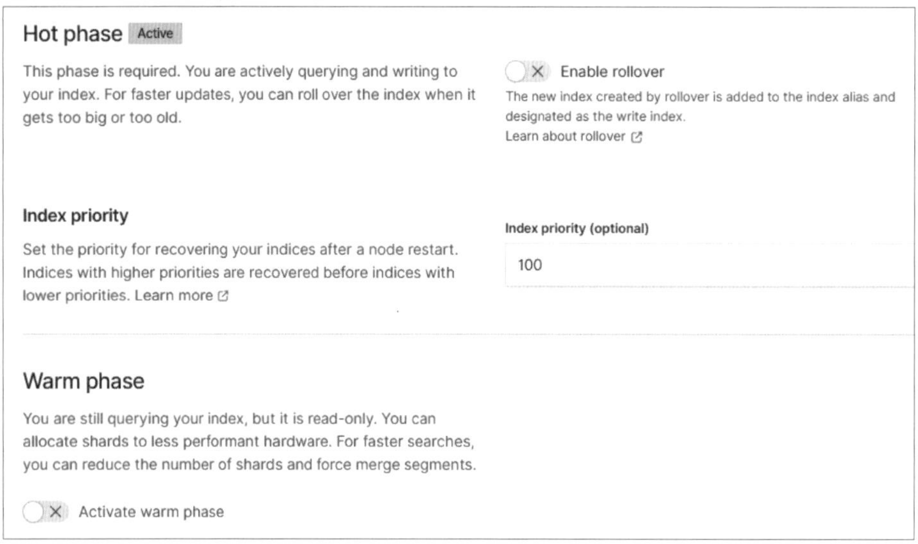

그림 13.20 키바나의 ILM 정책

13.4 클러스터 백업

안정적인 시스템 구성을 위해서는 데이터 백업 방법에 대한 고민이 필요하다. 엘라스틱서치는 데이터 백업을 위해 스냅샷을 지원한다. 스냅샷을 위한 저장소는 리포지토리repository라고 하는데 스냅샷을 찍기 전에 먼저 리포지토리부터 지정해야 한다. 리포지토리를 지정하고 스냅샷을 찍고 복원하는 방법을 알아보자. 스냅샷은 클러스터 전체를 찍거나 특정 인덱스만 찍을 수 있는데 다음 단계를 따라서 진행해보자.

13.4.1 리포지토리 등록

먼저 리포지토리를 생성하고 등록해보자. 리포지토리 등록을 위해 엘라스틱서치는 snapshot API를 제공하고 있다.

리스트 13.13 리포지토리 등록

```
PUT _snapshot/fsrepo
{
  "type": "fs",
  "settings": {
    "location": "C:\\elasticsearch-7.10.1"
  }
}
```

리포지토리 등록은 type에 따라 사용법이 달라진다. type은 어떤 저장소를 사용할지 결정하는데 파일시스템(fs), 빅데이터 파일시스템 HDFS(hdfs), 리모트 리포지토리인 아마존(s3)과 마이크로소프트 애저(azure)와 구글 클라우드 스토리지(gcs) 등을 지원한다. fs 타입의 경우 location이라는 파라미터를 이용해 리포지토리로 사용할 노드 내부의 특정 폴더를 지정할 수 있다. 전체 파라미터는 온라인 문서[6]를 참고하자. location 경로를 각자 환경에 맞게 지정하고 리스트 13.13을 요청해보자.

6 파일 시스템 리포지토리 등록: https://www.elastic.co/guide/en/elasticsearch/reference/7.10/snapshots-register-repository.html#snapshots-filesystem-repository

그림 13.21 **리스트 13.13 실행 결과: 오류**

`path.repo`가 매치되지 않는다는 오류가 발생하면서 리포지토리가 등록되지 않는다. 리포지토리는 클러스터를 구성하는 마스터 노드와 데이터 노드가 동일한 위치를 공유해야 하기 때문에 노드 설정 파일에서 리포지토리 경로를 지정해야 한다. 클러스터를 구성하는 모든 마스터 노드와 데이터 노드의 elasticsearch.yml 파일에 다음 내용을 추가한다. 우리는 싱글 노드이기 때문에 하나의 노드에서만 수정하면 된다. 다음과 같이 `path.repo`를 새로 설정한다.

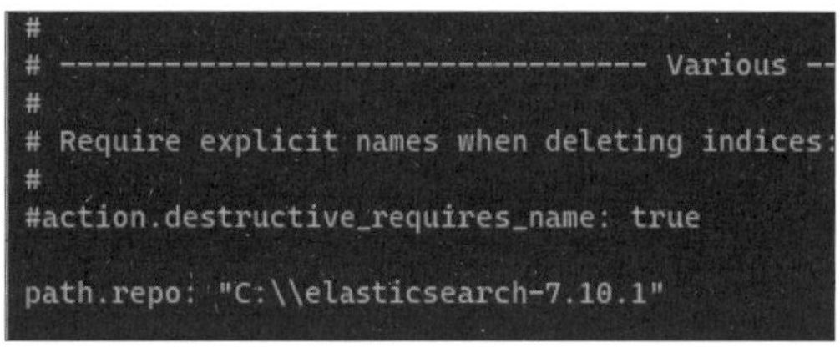

그림 13.22 **리포지토리 경로 지정**

엘라스틱서치 설정 파일(elasticsearch.yml)에 그림 13.22의 `path.repo` 옵션을 추가하고 엘라스틱서치를 재시작해보자. 이제 리스트 13.13을 다시 요청하면 그림 13.23과 같이 정상 동작할 것이다.

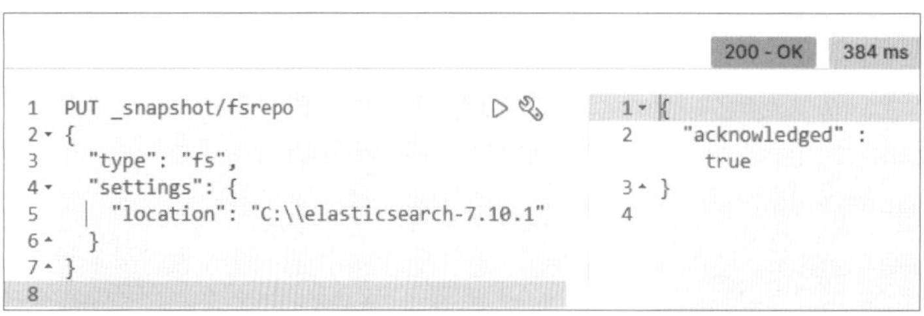

그림 13.23 **리스트 13.13 실행 결과**

13.4.2 스냅샷 찍기

리포지토리가 등록되었다면 스냅샷snapshot을 찍어야 한다. 엘라스틱서치는 스냅샷을 찍을 수 있는 API를 제공하고 있는데 스냅샷은 특정 시각(스냅샷을 찍은 찰나의 순간)의 모든 데이터를 복사해서 데이터를 저장한다. 혹은 특정 인덱스의 데이터만 저장할 수도 있다. 스냅샷을 최초에 한 번 찍고 나서 이후에 다시 찍으면 이전에 마지막으로 저장된 스냅샷과 비교해 변경된 부분만 스냅샷에 기록한다. 스냅샷을 찍기 전에 리포지토리가 필요하다. 현재 만들어진 리포지토리를 가져와 보자.

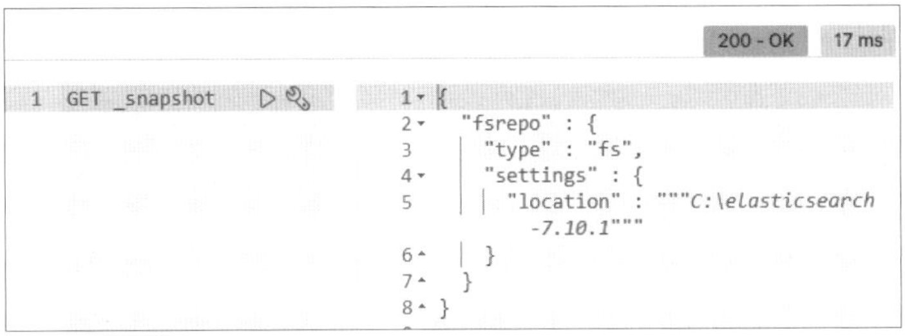

그림 13.24 **현재 등록된 리포지토리 확인**

그림 13.24와 같이 현재 리포지토리를 모두 가져올 수 있다. 여기서는 fsrepo를 사용할 것이다. 이제 스냅샷을 찍어보자.

리스트 13.14 스냅샷 찍기 요청

```
PUT _snapshot/fsrepo/snapshot1
```

snapshot1은 스냅샷 이름으로, 임의로 원하는 이름을 만들면 된다. 리스트 13.14를 실행하고 "accepted" : true를 결과로 받으면 성공한 것이다. snapshot1이라는 유니크한 이름으로 스냅샷을 찍는데 스냅샷은 fsrepo 리포지토리에 저장된다. 특별히 인덱스를 지정하지 않으면 클러스터 내의 모든 인덱스의 스냅샷을 찍는다. 특정 인덱스만 스냅샷을 찍을 수도 있다.

리스트 13.15 특정 인덱스의 스냅샷 찍기 요청

```
PUT _snapshot/fsrepo/snapshot2
{
  "indices": "kibana_sample_data_*",
  "ignore_unavailable": true
}
```

indices 필드는 스냅샷을 찍을 인덱스들이다. 배열 형태로 여러 인덱스를 선택할 수 있고 리스트 13.15처럼 와일드카드 형식으로 인덱스 패턴을 지정해 여러 인덱스를 선택할 수도 있다. 여기서는 kibana_sample_data_로 시작하는 모든 인덱스의 스냅샷을 찍는다. ignore_unavailable을 true로 지정하면 활성화되지 않은 인덱스의 스냅샷은 찍지 않는다. 운영 모드에서 리소스의 효율적 사용을 위해서 사용하지 않은 인덱스들은 비활성화하는데, 이렇게 ignore_unavailable 옵션을 true로 지정하고 나면 비활성화 상태의 인덱스는 스냅샷에 기록되지 않는다.

13.4.3 스냅샷 복원

찍었던 스냅샷을 복원restore할 수도 있어야 한다. 문제가 발생하면 특정 시점으로 돌아가야 할 경우가 있는데 이때 찍어두었던 스냅샷을 기준으로 데이터를 되돌리게 된다. 엘라스틱서치는 스냅샷 복원을 위해 restore API를 제공하고 있는데 모든 인덱스를 가져오는 방법과 특정 인덱스만 가져오는 방법이 있다. 먼저 모든 인덱스를 가져와 보자.

리스트 13.16 모든 인덱스를 복원 요청

```
POST _snapshot/fsrepo/snapshot1/_restore
```

리스트 13.16을 실행하면 같은 이름의 인덱스가 있다고 하면서 복원이 되지 않는다.

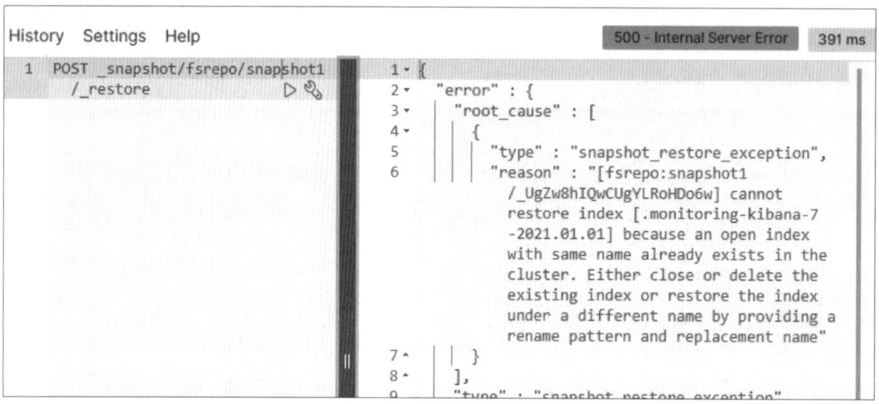

그림 13.25 **리스트 13.16 실행 결과: 오류**

예를 들어, 현재 클러스터에 index1 인덱스가 있는데 리포지토리에 index1 인덱스가 있다면 복원이 되지 않는다. 이름이 겹치는 인덱스를 지우고 복원을 하던지 아니면 인덱스 이름을 변경해야 한다. 특정 인덱스의 스냅샷을 복원하면서 인덱스 이름을 변경하는 방법을 알아보자.

리스트 13.17 특정 인덱스만 복원

```
POST _snapshot/fsrepo/snapshot1/_restore
{
  "indices": "kibana_sample_data_*",
  "ignore_unavailable": true,
  "rename_pattern": "kibana_sample_data_(.+)",
  "rename_replacement": "restored-kibana_sample_data_$1"
}
```

리스트 13.17은 kibana_sample_data_로 시작하고, ignore unavailable을 true로 설정해 활성화된 인덱스만 가져온다. 앞에서 클러스터에 같은 이름의 인덱스가 없다면 복원할 수 없다고 했는데, 복원하면서 인덱스 이름을 변경한다. rename_pattern은 변경하려는 인덱스 이름이고 rename_replacement는 변경되는 인덱스의 이름이다. 여기서는 kibana_sample_data_로 시작하는 모든 인덱스를 복원하는데, 인덱스 이름을 restored-kibana_sample_data_xxx 형태로 인덱스 이름을 변경한다. 실제 인덱스가 복원되었는지 확인해보자.

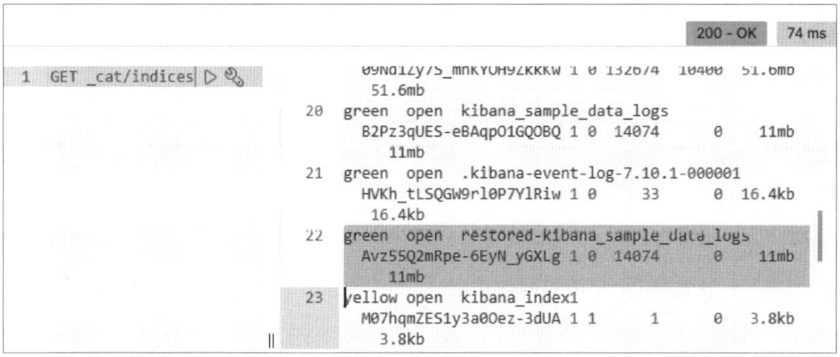

그림 13.26 **복원되어 생긴 인덱스들**

그림 13.26을 확인하면 restored-* 형태로 이름이 지정되어 인덱스가 복원되는 것을 확인할 수 있다. 스냅샷을 찍을 때는 기존 데이터 대비 변경사항만 추가 반영되는 구조이기 때문에 스냅샷을 자주 찍는다고 해서 가끔씩 찍는 것에 비해 특별히 용량이 크게 늘어나지 않으므로 가능하면 자주 스냅샷을 찍어주는 방식을 권장한다. 실제 운영 과정에서는 스냅샷 수명주기를 관리하는 기능인 SLM Snapshot Lifecycle Management이 스냅샷 빈도나 관리를 자동화해줄 수 있으니 온라인 문서[7]를 참고해서 설정하면 관리 운영의 효율성을 높일 수 있다.

7 SLM: https://www.elastic.co/guide/en/elasticsearch/reference/7.10/snapshot-lifecycle-management.html

13.5 샤드

분산 처리 시스템인 엘라스틱서치는 여러 대의 노드를 효율적으로 활용하기 위해 데이터를 샤드라는 단위로 나눠 분산 저장한다. 데이터를 분산 저장하면 클러스터의 수평적인 확장이 가능하고 작업을 분산 처리해 성능과 처리량을 높일 수 있다. 앞 장에서 도큐먼트를 인덱스에 저장한다고 배웠지만, 실제로 인덱스는 가상의 논리적 단위이며 실제 도큐먼트의 인덱싱과 검색은 샤드에서 일어나게 된다. 도큐먼트가 샤드에 저장되는 과정을 그림으로 알아보자.

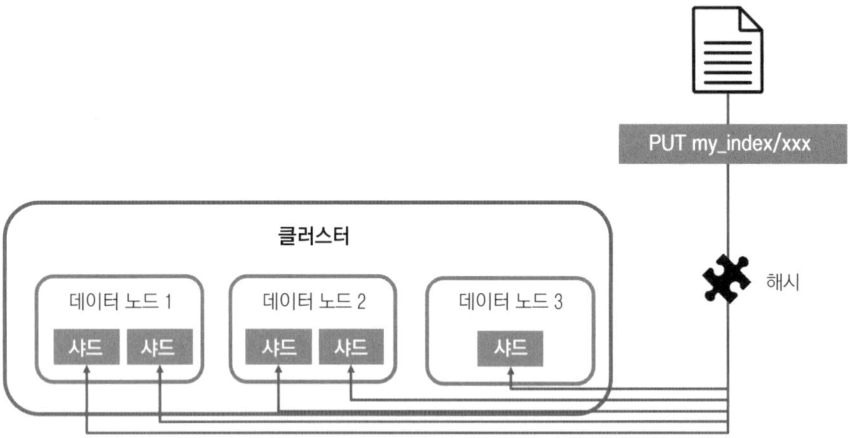

그림 13.27 **샤드 구성과 인덱싱 과정**

그림 13.27은 도큐먼트가 어떻게 샤드에 분산되어 저장되는지를 보여준다. 먼저 클러스터에 노드가 3개가 있다고 가정하자. 여기에 my_index라는 인덱스가 생성되는데 my_index는 샤드를 5개 만든다. 인덱스를 만들 때 샤드 개수를 정할 수 있다. 5개 샤드는 3개의 노드에 적절히 분배되고, xxx 도큐먼트가 인덱싱되면 도큐먼트는 5개의 샤드 중 하나에 저장된다. 이때 코디네이터 노드, 즉 최초 요청을 수신한 노드는 문서에 별도의 ID가 주어지지 않는다면 랜덤 ID를 생성하며, _routing 파라미터가 명시되지 않았다면 ID를 이용해 도큐먼트가 인덱싱될 샤드를 결정한다.

리스트 13.18 샤드를 선택하는 공식

```
shard = hash(_routing) % 프라이머리 샤드 개수
```

리스트 13.18은 도큐먼트가 인덱싱되면서 어떤 샤드를 선택할지 결정하는 공식이며, 이 공식에 따라 도큐먼트가 어떤 샤드에 저장되는지 결정하는 것을 라우팅이라고 한다. 엘라스틱서치는

샤드의 개수가 성능에 영향을 미치는데 이번 절에서는 샤드가 무엇이고 최적의 시스템을 위해 샤드를 어떻게 구성해야 하는지 알아보자.

13.5.1 프라이머리 샤드와 레플리카 샤드

엘라스틱서치는 인덱스를 샤드 단위로 나누어 노드들에 분산 저장해 클러스터 내의 컴퓨팅 리소스를 최대한 활용할 수 있도록 만든다. 하지만 데이터가 여러 대의 물리 장비에 분산되어 있는 만큼 노드 하나만 클러스터를 이탈해도 데이터가 손실되어 시스템의 정합성이 떨어질 우려가 있다. 이러한 문제를 방지하기 위해 엘라스틱서치는 데이터의 원본을 프라이머리[primary] 샤드에 저장하는 한편 유실을 방지하고 가용성을 확보하기 위한 데이터 복제본, 즉 레플리카[replica] 샤드를 만들어 사용한다. 프라이머리 샤드 개수와 레플리카 샤드 개수는 사용자가 인덱스를 생성할 때 결정할 수 있는데, 다음 그림에서 실제 샤드가 클러스터에 어떻게 분배되는지 확인해보자.

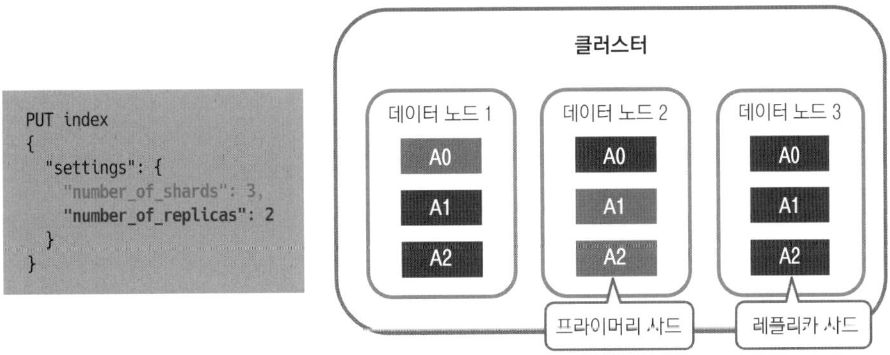

그림 13.28 **프라이머리 샤드(옅은 색으로 표시)와 레플리카 샤드(짙은 색으로 표시)**

그림 13.28은 사용자가 지정한 샤드 개수가 어떻게 클러스터와 노드에 반영되는지 보여준다. 클러스터에 총 3개의 노드가 있고 사용자는 `index`라는 이름의 인덱스를 생성하려고 한다. 인덱스 설정에 프라이머리 샤드 개수와 레플리카 샤드 개수를 지정할 수 있는데 `number_of_shards`는 프라이머리 샤드 개수이고, `number_of_replicas`는 레플리카 샤드 개수다. 여기서는 프라이머리 샤드는 3이고 레플리카 샤드가 2인데, 레플리카 샤드는 프라이머리 샤드 3개를 한 단위로 두 벌 추가하므로 총 9개의 샤드가 3개의 노드에 분산되어 저장된다. 원본 도큐먼트가 인덱싱되는 3개의 프라이머리 샤드 A0/A1/A2가 있고, 이 3개의 샤드가 각각 두 벌씩 복제되어 6개의 레플리카 샤드가 만들어진다. 엘라스틱 버전마다 다르지만 사용 중인 7.10 버전에서는 프라이머리 샤드와 레플리카 샤드의 기본 개수는 1이다. 즉 인덱스를 생성할 때 `number_of_shards`나 `number_of_replicas` 같은 설정값을 명시적으로 지정하지 않으면 모두 1이 된다.

13.5.1.1 레플리카 샤드의 필요성

레플리카 샤드는 얼핏 보기에 리소스만 차지하는 것 같아 보인다. 데이터를 프라이머리 샤드에 만 저장하면 되지 굳이 똑같은 데이터를 레플리카 샤드라는 이름으로 여러 벌 복사하는 것이 좋을지 의문이다. 하지만 두 가지 측면에서 레플리카 샤드가 필요하다. 레플리카 샤드는 시스템의 안전성을 높여줄 뿐만 아니라 성능 향상도 가져온다.

고가용성

고가용성은 시스템이 오랜 기간 동안 지속적으로 운영할 수 있는 성질을 말한다. 다음 그림과 같은 경우를 가정해보자.

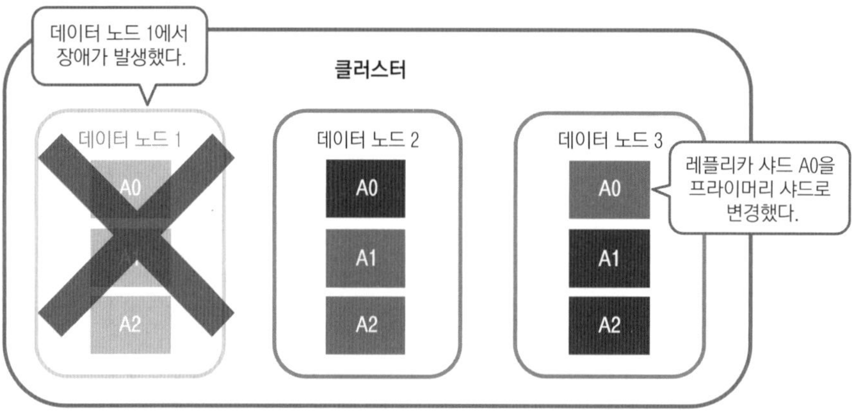

그림 13.29 **레플리카 샤드를 통한 가용성 향상**

그림 13.29는 그림 13.28에서 설정한 index 인덱스로 프라이머리 샤드 3개, 레플리카 샤드 2개, 총 9개의 샤드가 분산되어 있는 상황에서 노드 1에 장애가 발생하는 경우를 보여준다. 이때 사용자가 검색 요청을 하면 정상 동작을 위해서는 A0/A1/A2 샤드가 필요하다. 우리는 프라이머리 샤드와 레플리카 샤드를 생성하고 이를 노드에 적절하게 분산시켰기 때문에 어떤 노드에 접근해도 A0/A1/A2 샤드를 얻을 수 있다. 즉 노드 하나가 클러스터를 이탈해도 작업 요청에 응답하는 데 문제가 없고, 이는 시스템을 지속적으로 운영할 수 있게 해준다.

처리 속도 향상

샤드가 균형 있게 분산되어 있으면 응답성이 좋은 샤드를 취사선택해 리소스 활용량을 최적화할 수 있다. 이는 처리 속도 향상 효과를 기대할 수 있다. 다음 그림을 살펴보자.

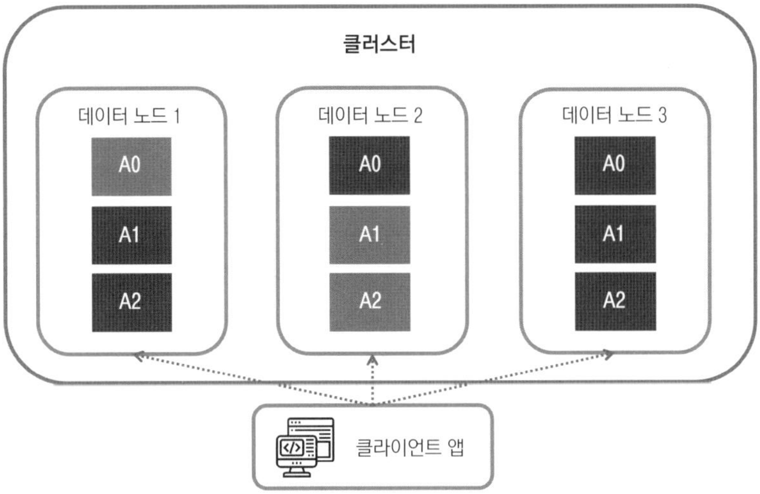

그림 13.30 **레플리카 샤드를 통한 처리 속도 향상**

엘라스틱서치는 분산 검색 엔진으로, 검색 요청을 받으면 내부적으로 실제 검색을 수행할 인덱스의 샤드가 위치한 노드들로 요청을 전달하고, 결과를 다시 최초 요청을 받은 노드로 전달해 취합한다. 이때 레플리카 샤드는 검색 처리 부하를 분산시켜 성능을 향상하는 효과를 줄 수 있다. 예를 들어보자. 만약 그림 13.30과 같이 3개의 노드에 샤드가 분배되어 있을 때, 짙은 색 레플리카 샤드가 없다면 A0 샤드는 노드 1에, A1과 A2 샤드는 노드 2에 각각 요청을 보내 검색을 수행할 것이다. 하지만 이때 노드 1에 위치한 다른 인덱스의 검색 부하가 심해 노드의 반응이 느리다면, 엘라스틱서치는 올바른 결과를 제공하기 위해 결국 마지막 샤드의 응답이 올 때까지 기다리게 되고, 이는 총 검색 소요 시간에 영향을 미치게 된다. 하지만 레플리카 샤드가 있다면 엘라스틱서치는 굳이 부하가 심하고 반응 속도가 느린 노드 1 대신 노드 2나 3에 대신 요청해 좀 더 빠른 검색을 수행할 수 있도록 만들 뿐만 아니라, 이미 부하 상태에 놓인 노드에 추가적인 부하를 방지해 클러스터 전체 처리 성능의 안정성에도 기여한다.

13.5.2 샤드 할당 과정

샤드가 어떻게 노드에 할당되는지 알아보자. 크게 미할당(`UNASSIGNED`), 초기화(`INITIALIZING`), 동작(`STARTED`), 재할당(`RELOCATING`)의 네 단계로 구분할 수 있다. 또한 노드를 추가하고 삭제하는 과정에서 샤드가 어떻게 재할당되고 재배분되는지도 알아보자.

13.5.2.1 UNASSIGNED

UNASSIGNED는 샤드는 있지만 아직 노드에 할당되지 않은 상태인데, 예제와 그림으로 알아보자. 우선 인덱스를 만들고 샤드를 설정해보자. 다음 요청은 실습이 아니기 때문에 키바나 콘솔에서 진행할 필요는 없다.

```
PUT shards_alloc
{
  "settings": {
    "number_of_shards": 2,
    "number_of_replicas": 1
  }
}
```

shards_alloc 인덱스를 보면 프라이머리 샤드는 2이고 레플리카 샤드는 1이므로 총 4개의 샤드가 생성될 것이다. 그림 13.31과 같이 데이터 노드 3개로 구성된 클러스터가 있다고 가정하고 샤드가 어떻게 할당되는지 알아보자.

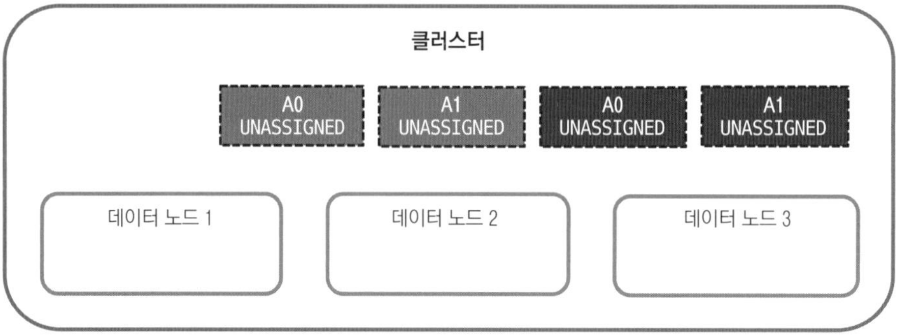

그림 13.31 UNASSIGNED 상태의 클러스터 노드

그림 13.31은 초기 클러스터와 노드의 샤드 배분 상황이다. 샤드는 만들어졌지만 아직 노드에 할당되지는 않은 상태다. 지금부터는 샤드들이 어떻게 노드에 할당되는지 알아보자.

13.5.2.2 INITIALIZING

INITIALIZING은 샤드를 노드에 로딩 중인 상태를 의미한다. STARTED 상태로 가기 전에 잠시 초기화를 위한 상태로, 샤드를 노드에 적재하지 못하는 상황 등 특별한 경우가 아니면 샤드 모니터링으로 발견하기 쉽지는 않다. 세그먼트들을 바로 검색 가능한 상태로 메모리에 띄워두는 과정이라고 생각하면 된다. INITIALIZING 상태는 노드에 샤드가 추가된 상태이지만 아직 메모리에 온전하게 적재된 것은 아니라서 샤드를 사용할 수는 없다.

참고 **세그먼트**

샤드는 하나의 루씬 인스턴스이며 여러 개의 세그먼트를 포함하고 있다. 다음 그림을 보자.

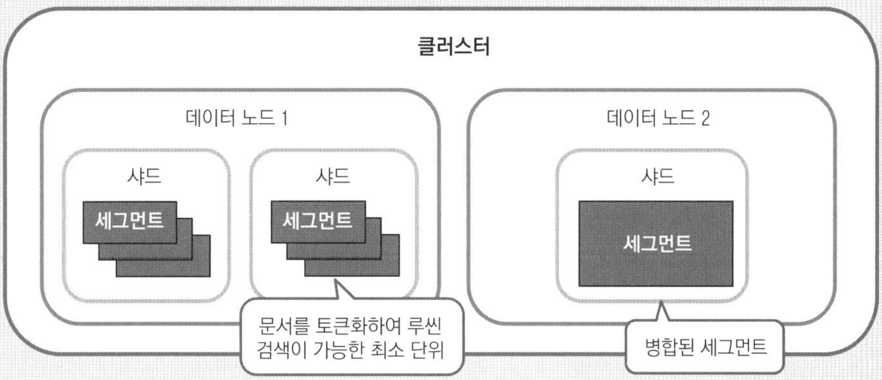

그림 13.32 **샤드와 세그먼트 구조**

그림 13.32는 샤드와 세그먼트의 구조를 보여준다. 앞에서 도큐먼트가 저장될 때 샤드에 저장된다고 설명했지만 정확히는 샤드 내의 세그먼트로 저장된다. 세그먼트는 엘라스틱서치에서 인덱스가 물리적으로 저장되는 가장 작은 단위다. 읽기에 최적화된 형태이며 수정은 불가능하다. 세그먼트는 자체적으로 루씬 검색이 가능한 구조이며 토큰화된 역인덱스 데이터와 소스 데이터가 들어 있다. 루씬에서 인덱스 검색을 요청하면 각각의 세그먼트들로부터 검색하고 이를 통합해 최종 결과가 나온다. 세그먼트는 리프레시(refresh)될 때마다 생기는데 리프레시는 클러스터의 모든 샤드에서 기본적으로 1초마다 발생하며 리프레시가 되어야 새로 추가된 도큐먼트 검색이 가능하다. 너무 작은 세그먼트들이 만들어지면 읽기 성능이 저하되므로 이를 방지하기 위해 내부적으로 틈틈이 세그먼트들을 병합한다. 그림 13.32를 보면 데이터 노드 2에 있는 샤드는 세그먼트들이 병합되었다. 엘라스틱서치의 기본 데이터 검색, 저장 방식이 루씬을 기초로 했기 때문에 세그먼트와 세그먼트 사이에서 일어나는 병합 과정을 이해해야 시스템 성능 튜닝이 가능해진다.

그림 13.33을 보면 프라이머리 샤드 2개가 우선 `INITIALIZING` 상태가 되어 노드 1과 노드 2에 적재되었다. 샤드가 노드에 적재되는 과정은 마스터 노드가 관여하는데, 마스터 노드는 데이터 노드들 중에서 샤드를 생성할 수 있는 노드를 찾고 할당이 가능한 노드부터 프라이머리 샤드를 적재하기 시작한다.

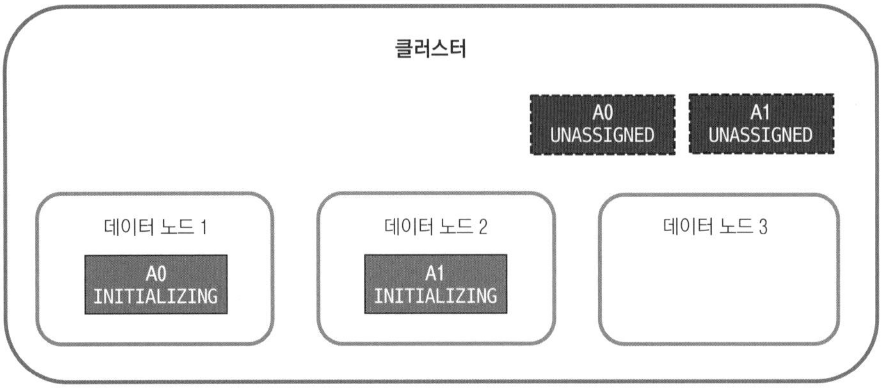

그림 13.33 INITIALIZING 상태

13.5.2.3 STARTED

STARTED는 샤드가 메모리에 올라간 상태로 이 상태에서만 샤드에 접근할 수 있다. 반드시 직전에 INITIALIZING 상태를 거쳐야 한다. 프라이머리 샤드가 STARTED 상태가 되면 드디어 레플리카 샤드가 할당된다. 먼저 A0 샤드가 STARTED 상태가 되었다.

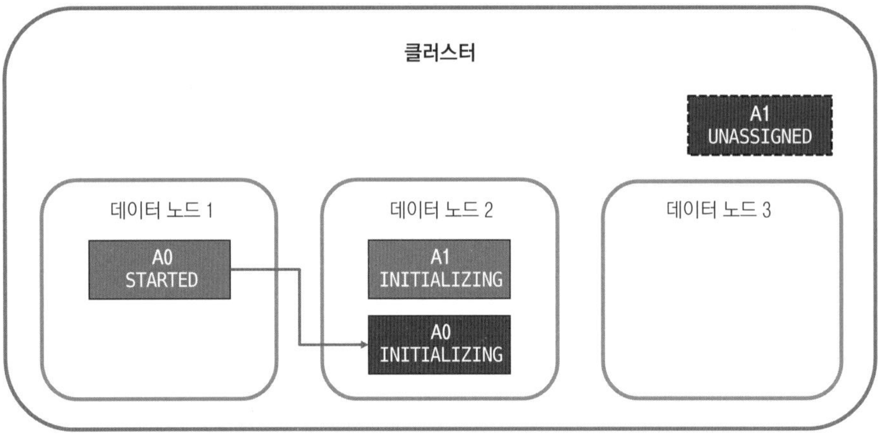

그림 13.34 STARTED 상태(1/2): A0 프라이머리 샤드

그림 13.34는 A0 프라이머리 샤드가 STARTED가 되면서 레플리카 샤드를 할당하고 있다. 다음으로 A1 샤드도 STARTED 상태가 된다.

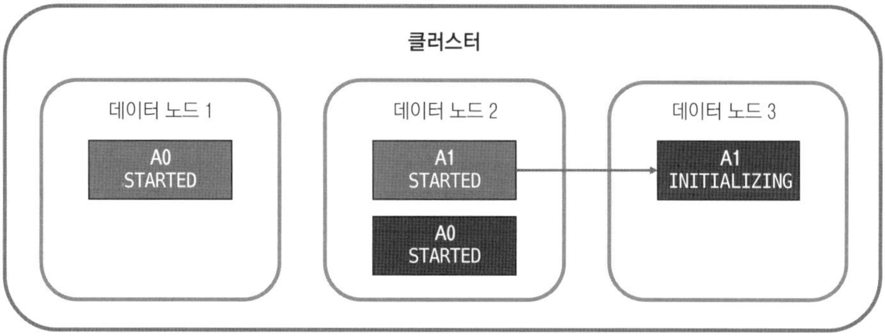

그림 13.35 STARTED 상태(2/2): A1 프라이머리 샤드

그림 13.35는 A1 프라이머리 샤드가 STARTED가 되면서 레플리카 샤드를 할당하고 있다. A0 레플리카 샤드는 STARTED 상태가 되었다. A1 레플리카 샤드도 INITIALIZING을 거쳐 STARTED가 될 것이다.

13.5.2.4 RELOCATING

샤드가 재배치되는 단계다. 분산 환경의 시스템에서 노드들은 고장이나 네트워크 문제로 노드가 추가되거나 삭제되는데, 노드가 변경될 때마다 샤드 역시 재배치가 필요하다. 또 노드 수가 변하지 않더라도 저장공간이나 샤드 수 등을 기준으로 주기적인 리밸런싱이 일어날 때도 재배치 작업이 필요하다. 엘라스틱서치는 자동으로 샤드들 간의 밸런스를 맞추는 기능이 있어서 부하 상태에 따라 샤드를 옮기곤 한다. 노드가 추가되고 삭제될 때 재배치가 어떻게 진행되는지 알아보자. 먼저 데이터 노드가 하나 추가된 상황이다.

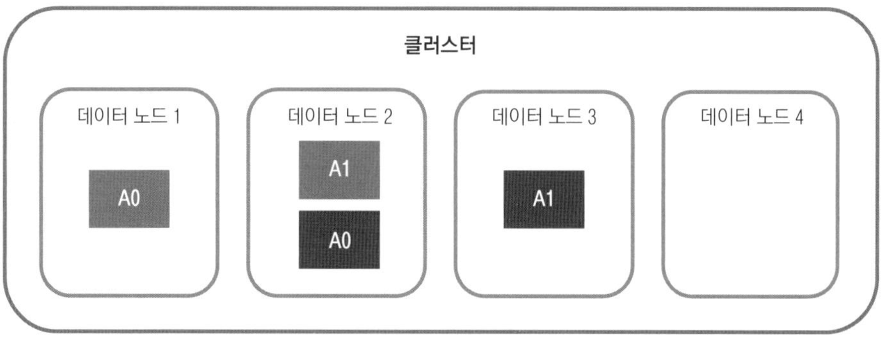

그림 13.36 데이터 노드 추가

그림 13.36은 기존 3개의 데이터 노드에서 노드 4가 추가되었다. 데이터 노드가 추가되었으니 리소스의 효율적 사용을 위해 샤드 재배치 작업이 일어난다.

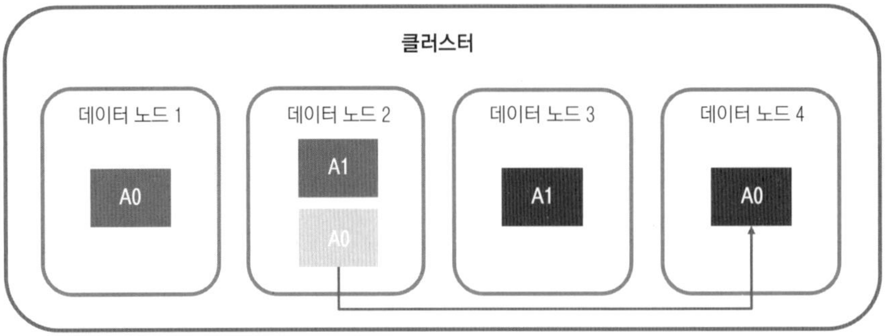

그림 13.37 **샤드 재배치**

그림 13.37은 샤드 재배치를 보여준다. 노드 2에 있던 A0 레플리카 샤드가 비어 있는 노드 4로 이동된다. 노드 4에 있는 A0 샤드가 `INITIALIZING` 상태를 거쳐 `STARTED`가 되면 샤드 재배치가 완료된다. 이번에는 노드를 삭제해보자.

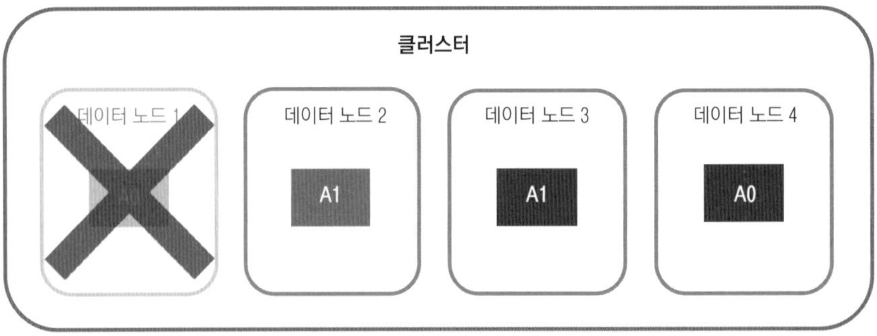

그림 13.38 **데이터 노드 1 이탈**

그림 13.38은 노드 1에 문제가 발생하여 클러스터에서 이탈된 상태를 보여준다. 노드 1에는 A0 프라이머리 샤드가 저장되어 있었는데 이 샤드가 사라졌다. 노드 이탈과 함께 샤드가 사라졌을 경우 재배치가 어떻게 일어나는지 알아보자.

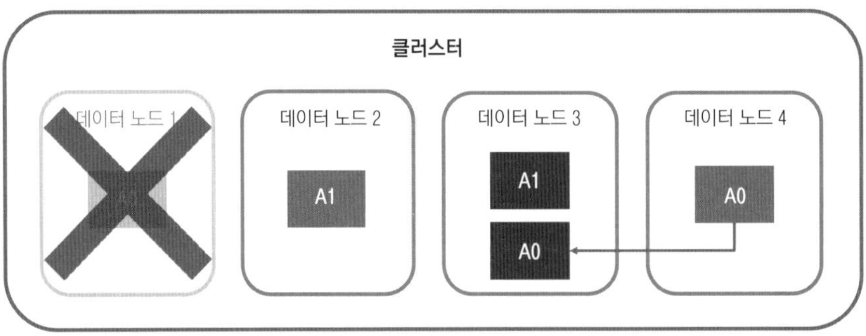

그림 13.39 **샤드 재배치**

그림 13.39는 샤드를 재배치하는 과정이다. 우선 프라이머리 샤드는 반드시 개수에 맞춰 존재해야 한다. 처음 인덱스 생성 시 프라이머리 샤드 개수를 2로 설정했기 때문에 프라이머리 샤드는 반드시 2개가 있어야 한다. 먼저 노드 4에 있던 A0 레플리카 샤드가 프라이머리 샤드로 변경된다. 다음으로 노드 4에 있던 A0 프라이머리 샤드가 INITIALIZING을 거쳐 STARTED 상태가 되면 다시 레플리카 샤드를 노드 3에 할당한다.

13.5.3 샤드 상태 모니터링

마지막으로 운영을 하면서 샤드에 문제는 없는지 혹은 샤드 배분이 잘되었는지 모니터링이 필요하다. 모니터링으로 문제를 확인하고 해결책을 찾을 수 있기 때문이다. 먼저 샤드 상태를 확인하는 방법을 알아보자.

```
GET _cat/shards?v
```

cat 함수에서 샤드 상태를 확인할 수 있는 API를 제공하고 있다. ?v를 추가하면 헤더 컬럼을 보여준다. 결과를 확인해보자.

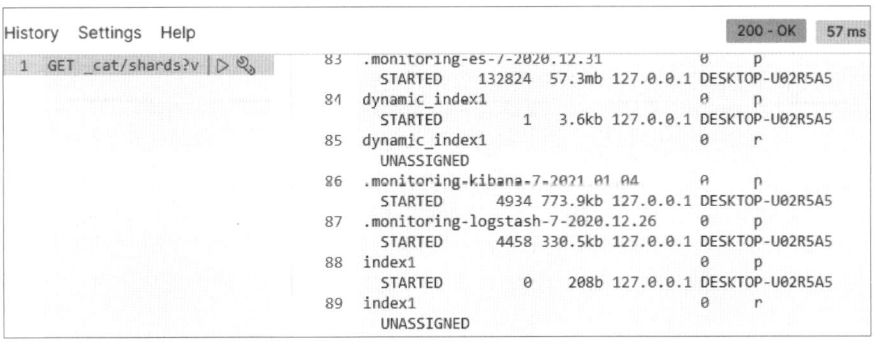

그림 13.40 샤드 상태 결과

그림 13.40은 지금 클러스터에 존재하는 샤드들을 보여주는데, 지금까지 예제를 진행하면서 여러 인덱스들을 만들면서 생성된 샤드들이다. 프라이머리(p) 샤드인지 레플리카(r) 샤드인지 알 수 있고 샤드 상태도(STARTED, UNASSIGNED) 알 수 있다. 7.10 버전에서 인덱스를 생성할 때 따로 샤드 개수를 설정하지 않으면 기본적으로 프라이머리 샤드 하나, 레플리카 샤드 하나를 만들기 때문에 dynamic_index1, index1 같은 인덱스는 2개의 샤드가 생성되었다. r로 되어 있는 레플리카 샤드가 UNASSIGNED 상태인 이유는 실습 환경이 단일 노드이기 때문이다. 레플리카 샤드는 프라이머리 샤드와 같은 노드에 위치해 있으면 고가용성이나 성능적 이점을 전혀 보지 못하고 단

순히 저장공간만 두 배를 사용하기 때문에 레플리카 샤드를 만들지 않는다. 마지막으로 샤드는 인덱스와 깊은 연관성이 있다. 샤드의 이상 유무를 인덱스로 확인 가능한데, cat 함수를 통해 인덱스 상태를 확인해보자.

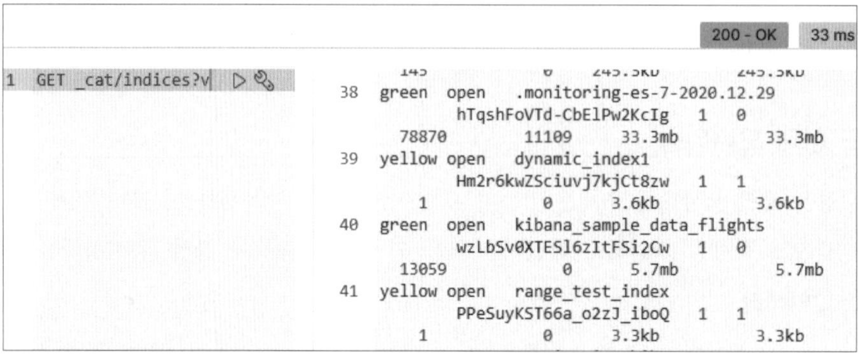

그림 13.41 **인덱스 상태 확인**

그림 13.41을 보면 인덱스 상태를 확인할 수 있는데, health 컬럼에서 인덱스 상태를 확인할 수 있다. 표 13.5와 같은 세 가지 상태로 구분된다.

표 13.5 **인덱스 상태 구분**

health	설명
red	하나 이상의 프라이머리 샤드가 클러스터에 정상적으로 적재되지 않았다. 데이터 읽기/쓰기가 정상적으로 동작하지 않는다.
yellow	프라이머리 샤드는 모두 적재되었지만 하나 이상의 레플리카 샤드가 정상적으로 적재되지 않았다. 인덱스를 읽고 쓰는 것은 문제없지만 레플리카 샤드가 없으면 장애 발생 시 해당 인덱스에 대한 서비스가 불가능할 수 있다.
green	프라이머리 샤드와 레플리카 샤드가 모두 정상적으로 적재되었다.

싱글 노드이기 때문에 레플리카 샤드가 할당되지 않은 인덱스들은 yellow 상태로 보인다. red나 yellow 상태의 인덱스는 원인을 파악해 해결해야 한다. 일반적으로 클러스터를 재배치하거나 시스템을 재가동하는 식으로 작업을 진행한다.

13.6 샤드 개수와 크기 구성 가이드

인덱스 생성 시 설정하는 샤드의 개수는 성능에 영향을 미친다. 샤드가 늘어나면 더 많은 스레드를 활용해 인덱스를 병렬 검색할 수 있을 것이며, 샤드가 적으면 그만큼 요청을 분배하고 취합하기 위한 비용이 줄어들 것이다. 따라서 샤드는 반드시 많다고, 혹은 적다고 좋은 것이 아니며, 적절한 샤드 수를 산정할 필요가 있다. 샤드 개수를 정하는 가이드를 알아보고 샤드 개수를 잘못 설정할 경우 발생할 수 있는 문제점도 알아보자.

13.6.1 샤드 개수 가이드

클러스터 내부의 노드 수나 인덱스의 크기에 따라 샤드 개수가 달라져야 하기 때문에 정답이 되는 샤드 개수는 없다. 사용자가 인덱스를 생성할 때 프라이머리 샤드와 레플리카 샤드 개수를 정할 수 있게 만든 이유는 프로젝트 성격에 맞춰 개별적으로 샤드 수를 조절해야 하기 때문이다. 인덱스를 만들 때 인덱스의 가용성이나 인덱스의 크기를 계산해 샤드 개수를 조절하는 유연한 방식으로 최적화가 가능하다. 다음 그림을 보면서 인덱스 설정에 따른 샤드 개수의 차이를 실감해보자.

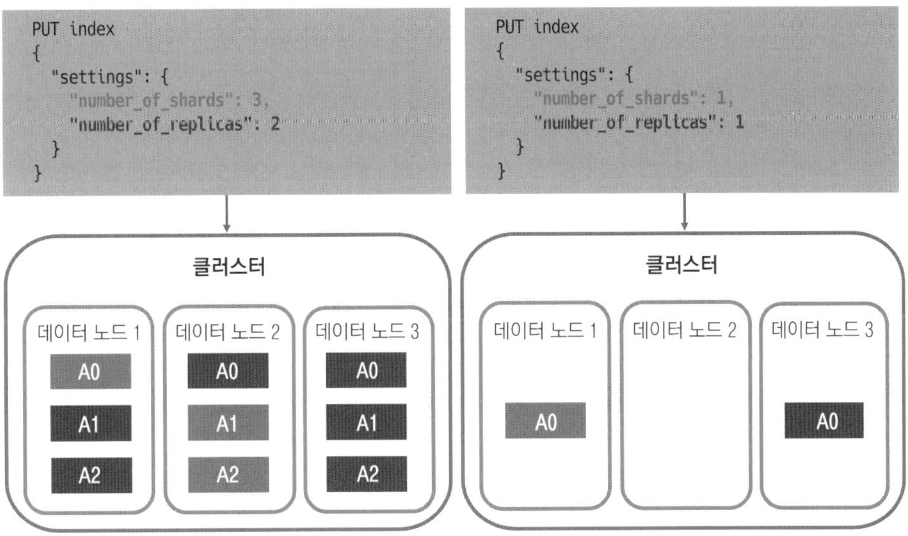

그림 13.42 **프라이머리, 레플리카 샤드 개수에 따른 총 샤드 개수**

그림 13.42는 인덱스 설정값에 따라 만들어진 샤드 개수의 차이를 보여준다. 총 샤드 개수는 `number_of_shards * (number_of_replicas + 1)`로 구할 수 있는데 왼쪽은 9개의 샤드가 생성되고, 오른쪽은 2개의 샤드가 생성되었다. 현재 클러스터의 노드 개수나 하드웨어 사양에 따라 적당한 인덱스 샤드 개수를 가늠해볼 수 있다.

13.6.1.1 기본 샤드 개수

인덱스를 생성할 때 엘라스틱 스택에서 제공하는 기본 샤드 개수가 있다. 따로 설정을 하지 않을 경우 기본값으로 샤드가 생성된다. 6.x 버전까지는 프라이머리 샤드 5, 레플리카 샤드 1이 기본값이었는데 7.x 버전부터 프라이머리 샤드 1, 레플리카 샤드 1로 기본값이 변경되었다. 5개의 프라이머리 샤드는 인덱스를 너무 작게 나누어서 오버샤딩oversharding 문제를 발생시킬 가능성이 있다. 오버샤딩은 샤드를 잘게 나누어 필요 이상의 많은 리소스를 사용하게 하는 문제다. 예를 들어, 10GB 크기의 인덱스를 만드는데 프라이머리 샤드 10개를 만든다고 가정해보자. 샤드 하나는 평균 1GB 데이터를 저장하게 되는데 이 경우 무슨 문제가 있을까?

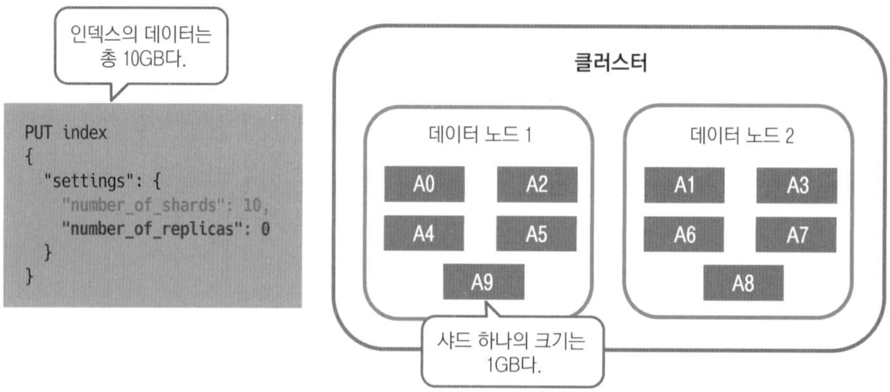

그림 13.43 **오버샤딩**

그림 13.43은 노드 2개에 10개의 프라이머리 샤드가 생성되어 있는 오버샤딩 케이스다. 이 경우가 오버샤딩인 이유는 샤드 하나가 1GB인데 크기가 너무 작고 노드 수에 비해 프라이머리 샤드가 너무 많기 때문이다. 오버샤딩은 크게 두 가지 문제가 있다. 첫째, 각 샤드는 개별적으로 리소스를 소비한다. CPU나 메모리는 물론이고 루씬 인스턴스의 리소스도 필요하다. 즉 샤드가 많을수록 시스템 성능에는 좋지 않다. 둘째, 인덱스를 검색하기 위해서는 인덱스가 저장된 모든 샤드에 접근해야 한다. 그림 13.43에서 `index`라는 인덱스를 검색하기 위해서는 A0~A9까지 10개의 샤드에 접근해야 하는데 많은 리소스를 낭비하게 된다. 그럼 샤드 수가 무조건 적어야 좋은 것인가? 꼭 그렇지만도 않다. 샤드 수가 많으면 그만큼 분산/병렬 처리에는 좋다. 결국 기본적으로 오버샤딩은 피하고 분산/병렬이 잘되는 샤드 개수를 찾아야 하는데, 공식적으로 권장하는 방법은 실 데이터를 가지고 샤드 수를 조정하며 벤치마크하는 것이다. 클러스터에서 제공하는 CPU 코어 개수에 따라서 샤드 개수를 결정하기도 하지만, 적절한 샤드 수는 프로젝트 성격이나 시스템 구성에 따라 바뀌는 것이지 한 가지 요인만으로 결정되는 것이 아니다.

13.6.2 샤드 크기 가이드

샤드 개수를 정하기 위한 정답은 없지만 샤드 하나의 크기를 정하기 위한 정답도 없다. 샤드가 너무 크면 성능 문제가 발생하고 샤드가 너무 작으면 담을 수 있는 도큐먼트가 작아진다는 문제가 있다. 그래서 직접 테스트를 해보면서 가장 알맞은 샤드 크기를 찾아야 한다. 검색이 많은 시스템인지 저장이 중요한 시스템인지에 따라 샤드 크기는 변경될 수 있고 노드의 리소스 상태도 영향을 미친다. 하지만 최초 시스템을 구성할 때 이런 모든 부분을 알기는 힘들기 때문에 엘라스틱에서는 통계적으로 볼 때 샤드 하나의 크기가 10GB~40GB 정도로 관리하는 것이 좋다고 권고한다.

13.6.2.1 샤드 크기 관리

인덱스를 생성하고 인덱스 내부에 도큐먼트를 무한정 집어넣는다면 샤드의 크기는 커질 수밖에 없다. 샤드가 무한대로 커지면 성능 문제가 발생하기 때문에 일반적으로 특정 조건을 기준으로 인덱스를 나누는 작업을 한다. 특정 시간을 기준으로 인덱스를 분리하거나 인덱스 도큐먼트 개수나 인덱스 크기가 조건을 넘어서면 인덱스를 분리하는 식이다. 요즘은 ILM^{Index Lifecycle Management}[8]을 통해 인덱스를 관리하는데, 여기서는 rollover API와 shrink API를 이용해 인덱스 샤드 크기를 관리하는 방법을 알아볼 것이다. ILM 내부적으로 롤오버rollover와 쉬링크shrink 개념을 사용하기 때문에 동작 과정을 이해하고 있으면 도움이 된다.

13.6.2.2 rollover API

rollover API는 인덱스가 특정 조건에 도달했을 때 새로운 인덱스를 생성하는 API다. 이를 통해 예측할 수 없는 상황에서도 인덱스의 크기를 일정하게 유지할 수 있다. 하지만 요청이 있을 경우만 발생하기 때문에 요청 전까지는 샤드 크기가 아무리 커져도 새로운 인덱스가 생성되지 않는다. 시스템이 자동으로 조건을 체크하고 조건에 맞는 경우 새로운 인덱스를 생성하는 기능은 ILM이 제공한다. 롤오버 사용 방법을 간단히 알아보자.

리스트 13.19 별칭이 들어간 인덱스 생성 요청

```
PUT rollover-000001
{
  "aliases": {
    "rollover-alias": {
      "is_write_index": true
```

8 ILM: https://www.elastic.co/guide/en/elasticsearch/reference/7.10/index-lifecycle-management.html

```
      }
    }
  }
```

리스트 13.19에서 별칭(aliases)을 추가해 rollover-000001이라는 인덱스를 생성했다. 엘라스틱서치에서 인덱스에 별칭을 추가하면 별칭이 같은 인덱스 간의 그룹핑 효과를 얻을 수 있다. is_write_index 파라미터를 true로 설정하면 별칭으로 접근할 때 이 인덱스에 도큐먼트를 쓸 수 있음을 의미한다. 여러 인덱스에 이름이 같은 별칭을 추가할 수 있지만 별칭이 같은 인덱스 중 단 하나의 인덱스만이 쓰기 권한을 가질 수 있다. 즉 rollover-alias 별칭을 사용하는 많은 인덱스 중에서 is_write_index를 true로 설정할 수 있는 인덱스는 하나다. 주의해야 할 사항은 롤오버 별칭을 사용하는 인덱스 이름은 반드시 '-숫자' 형태로 끝나야 한다는 점이다. 별칭을 사용하는 인덱스 이름으로 'rollover'나 'rollover_00001' 같은 형태는 롤오버에 적합하지 않다. 인덱스를 생성했으니 이제 rollover API를 이용해 만들었던 별칭에 조건을 추가해보자.

리스트 13.20 rollover API 요청

```
POST rollover-alias/_rollover
{
  "conditions": {
    "max_age": "30d",
    "max_docs": 1,
    "max_size": "50gb"
  }
}
```

rollover API는 조건(conditions)을 정하고 그 조건에 맞을 경우 새로운 인덱스를 생성한다. 조건으로 사용할 수 있는 옵션은 표 13.6의 세 가지다.

표 13.6 rollover API 조건

옵션	설명
max_age	인덱스가 생성되고 경과된 시간이다. d(일), s(초) 같이 기본 시간 날짜/시간 표현식을 사용해 시간을 설정할 수 있다.
max_docs	인덱스 도큐먼트의 최대 개수다.
max_size	인덱스의 최대 크기다.

리스트 13.20은 인덱스 경과 30일, 문서가 1개 이상, 인덱스 크기가 50gb가 넘는 경우 롤오버가 발생하도록 요청한다. 결과를 확인해보자.

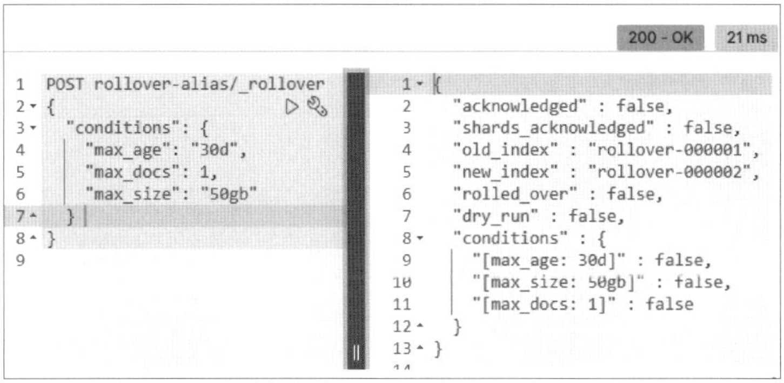

그림 13.44 **리스트 13.20 실행 결과**

그림 13.44에서 볼 수 있듯이, rollover API를 실행했는데 세 가지 조건이 모두 맞지 않아서 인덱스 롤오버가 되지 않았다. 만약 롤오버 조건이 맞았다면 `rollover-000001` 인덱스가 롤오버되고 새로운 `rollover-000002` 인덱스가 생성될 것이다. 이제 롤오버 조건에 맞도록 도큐먼트를 하나 추가해보자. 원래 도큐먼트를 인덱싱할 때 `[PUT 인덱스명/_doc/아이디]` 형식을 사용했는데, 여기서는 `[PUT 별칭/_doc/아이디]` 형식을 사용한다는 점에 주의하자.

리스트 13.21 롤오버 조건을 충족시키기 위한 도큐먼트 인덱싱 요청

```
PUT rollover-alias/_doc/1
{
  "name": "kim"
}
```

도큐먼트를 하나 추가하고 다시 rollover API를 요청해보자.

리스트 13.22 롤오버 조건을 충족시키는 경우

```
POST rollover-alias/_rollover
{
  "conditions": {
    "max_age": "30d",
    "max_docs": 1,
    "max_size": "50gb"
  }
}
```

rollover API를 호출하는 중간에 시스템에 따라 지연이 생길 수가 있으니 도큐먼트를 추가하고 잠시 시간을 둔 후 rollover API를 호출하자.

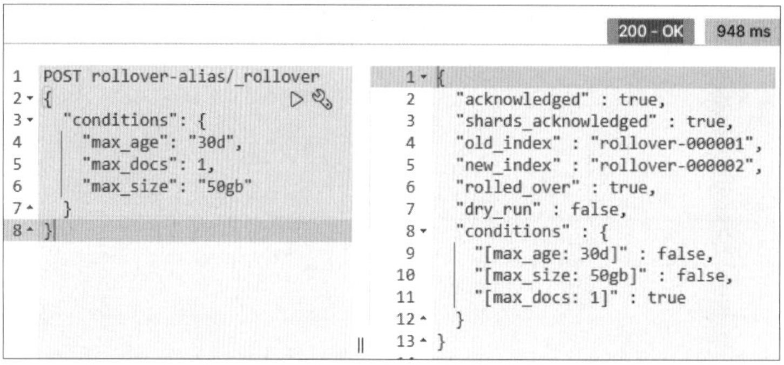

그림 13.45 **리스트 13.22 실행 결과**

그림 13.45의 결과를 확인해보면 `max_docs` 조건에 만족하므로 새로운 `rollover-000002` 인덱스가 생성된 것을 알 수 있다. `rollover-alias` 별칭에 도큐먼트를 하나 더 추가하면 `rollover-000003` 인덱스가 생성될 것이다. 그림을 통해 동작 과정을 알아보자.

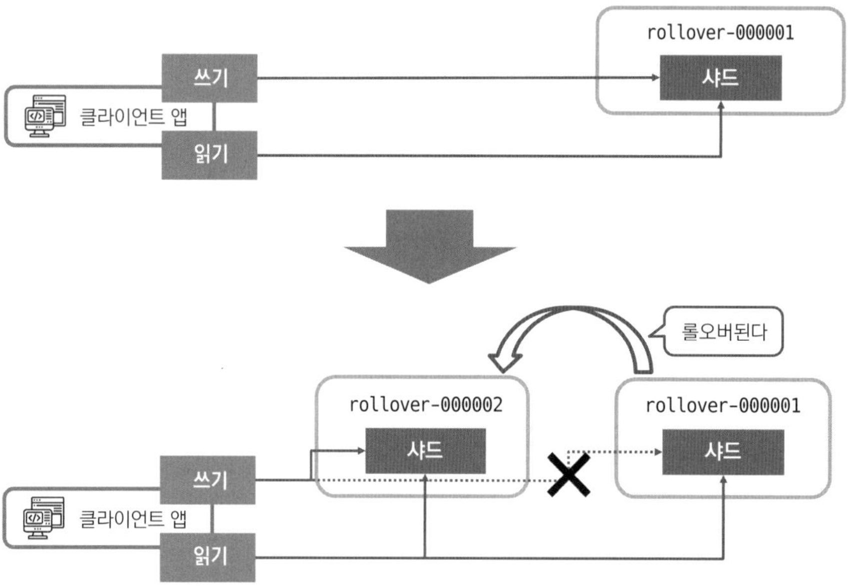

그림 13.46 **롤오버 시 인덱스들의 역할 변경**

그림 13.46은 롤오버 동작 과정이다. 롤오버 전에는 클라이언트 앱이 기존 인덱스에 접근하여 읽기/쓰기 동작을 한다. 하지만 특정 조건으로 롤오버가 되면 쓰기의 경우 롤오버되어 새로 생

긴 rollover-000002 인덱스가 맡게 되고 읽기는 롤오버되어 인덱스가 추가되어도 별칭이 같은 (rollover-alias) 모든 인덱스가 참여하게 된다.

13.6.2.3 shrink API

shrink API는 기존 인덱스의 프라이머리 샤드 개수를 줄이는 데 사용한다. 처음 인덱스를 생성할 때 프라이머리 샤드를 너무 많이 만들었다면 shrink API로 샤드를 병합해 샤드 수를 줄일 수 있다. 앞서 샤드 수가 많으면 오버샤딩 문제가 발생할 수 있다고 했는데, shrink API로 이 문제를 해결할 수 있다. 또한 자주 사용되지 않아 핫 노드에서 웜 노드로 이동하는 인덱스에도 shrink API를 사용할 수 있다. 샤드 하나하나가 모두 시스템 리소스를 차지하는데 자주 사용하지 않는 인덱스의 샤드는 많을 필요가 없기 때문이다. 마지막으로, 자주 사용하지 않는 기존 인덱스를 롤오버하면서 shrink API로 샤드 개수를 줄이기도 한다. 그럼 shrink API를 사용해서 먼저 여러 개의 샤드를 가진 인덱스를 생성해보자.

리스트 13.23 레플리카 샤드가 여러 개인 인덱스 생성 요청

```
PUT shrink-1
{
  "settings": {
    "number_of_shards": 3,
    "number of replicas": 2
  }
}
```

shrink-1 인덱스는 프라이머리 샤드가 3개, 레플리카 샤드가 2개인 인덱스다. 엘라스틱서치 7.10은 특별한 설정을 하지 않으면 인덱스 생성 시 프라이머리 샤드와 레플리카 샤드가 1개가 되는데, 이 경우 샤드 개수가 1개이기 때문에 shrink API를 사용할 수 없다. shrink API를 사용하기 위해 샤드가 여러 개인 인덱스를 생성했다. 인덱스가 생성되었으면 이제 shrink API를 적용하기 위해 방금 만들었던 shrink-1 인덱스 설정을 변경해야 한다.

리스트 13.24 쉬링크를 위한 읽기 전용 인덱스 설정 요청

```
PUT shrink-1/_settings
{
  "index": {
    "number_of_replicas": 0,
    "routing.allocation.require._name": "shrink_node_name",
    "blocks.write": true
```

```
    }
  }
```

shrink API를 사용하기 위해서는 크게 두 가지 설정이 필요하다. 우선 인덱스 내의 모든 샤드를 하나의 노드로 옮겨야 한다. index.routing.allocation.require 속성 태그를 이용해 인덱스를 특정 샤드에만 접근하게 할 수 있는 방법을 13.3.3.1절에서 배웠는데 _name 조건을 줌으로써 모든 샤드가 "shrink_node_name"이라는 이름의 노드로 옮겨질 것이다. 여기서 추가적으로 index.number_of_replicas를 0으로 설정해 레플리카 샤드를 비활성화하는 방식을 권장한다. 어차피 쉬링크 후에는 합쳐진 프라이머리 샤드를 기준으로 새로운 레플리카 샤드를 생성하기 때문에, 이 단계에서는 샤드의 이동을 빠르게 하기 위해 레플리카 샤드를 임시로 비활성화하는 것이다. 다음으로 쉬링크 진행 중 새로운 도큐먼트의 인덱싱을 방지하기 위해 index.blocks.write를 true로 설정해 인덱스를 읽기 전용 모드로 만들자. 이제 GET _cat/recovery API를 사용해 샤드의 재할당이 끝나길 모니터링하다가 shrink API를 이용해 샤드 수축을 해보자.

리스트 13.25 shrink API 사용 요청

```
POST shrink-1/_shrink/shrink-1-target
{
  "settings": {
    "index.number_of_shards": 1,
    "index.number_of_replicas": 1,
    "index.routing.allocation.require._name": null,
    "index.blocks.write": null,
    "codec": "best_compression"
  }
}
```

리스트 13.25는 shrink API를 이용해 shrink-1 인덱스를 shrink-1-target 인덱스로 변경한다. 새로 생성된 shrink-1-target 인덱스는 읽기 전용이며 index.number_of_shards 필드에 정의된 대로 1개의 샤드만 가질 것이다. 또한 best_compression 코덱을 적용해 저장소를 좀 더 적게 사용하도록 유도했다. routing.allocation.require._name과 index.blocks.write 설정은 null로 초기화해 인덱스가 다시 클러스터 전반에 고루 분배되도록, 그리고 쓰기가 가능하도록 만들자. 마찬가지로 index.number_of_replica 설정을 1로 되돌려 다시 레플리카 샤드를 활성화하자. 이제 인덱스 설정 결과를 파악하기 위해 먼저 기존 shrink-1 인덱스부터 확인해보자.

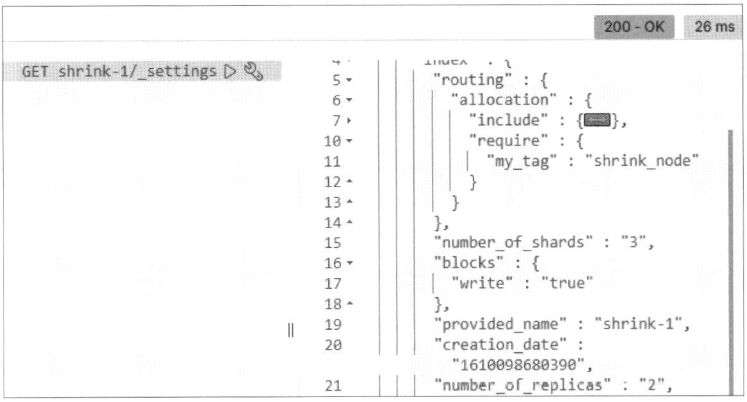

그림 13.47 shrink-1 인덱스 설정 확인

그림 13.47에서 볼 수 있듯이 프라이머리 샤드 3개, 레플리카 샤드 2개로 이뤄져 있다. 다음으로 shrink API를 통해 수축된 `shrink-1-target` 인덱스를 확인해보자.

그림 13.48 shrink-1-target 인덱스 설정 확인

그림 13.48에서 볼 수 있듯이 shrink API의 적용 결과로 프라이머리, 레플리카 샤드 모두 1개로 수축되었다. 마지막으로, 방금 실습했던 쉬링크 과정을 그림으로 알아보자.

우선 `shrink-1` 인덱스를 읽기 전용으로 바꾸고 인덱스 라우팅을 통해 이름이 `shrink_node_name`인 노드 3으로 모든 샤드를 이동한다. 이후 노드 3에서 쉬링크 동작으로 새로운 인덱스인 `shrink-1-target`을 생성한 다음에 클러스터의 최적 노드에 인덱스를 이동시킨다. 그림 13.49에서는 새로 만들어진 `shrink-1-target` 인덱스가 데이터 노드 3에 저장되었지만 실제로는 자동 밸런스에 의해 최적의 노드에 저장할 것이다.

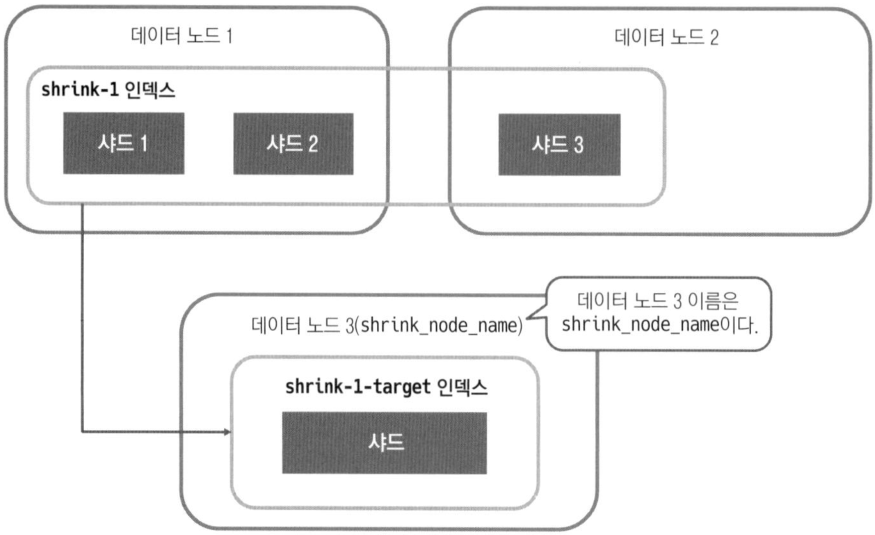

그림 13.49 **쉬링크 동작 과정**

13.7 설정

설정settings은 운영이나 개발 과정에서 발생하는 시스템의 크고 작은 설정값들을 변수화하여 상황에 맞게 사용할 수 있다. 엘라스틱서치는 많은 설정값을 제공하고 REST API를 이용해 변경할 수 있도록 지원하고 있다. 엘라스틱서치에서 설정은 크게 클러스터, 노드, 인덱스 세 가지 레벨로 나눌 수 있는데 클러스터 > 노드 > 인덱스 레벨로 시스템 영향도가 높다.

표 13.7 **설정 종류**

설정	설명
클러스터 설정	로그 레벨이나 클러스터 전반에 관한 설정을 한다. REST API를 이용해 동적으로 설정값을 변경할 수 있다.
노드 설정	네트워크 인터페이스, 보안 설정 등 같은 노드 구성에 관한 설정을 한다. elasticsearch.yml 파일에서 정적으로 수정한다.
인덱스 설정	인덱스와 관련된 설정을 할 수 있다. 프라이머리 샤드(shard)나 복제본을 뜻하는 레플리카(replica) 개수 설정 등을 할 수 있으며 정적/동적으로 설정이 가능하다. 제공하는 REST API를 이용해 동적으로 인덱스별 설정값을 변경할 수 있다.

표 13.7은 엘라스틱서치에서 지원하는 설정의 종류와 그에 관한 간단한 설명이다. 정적 설정은 elasticsearch.yml 같은 설정 파일을 변경하는 것이고, 동적 설정은 엘라스틱서치에서 제공하는 REST API를 이용해 변경하는 방식이다. 설정에 대해 자세히 알아보자.

13.7.1 클러스터 설정

클러스터는 하나 혹은 여러 개의 노드 모임이다. 일반적으로 클러스터는 여러 개의 컴퓨터를 하나의 컴퓨터 시스템처럼 동작하는 것을 의미하는데, 이와 관련된 설정을 알아보자. 현재 설정된 클러스터 설정값을 확인해보자.

리스트 13.26 클러스터 설정 확인 요청

```
GET _cluster/settings

GET _cluster/settings?include_defaults=true
```

리스트 13.26을 이용해 클러스터의 설정값을 확인할 수 있다. `include_defaults`를 `true`로 지정하면 API를 이용해 직접 설정하지 않았거나 elasticsearch.yml에 정의된 설정값까지 모두 보여주기 때문에 더 많은 클러스터 설정을 확인할 수 있다. 결과를 확인해보자.

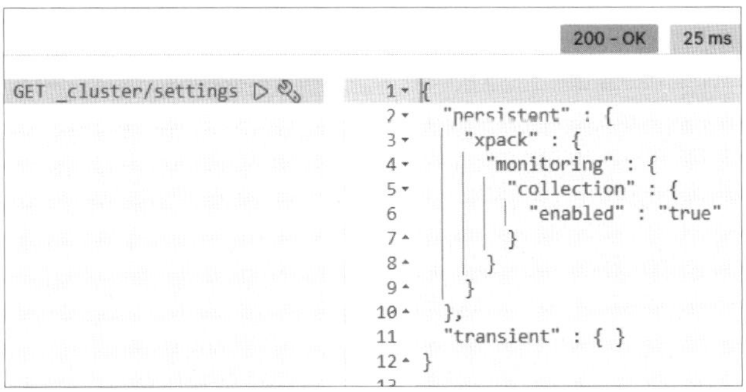

그림 13.50 **클러스터 설정값**

그림 13.50은 현재 클러스터의 설정값이다. `persistent` 수준에 정의한 설정들은 클러스터를 재시작해도 남아 있으며, `transient` 수준에 정의한 설정들은 클러스터를 재시작하면 사라지는 설정들이다. 표 13.8은 자주 사용하는 클러스터 설정들이다. 뒤에 *가 붙은 것은 하위 설정들이 더 있다는 뜻이다.

표 13.8 클러스터 설정

설정	설명
logger.*	클러스터의 로그 레벨을 설정할 수 있다. 레벨은 WARN, INFO, DEBUG, TRACE가 있으며 뒤의 단계로 갈수록 더 많은 로그를 보여준다. TRACE 로그 레벨은 너무 많은 로그가 쌓이게 되므로 주의해서 사용해야 한다.
cluster.routing.allocation.*	마스터 노드가 샤드를 어느 노드에 배치하고 클러스터가 리밸런싱할 때 샤드를 어떻게 옮길지 설정할 수 있다.
cluster.blocks.read_only	인덱스 레벨이 아닌 클러스터 레벨에서 읽기 전용 모드로 변환할 수 있다. 이 옵션이 true일 경우 클러스터에 속해 있는 모든 인덱스에서 수정 작업을 할 수 없다.

참고 **로그 레벨 변경 방법**

로그는 운영 과정에서 매우 중요하다. 로그를 통해 문제를 해결하고 시스템 분석을 할 수 있다. 로그 레벨을 변경하는 방법은 네 가지가 있다. 여기서는 로그 레벨을 TRACE 레벨로 변경해보자.

1. 명령 사용

노드 실행 시 명령 옵션을 이용해 로그 레벨을 변경할 수 있다.

리스트 13.27 명령을 사용하여 로그 레벨 변경

```
C:\elasticsearch-7.10.1>.\bin\elasticsearch.bat -E logger.org.elasticsearch.
transport=trace
```

2. elasticsearch.yml 변경

노드 설정 파일을 직접 변경한다. 파일을 변경한 후 해당 노드를 재시작해야 한다.

리스트 13.28 설정 파일을 변경하여 로그 레벨 변경

```
logger.org.elasticsearch.transport: trace
```

3. 클러스터 설정

API를 이용해 동적으로 변경한다. 운영 시 가장 많이 사용된다.

리스트 13.29 클러스터에서 제공하는 API를 이용하여 로그 레벨 변경 요청

```
PUT /_cluster/settings
{
  "transient": {
    "logger.org.elasticsearch.transport": "trace"
  }
}
```

4. log4j2.properties 변경

엘라스틱서치는 기본적으로 로깅을 위해 아파치 재단에서 관리하는 오픈소스인 log4j2를 이용하고 있다. config/log4j2.properties 파일을 변경한다.

리스트 13.30 log4j2 파일을 변경하여 로그 레벨 변경

```
logger.transport.name = org.elasticsearch.transport
logger.transport.level = trace
```

13.7.2 노드 설정

이번에는 노드의 설정값을 확인해보자.

```
GET _nodes/settings
```

클러스터 내 모든 노드의 설정값을 확인하는 방법이지만 우리는 싱글 노드를 구성했기 때문에 하나의 노드만 보일 것이다. 너무 길어서 몇 가지 중요한 정보만 남겼다. 노드 이름이나 호스트 주소, 역할, 그 밖의 노드 설정값들이 보인다. 직접 키바나 콘솔에서 실행하고 결과를 확인해보자.

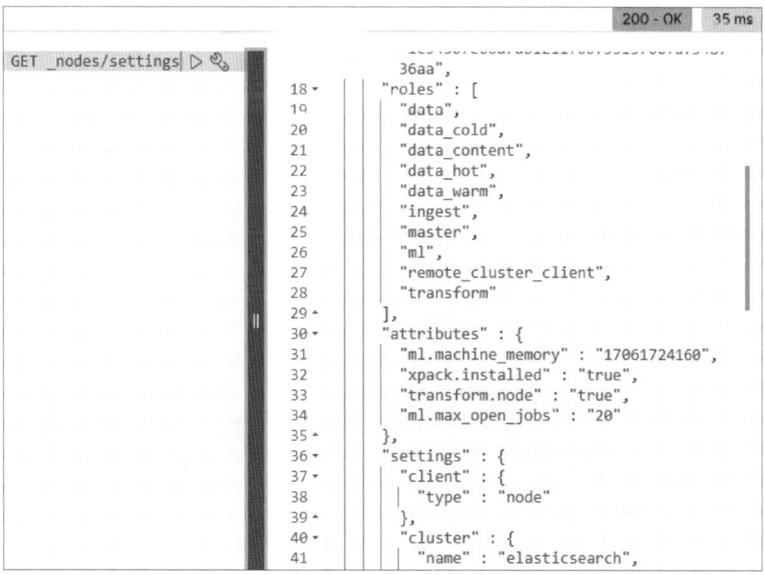

그림 13.51 노드 설정값

그림 13.51은 노드의 설정값들이다. 노드 설정은 elasticsearch.yml 파일에서 수행한다. 표 13.9는 자주 사용하는 노드 설정이다.

표 13.9 노드 설정

설정	설명
node.roles	노드의 역할을 의미한다. 노드는 마스터, 데이터, 인제스트(ingest) 노드 등의 역할을 수행할 수 있다. elasticsearch.yml에 노드 설정값이 보이지 않으면 디폴트로 마스터, 데이터, 인제스트 노드가 모두 true로 설정된 것이다.
path.data	마스터 노드, 데이터 노드의 데이터 저장 위치를 설정한다. 모든 데이터 노드는 데이터 저장할 위치를 지정해야 한다. 특별히 지정하지 않으면 엘라스틱이 설치된 폴더 안의 data라는 폴더에 데이터가 저장된다. elasticsearch.yml에서 path.data: {원하는 위치} 방식으로 경로를 지정할 수 있다.

13.7.3 인덱스 설정

인덱스 생성이나 인덱스 관리 시 필요한 설정 등을 할 수 있다. 아무것도 지정하지 않으면 디폴트값이 설정되는데 자주 쓰는 설정들을 살펴보자. 엘라스틱서치는 인덱스의 설정값을 확인할 수 있도록 settings API를 제공하고 있다. 앞서 3.3절에서 만들었던 index2 인덱스의 인덱스 설정을 확인해보자.

```
GET index2/_settings
```

결과를 확인해보자. index2 인덱스가 없다면 다른 인덱스를 해봐도 된다.

그림 13.52 index2 인덱스 설정 확인

인덱스 생성 시 인덱스 설정값을 변경한 적이 없기에 모두 디폴트값이 적용되어 있다. 전체 인덱스 설정은 온라인 문서[9]에서 더 확인할 수 있는데, 이 책에서는 자주 사용하는 설정값 위주로 인덱스 설정을 설명하겠다.

표 13.10 **대표적인 인덱스 설정**

설정	설명
index.number_of_shards	인덱스를 생성할 때만 사용할 수 있는 값으로 인덱스 내의 샤드 개수를 정한다. 값을 설정하지 않으면 디폴트로 1이 되고, 리소스 충돌 문제를 위해 최댓값을 제한하고 있다. 일반적으로 하나의 인덱스가 최대 1024개의 샤드를 가질 수 있으며, 이 값은 각 노드에서 export ES_JAVA_OPTS="-Des.index.max_number_of_shards=128"과 같이 환경 변수를 정의해 변경할 수 있다.
index.number_of_replicas	프라이머리 샤드가 가질 수 있는 레플리카(replica) 개수를 정한다. 레플리카는 원본 데이터를 복제해 데이터 안전성을 높이는 용도로 사용된다. 값을 지정하지 않으면 디폴트로 1이 설정된다.
index.refresh_interval	인덱스에 새로운 도큐먼트가 인덱싱되었을 때 검색이 가능하기 위해서는 먼저 리프레시가 되어야 한다. 기본적으로 1초로 설정되어 있다. -1은 리프레시를 하지 않겠다는 뜻이다. 인덱싱 성능이 떨어질 경우 리프레시 간격을 늘리면 성능이 향상되지만 대신 그만큼 즉각적인 검색이 되지 않는다. 운영하면서 필요에 따라 적절히 조절하자.
index.blocks.read_only	true일 경우 인덱스는 읽기(read)만 가능하다. 오래돼서 업데이트가 되지 않는 인덱스나 명시적으로 변화가 없어야 하는 인덱스의 경우에 사용할 수 있다.

표 13.10은 대표적인 인덱스 설정들이다. 모든 설정값을 아무 때나 수정할 수는 없다. index.number_of_shards, index.shard.check_on_startup, index.codec 같은 일부 설정들은 인덱스를 생성하거나 인덱스가 잠시 닫혀 있을 때만 설정값을 변경할 수 있다.

13

클러스터와 노드 구성

참고 인덱스 열기/닫기

엘라스틱서치에 너무 많은 인덱스가 존재해 힙 메모리, 검색 성능 등에 영향을 미친다면 오버헤드를 줄이기 위해 임시로 인덱스를 닫고(close) 열(open) 수 있다. 인덱스가 닫힌 상태는 인덱스가 파일 수준에서 저장되어 있긴 하지만 힙 메모리에 로드되지 않아 읽기/쓰기가 되지 않는 상태를 말한다. 다시 인덱스를 열면 엘라스틱의 일반적인 리커버리(recovery) 절차에 따라 인덱스가 시작된다. 인덱스를 잠시 닫아보자.

```
POST index2/_close
```

close API는 인덱스를 닫힌 상태로 만든다. 인덱스가 닫힌 상태가 되면 읽기/쓰기 동작을 할 수 없다. 물론 검색도 불가능하다. 일반적으로 인덱스를 닫는 경우는 샤드 수가 너무 많아 클러스터 동작이 불안정할 때 임시로 숨통을

9 인덱스 설정: https://www.elastic.co/guide/en/elasticsearch/reference/7.10/index-modules.html

틔워주거나 오래된 인덱스를 저장하되 작업은 하지 않는 상태로 만들기 위한 용도로 사용한다. index2 인덱스를 닫은 후에 디스크에 접근하려고 하면 다음과 같은 오류가 발생한다.

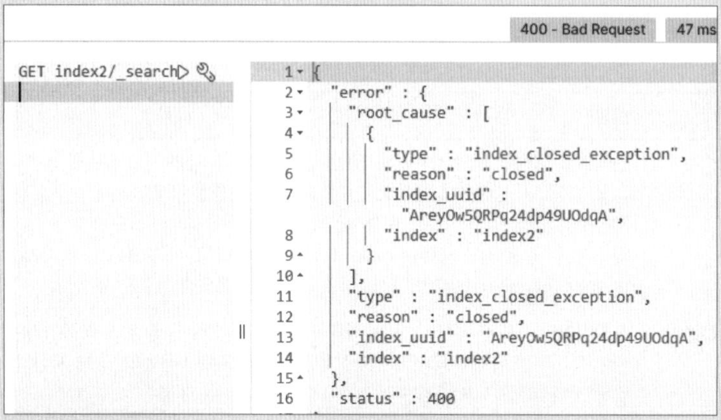

그림 13.53 **닫힌 상태의 인덱스에 접근하려는 경우**

그림 13.53은 닫힌 인덱스에 접근할 때 발생하는 오류다. 상태 코드와 함께 오류가 발생한 이유를 친절히 설명해주고 있다. open 함수를 이용해 인덱스를 다시 열린 상태로 변경해보자.

```
POST index2/_open
```

인덱스를 열면 샤드를 다시 시작하고 샤드 복구 프로세스에 의해 활성화된다. 작업이 완료되면 다시 index2 인덱스에 대한 읽기/쓰기 작업이 가능해진다.

```
GET index*/_settings
```

인덱스 패턴을 이용해 복수의 인덱스에 대한 설정을 한 번에 확인할 수 있는데, 인덱스 템플릿을 이용해 만들어진 인덱스들을 비교할 때 유용하다. 앞에서 만들었던 index2, index3 인덱스를 지우지 않았다면 인덱스 설정값을 확인할 수 있을 것이다.

13.8 정리

13장에서는 엘라스틱서치 클러스터 구성 방법과 노드와 샤드, 그리고 설정에 대해 알아봤다. 노드는 하나의 물리적 서버로 생각하면 되는데(물론 하나의 물리적 서버에서 논리적으로 노드를 나눌 수도 있지만 권장하지 않는다) 노드의 성격에 따라 마스터 노드, 데이터 노드, 인제스트 노드, 기타 노드로 구분할 수 있다. 마스터 노드는 클러스터를 관리하는 노드로, 마스터 후보 노드들이 마스터 후보를 선출하는 방법을 알아봤다. 인제스트 노드는 도큐먼트를 인덱싱에 앞서 전처리하는 노드로, 인제스트 노드의 핵심인 파이프라인과 프로세서의 사용법을 익혀봤다. 인제스트 노드는 로그스태시와 기능상 겹치는 영역이 많으며 둘의 장단점이 존재하니 사용 목적에 맞춰 선택하면 된다. 일반적으로 로그스태시는 기능이 더 다양하고 인제스트 노드는 엘라스틱서치에서 사용이 더 편리하다는 장점이 있다. 시스템 안전성 보장과 리소스의 효율적 사용을 위해 전용 노드를 최적화하여 구성하는 방법과 규모에 따른 전용 노드 구성 방법도 배웠다. 또한 핫/웜 노드를 구성하는 방법과 스냅샷 기능을 이용해 클러스터를 백업하고 복원하는 방법도 알아봤다. 다음으로 샤드에 대해 배웠다. 프라이머리 샤드와 레플리카 샤드에 대해 알아봤고 인덱스가 샤드에 어떻게 할당되는지 알아봤다. 또한 노드가 추가되거나 삭제되었을 때 내부적으로 샤드가 어떻게 변경되는지도 배웠다. 마지막으로 성능 최적화를 위해 샤드 개수와 샤드 크기의 결정 방법을 배웠고, 샤드를 일정한 크기로 관리하기 위한 rollover API와 shrink API를 배웠다. 실제 운영을 해보면 샤드 관리가 중요한데 엘라스틱 공식 블로그의 게시물[10]도 참고해보자. 클러스터, 노드, 인덱스를 설정하는 방법을 정리하면서 마무리했다.

10 '내가 운영하는 Elasticsearch 클러스터에 얼마나 많은 샤드가 필요할까?': https://www.elastic.co/kr/blog/how-many-shards-should-i-have-in-my-elasticsearch-cluster

14

운영 클러스터 구축

지금까지 윈도우 환경에서 단일 노드를 구성하고 엘라스틱서치 개발 모드로 실습을 진행했다. 단일 노드로 운영하더라도 엘라스틱서치의 모든 기능을 사용할 수 있으며 기능 테스트 목적이라면 아무 문제가 없겠다. 하지만 실제 서비스에 활용하려면 검색 성능, 저장 용량 같은 비기능적인 요건을 충족해야 하며, 서비스를 중단 없이 지속할 수 있도록 장애 발생 시 탄력적으로 회복할 수 있어야 하므로 복수의 노드로 클러스터를 구성하고 충분한 하드웨어를 할당할 필요가 있다. 14장에서는 실제 운영 클러스터를 구성하기 위해 무엇을 고려해야 하는지와 운영 클러스터 구성 시 필요한 설정들에 대해 실습해보자. 14장은 노드 여러 개를 포함하는 클러스터를 구성해야 하는데, 클라우드가 아닌 일반적인 실습 환경으로는 물리적인 노드를 여러 개 만들기가 쉽지 않아서 물리적 서버 한 대에서 논리적 노드 여러 개를 만들어서 작업할 것이다. 가급적 실제 운영에 가장 많이 사용되는 리눅스 환경에서 실습하면 좋은데 다른 운영체제를 사용한다면 가상 머신을 이용해 리눅스 환경을 만들어서 사용하자.

14장에서는 먼저 성능과 안정성 양쪽을 모두 높이기 위한 운영 클러스터 고려사항을 확인하고, 고려사항에 따른 노드 구성 계획과 하드웨어 선정이 끝난 후 실제 클러스터를 구성하는 방법을 살펴볼 것이다. 그리고 실제 운영 과정에서 결코 놓치면 안 되는 보안 기능을 설정하고 사용자 등록과 관리 방법을 소개하면서 마무리할 것이다. 엘라스틱 관련 보안 침해 문제가 심심치 않게 들려오는 상황에서 이번 장에 소개하는 내용을 바탕으로 안전한 서비스를 만들기 바란다.

14.1 성능과 안정성을 위한 운영 클러스터 고려사항

엘라스틱서치를 실제 서비스로 운영하기 위해 가장 먼저 확보해야 할 것은 서비스의 안정성과 지속성일 것이다. 아무리 빠른 성능을 갖추고 있더라도 목표로 하는 요청량을 수용하지 못하거나 검색 요청을 제대로 처리하지 못한다면 운영 환경에서는 사용할 수 없을 것이다. 다행히도 엘라스틱서치는 기본 설정이 아주 잘 잡혀 있는 편으로 크게 튜닝을 신경 쓸 필요는 없다. 다만 빠른 성능을 위해 시스템 리소스를 많이 소비하는 편이므로 충분한 하드웨어를 확보해주고, 클러스터링과 분산/병렬 처리 개념을 이해해 노드를 구성할 필요가 있다.

14.1.1 노드 구성 계획

13장에서 엘라스틱서치의 마스터, 데이터, 인제스트, 코디네이팅 전용 노드 등의 개념을 확인했다. 노드를 구성할 때 가장 먼저 확보해야 할 것은 최소 3개의 마스터 노드로, 이는 하나의 마스터 노드가 다운되었을 때 스플릿 브레인split brain 없이 서비스가 지속되게 하기 위한 최소한의 구성이다. 일반적으로 마스터 노드는 많은 리소스를 사용하지는 않지만 장애가 발생하면 클러스터 전체에 영향을 미치므로 마스터 전용 노드를 운영하는 방식도 바람직하다. 다음으로는 예상되는 용도와 부하에 따라 데이터 노드를 최소 두 대 이상 확보해야 한다. 데이터 노드가 하나일 경우 복제본인 레플리카replica를 활용할 수 없으므로 장애 발생 시 정상적인 서비스가 불가능하고 일반적인 상황에서도 성능을 충분히 발휘할 수 없을 것이다. 이 외에 인덱싱 부하량, 검색 부하량 등을 고려해 인제스트나 코디네이팅 전용 노드를 추가할지 여부를 고려하고 머신러닝 기능을 사용할 경우 머신러닝 노드를 추가해줘야 한다.

14.1.2 하드웨어 선정

엘라스틱서치는 분산/병렬 처리에 특화된 만큼 단일 노드의 하드웨어가 굉장히 좋을 필요는 없다. 하지만 빠른 검색 성능에 초점을 맞춘 제품인 만큼 리소스 사용량이 많아 낮은 사양의 하드웨어는 병목이 되기도 한다. 따라서 하드웨어 선택이 사용자의 환경이나 용도에 따라 달라질 수는 있겠지만 일반적으로 너무 크지도 작지도 않은 중간 크기를 권장한다. 그림 14.1을 확인해 보자.

그림 14.1(a)는 사양이 좋은 컴퓨터를 하나의 노드로 구성했다. 반면 그림 14.1(b)는 적당히 좋은 컴퓨터를 2개의 노드로 나누어서 구성했다. 엘라스틱 스택의 경우 (b)가 비용이나 성능 면에서 유리하다. 시스템 목적에 맞춰 하드웨어를 구성하자.

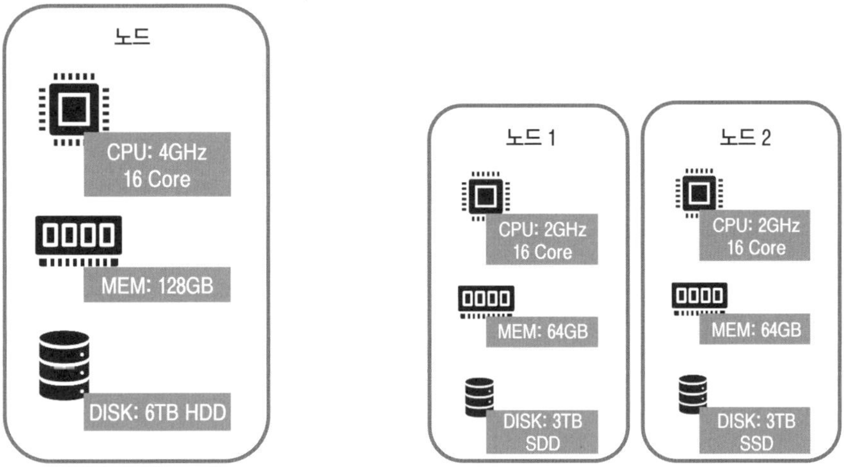

(a) (b)

그림 14.1 하드웨어 구성

메모리

일반적으로 엘라스틱서치에서 가장 먼저 고갈되어 문제가 되는 리소스는 메모리로, 검색 성능을 위해 샤드 유지, 검색과 집계, 인덱싱, 코디네이팅 등 전반적인 영역에서 많은 메모리를 사용하게 된다. 가장 이상적인 메모리는 64GB로 단일 노드에 대해 충분한 힙 크기를 활용할 수 있는 수준이다.

CPU

CPU의 경우 더 크고 많은 코어를 제공하면 더할 나위 없겠지만, 엘라스틱서치가 분산 병렬 처리에 최적화된 제품인 만큼 단일 코어의 성능이 높은 CPU와 코어의 수가 많은 CPU 중 하나를 고르자면 더 많은 코어 수를 권장한다. 일반적으로 CPU 사양에는 크게 민감하지 않은 편이지만 무거운 집계나 인덱싱을 수행하는 경우 CPU 성능이 병목이 될 수도 있다.

디스크

디스크는 SSD를 권장하며 부득이하게 하드 디스크를 사용할 경우 RPM이 빠른 제품을 선택하자. 또한 네트워크 저장소는 되도록 피하자. 즉 최대한 빠른 디스크 성능을 선택한다. 엘라스틱서치는 많은 요소를 힙 메모리에 로드해 빠른 검색과 집계가 가능하도록 하지만 세그먼트를 읽고 쓰기 위해 디스크 IO를 상당히 많이 사용한다. RAID의 경우 RAID 0을 이용해 디스크 성능 향상을 도모하는 것은 좋지만 기타 미러링 정책은 선택하지 않는 편이 좋다. 엘라스틱서치는 분산 검색 엔진으로 의도치 않은 데이터 손실에 대비해 레플리카, 스냅샷과 같이 소프트웨어적으로도 충분한 대비가 되어 있으므로 오히려 미러링으로 인해 발생할 수 있는 성능 저하나 장애 요인이 더 큰 문제가 될 수 있다.

하드웨어 통일

되도록 각 노드들의 하드웨어 성능을 통일하는 것이 중요하다. 엘라스틱서치는 분산 검색 엔진인 만큼 조회 대상 샤드가 위치한 모든 노드에서 처리한 후 코디네이팅 노드에서 결과를 취합해 반환하게 되므로, 검색의 총 실행 시간은 가장 느린 노드가 코디네이팅 노드로 결과를 전달한 시간 + @가 된다. 부득이하게 하드웨어를 혼합해 사용할 경우 실시간 인덱싱이나 활발한 검색을 수행하는 핫 노드와 인덱싱을 수행하지 않고 비교적 많은 검색이 일어나지 않아도 되는 웜 노드, 데이터 보관 목적으로 검색을 수행하지 않을 콜드 노드로 구분해 서로 다른 타입의 노드끼리는 동일 인덱스를 공유하지 않게 하자. 데이터 노드가 아닌 마스터 전용 노드, 코디네이팅 노드, 인제스트 노드 등은 데이터 노드에 비해 비교적 메모리나 디스크의 영향을 적게 받는다. 마스터 노드의 경우 클러스터 전체의 상태를 관리해야 하므로 클러스터의 규모, 코디네이팅 노드의 경우 처리해야 할 것으로 예상되는 API 요청량, 인제스트 노드의 경우 인덱싱 요청량과 문서 가공을 위한 파이프라인의 복잡도 등을 고려해 적절한 하드웨어를 선택하자. 이는 키바나와 로그스태시의 하드웨어 또한 마찬가지다.

스냅샷 처리

마지막으로 스냅샷 저장소를 위한 하드웨어를 고려할 필요가 있다. S3와 같이 용량 제한이 없는 클라우드 저장소를 사용한다면 추가적으로 하드웨어에 대해 고민할 필요가 없겠지만, 직접 디스크를 준비할 경우 실시간 처리 성능보다 저렴한 비용으로 더 오랜 기간 보관하는 것이 중요하므로 반드시 SSD를 사용할 필요는 없다. 따라서 용량을 기준으로 선정하자. 다만 주의할 점으로 스냅샷 저장소는 반드시 모든 노드에서 접근 가능하도록 네트워크 공유 드라이브를 구성해야 한다. 이는 엘라스틱서치의 데이터가 각 노드에 분산 저장되어 있으며, 스냅샷 생성 시 각 노드에서 스냅샷 저장소로 파일 복사가 직접 일어나기 때문이다.

14.1.3 엘라스틱서치 버전 선정

엘라스틱서치는 특별히 안정화된 버전이나 장기간 지원하는 버전을 제공하지 않으므로 기존에 사용하던 다른 클러스터와의 호환성을 고려하거나 낮은 메이저 버전의 백업 데이터를 활용해야 하는 경우 등 특별한 상황이 아니라면 가장 최신 버전을 사용하는 것이 좋다. 모든 보안과 성능 패치는 최신 버전에 적용되어 있으며, 마이너 버전이 올라갈 때도 다양하고 매력적인 기능들이 추가되기 때문이다. 다만 버전의 마지막 자리인 패치 버전이 0인 경우(x.x.0) 다음 패치 버전을 기다리는 것이 좋다. 메이저나 마이너 버전이 올라간 직후의 버전이기 때문에 새로 추가된 기능들에 버그가 포함될 가능성이 높기 때문이다. 이 외에 JVM이나 OS 버전은 지원하는 버전을 정리해둔 서포트 매트릭스[1]를 확인해 자유롭게 선택하자.

14.2 클러스터 구성

시스템 구축 계획을 마쳤다면 실제 노드를 설치하고 클러스터를 구성해보자. 단일 장비에 복수의 노드를 실행하는 방식은 리소스 경합과 단일 장비에 장애 발생 시 복수의 노드가 모두 영향을 받는다는 문제로 그다지 유리하지 않다. 하지만 실습 편의상 이 장에서는 단일 장비에 3개의 노드로 클러스터를 만들 것이다. 운영체제는 리눅스 우분투 18.04 버전을 사용했고, 엘라스틱서치와 키바나는 아카이브 파일을 다운로드해서 해제한 후 실행하는 방식으로 진행한다. 리눅스를 사용해 실습을 진행하는 이유는 실제 업무에서 가장 많이 사용되는 환경이기 때문이다. 리눅스 외의 운영체제에도 설치가 가능하지만 일부 환경 설정이 달라질 수 있으므로 가능한 가상 머신 등에 리눅스를 설치한 후 구성해보자. 엘라스틱서치 버전은 지금까지 사용했던 실습 환경과 동일하게 7.10.1을 사용한다.

14.2.1 노드 설치

하나의 로컬 PC에 3개의 엘라스틱서치와 하나의 키바나 프로세스를 실행해 3개의 노드를 실행하는 효과를 줘보자. 12장에서 배웠던 wget으로 키바나와 엘라스틱서치 아카이브를 다운로드하고 해제한다. 이 책에서는 ~/elastic이라는 디렉토리에 파일을 받았고 키바나는 kibana라는 이름으로 해제했다. 엘라스틱서치는 node1이라는 이름으로 해제했고, node1을 node2, node3으로 디렉토리 전체 내용을 복사했다.

그림 14.2 **클러스터 구성**

1 서포트 매트릭스: https://www.elastic.co/support/matrix

그림 14.2의 node1, node2, node3은 엘라스틱서치, kibana는 키바나가 설치된 디렉토리다. 이때 엘라스틱서치는 보안상 root 계정으로는 실행하지 못하게 되어 있으므로 반드시 클러스터 구성 전용 계정을 만들어 진행해야 한다는 점에 주의하자. 12장에서 버추얼박스에서 우분투를 설치하면서 만든 es라는 계정을 사용한다. 다시 한번 파일들을 확인해보자.

```
es@es-vm:~/elastic$ tree -L 2 -d
```

-L 2는 두 번째 디렉토리까지 보여주는 옵션이고, -d는 디렉토리만 보여주는 옵션이다.

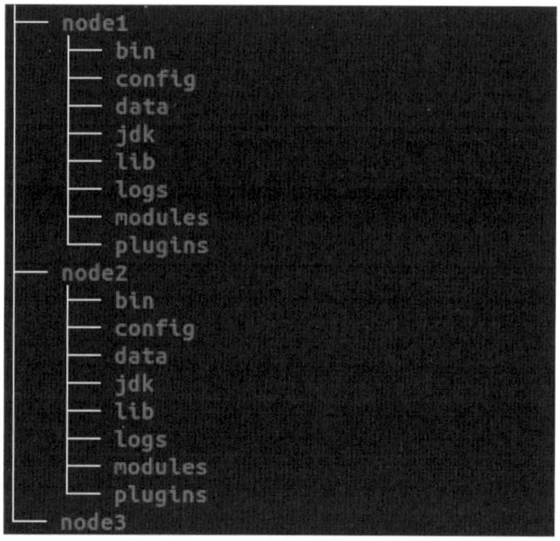

그림 14.3 **노드 폴더 구조**

그림 14.3에서 볼 수 있듯이 node1, node2, node3은 완벽하게 같은 구조여야 한다. 앞 장까지의 실습 환경에서는 단일 노드로 테스트했기 때문에 특별한 설정을 건드리지는 않았지만 이번에는 클러스터를 구성하기 위해 몇 가지 설정을 변경하겠다. node1~3의 config 폴더에 elasticsearch.yml 파일이 있다. 각 파일을 열어 다음과 같은 내용을 추가/수정해주자.

리스트 14.1 node1 엘라스틱서치 설정

```
es@es-vm:~/elastic$ vi node1/config/elasticsearch.yml
cluster.name: my-prod-cluster
node.name: node1
network.host: [_local_]
http.port: 9200
transport.port: 9300
discovery.seed_hosts: ["localhost:9300", "localhost:9310", "localhost:9320"]
cluster.initial_master_nodes: ["node1", "node2", "node3"]
```

리스트 14.1은 여러 노드들을 하나의 클러스터로 구성하기 위한 설정값이다. 사용한 설정값들을 표 14.1에서 좀 더 상세히 알아보자.

표 14.1 **클러스터 구성을 위한 엘라스틱서치 설정**

설정	설명
`cluster.name`	클러스터의 이름을 지정한다. 같은 클러스터로 묶기 위해서는 반드시 클러스터명을 통일해줘야 하며, 다른 클러스터와의 간섭을 방지하기 위해 고유한 명칭을 지정해주자.
`node.name`	노드의 이름을 지정한다. 단일 클러스터 안에서 반드시 노드마다 다른 명칭이 부여돼야 한다.
`network.host`	노드가 배포될 네트워크 호스트를 지정한다. 일반적인 IPv4, IPv6 주소 외에도 `_local_`, `_site_`, `_global_` 값을 이용해 각각 로컬, 내부, 외부 네트워크를 자동으로 지정할 수 있다.
`http.port`	HTTP 통신에 사용할 포트를 지정한다. 엘라스틱서치의 REST API에 접근하기 위한 포트다. 이번에는 한 장비에 세 대의 노드를 실행할 계획이므로 노드 간 포트 충돌을 방지하기 위해 node1은 9200, 나머지 노드는 각각 9210, 9220을 설정하자. 만약 다른 포트와 충돌이 있다면 포트를 변경해주자(13.1절 참고).
`transport.port`	트랜스포트 통신에 사용할 포트를 지정한다. 이는 클러스터 내부에서 노드끼리 통신할 때 사용되는 포트로, 별도로 외부 클라이언트가 접근할 필요가 없는 포트다. 위와 마찬가지로 충돌을 방지하기 위해 9300, 9310, 9320을 각각 할당하자(13.1절 참고).
`discovery.seed_hosts`	클러스터 구성을 위해서는 다른 노드를 발견(discovery)해야 한다. `seed_hosts`는 이때 사용되는 상대 노드 주소들인데, 단지 클러스터 구성을 위한 시드(seed)일 뿐이므로 모든 노드의 주소를 등록할 필요는 없다. 어차피 마스터 노드가 없다면 클러스터링이 이뤄지지 않으므로 마스터 후보 노드들만 등록해두면 충분하다. 이때 내부 통신이기 때문에 주소 뒤에 트랜스포트 포트(`transport.port`)를 적어줘야 한다는 점에 주의하자.
`cluster.initial_master_nodes`	클러스터 최초 구성 시에만 사용되는 설정으로, 여기 명시된 초기 마스터 후보 노드들이 클러스터를 이루면 이후 노드가 추가/이탈됨에 따라 내부적으로 마스터 후보 노드 정보를 관리하게 된다. 이 설정에 들어가는 내용은 호스트 주소가 아니라 `node.name`이라는 점에 주의하자.

node1/config/elasticsearch.yml을 수정하고 나서 node2/config/elasticsearch.yml, node3/config/elasticsearch.yml도 수정해야 한다. 다른 설정은 동일하게 사용하고 `node.name`, `http.port`, `transport.port` 설정값만 변경하면 된다. 먼저 node2 설정을 변경해보자.

리스트 14.2 node2 엘라스틱서치 설정

```
es@es-vm:~/elastic$ vi node2/config/elasticsearch.yml
cluster.name: my-prod-cluster
node.name: node2
network.host: [_local_]
http.port: 9210
transport.port: 9310
discovery.seed_hosts: ["localhost:9300", "localhost:9310", "localhost:9320"]
cluster.initial_master_nodes: ["node1", "node2", "node3"]
```

node3 설정도 변경해준다.

리스트 14.3 node3 엘라스틱서치 설정

```
es@es-vm:~/elastic$ vi node3/config/elasticsearch.yml
cluster.name: my-prod-cluster
node.name: node3
network.host: [_local_]
http.port: 9220
transport.port: 9320
discovery.seed_hosts: ["localhost:9300", "localhost:9310", "localhost:9320"]
cluster.initial_master_nodes: ["node1", "node2", "node3"]
```

설정을 변경하고 각 노드를 실행하면 my-prod-cluster라는 클러스터가 생성되고 node1, node2, node3이라는 이름의 노드 3개가 만들어질 것이다. 노드 롤(node.roles)은 특별히 설정하지 않았기 때문에 모두 마스터 후보 노드이면서 데이터 노드 역할을 한다. 이제 각 노드를 실행해보자.

14.2.2 개발 모드와 운영 모드

엘라스틱서치는 시작할 때 부트스트랩을 검사한다. 부트스트랩 체크bootstrap checks는 노드의 안정성을 위해 몇 가지 검사를 수행하는 것이다. 이는 잘못된 시스템 설정으로 인해 의도치 않은 성능 저하가 발생하는 상황을 방지하기 위함이다. 개발 모드에서도 부트스트랩 체크를 수행하긴 하나 실패했을 경우 경고 로그만 출력할 뿐 시스템은 정상 동작한다. 하지만 운영 모드에서는 부트스트랩 체크에 실패하면 로그와 함께 즉시 노드의 실행이 중단된다. elasticsearch.yml의 network.host 값이 로컬 호스트이면 개발 모드이고 그 외는 운영 모드다. 엘라스틱서치는 network.host 설정을 통해 해당 클러스터가 외부 네트워크를 통해 정식으로 운영 모드에 들어섰다고 판단한다. network.host에 대해 알아보자.

리스트 14.4 network.host 설정

```
network.host: [_local_, _site_, _global_]
```

엘라스틱서치 설정 파일에서 network.host를 수정하지 않았다면 기본적으로 로컬 호스트localhost로 인식한다. 이 책에서는 지금까지 network.host를 한 번도 수정하지 않았기 때문에 계속 개발 모드로 진행하고 있었다. 엘라스틱서치 설정 파일에서 리스트 14.4와 같이 network.host 값을 변경하면 운영 모드로 동작한다. _local_은 로컬 네트워크, _site_는 내부 네트워크, _global_은 외부 네트워크를 자동으로 찾아주는 별칭이다. 설정된 내부/외부 네트워크가 없을 경우 정상적으로 바인딩이 되지 않을 수 있으며 명시적으로 바인딩할 IP나 네트워크 어댑터명을 지정해야 할 수도 있다. 실습 환경의 네트워크 장비와 환경이 복잡하다면 온라인 문서[2]를 참고하여 추후 실제 운영 클러스터 구축 시 적절한 내부/외부 네트워크를 구축할 필요가 있다. 그럼 지금까지 `network.host`를 수정하지 않고 개발 모드로 엘라스틱서치를 실행했을 때의 로그를 확인해보자. 그림 14.4는 개발 모드에서 엘라스틱서치를 실행하고 나오는 로그들 중 일부다.

```
[2021-01-11T10:56:03,687][INFO ][o.e.t.TransportService   ] [es-v
m] publish_address {127.0.0.1:9300}, bound_addresses {[::1]:9300}
, {127.0.0.1:9300}
[2021-01-11T10:56:04,169][WARN ][o.e.b.BootstrapChecks    ] [es-v
m] max file descriptors [4096] for elasticsearch process is too l
ow, increase to at least [65535]
[2021-01-11T10:56:04,170][WARN ][o.e.b.BootstrapChecks    ] [es-v
m] max virtual memory areas vm.max_map_count [65530] is too low,
increase to at least [262144]
[2021-01-11T10:56:04,171][WARN ][o.e.b.BootstrapChecks    ] [es-v
m] the default discovery settings are unsuitable for production u
se; at least one of [discovery.seed_hosts, discovery.seed_provide
rs, cluster.initial_master_nodes] must be configured
[2021-01-11T10:56:04,172][INFO ][o.e.c.c.Coordinator      ] [es-v
m] cluster UUID [mL76aBzJTAKA3Trob1w-SQ]
[2021-01-11T10:56:04,194][INFO ][o.e.c.c.ClusterBootstrapService]
 [es-vm] no discovery configuration found, will perform best-effo
rt cluster bootstrapping after [3s] unless existing master is dis
covered
```

그림 14.4 **엘라스틱서치 로그: 개발 모드**

운영 모드로 사용하기 힘들다는 문구(`unsuitable for production use;`)가 보이면 개발 모드로 실행된 상태다. 다음으로 운영 모드 로그를 확인해보자. 그림 14.5는 14.2.1절에서 node1, node2, node3의 `network_host` 값을 변경하고 엘라스틱서치를 실행했을 때의 로그다.

```
[2021-01-11T10:30:07,043][INFO ][o.e.t.TransportService   ]
 [node1] publish_address {127.0.0.1:9300}, bound_addresses
{[::1]:9300}, {127.0.0.1:9300}
[2021-01-11T10:30:07,643][WARN ][o.e.b.BootstrapChecks    ]
 [node1] max file descriptors [4096] for elasticsearch proc
ess is too low, increase to at least [65535]
[2021-01-11T10:30:07,648][WARN ][o.e.b.BootstrapChecks    ]
 [node1] max virtual memory areas vm.max_map_count [65530]
is too low, increase to at least [262144]
[2021-01-11T10:30:07,650][INFO ][o.e.c.c.Coordinator      ]
 [node1] cluster UUID [mL76aBzJTAKA3Trob1w-SQ]
```

그림 14.5 **엘라스틱서치 로그: 운영 모드**

2 네트워크 설정: https://www.elastic.co/guide/en/elasticsearch/reference/7.10/modules-network.html

앞서 언급한 운영 모드로 사용하기 힘들다는 문구가 없으면 운영 모드로 시작된 상태다. 하지만 여전히 부트스트랩 체크에서 몇 가지 경고(WARN)가 보인다. 이제 부트스트랩 체크를 통과하고 운영 중 예상되는 문제들을 방지하기 위해 몇 가지 중요 설정들을 짚고 넘어갈 필요가 있다.

14.2.3 운영 모드 설정

설정이 필요한 파일을 기준으로 정리해두었다. 여기서 소개하는 설정은 리눅스 환경에서만 구동된다.

config/jvm.options

엘라스틱서치를 다운로드하고 압축을 풀면 config 폴더가 있고 config 폴더 안에 jvm.options 라는 파일이 있다. 자바 가상 머신JVM 관련 설정들이 포함되어 있다.

리스트 14.5 힙 메모리 설정

```
## JVM configuration

################################################################
## IMPORTANT: JVM heap size
################################################################
##
## You should always set the min and max JVM heap
## size to the same value. For example, to set
## the heap to 4 GB, set:
##
## -Xms4g
## -Xmx4g
##
## See https://www.elastic.co/guide/en/elasticsearch/reference/current/heap-size.html
## for more information
##
################################################################

# Xms represents the initial size of total heap space
# Xmx represents the maximum size of total heap space

-Xms1g
-Xmx1g
```

리스트 14.5는 jvm.options 파일의 앞부분이다. 여기서 가장 눈여겨봐야 할 부분은 힙 메모리 관련 설정으로 Xms, Xmx라는 이름의 설정이다. Xms는 최소 힙 크기이며 Xmx는 최대 힙 크기다. 다음 세 가지 부분에 주의하며 힙 메모리 설정을 하자.

1. **Xms와 Xmx 수치를 동일하게 할당한다.** 최소와 최대 힙 크기를 동일하게 할당하지 않으면 힙 메모리 할당량을 확장하는 과정에서 노드가 일시적으로 멈출 수 있다. 기본값은 1기가로 되어 있다.
2. **힙 크기는 최대 시스템 물리 메모리의 절반으로 한다.** 엘라스틱서치는 힙 메모리 외에도 빠른 검색과 인덱싱 성능을 위해 파일 시스템 캐시를 적극적으로 활용한다. 이 또한 상당한 메모리를 사용하므로 충분한 여유 메모리를 확보하지 않으면 성능상 문제가 될 수 있다.
3. **힙 크기는 최대 30~31GB 수준을 넘기지 않는다.** 자바에는 힙 메모리를 좀 더 빠르고 효율적으로 활용할 수 있도록 Compressed Ordinary Object Pointers 기술이 적용되어 있는데 이는 시스템마다 차이가 있지만 일반적으로 힙 메모리가 최대 32GB를 넘기면 비활성화가 된다. 이 경우 충분히 큰 힙 메모리를 할당했음에도 오히려 성능이 급격히 저하되는 현상을 겪을 수 있다. 예를 들어, 물리 장비당 단일 노드만 실행한다는 가정하에 물리 메모리가 32GB인 장비라면 16GB 힙 크기를 할당하고, 물리 메모리가 64GB인 장비라면 30~31GB 수준의 힙 크기를 할당하는 것이 적정하다. 간혹 물리 장비에 128GB 이상의 메모리를 확보해 적정 수준 이상의 힙 메모리를 할당하는 경우가 있는데 이는 아무리 힙 크기가 커지더라도 성능상 이점이 없으므로 권장치는 넘기지 않는 것이 좋다. 물리 메모리에 많은 여유가 있어 이를 충분히 활용할 경우라면 동일 장비에 복수의 노드를 실행하는 방식을 검토하자. 여기서는 세 대의 노드를 동일 장비에 실행하고 있으며 실습 환경에 충분한 여유 메모리가 없을 수 있으니 기본값인 1GB를 유지하자.

실제 업무에서는 위의 세 가지 주의사항을 고려해 시스템 성능에 맞춰 힙 크기 설정값을 변경해야 한다. 다음으로 확인해야 할 부분은 임시 디렉토리 경로와 힙 덤프 경로다. jvm.options 파일 아래쪽을 살펴보자.

리스트 14.6 임시 파일과 덤프 파일 경로 설정

```
## JVM temporary directory
-Djava.io.tmpdir=${ES_TMPDIR}

## heap dumps
```

```
# generate a heap dump when an allocation from the Java heap fails
# heap dumps are created in the working directory of the JVM
-XX:+HeapDumpOnOutOfMemoryError

# specify an alternative path for heap dumps; ensure the directory exists and
# has sufficient space
-XX:HeapDumpPath=data
```

먼저 Djava.io.tmpdir은 임시 디렉토리 루트를 설정한다. 운영체제에서 기본으로 /tmp 임시 디렉토리의 경우 리눅스에서 주기적으로 정리하며 파일이 소실되어 문제가 발생하는 경우가 있으니 사용하지 않는 편을 권장한다. 임시 디렉토리의 경우 리눅스 패키지 매니저를 이용해 설치했을 때는 별도로 설정할 필요가 없지만, 아카이브 파일을 해제하고 설치했을 때는 노드를 실행하는 계정에서 읽기/쓰기가 가능한 디렉토리를 확보해 해당 경로를 입력해주자. 두 번째 XX:HeapDumPath는 힙 덤프 파일이 생성되면 저장되는 경로다. 힙 덤프 파일 경로가 제대로 설정되어 있지 않다면 OutOfMemory 오류가 발생했을 때 원인 분석을 위한 덤프 파일을 찾는 데 문제가 발생할 수 있다. 아카이브 파일을 해제하고 설치한 후 /config/elasticsearch.yml의 path.data를 별도로 수정하지 않았을 경우 기본적으로 node1~3의 data 디렉토리를 가리킨다. 하지만 리눅스 패키지 매니저를 사용해 설치했다면 해당 위치가 존재하지 않으므로 읽기/쓰기가 가능한 디렉토리를 확보해 경로를 수정해주자. 이 실습에서는 아카이브 파일을 해제해 실행하는 경우이므로 둘 다 기본값으로 놔두겠다. 이 외의 실행 플래그들은 충분히 잘 설정되어 있으므로 되도록 건드리지 말자. 일반적으로 JVM 튜닝이 필요할 정도로 성능이 저하되었다면 샤드 수를 조정하거나 매핑을 개선하는 등 다른 튜닝 방안으로 해결하는 것이 좋고, 그럼에도 성능이 나아지지 않는다면 노드 추가를 고려해야 한다.

config/elasticsearch.yml

메모리 스왑 기능을 비활성화하기 위해 엘라스틱서치 설정 파일인 elasticsearch.yml 파일을 수정해야 한다. 파일을 열어보자.

리스트 14.7 메모리 락 설정

```
# ---------------------------------- Memory -----------------------------------
#
# Lock the memory on startup:
#
bootstrap.memory_lock: true
#
# Make sure that the heap size is set to about half the memory available
```

```
# on the system and that the owner of the process is allowed to use this
# limit.
#
# Elasticsearch performs poorly when the system is swapping the memory.
#
```

bootstrap.memory_lock 설정은 노드 실행 시 시스템의 물리 메모리를 미리 할당받아 스왑 영역을 사용하지 않도록 방어하는 설정이다. 메모리 부족으로 인해 디스크의 스왑 영역을 참조할 경우 심각한 성능 저하가 발생할 수 있기 때문에 필수적으로 설정해줘야 한다. bootstrap.memory_lock 설정은 기본적으로 주석 처리되어 있는데 주석을 해세하자. 이는 스왑 영역 사용을 방지하기 위한 목적이므로 OS의 스왑 자체를 비활성화해 해결하는 방법도 있다. node1, node2, node3 모든 노드에 적용한다.

/etc/security/limits.conf

리눅스의 시스템 수준에서 걸려 있는 제한들을 해제해줄 필요가 있다. 이 파일은 리눅스에만 있는 파일이므로 그 밖의 운영체제는 신경 쓰지 않아도 된다. 파일을 열고 다음 라인을 주가한다.

리스트 14.8 리소스 제한 설정

```
es - nofile  65535
es - nproc   4096
es soft memlock unlimited
es hard memlock unlimited
```

es는 엘라스틱서치를 실행하는 사용자 계정명이다. 엘라스틱서치를 사용하는 리눅스 계정을 적어주면 된다. 리눅스에서 whoami 명령을 사용하면 사용하는 계정을 알 수 있는데, 여기서는 es라는 계정으로 실습을 진행했다. nofile은 최대 파일 디스크립터 수를 의미하며 시스템에서 최대로 열 수 있는 파일 수를 제한한다. 엘라스틱서치는 샤드 하나당 몇 개씩의 파일들을 열어놓고 사용하며, 인덱스가 늘어남에 비례해 이 숫자가 증가하기 때문에 운영 초기에는 문제가 없다가도 시간이 지남에 따라 샤드가 늘어나 파일 디스크립터 수 제한에 의해 문제가 발생하는 경우가 종종 있기 때문에 최소 65535 이상의 값으로 넉넉하게 잡아준다. nproc은 최대 프로세스 수를 제한하는 설정이다. 검색, 인덱싱, 머지 등 많은 작업들을 실행하다 보면 프로세스가 많이 생성된다. 별도의 스레드 풀을 통해 처리하는 엘라스틱서치 특성상 넉넉히 잡아주는 것이 좋다. 설정을 변경하지 않을 경우 기본값은 1024다. memlock unlimited는 메모리 내 주소 공간의 최대 크기를 지정하는데, 엘라스틱 가이드에 따라 무한대로 잡아준다. soft와 hard는 프로그램 시작시 적용하는 기본 한도와 최대 한도이며, 대시(-)는 soft와 hard를 동시에 적용한다. 역시 가이드에 맞춰 작성하면 된다. 파일 수정 후 시스템을 리부팅하면 내용이 적용된다. 프로세스 리소스 한도 설정을 위한 리눅스 ulimit 명령으로 확인해보자.

```
es@es-vm:~/elastic$ ulimit -a
core file size          (blocks, -c) 0
data seg size           (kbytes, -d) unlimited
scheduling priority             (-e) 0
file size               (blocks, -f) unlimited
pending signals                 (-i) 31660
max locked memory       (kbytes, -l) unlimited
max memory size         (kbytes, -m) unlimited
open files                      (-n) 1024
pipe size            (512 bytes, -p) 8
POSIX message queues     (bytes, -q) 819200
real-time priority              (-r) 0
stack size              (kbytes, -s) 8192
cpu time               (seconds, -t) unlimited
max user processes              (-u) 4096
virtual memory          (kbytes, -v) unlimited
file locks                      (-x) unlimited
```

그림 14.6 ulimit 전체 항목 보기

그림 14.6에서 볼 수 있듯이, max locked memory와 max user processes는 우리가 지정했던 4096과 unlimited로 수정되었지만 open files는 수정되지 않았다. 우분투를 사용하면 다른 방법으로 적용해야 한다. 다음 2개 파일을 수정한다.

```
es@es-vm:~/elastic$ sudo vi /etc/systemd/system.conf
es@es-vm:~/elastic$ sudo vi /etc/systemd/user.conf
```

파일을 열고 그림 14.7과 같이 DefaultLimitNOFILE 값을 변경해준다.

```
#DefaultLimitSTACK=
#DefaultLimitCORE=
#DefaultLimitRSS=
DefaultLimitNOFILE=65536
#DefaultLimitAS=
#DefaultLimitNPROC=
#DefaultLimitMEMLOCK=
```

그림 14.7 DefaultLimitNOFILE 값 수정

2개의 파일을 수정하고 리부팅한 후 다시 ulimit -a를 실행해보자.

```
es@es-vm:~/elastic$ ulimit -a
core file size          (blocks, -c) 0
data seg size           (kbytes, -d) unlimited
scheduling priority             (-e) 0
file size               (blocks, -f) unlimited
pending signals                 (-i) 31660
max locked memory       (kbytes, -l) unlimited
max memory size         (kbytes, -m) unlimited
open files                      (-n) 65535
pipe size            (512 bytes, -p) 8
POSIX message queues     (bytes, -q) 819200
real-time priority              (-r) 0
stack size              (kbytes, -s) 8192
cpu time               (seconds, -t) unlimited
max user processes              (-u) 4096
virtual memory          (kbytes, -v) unlimited
file locks                      (-x) unlimited
```

그림 14.8 **ulimit 전체 항목 보기**

그림 14.8에서 볼 수 있듯이, 앞서 설정했던 모든 내용이 반영되었다. limit.conf 파일을 수정하면 변경값이 영구적으로 적용되는데, 이것이 부담스러우면 그림 14.9와 같이 `ulimit` 명령을 이용해 제한적으로 반영할 수도 있다.

```
es@es-vm:~$ sudo su
root@es-vm:/home/es# ulimit -n 65535
root@es-vm:/home/es# ulimit -u 4096
root@es-vm:/home/es# ulimit -l unlimited
root@es-vm:/home/es# su es
es@es-vm:~$ ulimit -a
```

그림 14.9 **리소스 제한 설정**

`ulimit`는 일반 사용자 계정으로 실행하면 안 되기 때문에 먼저 관리자(root) 계정으로 들어간 다음에 `ulimit` 명령을 이용하면 된다. 파라미터 `-n`은 파일 디스크립터 수, `-u`는 최대 프로세스 수, `-l`은 메모리 락을 설정한다. 영구적으로 설정을 반영할 때는 limits.conf를 수정하고, 일시적인 테스트 목적이나 즉각적인 반영을 위해서는 `ulimit` 명령을 사용하자.

/etc/sysctl.conf

sysctl.conf 파일 역시 리눅스에 있다. 커널 변숫값을 수정해 보안이나 성능을 향상하는 데 사용한다. 엘라스틱서치는 기본적으로 파일 입출력 성능 향상을 위해 파일을 메모리에 매핑하는 mmap 파일 시스템을 사용하는데, 이는 가상 메모리 공간을 사용하므로 충분한 공간을 확보할 필요가 있다. 파일을 열고 다음 라인을 추가하자.

리스트 14.9 최대 가상 메모리 개수 변경

```
vm.max_map_count = 262144
```

혹시 기존에 설정된 값이 있다면 값을 변경하자. 파일을 수정하고 리부팅하면 영구적으로 적용된다. 파일 수정 없이 시스템에 즉시 적용하길 원한다면 다음 명령을 사용하자.

리스트 14.10 최대 가상 메모리 개수 변경 적용

```
es@es-vm:~/elastic$ sudo sysctl -w vm.max_map_count=262144
```

이제 모든 설정을 마무리했다. 기본적인 설정만 다뤘고 실제 운영을 하다 보면 다른 문제들이 발생해 설정을 변경해야 하는 경우가 있다. 추가적인 설정들은 온라인 문서 엘라스틱서치 설정[3]과 부트스트랩 체크[4]를 확인해보자. 엘라스틱은 커뮤니티가 매우 활성화되어 있으니 다른 곳에서도 쉽게 도움을 받을 수 있다.

14.2.4 실행과 구성 확인

각 노드의 구성을 마쳤다면 각 노드를 실행하자. node1, node2, node3 각각의 bin 디렉토리 아래에서 elasticsearch를 실행하자.

리스트 14.11 node1, node2, node3 엘라스틱서치 실행

```
es@es-vm:~/elastic$ node1/bin/elasticsearch
es@es-vm:~/elastic$ node2/bin/elasticsearch
es@es-vm:~/elastic$ node3/bin/elasticsearch
```

터미널을 3개 열고 리스트 14.11과 같이 node1, node2, node3을 실행해도 좋고 하나의 터미널에서 각각의 엘라스틱서치를 백그라운드로 실행해도 된다. node1, node2, node3을 실행한 다음 노드 간에 연동이 되면 그림 14.10과 같은 로그를 확인할 수 있다.

```
[2021-01-12T10:23:07,552][INFO ][o.e.c.s.ClusterApplierService]
[node1] added {{node3}{H4D5FfkJQnKx4vn2E5nAVQ}{yQaK4WvtRM-JBoUk6
8g8TA}{127.0.0.1}{127.0.0.1:9320}{cdhilmrstw}{ml.machine_memory=
8349196288, ml.max_open_jobs=20, xpack.installed=true, transform
.node=true}}, term: 4, version: 53, reason: ApplyCommitRequest{t
erm=4, version=53, sourceNode={node2}{8Bj7NrwbTvKa0NEDkC9JBA}{U8
90tOeGS9etva5eoyZcfA}{127.0.0.1}{127.0.0.1:9310}{cdhilmrstw}{ml.
machine_memory=8349196288, ml.max_open_jobs=20, xpack.installed=
true, transform.node=true}}
```

그림 14.10 node1 엘라스틱서치 로그: node3 연동

3 엘라스틱서치 설정: https://www.elastic.co/guide/en/elasticsearch/reference/7.10/settings.html

4 부트스트랩 체크: https://www.elastic.co/guide/en/elasticsearch/reference/7.10/bootstrap-checks.html

이제 모든 노드가 정상적으로 실행된 후 curl로 클러스터 상태를 확인해보자. cluster API를 이용하면 된다.

리스트 14.12 curl로 클러스터 상태 확인

```
es@es-vm:~/elastic$ curl -XGET http://localhost:9200/_cluster/health?pretty
```

결과를 확인해보자(그림 14.11 참고).

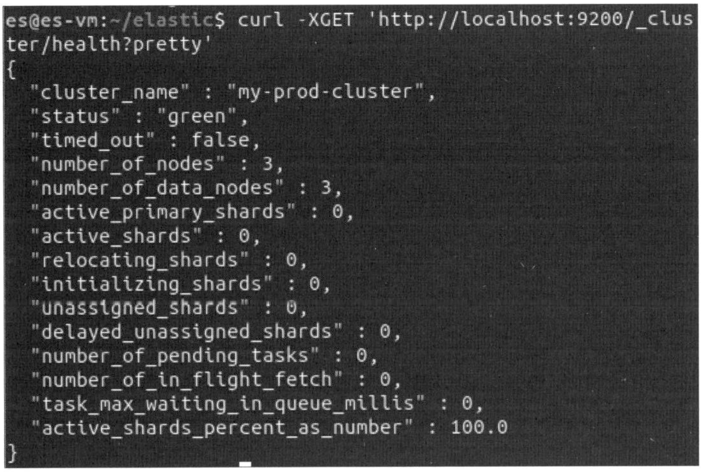

그림 14.11 **리스트 14.12 실행 결과**

`my-prod-cluster`라는 이름으로 클러스터가 생성되었고 노드 개수도 3개로 보인다. 이제 마지막으로 키바나 설정을 해보자. 키바나에서 3개의 노드에 접근할 수 있도록 설정해야 한다. 키바나 config 폴더의 kibana.yml 파일을 수정하자.

리스트 14.13 키바나 설정

```
server.host: 0.0.0.0
elasticsearch.hosts: ["http://localhost:9200", "http://localhost:9210",
"http://localhost:9220"]
```

`server.host` 설정은 키바나의 호스트 주소를 의미하며, `0.0.0.0`은 자동으로 외부 IP를 바인딩해준다. 가상 머신 등에서 실습을 진행하며 호스트 머신의 접근을 원할 경우 이 설정을 추가해주자. `elasticsearch.hosts`는 키바나가 접근할 수 있는 노드 주소다. 3개의 호스트에 모두 접근 가능하도록 앞서 설정한 노드 경로로 설정을 추가했다. 이제 키바나에 접속해보자.

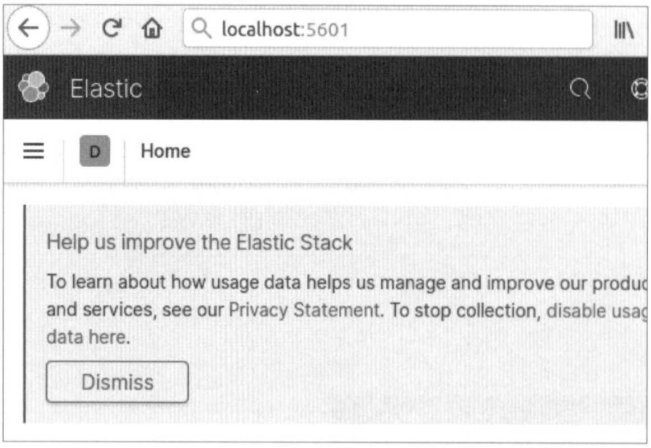

그림 14.12 **키바나 첫 화면**

그림 14.12와 같이 웹 브라우저에서 localhost:5601로 키바나에 접속할 수 있다.

14.3 보안 기능 설정

운영 환경에서 클러스터에 보안 기능을 활성화하는 정책은 선택이 아니라 필수다. 보안 기능이 적용되지 않은 채로 외부망에 공개된 많은 운영 클러스터들이 정보 유출, 데이터 유실 등의 위협을 받고 있다.

그림 14.13 **보안 설정이 되어 있지 않은 엘라스틱서치에서 대규모 데이터가 삭제된 보안 사고 사례**[5]

5 출처: TechTarget SearchSecurity "'Meow' attacks wipe more than 1,000 exposed databases", https://searchsecurity.techtarget.com/news/252486611/Meow-attacks-wipe-more-than-1000-exposed-databases

엘라스틱서치의 보안 기능은 기본적인 사용자 역할 기반 접근 제어와 노드 간 통신 암호화, HTTP 통신 암호화 등을 포함한다. 유료 서브스크립션을 사용한다면 LDAP, SAML 등과 같이 외부 인증 체계와 연동할 수 있는 방법을 제공하며, 사용자별로 조회할 수 있는 문서나 필드를 제한할 수 있다. 사용자 역할 기반 접근 제어는 쉽게 말해 사용자 ID와 비밀번호를 입력해야만 엘라스틱서치에 접근할 수 있게 하는 것으로 사용자 계정별로 역할을 할당해 수행할 수 있는 작업의 종류, 이를테면 특정 인덱스에 대한 읽기/쓰기 권한을 제한할 수 있다. 이러한 기본적인 보안 설정이 되어 있지 않은 채 외부망에 공개되어 있는 엘라스틱서치는 별도의 인증 정보 없이 모든 API를 사용할 수 있으므로 손쉽게 데이터가 유출될 수 있을 뿐만 아니라 그림 14.13과 같이 모든 인덱스를 삭제당하는 등 공격에 무방비 상태로 남아 있다. 클러스터 내부의 노드 간 통신이나 클러스터 내부와 외부의 HTTP 통신 암호화는 각 네트워크 구간에 대해 암호화 통신을 지원하므로 중간에서 패킷을 염탐하거나 탈취하는 데이터 유출 공격을 방지할 수 있다.

과거에는 엘라스틱서치의 보안 기능을 사용하려면 기본적인 로그인이나 역할 기반 접근 제어 기능을 포함하는 유료 서브스크립션을 요구했기 때문에 별도로 보안이 적용된 프록시를 구축하거나 네트워크 정책 등을 이용해 접근을 제어해야 했었다. 하지만 6.8, 7.1 버전부터는 무료로 제공되는 베이직 라이선스에서도 보안 기능을 사용할 수 있게 되었으므로 반드시 활성화하자. 각 노드 디렉토리의 config/elasticsearch.yml에 보안 기능을 활성화하는 설정을 추가해보자.

리스트 14.14 보안 기능 활성화

```
xpack.security.enabled: true
```

리스트 14.14는 엘라스틱서치의 보안 기능을 활성화하는 설정이다. 하지만 설정 변경만으로는 보안 기능을 사용할 수 없다. 각 보안 기능별 설정이 완료되지 않으면 정상적으로 동작하지 않는다. 실습을 통해 보안 기능을 활성화해보자. 보안 설정 적용 시 전송 계층 보안을 적용하는 과정에서 반드시 한 번 전체 클러스터 재시작이 필요하다. 실제 운영 중인 클러스터라면 서비스가 일시적으로 멈추게 되므로 귀찮더라도 되도록 보안 설정은 초기 구축 시 진행하자.

14.3.1 인증서 생성

가장 먼저 전송 계층 암호화에 사용할 인증서를 만들어야 한다. 엘라스틱서치는 자체적으로 elasticsearch-certutil이라는 인증서 생성용 도구를 제공한다. 엘라스틱서치에서 제공하는 인증서 생성 도구를 이용해 인증서를 생성해보자. 먼저 CA^Certificate Authority 인증서가 필요하다. CA는 인증서를 생성하고 관리하는 인증 기관이다. 주의할 것은 CA 인증서는 노드별로 작업하지 않고 한 번만 생성한다는 점이다. node1 디렉토리에 들어가서 작업을 진행해보자.

리스트 14.15 CA 인증서 생성

```
es@es-vm:~/elastic/node1$ bin/elasticsearch-certutil ca
```

CA 인증서를 생성하는 명령을 실행한다. 별도로 발급받은 CA 인증서가 있다면 바로 14.3.2절로 넘어가자. 인증서 생성 도구를 실행하면 그림 14.14와 같은 부수적인 사용자 입력창이 나온다.

그림 14.14 **CA 인증서 이름과 비밀번호 설정**

CA 인증서의 이름을 지정하자. 파일명은 추후 변경할 수 있으니 자유롭게 설정하자. 입력하지 않으면 elastic-stack-ca.p12라는 이름의 CA 인증서가 생성된다. 여기서는 따로 이름을 입력하지 않았다. 다음으로 인증서의 비밀번호를 설정한다. 해당 CA 인증서들을 이용해 스택의 각 노드와 애플리케이션에서 사용될 인증서를 만들어야 하므로 비밀번호는 반드시 기억해두자. 편의상 CA 인증서 비밀번호는 1234를 사용할 것이다. 이제 node1 디렉토리에 사용자가 생성한 CA 인증서 파일이 보일 것이다(그림 14.15 참고).

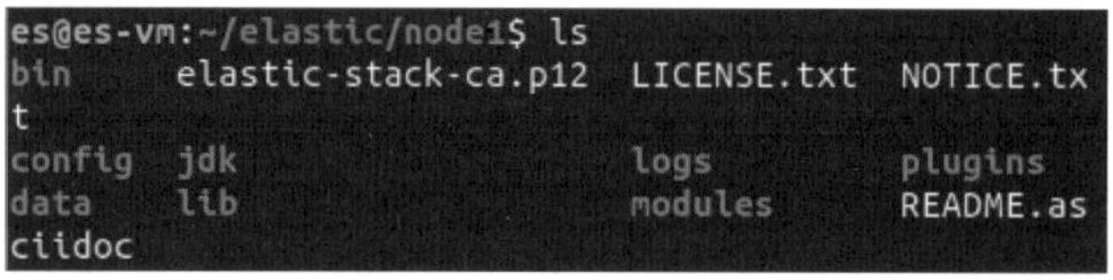

그림 14.15 **생성된 CA 인증서 확인**

CA 인증서 이름을 따로 설정하지 않았기 때문에 elastic-stack-ca.p12 파일이 만들어졌다. 이제 만들어진 CA 인증서로부터 노드별 인증서를 발급하자. 인증서 발급은 node1, node2, node3과 kibana까지 총 네 번 진행해야 한다. 인증서 발급도 엘라스틱서치가 제공하는 인증서 생성 도구를 사용한다. node1 디렉토리에서 네 번의 인증서 발급을 진행하자. 인증서를 발급하기 위해 CA 인증서가 위치한 경로에서 다음 명령을 실행하자.

리스트 14.16 인증서 발급

```
es@es-vm:~/elastic/node1$ bin/elasticsearch-certutil cert --ca elastic-stack-ca.p12
```

CA 인증서를 기반으로 노드별 인증서를 생성한다. 별도로 발급받은 CA 인증서를 사용한다면 elastic-stack-ca.p12 대신 해당 인증서의 파일명을 사용하자. 여기서는 방금 만들었던 elastic-stack-ca.p12 CA 인증서를 사용한다.

```
then the output will be be a zip file containing individual
 certificate/key files

Enter password for CA (elastic-stack-ca.p12) :
Please enter the desired output file [elastic-certificates.
p12]: node1.p12
Enter password for node1.p12 :

Certificates written to /home/es/elastic/node1/node1.p12

This file should be properly secured as it contains the pri
vate key for
your instance.
```

그림 14.16 **인증서 이름과 비밀번호 설정**

먼저 CA 인증서의 비밀번호를 입력한다. 앞에서 CA 인증서를 새로 만들면서 사용했던 비밀번호인 1234를 입력한다. 다음으로 발급받을 인증서의 이름을 설정한다. 각 엘라스틱서치 노드와 키바나에 대해 하나씩 필요하므로 각각 node1.p12, node2.p12, node3.p12, kibana.p12로 이름을 짓자. 다음으로 발급받을 인증서의 비밀번호를 설정한다. 비밀번호를 설정할지 여부는 선택이며, 설정하고 싶지 않을 경우 빈 값으로 두고 엔터를 치면 된다. 여기서는 비밀번호를 설정하지 않을 것이다. 그림 14.16의 마지막 메시지가 출력되었다면 정상적으로 인증서 생성이 완료된 것이다. 발급받는 인증서 이름만 node1.p12, node2.p12, node3.p12, kibana.p12로 변경하면서 네 번 실행한다.

```
es@es-vm:~/elastic/node1$ ls
bin                    lib              node3.p12
config                 LICENSE.txt      NOTICE.txt
data                   logs             plugins
elastic-stack-ca.p12   modules          README.asciidoc
jdk                    node1.p12
kibana.p12             node2.p12
```

그림 14.17 **생성된 4개의 인증서 확인**

그림 14.17에서 볼 수 있듯이, node1 디렉토리에서 새롭게 4개의 인증서 파일을 생성했다. 이제 생성한 인증서를 적절한 위치로 이동시키자. 이 실습에서는 각 노드 디렉토리와 키바나 디렉토리의 config 디렉토리 하위에 certs 디렉토리를 만들고 대응하는 노드별 인증서를 해당 디렉토리에 위치시킨다(그림 14.18 참고). 이때 앞서 생성한 CA 인증서도 노드별 인증서와 동일한 디렉토리에 복사해두자. 단, 키바나에는 CA 인증서를 복사할 필요가 없다.

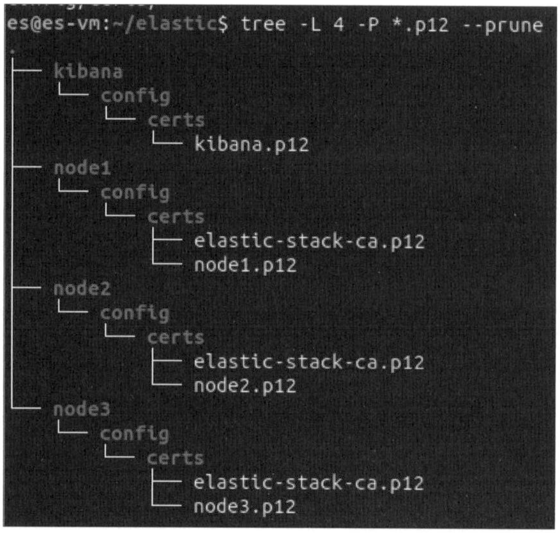

그림 14.18 **인증서와 CA 인증서 각 노드에 복사**

이때 공개키 기반 인증에 익숙하지 않은 사용자라면 종종 노드별로 별도의 CA 인증서(우리는 elastic-stack-ca.p12라는 이름으로 하나만 만들었다)를 만들고 해당 CA를 기준으로 인증서를 생성하는 실수를 저지르기 쉽다. 이 경우 각 인증서들은 서로 다른 인증서를 신뢰할 수 없어 정상적으로 인증을 진행하지 못하게 되므로 반드시 동일한 CA를 사용해 인증서를 생성하자. 이제 HTTP 보안 기능을 강화하자. HTTP 암호화에 사용할 인증서는 다른 방식으로 생성해야 한다. 엘라스틱서치는 HTTP 인증을 위한 인증서 생성 도구 역시 제공한다. node1 디렉토리에서 진행해보자.

리스트 14.17 HTTP 암호화에 사용할 인증서 생성

```
es@es-vm:~/elastic/node1$ bin/elasticsearch-certutil http
```

입력해야 하는 것들이 많다.

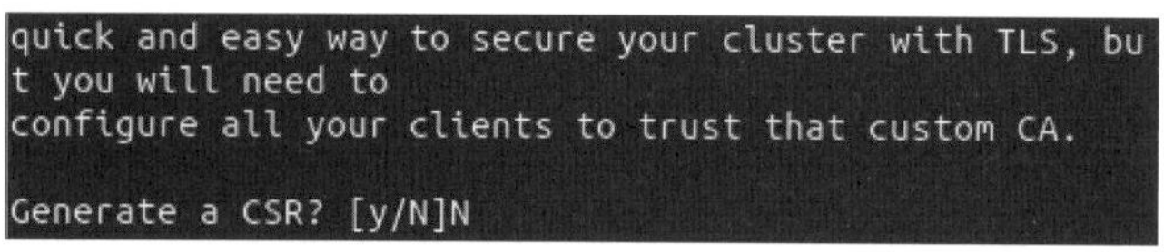

그림 14.19 **CSR 생성 여부 체크**

먼저 그림 14.19에서는 인증서 서명 요청Certificate Signing Request, CSR을 생성할지 여부를 선택한다.

인증 기관을 통해 인증서를 발급받을 때 필요하며, 본 실습에서는 직접 생성한 인증서를 사용하므로 N을 선택한다.

```
Use an existing CA? [y/N]y

## What is the path to your CA?

Please enter the full pathname to the Certificate Authori
wish to
use for signing your new http certificate. This can be in
12), JKS
(.jks) or PEM (.crt, .key, .pem) format.
CA Path: certs/elastic-stack-ca.p12
Reading a PKCS12 keystore requires a password.
It is possible for the keystore's password to be blank,
in which case you can simply press <ENTER> at the prompt
Password for elastic-stack-ca.p12:
```

그림 14.20 **CA 인증서 사용 여부 체크**

다음은 기존 CA 인증서를 사용할지 여부인데, 여기서는 앞에서 만들었던 CA 인증서를 사용하기 위해 y를 선택한다(그림 14.20 참고). 다음으로 CA 인증서의 경로를 입력한다. 이때 경로는 노드의 config 디렉토리를 기준으로 상대 경로를 적는다. node1/config/certs/elastic-stack-ca.p12 경로에 CA 인증서가 있기 때문에 certs/elastic-stack-ca.p12를 입력한다. 경로에 문제가 있을 경우 절대 경로를 확인해주므로 이를 기준으로 정정하자. 마지막으로 CA 인증서의 비밀번호를 입력한다. 여기서는 앞서 설정한 1234를 입력하면 된다.

```
You may enter the validity period in years (e.g. 3Y),
M), or days (e.g. 90D)

For how long should your certificate be valid? [5y]
```

그림 14.21 **인증서 유효 기간 설정**

그림 14.21에서는 인증서의 유효 기간을 설정한다. 여기서는 기본값인 5년을 그대로 사용하기 위해 특별한 입력 없이 넘어가자.

```
However, if you do not have a common domain name, and you e
xpect to add
additional nodes to your cluster in the future, then you sh
ould generate a
certificate per node so that you can more easily generate n
ew certificates when
you provision new nodes.

Generate a certificate per node? [y/N]N
```

그림 14.22 **노드별 인증서 생성 여부 체크**

그림 14.22에서는 엘라스틱서치 노드별로 별도의 인증서를 생성할지 여부를 선택한다. 여기서는 편의상 N을 선택해 공통으로 사용할 하나의 인증서만 생성한다. 조직의 보안 정책에 따라 결정하면 된다. 이때 y를 선택해 노드별로 인증서를 생성한다면 다음 설정들을 노드 수만큼 반복하게 된다는 점을 참고하자.

```
Enter all the hostnames that you need, one per line.
When you are done, press <ENTER> once more to move on to th
e next step.

localhost

You entered the following hostnames.

 - localhost

Is this correct [Y/n]Y
```

그림 14.23 **호스트네임 입력**

그림 14.23에서는 인증서를 사용할 호스트의 호스트네임을 입력한다. 인증서의 유효성 검사에 사용된다. localhost라고 입력하고 엔터를 누르면 적용된다. n을 누르면 호스트네임을 다시 수정할 수 있다. 제대로 입력했다면 Y를 입력하면 된다.

```
Enter all the IP addresses that you need, one per line.
When you are done, press <ENTER> once more to move on to th
e next step.

127.0.0.1

You entered the following IP addresses.

 - 127.0.0.1

Is this correct [Y/n]Y
```

그림 14.24 **호스트 IP 입력**

그림 14.24에서는 인증서를 사용할 호스트의 IP를 입력한다. 인증서의 유효성 검사에 사용되며, 우리는 로컬 주소인 127.0.0.1을 입력하면 된다. 엔터를 누르면 적용되고 마찬가지로 값을 잘못 입력하면 n으로 수정할 수 있다. Y를 눌러 다음 단계로 넘어가자.

```
information you have provided above and secure defaults. Yo
u should not need to
change these values unless you have specific requirements.

Key Name: localhost
Subject DN: CN=localhost
Key Size: 2048

Do you wish to change any of these options? [y/N]N
```

그림 14.25 **최종 입력 사항 확인과 변경 여부 체크**

그림 14.25에서는 앞서 입력한 옵션들을 변경하고자 할 경우 y를, 그렇지 않다면 N을 선택해 넘어가자.

```
Your private key(s) will be stored in a PKCS#12 keystore fi
le named "http.p12".
This type of keystore is always password protected, but it
is possible to use a
blank password.

If you wish to use a blank password, simply press <enter> a
t the prompt below.
Provide a password for the "http.p12" file:  [<ENTER> for n
one]
```

그림 14.26 **인증서에 사용할 암호 입력**

그림 14.26에서는 인증서에 사용할 암호를 입력하자. 실습 편의상 공란으로 진행할 텐데, 이 경우 비밀번호가 없는 인증서가 생성된다.

```
These files will be included in a single zip archive.

What filename should be used for the output zip file? [/hom
e/es/elastic/node1/elasticsearch-ssl-http.zip]

Zip file written to /home/es/elastic/node1/elasticsearch-ss
l-http.zip
```

그림 14.27 **인증서 파일 위치와 이름 지정**

그림 14.27에서는 결과 파일이 위치할 경로를 입력할 수 있다. 특별히 원하는 경로가 없다면 엔터를 눌러 기본 경로에 위치시키자. HTTP 인증서는 zip 파일 형태로 만들어지며 node1/elasticsearch-ssl-http.zip이라는 파일이 생성되었다. 최종적으로 만들어진 elasticsearch-ssl-http.zip 파일을 그림 14.28과 같이 임의의 폴더에 압축 해제하자.

```
es@es-vm:~/elastic/node1$ unzip elasticsearch-ssl-http.zip -d ./elasticsearch-s
sl-http
Archive:  elasticsearch-ssl-http.zip
   creating: ./elasticsearch-ssl-http/elasticsearch/
  inflating: ./elasticsearch-ssl-http/elasticsearch/README.txt
  inflating: ./elasticsearch-ssl-http/elasticsearch/http.p12
  inflating: ./elasticsearch-ssl-http/elasticsearch/sample-elasticsearch.yml
   creating: ./elasticsearch-ssl-http/kibana/
  inflating: ./elasticsearch-ssl-http/kibana/README.txt
  inflating: ./elasticsearch-ssl-http/kibana/elasticsearch-ca.pem
  inflating: ./elasticsearch-ssl-http/kibana/sample-kibana.yml
```

그림 14.28 만들어진 HTTP 인증서 압축 파일 구조

압축을 해제하면 elasticsearch, kibana 폴더가 보이고 그 아래에 인증서가 보일 것이다. 생성된 HTTP 보안용 인증서 중 elasticsearch/http.p12 파일은 각 엘라스틱서치 노드 디렉토리의 config/certs 폴더 밑으로, kibana/elasticsearch-ca.pem 파일은 키바나 디렉토리의 config/certs 폴더 밑으로 복사해주자.

리눅스 사용자라면 그림 14.29와 같이 `tree` 명령을 이용해 전체 클러스터 내부의 엘라스틱서치 노드와 키바나의 인증서 관련 파일 구조를 확인할 수 있다. 여기까지 준비가 되었다면 다음 단계로 넘어가자.

```
es@es-vm:~/elastic$ tree ./*/config/certs
./kibana/config/certs
├── elasticsearch-ca.pem
└── kibana.p12
./node1/config/certs
├── elastic-stack-ca.p12
├── http.p12
└── node1.p12
./node2/config/certs
├── elastic-stack-ca.p12
├── http.p12
└── node2.p12
./node3/config/certs
├── elastic-stack-ca.p12
├── http.p12
└── node3.p12
```

그림 14.29 HTTP 인증서를 각 노드에 복사

14.3.2 노드 간 통신 암호화

이제 생성한 인증서를 사용해 전송 계층 보안Transport Layer Security, TLS을 설정하자. 해당 기능은 클러스터 내 노드 간에 전송되는 데이터를 인증서 기반으로 암호화함으로써 통신 간 데이터 유출이나 클러스터에 임의의 노드가 가입되는 상황을 방지할 수 있다. 이는 가장 기본적인 보안 기

능이므로 반드시 활성화할 것을 권장한다. 각 노드(node1~3)의 config/elasticsearch.yml 파일에 다음과 같은 설정들을 추가하자.

리스트 14.18 node1의 노드 간 통신 암호화 설정

```
xpack.security.transport.ssl.enabled: true
xpack.security.transport.ssl.verification_mode: certificate
xpack.security.transport.ssl.keystore.path: certs/node1.p12
xpack.security.transport.ssl.truststore.path: certs/node1.p12
```

`xpack.security.transport.ssl`까지는 공통으로 입력하고, `enabled`에는 전송 계층 보안 활성화 여부를 선택한다. 다음으로 `verification_mode`에는 인증서 검증 방식을 선택한다. 좀 더 강력한 보안을 원할 경우 `full`을 입력하면 인증서 생성 시 등록한 IP, 도메인까지 검증하지만 이 경우 노드를 추가할 때마다 인증서들을 갱신해야 할 수도 있다. `certificate`는 기본적인 인증서 검증만 수행하므로 일반적으로 많이 사용된다. `none`으로 설정할 경우 인증서 검증을 무시할 수 있지만, 이 경우 전송 계층 보안을 활성화하는 의미가 없으므로 단순 테스트 목적이 아니라면 사용하지 말자. 마지막으로 `keystore`와 `truststore`의 경로를 입력한다. 앞에서 만들었던 인증서 경로를 입력한다. .p12 확장자를 가진 PKCS#12 규격의 인증서를 사용한다면 둘 다 동일한 값으로 설정하면 된다. node1, node2, node3 설정 파일 모두 수정해야 한다.

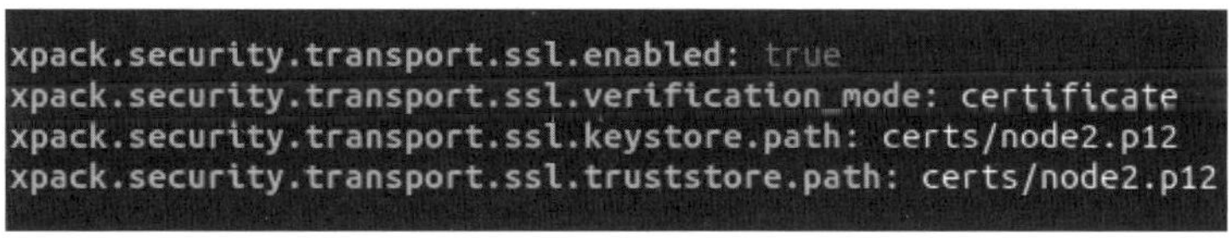

그림 14.30 node2 설정 파일 수정

그림 14.30은 node2의 설정 파일이다. `keystore`, `truststore` 경로만 노드에 맞춰서 입력한다. node3의 설정 파일도 형식에 맞춰서 수정하자. 다음으로는 키스토어[keystore]를 생성한다. 키스토어는 비밀번호 같은 민감한 정보를 암호화해 저장할 수 있게 도와준다.

리스트 14.19 키스토어 생성

```
es@es-vm:~/elastic/node1$ bin/elasticsearch-keystore create -p
```

`create` 명령을 사용해 초기화할 경우 저장소 파일이 생성되며 이후 `add`, `remove` 등의 명령으로 설정을 추가/제거할 수 있다.

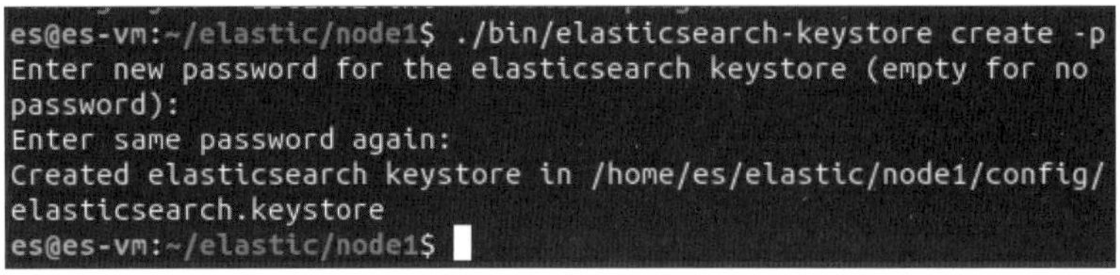

그림 14.31 **키스토어 비밀번호 입력**

그림 14.31에서 키스토어 비밀번호를 입력해야 하는데 편의상 1234로 입력하자. 비밀번호 검사를 위해 한 번 더 1234를 입력하면 config 폴더 밑에 elasticsearch.keystore 파일이 생성된다. 이제 키스토어에 elasticsearch.yml에서 등록한 키스토어 인증서 비밀번호를 등록하자.

리스트 14.20 xpack.security.transport.ssl.keystore.secure_password **비밀번호 등록**

```
es@es-vm:~/elastic/node1$ bin/elasticsearch-keystore add xpack.security.transport.ssl.
keystore.secure_password
```

elasticsearch-keystore 명령은 비밀번호와 같이 민감한 설정들을 파일에 노출하는 대신 키스토어에 안전하게 보관할 수 있게 도와준다. 그림 14.32와 같이 두 가지 비밀번호를 입력해야 한다.

그림 14.32 **키스토어 비밀번호와 노드별 인증서 비밀번호 입력**

첫 번째는 방금 만들었던 키스토어의 비밀번호다. 1234를 입력한다. 다음은 elasticsearch.yml에서 `xpack.security.transport.ssl.keystore.path: certs/node1.p12`를 입력했는데 node1.p12 인증서 비밀번호를 입력하면 된다. 앞서 node1.p12 인증서 비밀번호를 등록하지 않았으므로 공란으로 두고 엔터를 누른다. 다음으로 트러스트스토어 인증서 비밀번호를 등록하자.

리스트 14.21 xpack.security.transport.ssl.truststore.secure_password **비밀번호 등록**

```
es@es-vm:~/elastic/node1$ bin/elasticsearch-keystore add xpack.security.transport.ssl.
truststore.secure_password
```

마찬가지로 그림 14.33과 같이 두 가지 비밀번호를 입력해야 한다.

```
es@es-vm:~/elastic/node1$ ./bin/elasticsearch-keystore add xpack
.security.transport.ssl.truststore.secure_password
Enter password for the elasticsearch keystore :
Enter value for xpack.security.transport.ssl.truststore.secure_p
assword:
```

그림 14.33 **키스토어 비밀번호와 노드별 인증서 비밀번호 입력**

첫 번째는 방금 만들었던 키스토어의 비밀번호다. 1234를 입력한다. 다음은 elasticsearch.yml에서 `xpack.security.transport.ssl.truststore.path: certs/node1.p12`를 입력했는데 node1.p12 인증서 비밀번호를 입력하면 된다. 앞서 node1.p12 인증서 비밀번호를 등록하지 않았으므로 공란으로 두고 엔터를 누른다. 키스토어를 생성하고 비밀번호를 저장하는 작업은 반드시 모든 노드에서 진행해야 한다. node2에서 같은 작업을 진행한다.

리스트 14.22 node2 키스토어 생성과 비밀번호 등록

```
es@es-vm:~/elastic/node2$ bin/elasticsearch-keystore create -p

es@es-vm:~/elastic/node2$ bin/elasticsearch-keystore add xpack.security.transport.ssl.
keystore.secure_password

es@es-vm:~/elastic/node2$ bin/elasticsearch-keystore add xpack.security.transport.ssl.
truststore.secure_password
```

마지막으로 node3에서도 같은 작업을 진행한다.

리스트 14.23 node3 키스토어 생성과 비밀번호 등록

```
es@es-vm:~/elastic/node3$ bin/elasticsearch-keystore create -p

es@es-vm:~/elastic/node3$ bin/elasticsearch-keystore add xpack.security.transport.ssl.
keystore.secure_password

es@es-vm:~/elastic/node3$ bin/elasticsearch-keystore add xpack.security.transport.ssl.
truststore.secure_password
```

이제 노드 간 통신 암호화를 완료했으니 HTTP 외부 통신 암호화를 진행하자.

14.3.3 HTTP 클라이언트 통신 암호화

14.3.2절 '노드 간 통신 암호화'와 같은 요령으로 HTTP 클라이언트에 대한 통신 암호화, 즉 HTTPS를 적용할 수 있다. 이는 키바나와 로그스태시 등 엘라스틱 스택 간의 통신뿐만 아니라

모든 외부 REST API 요청에 대한 암호화를 제공한다. 각 노드(node1~3)의 config/elasticsearch.yml 파일에 다음과 같은 설정들을 추가하자.

리스트 14.24 HTTP 암호화 설정

```
xpack.security.http.ssl.enabled: true
xpack.security.http.ssl.keystore.path: certs/http.p12
```

리스트 14.24는 HTTPS를 적용하기 위한 설정이다. `xpack.security.http.ssl.enabled`를 `true`로 지정하면 HTTPS를 활성화한다. `xpack.security.http.ssl.keystore.path`는 인증서 경로를 의미한다. 앞에서 지정한 http.p12 인증서 경로를 적어주면 된다. node1, node2, node3 설정 파일 모두 수정해야 한다.

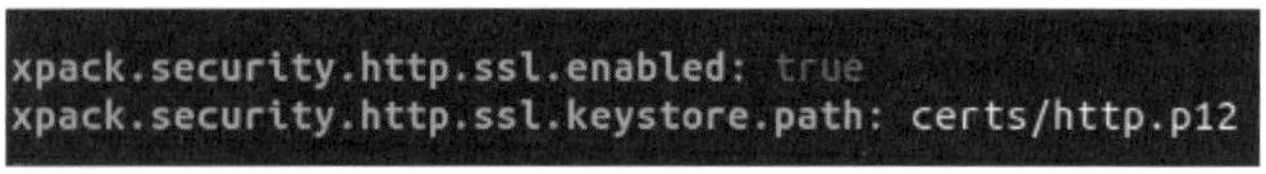

```
xpack.security.http.ssl.enabled: true
xpack.security.http.ssl.keystore.path: certs/http.p12
```

그림 14.34 **node2 설정 파일에서 HTTP 암호화 설정**

그림 14.34는 node2의 설정 파일인데 node1, node2, node3의 설정값이 모두 같다. 이제 각 노드의 비밀번호를 등록하기 위해 `elasticsearch-keystore` 명령을 이용하자. 여기에 등록한 설정들은 elasticsearch.yml 파일에 등록된 설정과 동일하며, 보안상의 이유로 일부 설정들은 반드시 키스토어를 통해서만 등록할 수 있다. 먼저 키스토어 인증서 비밀번호를 등록하자.

리스트 14.25 node1에서 xpack.security.http.ssl.keystore.secure_password 비밀번호 등록

```
es@es-vm:~/elastic/node1$ bin/elasticsearch-keystore add xpack.security.http.ssl.
keystore.secure_password
```

그림 14.35와 같이 두 가지 비밀번호를 입력해야 한다.

```
es@es-vm:~/elastic/node1$ ./bin/elasticsearch-keystore add xpack
.security.http.ssl.keystore.secure_password
Enter password for the elasticsearch keystore :
Enter value for xpack.security.http.ssl.keystore.secure_password
:
```

그림 14.35 **비밀번호 입력**

첫 번째는 방금 만들었던 키스토어의 비밀번호다. 1234를 입력한다. 다음은 elasticsearch.yml에서 `xpack.security.http.ssl.keystore.path: certs/http.p12`를 입력했는데 http.p12 인증서

비밀번호를 입력하면 된다. 14.3.1절에서 http.p12 인증서는 비밀번호를 생성하지 않았으므로 아무것도 입력하지 않고 엔터를 누른다. 이 작업 역시 반드시 모든 노드에서 진행해야 한다. node2에서 같은 작업을 진행한다.

리스트 14.26 node2에서 xpack.security.http.ssl.keystore.secure_password 비밀번호 등록

```
es@es-vm:~/elastic/node2$ bin/elasticsearch-keystore add xpack.security.http.ssl.
keystore.secure_password
```

node3에서도 같은 작업을 진행한다.

리스트 14.27 node3에서 xpack.security.http.ssl.keystore.secure_password 비밀번호 등록

```
es@es-vm:~/elastic/node3$ bin/elasticsearch-keystore add xpack.security.http.ssl.
keystore.secure_password
```

마지막으로, 각 노드의 키스토어에 비밀번호가 잘 저장되었는지 확인해보자. node3의 키스토어 리스트를 확인해보자.

키스토어 비밀번호인 1234를 입력하고 키스토어에 저장되어 있는 비밀번호를 확인하자. 스펠링이 틀렸거나 인증서 비밀번호가 잘못 입력되었으면 나중에 엘라스틱서치를 실행할 때 실행이 되지 않으니 잘 확인하자. node1, node2, node3 모두 그림 14.36과 같이 보여야 한다.

그림 14.36 **키스토어 리스트 확인**

14.3.4 클러스터 시작과 빌트인 사용자 설정

모든 설정을 완료했다면 이제 클러스터를 시작해야 한다. 이미 클러스터가 실행 중이라면 기존에 실행 중이던 터미널을 종료해 모든 노드를 종료한 후 새로 실행하자. 실행이 정상적으로 되지 않는다면 인증서 생성이나 설정이 잘못된 경우이므로 다시 한번 설정을 되짚어보자. 지금까지 소개한 설정을 모두 완료했고 실행이 정상적으로 되었다면 마지막으로 노드 중 하나에서 다음과 같은 명령을 사용해 초기 계정 설정이나 타 스택과의 연동 편의를 위해 내장되어 있는 빌트인 사용자의 비밀번호를 초기화할 필요가 있다.

리스트 14.28 사용자 비밀번호 초기화

```
es@es-vm:~/elastic/node1$ bin/elasticsearch-setup-passwords interactive
```

리스트 14.28의 명령을 사용하면 elastic, kibana 등의 빌트인 사용자에 대한 비밀번호를 설정하기 위한 프롬프트가 그림 14.37과 같이 나타난다.

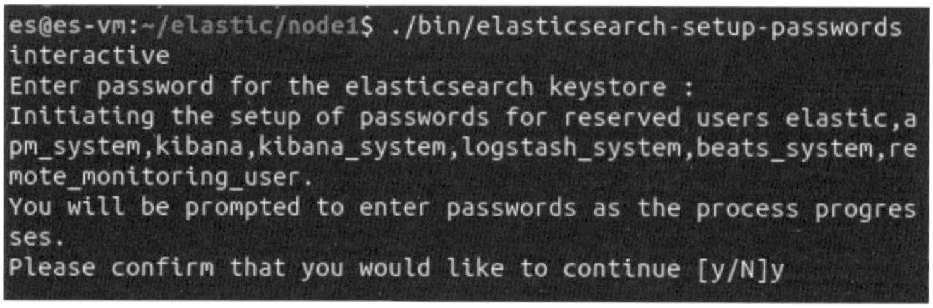

```
es@es-vm:~/elastic/node1$ ./bin/elasticsearch-setup-passwords
interactive
Enter password for the elasticsearch keystore :
Initiating the setup of passwords for reserved users elastic,a
pm_system,kibana,kibana_system,logstash_system,beats_system,re
mote_monitoring_user.
You will be prompted to enter passwords as the process progres
ses.
Please confirm that you would like to continue [y/N]y
```

그림 14.37 **리스트 14.28 실행 결과**

먼저 키스토어를 만들 때 설정한 비밀번호 1234를 입력하고, 계속 진행할지 여부에 y를 선택한다.

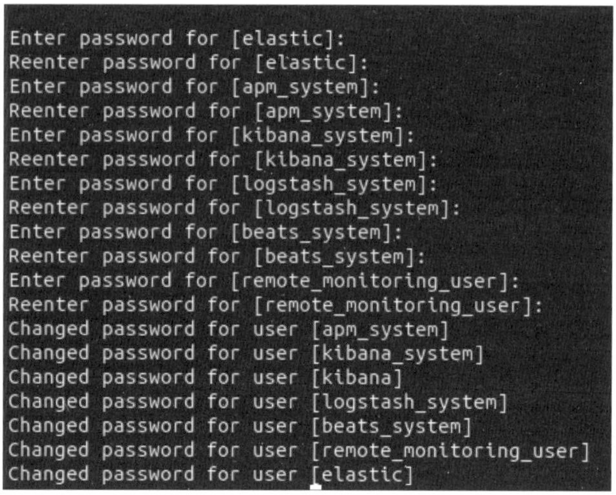

```
Enter password for [elastic]:
Reenter password for [elastic]:
Enter password for [apm_system]:
Reenter password for [apm_system]:
Enter password for [kibana_system]:
Reenter password for [kibana_system]:
Enter password for [logstash_system]:
Reenter password for [logstash_system]:
Enter password for [beats_system]:
Reenter password for [beats_system]:
Enter password for [remote_monitoring_user]:
Reenter password for [remote_monitoring_user]:
Changed password for user [apm_system]
Changed password for user [kibana_system]
Changed password for user [kibana]
Changed password for user [logstash_system]
Changed password for user [beats_system]
Changed password for user [remote_monitoring_user]
Changed password for user [elastic]
```

그림 14.38 **계정별 비밀번호 입력**

이제 그림 14.38의 안내에 따라 계정별 비밀번호를 입력하자. 여기서는 편의상 모든 비밀번호를 123456으로 통일했다. 이때 비밀번호는 화면에 표시되지 않으며 확인을 위해 한 번씩 다시 입력한다는 점을 유념하자. 이 명령은 임의로 설정되어 있는 기본 비밀번호를 이용해 동작하기 때문에 한 번 실행한 후에는 REST API나 키바나를 통해 적절한 사용자로 인증 후 비밀번호를 변경해야 한다. 빌트인 사용자는 엘라스틱서치를 포함한 각 스택의 구성요소들에 대해 필요한 최소 권한이 할당되어 있는 계정들로, 각 역할에 대한 설명은 공식 문서[6]를 참고하자. 기본적인 빌트인 사용자에 대한 정보는 다른 데이터와 동일하게 엘라스틱서치의 `.security` 인덱스에 저장된다. 따라서 비밀번호 초기화는 반드시 클러스터가 실행된 후 진행해야 하며, 모든 노드를 통틀어 한 번만 명령을 실행하면 된다.

참고 **비밀번호를 분실했을 때의 대처 방법**

만약 비밀번호 초기화 과정에서 문제가 생겼다면 클러스터 구축 단계에서는 각 노드의 data 폴더 내용을 삭제해 클러스터를 초기화하는 것이 간편하며, 현업에서 이미 어느 정도 인덱싱을 수행해 클러스터의 데이터를 삭제하기 어려운 경우라면 명령으로 로컬 파일에 직접 사용자 정보를 추가하는 파일 렐름(realm)을 활용해 임시로 사용 가능한 슈퍼유저 계정을 만들 수 있다.

파일 렐름은 기본적으로 활성화되어 있으므로 인증 렐름 설정을 커스터마이징하지 않았다면 엘라스틱서치 실행 파일과 동일한 경로에 위치한 elasticsearch-users 유틸리티를 사용해 다음과 같이 계정을 추가할 수 있다.

```
elasticsearch-users useradd temp_superuser -r superuser
```

temp_superuser 대신 원하는 사용자 이름을, superuser 대신 원하는 역할들을 쉼표(,)로 구분해 입력할 수도 있다. 명령 입력 후 비밀번호를 설정하면 계정이 추가된다.

이때 주의할 점은 클러스터 내 모든 노드에 동일한 명령을 실행해야 한다는 것이다. 파일 렐름은 말 그대로 파일에 계정 정보를 저장하기 때문에 노드 간 계정 정보를 직접 동기화해줘야 한다. 만약 명령으로 동기화가 어렵다면 설정 디렉토리의 users, users_roles 두 파일을 복사하자.

파일 렐름에 대해 더 자세히 알고 싶다면 공식 문서[7]를 참고하자.

빌트인 사용자 설정까지 마쳤다면 초기화한 사용자의 인증 정보를 이용해 엘라스틱서치에 접근할 수 있을 것이다. curl 명령으로 빌트인 관리자 계정인 elastic으로 연결이 가능한지 테스트해 보자.

리스트 14.29 인증 정보를 포함한 API 요청

```
es@es-vm:~/elastic$ curl -u elastic:<비밀번호> -k -I https://localhost:9200
```

이제 보안 설정이 되었기 때문에 인증 정보 없이는 클러스터에 접근할 수 없을 것이다. `-u username:password` 플래그로 사용자 인증 정보를 추가해 API를 실행해보자. `-I` 옵션을 사용해

6 빌트인 사용자에 대한 설명: https://www.elastic.co/guide/en/elasticsearch/reference/7.10/built-in-roles.html

7 파일 렐름 구축 방법: https://www.elastic.co/guide/en/elasticsearch/reference/current/file-realm.html

응답 헤더만 확인해볼 수 있는데, 보안 기능 구성과 사용자 인증 정보에 문제가 없다면 첫 라인에 상태 코드로 정상 연결을 의미하는 200이, 인증에 실패했다면 401이 표시될 것이다. 실습에 따라 인증서를 직접 생성했다면 신뢰할 수 없는 인증서이기 때문에 정상적으로 연결이 되지 않을 수 있다. 편의상 이 단계에서는 -k 옵션을 사용해 인증서 검증을 무시하자. 이 경우 연결하려는 대상 서버는 로컬 호스트에 위치해 있고 방금 막 구동한 것이므로 인증서 검증을 수행하지 않더라도 충분히 신뢰할 만하다. 결과를 확인해보자.

```
es@es-vm:~/elastic$ curl -u elastic:123456 -k -I
'https://localhost:9200'
HTTP/1.1 200 OK
content-type: application/json; charset=UTF-8
content-length: 533
```

그림 14.39 **리스트 14.29 실행 결과: 정상 동작**

200 OK를 받았고 정상 동작을 그림 14.39에서 확인할 수 있다.

14.3.5 키바나와 엘라스틱서치 간 통신 암호화

엘라스틱서치 측에 SSL과 사용자 인증 등을 활성화했으므로 키바나의 기본적인 설정만으로는 클러스터에 정상적으로 연결할 수 없다. kibana 폴더로 이동해 config/kibana.yml 파일을 수정해보자.

리스트 14.30 키바나와 엘라스틱서치 간 통신 암호화를 위한 설정

```
elasticsearch.username: "kibana_system"
elasticsearch.password: "123456"
elasticsearch.ssl.certificateAuthorities: ["/home/es/elastic/kibana/config/certs/
elasticsearch-ca.pem"]
elasticsearch.hosts: ["https://localhost:9200", "https://localhost:9210", "https://
localhost:9220"]
```

먼저 username은 14.3.4절에서 설정한 빌트인 사용자 중 kibana_system 계정을 사용하자. password는 그림 14.38에서 설정한 비밀번호를 등록한다. 앞서 모두 123456으로 지정했다. 다음으로 certificateAuthorities에 엘라스틱서치와 통신하기 위한 CA 인증서를 설정하는데, 14.3.1절에서 HTTP 보안을 위해 생성했던 elasticsearch-ca.pem 파일의 절대 경로를 입력하자. 마지막으로, elasticsearch.hosts에서는 http로 등록해뒀던 호스트들을 https로 변경한다.

14.3.6 키바나와 브라우저 간 통신 암호화

14.3.5절까지 엘라스틱서치와 엘라스틱서치, 엘라스틱서치와 키바나 간의 통신은 암호화했지만 여전히 키바나와 브라우저 간의 연결은 암호화되지 않은 HTTP 프로토콜이 이용되고 있다. 키바나에서 HTTPS를 활성화하기 위해 14.3.1절에서 생성해둔 kibana.p12 인증서를 사용할 차례가 왔다. kibana 폴더의 config/kibana.yml에 다음 내용을 추가하자.

리스트 14.31 키바나와 브라우저 통신 암호화 설정

```
server.ssl.enabled: true
server.ssl.keystore.path: "/home/es/elastic/kibana/config/certs/kibana.p12"
```

`server.ssl.enabled`를 `true`로 설정하면 키바나로 들어오는 연결에 대해 SSL 연결을 활성화한다. `server.ssl.keystore.path`는 인증서 경로다. 14.3.1절에서 미리 생성해 복사해둔 인증서 파일의 절대 경로를 추가한다. 설정 후 인증서의 비밀번호를 등록해야 한다. 먼저 키바나 키스토어를 생성한다.

리스트 14.32 키스토어 생성

```
es@es-vm:~/elastic/kibana$ ./bin/kibana-keystore create
```

bin 폴더에 kibana-keystore라는 프로그램이 존재한다. `create` 옵션은 키스토어를 생성한다. 이번에는 따로 비밀번호를 입력하지 않아도 된다.

그림 14.40 **리스트 14.32 실행 결과**

그림 14.40에서 볼 수 있듯이, config 폴더에 kibana.keystore가 생성되었다. 이제 인증서 비밀번호를 등록해보자. 엘라스틱서치와 크게 다르지 않다.

리스트 14.33 server.ssl.keystore.password 비밀번호 등록

```
es@es-vm:~/elastic/kibana$ ./bin/kibana-keystore add server.ssl.keystore.password
```

kibana.yml에서 `server.ssl.keystore.path`에 등록했던 kibana.p12 인증서 비밀번호를 입력하면 된다. 14.3.1절에서 kibana.p12 인증서는 비밀번호를 생성하지 않았으므로 아무것도 입력하지 않고 엔터를 누른다(그림 14.41 참고).

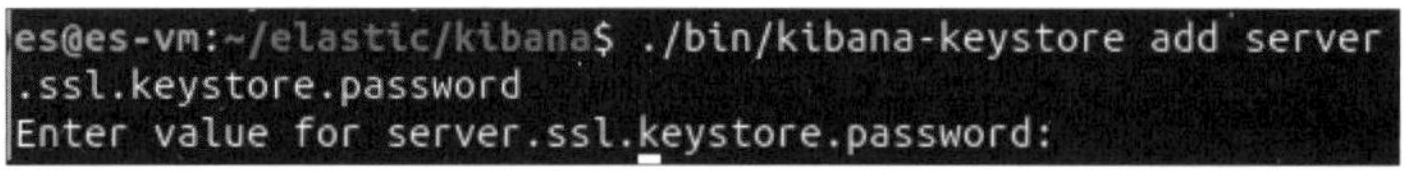

그림 14.41 **리스트 14.33 실행 결과**

설정을 완료했다면 다시 키바나를 재시작해보자. 이제부터는 HTTP가 아닌 https://localhost:5601 주소로 접속할 수 있다(그림 14.42 참고).

자체적으로 발급한 인증서이기 때문에 브라우저에 따라 페이지를 신뢰할 수 없다는 경고가 뜨긴 하지만 무시하고 페이지에 접속하자. 빌트인 사용자 중 슈퍼유저 권한을 가진 elastic 사용자의 사용자 이름과 비밀번호(필자는 14.3.4절에서 모든 비밀번호를 123456으로 지정했다.)를 이용하면 키바나의 모든 기능에 접근할 수 있을 것이다.

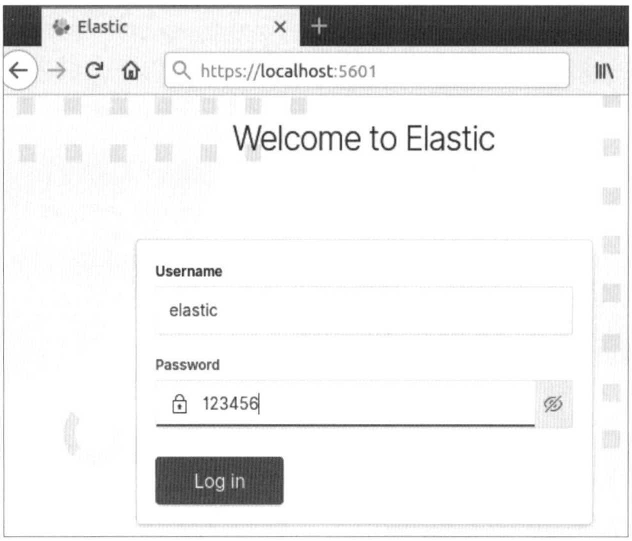

그림 14.42 **키바나 접속 화면**

14.4 사용자 등록과 관리

14.3.4절에서 기본적으로 준비되어 있는 빌트인 사용자 계정들은 활성화했으며 이 계정들만 이용하더라도 엘라스틱 스택의 모든 기능을 사용하는 데는 전혀 지장이 없다. 하지만 운영 환경에서는 엘라스틱 스택의 관리자 외에도 회사 내 각 조직에서 키바나 혹은 다른 클라이언트를 이용해 엘라스틱서치에 접근할 것이며, 이때 조직별로 적절한 권한이 부여되지 않는다면 불필요한 데이터의 접근이나 예기치 못한 데이터 유실 등 다양한 문제 상황에 직면할 가능성이 있다. 따라서 엘라스틱 스택의 운영자는 필요에 따라 적절한 조직별 역할을 할당하고 사용자에게 권한을 부여할 필요가 있다.

14.4.1 사용자 역할 정의

사용자를 생성하려면 먼저 적합한 권한을 정의해야 한다. 굳이 역할과 사용자의 정의가 나뉘어 있는 이유는 동일한 조직에 속하거나 권한을 부여해야 하는 사용자들을 한 번에 관리할 수 있게 하기 위함이다.

그림 14.43과 같이 사용자 관리 페이지로 이동해 새로운 역할을 생성해보자.

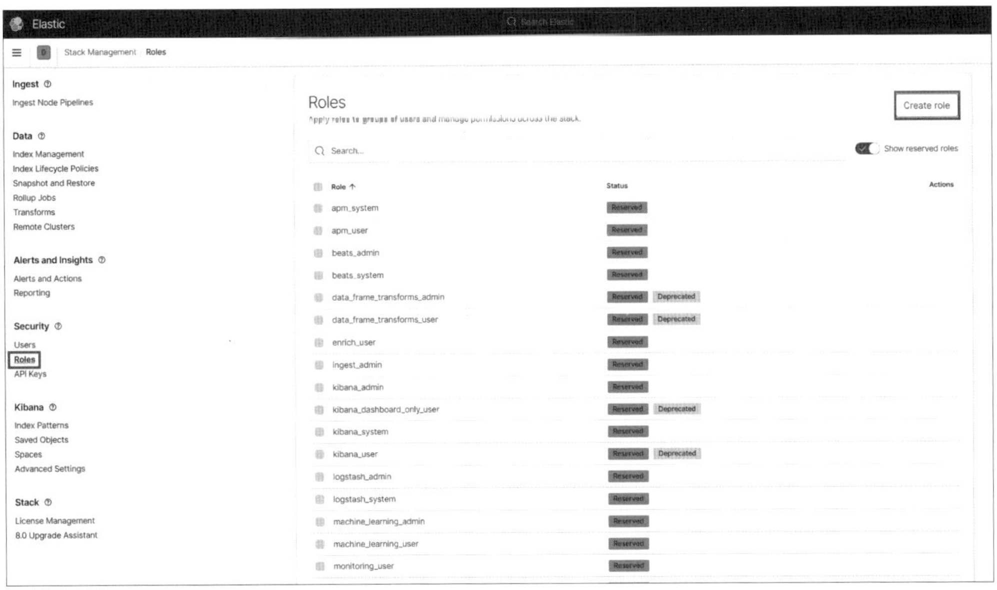

그림 14.43 사용자 역할 관리 화면

보안 기능이 활성되었으므로 이제 키바나 왼쪽의 Management 메뉴에 가면 Security라는 항목이 보인다. Security > Roles에 가면 사용자 역할을 관리할 수 있는 화면이 나온다. 새로운 역할을 생성하면 기본적으로 클러스터 수준 권한, Run as 권한, 인덱스 수준 권한, 스페이스에 대한 권한을 설정할 수 있다.[8]

클러스터 수준 권한에는 클러스터 설정 업데이트와 조회, 상태 조회, 스냅샷, ILM 정책 관리 등 인덱스와 직접적인 관련이 없는 권한들이 포함된다. 인덱스 수준 권한에는 인덱스의 생성, 삭제, 검색 API 등에 대한 사용 권한들이 포함된다. Run as 권한은 특수한 경우에 대해 시스템적으로 지정한 사용자인 것처럼 접근할 필요가 있을 때 사용된다. 일반적으로는 클러스터와 인덱스 수준 권한이 주로 사용되며, 각 권한에 대한 자세한 설명은 공식 문서[9]를 참고하자. 본 실습에서는 키바나의 데모 데이터에만 접근할 수 있는 사용자를 가정하겠다. 임의의 역할명을 설정하고(여기서는 `kibana_demo`라 하겠다.) 그림 14.44와 같이 `kibana_sample_data_`로 시작하는 모든 인덱스에 대한 읽기 권한과 키바나의 시스템 인덱스들에 대한 읽기 권한을 부여하자. 키바나에 접근하고자 하는 사용자라면 최소한 `.kibana` 인덱스에 대한 읽기 권한이 필요하다. 해당 인덱스에는 저장된 검색, 대시보드, 캔버스 등 키바나의 모든 상태 정보를 포함하고 있다.

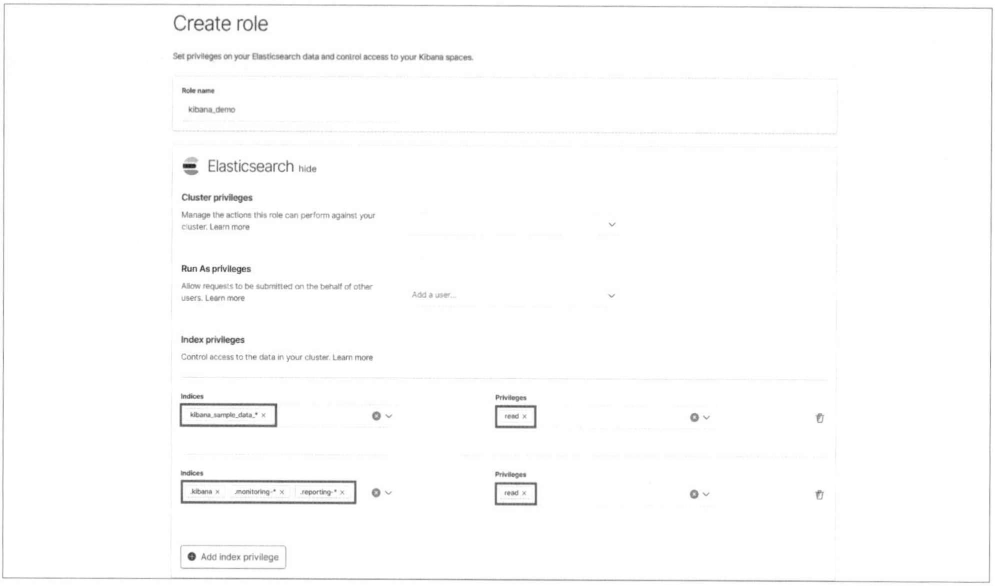

그림 14.44 **계정 역할 설정**

8 서브스크립션 사용 시 여기에 더해 문서 수준, 필드 수준 보안을 설정할 수 있다.

9 보안 권한 일람: https://www.elastic.co/guide/en/elasticsearch/reference/current/security-privileges.html

클러스터와 인덱스 수준 권한을 할당했다면 엘라스틱서치 API 수준의 접근에 대해 특별한 어려움 없이 제한할 수 있다. 키바나의 UI에서도 사용자 관리 페이지 같이 권한이 없는 인덱스에 접근하려 한다면 권한이 없다는 오류 메시지가 출력되긴 하지만 많은 메뉴 중 특정 메뉴만을 노출하고자 할 경우 스페이스와 UI 접근 권한을 설정할 필요가 있다.

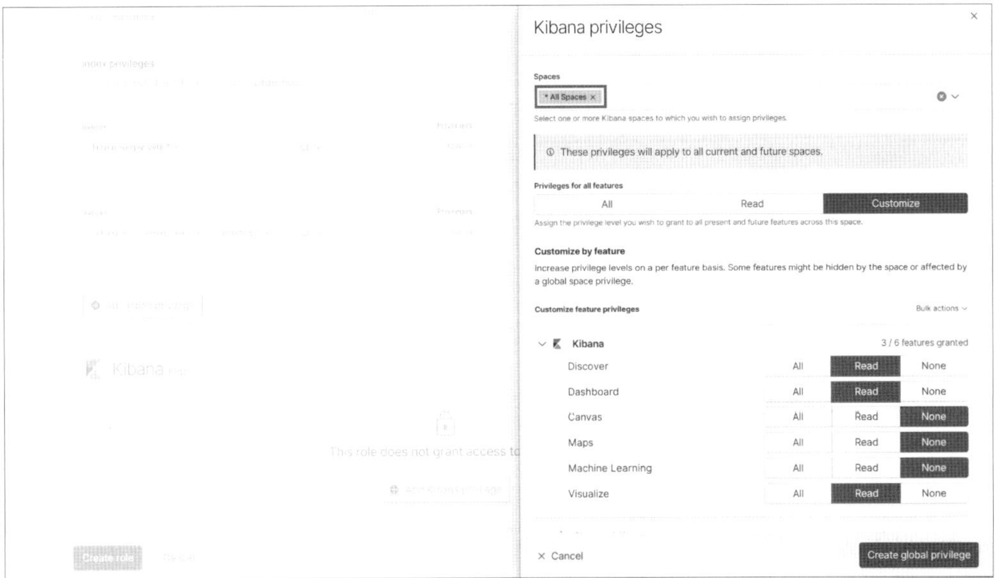

그림 14.45 **스페이스와 UI 접근 권한 설정**

그림 14.45와 같이 전체 스페이스에 대해 디스커버, 비주얼라이즈, 대시보드 기능에 대한 읽기 권한만 부여해보자. 이때 역할에는 특정 스페이스에 대한 권한만 설정할 수도 있으므로, 조직별 스페이스를 만들고 스페이스별로 접근 가능한 권한을 통제하는 방법도 바람직하다.

권한 할당이 끝났다면 Create role 버튼을 클릭해 역할 설정을 마무리 짓자.

14.4.2 사용자 추가와 역할 할당

조직이나 그룹별로 적절한 역할을 생성했다면, 이제 사용자를 추가해 작성한 역할을 할당해보자.

Security > Users 페이지에서 Create new user[신규 사용자 생성] 버튼을 클릭한 후 그림 14.46과 같이 기본적인 정보와 함께 생성한 kibana_demo 역할(Roles)을 할당해주자. 이때 사용자는 둘 이상의 역할을 가질 수도 있으므로, 여러 조직에 속한 사용자를 관리하거나 공통적인 역할을 할당할 때 유용하게 사용될 수 있다.

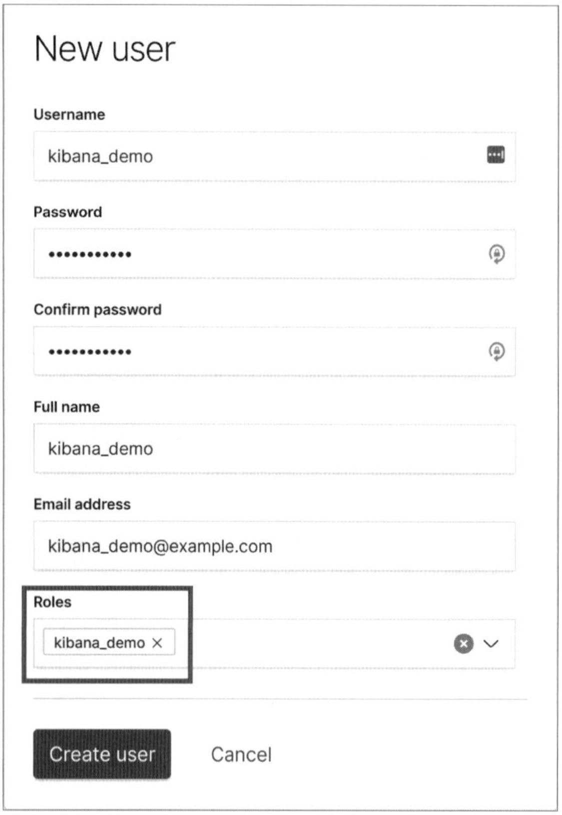

그림 14.46 **사용자 역할 할당**

사용자 생성이 끝났다면 로그아웃 후 생성한 계정으로 다시 로그인해보자. UI 접근 권한 설정으로 인해 설정한 몇 가지 메뉴만 나타나는 것을 알 수 있다(그림 14.47 참고).

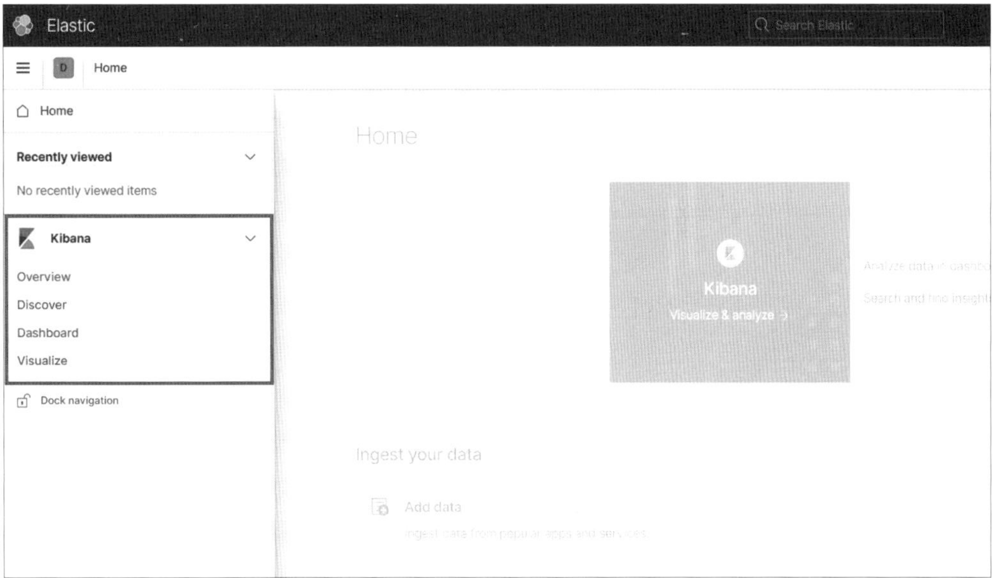

그림 14.47 **사용자 권한 확인**

14.5 정리

14장에서는 실제 운영 클러스터를 구성하기 위해 고려해야 할 사항들과 간단한 클러스터링 실습을 진행했다. 엘라스틱서치는 기본 설정이 잘 구성되어 있기에 일반적으로 이 장에서 소개한 수준을 넘어서 설정값이나 실행 파라미터 등을 튜닝할 필요는 없으며, 성능이 저하될 경우 적절한 샤드 크기 조정과 매핑, 쿼리 변경을 우선적으로 검토하는 편이 좋다. 클러스터 구성과 관련해 유연성을 담보하기 위해서는 운영 모드에서 최소 세 대의 마스터 노드를 포함해 서비스에 적절한 수의 노드를 확보하기 바란다. 인덱스의 자동 복제 기능은 몇 대의 노드가 예기치 않게 중단되더라도 타 노드에 남아 있는 복제본 샤드를 이용해 서비스를 지속할 수 있게 해주나, 절반 이상의 마스터 노드가 다운되면 클러스터의 서비스가 불가능해진다. 복제본을 늘리고 노드 수가 늘어날수록 데이터의 안정성은 향상되겠으나, 만에 하나를 대비해 13.4절에 안내된 스냅샷 저장소는 필히 구성하고 주기적인 스냅샷을 받아놓자. 보안 설정의 경우 엘라스틱서치의 다른 기능에 비해 설정이 많은 편이고, 특히 인증서 기반 구조에 익숙지 않은 사용자들은 설정에 어려움을 겪을 수 있는 부분이다. 빠르게 넘기며 읽기보다는 정리한 내용을 가능한 한 순서대로 따라 진행하는 방식을 추천하며, 인증키 기반 구조에 익숙하지 않은 사용자라면 별도로 인증키 기반 구조에 대해 학습해보자. 운영 환경을 구성하는 데 가장 중요한 것은 첫째는 보안, 둘째는 장애에 대한 유연성이다. 공개된 네트워크에 별도로 보안 설정이 적용되지 않은 엘라스틱서치를 노출할 경우 쉽게 공격의 대상이 될 수 있으며, 데이터 유출, 삭제 등의 피해를 볼 수 있다. 다소 어렵게 느껴지더라도 보안 설정은 필수로 진행하기 바란다. 사용자 등록과 관리는 운영 과정에서 담당자에게 적절한 권한을 부여해 보안을 강화하는 추가적인 방법을 설명하므로 보안 기능 설정과 함께 주의 깊게 살펴보기 바란다.

마치면서

지금까지 엘라스틱 스택을 구성하는 엘라스틱서치, 키바나, 로그스태시, 비츠의 역할과 기능을 각각 살펴봤고, 엘라스틱 스택을 사용해 실제 데이터를 가져와서 분석하고 시각화하는 방법을 구체적인 사례를 들어 확인했으며, 운영을 위해 클러스터와 노드를 안정적으로 구성하고, 성능과 보안 강화를 위한 우수 사례를 살펴봤다. 이 책은 모든 기능과 옵션, 명령을 설명하는 매뉴얼이 아니라 엘라스틱 스택에 빠르게 익숙해져서 현업에서 바로 엘라스틱 스택을 적용할 수 있게 도와주는 학습서를 목표로 만들어졌기 때문에, 상대적으로 덜 중요하거나 자주 사용되지 않는 기능들은 다루지 않았다. 따라서 이 책에서 다루지 않는 추가적인 내용은 엘라스틱 홈페이지의 문서(https://www.elastic.co/guide/index.html)를 참고하기 바란다. 이 책에서 배운 내용을 토대로 어렵지 않게 응용할 수 있으리라 믿는다. 모쪼록 이 책이 독자 여러분의 실무에 도움이 되길 바란다.

찾아보기

ㅅ

ㅇ

E

F

G

H

I

엘라스틱 스택 개발부터 운영까지

데이터 수집, 변환, 분석, 시각화를 위한 엘라스틱서치, 로그스태시, 비츠, 키바나의 모든 것

펴낸날 | 2021년 8월 19일 초판 1쇄
2024년 3월 11일 3쇄 발행

지은이 | 김준영, 정상운
감수자 | 박재호

펴낸이 | 김희정
엮은이 | 김경희
관리총괄 | 양아영
디자인 | 전병준(표지), 남은순(본문)
제작 | 재영피앤비(인쇄), 다올페이퍼(용지)

펴낸곳 | (주)책만
주소 | 경기도 안양시 동안구 학의로 282 금강펜테리움IT타워 A동 810호
연락처 | 전화 02) 535-4331, 팩스 02) 6280-4350
홈페이지 | www.onlybook.co.kr
페이스북 | www.facebook.com/onlybookpub
전자우편 | support@onlybook.co.kr

ISBN 979-11-89909-32-1 93000